Hans Willgerodt

Werten und Wissen

Marktwirtschaftliche

REFORMPOLITIK

Schriftenreihe der Aktionsgemeinschaft
Soziale Marktwirtschaft N. F.

Herausgegeben von

Rolf Hasse und Joachim Starbatty

Bd. 11: Werten und Wissen

Werten und Wissen

Beiträge zur Politischen Ökonomie

von Hans Willgerodt

Lucius & Lucius · Stuttgart

Anschrift des Autors:

Professor Dr. rer. pol. Hans Willgerodt
Hubertushöhe 7
51429 Bergisch-Gladbach

Bibliographische Information der Deutschen Nationalbibliothek

Die Deutsche Nationalbibliothek verzeichnet diese Publikation in der Deutschen Nationalbibliographie; detaillierte bibliographische Daten sind im Internet über http://dnb.ddb.de abrufbar

ISBN 978-3-8282-0534-5

Satz: Claudia Rupp, Stuttgart
Druck und Einband: Druckhaus Thomas Müntzer, Bad Langensalza

Inhaltsverzeichnis*

Erster Teil: Werte, Freiheit und Ordnung

Christliche Ethik und wirtschaftliche Wirklichkeit 3
- I. Allgemeine Aussagen 3
- II. Persönliche Verantwortung in der Wirtschaft 4
- III. Wirtschafts- und Sozialethik 17

Wirtschaftsfreiheit als moralisches Problem 23

Die Gesellschaftliche Aneignung privater Leistungserfolge als Grundelement der wettbewerblichen Marktwirtschaft 43
- I. Das Selbstinteresse als Antriebskraft der Wirtschaft: Private Aneignung gesellschaftlicher Produktion? 43
- II. Positive externe Effekte privater Wirtschaftstätigkeit – Notwendigkeit oder marktwirtschaftlicher Systemfehler? 48
- III. Sozialpolitische Bewertung, Differenzierung und Eingrenzung 56

Grenzmoral und Wirtschaftsordnung 63
- I. Grenzmoral in der wettbewerblichen Marktwirtschaft 64
- II. Grenzmoral in der pluralistischen Gruppenwirtschaft 76
- III. Grenzmoral in der zentral gelenkten Volkswirtschaft 89

Rang und Grenzen der Wirtschaftsfreiheit im Streit der Fakultäten: Rechtswissenschaft, Medizin und Naturwissenschaften 93

Soziale Marktwirtschaft – ein unbestimmter Begriff? 111
- I. Merkmale der Marktwirtschaft 112
- II. Wirtschaftspolitische Merkmale der Sozialen Marktwirtschaft 115
- III. Juristische Spiegelungen zum wirtschaftspolitischen Teil der Sozialen Marktwirtschaft 119
- IV. Das Soziale in der Sozialen Marktwirtschaft 122
- V. Neue Rechtsprobleme? 125

* Zitierte Titel von Artikeln, die zugleich in diesem Buch abgedruckt sind, werden mit einem Stern gekennzeichnet.

Wirtschaftsordnung und Staatsverwaltung 131

Westdeutschland auf dem Wege zu „richtigen" Preisen nach der Reform von 1948 154
A. Muß die Wirksamkeit des Marktes nach der westdeutschen Währungs- und Wirtschaftsreform von 1948 noch immer erklärt werden? 154
B. Die preispolitischen Wirkungen der westdeutschen Währungsreform 162
C. Die Dominanz freier Preise im Widerstreit mit den Regulierungskräften nach der Wirtschaftsreform von 1948 169

Einigkeit und Recht und Freiheit 191
1. Auch Lieder haben Ihre Schicksale 191
2. Das Deutschlandlied im Wettstreit politischer Dreiklänge 195
3. „Allen Leuten recht getan...": Das Problem der Einigkeit 205
4. Unechtes, Halbheiten und falsche Töne 212

Der Staat und die Liberalen 215
I. Unabweisbare Erfahrungen 215
II. „Unser Feind – der Staat" 217
III. Liberale Werturteile 218
IV. Möglichkeiten und Grenzen von Regierungswissen und sozialer Selbststeuerung 219
V. Der Staat als Therapeut 220
VI. Die Zähmung des Staates 224
VII. Die Katastrophe des Liberalismus und ihre Lehren 227

Demokratisierung der Wirtschaft und die Freiheit des Einzelnen 230

Der Bürger zwischen Selbstverantwortung und sozialer Entmündigung 246
I. Das Problem der Solidarität 246
II. Der Bürger als Opfer eindimensionalen Denkens über wirtschaftliche Zusammenhänge 255
III. Selbstverantwortung und Bürgerfreiheit 258

Zweiter Teil:
Vertrauen, Irrtum und Wissen als wirtschaftspolitische Probleme

Diskretion als wirtschaftspolitisches Problem ... 265
I. Gibt es Grenzen der „Öffentlichkeit"? ... 265
II. Diskretion in der zentralgeleiteten Volkswirtschaft ... 269
III. Diskretion in marktwirtschaftlichen Ordnungen ... 272

Der Unternehmer zwischen Verlust, Gewinn und Gemeinwohl ... 283

Regeln und Ausnahmen in der Nationalökonomie ... 295

Das Problem des politischen Geldes ... 323
I. Der staatliche Mißbrauch des Geldes ... 323
II. Allgemeine Gründe für staatliche Geldpolitik ... 324
III. Besondere Gründe für politisches Geld ... 331
IV. Das politische Element in einer europäischen Währungsunion ... 333
V. Das unpolitische Element in einer innerdeutschen Währungsunion 337
VI. Bürgerrechte als Grenze für die Politisierung des Geldes ... 339

Gedeckte und ungedeckte Rechte ... 347
Von der Reichsmark über die harte D-Mark zum Regime unsicherer Hoffnungen ... 347
Wenn das Arbeitsprodukt verbrennt, wird der Lohn wertlos ... 348
Was bedeutet „sozial gerechte Schuldenkonsolidierung"? ... 349
Den Offenbarungseid auf die nächste Rezession verschieben? ... 350
Geld ohne reale Deckung: Problem der Gegenwart ... 351
Das moderne Geldsystem baut ausschließlich auf Vertrauen ... 353

Sozialpolitik und die Inflation ungedeckter Rechte ... 356
1. Das Problem: Sozial- und Finanzpolitik als volkswirtschaftliche Täuschung ... 356
2. Die Vermengung sozialpolitischer Äquivalenzbegriffe ... 360
3. Die Finanzkrise der Sozialpolitik und Mittel der Abhilfe ... 365
4. Mehr Staatsschulden als Ausweg? ... 367
5. Verkauf von Staatsvermögen und Erbschaftssteuern zur Finanzierung des Sozialstaates ... 371
6. Realwirtschaftliche Grundlagen der Sozialpolitik ... 372
7. Folgerungen ... 377

Enteignung als ordnungspolitisches Problem 381

Die Anmaßung von Unwissen 415

Die Universität als Ordnungsproblem 429
I. Die äußere Ordnung der Universität 429
II. Die innere Ordnung der Universität und die Selbstregulierung der Wissenschaft 436
III. Die Universität zu Köln an der Schwelle zu einer neuen Verfassung 445

Personenregister 449
Sachregister 456

Einführung

Rolf Hasse / Joachim Starbatty

Wirtschaftspolitik ist Kunstlehre. Mit dieser inhaltlichen Umschreibung grenzt John Neville Keynes (1852–1949)* die Aufgaben der Wirtschaftspolitik gegenüber den beiden anderen Sach- und Lösungsgebieten – Theorie und Analyse (positive Ökonomik) und Findung und Abwägung der Ziele (normative Ökonomik) – ab. Gleichzeitig stellt er klar, dass die Wirtschaftspolitik zu den Teilen der Politik zu zählen ist, die einer besonderen Sorgfalt in der wirtschaftlichen und auch gesellschaftspolitischen Analyse sowie der politischen Umsetzung bedürfen. Die Kombination dieser drei Elemente und die Kooperation zwischen ihnen lässt sich selbst als Kunst charakterisieren. Phasen wirtschaftlicher Prosperität sind immer Perioden der Kooperation zwischen der wissenschaftlichen Seite und der politischen Seite der Wirtschaft(spolitik) gewesen. Umgekehrt ist in Phasen wirtschaftlichen Niedergangs diese Kooperation zwischen den beiden Akteurgruppen unzureichend bis inexistent gewesen.

Ein gutes Beispiel für die Fruchtbarkeit der Kooperation von Politik und Wissenschaft in der Nachkriegszeit ist das deutsche „Wirtschaftswunder" nach dem Ende des Zweiten Weltkriegs. Der damalige Wirtschaftsminister Ludwig Erhard hat nie von einem Wunder gesprochen, sondern von einer natürlichen Entwicklung, wenn Fleiß, unternehmerische Verantwortung und Findigkeit sich in einem marktwirtschaftlichen Rahmen entfalten könnten. Das „Wunder" begann, als Ludwig Erhard – gestützt und bestärkt durch ordoliberales Gedankengut – im kriegszerstörten und auf US-amerikanische Care-Pakte angewiesenen westlichen Teil des besetzten Deutschland die Warenbewirtschaftung aufhob. Zusammen mit der Ablösung der alten Reichsmark durch die D-Mark geschah ein „Wunder" über Nacht: Die schwarzen Märkte verschwanden und die Regale waren voll. Damit gab es auch einen Machtwechsel, den viele nicht sehen und nicht wahr haben wollen: Jetzt standen die Menschen vor den Läden nicht mehr Schlange, sondern die Verkäufer warben um die Kaufkraft der Konsumenten. Theodor Eschenburg nannte die Entscheidung Ludwig Erhards „wissenschaftlich gestützten Wagemut".

Das damalige Zusammenspiel von Politik und ordnungstheoretischem Wissen ist ein zentraler Beleg für die Fruchtbarkeit der Kooperation von positiver und normativer Ökonomik gepaart mit der Kunst, die daraus resultierenden Erkenntnisse in einem bestimmten gesellschaftspolitischen Umfeld fruchtbar werden zu lassen. Die ordoliberale Konzeption erweiterte diesen Ansatz um das Wissen der Interdependenz zwischen wirtschaftlicher und politischer Sphäre – als Theorie und Konzeption für die Praxis.

---

* in: The Scope and Method of Political Economy (1891)

Die Zusammenstellung der wissenschaftlichen Beiträge von Hans Willgerodt zeigt die Kreativität und Fruchtbarkeit dieser wissenschaftlichen Konzeption. Die Arbeiten umfassen die Phasen produktiver Zusammenarbeit zwischen Wissenschaft und Politik und die Phasen unzureichender Kommunikation und Kooperation. Empfehlungen der akademischen Wirtschaftspolitik wurden nicht mehr wahrgenommen. Für letztere Phasen widerlegt die vorgelegte Sammlung die politische Legende der fehlenden wissenschaftlichen Unterstützung. Oder um die Formulierung aus den Vorlesungen von Hans Willgerodt zu zitieren: „Die Politik verweigerte die wissenschaftliche Nahrungsaufnahme."

Die Aufsätze umfassen einen Zeitraum von 60 Jahren wissenschaftlicher Arbeit. Sie sind ein Beleg schier unerschöpflicher Kreativität und engagierter Teilnahme an wirtschaftspolitischen und gesellschaftspolitischen (Fehl-)Entwicklungen. Sie sind darüber hinaus ein Nachweis, welche Leistungen für Theorie und Praxis möglich sind, wenn hohe wissenschaftliche Kreativität mit ordnungspolitischen Grundsätzen und Erkenntnissen kombiniert werden. Damit sind die Aufsätze zugleich Belege für die Analyse- und Prognosefähigkeit der Disziplin „Wirtschaftspolitik". Hans Willgerodt gehört zur zweiten Generation der ordnungspolitischen Schule. Sie hat die deutsche und die europäische Wirtschafts- und damit auch die Integrationspolitik nachhaltig mitgestaltet. Willgerodt nahm an dieser Aufgabe aktiv teil; seine Wirkung war nachhaltig.

Wer zur Quelle strebt, muss gegen die Strömung schwimmen. Wer gegen die wissenschaftlich vorherrschende Lehre Erkenntnisse erarbeitet und vertritt, muss gegen intellektuelle und modernistische Sogeffekte ankämpfen. Wer politische Konzeptionen hinterfragt und Alternativen entwickelt und vorträgt, muss Mut und Ausdauer für die unausweichlichen Auseinandersetzungen haben; er muss auch Einsamkeit und Frustration ertragen können. Deshalb ist Hans Willgerodt im Sinne des Wortes ein wahrer Professor – Bekenner und Streiter für Grundsätze einer liberalen Wirtschaft und Gesellschaft. Seine wichtigsten Beiträge aus 60 Jahren wissenschaftlicher Wirtschaftspolitik belegen, welche produktiven Beiträge ein Wissenschaftler leisten kann, wenn Grundsätze für die Ordnung von Gesellschaft und Wirtschaft der Kompass theoriegeleiteter Analysen und Empfehlungen sind.

Die „Waffen" von Hans Willgerodt sind klare Logik und eine geschliffene Sprache. Er zielt ohne Umschweife auf den Nerv des Problems und des Opponenten, teils entwaffnend ruhig, teils mit gehörigem Wortwitz; wenn es sein muss, auch mit rückhaltloser Direktheit, auf jeden Fall mit humorvoll-ironischer Unverblümtheit. Der Leser wird schnell entdecken, dass faule Kompromisse als intellektuelle Defekte beurteilt werden. Ein Kompromiss wird nicht als politische Leistung anerkannt, wenn er gesellschaftspolitische Langzeitprobleme nicht lösen hilft.

Einen weiteren roten Faden kann der Leser als Kompass für sich entdecken: Seine große Sensibilität für politische Entwicklungen, die die persönliche Freiheit einengen. Diese Wesenszüge weisen ihn als einen führenden Vertreter der Ordnungspolitik aus, die bis heute den nachhaltigsten Beitrag zur Erfolgsgeschichte der Wirtschafts- und Gesellschaftspolitik in der Bundesrepublik Deutschland geleistet hat – bei der Aufgabe, die Grundsätze der Sozialen Marktwirtschaft in Politik und Rechtsprechung zum Durchbruch zu bringen und bei der ebenso wichtigen Aufgabe, diese Grundsätze fortzuentwickeln und an die strukturellen Veränderungen in der Gesellschaft und Wirtschaft anzupassen.

Dieser Band enthält nur einige der immer wieder lesenswerten und aufrüttelnden Beiträge Willgerodts zur wirtschafts- und gesellschaftspolitischen Diskussion. Die Durchsicht der Arbeiten aus sechs Jahrzehnten belegt und belehrt: Das Stemmen gegen den Zeitgeist lohnt sich und das Kämpfen gegen den Strom sollte eine eherne Aufgabe des Wissenschaftlers sein. Die Beiträge sind frisch geblieben.

Die sachliche Ordnung war der leichtere Teil der Aufgabe der Herausgeber, die Auswahl war die eigentliche Fronarbeit, obwohl der Ökonom ja aus Knappheit und Restriktion seine Methodologie ableitet. Was dieser Entscheidungsregel geopfert wurde, sind beachtliche Beiträge. Der Titel des Buches „Werten und Wissen. Beiträge zur Politischen Ökonomie" umreißt das Spannungsfeld der Wirtschafts- und Gesellschaftspolitik in einer freiheitlichen Ordnung. Ohne Werten und Werte sind keine Empfehlungen für die Praxis möglich; ohne Wissen über die Zusammenhänge zwischen Gesellschaft und Wirtschaft sowie über die Ziele für beide Bereiche ist Politik entweder reine Klientelpolitik oder sie degeneriert zu Experimenten und Hasard. Das Werten widerspricht keineswegs den Vorstellungen von Max Weber. Wer in der Wirtschafts- und Gesellschaftspolitik von Werten abstrahiert, strebt einmal nach Glasperlenspielen und – was noch gravierender ist – übersieht seine inhärent angewendeten Wertungen. Max Weber verlangt eine Offenlegung von Wertungen und damit Transparenz sowie Diskussion über Wertungen und Werte. Diese wissenschaftliche Aufgabe ist das genuine Feld der Politischen Ökonomie als wissenschaftlicher Disziplin, und hier ist der Standort der Ordnungstheorie und Ordnungspolitik.

Diese Aufsatzsammlung zeigt, wie diese Aufgaben angepackt und gelöst werden können und sollen. Auf theoretischer Basis wird eine Analyse erarbeitet, die in den Werte-Rahmen einer freiheitlichen Wirtschafts- und Gesellschaftsordnung passt; auf diesen Grundlagen werden die Empfehlungen entwickelt. Dies ist das wissenschaftliche Fundament und die Aufgabe der Politischen Ökonomie. Politische Entscheidungen, die auf derartigen Grundlagen aufbauen, waren lange der Vorzug deutscher Wirtschafts- und Gesellschaftspolitik.

Der erste Teil fasst unter der Überschrift „Werte, Freiheit und Ordnung“ Aufsätze zusammen, die sich mit den Kernfragen einer freiheitlichen Gesellschafts- und Wirtschaftsordnung befassen. Es ist ein Holzweg der „main-stream economics“ zu glauben, mit empirischen Methoden und makroökonomischen Modellen Antworten ähnlicher Bedeutung finden zu können. Schon die Titel der Beiträge zeigen, wie elementar die Interdependenzen zwischen den Ordnungen sind. Die beiden ersten Artikel sind gerade derzeit aktuell. Denn Wirtschaftsfreiheit wird mit Deregulierung gleichgesetzt, ohne dass der Gegenpol der Verantwortung beachtet wird. Die Finanzkrise ist ein Beispiel für instrumentalisierte Ökonomik bzw. für eine wertentleerte Ökonomik. Diese Verengung ist eine Herausforderung an die Grenzmoral der Akteure gewesen. Es ist zu hoffen, dass der Ruf nach neuen Regulierungen nicht dieselben Fehler – nur mit umgekehrten Vorzeichen – bringt.

Eine andere Facette beleuchtet der Aufsatz „Die gesellschaftspolitische Aneignung privater Leistungserfolge als Grundelement der wettbewerblichen Marktwirtschaft“. Diese Auffassung wird plausibel und tragfähig, wenn man sich mit den konstitutiven Elementen einer wettbewerblichen Marktwirtschaft befasst. Wirtschaftlicher Fortschritt ist kein automatisches Ergebnis, sondern die Folge der Umsetzung einer ordnungspolitischen Konzeption. Diese Aufgabe wird in den folgenden Aufsätzen über „Wirtschaftsordnung und Staatsverwaltung“ und über die Bedeutung „richtiger Preise“ nach der Währungsreform 1948 differenziert fortgeführt. Die weiteren Aufsätze des ersten Teils sind durch sich abzeichnende Fehlentwicklungen in der Gesellschafts- und Wirtschaftspolitik in der Bundesrepublik Deutschland „provoziert“ worden. Prekär steht es um die Grundwerte des deutschen Gemeinwesens, deren Gefährdung in Anlehnung an den Text der Nationalhymne aufgedeckt wird. Der Aufsatz „Der Staat und die Liberalen“ ist ein Erfahrungsbericht und quasi auch ein Leidensbericht des Autors. Staat und Liberalismus sowie Staat und Liberale stehen sich vielfach und häufig voller Spannung gegenüber, obwohl sie sich gegenseitig bedingen. Eine Überwindung der Finanzkrise, eine nachhaltige Ordnung der Sozialsysteme, eine langfristige Lösung der Verschuldungskrise in der Europäischen Währungsunion und die Rückkehr zu den Grundsätzen und Zielen des Vertrags von Maastricht, die Sicherung offener Güter- und Rohstoffmärkte im Weltwirtschaftsverkehr sind ohne diese konstruktive Zusammenarbeit nicht realisierbar.

Die schleichende Tendenz der Überforderung des Gemeinwesens wird in zwei Arbeiten analysiert. Im Mittelpunkt steht die Sozialpolitik. Sie schafft auf der einen Seite bei vielen Bürgern die Illusion der Kostenlosigkeit von Leistungen und lädt zur übermäßigen Beanspruchung ein. Der Anspruch auf diese Leistungen genießt sogar – dafür hat die Rechtsprechung gesorgt – den Eigentumsschutz der Verfassung. Die Finanzierung ist gerade wegen des politischen Drucks, Kollektivorganisationen zu bilden, nicht gesichert. Letztlich werden mit der Fortsetzung dieses Weges “real ungedeckte Rechte mit Täuschungscharakter“ geschaffen.

Damit ist der Übergang zum zweiten Teil der Aufsatzsammlung geschaffen. Unter der Überschrift „Vertrauen, Irrtum und Wissen als wirtschaftspolitische Systeme“ werden zentrale Bereiche der Wirtschaftspolitik unter das Brennglas der wissenschaftlichen Analyse gelegt. Die Untersuchung „Diskretion als wirtschaftspolitisches Problem“ greift einen vernachlässigten Aspekt der Theorie der Wirtschaftspolitik auf: Wie viel Öffentlichkeit, wie viel Transparenz und wie viel Diskretion und Privates benötigen Marktwirtschaften, Staat und private Personen und Unternehmen für sich und ihr Zusammenwirken?

Der Aufsatz „Der Unternehmer zwischen Verlust, Gewinn und Gemeinwohl“ ist insofern ein Kuriosum, weil er sich der Verlustvermeidung widmet, die kaum Gegenstand wissenschaftlicher Analysen ist. Diese Perspektive orientiert über wichtige Aussagen zu Information, Dynamik und zu Risiken in Marktwirtschaften und anderen Organisationsformen. Der Übergang zu der Abhandlung „Regeln und Ausnahmen in der Nationalökonomie“ scheint auf den ersten Blick zufällig. Bei einer konsekutiven Lektüre wird die Reihung plausibel. Es geht um die Frage der Ausblendung prinzipiell gleichwertiger Phänomene und des damit zusammenhängenden Verlusts von Alternativen sowie um die wichtige Unterscheidung – was ist eine Regel und was eine Ausnahme im Wirtschaftsprozess –, auf die jeweils in spezifischer Form reagiert werden muss. Dieser Aufsatz sollte jedem angehenden wirtschaftspolitischen Akteur wie ein Lehrbrief überreicht werden.

Um das Geld ranken sich viele Sprichwörter, hinter denen Erfahrungen stehen. Besonders wichtig ist es, immer die Gefährdung des „politischen Geldes“ zu thematisieren. Dieser Spannungsbogen gerät regelmäßig in Vergessenheit – die jüngste Finanzkrise ist ein mahnendes Exempel. Der Autor hat zentrale Anwendungsbereiche gewählt: europäische Währungsunion und innerdeutsche Währungsunion. Seine Schlussfolgerungen zeigen auf, was letztlich in Geldverfassung und Praxis der Geldpolitik zu beachten ist: Die Bürgerrechte sind als Grenze für eine Politisierung des Geldes zu sehen. Dies führt unmittelbar zur Frage, ob diese konstitutive Norm bei der Bewältigung der aktuellen Finanzkrise ausreichend beachtet wird.

Das Grundproblem der Geldverfassung und ihre Fehlentwicklungen haben Hans Willgerodt ständig beschäftigt – im Rahmen der monetären Integration in Europa und bei der anwachsenden Inflation ungedeckter Rechte in der Sozialpolitik. Bei beiden Ordnungen handelt es sich um Wertverluste und um Erosionen der Wirtschaftsordnung. Gerade dieser übergreifende Aspekt wird aufgrund der Spezialisierung in den Wirtschaftswissenschaften kaum noch gesehen – außer von einem Altmeister, der die Re-Integration der Spezialbereiche anstrebt und den Nachweis erbringt, wie ertragreich diese Aufgabe ist. Schon die Lektüre der Zwischenüberschriften ist eine Informationsquelle besonderer Qualität.

Der Aufsatz „Enteignung als ordnungspolitisches Problem" stellt dann die Eigentumsfrage im Zuge der Wiedervereinigung in den Mittelpunkt der Analyse. Gleichzeitig sind zwei Bereiche Gegenstand der Untersuchung, die in der Arbeit von Hans Willgerodt eine besondere Präferenz genießen: Rechtslehre und Agrarwirtschaft. Die bis heute unzureichend geklärten Folgen der Enteignung in der SBZ/DDR und die merkwürdigen Begründungen im Einigungsvertrag sowie im Vollzug nach der Wiedervereinigung werden im Hinblick auf ihre schwerwiegenden ordnungspolitischen Konsequenzen behandelt.

Den Schlußstein bildet die Universität. Willgerodt sorgt sich um die Rolle und die Kompetenz dieser Institution. Sie war sein Arbeits- und Lebensbereich. Er greift das Beispiel der Universität zu Köln auf. Sie hat ihm viel zu verdanken. In der Zeit der studentischen Unruhen und der politischen Unzuverlässigkeit sorgte er mit wenigen Professoren dafür, dass diese Universität Hort der Forschung und Lehre blieb und dass jede politische Forderung erst einmal unter dem Aspekt der Hochschulautonomie sowie der Freiheit von Lehre und Forschung geprüft wurde. Zum Ärger der an Beschwichtigung interessierten Politiker und Ministerialbeamten hat er sich gegen Anpassung und Nachgeben gewehrt. So wurden Schäden von den Hochschulen abgewendet; die Universität zu Köln behielt ihre Attraktivität und Arbeitsfähigkeit. Diese Ausarbeitung über die Universität als ordnungspolitisches Problem sollte Pflichtlektüre jedes Nachwuchswissenschaftlers und Nachwuchspolitikers sein.

Wer die hier vorgelegten Aufsätze durchliest, ja durcharbeitet, kann auch ermessen, was Hans Willgerodt für seine Schüler bedeutet hat. Er gab ihnen das Gespür für soziales Handeln in Freiheit und für individuelle Verantwortung; vor allem – er lehrte sie denken. Kann man Besseres über einen Professor sagen?

Prolog

Zielloses Wirtschaften ist ein Widerspruch in sich selbst, wenn Wirtschaften den sorgfältigen Umgang mit knappen Mitteln bedeutet. Ziellose Politik müßte eigentlich ebenso widersprüchlich sein. Wirtschaften und Politik haben Ziele, hinter denen Werte stehen, es sei denn, daß beides chaotisch gehandhabt wird. Diese Ziele und die hinter ihnen stehenden Bewertungen können als solche untersucht werden, selbst wenn man sie ablehnt, sich ihnen gegenüber neutral verhält oder sich zu ihnen bekennt. Man kann sie nach Widerspruchsfreiheit und Realisierbarkeit prüfen und sie Alternativen gegenüberstellen.

Häufig wird jedoch für eine empirische Wissenschaft wie die Volkswirtschaftslehre gefordert, daß sie sich möglichst weit überhaupt von der Beschäftigung mit Werten fernhält, vor allem keine Werturteile fällt und höchstens Ziele und Werte als Daten in ihre Betrachtungsweise einbezieht. Daß man ausschließlich so verfahren soll, ist allerdings selber ein mögliches, durchaus nicht zwingendes Werturteil.

Zunächst einmal verwenden auch werturteilsscheue Volkswirte bestimmte Zahlen über Erfolge oder Mißerfolge, von denen sie glauben, daß ihnen eine gewisse Objektivität beizulegen sei. Ein steigendes Volkseinkommen wird als günstig angesehen, ebenso ein stabiles oder mindestens in seinen Änderungen voraussehbares Preisniveau, ein hoher Beschäftigungsgrad und ähnliche statistisch meßbare Größen. Teilweise sind gemessene Größen aber nur dann wirklich unbestreitbar, wenn man sich über die Meßmethode geeinigt hat. Zum Beispiel werden in Preisniveaus Einzelpreise meist nur bestimmter Güter aufgenommen. Sie werden ferner nur mit den Geldumsätzen gewichtet, aber im übrigen ohne Unterschied gleichsam klassenlos behandelt. Könnte man nicht auch nach der gesundheitlichen, umweltbezogenen oder anderweitigen Bedeutung der Produkte gewichten? Im Sozialprodukt werden Bibeln, Brot, Schnaps, Maschinen und Schundromane gleichermaßen nur mit ihrem Geldwert addiert. Erscheinungen wie frische Luft, die (noch) keinen Preis haben, gehören ebensowenig dazu wie eine Gesellschaftsordnung der Freiheit und Menschenwürde. Es ist vielleicht kein Wunder, wenn ein Autor* ausgerechnet in der Sowjetunion als Titel für einen zeitkritischen Roman den Bibelspruch gewählt hat: „Der Mensch lebt nicht vom Brot allein." Dieser Mensch ist und bleibt ein (auch) wertendes Wesen, und das ist eine nachprüfbare Tatsache, auch wenn sie einer bestimmten Auffassung von wertfreier Wissenschaft unbequem ist.

* Wladimir Dudinzew

Im übrigen kann das Bekenntnis zu Werten in vielen Fällen die Suche nach Wegen antreiben und erleichtern, auf denen man diesen Werten entsprechen kann. Auch dies ist eine nachprüfbare Tatsache, und die Suche nach Wegen zu erkennbaren Zielen ist eine unbestrittene wissenschaftliche Aufgabe.

Hinter den vereinfachenden und zusammengesetzten volkswirtschaftlichen Meßgrößen, die soeben erwähnt worden sind, verbergen sich liberale Werturteile. Zum Beispiel werden Preise eben nicht nach unterschiedlicher und umstrittener Wertschätzung im Preisniveau gewichtet, sondern nach den Umsätzen, die am Markt durch freie Einigung der Beteiligten zustande kommen. Ein Streit um Güterqualität und Nutzen eines jeden Gutes für den Einzelnen und die dahinter stehenden Werturteile findet nicht statt oder nur insoweit, wie er sich in der Zahlungsbereitschaft der Bürger niederschlägt. Das Kommunistische Manifest spricht davon, daß von der Bourgeoisie „kein anderes Band zwischen Mensch und Mensch übriggelassen" sei „als das nackte Interesse, die gefühllose bare Zahlung". Ob das zutreffen muß und welche Gegengewichte die bürgerliche Gesellschaft hierzu kennt, soll hier nicht weiter erörtert werden. Die Alternative der Kommunisten war und ist jedoch der obrigkeitliche Befehl, der an die Stelle der freien Einigung gesetzt wird. Marx und Engels selber haben es vorgezogen, im liberalen England zu leben, wo man sie schreiben ließ, was sie wollten, und nicht im stärker obrigkeitsstaatlichen Preußen. Die liberale Marktwirtschaft mit allen ihren Mängeln hat den Vorzug, den Streit um Weltanschauungen und Bewertungen so weit wie möglich zu entgiften. Niemand ist darin gezwungen, Bibeln, Schnaps und Schundromane zu kaufen oder sich den Meinungen anderer darüber anzuschließen, was überhaupt ein Schundroman ist. Man darf aber für Überzeugungen und den Kauf von Produkten werben, die man für wertvoll hält, und damit die Wertschätzung anderer beeinflussen. Solcher Werbung kann man sich jedoch verschließen. Das freiheitliche System läßt Bewertungsfreiheit.

Die Anhänger der Werturteilsfreiheit der Wissenschaft wollen Bewertungen auch deshalb vermeiden, weil sie die Bewertungsfreiheit anderer nicht beeinträchtigen wollen. Insoweit sind sie Liberale. Diese Zurückhaltung gegenüber Wertungen kann den legitimen Sinn haben, diktatorisches Aufzwingen von Bewertungen in Schranken zu halten, die zum Beispiel von der Verfassung und dem Strafrecht gesetzt sind. Aber das rechtfertigt nicht ein Verfahren, bei dem man sich mindestens dem ersten Anschein nach in der Wissenschaft überhaupt nicht mehr als nur formal und in inhaltsloser Abstraktheit mit Werten befaßt, die jeder zielgerichteten Tätigkeit zugrunde liegen. Man nennt diese Werte Präferenzen und kann sie mit Symbolen ausstatten, die über den konkreten Inhalt nichts besagen.

In einer freiheitlichen und marktwirtschaftlichen Ordnung wird es in der Tat dem Einzelnen überlassen, im Rahmen der Gesetze Güter nach seinen Zielvorstellungen zu produzieren und zu erwerben, also insoweit nach seiner Fasson selig zu werden. Dazu muß er allerdings mindestens arbeiten können, wollen und dürfen. Damit werden Zielkonflikte neutralisiert. Die Auseinandersetzung über die mit Gütern verbundenen Bewertungen ist also in der Marktwirtschaft nicht aufgehoben, aber auf den Bereich friedlicher Überzeugung, allenfalls von Predigt und Lehre beschränkt. Diejenigen, die sich am Markt handelseinig werden, haben ohne Mitwirkung von höherer Stelle Einigkeit über den Wert des zu übertragenden Gutes gefunden und insoweit einen Konflikt vermieden. Damit werden übergeordnete Schlichter entlastet. Eine freiheitliche Marktwirtschaft ist somit zugleich eine Friedensordnung, die der Politik Streitpunkte entzieht. Forderungen nach Politisierung, etwa Demokratisierung aller Lebensbereiche bedeuten, daß politische Konflikte auch dort entstehen, wo sie vermieden werden können, indem freiwillige Einigung vorherrscht und im übrigen ein jeder seinen eigenen Weg geht. Wer wie nicht nur die Kommunisten mehr Staat fordert, begünstigt damit zugleich mehr obrigkeitliche Herrschaft, Kampf und Streit.

Es gibt aber gleichwohl Ziele, die nur kollektiv verfolgt werden können. Das gilt auch für die Wirtschaftspolitik. Bei anhaltendem Meinungsstreit bleibt dann nur der Ausweg, nach Maßgabe der politischen Verfassung entweder nicht zu entscheiden oder trotzdem eine Entscheidung herbeizuführen, der auch diejenigen unterworfen sind, die ihr nicht zugestimmt haben.

Die Enthaltsamkeit gegenüber der Untersuchung von Werten ist für die Volkswirtschaftslehre insofern fatal, als es nun einmal in der Wirklichkeit konkret wertende Wirtschaftspolitik als empirische Tatsache gibt. Deren Wertgehalt kann und muß empirisch und inhaltlich untersucht werden. Verweigert man dies, dann wird ein wichtiger Bereich der erkennbaren Wirklichkeit aus der wissenschaftlichen Betrachtung ausgeschlossen.

Wenn dies nicht geschehen soll, handelt es sich um die Frage, in welcher Teilwissenschaft die wirtschaftspolitischen Tatsachen behandelt werden sollen. Wenn sich die Ökonomen aus diesem Gebiet zurückziehen, obwohl sie das Untersuchungsobjekt besser kennen sollten als die Vertreter anderer Fächer, dann wird die entstehende Wissenslücke von anderen Disziplinen ausgefüllt, etwa den Philosophen und Theologen, Physikern und Mathematikern, auch Biologen und vor allem Vertretern der Rechts- und Politikwissenschaft. Nicht selten wildert man dann ohne ausreichende volkswirtschaftliche Kenntnisse und mit selbst gefertigtem Jagdgerät in diesem Revier umher. Es kann viel Zeit vergehen, bis schließlich die Natur der Sache dazu drängt, daß man sich auch wieder mit der fachlich zuständigen Volkswirtschaftslehre befassen muß, wenn man auf zutreffende Ergebnisse Wert legt.

Einst wurden sehr gehaltvolle volkswirtschaftliche Lehrbücher mit dem selbstverständlichen Titel „political economy“ bezeichnet. Dies geschah im Zeitalter des Liberalismus, in dem man geradezu geneigt war, die Staatstätigkeit zu begrenzen und insofern das Element des Politischen zurückzudrängen. Heute, in einer Zeit der immer weiter vordringenden Staatsomnipotenz und Politisierung, ziehen sich manche Volkswirte in das Revier mehr oder weniger interessanter Spezialtheorien zurück und lassen die praktische Wirtschaftspolitik ratlos hinter sich zurück.

Das hiermit vorgelegte Buch bekennt sich zum Bereich der „Politischen Ökonomie“, in dem es neben Sachzusammenhängen auch um Ziele und Werte geht, die nüchtern geprüft werden können. Wir beginnen mit einer realistischen Betrachtung wirtschaftlicher und wirtschaftspolitischer Folgerungen, die man grundsätzlich aus den Lehren des Christentums ziehen kann. Diese Folgerungen können zu einem wesentlichen Teil auch von anderen Überzeugungen geteilt werden. Man muß nicht Christ sein, um den hier angestellten Erwägungen zu folgen.

Erster Teil:
Werte, Freiheit und Ordnung

Schlesien auf dem Weg in die Europäische Union
Hrsg. von Lüder Gerken und Joachim Starbatty
Lucius & Lucius, Stuttgart, 2001

Christliche Ethik und wirtschaftliche Wirklichkeit

Hans Willgerodt, Köln

I. Allgemeine Aussagen

Die christliche Religion enthält kein konkretes Wirtschaftsprogramm und schreibt im einzelnen ebensowenig eine bestimmte Wirtschaftsordnung vor wie das deutsche Grundgesetz.[1] Damit ist dem Christen ein Spielraum für freie Entscheidungen sowohl bei der Wahl wirtschaftlicher Ziele als auch bei der Wahl der Wege zugestanden, auf denen diese Ziele erreicht werden sollen. Diese wirtschaftliche Freiheit wie die Freiheit zum zielgerechten Handeln überhaupt ist weder im Chaos noch bei völliger Bindung an Naturkräfte oder Entscheidungen anderer möglich, bewegt sich also zwischen völliger Determiniertheit und totaler Unbestimmtheit.[2]

---

1 Zu der Frage, inwieweit durch Grundrechte und andere verfassungsrechtliche Vorschriften indirekt der Spielraum für die Wahl einer Wirtschaftsordnung eingegrenzt ist: Hans Willgerodt, Soziale Marktwirtschaft – ein unbestimmter Begriff?* In: Ulrich Immenga, Wernhard Möschel, Dieter Reuter (Hrsg.), Festschrift für Ernst-Joachim Mestmäcker zum siebzigsten Geburtstag, Baden-Baden 1996, S. 329–344; Hans-Jürgen Papier, Soziale Marktwirtschaft – ein Begriff ohne verfassungsrechtliche Relevanz? In: Knut Wolfgang Nörr, Joachim Starbatty (Hrsg.), Soll und Haben – 50 Jahre Soziale Marktwirtschaft, Stuttgart 1999, S. 95–114, sowie Stellungnahme dazu von Hans Willgerodt, ebendort, S. 115–120. Es ist eindeutig, daß die Grundrechte des deutschen Grundgesetzes nicht in jeder Wirtschaftsordnung gewährleistet werden können, so daß eine Zentralverwaltungswirtschaft als dauerhaftes System verfassungswidrig wäre. Die Frage, ob auch das Christentum indirekt die Wahl einer Wirtschaftsordnung eingrenzt, erfordert eine sorgfältige Antwort darauf, inwieweit Grundforderungen der christlichen Botschaft in einem bestimmten System nicht mehr erfüllt sind. Das christliche Ethos fordert jedenfalls von dem einzelnen, an seinem Glauben auch unter widrigen Umständen einer dafür ungünstigen Wirtschafts- und Staatsordnung festzuhalten, schließt aber nicht aus, eine Ordnung zu verlangen, die dieses Festhalten erleichtert.

2 Hierzu im einzelnen: Hans Willgerodt, Freiheit und Planung, Handwörterbuch der Planung, hrsg. von Norbert Szyperski, Stuttgart 1989, S. 528–535.

Soll diese Freiheit im Prinzip allen offen stehen, dann sind Regeln und rechtliche Ordnungen unentbehrlich, um mindestens die Handlungsspielräume gegeneinander abzugrenzen. Diese Regeln sind wie die 10 Gebote überwiegend Verbote. Sie erteilen dem einzelnen nicht Befehle zur Ausführung von Handlungen, sondern untersagen ihm ein bestimmtes Verhalten. Auch das zu Handlungen aufrufende Gebot der Nächstenliebe legt nicht im einzelnen fest, was in einer bestimmten Situation zu tun ist. Dies ist vielmehr eine Frage der Zweckmäßigkeit. Dabei ist das Rationalprinzip anzuwenden, um mit gegebenen Mitteln einen möglichst großen Erfolg zu erzielen oder ein bestimmtes Ergebnis mit geringstem Aufwand. Denn nur so bleiben für weitere Hilfe möglichst viel Mittel übrig.[3] Die persönliche Freiheit verdanken wir nicht zuletzt dem Christentum, das die Person aus der totalen Unterordnung unter den antiken Staat befreit hat.[4] Diese Freiheit wird auch nicht durch das von Christen fortentwickelte Naturrecht aufgehoben. Es müßte eigentlich Kulturrecht heißen, weil es nicht von selbst entsteht, sondern immer wieder in einer oft schwierigen Kulturleistung gefunden und angemahnt werden muß. Zu seinen wesentlichsten Bestandteilen gehört die persönliche Freiheit als ein Recht, das mit uns geboren ist und im „positiven" Recht nicht selten außer Betracht bleibt.

II. Persönliche Verantwortung in der Wirtschaft

1. Regeltreue

Die christliche Forderung, die Würde der Person zu achten, richtet sich an alle Menschen ohne Rücksicht darauf, in welchen Ordnungen sie leben. Aber solche Ordnungen erleichtern oder erschweren die Achtung der Menschenwürde. Diese Achtung, muß sich in Verhaltensregeln für die Wirtschaftenden niederschlagen. In hierarchischen Systemen besteht nicht immer eine organisatorische Notwendigkeit, solche zur Beachtung der Menschenwürde zwingenden Regeln überhaupt aufzustellen und ihnen, wenn sie bestehen, Geltung zu verschaffen. Bestehen sie aber, dann wird von Vorgesetzten oder von Kontrollinstanzen geprüft, ob die Regeln eingehalten worden sind. Diese Systeme enthalten jedoch Willkürspielräume,

[3] Dieses Prinzip wird unzutreffend „ökonomisches Prinzip" genannt, gilt aber für zweckmäßiges Verhalten in allen Lebensbereichen. Vgl. *Oswald von Nell-Breuning*, Wirtschafte wirtschaftlich? Zeitschrift für Betriebswirtschaft, 21. Jg. April 1951, Nr. 4, S. 193–203.

[4] *Wilhelm Röpke*, Maß und Mitte, 2. Aufl. Bern und Stuttgart 1979, S. 16: „Erst das Christentum hat die revolutionäre Tat vollbracht, die Menschen als Kinder Gottes aus der Umklammerung des Staates zu lösen und, um mit *Guglielmo Ferrero* zu reden, den ‚esprit pharaonique' des antiken Staates zu zertrümmern."

die durch keine bürokratischen Kontrollinstanzen aufgehoben werden können. Dies gilt vor allem für Zentralverwaltungswirtschaften. Deren oberste Instanzen entscheiden in einem Konflikt nach politischer Opportunität.

Willkürspielräume werden eingeengt, wenn die von willkürlichem Verhalten Betroffenen ausweichen können: ein Arbeitnehmer, wenn er ohne große Einbußen einen anderen Arbeitgeber finden kann, ein Unternehmer, wenn er auf andere Abnehmer ausweichen und illoyale durch loyale Arbeitnehmer ersetzen kann, ein Verbraucher, wenn er andere Produkte kaufen und Lieferanten wechseln kann, und ein Bürger, wenn er der Willkür seines Staates durch Auswanderung entgehen kann. Solche elastischen Reaktionen sind in Zentralverwaltungswirtschaften im allgemeinen ausgeschlossen, man bleibt der Zwangsgewalt des eigenen Staates unterworfen.[5]

Meist wird jedoch eine Verletzung der Personwürde marktwirtschaftlichen Systemen mit hoher Kapitalbildung zugeschrieben, obwohl man darin soviel leichter der Willkür einzelner ausweichen kann, wenn offene Märkte bestehen. Man vermutet noch immer mit Karl Marx in der Marktwirtschaft eine strukturelle Verletzung der Menschenwürde, weil kapitalbesitzende oder von Kapitalbesitzern engagierte Unternehmer vermögenslose Arbeitnehmer gegen Lohn beschäftigen und ihnen dabei ihren angeblichen Anspruch auf den vollen Arbeitsertrag vorenthalten. Die Arbeitnehmer seien damit der Willkür der Unternehmer ausgesetzt, gegen die sie sich durch monopolisierende Gewerkschaften wehren müßten.

Es ist nicht möglich, an dieser Stelle alle Halbwahrheiten und Irrtümer dieser Vorstellungen zu behandeln. Nur soviel sei gesagt: Die Lage der unselbständig Arbeitenden wird nicht allgemein dadurch gebessert, daß ihnen nach Verstaatlichung des Kapitals ein monopolistischer Riesenkapitalist als einziger Arbeitgeber gegenübertritt, der zudem noch mit dem Militär, den Gerichten und der Polizei identisch ist.[6] Auch Mitbestimmung löst das Problem fehlender Beschäftigungsalternativen nicht. Jedenfalls ist es für vermögenslose Arbeitnehmer günstig, wenn ihnen möglichst viele und reichlich mit Kapital ausgestattete Arbeitgeber gegenüberstehen, zwischen denen sie wählen können. Das Kapital erhöht die Produktivität der Arbeitenden und daher auch die Zahlungsfähigkeit der Arbeitgeber, aber auch ihre Zahlungswilligkeit, weil bei Wettbewerb mit wachsendem Kapitalstock neue Arbeitsplätze entstehen, die besetzt werden müssen. Denn brachliegendes Kapital bringt Verluste.[7] Eine kapitalreiche Wirtschaft erlaubt auch stärkere Investitionen

5 Vgl. Wilhelm Röpke, Die Nationalisierung des Menschen, in: ders. Maß und Mitte, 2. Aufl. Bern und Stuttgart 1979, Kapitel X.

6 Vgl. Wilhelm Röpke, Der Irrweg des Kollektivismus, in: ders, Maß und Mitte, a. a. O., S. 105 ff.

7 Das Problem ist komplexer, als es hier dargestellt werden kann. Das ändert am Grundsätzlichen nichts. Hierzu im einzelnen: Hans Willgerodt, Von der Macht des Kapitals – Mythen und Wirklichkeit, in: Christian Watrin, Hans Willgerodt, (Hrsg.), Widersprüche der Kapitalismuskritik, Festschrift für Alfred Müller-Armack zum 75. Geburtstag, Bern und Stuttgart 1976, S. 11–59.

in Bildung und Ausbildung, womit die Marktstellung der Arbeitnehmer abermals verbessert wird. Mit wachsender Kapitalmenge, relativ zur Zahl der Arbeitenden, nimmt die „Macht des Kapitals" nicht zu, sondern ab, was auch in fallenden Zinssätzen zum Ausdruck kommen kann.[8] So begünstigt die Kapitalbildung nicht nur eine Minderung von Armut, sondern auch unter bestimmten ordnungspolitischen Bedingungen die Achtung der Personwürde.

Eine weitere christliche Grundforderung ist die Achtung vor dem Handlungsbereich des anderen, insbesondere vor seinen wirtschaftlichen und beruflichen Möglichkeiten und vor seinem Eigentum im weitesten Sinne. Das 9. und 10. Gebot enthalten eine Verurteilung des Neides[9], und daß man nach dem 7. Gebot nicht stehlen soll, setzt voraus, daß zuvor legitime Eigentumsrechte festgelegt sind. Auch staatliches und kollektives Eigentum muß festgelegt sein, bevor es vor illegitimem Zugriff einzelner geschützt werden kann. Mitglieder des Kollektivs haben darüber als solche nur ein eingeschränktes Verfügungsrecht, das sich zum bloßen Mitgliedschaftsrecht verdünnen kann. Diesem Gemeineigentum wird geringere Achtung entgegengebracht, so daß sein Schutz durch besondere Regeln und Sanktionen erzwungen werden muß.

Auch alle übrigen Regeln und staatlichen Gesetze sind danach einzustufen, welche Verständnisprobleme und Widerstände der Einzelpersonen sie zu überwinden haben, wenn sie befolgt werden sollen. Es gibt eine Ökonomie des Moralischen. Wenn zum Beispiel in der Zeit des Nationalsozialismus die internationale Finanz-

---

8 Vom tendenziellen Fallen der Profitrate und damit des Zinses wußte auch *Karl Marx* im Anschluß an *David Ricardo*, zog daraus aber die falschen Folgerungen. Entgegen seinen Prognosen hat die Kapitalbildung den Faktor Arbeit nicht entwertet, sondern eine ungeheure Steigerung des Lebensstandards der Arbeitslohn beziehenden breiten Massen in den „kapitalistischen" Marktwirtschaften möglich gemacht.

9 Zum Problem des Neides: *Helmut Schoeck*, Der Neid. Eine Theorie der Gesellschaft, Freiburg und München 1966. Der Neid als Antrieb, eine Leistung ebensogut oder besser als ein anderer zu erbringen, ist freilich ein Grundelement jeden Wettbewerbs und muß nicht in jedem Fall zur Verdrängung eines anderen führen. Selbst wenn dies aber geschieht, muß dieser Nachteil gegen den Vorteil abgewogen werden, den diejenigen erhalten, die die Leistung in Anspruch nehmen. Vgl. hierzu: Hans Willgerodt, Einigkeit und Recht und Freiheit*, in: *Hermann Albeck* (Hrsg.), Wirtschaftsordnung und Geldverfassung, Symposion zum 65. Geburtstag von *Norbert Kloten*, Göttingen 1992, S. 36, Fußnote 28: „Wenn zwei konkurrierende Parteien um den Vertragsabschluß mit einer dritten Partei wetteifern, könnte behauptet werden, daß die beiden Wettbewerber miteinander in einem Konflikt stehen. Die Entscheidung wird aber nicht durch einen Kampf der Wettbewerber gegeneinander herbeigeführt, sondern durch den gegenüberstehenden Vertragspartner, um dessen Gunst die Konkurrenten ringen müssen, indem sie eine bessere Gegenleistung anbieten. Die Forderung, daß dem Vertragspartner ein günstigerer Vertragsabschluß mit einem Dritten verboten wird, bedeutet, daß man Gewaltanwendung fordert, um eine vom Standpunkt des Partners aus schlechtere Leistung absetzen zu können. Das Bevorzugen des am günstigsten erscheinenden Angebots bedeutet demgegenüber im Verhältnis zu den nicht zum Zuge kommenden Anbietern keine Gewaltanwendung, es sei denn, diese werden künstlich daran gehindert, eine wettbewerbsfähige Leistung zu erbringen."

gemeinschaft der Kirchen durch die Devisenbewirtschaftung behindert wurde, lag es nahe, nach Aus- und Umwegen zu suchen. Die Wirtschaftspolitik soll den Einzelnen nicht in Loyalitätskonflikte bringen.

2. Christliche Verantwortung des Wirtschaftenden in der Marktwirtschaft

a. Die Ethik der Produktion

Gibt es christliche Maximen für das, was produziert werden soll? In der Marktwirtschaft wird hergestellt, wofür eine zahlungsbereite Nachfrage besteht oder entwickelt wird. Was nicht verkäuflich ist, mag vom Standpunkt fernstehender Urteiler aus gesehen noch so kulturell oder moralisch wertvoll sein, es kann auf die Dauer nicht produziert werden, wenn sich niemand findet, der die aus der Unverkäuflichkeit entstehenden Verluste deckt. Dies können Mäzene oder der Staat sein, die als Nachfrager besonderer Art auftreten. Der Staat als Mäzen unterwirft die Gesellschaft mit oder ohne Billigung einer Mehrheit der Bürger einem Zwang zur Investition, etwa in das, was seine Funktionäre für Kunst halten und der „Bevölkerung" zu einer Art von Zwangskonsum auferlegen wollen. Im übrigen gibt es keine christlichen Anweisungen darüber, welche Güter hergestellt werden sollen. Oder ist die Produktion von Gütern, die irgendeine moralische Instanz für Luxus hält, unmoralisch, solange Arme noch nicht mit dem Nötigsten versorgt sind? Vor schnellen Antworten auf diese Frage ist zu warnen: „Luxus" müßte autoritär definiert werden, ist auch eine Frage der Menge eines Gutes (Bei welcher genossenen Weinmenge beginnt der Luxus?), kann Leistungsantriebe hervorrufen, aus deren Ergebnis Armen eher geholfen werden kann, und ist an der Art eines Produktes nicht zweifelsfrei abzulesen. Produktionsverbote sind zur Lösung des Luxusproblems nicht geeignet. Das Problem der Armut muß auf anderem Wege gelöst werden. Es handelt sich aber auch um ein Problem des Verzichts auf augenblicklichen Konsum des erzielten Einkommens, weil Armut durch Kapitalbildung bekämpft werden kann. Appelle sind also primär an die Nachfrager zu richten. In Sonderfällen kann oder soll der Staat vor allem solche Angebote verbieten, die mit negativen Effekten für die Allgemeinheit verbunden sind, etwa von Rauschgift, Abtreibung, Pornographie, Mord auf Bestellung, Verkauf von Kindern und dergleichen.[10] Oft

---

[10] Zum Problem im übrigen: Hans Willgerodt, Wirtschaftsfreiheit als moralisches Problem*, Zeitschrift für Wirtschaftspolitik, 32. Jahrgang 1983, S. 97–113; Hans Willgerodt, Rang und Grenzen der Wirtschaftsfreiheit im Streit der Fakultäten*, in: Ordo et Libertas, Festschrift für *Gerhard Winterberger*, Bern 1982, S. 111–145.

bleibt der Staat mit seinen Verboten erfolglos und muß auf die Moral von Nachfragern und Anbietern hoffen, wenn er solche Marktvorgänge nicht unterdrücken kann.

Wenn sich der Christ für eine legitime Produktion entschieden hat: Gibt es christliche Maximen dafür, wie er produzieren soll? In der wettbewerblichen Marktwirtschaft besteht für die Unternehmungen ein Zwang, das Rationalprinzip anzuwenden, also Kosten zu minimieren oder Ergebnisse zu maximieren. Deswegen notwendige Kostensenkungen und Umstellungen gelten jedoch manchen Christen als unmoralisch, wenn sie zum Beispiel mit Entlassungen verbunden sind. Welche Folgen entstehen, wenn die Kostensenkung unterbleibt, wird in der Regel nicht beachtet; Beruht ein Zwang zur Kostensenkung auf technischem Fortschritt; so ist gefordert worden, die Verursacher dieses Fortschritts für die entstehenden Umstellungszwänge (z. B. bei Wettbewerbern und Arbeitnehmern) schadenersatzpflichtig zu machen. Anderenfalls enthalte der marktwirtschaftliche Wettbewerb einen sozialpolitischen Rechenfehler. In allgemeiner Form überzeugt dies nicht, weil Kosten und Folgen einer solchen Belastung des technisch-wirtschaftlichen Fortschritts außer Betracht bleiben, vor allem die Nachteile, die bei einem solchen Verfahren allgemein für die Bekämpfung von Armut entstehen müssen[11].

Ein weiteres Problem besteht darin, daß der Wettbewerb unter bestimmten Bedingungen eine Tendenz enthalten kann, den allgemeinen moralischen Standard der Produktion zu senken. Derjenige Marktteilnehmer, der sich an der Grenze des gerade noch ohne Strafbarkeit Möglichen bewegt oder sie sogar in der Hoffnung unterschreitet, nicht entdeckt und bestraft zu werden, kann höhere Gewinne erzielen. Dies könnte dazu führen, daß sich andere Marktteilnehmer diesem moralischen Minimalstandard anpassen, um wettbewerbsfähig zu bleiben. Dieses von Goetz Briefs entwickelte Theorem der Grenzmoral ist um so weniger aktuell, je mehr transparente Beziehungen zwischen Anbietern und Nachfragern bestehen und je leichter die vom grenzmoralistischen Verhalten Geschädigten auf andere Partner ausweichen können.[12] Auf die Dauer lohnt sich Grenzmoral nicht, denn wer einmal das Vertrauen seiner Marktpartner verspielt hat, wird boykottiert. Bevor aus der Erscheinung der Grenzmoral Verdammungsurteile über den marktwirtschaftlichen Wettbewerb abgeleitet werden, sind die Alternativen zu prüfen: Grenzmoral ist in der Zentralverwaltungswirtschaft geradezu ein unvermeidlicher Systembestandteil, zum Beispiel bei dem Streben nach „weichen Plänen“, dem Verstecken von Vorräten und der Verschleierung der eigenen Leistungsfähigkeit.

---

[11] Hierzu im einzelnen: Hans Willgerodt, Der Wettbewerb – ein Rechenfehler? In: ORDO –Jahrbuch für die Ordnung von Wirtschaft und Gesellschaft, Bd. 43, 1992, S. 107–138.

[12] Vgl, im einzelnen: Hans Willgerodt, Grenzmoral und Wirtschaftsordnung*, in: *J. Broermann, Ph. Herder-Dorneich*, Soziale Verantwortung. Festschrift für *Goetz Briefs* zum 80. Geburtstag, Berlin 1968, S. 141–171.

Je stärker sich im übrigen Regulierungen und extremer Abgabendruck wie dichter Nebel über marktwirtschaftlichen Systemen ausbreiten, desto eher lohnen sich Steuerhinterziehung, Schwarzarbeit und andere Gesetzesverstöße. Viele moderne Gesetze, die von Tag zu Tag geändert werden, können als zu beachtende moralische Normen kaum noch gelernt, geschweige denn als moralische Regeln in das Bewußtsein eingegraben werden.[13]

Für die Ethik der Produktion ist die Frage wichtig, wie sich der intramarginale Anbieter verhalten soll. Er hat geringere Kosten als der letzte zur Versorgung des Marktes von den Nachfragern noch herangezogene Anbieter. Ihm stehen also während des Wettbewerbsprozesses noch Differentialgewinne so lange zur Verfügung, wie sein Wettbewerbsvorteil nicht durch sinkende Absatzpreise oder steigende Faktorpreise weggeschwemmt worden ist. Soll er diese Mittel für „moralische" Zwecke innerhalb oder außerhalb seines Unternehmens verwenden? Dies kann insoweit für das Unternehmen sinnvoll sein, wie dadurch, zum Beispiel wegen höherer Motivation der Mitarbeiter, zugleich der Unternehmenszweck gefördert wird. Eine gute Tat ist nicht schon dann anrüchig, wenn sie dem Handelnden Ansehen und andere Vorteile verschafft. Die dabei aufgewandten Mittel könnten aber auch für Sachinvestitionen und anderweitige Stärkung der Ertragskraft des Unternehmens und damit zur Sicherung der Arbeitsplätze verwendet werden. Der marktwirtschaftliche Wettbewerbsprozeß besteht in einer Suche nach wirtschaftlich zweckmäßigeren Lösungen und legt das unternehmerische Verhalten nicht ex ante starr fest. Es kann genügend Spielräume geben, die für verschiedene sinnvolle Zwecke genutzt werden können. Nur ist ein angeblich „soziales" Sichgehenlassen bei den Leistungen in einem gewinnträchtigen Unternehmen die am wenigsten tugendhafte Gewinnverwendung.

Es könnte aber gefragt werden, ob Leistung wirklich ein christliches Ziel sein kann. Für die Wirtschaft bedeutet das die Frage, wie produktiv und wieviel insgesamt produziert werden soll. Weltwirtschaftlich entscheidet die Bevölkerung als Gesamtheit aller Nachfrager und Verwender von Gütern insoweit über die gesamte Produktionsmenge, wie sie bereit und in der Lage ist, diese Güter herzustellen. Die Menschheit insgesamt müßte soviel produzieren, wie sie zur Verfügung haben will. Das gelingt ihr noch immer nicht hinreichend. Das Hauptproblem ist nach wie vor ein solches der Produktion, weniger der Verteilung. In einer Zeit, in der sich nicht nur bei Politikern eine Art von Schlaraffenlandsgesinnung bemerkbar macht, man von Überflußgesellschaft spricht und nicht mehr die Güter, sondern die Produktionsgelegenheit für knapp erklärt, muß auf solche Banalitäten wieder einmal hingewiesen werden.

---

[13] Näheres hierzu: Hans Willgerodt, Wirtschaftsordnung und Staatsverwaltung*, ORDO – Jahrbuch für die Ordnung von Wirtschaft und Gesellschaft, Bd. 30, 1979, S. 199–217.

Wenn allerdings durch Produktivitätssteigerung mit gegebenem Faktoraufwand mehr produziert werden kann als bisher und das Einkommen pro Kopf steigt, wird im allgemeinen auch die Arbeitszeit verkürzt Es steigt damit der zeitliche Spielraum für geistige und geistliche Besinnung, wie sie dem Christen nahegelegt ist. Die produktive Marktwirtschaft hindert ihn daran nicht, sondern erweitert seine Verantwortung für die Verwendung seiner Lebenszeit. Aber heute wird gerade in wohlhabenden Ländern nicht selten Leistung an sich verurteilt, und zwar sowohl mit ihrer qualitativen als auch mit ihrer quantitativen Komponente. Der absichtsvoll Nichtleistende, sofern er nicht auf Kosten anderer lebt, mag für sich selbst auf den Genuß von Leistungsergebnissen verzichten. Er verzichtet damit aber auch auf die Produktion eines Überschusses, mit dem er anderen helfen könnte. Wirtschaftliche Hilfe als moralische Tat kann nur demjenigen zugerechnet werden, der sie selbst durch eigene Leistung als Überschuß über seinen eigenen Bedarf erbringt. Wer sie nur auf Kosten anderer politisch veranlaßt, kann sich selbst den Anteil am Erfolg nicht zurechnen lassen, dessen Kosten er dem Steuerzahler auferlegt hat.

Wenn wirtschaftliche Leistung ein höheres Sozialprodukt pro Kopf und sogar Reichtum hervorruft, erscheint dies manchen Christen anstößig und wird mit einem allgemeinen Mißtrauen gegenüber dem Bereich der Wirtschaft überhaupt verbunden. In einer evangelischen Denkschrift heißt es lapidar: „Wirtschaftliches Handeln wird von Selbsterhaltung, Eigennutz und Gewinnstreben angetrieben.“[14]

Bei wirtschaftlichem Wohlstand ist wirtschaftliche Armut für diejenigen beseitigt, die diesen Wohlstand erreicht haben. Ist der Wohlstand nicht auf Kosten anderer erlangt, sondern durch eigene Produktionsleistung, dann ist zu fragen, weshalb dies anstößig sein soll. Wäre es etwa eine moralische Leistung, die aus eigener Kraft Wohlhabenden wieder in Armut zurückzustoßen, anstatt die Armut der noch Armen durch weitere Produktion zu bekämpfen? Bloße Umverteilung zugunsten von Arbeitsfähigen und Leistungswilligen, die bisher nicht oder nur unvollkommen am Wohlstand teilgenommen haben, ist gegenüber ihrer Eingliederung in den wirtschaftlichen Leistungsprozeß nachrangig. Die jetzt in Deutschland betriebene Rationierung der Arbeitsleistung im Interesse des Tariflohnkartells und der Besitzer von Arbeitsplätzen ist nicht nur wirtschaftlich absurd, sondern auch unmoralisch.

Trotzdem sind christliche Warnungen vor einer immer weiter getriebenen Steigerung des im engeren Sinne ökonomischen Wohlstandes ernst zu nehmen. Es handelt sich um eine Frage des rechten Maßes, aber auch der Überzeugungskraft

[14] Gemeinwohl und Eigennutz. Wirtschaftliches Handeln in Verantwortung für die Zukunft Eine Denkschrift der Evangelischen Kirche in Deutschland, Gütersloh 1991, S. 99, Ziffer 139. In Ziffer 144 auf S. 102 heißt es dann aber: „Christliche Verantwortung zielt auf ein wirtschaftliches Handeln, das mit dem Gebot der Nächstenliebe vereinbar bleibt.“ Demnach gibt es auch ein Wirtschaften, für das die vorangestellte Aussage nicht ausreicht.

derjenigen, die sinnvolle Maßstäbe verkünden. Eine Maßlosigkeit kann jedenfalls vorliegen, wenn Armut weniger absolut, sondern nur noch relativ als Einkommen unterhalb eines bestimmten Durchschnittseinkommens definiert wird, wie hoch dieses Durchschnittseinkommen auch immer sein mag. Diese Armut könnte nie verschwinden. Denn die Nachteile einer völlig gleichmäßigen Einkommensverteilung sind so groß, daß eine solche Gleichheit der Einkommen nicht nur in der Marktwirtschaft utopisch ist.[15] Sie würde eine Armut herbeiführen, die niemand verantworten kann.

b. Gewinn, Verlust und Zins als moralisches Problem

Der Erscheinung des Unternehmensgewinns stehen nicht nur die christlichen Kirchen sondern auch die immer noch vom Marxismus mitgeprägte öffentliche Meinung zum großen Teil mit Unverständnis gegenüber. Er gilt wie der Zins als „arbeitsloses" Einkommen. Damit wird zum Ausdruck gebracht, daß er nicht auf Leistung beruhe und funktionslos sei. In allgemeiner Form ist diese Ansicht nicht haltbar. Man meint, es genüge, wenn ein Unternehmen seine Kosten decken könne. Gewinne aber seien darüber hinausgehende und deshalb überflüssige Einnahmen. Dieser Verständnislosigkeit liegt die Vorstellung einer stationären Wirtschaft zugrunde, in der es weder Risiko und technischen Fortschritt noch Bildung von neuem Kapital und neue Investitionen zu geben braucht, außerdem die Kapitalnutzung als freies Gut behandelt werden kann.[16]

---

[15] Hierzu im einzelnen: Hans Willgerodt, Das Leistungsprinzip – Kriterium der Gerechtigkeit und Bedingung des Fortschritts? In: Anton Rauscher (Hrsg.), Kapitalismuskritik im Widerstreit, Köln 1973, S. 89–115.

[16] Zu der Frage, ob in der stationären Wirtschaft der Zins verschwindet: Walter Eucken, Kapitaltheoretische Untersuchungen, 2. Auflage Tübingen, Zürich 1954, S. 115. Sofern für die Abschreibungsbeträge des vernutzten Kapitals auch eine andere Verwendung als die Reinvestition, also Konsum, möglich ist, muß es auch in einer stationären Marktwirtschaft einen Anreiz für die Beibehaltung des bisherigen Kapitalstocks geben. Ein solcher Anreiz kann unter anderem der Zins sein, der vor allem dann notwendig ist, wenn das Kapital dem Kapitalverwender nicht gehört. Gäbe es keinen Zins, wohl aber die Möglichkeit, mit unterschiedlicher Kapitalintensität zu produzieren, dann würde ohne Zins von den Unternehmungen eine maximale Kapitalintensität angestrebt werden, das heißt eine solche Kapitalausstattung, bei der in einer bestimmten Verwendung eine weitere Investition keinen weiteren Ertrag mehr bringen würde. Ein solcher Zustand kann aber bei volkswirtschaftlicher Kapitalknappheit nicht in allen Kapitalverwendungen erreicht werden. Deshalb ist ein Knappheitspreis für die Kapitalnutzung notwendig. Verzichtet man nach marxistischer Lehre auf einen solchen Knappheitspreis, dann kommt es zu einer willkürlichen Kapitalverteilung, also zur Kapitalvergeudung durch Überinvestition an der einen und unzureichenden Investitionen an der anderen Stelle. Die Sowjetwirtschaft war durch Kapitalverzehr sowie Überinvestitionen in der Industrie und gleichzeitig zu geringe Investitionen in anderen Bereichen gekennzeichnet. Weltraumstationen standen marode Straßen und unzulängliche Wohnverhältnisse gegenüber. Vgl. auch: Fritz W. Meyer, Die Leistungsfähigkeit der Planwirtschaft, in: Franz Greiß und Fritz W. Meyer, Wirtschaft, Gesellschaft und Kultur, Festgabe für Alfred Müller-Armack, Berlin 1961, S. 53–60.

Soweit der Gewinn Entlohnung für unternehmerische Arbeit ist, hat ihn selbst Karl Marx nicht in Frage gestellt. Wenn inzwischen etwas zögernd mindestens der Zins für Investitionskredite moralisch anerkannt wird[17], dürfte der Gewinnanteil als zulässig angesehen werden, der als Verzinsung des haftenden Eigenkapitals anzusehen ist.

Aber, wie ist ein Gewinn zu beurteilen, der über diese Größen hinausgeht? Es kann sich zunächst um Gewinne handeln, die daraus entstehen, daß ein Unternehmer die Chancen des Marktes richtig erkannt hat, sei es durch Zufall und Glück, sei es bei in die Zukunft weisenden hervorragenden Leistungen in der Produktion und Markterschließung. Daß Marktchancen richtig vorausgesehen oder zufällig richtig getroffen sein können, gilt nicht nur für Unternehmer, sondern auch für Arbeitnehmer. Sie können eine Entwicklung am Arbeitsmarkt zutreffend eingeschätzt und sich entsprechend vorgebildet haben. Damit erzielen sie einen über die Kosten ihrer Ausbildung und deren Verzinsung hinausgehenden Sondergewinn auf ihr Humankapital. Leistung und Glück sind dabei ebenso wie bei Spitzensportlern kaum noch zu unterscheiden. Das Element der Leistung im Erfolg wird oft, wenn auch nicht immer, moralisch anerkannt.

Ist aber ein Gewinn als bloßer Glücksfall „gerecht"?[18] Glück allein ist jedenfalls nicht die moralische Leistung desjenigen, der es hat.[19] Die Entscheidung, am marktwirtschaftlichen Wettbewerb teilzunehmen, bedeutet jedoch, daß man nicht nur gewinnen, sondern auch verlieren kann, also ein Risiko eingeht. Das Risiko eines haftenden Unternehmers ist im allgemeinen im Vergleich zu Geldgläubigern

---

[17] Vgl. Emil Brunner, Gerechtigkeit, Zürich 1943, S. 186ff., 202.

[18] Hierzu: Peter Koslowski, Ethik des Kapitalismus. Mit einem Kommentar von James M. Buchanan, 2. Aufl. Tübingen 1984, S. 56 (unter Berufung auf Knight): „Alle Verfügungsrechte über Ressourcen, seien es Arbeit (Human-Kapital) oder Kapital allgemein, entstehen aus drei Quellen, aus Leistung, Vererbung und Glück." Koslowski fährt fort: „Von diesen ist zweifellos nur die erste Quelle gerecht zu nennen, die zweite nur mehr rechtlich und die dritte der Gerechtigkeit gegenüber inkommensurabel." Es wird nicht geprüft, ob es mehr Gerechtigkeit schaffen würde, wenn das Erbrecht abgeschafft würde und wegen ererbter günstiger Eigenschaften Sondernachteile zugewiesen werden würden, ferner ob solche Gewinne sozialisiert werden sollten, die zufällig gefundenen richtigen wirtschaftlichen Lösungen zu verdanken sind.

[19] Vgl. F. A. Hayek, Gleichheit, Wert und Verdienst, ORDO – Jahrbuch für die Ordnung von Wirtschaft und Gesellschaft, Bd. 10,1958, S. 5–29. Aus der eine Teilwahrheit enthaltenden These von Hayeks, der wirtschaftliche Erfolg sei vom moralischen Verdienst der Marktteilnehmer unabhängig, der Marktprozeß liege aber im allgemeinen Interesse, folgt, daß wegen dieses allgemeinen Interesses die Teilnehmer mit einer sozialen Mindestsicherung ausgestattet werden müssen, damit sie trotz des Verlustrisikos in hinreichender Zahl daran teilnehmen. Geschieht dies nicht, dann kommt es zu einer Verknappung des Angebots bei risikoreichen Tätigkeiten, etwa der Unternehmerleistung, und steigenden Entlohnungen hierfür, was wieder Neid und Entrüstung hervorruft; vgl. Hans Willgerodt, Flucht vor der Verantwortung und Elitenverschleiß als mögliche Gefahren für die Soziale Marktwirtschaft, in: Beiträge zur Ordnung von Wirtschaft und Gesellschaft, Wirtschaftspolitische Chronik 1966, S. 135–158.

und Arbeitnehmern oder gar Staatsbeamten systematisch höher. Ist es gerecht, wenn der marktwirtschaftliche Unternehmerwettbewerb zum Beispiel durch die Steuergesetzgebung zu einem Spiel gemacht wird, bei dem man eher verlieren als gewinnen kann? Vergessen wird im übrigen die wettbewerbliche Gewinnerosion. Dabei sind Nachahmer dem Glücklichen auf den Fersen, dringen wegen der Gewinnaussichten in dessen Markt ein und sorgen für ein zusätzliches Angebot, das entweder billiger oder besser ist. Die Gewinne sinken, und es kommt zu einer gesellschaftlichen Aneignung privater wirtschaftlicher Erfolge.[20] Die Moral liegt nicht im unerwarteten Gewinn selber, sondern in den günstigen Reaktionen, die er bei geeignetem Ordnungsrahmen hervorruft. Damit führt privates Glück zur öffentlichen Wohltat.

Beruht der Gewinn jedoch auf Marktmacht, die zum Beispiel vom Staat privilegiert oder durch Kartelle und Konzentration vor Wettbewerb geschützt ist, dann schätzen sich zwar die Privilegierten glücklich, aber ihr Glück ist für die Gesellschaft nachteilig, weil es in dem künstlichen Vorenthalten möglicher Leistung zum Zwecke der Ausbeutung anderer besteht. Es kann auch keine Rede davon sein, daß eine gesamtwirtschaftlich sinnvolle Leistung vorliegt, wenn pressure groups Sondervorteile für ihre Klientel politisch durchsetzen. Sie leisten etwas für sich auf Kosten anderer.

Viele Verdammungsurteile gegenüber dem Gewinn gehen auf das auch in der Ethik verbreitete Denken in zu kurzen Kausalketten zurück: Der Gesamtvorgang kann erst beurteilt werden, wenn einbezogen wird, in welcher Lebenslage sich der Gewinnberechtigte befindet und wie er den Gewinn verwendet.

Erstaunlich ist, wie wenig in Diskussionen unter Christen die Kehrseite des marktwirtschaftlichen Wettbewerbs betrachtet wird, nämlich der Verlust als das Gegenteil des Gewinns. Er zeigt an, daß eine Produktion nicht mehr unter den bisherigen Bedingungen und mit den bisherigen Verfahren kostendeckend betrieben werden kann. Die Faktoren sollten anderen Verwendungen zugeführt werden, wenn Bezug, Finanzierung, Produktion und Absatz nicht mehr ausreichend rationalisiert werden können. Zahlreich sind aber, jedenfalls in Deutschland, Appelle kirchlicher Stellen, unvermeidliche Entlassungen und Schließungen unrentabler Betriebe zu unterlassen. Wer dann die Verluste deckt, bleibt unklar. Zunächst müßte das Eigenkapital des Unternehmens, das ohnehin haften muß, auch solche Verluste tragen, die vermeidbar sind aber manchem als „sozial" gerechtfertigt gelten. Verluste zu verursachen, ohne selbst dafür aufzukommen, bedeutet einen Ein-

---

[20] Vgl. Hans Willgerodt, Die gesellschaftliche Aneignung privater Leistungserfolge als Grundelement der wettbewerblichen Marktwirtschaft*, in: *Heinz Sauermann, Ernst-Joachim Mestmäcker* (Hrsg.), Wirtschaftsordnung und Staatsverfassung, Festschrift für *Franz Böhm* zum 80. Geburtstag, Tübingen 1975, S. 687–705.

griff in fremdes Eigentum. Wird der Steuerzahler bemüht, um Defizite zu decken, dann wird an anderer Stelle eine Last auferlegt, deren Folgen man schwer feststellen kann. Ähnliches gilt, wenn das Verlustunternehmen vor Wettbewerb geschützt wird, um es künstlich lebensfähig zu erhalten. Ist eine Verlagerung von; Verlusten ethisch schon dann gerechtfertigt, wenn man nicht weiß, wie sie wirkt und wen sie trifft? Nicht nur der Nachfrager und Verbraucher ist als „forgotten man" der Leidtragende. Getroffen werden auch andere Produzenten und ihre Arbeitnehmer, zum Beispiel Wettbewerber und deren Lieferanten.

Ein häufig beschrittener Ausweg besteht in der Konzentration zu Riesenunternehmungen, innerhalb deren Verluste an einer Stelle mit Gewinnen an anderer Stelle, auch auf Kosten von Anteilseignern und Fiskus, verrechnet werden können.[21] Etwas Ähnliches geschieht zwischen dem Staat und den ihm gehörenden Unternehmen: Ihre Verluste können (und müssen) im Staatshaushalt verrechnet werden. In der Zentralverwaltungswirtschaft mit ausschließlichem Staatseigentum an den Produktionsmitteln steigert sich die Sozialisierung von Verlusten zum Extrem. Dieses Wirtschaftssystem verfugt nicht einmal über ein ausreichendes Rechnungswesen, um Verluste wirklich genau genug feststellen zu können, geschweige denn, daß daraus hinreichende wirtschaftliche Folgerungen gezogen werden. Es handelt sich um Systeme sozialen Kostenmachens, das zur allgemeinen Verarmung führen kann. Ist nicht vielleicht das Gewinnstreben in der Marktwirtschaft, das auch von der Furcht vor Verlusten geleitet wird, doch die ethisch einwandfreiere Maxime? Man frage einmal einen Gewerkschaftsfunktionär, ob ihm gewinnträchtige oder verlustreiche Unternehmen als Verhandlungspartner lieber sind, wenn er in die Lohnverhandlungen geht.

c. Die Ethik der Einkommensverwendung

Dem Christen ist nicht im einzelnen vorgeschrieben, wie er sein Einkommen verwenden soll. Es ist aber selbstverständlich, daß das Einkommen nicht für Zwecke verwendet werden soll, die gegen die christlichen Gebote verstoßen.

Auch für die Aufteilung zwischen Verbrauch und Sparen ist dem Christen Freiheit gewährt. Es gibt sogar die mosaische und im Neuen Testament auf die Geistlichen bezogene Aussage: „Du sollst dem Ochsen, der da drischt, nicht das Maul verbinden." (5. Mose 25,4; 1. Kor. 9, 9; 1. Tim. 5, 18). Einerseits gibt es Warnungen vor hemmungs- und ziellosem Verbrauch, der „Konsumismus" genannt wird. Vergeudung wird verurteilt, vor allem bei Gütern der Umwelt. Weniger deutlich

[21] Die Verlustverrechnung innerhalb großer Vermögensmassen ist nicht per se illegitim, weil man unternehmerische Risiken nicht vermeiden kann und die Streuung von Risiken überzogene Reaktionen von Marktpartnern auf partielle Verluste verhindern kann, so daß ein geordneter Rückzug oder Strukturwandel möglich wird.

wird erkannt, daß auch unrationelle Produktion Vergeudung ist. Andererseits wird vor übertriebener Vorsorge durch Ansammlung irdischer Güter gewarnt, wenn darüber die dem Christen nahegelegte Besinnung verloren geht. Es handelt sich also auch hier um eine Frage des rechten Maßes, das situationsgerecht gefunden werden muß.

Wenig Verständnis findet allerdings die Funktion des sogenannten Kapitalisten, der eigenes Einkommen nicht verbraucht, sondern investiert, um daraus weiteres Einkommen zu beziehen. Die meisten Ersparnisse dieser Art entstehen heute in den Unternehmungen und bei der Masse der privaten Haushalte, deren Haupteinkommen durch Arbeit gewonnen wird. Die biblische Vorstellung vom reichen Gläubiger und armen Schuldner entspricht nicht mehr allgemein der Wirklichkeit, denn die Hauptschuldner sind die Unternehmungen und die Staaten. Verdeckt wird dies dadurch, daß Ersparnisse der breiten Massen durch Kreditinstitute an die Schuldner weitergeleitet werden und diese Institute dem einzelnen privaten Schuldner gegenüber oft mächtig sind, wenn der Wettbewerb im Bereich der Kreditgeber zu wünschen übrig läßt. Den Staaten gegenüber ist jeder einzelne Sparer und Gläubiger so gut wie machtlos, wenn Rückzahlungen und Verzinsungen verweigert werden. Auch hat der Staat die Möglichkeit, die Gläubiger durch Inflation zu enteignen. Der Staat verschuldet sich oft, um einen zusätzlichen, nicht durch Abgaben gedeckten Verbrauch zu finanzieren. Bei seinen Bürgern werden dadurch Illusionen über ihren Reichtum erzeugt, weil sie in ihrer privaten Vermögensrechnung die Anteile der Staatsschuld nicht rechnen, die auf sie entfallen, wohl aber die von ihnen erworbenen Staatsschuldtitel als Vermögen ansehen. Wenn Einnahmen aus Staatsverschuldung dem Verbrauch zugeführt werden, hält man außerdem Ersparnisse der Privaten von wirtschaftlich zweckmäßigen Investitionen ab. Dem Gebot, zur Minderung von Armut beizutragen, entspricht dies sicher nicht. Weltwirtschaftlich ist die Kapitalbildung im weitesten Sinne unter Einschluß der Ausbildungsinvestitionen das dringendste Problem, das gelöst werden muß, um den Armen die Möglichkeit des Aufstiegs zu geben. Solange der gesamtwirtschaftliche Kreislauf zusätzliche Ersparnisse noch mit nützlichen Investitionen begleiten kann, besteht eher auch eine Pflicht zum Sparen und zur Kapitalbildung zumal in Entwicklungsländern. Unentgeltliche Hilfe, die ihnen geleistet wird, ist bei akuten Notfällen gerechtfertigt, sollte aber durch entgeltliche Investitionen aus eigenen und fremden Ersparnissen abgelöst werden. Die Entgeltlichkeit ist notwendig, um Vergeudungen von Investitionsmitteln zu vermeiden. Jedenfalls hat dies entschiedene Vorzüge gegenüber der bloßen Umverteilung von Verbrauchsgütern an die Armen, bei der das Problem verewigt wird, solange die Armen wegen ihrer zu geringen Produktionsleistung in ihrer Armut festgehalten werden. Zu diesen Vorzügen rechnet auch, daß ein privater Gläubiger ein starkes Kontrollinteresse daran hat, daß der Wohlstand seines Schuldners zunimmt und dieser in die Lage kommt,

Zinsen und Amortisationen zu zahlen. Geschenke oder formale Kredite durch Regierungen und Entwicklungshilfe staatsfinanzierter internationaler Organisationen werden demgegenüber häufiger verwirtschaftet oder landen als Privatvermögen von Regierenden auf Bankkonten in wohlhabenden Ländern. Ein Schuldenerlaß ist in diesem Falle wirtschaftlich nur sinnvoll, wenn die Verantwortlichen zur Rechenschaft gezogen werden und die staatliche und wirtschaftliche Ordnung dieser Länder geändert wird.[22]

Unter zweckmäßigen ordnungspolitischen Bedingungen ist der Mensch als Sparer und damit Kapitaleigner ein unentbehrlicher Sozialfunktionär, dem man nicht zum Vorwurf machen sollte, daß er spart und zur notwendigen Kapitalbildung beiträgt. Problematisch können jedoch das konzentrierte Kapital oder seine konzentrierte Verwaltung sein. Es ist sinnvoll, eine breitere Streuung des Kapitalvermögens zu fördern und die Unternehmungskonzentration einzuschränken.

3. Wirtschaft und Nächstenliebe

Nach allgemeiner Überzeugung steht der Bereich der Wirtschaft der Nächstenliebe fern und gilt als ein Gebiet der bloßen Rechenhaftigkeit und „sozialen Kälte". Der erste Akt der Nächstenliebe ist es jedoch, so weit wie möglich nicht anderen zur Last zu fallen.[23] Die in Westdeutschland immer mehr um sich greifende Ansicht, nicht Güter, sondern Produktions- und Arbeitsmöglichkeiten seien knapp und müßten deswegen rationiert werden, beruht, wie gesagt, auf der fatalistischen Hinnahme ordnungspolitischer Mängel und der Kartellideologie der Arbeitsmarktparteien. Beides hat eine Arbeitslosigkeit hervorgerufen, die es in der Zeit Ludwig Erhards nicht gegeben hat. Der Trugschluß vom gesamtwirtschaftlich gegebenen Arbeitsquantum gehört zu den ältesten volkswirtschaftlichen Irrtümern und steht heute auch in Westdeutschland in offenkundigem Gegensatz zur Unterversorgung mit Arbeitsleistungen in vielen Bereichen. Die Propagierung dieses Irrtums begünstigt eine gesellschaftliche

22 Auch dieses Problem ist wirtschaftspolitisch komplexer, als es hier dargestellt werden kann. Vgl. Hans Willgerodt, Kontrollen oder Selbstkontrollen gegen Währungskrisen, in: Bernhard Külp, Viktor Vanberg, Freiheit und wettbewerbliche Ordnung. Gedenkband zur Erinnerung an Walter Eucken, Freiburg 2000, S. 361–386. Die relative Interesselosigkeit der Regierung in Mosambik am Schicksal ihrer Landsleute während der jüngsten Flutkatastrophe korrespondiert mit Berichten, das Land habe z. B. im Jahr 1989/90 öffentliche Nettohilfe aus dem Ausland nach Abzug des Tilgungsdienstes in Höhe von 156,7 % seines Bruttosozialproduktes erhalten, so daß fast zwangsläufig ein Überschuß im Ausland angelegt worden sein muß.

23 So schreibt Martin Luther, Von Kaufshandlung und Wucher, in: D. Martin Luthers Werke, Bd. XV, unveränderter Abdruck der 1966 bei Hermann Böhlau Nachf., Weimar, erschienenen Ausgabe von 1899, S. 302: „Denn Christen sind brüder, und eyner lest den ändern nicht. So ist auch keyner so faul und unverschampt, das er on erbeyt sich auffs andern gut und erbeit verlasse und zeren wolle mit müssig gang von eynes andern habe."

Diskriminierung des Fleißes und der Selbstverantwortung. Im vermeintlichen und allenfalls kurzfristigen Interesse von Arbeitsplatzbesitzern und deren Entlohnungszuwächsen werden Arbeitsfähige aus dem Erwerbsleben verdrängt und den Sozialkassen überantwortet. Dies ist das genaue Gegenteil von Nächstenliebe.

Es ist aber richtig: Wirtschaft ruft nicht automatisch Nächstenliebe mit wirtschaftlichen Mitteln hervor, sondern schafft nur Güter und Einkommen, mit denen sie geleistet werden kann und auch geleistet wird.[24] Es zeigt sich aber, daß Helfen vor allem aus zwei Gründen eine schwere Kunst ist: Sie muß im Zeitpunkt der Hilfe zweckmäßig sein und außerdem die späteren Reaktionen dessen beachten, dem geholfen werden soll. Wem zuviel, zu lange und ohne Ermutigung zur Selbsthilfe geholfen wird, der kann in Armut und Unmündigkeit zurückbleiben.[25]

III. Wirtschafts- und Sozialethik

1. Persönliche und kollektive Solidarität

Die christliche Forderung der Nächstenliebe richtet sich primär an Personen, nicht an Kollektive.[26] Die Möglichkeit, durch wirtschaftliche Hilfe Nächstenliebe zu üben, hängt von den Umständen ab, unter denen der Helfende und der Hilfsbedürftige leben. Ein für erfolgreiche Hilfe günstiger Umstand ist eine hohe Produktionsleistung des Gebers und eine Bereitschaft des Empfängers, sich von der Hilfe so bald wie möglich unabhängig zu machen. Beides ist nicht nur eine Frage des guten Willens, sondern auch eine Frage der Wirtschafts- und Sozialordnung und der zweckmäßigen Organisation. Damit die Möglichkeit zur Hilfe auch genügend und zweckmäßig genutzt wird, genügen nicht immer Aktionen einzelner allein, sondern kleinere Gemeinschaften bis zu Großorganisationen und schließlich dem Staat können und müssen hier mitwirken.

---

24 Die amerikanische Wirtschaft mit ihrer soviel geringeren Arbeitslosigkeit und ihrem höheren Produktionsvolumen kennt ohne Kirchensteuern an Mitteln reiche Kirchen und einen großen Umfang an gemeinnützigen Stiftungen aller Art. Mit den auch dabei auftretenden Wirtschaftsproblemen befaßt sich ein eigener Zweig der amerikanischen Nationalökonomie: Vgl. Kenneth E. Boulding, Über eine reine Theorie der Stiftung. „Grants Economy“ und Philanthropie, Herausgeber: Stiftungszentrum im Stifterverband für die Deutsche Wissenschaft, Essen 1973.

25 Vgl. Bruno Molitor, Wirtschaftsethik, München 1989, S. 139.

26 „Nächstenliebe kann nicht an den Gesetzgeber oder an die Verwaltung delegiert werden oder nur von Strukturen gefordert werden“ (Gemeinwohl und Eigennutz... Eine Denkschrift der Evangelischen Kirche in Deutschland, a. a. O., Seite 103): „Tugend läßt sich nie vollständig durch Soziotechnik ersetzen.“ (Lothar Roos, Markt und Moral, in: Norbert Glatzel und Eugen Kleindienst (Hrsg.), Die personale Struktur des gesellschaftlichen Lebens. Festschrift für Anton Rauscher, Berlin 1993, S. 328).

Der Vorrang der persönlichen Nächstenliebe ist jedoch heute vielfach in sein Gegenteil verkehrt worden. Das Postulat „charity begins at home" tritt mit der in vielen entwickelten Ländern vordringenden Auflösung der Familie in den Hintergrund und wird von Forderungen nach nationaler oder sogar weltweiter Solidarität begleitet. Mit dieser geographischen Expansion der Solidaritäten, so unvermeidlich sie zum Teil sein mag, geht die persönliche Beziehung zwischen Geber und Nehmer mehr oder weniger zugunsten bürokratischer und schematischer Eingruppierung verloren. Oft wird nicht mehr den Menschen als erkennbaren Personen geholfen, sondern als den Angehörigen von Kollektiven, bei denen die statistische Zuordnung wichtiger ist als Einzelschicksale. Global an ärmere Länder gewährte Hilfen können deshalb den Wohlhabenden dieser Länder auf Kosten ärmerer Steuerzahler der Geberländer zugute kommen, wenn nicht Regelungen getroffen werden, die diese Verwendung von Hilfsmitteln ausschließen. Das Subsidiaritätsprinzip im Sinne einer Beweispflicht für Zentralisierungen hat auch bei der Rangordnung der Solidaritäten einen guten Sinn, weil Notwendigkeit und Zweckmäßigkeit von Hilfe nach Art und Menge um so eher richtig beurteilt werden können, je besser der Helfende wegen größerer Nähe informiert ist.

Das bedeutet keine grundsätzliche Ablehnung kollektiver und staatlicher Maßnahmen. In den Wohlfahrtsstaaten der wirtschaftlich entwickelten Länder ist jedoch unter dem Banner der jeweiligen nationalen Solidarität ein sozialpolitisches System entwickelt worden, das Hilfe für Bedürftige unentwirrbar mit normaler, jedem Erwerbstätigen möglicher Vorsorge vermischt und zum Mißbrauch einlädt. Es können im Regelfall nicht alle allen gleichzeitig helfen und sich gegenseitig Hilfe aufdrängen. Ein jeder muß damit rechnen, krank oder alt zu werden. Hiergegen wirtschaftliche Vorsorge zu treffen ist ebensowenig ein Problem der Nächstenliebe wie eine Haftpflichtversicherung für Automobile, für die der Staat aus guten Gründen einen Versicherungszwang, aber keine Zwangsversicherung vorsieht. Es handelt sich bei der wirtschaftlichen Vorsorge für Krankheit und Alter um ein Problem des ökonomischen Umgangs mit vorhandenen und künftigen Mitteln. Das Zusammenführen von Angebot und Nachfrage nach echten, das heißt privaten Kranken- und Lebensversicherungen oder anderweitigen privaten Alterssicherungen ist wirtschaftlich eine Frage des Geschäfts. Auch das Problem einer wirtschaftlich zweckmäßigen Sozialversicherung für die Mehrheit der Bevölkerung, die leistungsfähig ist, darf nicht als eine Frage der Armenpflege verstanden werden. Über die dabei anzuwendenden zweckmäßigsten Verfahren streiten unabhängige Ökonomen mit den Politikern und den Verwaltern des Wohlfahrtsstaates. Es ist aber nicht legitim, wenn für eine immer weiter ausgedehnte staatliche Zwangsvorsorge mit dem Argument geworben wird, dem Bürger müsse schlechthin die

Daseinsvorsorge vom Staat abgenommen werden, der ihn dafür besteuert und auf diese Weise den Spielraum der Selbstverantwortung einschränkt.[27]

Mit Anforderungen der Nächstenliebe ist das Streben nach Umverteilung von Vermögen und Einkommen keineswegs deckungsgleich. Eine solche Umverteilung ist durchaus möglich, aber es handelt sich auch hier wieder um eine Frage des rechten Maßes, das heute in vielen Ländern nicht gewahrt wird. Im Hintergrund steht die Vorstellung, es sei ein gegebener Gütervorrat „gerecht", und das soll heißen, gleichmäßig und jedenfalls unabhängig von der Produktionsleistung zu verteilen, denn die Güter seien für alle da. Welche Folgen eine von der Produktionsleistung unabhängige völlig egalitäre Güterverteilung für die Leistungsantriebe, damit für die Produktion des verteilbaren Gütervolumens und damit auch für die Ärmeren hätte, wird nicht einbezogen.[28]

2. Ordnungsethik

Das persönliche und wirtschaftliche Schicksal der Menschen wird von Ordnungen mitbestimmt, in denen sie leben. Auch die Möglichkeit des Einzelnen, mit wirtschaftlichen Mitteln Nächstenliebe zu üben, hängt von Ordnungen ab, insbesondere der Rechts- und Wirtschaftsordnung, die für ihn gilt. Der Erfolg einer Hilfe wird aber auch von Ordnungen bestimmt, denen der Hilfsbedürftige unterworfen ist.[29]

Es ist zu optimistisch, allein auf eine sich selbst überlassene Evolution zu hoffen, also auf eine Art von Darwinismus der gesellschaftlichen Ordnungen, wonach sich schließlich in einem spontanen Prozeß eine menschenwürdige und freiheitliche

27 Über die grundsätzliche Skepsis des evangelischen Theologen *Helmut Thielicke* gegenüber dem Wohlfahrtsstaat und der Institutionalisierbarkeit von Nächstenliebe vgl. *Klaus Weigelt*, Evangelische Wirtschafts- und Sozialethik – Verständnisfragen und ordnungspolitische Bedeutung, in: *Gernot Gutmann*, *Alfred Schüller* (Hrsg.), Ethik und Ordnungsfragen der Wirtschaft, a. a. O., S. 135.

28 Bei den radikalen egalitären Forderungen liegt die Vorstellung zugrunde, daß Verteilung und Entstehung des Einkommens voneinander unabhängig seien. Vgl. hierzu: *Alfred Schüller*, Gerechtigkeit und wirtschaftliche Entwicklung – Sozialethische Anforderungen und ordnungspolitische Konsequenzen der Entwicklungslehre von *G. Myrdal* und *P. T. Bauer*, in: *Gernot Gutmann*, *Alfred Schüller* (Hrsg.), Ethik und Ordnungsfragen der Wirtschaft, a. a. O., S. 411 – 449, insbesondere S. 443 mit dem Hinweis auf die Kritik Bauers an der Politisierung des Wirtschaftslebens in Entwicklungsländern – „a process helped along by slogans of equality and intensified by the idea that incomes are extracted, not earned."

29 Totalitäre Systeme wie dasjenige Nordkoreas können auf Kosten der von ihnen Beherrschten die Annahme von Hilfe aus ideologisch-machtpolitischen Gründen verweigern. Hilfszahlungen an arme Länder können ebenso wie ein Schuldenerlaß nutzlos bleiben, wenn sie durch Korruption versickern oder wegen einer verfehlten Rechts- und Wirtschaftspolitik der Empfängerländer wirkungslos bleiben oder wenn sie gar indirekt militärische Aktionen subventionieren.

Ordnung unbewußt und jedenfalls ohne auf das Ergebnis gerichtete oder korrigierende menschliche Überlegung herausbildet.[30] Der Christ erwartet ohnehin im Diesseits keine ideale Ordnung. Doch gehört es zu den Pflichten nicht nur christlicher Politiker, sich auch im Bereich der Wirtschaft für Ordnungen einzusetzen, die Freiheit und Menschenwürde achten und fördern. Daß wirtschaftliche Freiheit der Person in einer marktwirtschaftlichen Ordnung unter von den Volkswirten eingehend diskutierten Nebenbedingungen außerordentliche Produktionskräfte entfesseln kann, genügt nicht, um dies als Materialismus zu verdächtigen. Wenn wirklich die Gottesfurcht in kärglicher Lebenslage eher anzutreffen sein sollte und gar Not beten lehrt, ist dies kein Grund, um diese Not durch eine verfehlte Wirtschaftspolitik herbeizuführen. Not kann im übrigen bösartig machen und kein Gebot mehr kennen. In der erwähnten evangelischen Denkschrift heißt es: „Verantwortungsbewußtsein braucht die Freiheit gegenüber der alltäglichen Macht des Ökonomischen."[31] Dies kann mißverstanden werden und jedenfalls nicht bedeuten, daß sich eine von wirtschaftlichen Alltagssorgen befreite Führungsschicht ermächtigt fühlt, wirtschaftliche Sachzwänge zu vergessen. Es kann nicht darum gehen, einer zu bekehrenden oder politisch zu führenden Bevölkerung ein Ordnungssystem aufzuerlegen, das für dieses Volk die Last der „alltäglichen Macht des Ökonomischen" aus ideologischen Gründen vermehrt.

Der mögliche Konflikt zwischen einer Steigerung des im engeren Sinne ökonomischen Wohlstandes und Werten „Jenseits von Angebot und Nachfrage"[32] ist der Wirtschaft vorgelagert. Die Wirtschafts- und Sozialpolitik ist kein Ersatz für die Ethik der Person. Diejenigen, die mit ordnungs- und wirtschaftspolitischen Aufgaben beauftragt sind, können aber Bedingungen begünstigen, die es erlauben, den seit Jahrhunderten gepflügten steinigen Acker der christlichen Individualethik aufzulockern. Es ist möglich, das dem Christentum nicht günstige Klima der Wurzellosigkeit, geistig-moralischer Beliebigkeit, der Kurzfristigkeit im Denken und Handeln, mangelnder Selbstverantwortung, der Eigentumslosigkeit der breiten Massen, des kollektivistischen Massenrausches und einer vom Kollektiv erwarteten Massenversorgung auch durch wirtschaftspolitische Maßnahmen zu bekämpfen.

---

[30] Kritisch zu diesen Vorstellungen, die von Hayek in seinen späteren Lebensjahren (wenn auch nicht immer ganz eindeutig) nahezulegen scheint: Hans Willgerodt, Wertvorstellungen und theoretische Grundlagen der Sozialen Marktwirtschaft, in: Wolfram Fischer (Hrsg.), Währungsreform und Soziale Marktwirtschaft. Erfahrungen und Perspektiven nach 40 Jahren. Schriften des Vereins für Socialpolitik, N.F. Bd. 190, S. 52, 59f.; ähnlich, wenn auch mit anderer Zielrichtung und in einigen Punkten diskussionsbedürftig: Rudolf Weiler, Interessenkalkül und moralisches Prinzip, in: Norbert Glatzel und Eugen Kleindienst, Die personale Struktur des gesellschaftlichen Lebens, a.a.O., S. 674f.

[31] Gemeinwohl und Eigennutz, a.a.O., Ziffer 102, S. 83.

[32] Diesen Titel trägt ein Buch des Ökonomen Wilhelm Röpke (5. Aufl. Bern und Stuttgart 1979).

Eines der wichtigsten moralischen und wirtschaftspolitischen Probleme ist der Spielraum für freie Entscheidungen des Einzelnen, der ihm im Bereich der Wirtschaft zustehen soll. Verantwortlich im moralischen Sinne ist er nur, wenn und soweit er einen solchen Spielraum hat. Die Versuchung liegt nahe, diese Freiheit möglichst eng zu fassen, um moralisches Fehlverhalten zu verhindern. Aber dazu muß es Instanzen geben, die entscheiden sollen, welches Verhalten moralisch neutral ist oder sogar günstig beurteilt werden kann und welches verwerflich ist. Diese Instanzen werden von Menschen beherrscht, die im Prinzip ebenso unvollkommen sein können wie alle ihre Mitmenschen. Man kann daraus die Folgerung ableiten, möglichst viele Entscheidungen, die ihn selbst betreffen, dem Einzelnen zuzuweisen und ihn die Folgen dafür tragen zu lassen. Grenzen hierfür muß es geben, vor allem für diejenigen, die wie Kinder keine volle Verantwortung auf sich nehmen können.

Da jedoch die urteilenden Instanzen über Macht verfügen müssen, um sich durchsetzen zu können, sind sie der ständigen Versuchung ausgesetzt, diese Macht nicht nur fehlerhaft, sondern auch willkürlich anzuwenden oder zum eigenen Vorteil zu mißbrauchen. Das ist die Erbsünde jeder Fremdbestimmung, die durch allgemeine Regeln in Schranken gehalten werden muß. Auch Demokratie ist Fremdbestimmung für die bei einer Abstimmung Unterlegenen.

Das Abwägen bei dieser Frage ist im Bereich der Wirtschaft zusätzlich mit der Aufgabe belastet, das konkrete Ziel des Wirtschaftens einzubeziehen, nämlich die Güterversorgung. Das ist nicht ohne hinreichende Sachkunde über die Vorgänge möglich, die sich in der Gesellschaftswirtschaft abspielen. Auch die verschiedenen Möglichkeiten müssen in das Urteil einbezogen werden, mit denen die Gesellschaft im wirtschaftlichen Bereich geordnet werden kann.

Es gibt ein christliches Vorurteil zugunsten der Gemeinschaft. Ob das auch ein Vorurteil gegen die wirtschaftliche Entscheidungsfreiheit des Einzelnen bedeutet, ist umstritten. Wie weit soll hier die „Freiheit eines Christenmenschen" praktisch gehen? Der folgende Beitrag wendet sich in dieser Frage den Theologen und zum Teil auch den Urteilen zu, die von ihnen hierzu gefällt worden sind und immer wieder gefällt werden. Dabei ändern sich in den christlichen Kirchen nicht selten die Meinungen. Zum Beispiel enthält die Enzyklika „Centesimus annus" von Papst Johannes Paul dem Zweiten Klärungen und Korrekturen, die vom sozialistischen Standpunkt aus als nahezu liberal bezeichnet werden können. Der nachstehende Vortragstext bezieht sich auf den Stand der Diskussion vom Frühjahr 1982, konnte also spätere Entwicklungen nicht berücksichtigen.

Wirtschaftsfreiheit als moralisches Problem*

Hans Willgerodt

I.

In seiner Schrift „Von Kaufshandlung und Wucher" aus dem Jahre 1524 führt Martin Luther mit besonderer Betonung den Satz an, daß ein Kaufmann schwerlich ohne Sünde handeln könne.[34] Offenbar ist damit mehr gemeint als die unstreitige Sündhaftigkeit der Welt im allgemeinen. Der Reformator vermutet vielmehr, wie seine Schrift deutlich erkennen läßt, daß der wirtschaftliche und kaufmännische Verkehr besonders stark zur Verworfenheit neige. Er versucht dies anhand von Beispielen und Überlegungen näher zu begründen, wobei er zunächst einen Blick auf den Außenhandel wirft. Die Einfuhr von Tuch aus England und von Gewürz aus Portugal erscheint ihm verdächtig, allerdings mehr wegen der von ihm vermuteten volkswirtschaftlichen Schädlichkeit. Denn zur Bezahlung fließe das Edelmetallgeld aus dem Lande, zumal über die Messe in Frankfurt, dieses „sylber und gollt loch".[35] Die Einfuhr kostbarer Seide und ähnlicher Güter sei überflüssiger Luxus, der zur Verarmung beitrage.

Vor allem aber beschäftigt ihn die freie Preisbildung am Markt, wobei sein Urteil zwiespältig ausfällt. Am liebsten sähe er eine obrigkeitliche Preisfestsetzung, damit der Käufer nicht übervorteilt werde und der Verkäufer auf seine Kosten komme. Weil aber diese Ordnung nicht zu erwarten sei, empfiehlt er als zweitbesten Rat, die Marktpartner sollten den allgemein landesüblichen Marktpreis nehmen. Wo es einen solchen Marktpreis nicht gebe, solle man als Verkäufer nicht den höchsten Preis zu erlangen suchen. Vielmehr müsse man gewissenhaft abwägen, um dem Nächsten nicht zuviel abzuverlangen. Anscheinend schwebt ihm eine Art von Kostenpreis vor, wie ihn schon die mittelalterliche Kirche empfohlen hat. Als besonders schamlos gilt ihm ein gezielter Unterbietungswettbewerb, der die Wettbewerber ruinieren und damit ausschalten soll. Monopolstellungen, die auf diese oder andere Weise entstehen, werden mit äußerster Schärfe verdammt.

---

* Vortrag auf der Generalversammlung der Bank für Kirche und Diakonie eG in Duisburg am 6. Mai 1982.

[34] Vgl. D. Martin Luthers Werke, Bd. XV, unveränderter Abdruck 1966 der Ausgabe von Weimar 1899, S. 293, 297.

[35] Desgl., S. 294.

Diese Darstellung Luthers ist insofern auch heute noch wichtig, als er Ansichten über wirtschaftliche Sachverhalte gefolgt ist, wie sie bis in die Gegenwart hinein die öffentliche Meinung prägen. Sein Irrtum über die Wirkung von Einfuhren auf den inneren Geldkreislauf wurde zwar schon vor über 200 Jahren in den Anfangstagen der modernen Nationalökonomie widerlegt, erweist sich aber als zäher Bestandteil der praktischen Politik vieler Länder. Die Einfuhr von Luxusgütern wird auch heute noch nicht selten behindert. Für Entwicklungsländer gilt dies fälschlich als weise, da sie sich derartige Einfuhren nicht leisten könnten. Obrigkeitliche Preisfixierungen .sind im 20. Jahrhundert eine verhängnisvolle, aber derartig verbreitete Erscheinung, daß Luther mehr als zufrieden sein könnte. Freilich setzt die Regierung die Preise entgegen seiner Absicht meist zum Schaden einer der beiden Marktseiten fest, was Luther gewiß nicht gewollt hat. Seine Ausführungen über die normalen Marktpreise und über Monopole bleiben für die moderne Wettbewerbspolitik aktuell.

Es handelt sich bei ihm um eine Mischung von richtiger Kenntnis der Menschennatur, mehr oder weniger angemessenem Erfassen einiger der Alltagserfahrung entnommener wirtschaftlicher Sachverhalte bei gleichzeitigem Unverständnis gegenüber anderen und daraus ohne Vorsicht abgeleiteten Ermahnungen für das Verhalten von Bürgern und Regierung. Unverdrossen und mit der ganzen unübertrefflichen Sprachgewalt dieses kraftvollen Urteilers und Verurteilers wird dabei moralisch gewertet. Ein Nationalökonom der Gegenwart muß sich als Zuhörer und Gemeindeglied nicht selten eingestehen, daß die bei Luther anzutreffende Mischung von Bestandteilen wirtschaftsethischer Urteile innerhalb und außerhalb der Kirche auch heute noch weithin vorherrscht. In bester Absicht wird der Versuch gemacht, zu drängenden Fragen des Wirtschaftens und der Wirtschaftspolitik ethische Orientierung zu bieten. Aber wieviele Prediger können dabei ausreichend wissen, welcher wirtschaftliche Sachverhalt zugrunde liegt und wie man ihn erklären muß? Ohne Klärung des Sachverhaltes darf aber kein moralischer Richterspruch gefällt werden. Vielfach muß deswegen der Ökonom das ethisch Gewollte in die Handlungsanweisungen übersetzen, die dem wirklichen Sachverhalt angemessen sind. Nur selten hat er Gelegenheit, dies dem Prediger mitzuteilen. Um so dankbarer bin ich, heute in der umgekehrten Anordnung zu Ihnen sprechen zu dürfen, wobei es unvermeidlich sein dürfte, daß ich Ethiker von Beruf um Nachsicht dort bitten muß, wo mir Kenntnisse fehlen.

II.

Wenn sich ein Nationalökonom anschickt, die von vielen, wenn nicht den meisten Theologen mit Reserve betrachtete Wirtschaftsfreiheit zu verteidigen, tut er gut daran, mit einiger Selbstkritik zu beginnen. Die moderne Nationalökonomie hat echte Defizite, die zwar in der Regel den Kern ihrer Erkenntnisse nicht berühren, aber doch den Moralisten abschrecken müssen. Nur zum Teil liegt dies an der verkürzenden Fachsprache der Wirtschaftswissenschaften. Auf der anderen Seite ist die Botschaft nicht immer angenehm, die diese Wissenschaft zu überbringen hat. Nicht selten schlägt man den Boten, der die Wahrheit spricht, weil nicht gefällt, was er melden muß. Um klarzumachen, was damit gemeint ist, muß ich etwas ausholen.

Die Befreiung der Wirtschaft aus den obrigkeitlichen Regulierungen des absolutistischen Staates ist eine Frucht der Aufklärungsphilosophie des 17. und 18. Jahrhunderts. Dieser Entwicklung verdankt die Nationalökonomie ihre Entstehung als eigenständige Wissenschaft, und sie ist trotz aller Gegenströmungen eine Wissenschaft geblieben, die sich mit den erstaunlich sinnvollen Ergebnissen der wirtschaftlichen Handlungsfreiheit zahlloser, ohne Befehl miteinander kooperierender Menschen befaßt. An der Wiege der modernen Wirtschaftswissenschaft stand die Erkenntnis, daß in der arbeitsteiligen Gesellschaftswirtschaft, über das Regulativ von Märkten und Preisen gesteuert, ein geordneter und nicht chaotischer Wirtschaftsprozeß von hoher Leistungsfähigkeit zustande kommen kann. Dieses Ergebnis führt keine zentrale Lenkungsinstanz herbei, sondern es entsteht aus Millionen von Einzelentscheidungen, wie von einer „unsichtbaren Hand" gelenkt.[36] Seit 200 Jahren bemühen sich die Wirtschaftswissenschaftler nicht ohne Erfolg zu erklären, weshalb das so ist und weshalb oft erst dann Chaos entsteht, wenn Regierungen oder andere zentralistische Machtgebilde mit dem Anspruch auf höhere Weisheit in den marktwirtschaftlichen Prozeß eingreifen. Von vornherein haben sich die Vertreter der Volkswirtschaftslehre auch mit den Mängeln und Krankheiten befaßt, die der Markt und das Preissystem aufzuweisen haben, doch wurde davon die Grundaussage nicht gefährdet. Karl Marx hat in vielen Einzelheiten recht behalten, aber in seiner Gesamtaussage über die marktwirtschaftliche Ordnung der Wirtschaftsfreiheit ist er widerlegt. Da die Wirtschaftsfreiheit mit anderen Freiheiten zusammenhängt, lag es nahe, daß die Nationalökonomie eine Art von Wissenschaft der persönlichen Freiheit geworden ist.

---

[36] Adam Smith hat die Formel von der „invisible hand" allerdings nicht mit der ihm oft unterstellten Naivität verwendet, sondern in Zusammenhang mit der Kapitalverwendung durch freie Eigentümer, der er die staatliche Investitionslenkung gegenüberstellte. Vgl. Adam Smith, Der Wohlstand der Nationen, Buch 4 Wirtschaftspolitik. Neu übertragen von Horst C. Recktenwald, München 1974, S. 371.

Um zu erklären, weshalb die Wirtschaftsfreiheit eine sinnvoll geordnete Freiheit sein kann, haben die Nationalökonomen neuartige analytische Techniken entwickelt, wobei die Erklärung von Tauschvorgängen in den Mittelpunkt gerückt ist. Mathematische und statistische Verfahren sind hierbei angewandt und immer mehr verfeinert worden. Wie in jeder empirischen Wissenschaft hat es auch zahllose Mißerfolge gegeben; trotzdem sind die Erklärungsmethoden mindestens bei Grundsatzfragen verbessert worden. Die Erfolge, die die Nationalökonomen hatten oder zu haben glaubten, haben einige unter ihnen zu einer Art von wissenschaftlichem Imperialismus verführt.[37] Und damit berühren wir das erste Defizit, bei dem der Ethiker unwillig zu werden beginnt. Manchen Anhängern der Marktlehre erscheinen viele, wenn nicht alle Vorgänge des gesellschaftlichen Verkehrs als Tauschakte, wobei das Tauschen von Gütern und Leistungen ja voraussetzt, daß die Partner gleichzeitig geben und eine Gegenleistung empfangen. Möglich ist das nur, wenn sie über irgendetwas jetzt oder später verfügen und zur Annahme der Gegenleistung fähig sind. Es müssen also beide Marktseiten über die Freiheit des Tauschens verfügen.

Darf man nun alles und jedes als Tauschvorgang auffassen? Wollte man dies tun, dann wären schon Zeugung und Geburt das Resultat einer Art von Kosten-Nutzen-Analyse, denn die Eltern versprechen sich einen Überschuß ihres Lust- und Nutzenvorteils über die auf sie zukommenden Kosten hinaus. Für die Erziehung soll Ähnliches gelten.

Auch Verbrechen werden als eine Art von Gütern aufgefaßt, die nachgefragt werden, und zwar von den Kriminellen, die durch den Nutzen angeregt werden, den ihnen die Übertretung von Gesetzen bringen kann. Das Angebot kommt durch die sich bietenden Gelegenheiten zustande, wobei daran Knappheit nach Maßgabe staatlicher und privater Verbrechensabwehr entsteht; als Entgelt, das die Kriminellen möglicherweise zu zahlen haben, sind Strafen und andere Unannehmlichkeiten zu werten, die vom Gesetzesbrecher hinzunehmen sind. Gelegentlich wird aber auch behauptet, die „Gesellschaft" habe eine Art von „Bedarf" an Kriminalität und schaffe daher Bedingungen, damit sie zustande komme, während dieser Bedarf von den Kriminellen, möglicherweise unter Aufwand von Werkzeug,

[37] Kenneth E. Boulding, Economics As A Moral Science, The American Economic Review. March 1969, S. 8 spricht von „economics imperialism", der einen Versuch der Wirtschaftswissenschaften darstelle, alle anderen Sozialwissenschaften zu übernehmen. Ronald H. Coase sieht in dieser Entwicklung eine vorübergehende Erscheinung, soweit es sich um die Übertragung von Methoden der Wirtschaftswissenschaften auf andere Sachgebiete handelt, deren Fachleute die Oberhand wiedergewinnen werden. Soweit jedoch wirtschaftliche Sachverhalte nicht ohne Einbeziehung anderer Sozialwissenschaften zu erklären seien, werde die Expansion der Ökonomen dauerhaft sein. Ronald H. Coase, Economics and Contiguous Disciplines, in: The Organization and Retrieval of Economic Knowledge, Proceedings of a Conference held by the International Economic Association at Kiel, edited by Mark Perlman, London/Basingstoke 1977, S. 481–491.

Arbeit und technischem Wissen, gedeckt werde, so daß es sich um eine Art von Güterproduktion besonderer Art handeln würde.[38]

Bei Entführungen und der Zahlung von Lösegeld handelt es sich um einen Kauf von Freiheit zu einem bestimmten, allerdings monopolistischen Preis. Sklavenhandel und Prostitution können ebenso ökonomisch gedeutet werden wie die Anwerbung von Berufssportlern oder die Bestechung von Beamten oder gegnerischen Fußballmannschaften.

Auch die Politik wird schließlich ökonomisch interpretiert: Unternehmerische Talente haben die Wahl, sich als produzierende Unternehmer in der Wirtschaft zu betätigen oder als politische Unternehmer die Wähler durch Versprechungen zu gewinnen, um über die Erringung politischer Macht nicht nur Nutzen aus dem Machtgenuß zu ziehen, sondern auch ökonomische Vorteile. Alles hat seinen Preis, so daß schließlich auch der außenpolitische Verkehr allein als eine Frage des ökonomischen Tausches erscheint, selbst wenn der Partner Potential und Einstellung des Sowjetimperiums besitzt. Der Erpressungshandel mit Geiseln zwischen Staaten, wie er schon im Altertum üblich war, erscheint nur als staatliche Variante des privaten Geiselnehmens bei Bankraub. Jedermann wird zum Händler, einschließlich des Staates selber und seiner Bürokratie, deren vorteilverschaffende Leistungen direkt durch Geldzahlungen oder indirekt über das politische Versprechen, bei Wahlen behilflich zu sein, gekauft werden können. Max Frisch hat in seiner sonst recht angreifbaren Rede als Friedenspreisträger des Deutschen Buchhandels von der „Politik als Fortsetzung des Geschäfts mit anderen Mitteln“[39] gesprochen. Ist schließlich auch der Himmel käuflich?

Daß bestimmte Handlungen um keinen Preis erkauft werden können, der Antragsteller mag bieten, was er will, paßt in dieses Bild ebensowenig hinein wie die unentgeltliche Leistung, die keinen Dank erwartet. Diese ökonomistische Lehre beurteilt alles nach dem Prinzip von Leistung und Gegenleistung und hält eine schließlich auf Kompromiß zusteuernde, quantitative, friedliche und nicht prinzipielle Lösung für möglich. Bevor eine Ware bei Verteuerung überhaupt nicht mehr gekauft wird, kauft man weniger davon, und man würde mehr davon kaufen, wenn sie billiger wäre. Der Nichtraucher kauft zwar keine Zigarren für den eigenen Bedarf und handelt insofern prinzipiell, aber er könnte sie für Gäste erwerben, und besonders günstige Einkaufs- und Verkaufsmöglichkeiten könnten ihn sogar verleiten, einen Zigarrenhandel zu eröffnen. Der einzelne Konsument kann im übrigen prinzipientreu bleiben, ohne damit unfriedlich zu werden, denn er hindert

---

38 Vgl. die bei Michael v. Hauff, Dietrich Henckel, Ökonomische Diskriminierung von Heimkindern, ORDO – Jahrbuch für die Ordnung von Wirtschaft und Gesellschaft, Bd. 31, S. 204 zitierte Literatur.

39 Vgl. Max Frisch, Von den Möglichkeiten zum Frieden, Frankfurter Allgemeine Zeitung v. 20. Sept. 1976, S. 5.

andere nicht, ihren von den seinigen abweichenden Prinzipien zu folgen. Die wirtschaftende Gesellschaft im ganzen sagt demnach selten „ja“ oder „nein“, sondern meist nur „mehr“ oder „weniger“.

Die Frage nach der ethisch richtigen Dosierung begegnet auch dem Theologen, wie an den Ausführungen Luthers über den moralisch zulässigen Preis abzulesen ist. Dieses Problem gibt es in weit mehr Lebensbereichen, als die landläufige Ethik vermutet; man denke nur an die richtige Dosierung von Lob, Erziehung, Tadel, Strafen und Hilfe. Sehr viel mehr Entscheidungen von moralischem Gewicht, als meist angenommen wird, sind nicht kategorisch, sondern eine Frage des Maßes. An dem Unbehagen Luthers und der Verlegenheit, in die er bei der Ermittlung des moralisch zulässigen Preises gerät, ist jedoch das Streben zu erkennen, scharf abgegrenzte und damit einfache Lösungen zu finden. Denn der Ethiker hat es leichter, wenn die Scheidelinie nicht verwaschen ist, die Gut und Böse – oder für den Juristen: Recht und Unrecht – voneinander trennt. Richter und Theologen kalkulieren nicht gern, sondern wollen Prinzipienfragen klären. Die ethische und die alltäglich-praktische Orientierung werden in vielen Fällen erleichtert, wenn bestimmte Verhaltensweisen ein für allemal verboten sind und ohne Rücksicht auf denkbare Abstandszahlungen auch verboten bleiben. Von der Anordnung des Rechtsverkehrs auf den Straßen bis zu den 10 Geboten gibt es solche prinzipiellen Entscheidungen, die nicht abdingbar sein sollten. Wie ich noch zeigen möchte, braucht auch eine funktionierende Marktwirtschaft einige kategorische Entscheidungen. Bei ihnen darf nicht Wirtschaftsfreiheit im Sinne unbegrenzten Tausches von Leistung und Gegenleistung bestehen. Die für die Norm verantwortliche Instanz darf also nicht durch Abstandszahlungen in Versuchung geraten. Anderenfalls läßt sich das marktwirtschaftliche System nicht aufrechterhalten, obwohl bei ihm die Moral nicht im Prinzip, sondern in der Dosierung liegt.

Soweit mein beschränkter Überblick reicht, ist das Problem der richtigen Abgrenzung zwischen quantitativ-kompromißfreundlichen und kategorischen Entscheidungen in der Wirtschaftsethik bisher nicht ausreichend geprüft worden. Überwiegend strebt man nach kategorischen und damit einfachen Aussagen, mißtraut also dem marktwirtschaftlichen Tauschverkehr prinzipiell. Anscheinend ragt die Bedeutung des Problems über die Ökonomie hinaus. Kategorische Fragen sind letztlich immer heroisch zu entscheiden, wobei, wenn man zu Ende denkt, religiöse Überzeugungen im Hintergrund stehen müssen, wenn die Entscheidungen nicht sinnlos sein sollen. Die größten Opfer an Menschenleben sind für Prinzipien gebracht worden, nicht für Geschäfte. Der Ökonom könnte anmerken, daß immer wieder auch dort Menschen haben sterben müssen, wo ein tauschwirtschaftlicher Kompromiß beiden Teilen weitaus mehr genützt hätte. Aber diese Sicht ist zu einfach. Denn es gibt eine Art von Tauschverkehr und damit eine bestimmte Prinzipienverdünnung, die selbstmörderisch ist. Wer nach Lenins Worten den

Kommunisten die Stricke liefert, mit denen sie die Kapitalisten aufhängen, kann sich über das Ergebnis seiner unheroischen Handlungsweise nicht beklagen.[40] Vermutlich ist es ganz allgemein die vermeintliche Prinzipienlosigkeit des Kaufmanns, die den Moralisten gegenüber der Marktwirtschaft mißtrauisch macht.

Für denjenigen, der sich mit der volkswirtschaftlichen Theorie nicht hinreichend vertraut gemacht hat, könnte sogar der Markt, insbesondere der Wettbewerbsmarkt, als bloßer Rechenautomat erscheinen, obwohl die Marktergebnisse doch über die wirtschaftlichen Schicksale von Menschen entscheiden. Eine Rechenmaschine hat keine Moral. Nicht selten wird behauptet, der wirtschaftende Mensch werde zum Objekt einer „anethischen" Mechanik herabgewürdigt.[41] Der Theologe sieht hier gleichsam einen ganzen Bereich durch sogenannte Eigengesetzlichkeit seinem Zuständigkeitsgebiet entschwinden. Zunächst wäre es gar nicht anstößig, wenn der Mensch in der Sphäre der Güterversorgung einem automatischen Steuerungssystem so ähnlich folgen müßte wie sonst den Naturgesetzen. Entscheidend für seine Würde ist nur, ob er im Rahmen dieses Systems trotzdem Entscheidungsfreiheit und damit Verantwortung behält. Dies ist in keiner Wirtschaftsordnung besser gewährleistet als in der Marktwirtschaft. In Wirklichkeit ist im übrigen die Marktwirtschaft überhaupt kein Vollautomat, der sich selbst steuert, sondern seine Resultate sind nur das Ergebnis der auch ethisch motivierten Entscheidungen vieler Millionen freier Wirtschaftsbürger. Die Wirtschaftsfreiheit bleibt deswegen auch ein moralisches Problem und gehört nicht nur in das Gebiet der nationalökonomischen Regelungstechnik.

III.

Also müssen wir die Wirtschaftsfreiheit weiter als moralisches Problem untersuchen, entgegen verbreiteten Tendenzen innerhalb der Nationalökonomie, sich auf technologische Probleme diesseits von Angebot und Nachfrage zu beschränken. Mindestens müssen Tatsachen und Zusammenhänge soweit aufbereitet werden, daß der Moralist seine Wertungen in voller Kenntnis dessen vollzieht, worüber er urteilt. Es muß ein Ende damit haben, daß über nicht existierende Tatsachen und Zusammenhänge moralisiert wird.

---

40 Zu den Grenzen der Ökonomischen Betrachtungsweise hat sich schon Adam Smith geäußert, z. B. bei seinem Eintreten für den Vorrang der Landesverteidigung gegenüber kaufmännischen Vorteilen; vgl. Adam Smith, An Inquiry into the Nature and Causes of the Wealth of Nations, ed. by Edwin Cannan, 6. Aufl., London 1950, Buch IV, Kapitel II, S. 487: „As defence, however, is of much more importance than opulence, the act of navigation is, perhaps, the wisest of all the commercial regulations of England."

41 Vgl. hierzu meine Auseinandersetzung mit E. E. Nawroth, Die Sozial- und Wirtschaftsphilosophie des Neoliberalismus, Heidelberg-Löwen 1961, in: Hans Willgerodt, Dokumentation, ORDO – Jahrbuch für die Ordnung von Wirtschaft und Gesellschaft, Bd. XVII, 1966, S. 361.

Selbst Marxisten haben nie geleugnet, daß die moderne Marktwirtschaft eine ungeheuere Ausdehnung der Produktion gebracht hat, also in diesem Sinne leistungsfähig ist. In Deutschland und vielen anderen Ländern hat sie gleichzeitig die Güterversorgung der breiten Massen in einem Umfang erhöht, der sogar zu ethischer Kritik geführt hat. Wollte man solchen Kritikern folgen, dann wäre sie bei der Wohlstandssteigerung über das Ziel dessen hinausgeschossen, was dem Menschen frommt. Es kann durchaus als anstößig gelten, wenn mit der Wirtschaftsfreiheit und den Kräften, die sie entfesselt hat, ein Bereich zentrale Bedeutung erlangt hat, den man vom Standpunkt höherer Werte aus nur als untergeordnet bezeichnen kann. Nach *Höffner* wahrt der Christ „eine gewisse Distanz der Wirtschaft gegenüber... Er wird sich nicht vorbehaltlos an die Wirtschaft ausliefern".[42] Eine Wirtschaftsordnung, die dem einzelnen die Freiheit gibt, nach eigener Entscheidung zu produzieren und am Markt anzubieten oder nachzufragen, wie es ihm gefällt, eröffnet zugleich die Möglichkeit, höhere Einkommen zu erzielen und immer reicher zu werden, also sich an den Mammon zu verlieren. Der Reiche aber kann nur durch ein Nadelöhr ins Himmelreich gelangen.[43]

Der Ökonom tut gut daran, solche Erwägungen ernst zu nehmen. Allerdings wird der Reiche durch die Wirtschaftsfreiheit nicht daran gehindert, sein Einkommen und Vermögen in einer ethisch positiven Weise zu verwenden.[44] Es trifft nicht allgemein zu, daß der marktwirtschaftliche Wettbewerb denjenigen prämiiert, der sich an der moralischen Untergrenze des Verhaltens bewegt, das noch gerade in den Rahmen des Gesetzes fällt.[45] Die mögliche Gravitation in Richtung auf eine

---

42 Prof. Dr. Höffner (Trier), Menschenwürde und Wirtschaftsordnung, in: Menschenwürde, Wirtschaftsordnung und Technik, Essen/Kettwig 1948, S. 25. Höffner lehnt das marxistische Leitbild ab und plädiert für eine Marktwirtschaft mit breit gestreutem Privateigentum und sozialen Korrekturen. Vgl. Kardinal Joseph Höffner, Menschenwürde und Wirtschaftsordnung, Vortrag im Katholischen Bildungswerk Wuppertal am 18. Dezember 1975, herausgegeben vom Presseamt des Erzbistums Köln 1976.

43 Theologisch ist das Problem der Bewältigung des Reichtums allerdings weitaus vielschichtiger, als es die üblichen populären Verurteilungen nahelegen. Vgl. *Wolfgang Böhme*, Das Kamel und das Nadelöhr – über Wohlstand und Christentum, Metzingen 1964; Prof. *Pierre Bigo* SJ, Der Reichtum, in: Sachlichkeit und Sittlichkeit in der Wirtschaft, herausg. von *Armin Spitaler*, Graz, Wien, Köln 1962, S. 193–212. Bigo verdirbt leider gute Ansätze durch vulgärökonomische Pauschalurteile über die Welt des Geldes, die er ohne ausreichende Prüfung verdammt. Wohltuend sachlich demgegenüber: *Wilhelm Weber*, Geld, Glaube, Gesellschaft, Rheinisch-Westfälische Akademie der Wissenschaften, Vorträge G 239, Opladen 1979; *Wilhelm Kasch* (Hrsg.), Geld und Glaube, Paderborn, München, Wien, Zürich 1979.

44 *Wilhelm Röpke*, Jenseits von Angebot und Nachfrage, 5. Aufl., Bern und Stuttgart 1979, S. 180: „Im ‚Kapitalismus' haben wir die Freiheit der moralischen Entscheidung, und niemand wird hier *gezwungen*, ein Schurke zu sein."

45 Vgl. hierzu im einzelnen: Hans Willgerodt, Grenzmoral und Wirtschaftsordnung*, in: Soziale Verantwortung. Festschrift für *Goetz Briefs* zum 80. Geburtstag, herausg. von *J. Broermann* und *Ph. Herder-Dorneich*, Berlin 1968, S. 167ff. Daß die Konkurrenz das caritative Verhalten einengen kann, weil Gewinne in Preissenkungen an die Nachfrager oder in Lohnsteigerungen an

sozialethische Grenzmoral besteht eher bei nicht voll entwickelter Marktwirtschaft und mangelhafter staatlicher Gesetzgebung über Wettbewerb, Umweltschutz und anderes. Erlaubt der Staat zum Beispiel Kartelle, die überhöhte Preise fordern, dann werden sich solche Organisationen immer mehr ausbreiten.

Es läßt sich im übrigen zeigen, daß erst die Wirtschaftsfreiheit für caritative Zuwendungen großen Umfanges die realen Möglichkeiten geschaffen hat. Wer helfen will, muß aus Eigenem geben und soviel zurückbehalten, daß er nicht selbst anderen zur Last fällt. Eine Subsistenzwirtschaft kann daher nicht sehr freigebig sein. Erst die Wirtschaftsfreiheit und die mit ihr verbundene moderne Marktwirtschaft haben einen Produktionszuwachs hervorgerufen, der größere Zuwendungen erlaubt.[46] So erwarten denn die Entwicklungsländer in Wahrheit wirtschaftliche

die Arbeitnehmer weitergegeben werden müssen, ist unbestritten. Zutreffend ist auch, daß der Wettbewerb als solcher keine Neigung zur Förderung der Wettbewerber begünstigt. Nur gilt dies in mindestens gleichem Maße auch für Zentralverwaltungswirtschaften, die nur scheinbar menschenfreundlichere Verhaltensweisen begünstigen, in Wirklichkeit aber einen besonders unerbittlichen Leistungswettbewerb kennen.

46 Mit den ökonomisch-sozialen Problemen unentgeltlicher Zuwendungen befaßt sich ein neuer Zweig der Wirtschaftswissenschaften, der sich den Namen „Grants Economy" gegeben hat. Vgl. Kenneth E. Boulding, Über eine reine Theorie der Stiftung. „Grants Economy" und Philanthropie, Herausgeber: Stiftungszentrum im Stifterverband für die Deutsche Wissenschaft, Essen 1973. Boulding meint dort (S. 22), ein kapitalistisches Wirtschaftssystem sei als eines anzusehen, das sich im wesentlichen auf Tausch gründet und das durch Grants modifiziert wird, wohingegen ein sozialistisches Wirtschaftssystem als eines anzusehen ist, das sich im wesentlichen auf Transfers seitens einer Zentralverwaltung gründet, jedoch ständig durch Tausch modifiziert wird. Diese Deutung ist nicht ganz überzeugend. Bei Zuwendungen innerhalb einer Marktwirtschaft werden Einkommen und Vermögen übertragen, die den Eigentümern im Regelfall ohne Gewaltanwendung und als freiwillig gewährtes Entgelt für eine Leistung zugeflossen sind, die bei funktionsfähigem Wettbewerb gesamtwirtschaftlich richtig bewertet worden ist. Bei Transfers in einer Zentralverwaltungswirtschaft verfügen politische Funktionäre über Einkommen und Vermögen, das ihnen bei richtiger Zurechnung nicht gehört, jedenfalls von ihnen nicht erwirtschaftet worden ist. Sie wenden zum Transfer staatliche Gewalt an, wie sie auch staatlichen Umverteilungen innerhalb von Marktwirtschaften zugrunde liegt. Der Unterschied zwischen Marktwirtschaften und Zentralverwaltungswirtschaften besteht aber nicht darin, daß die Zentralverwaltungswirtschaften grundsätzlich weniger auf dem Tausch und der Äquivalenz von Leistung und Gegenleistung beruhen. Die sozialistische Ordnung ist keine Wirtschaftsordnung der organisierten und dominierenden Hilfe für Bedürftige, abgeschwächt durch einige Elemente des Tausches und der Äquivalenz. Beabsichtigt ist vielmehr eine maximale Äquivalenz nach dem sozialistischen Prinzip: „Jeder nach seinen Fähigkeiten, jedem nach seiner Leistung!". Wenn dieses Ziel nicht erreicht wird, so deswegen, weil sich wegen mangelhafter Wirtschaftsrechnung und fehlender Freiheit der Preisbildung die Leistungen der Einzelnen und die Tauschäquivalente nicht genau genug errechnen lassen. Vgl. Hans Willgerodt, Das Leistungsprinzip – Kriterium der Gerechtigkeit und Bedingung des Fortschritts?, in: Kapitalismuskritik im Widerstreit, herausg. v. Anton Rauscher, Köln 1973, S. 89–115.

Die unentgeltlichen Zuwendungen Privater machen vor allem in der amerikanischen Volkswirtschaft einen sehr erheblichen Prozentsatz des Sozialproduktes aus; vgl. Philanthropy and Public Policy, ed. by Frank G. Dickinson, National Bureau of Economic Research, New York 1962. Es ist erstaunlich, daß den meisten Theologen die Beziehung zwischen privater caritas und Wirt-

Hilfe fast allein von den marktwirtschaftlichen Industrieländern, und diese Hilfe fließt ja auch fast nur aus dieser Quelle.[47] Die Entwicklungshilfe des sozialistischen Lagers ist demgegenüber kläglich und mit militärisch-politischen Auflagen versehen.

Alle diese Feststellungen ändern freilich nichts an der Tatsache, daß es noch immer Not, Armut und Ungerechtigkeit in der Welt gibt. Da die Ansprüche an die Versorgung mit Gütern wachsen, wächst damit zugleich auch die Armut. Denn sie wird von den Armen selbst oder von ihren Anwälten definiert und steigt deshalb selbst dann, wenn, wie es eindeutig der Fall ist, das reale Einkommen pro Kopf in den meisten Entwicklungsländern wächst und die Lebenserwartung zunimmt. Sofern wirtschaftliche Entscheidungsfreiheit besteht, können die Kirchen den Wohlhabenderen ins Gewissen reden, damit sie abgeben, während man den Ärmeren die Pflicht nahebringen muß, ihre Leistung zu steigern, um künftig auf eigenen Füßen zu stehen. Wieviel leichter das bloße, oft korrumpierende Almosengeben ist, wissen viele kirchliche Fachleute. Die Kirchen können auch den inländischen

schaftsordnung bisher nicht zum Problem geworden ist, obwohl die Kirchen als wesentliche Empfänger und Vermittler von Spenden besonders sachkundig sein müßten. In sozialistischen oder wohlfahrtsstaatlich organisierten Volkswirtschaften wird private caritas zusammen mit kirchlicher Diakonie von der Maschinerie der staatlichen Transfers verdrängt. Das Ergebnis dieser vom Staat erzwungenen Transfers hat oft nichts mit der Bedürftigkeit der Empfänger zu tun, sondern eher mit der Schlagkraft politischer Pressure-groups, in denen die Empfänger organisiert sind. Gleichzeitig kann das Monopolisierungsproblem in einer besonderen Form auftreten, indem der Staat als einzige gewährende Instanz die Empfänger bestimmten Verhaltenszwängen einschließlich des Gesinnungszwanges unterwerfen kann. Bei Wettbewerb privater Spender kann dieses Problem mindestens gemildert werden; vgl. Kenneth E. Boulding, Notes on a Theory of Philanthropy, in: Philanthropy and Public Policy, a. a. O., S. 66 f.

Die meisten christlichen Ethiker (jedenfalls die Theoretiker unter ihnen) begnügen sich mit Appellen zur Umverteilung von Gütern zugunsten der Armen, obwohl sie wissen müßten und teilweise auch wissen, daß Hilfe eine schwere Kunst ist und eine bloße undifferenzierte Umverteilung mehr schadet als nützt. Eine marktwirtschaftliche Ordnung, die den Anlaß für Umverteilung mindern kann, wird von zahlreichen Theologen zugunsten weniger produktiver Systeme abgelehnt. Selbst ein relativ maßvoller Theologe wie Arthur Rich glaubt allen Ernstes, „erfahrungsgemäß" seien sowohl Plan- als auch Marktwirtschaft funktionsfähig, eine „auf dem Plansystem basierende Wirtschaft" verdiene in einer Mangelgesellschaft den Vorzug, eine Entsprechung von Privateigentum und Marktwirtschaft sei nicht notwendig. Eine Auseinandersetzung mit den Fakten und der daran anschließenden nationalökonomischen Fachdiskussion findet nicht statt, sondern man macht Aussagen zu nationalökonomischen Fragen ohne hinreichende Kenntnis des Sachverhaltes (Arthur Rich, Sozialethische Kriterien und Maximen humaner Gesellschaftsgestaltung, in: Christliche Wirtschaftsethik vor neuen Aufgaben, Festgabe für Arthur Rich, herausg. v. Theodor Strohm, Zürich 1980, S. 34 f.). Bei weniger abwägenden Autoren verdichtet sich die theologische Abneigung gegenüber der Marktwirtschaft bis zu blindem Haß: Helmut Gollwitzer, Die kapitalistische Revolution, München 1974.

47 Im Jahre 1978 standen 20 Mrd. $ Entwicklungshilfe der Länder des OECD-Entwicklungshilfekomitees 4,3 Mrd. $ aus OPEC-Ländern und nur weniger als 1,1 Mrd. $ aus zentral verwalteten Volkswirtschaften gegenüber. Vgl. World Development Report, 1980, The World Bank, Oxford University Press, S. 29, Table 3.6.

Produzenten nahelegen, gegen eine Öffnung der Inlandsmärkte für Produkte aus ärmeren Ländern weniger Widerstand zu leisten als bisher. Hierzu müßte man freilich beginnen, den Sinn eines freien und liberalen Welthandels zu begreifen, anstatt ihn, wie es noch in der Enzyklika „Populorum progressio" Papst Pauls VI, geschehen ist, als ein für Entwicklungsländer unbrauchbares Rezept des Liberalismus hinzustellen. Der Spielraum, innerhalb dessen Ethiker und Nationalökonomen gemeinsam am gleichen Ziel der Linderung von Not und der Minderung von Ungerechtigkeit arbeiten können, ist weit größer, als viele Theologen meinen. Hierzu müssen die Theologen allerdings ihre gegen die Wirtschaftsfreiheit und die Marktwirtschaft gerichteten Vorurteile abbauen und zur wirtschaftlichen Sachkunde hin ein offeneres Ohr gewinnen.

Noch im Jahre 1980 hat ein maßgebender evangelischer Sozialethiker die Sätze gewagt: „... die Marktwirtschaft ist freie Unternehmerwirtschaft, sie ist auf fortgesetzte Steigerung der Produktion und Maximierung des Profits gerichtet; sie verfährt ausschließlich nach immanenten, ökonomischen Regeln (wie z. B. der Regulierung der Preise durch das Wechselverhältnis von Angebot und Nachfrage). In jedem dieser Elemente ist die Marktwirtschaft *unsozial*; denn eine Rücksicht auf den arbeitenden Menschen, wo immer er stehe, kennt sie nicht."[48] Der Fachmann muß hier mit einigem Nachdruck antworten: Die Marktwirtschaft ist in erster Linie eine Wirtschaft, in der die Produzenten die Wünsche der Nachfrager befriedigen müssen und nicht, wie in der Sowjetwirtschaft, diejenigen der Behörden. In der Marktwirtschaft werden nicht, wie in der sozialistischen Wirtschaft, von der Regierung maximale Produktionsziele gesetzt, sondern die Produktion wird nur so lange ausgedehnt, wie es die Bürger wollen und bereit sind, dafür zu arbeiten. Unternehmungen, die nicht nach höchster Rentabilität im Wettbewerb streben, vergeuden knappe Produktionsmittel, zahlen geringere Löhne, gefährden ihre Arbeitsplätze und wälzen schließlich ihre Verluste auf die Allgemeinheit ab, die zum größten Teil aus Arbeitnehmern besteht. Das Zusammenspiel von Angebot und Nachfrage erlaubt den Bürgern eine freie Entscheidung über die Wahl ihres Arbeitsplatzes, über die Güter, die sie kaufen möchten und letztlich über eine Lebensgestaltung, die nicht von Schalterbeamten, Zuteilungsbehörden und Moralpredigern mit Zwangsgewalt herbeigeführt wird, sondern von ihnen selbst. Wer dies nicht erkennt, dem sei eine längere Reise nach Polen oder in die Sowjetunion empfohlen. Er möge sich auch einmal fragen, warum der Arbeiter in Westdeutschland durch die Soziale Marktwirtschaft Ludwig Erhards in die Spitzengruppe der internationalen Lohnpyramide vorgestoßen ist und weshalb es Millionen deut-

[48] Heinz-Dietrich Wendland, Wirtschafts- und sozialkritische Thesen. Zur Ergänzung der „Einführung in die Sozialethik", in: Christliche Wirtschaftsethik vor neuen Aufgaben, Festgabe für Arthur Rich, herausg. v. Theodor Strohm, Zürich 1980, S. 47.

scher Arbeitnehmer möglich geworden ist, alljährlich eine Auslandsreise zu unternehmen, die sozialistische Länder ihren Bürgern weder finanzieren noch erlauben. Ist das Schlangestehen vor sozialistischen Bewirtschaftungsbehörden arbeiterfreundlich? Oder die Abfütterung in staatlichen Einheitsküchen? Demgegenüber ist die Marktwirtschaft entgegen der Ansicht dieses Sozialethikers schon als solche wesensmäßig und strukturell sozial. Schon die Marktkräfte für sich allein haben für Lohnsteigerungen gesorgt, die kein anderes System kennt, und zwar auch dort, wo kein Gewerkschaftsdruck bestand. Daß die Marktwirtschaft gestaltungsfähig ist und systemkonforme Verbesserungen in einem früher kaum für möglich gehaltenen Umfang verträgt, ja daß sie sogar schlichten wirtschaftlichen Unsinn bis zu einem erheblichen Grade verarbeitet, ändert am Grundsätzlichen nichts. Ihre trotzdem vorhandenen Mängel sind das eigentliche Problem.

Ein ähnlich fundamentales Mißtrauen gegenüber der Wirtschaftsfreiheit zeigt die neue Enzyklika „Laborem exercens" Papst Johannes Paul II. vom 14. September 1981. Mehrfach wendet sich darin der Papst gegen den Liberalismus, gegen die „ökonomistische" Betrachtungsweise, die seinem Eindruck nach „die menschliche Arbeit ausschließlich nach ihrer wirtschaftlichen Zielsetzung betrachtet".[49] Auch die „Wirtschaftstheorien des 18. Jahrhunderts" werden im historischen Rückblick auf die Anklagebank versetzt. Man darf bei diesem an menschlicher Größe überragenden Papst unterstellen, daß ihm die Nöte der Arbeiter seiner polnischen Heimat besonders am Herzen liegen und daß er sie besser kennt als wir alle. Um so erstaunlicher ist es für einen Nationalökonomen, daß sich in dieser der menschlichen Arbeit gewidmeten Enzyklika kein Wort der Kritik am Gegenpol einer Marktwirtschaft findet, nämlich an der zentralgeleiteten Volkswirtschaft sowjetischen oder polnischen Typs, gegen den die polnischen Arbeiter revoltieren. Vielmehr wird, wenn die deutsche Übersetzung korrekt sein sollte, von dem Staat gesprochen, dem eine Gesamtplanung obliege, die jedoch nicht einer einseitigen Zentralisierung durch die öffentliche Hand gleichkommen dürfe.[50] Jahrzehnte an fachwissenschaftlicher Diskussion über diese Probleme haben an den jüngsten päpstlichen Verlautbarungen ebensowenig irgendwelche Spuren hinterlassen wie an vielen Äußerungen von evangelischer Seite. Dem Papst geht es um den Vorrang der konkreten Wirklichkeit des arbeitenden Menschen als seiner subjektiven Dimension vor der objektiven Dimension der menschlichen Arbeit, womit wohl die wirtschaftlich-technische Funktion gemeint ist. Wer wollte dem nicht zustimmen, aber es muß doch gefragt werden, was geschehen soll, wenn ein Arbeitsplatz durch eine Erfindung überflüssig geworden ist oder Entwicklungsländer konkurrenzfähig

[49] Verlautbarungen des Apostolischen Stuhls 32, Enzyklika Laborem exercens Seiner Heiligkeit Papst Johannes Paul II..., Sekretariat der Deutschen Bischofskonferenz, Bonn, 14. Sept. 1981, S. 29.

[50] Verlautbarungen des Apostolischen Stuhls 32, Enzyklika Laborem exercens Seiner Heiligkeit Papst Johannes Paul II..., Sekretariat der Deutschen Bischofskonferenz, Bonn, 14. Sept. 1981, S. 40.

werden und deutsche Textilproduktion entbehrlich machen. Sollen dann die alten Arbeitsplätze künstlich konserviert werden? Wer bezahlt das? Oder gehört es zur Christenpflicht eines gesunden Arbeitnehmers, sich ebenso wie ein Unternehmer auf neue Produktionen umzustellen? Ist die Anpassung an Notwendigkeiten des Wirtschaftsprozesses und damit letztlich auch an die Wünsche der Millionen, deren Marktsignale diesen Prozeß lenken, eine die Personwürde verletzende Zumutung? Gehört es nicht auch zum Wesen der menschlichen Arbeit, daß man nicht nur herrschen, sondern auch einer Aufgabe dienen lernt, die wirtschaftlich sinnvoll ist? In der Marktwirtschaft ist wirtschaftlich sinnvoll, wonach andere Menschen Bedarf haben und wofür sie bereit sind, eine mindestens kostendeckende Gegenleistung zu erbringen. Ist es ethisch geboten, etwas zu produzieren, wofür niemand einen kostendeckenden Preis bezahlen will; ist das die richtige Lösung des Beschäftigungsproblems?

Alle Erfahrungen und Überlegungen sprechen dafür, daß die Marktwirtschaft gerade wegen der ihr zugrundeliegenden Wirtschaftsfreiheit die Würde des Arbeitenden besser achtet als jede sozialistische Staatswirtschaft oder sowjetische Kommandowirtschaft, in der der Einzelne nur einem einzigen riesigen Arbeitgeber gegenübersteht, der mit der Polizei und den Gerichten identisch ist und dem kein Arbeitender entfliehen kann, wenn die Grenzen gesperrt werden.[51] Da es trotz aller Mischversuche letztlich keinen anderen Weg als den der zentralen Lenkung gibt, sofern man die Wirtschaftsfreiheit prinzipiell ablehnt, muß die Alternative in dieser Form gestellt werden.

Zwar ist die Eigengesetzlichkeit der Marktwirtschaft begrenzt, und sie ist eine grundsätzlich reformierbare Ordnung. Trotzdem gibt es hierfür Grenzen, über die sich manche Ethiker gern hinwegsetzen, wenn sie die völlig freie, an sozialethischen Zielen orientierte Gestaltbarkeit der Wirtschaftsordnung unterstellen. Mit der Abschaffung freier Entscheidungen von Anbietern und Nachfragern hört die Marktwirtschaft zu bestehen auf. Dies bedeutet aber auch ethisch etwas Fundamentales. Da mit der Abschaffung des Marktes dem planenden Staat die Zuständigkeit für wirtschaftliche Entscheidungen übertragen werden muß – viele Theologen wollen dies –, muß die Verantwortung dem Einzelmenschen und seinen nichtstaatlichen Gemeinschaften genommen werden. Wer im Namen des Kollektivs den Einzelnen entmündigt, engt den Bereich der Individualethik ein. Daran ändert auch die – kaum realistische – Möglichkeit demokratischer Abstimmungen nichts. Jedenfalls gibt es einen Bereich, in dem Individualethik und Sozialethik einander ausschließende Gegensätze sind. Was dem einzelnen an Verantwortung bleibt, ist die Ausfüllung des engen Spielraums, der einem Zahnrad im riesigen Getriebe der zentralgeleiteten Wirtschaft noch bleibt.

---

51 Vgl hierzu noch immer: Wilhelm Röpke, Die Krise des Kollektivismus, Erlenbach-Zürich 1947.

Ist demnach die Wirtschaftsfreiheit – wie in allen „sozialistischen" Ländern – äußerst beschränkt oder aufgehoben, dann wären moralische Appelle an diejenigen Instanzen zu richten, die anstelle der einzelnen über den Wirtschaftsprozeß entscheiden. Hier mögen sich jene Theologen einmal die Zähne ausbeißen, die staatswirtschaftlichen Träumen anhängen.

Vielleicht ist es der Mut der Verzweiflung, der manchen Theologen dazu treibt, den seit 2000 Jahren gepflügten Acker der christlichen Individualethik zu verlassen und seine Zuflucht zur ökonomischen Sozialethik, also praktisch zur Wirtschaftspolitik, zu nehmen. Die Besserung des Einzelmenschen ist die oberste Forderung aller Kirchen. Die Ansicht jedenfalls, der Mensch sei Produkt der Gesellschaft und nur diese sei für seine Schuld verantwortlich, galt bisher nicht als christlich. Was immer die Gesellschaft am Einzelmenschen geformt haben mag: Er bleibt als Person verantwortlich. Noch gehen wir nicht bataillonsweise vor Gottes Gericht, sondern einer nach dem anderen. Der Christ, mit besonderer Betonung der Lutheraner, weiß auch, daß diese Welt verworfen bleibt und mindestens nicht aus sich selbst heraus erlöst werden kann.

Kann man diesen für den christlichen Theologen unabweisbaren, aber für seine Diakonie mißlichen Sachverhalt auf dem Umweg über die Nationalökonomie und die Änderung der Wirtschaftsordnung überwinden? Wollen die Einzelnen nicht hören, so könnte ja der Staat dareinfahren, wie es schon Luther bei manchen Appellen an die Obrigkeit gemeint hat! Hier ist Vorsicht am Platze, denn der Ethiker kann leicht zum Tyrannen werden, wenn er anderen über die Staatsgewalt aufzwingt, was er selbst für richtig hält. Natürlich vermag der Staat in der Wirtschaftspolitik auch einiges Sinnvolle, wenn auch meist weniger, als die meisten Ratgeber meinen. Ohne nationalökonomischen Sachverstand ist dieses Problem nicht zu behandeln. Der Theologe muß in diesem Zusammenhang davon absehen, christliche Nationalökonomen in galileische Situationen zu bringen, indem er zu früh urteilt und verurteilt.

Was aber vermag nun der Staat wirklich und wo sollte er der Freiheit in der Wirtschaft Grenzen setzen, damit sie ihre Aufgabe erfüllen kann und zugleich die Würde der Person gewahrt bleibt, um die es den Christen gehen sollte? Dieses Problem kann nicht behandelt werden, wenn man die Hauptaufgabe der Wirtschaft aus den Augen verliert. Sie besteht darin, Güter für die Versorgung der Bevölkerung bereitzustellen. Produktiv und rationell zu wirtschaften ist daher unabweisbare Pflicht, und es ist unmoralisch, in voller Absicht mit Verlusten zu produzieren, für die andere oder der Steuerzahler gegen den eigenen Willen aufkommen müssen. Arbeit allein, wie sie vom Christen verlangt wird, genügt nicht; sie muß auch wirtschaftlich nützlich sein, wenn Massenelend vermieden werden soll.

Der auf freien Verträgen beruhende marktwirtschaftliche Rechenapparat kann trotz seiner Unvollkommenheiten ziemlich gut angeben, was wirtschaftlich nützlich ist. Demgegenüber sind zentralgeleitete Volkswirtschaften ohne ausreichende Wirtschaftsrechnung und vergeuden mit Notwendigkeit menschliche Arbeitsleistung und Material. Sie müssen daher durch die rigorose Entlohnung nach der Leistung und durch Zwangsarbeit, aber auch durch ständig wiederholte Leistungsappelle und patriotische Indoktrination den Produktionsmangel auszugleichen versuchen, den der Mangel an Wirtschaftsfreiheit hervorruft. Warum das so ist, erklärt die Nationalökonomie seit Jahrzehnten in allen Einzelheiten. Offenbar besteht also die erste Aufgabe des Staates darin, von der Produktivität der Freiheit in der Wirtschaft Gebrauch zu machen. Es können dann zahllose Menschen im Wettbewerb miteinander solche Lösungen zu finden suchen, deren Nutzen *anderen* Menschen, nämlich den Nachfragern, am höchsten erscheint.

Jeder marktwirtschaftliche Verkehr erfordert freilich ein Minimum an Wohlwollen[52] und friedlichen Umgangsformen. Er beruht auf Konsens, also Zustimmung, beider Vertragspartner eines geschäftlichen Vorganges. Wie sich an Geiselnehmen und Lösegeld zeigt, ist aber der Übergang zum Gewaltverhältnis fließend, und es gehört zu den obersten Aufgaben des Staates und der von ihm unter Anwendung seines Gewaltmonopols durchzusetzenden Rechtsordnung, daß der Marktverkehr im echten Sinne friedlich bleibt. Das Prinzip allgemeinen Übelwollens, wie es Kollektivverhandlungen und Arbeitskämpfe nicht selten kennzeichnet, kann nicht ohne Schaden für den marktwirtschaftlichen Prozeß verallgemeinert werden. Die Staatsbürger müssen im wirtschaftlichen Verkehr miteinander Beschränkungen hinnehmen, weil aristokratisch-brutaler Raub und sklavisch-intelligenter Diebstahl als zulässige Erwerbsformen ausscheiden, was Geschenke und unentgeltliche Hilfen nicht ausschließt. Im übrigen hat der Staat eine Fülle von ordnungspolitischen, teilweise auch prozeßpolitischen Aufgaben zu erfüllen, um das stets gefährdete System des auf Konsens beruhenden Wirtschaftsverkehrs vor Entartungen zu bewahren.[53] Auch die Sozialpolitik hat hierbei ihren Platz, sofern sie nicht wie heute weithin üblich als allgemeiner Wettlauf auch Nichtbedürftiger um den kräftigsten Griff in kollektive und staatliche Kassen verstanden wird.

---

52 Vgl. Kenneth E. Boulding, a. a. O., S. 6.

53 Vgl. z. B. den – unvollständigen – Katalog bei Walter Eucken, Grundsätze der Wirtschaftspolitik, Bern, Tübingen 1952.

IV.

Selbst derjenige, der dies alles für überzeugend hält, wird mit der offensichtlichen Tatsache ringen, daß die Marktwirtschaft und die mit ihr verbundene Wirtschaftsfreiheit zwar Vorzüge in der Güterproduktion aufweisen, in weiten Bereichen aber ethisch unempfindlich sind. Wollen die Menschen Rauschgift und zahlen sie dafür, dann wird ein unregulierter Markt es ihnen liefern. Ähnliches gilt für Waffenhandel, Prostitution, Mord gegen Bezahlung, Landesverrat und dergleichen. Der Markt ist immer nur so gut, wie es die Menschen sind, die auf ihm Handel treiben.

Allerdings geht die Provokation noch weiter: Mit dem Rezept der Marktwirtschaft entfernt sich die Wirtschaftspolitik teilweise von den individual-ethischen Mißerfolgen der Theologen und löst die wirtschaftlichen Probleme zum Teil vorzüglich mit Menschen von nur durchschnittlicher Moral. Man läßt das egoistische Selbstinteresse zu und verwendet es als Antriebskraft; private Laster können damit zu öffentlichen Wohltaten werden. So fördert der Luxus der Reichen die Erprobung neuer Produkte, die später für alle verfügbar werden; Geiz und Erwerbsstreben können die Kapitalakkumulation fördern und – entgegen Marx – dadurch die Lohnsätze steigern, die Gier von Unternehmern nach Einkommen und Erfolg kann den Lebensstandard der Massen auf ein höheres Niveau bringen.

Schockierend ist es demgegenüber, wenn die Nationalökonomen nachweisen, wieviel gutgemeinte caritas nicht nur nutzlos, sondern geradezu schädlich ist. Zum Beispiel hat ein Teil der internationalen Nahrungsmittelhilfe dazu gedient, die Landwirtschaft von armen Ländern zu hemmen. Dortige Herrscher haben die Hilfe zum Teil genutzt, um die eigene Landwirtschaft gegenüber anderen Zielen zurückzudrängen, sich auf militärische Experimente einzulassen und nicht zuletzt sich auf Kosten ihrer eigenen darbenden Bevölkerung zu bereichern.[54] Die mit Wohlwollen und Unkenntnis gemachten wirtschaftspolitischen Vorschläge und Patentrezepte sind das tägliche Brot der Politik.

Was hat ein Nationalökonom hierauf sozialethisch zu antworten?

Wenn negative Eigenschaften Privater in wirtschaftliche Vorteile für alle umschlagen, so ist dies immerhin besser, als wenn sie wie im System von bürokratischer Tyrannei einer Zentralverwaltungswirtschaft in Nachteilen und Not der Unterdrückten zum Vorschein kommen. Die Marktwirtschaft ist eine realistische und keine utopische Ordnung. Sie gewährt auch deswegen Freiheit, weil sie dem Staat, der *auch* von unvollkommenen Menschen geleitet wird, keine Durchsetzung des

[54] *Gunnar Myrdal*, gewiß kein wirtschaftspolitischer Liberaler, hat die Korruption bei der Entwicklungshilfe betont und eine Neuorientierung gefordert. Vgl. Gunnar Myrdai, Asian Drama. An Inquiry Into the Poverty of Nations, Vol. II, New York 1968, Chapter 20; über Kapitalfehlleitung: ebendort, Vol. I, S. 634 ff.; Otto Matzke, Gunnar Myrdals Bekehrung, in: Rheinischer Merkur/Christ und Welt, Nr. 45 v. 7. November 1980, S. 7; vgl. auch FAZ v. 12. September 1980, S. 4.

Gottesreiches auf Erden zutraut. Der Staat kann aber den Markt dort unterdrükken, wo er schädlicher ist als staatliche Regulierung. Privatarmeen und Selbstjustiz müssen daher ebenso verboten werden wie Sklavenhandel und vertragliche Abmachungen zur Abschaffung der Freiheit.

Schadende Hilfe wegen fehlenden Sachverstandes ist unmoralisch; wer nicht Arzt ist, sollte keine Blinddarmoperation vornehmen, und wer nicht nationalökonomische Kenntnisse erworben hat, sollte keine wirtschaftspolitischen Vorschläge machen. Der Ökonom seinerseits braucht dort Rat, wo abzuschätzen ist, wie bestimmte Maßnahmen Verhalten und Einstellung der Betroffenen verändern.

Im übrigen aber kann eine Fülle von Fragen an die Theologie zurückgegeben werden: Genügt es, Verderbtheiten des wirtschaftenden Menschen festzustellen, um ihm seine wirtschaftliche Freiheit zu nehmen, also die Marktwirtschaft abzuschaffen, bevor man eine bessere Ordnung kennt? Mit begrüßenswerter Klarheit hat die Kammer der Evangelischen Kirche in Deutschland für öffentliche Verantwortung im Jahre 1973 bei der Frage legitimer Gewaltanwendung betont: „Es muß ein realisierbares Konzept einer neuen, funktionsfähigen Ordnung vorhanden sein, die die bekämpfte alte Ordnung ersetzen kann."[55] Hier ist nun eine Frage zu stellen, der viele Theologen ausweichen: Wird der Mensch gebessert, wenn ihm die wirtschaftliche Entscheidungsfreiheit im Interesse staatlicher Zentralplanung genommen wird? Eine Ordnung sowjetischen Typs appelliert eher stärker an den Egoismus und die „materielle Interessiertheit" als eine Marktwirtschaft.[56] Der Untertan wird dort aber nicht nur einem ineffizienten Wirtschaftssystem unterworfen, sondern auch vieler bürgerlicher Freiheiten beraubt. Was ist von den sozialistischen Gegenmodellen zur Marktwirtschaft sozialethisch zu halten? Reichtum kann die Menschen moralisch korrumpieren, aber lehrt sozialistische Not wirklich eher beten? Werden die Menschen in einem Wirtschaftssystem besser, das mit seinen zahllosen ökonomischen Verboten und staatlichen Handlungsanweisungen ebensoviel Möglichkeiten für Übertretungen neu begründet, von denen eine Marktwirtschaft nichts weiß? Gewiß läßt sich durch Aufhebung der Wirtschaftsfreiheit der Spielraum der Einzelperson, aus freien Stücken zu sündigen, einengen, solange die staatlichen Kontrollen greifen. Aber, wie Stigler bemerkt,[57] es ist nichts Bewunderungswürdiges an einem unfreiwilligen Heiligen zu entdecken.

---

[55] Gewalt und Gewaltanwendung in der Gesellschaft. Eine theologische Thesenreihe zu sozialen Konflikten, in: Dokumentation. Evangelischer Pressedienst, Nr. 20/73 v. 15. Mai 1973, Seite 17, Ziffer 10.

[56] Vgl. im einzelnen: Hans Willgerodt, Das Leistungsprinzip – Kriterium der Gerechtigkeit und Bedingung des Fortschritts?, in: Kapitalismuskritik im Widerstreit, herausg. v. Anton Rauscher, Köln 1973, S. 89 – 115.

[57] George J. Stigler, The Goals of Economic Policy, in: The Journal of Law and Economics, Vol. XVIII, Oct. 1975, S. 291.

Die wirkliche sozialethische Problematik einer Marktwirtschaft liegt an einer anderen Stelle, als die übliche Kritik vermutet: Kein freiheitliches System und so auch kein freiheitliches Wirtschaftssystem kann auf die Dauer funktionsfähig bleiben, wenn es nicht einen Bereich von Handlungen und Entscheidungen gibt, in denen andere Verfahren gelten als das Prinzip des Tausches. Zum Beispiel dürfen die Wähler nicht ausschließlich nach einem ökonomischen Nutzenkalkül handeln und deswegen angesichts ihrer individuellen Einflußlosigkeit die politischen Wahlen boykottieren. Es darf auch nicht ein allgemeines Außenseiterverhalten erlaubt werden, indem sich Gruppen organisieren, um Druck auf die Regierung auszuüben, damit Sonderrechte wie Kartelle, Subventionen, Einfuhrbeschränkungen, Steuervergünstigungen usw. freigebig gewährt werden. Es muß eindeutige Verbote und ungeschriebene Regeln geben, die nicht korrumpierbar sind. Dafür muß es Staatsbeamte geben, die nicht käuflich sind. Auch bei Kaufleuten muß es Grenzen geben, wo sie kategorisch und nicht mehr quantitativ abgestuft handeln. Man muß sich auf bestimmte Verhaltensweisen verlassen können wie auf die Börsenusancen, wenn eine moderne Marktwirtschaft nicht zusammenbrechen soll. Die Staatsverwaltung darf nicht, wie es ihre moderne Aufblähung manchmal nahelegt, als ein Gewerbe unter anderen gelten, bei der sich die dort Tätigen so verhalten wie Brancheninteressenten, die eine Leistung an den Meistbietenden abgeben. Dies ist nur dort zulässig, wo der Staat portionsweise Leistungen abgeben kann und keine Alternativentscheidungen zu fällen hat. Verwaltungsbeamte und Richter müssen oft zugunsten des einen und damit gegen den anderen entscheiden und können nicht an jeden von zwei streitenden Parteien die jeweils gewünschte Entscheidung verkaufen. Daß Politiker oft allen alles versprechen, ohne auf die Widersprüche zu achten, gehört zu den Krebsschäden der modernen, in diesem Punkte oft unaufgeklärten Demokratie.

Im Grunde haben die wirtschaftenden Menschen auch heute noch eine solide Basis an tragfähigen gemeinsamen Überzeugungen, die nicht am Markt gehandelt werden. Aber diese Basis darf nicht überlastet werden. Eine solche Überlastung rufen wohlmeinende Politiker damit hervor, daß sie den Staat zur möglichst umfassenden und engmaschigen Betreuung aller Staatsbürger in möglichst allen Lebenslagen benutzen. Hierzu muß ständig in den Wirtschaftsverkehr mit oft kurzlebigen und sich widersprechenden Regulierungen eingegriffen werden. Nicht nur das Bildungswesen und seine Finanzierung werden unter ein ständiges Wechselbad von Reglements gesetzt, die sich abwechseln wie die Damenmoden. Auch die Wirtschaft muß diesen Regierungsstil ertragen. Sie wehrt sich dann mit den ihr geläufigen Waffen und versucht, ihrerseits dem Staat und den Parteien die wirtschaftlichen Methoden des Kaufens und Gekauftwerdens aufzuerlegen. Damit wird der Staat zur Beute wirtschaftlicher Partialinteressen.

Diese Verwirtschaftlichung des Staates wird besonders gefährlich, wenn sie auf den Bereich der Außenpolitik und der Landesverteidigung übergreift. Gelegentlich meint man, auch der Kommunismus sei käuflich, man müsse ihm nur noch mehr bieten. Besonders merkwürdig ist dies bei solchen, die sonst von marktwirtschaftlichen Verfahren wenig halten. Man versteht nicht, daß mindestens Kommunisten einen Bereich kennen, in dem für sie Politik aufhört, ein ökonomisches Geschäft zu sein. Wenn aber unsere Kaufleute nicht anerkennen wollen, daß es Grenzen des Kaufmännischen gibt, werden sie nicht mehr lange Gelegenheit haben, freie Kaufleute zu sein. Wir müssen uns damit abfinden, daß die Wirtschaftsfreiheit deswegen ein moralisches Problem bleibt: Es ist nach den richtigen Grenzen zwischen quantitativ-abgestuften nicht prinzipiellen Entscheidungen und kategorischen Entscheidungen zu suchen, eine Aufgabe, bei der der Ökonom und der Moralist zusammenwirken müssen.

Nicht nur Marxisten sehen im marktwirtschaftlichen System grundsätzlich Ausbeutung am Werk, indem etwa den Arbeitenden im Interesse von Kapitaleignern ein zu niedriger Lohn ausgezahlt wird. In dieser Schlichtheit sind solche Aussagen ohnehin falsch und müssen sorgfältig differenziert werden.[58] In diesem Beitrag geht es jedoch um einen ganz anderen Zusammenhang. Eine jede wettbewerbliche Marktwirtschaft enthält ein sozialisierendes Element, indem Leistungserfolge schließlich ohne weiteres Entgelt an die Allgemeinheit übertragen werden. Schon über sinkende Preise kommt technischer Fortschritt auch denen zugute, die dazu nichts haben beitragen können. Aber dieser selbstverständliche Zusammenhang ist hier nicht gemeint. Vielmehr wird neues wirtschaftlich nützliches Wissen schließlich immer irgendwann sozialisiert und allgemein ohne weiteres Entgelt zugänglich, so sehr auch der Schutz des geistigen Eigentums und der Patentschutz diesen Effekt zurückstauen. Dieser sozialisierende Vorgang liegt in der Natur des marktwirtschaftlichen Prozesses. Neues und nützliches wirtschaftlich verwendbares Wissen wird schließlich ohne Entgelt verbreitet und die Produktpreise enthalten keinen entsprechenden Kostenbeitrag mehr. Die These, daß den Arbeitenden der volle Arbeitsertrag vorenthalten werde, verkehrt sich insoweit in ihr Gegenteil.

Über die wirtschaftliche Qualität neuen Wissens und neuer Produkte und Leistungen bestimmen allerdings in der Marktwirtschaft die Nachfrager, die zur Ausbreitung von Kenntnissen und Ergebnissen beitragen können. Das schließt solche Kenntnisse ein, die andere als Degeneration und puren Unsinn ansehen. Korrekturen sind dann Aufgabe von Aufklärung und Erziehung.

---

[58] Hierzu im Einzelnen: Hans Willgerodt, Von der Macht des Kapitals – Mythen und Wirklichkeit, in: *Christian Watrin*, Hans Willgerodt (Hrsg.), Widersprüche der Kapitalismuskritik, Bern und Stuttgart 1976. S.11–59.

Die Gesellschaftliche Aneignung privater Leistungserfolge als Grundelement der wettbewerblichen Marktwirtschaft

Hans Willgerodt

I. Das Selbstinteresse als Antriebskraft der Wirtschaft: Private Aneignung gesellschaftlicher Produktion?

Der Marktwirtschaft wird vorgeworfen, daß sie das Selbstinteresse, den Egoismus der Wirtschaftenden, zur alleinigen Antriebskraft des Systems erhebe, also an die niedrigen Instinkte im Menschen appelliere, um ein höheres Wachstum der Produktion herbeizuführen. Vor allem gelte dies für eine Marktwirtschaft mit Privateigentum an den Produktionsmitteln, da sie die Akkumulation von Reichtum und die Vermehrung des Reichtums aus dem akkumulierten Kapital erlaube. Daß obendrein das marktwirtschaftliche System tatsächlich in seinen wirtschaftlichen Leistungen erfolgreich ist, beruhigt seine sozialethischen Kritiker keineswegs, sondern ist geradezu geeignet, es als besonders teuflisch anzusehen: Der Satan des Egoismus verführt die Völker durch den marktwirtschaftlichen Wohlstand und verschafft ihnen mit Hilfe der Nationalökonomie noch ein ethisches Alibi, denn diese Wissenschaft lehrt doch angeblich, daß die Verfolgung des Eigeninteresses stets zugleich auch gesellschaftlichen Nutzen bringe, jede persönliche Bereicherung demnach geradezu im öffentlichen Interesse liege. Gäbe es einen solchen Zusammenhang, so wäre in der Tat die Erbitterung verständlich, von der viele Sozialethiker aller Konfessionen gegenüber der Marktwirtschaft erfaßt sind. Die nationalökonomische Wissenschaft hat nicht immer genügend Verständnis für diese Situation aufgebracht, sondern im Gegenteil häufig durch scheinbar zynische Äußerungen, wonach private Laster zu öffentlichen Wohltaten werden, die Mißverständnisse vermehrt. Es ist notwendig, von den zahlreichen Vereinfachungen Abschied zu nehmen, mit denen sowohl die Sozialethik als auch die Wirtschaftstheorie noch immer weithin operieren, wenn es um die Rolle des Selbstinteresses im Rahmen der marktwirtschaftlichen Ordnung geht.

Trifft es wirklich zu, daß in der Marktwirtschaft der ungefilterte Egoismus das Leitmotiv des wirtschaftlichen Handelns ist oder auch nur von der Anlage dieser Ordnung her sein sollte? Daß eine solche Vorstellung nicht richtig sein kann, geht schon aus dem Konstruktionsprinzip der Marktwirtschaft hervor: Sie verweist denjenigen, der Einkommen im eigenen Interesse erzielen möchte, auf die Notwendigkeit, zu diesem Zwecke Güter und Leistungen anzubieten, die letztlich von anderen und nicht von ihm selbst nachgefragt, bewertet und vergütet werden. Das Selbstinteresse kann in der Tat verfolgt werden, allerdings nur dadurch, daß man bei seiner eigenen Leistung die Interessen anderer beachtet und zum Richtmaß nimmt. Gewiß hängt der Grad, in dem dabei die Wünsche anderer erfüllt werden, von vielen Umständen ab, etwa von der Wettbewerbsintensität oder der Vermögensverteilung. Aber es kann kein Zweifel sein, daß das Selbstinteresse in der arbeitsteiligen Marktwirtschaft durch den Wettbewerb und den gesetzlich-institutionellen Rahmen des Marktes in besonderer Weise gefesselt und kanalisiert wird. Auch die nationalökonomischen Klassiker haben niemals das schrankenlose Selbstinteresse zulassen wollen, sondern nur das auf einer ethischen Mittellage anzusiedelnde[59] Geschäftsprinzip des Tausches von Leistung und Gegenleistung. Dieses Prinzip bezieht sich im übrigen nur auf die *Entstehung* des Einkommens, während bei seiner *Verwendung* altruistische Zwecke verfolgt werden können, von der Sorge für die eigene Familie bis zur Hilfe für Fremde in anderen Erdteilen. Im Zeitalter des Wohlfahrtsstaates, in dem man sich auch für private Zwecke auf die Zahlungsbereitschaft öffentlicher Kassen verläßt, ist die eigenverantwortliche Sorge des Einzelnen für sich und seine Familie an sich schon eine anerkennenswerte Leistung. Wer darüber hinausgehen will, findet in der Marktwirtschaft dafür im realistischen Bereich keine wesentliche Schranke; allerdings ist eine weitergehende Fürsorge für andere nur dann ethisches Verdienst, wenn sie aus dem eigenen Einkommen und Vermögen geleistet wird und nicht aus den Einkommen Dritter, die als Steuerzahler oder anderweitig Beitragspflichtige herangezogen werden.

Ein moralisches Urteil über das Selbstinteresse im Rahmen des marktwirtschaftlichen Geschäftsprinzips kann erst dann gefällt werden, wenn man es mit anderen möglichen Antriebskräften einer Gesellschaftswirtschaft verglichen hat. Weder die Freude am eigenen Werk noch die Anerkennung durch die Öffentlichkeit oder gar die Furcht vor Strafe dürften ausreichen, um in einer modernen Wirtschaft genügend Leistungsbereitschaft hervorzubringen. Deswegen herrscht auch in sozialistischen Volkswirtschaften seit je das Prinzip der „materiellen Interessiertheit“, also der Grundsatz: „Jeder nach seinen Fähigkeiten, jedem nach seiner Leistung.“ Man hält dort die Leistungsentlohnung nicht nur für zweckmäßig, sondern sogar mit weit weniger Skrupeln für gerecht, als dies in westlichen Marktwirtschaften üblich ist.[60] Es kommt hinzu, daß auch die nicht vom Einkommen

---

59 Vgl. hierzu im einzelnen: Wilhelm Röpke, Ethik und Wirtschaftsleben, in: Wirtschaftsethik heute. Drei Reden an jeden, der produziert, kauft und verkauft. Von Wilhelm Röpke, Josef Hünermann und Eberhard Müller, Hamburg 1956, S. 7ff.

60 Vgl. Hans Willgerodt, Das Leistungsprinzip – Kriterium der Gerechtigkeit und Bedingung des Fortschritts?, in: Kapitalismus im Widerstreit, hrsg. von Anton Rauscher, Köln 1973, S. 89–115.

ausgehenden Leistungsantriebe erhebliche Elemente von Selbstinteresse enthalten, wobei keineswegs in allen Fällen sicher ist, daß sie sympathischer sind als das Einkommensinteresse. Eitelkeit, Machtstreben und Furchtsamkeit als wirtschaftliche Antriebskräfte können sogar weitaus schädlicher sein.

Das Problem kann indessen noch von einem anderen Blickwinkel aus betrachtet werden: Wirtschaftsethische Maximen müssen einen erheblichen Grad an Allgemeingültigkeit besitzen, wenn sie als Grundlage einer Wirtschaftsordnung tauglich sein sollen. Anderenfalls muß angegeben werden, welche Rangordnung zwischen den Maximen bestehen soll. Zum Beispiel kann das Prinzip der altruistischen Fremdfürsorge niemals zum dominierenden Prinzip der Gesellschaftswirtschaft werden, wenn man nicht absurde Zustände herbeiführen will. Daß es in jeder Gesellschaft große Bereiche gibt, in denen Fürsorge für andere als Regel unentbehrlich ist, etwa in der Familie, ändert hieran nichts. Das Prinzip der Fremdfürsorge erklärt nur, wie der eine vom anderen unterhalten wird, nicht aber, wie dieser andere die Mittel beschafft, die ihn dazu befähigen, Hilfe zu leisten. Deswegen kann das an sich ethisch positive Hilfsprinzip immer nur ergänzende Funktionen in der Gesellschaftswirtschaft wahrnehmen. Es zur tragenden Grundlage der Wirtschaft machen hieße, einen Zustand herbeizuführen, in dem jeder den anderen das Seine schenken will und man sich wechselseitig Geschenke aufdrängt. Es ist interessant, daß der Geschenktausch tatsächlich in feudalen Gesellschaftsordnungen große Bedeutung gehabt hat und sich daraus bestimmte Gepflogenheiten beim rein kommerziellen Tausch erhalten haben. Rüstow berichtet, daß im Orient bis heute die Formen des Geschenktausches beibehalten werden, „wobei sich dann das Feilschen um den Preis in der Weise vollzieht, daß der Verkäufer das ihm vom Käufer angebotene ‚Gegengeschenk' so lange zurückweist, bis es die nötige Höhe erreicht hat".[61] Eine Übertreibung des Prinzips der Nächstenliebe mündet also durch Neutralisierung der Leistungsströme von selbst in das ethisch weniger hochwertige Austauschprinzip, das als Normalfall gelten kann. Wenn Moralisten allein die Nächstenliebe betonen, so tun sie dies im durchaus realistischen Vertrauen darauf, daß einstweilen keine Gefahr besteht, es zu übertreiben. Sie müssen aber einbeziehen, daß das Prinzip der Fremdhilfe ein Selbstinteresse des Empfängers der Hilfe voraussetzt, also das Selbstinteresse als Motiv wirtschaftlicher Handlungen nicht beseitigt, sondern in anderer Form sogar voraussetzt.

Eine andere Alternative zum Geschäftsprinzip besteht darin, sich gewaltsam in den Besitz von Gütern zu setzen, die von Fremden produziert worden sind. Auch dieses Verfahren kann nicht zur allgemeinen Handlungsmaxime werden, sondern muß ebenso wie das Prinzip der Nächstenliebe einen Sondercharakter behalten.

61 Alexander Rüstow, Ortsbestimmung der Gegenwart, 1. Band, Ursprung der Herrschaft, Erlenbach-Zürich und Stuttgart 1950, S. 237.

Anderenfalls käme es zum Kampf aller gegen alle und zur Zerstörung der Gesellschaftswirtschaft. Sofern die gewaltsame Aneignung die Form des Diebstahls oder Raubes annimmt, ist der ethisch negative Charakter des Vorganges wenig umstritten. Weil das Stehlen mehr Intelligenz als Mut erfordert, wird es im allgemeinen noch weniger gebilligt als der immerhin kriegerische Tugenden erfordernde Raub, der sogar bei vielen höheren Rang erhält, wenn er im Rahmen von Kriegen zugunsten des eigenen Volkes auf Kosten anderer Völker geschieht. Die feudalistische Wertschätzung des Raubes, der gewaltsamen Erhebung von Tributen und der Heranziehung von Untertanen zu Arbeiten, deren Früchte man kraft eigener Herrschafts- und Befehlsgewalt genießt, hat sich seit Aristoteles[62] immer wieder bemerkbar gemacht und schlägt sich auch heute noch mindestens in der Verachtung des bürgerlichen Tauschprinzips nieder, das man mit unheroischem, „kapitalistischem" Krämergeist in Verbindung zu bringen sucht.

Die gewaltsame Inanspruchnahme fremder Leistungen vollzieht sich heute oft in subtileren und bürokratischeren Formen, die unserer Zeit entsprechen: Man enteignet, schafft Monopole und Wirtschaftsprivilegien, besteuert, reguliert, setzt Preise behördlich fest usw. Die Grenzen zwischen dem Legitimen und Illegitimen sind dabei teilweise schwer zu ziehen.

Wenn das Gewaltprinzip mit dem Geschäftsprinzip verglichen wird, kann jedenfalls nicht behauptet werden, die Gewalt sei mit dem geringeren Grade an Egoismus verbunden. Das Gegenteil ist der Fall, denn für beide Partner des Güterverkehrs wird er zur dominierenden Größe: Beim Gebenden in der Weise, daß er herausgibt, um Strafe und Gewaltanwendung abzuwenden, beim Nehmenden, indem er sich kostenlos bereichert. Zu einem sehr wesentlichen Teil beruht jede zentral geleitete Volkswirtschaft auf dem Prinzip der Gewalt, denn in ihr wird das Herrschaftsprinzip bei der Lenkung der Produktion an die Stelle des Marktes gesetzt. Insofern wird auch die Furcht vor Strafe als Antriebskraft benutzt. Da die Gewalt nicht ausreicht, um eine zentral geleitete Volkswirtschaft mit den nötigen Leistungsimpulsen zu versehen, wird freilich auch dem Selbstinteresse durch Leistungsentlohnung Spielraum gewährt. Dies geschieht allerdings in einer Form, die mit dem marktwirtschaftlichen Geschäftsprinzip nur äußerliche Ähnlichkeiten besitzt. Denn das Leistungsprinzip bewegt sich nur im Rahmen staatlich verordneter Pläne; außerdem ist die Zentrale monopolistischer Arbeitgeber und Güterproduzent und kann deswegen Leistungen viel willkürlicher bewerten als die Nachfrager in einer wettbewerblichen Marktwirtschaft.

Der Einwand liegt nahe, daß in sozialistischen Systemen ja niemandem etwas zugunsten bestimmter privater Personen, sondern schlimmstenfalls nur zugunsten der „Gesellschaft" genommen werde. Sehen wir einmal davon ab, daß sich auch im so-

62 Ebenda, S. 187ff.

zialistischen Machtbereich Tendenzen zur Entstehung neuer Klassen herausbilden, die im Namen der Gesellschaft die ihnen übertragene Macht im eigenen Interesse ausüben. Selbst wenn es diese Korrumpierung nicht gäbe: Wer ist das eigentlich, die „Gesellschaft"? Leopold von Wiese hat von ihr einmal gesagt, daß sie ein entsetzlicher Götze sei, ein ebenso gleichgültiger und schäbiger Gegenstand, wie der Mensch und die Menschheit etwas Heiliges sind.[63] Er hatte dabei eine Gesellschaft im Auge, die sich nach den Vorstellungen Rousseaus zum unbeschränkten Herrscher über Einzelpersonen aufschwingt. Die Erfahrung lehrt, daß die gesellschaftlichen Ziele eines derartigen totalitären Systems auf Machtanwendung im Inneren und nach außen gerichtet sind, die gesellschaftliche Aneignung privater Leistung in diesem Falle also keineswegs ethisch höhere Qualität erwirbt. Selbst wenn Aufopferung und Idealismus im Interesse eines Kollektivs in einer sozialistischen Gesellschaft einen merklich höheren Rang einnehmen sollten, so können sie irregeleitet sein und moralisch schrecklichen Zielen des Kollektivs dienen. In Wirklichkeit kann man jedoch an den Idealismus auch in sozialistischen Gesellschaften keine übertriebenen Anforderungen stellen. Es gibt kein derartiges Regime, das sich allein auf freiwillige Zustimmung und Opferbereitschaft als wirtschaftliche Antriebskraft verläßt. Das Selbstinteresse im Rahmen der Gewaltanwendung und der Leistungsentlohnung wird deswegen als die entscheidende Kraft herangezogen.

Das Ergebnis dieser Betrachtung über den Egoismus als Antriebskraft der Wirtschaft ist für den Moralisten ernüchternd: Das Selbstinteresse ist im Bereich der Marktwirtschaft und des Geschäftsprinzips weitaus stärker gebändigt als in zentral geleiteten Volkswirtschaften mit dominierendem Gewalt- und Herrschaftsprinzip. Die Marktwirtschaft läßt außerdem Altruismus in erheblichem Umfang zu, er muß aber wie in jeder Gesellschaft so auch hier ein subsidiäres Prinzip bleiben, da er die Selbstfürsorge als Grundlage voraussetzt, von der jede Hilfe für andere ausgehen muß: Wer nicht einmal für sich selbst sorgt, ist unfähig, anderen wirtschaftlich zu helfen.

Allerdings ist bei unserer bisherigen Untersuchung der marxistische Haupteinwand außer Betracht geblieben, der in der Behauptung gipfelt, die Marktwirtschaft sei überhaupt kein System, in welchem das Selbstinteresse hinreichend durch das Leistungsprinzip der Entlohnung gebändigt sei. Vielmehr sei hier die private Aneignung von Ergebnissen der gesellschaftlichen Produktion durch eine besondere Art von Gewaltanwendung möglich, denn bei Privateigentum an den Produktionsmitteln werde das arbeitslose Einkommen des Profits der arbeitenden Gesellschaft als Mehrwert abgepreßt, privatisiert und damit denen vorenthalten, die es eigentlich erwirtschaftet hätten, nämlich den Arbeitenden. Es gilt dabei als ausgemacht, daß die Bezieher des Profiteinkommens dafür weder arbeiten noch sonst

[63] Leopold von Wiese, Der Liberalismus in Vergangenheit und Zukunft, Berlin 1917, S. 42.

eine Leistung für die Gesellschaft erbringen müssen. Eine eingehende Auseinandersetzung mit dieser These von der kapitalistischen Erbsünde der Marktwirtschaft ist an dieser Stelle nicht beabsichtigt.[64] Sie hätte zu klären, ob Einkommen aus Kapital prinzipiell Gewalteinkommen sind (auch im sozialistischen Bereich werden auf Sparguthaben Zinsen gezahlt, obwohl dort kein einziger Sparer über Macht verfügt), ob und inwieweit Unternehmergewinne Arbeitseinkommen sind,[65] ob es notwendig ist, dem haftenden Kapital die Übernahme von Risiken zu vergüten, ob eine gleichmäßigere Vermögensverteilung im Rahmen von Marktwirtschaften das Problem entschärfen kann und vieles andere. Vor allem wäre zwischen monopolistischen Machtgewinnen und Leistungsgewinnen zu unterscheiden und die Frage zu stellen, ob nicht auch viele Arbeitnehmer Knappheitseinkommen beziehen, die Rentencharakter tragen, also nicht notwendig sind, um eine Leistung hervorzulokken und die „Reproduktion der Arbeitskraft" zu ermöglichen.

Anstatt diesen Fragen nachzugehen, wollen wir prüfen, ob überhaupt die Marktwirtschaft, insbesondere die wettbewerbliche Marktwirtschaft, allgemein und ausschließlich von jener privaten Aneignung gesellschaftlicher Produktionsergebnisse beherrscht wird, die die Marxisten zu erkennen glauben, oder ob es nicht vielmehr umgekehrt auch zu den Grundelementen wettbewerblicher Marktwirtschaft gehört, daß private Leistungserfolge gesellschaftlich angeeignet werden, das heißt der Erfolg, den ein privater Anbieter durch sein Verhalten am Markt erzielt, früher oder später mit Nachfragern und Wettbewerbern geteilt werden muß. Wenn sich herausstellt, daß die Marktwirtschaft nicht nur zufällig, sondern prinzipiell solche sozialisierenden Elemente enthält, muß der Vorwurf noch weiter zurückgenommen werden, es handele sich bei dieser Wirtschaftsordnung allein um ein System des organisierten Eigennutzes.

II. Positive externe Effekte privater Wirtschaftstätigkeit – Notwendigkeit oder marktwirtschaftlicher Systemfehler?

Die traditionelle Wohlfahrtstheorie geht implizit oder explizit davon aus, daß im marktwirtschaftlichen Konkurrenzsystem das Selbstinteresse der Produzenten dahin führe, lediglich die privaten Grenzkosten und Grenzerlöse einander gleichzumachen,

[64] Zu der Fragwürdigkeit der wirtschaftstheoretischen Grundlagen dieser Theorie vgl. Egon Sohmen, Randglossen zur Marxschen Wertlehre, in: Beiträge zu einer Theorie der Sozialpolitik, Festschrift für Elisabeth Liefmann-Keil zum 65. Geburtstag, herausgegeben von B. Külp und W. Stützel, Berlin 1973, S. 71–96.

[65] Vgl. hierzu Ulrich Schillert, Vermögensstreuung aus Unternehmensgewinnen, ORDO-Jahrbuch, Bd. XXIII, 1972, S. 225–259.

nicht aber die sozialen Grenzerlöse einzubeziehen, die unter Umständen höher sein können.[66] Wenn das zutrifft, unterbleiben zahlreiche erwünschte Produktionen, während andere übermäßig ausgedehnt werden. Oft wird das Beispiel der Waldbesitzer angeführt, die durch ihre Forstwirtschaft gleichzeitig unentgeltlich das Klima und den volkswirtschaftlichen Wasserhaushalt verbessern. Weil Klimabesserung und günstigerer Wasserhaushalt ihnen vom Markt nicht vergütet werden, dehnen sie ihre Produktion nicht so weit aus, wie es gesamtwirtschaftlich erwünscht ist.

Kann aus dieser im Rahmen ihrer Voraussetzungen richtigen Theorie die Folgerung gezogen werden, daß marktwirtschaftliche Produzenten, solange sie nur ihr Selbstinteresse verfolgen, nicht bereit sein werden, den Nutzen anderer freiwillig und unentgeltlich zu erhöhen? Viele wirtschaftspolitische Vorschläge, die im Zusammenhang mit sozialen Kosten und sozialen Erträgen gemacht werden, legen dies nahe: Wenn es zutrifft, daß bestimmte nützliche Leistungen nur gegen Entgelt erbracht werden, der Markt aber dieses Entgelt wegen mangelnder Teilbarkeit der Leistung und fehlender Möglichkeit, daran Eigentumsrechte geltend zu machen, nicht gewährt, erscheinen Subventionen gerechtfertigt.[67] Auch könnten Versuche gemacht werden, die Voraussetzungen zu schaffen, unter denen ein marktwirtschaftliches Entgelt möglich wird. Z. B. könnte versucht werden, diejenigen von der Inanspruchnahme eines Gutes auszuschließen, die bisher zur Erstattung seiner Produktionskosten nichts beigetragen haben. „Trittbrettfahrer" oder „free-rider" würden dann an der Nutzung des Gutes gehindert oder durch Abgaben zur Kostendeckung mit herangezogen. Überall dort, wo bisher knappe Güter unentgeltlich in Anspruch genommen worden sind, würde man versuchen, kollektive oder individuelle Eigentumsrechte zu begründen,[68] um das Prinzip der Entgeltlichkeit auszudehnen.

So einleuchtend dieses Verfahren in vielen Fällen sein mag, so verfehlt wäre es, allen nicht altruistisch geplanten unentgeltlichen Leistungen in einer Marktwirtschaft so lange nachzuspüren, bis sie in entgeltliche Leistungen umgewandelt sind. In letzter Konsequenz müßte dies, wie gezeigt werden soll, zur Aufhebung der wettbewerblichen Marktwirtschaft führen, woraus sich auch ergibt, daß unentgeltliche Leistungen in einem näher abzugrenzenden Bereich nicht etwa ein Fehler im marktwirtschaftlichen System sind, sondern zu ihren Strukturmerkmalen gehören.

---

66 Vgl. A. C. Pigou, The Economics of Welfare, 4th ed., London 1960, Part II, Chapter IX und passim.

67 Walter Eucken, Grundsätze der Wirtschaftspolitik, Bern-Tübingen 1952, S. 302, möchte sogar mit Beschränkungen der privatwirtschaftlichen Planungsfreiheit, z. B. dem Verbot von Kahlschlägen, arbeiten.

68 Vgl. Knut Borchardt, Volkswirtschaftliche Kostenrechnung und Eigentumsverteilung. Bemerkungen zum Problem der Sozialkosten, Jahrbücher für Nationalökonomie und Statistik, Bd. 178 (1965), S. 70–79.

Am leichtesten ist dies am Beispiel eines Wettbewerbsprozesses einzusehen, der – wie F. A. von Hayek betont – nicht zuletzt einen Entdeckungsprozeß darstellt.[69] Derjenige, der ein neuartiges Produkt an den Markt bringt oder ein kostensparendes Produktionsverfahren entdeckt, verspricht sich davon zunächst einen höheren privatwirtschaftlichen Erfolg, der auf seiner privaten Leistung beruht. Er hat jedoch damit zugleich das gesamtwirtschaftliche Wissen erhöht, da sich die Kenntnis über neue Produktionsverfahren und Produkte auf die Dauer nicht geheimhalten läßt. Damit droht ihm die Sozialisierung seiner Leistung, denn andere Produzenten werden ihn nachahmen und seine Leistungsgewinne zum Verschwinden bringen.

Man hat darin sogar ein besonderes Problem gesehen, weil die Produktion neuen Wissens mit Kosten verbunden sein kann und deswegen gehemmt wird, wenn sie nicht mit entsprechenden Erträgen entlohnt wird. Erfindungskosten sind im wesentlichen Fixkosten. Demgegenüber können die volkswirtschaftlichen Grenzkosten *des Gebrauchs* einer Erfindung sehr niedrig sein.[70] Solche Gebrauchskosten entstehen etwa dadurch, daß mit wachsender Anwendung der Erfindung entsprechend mehr geschultes Personal herangezogen werden muß. Die Einnahmen aus notwendig gewordener Unterweisung müssen aber nicht dem Erfinder zufließen, denn er muß nicht zugleich Lehrer und Propagandist sein. Infolgedessen ist es gerechtfertigt, in den Fällen, in denen durch Nachahmung ein denkbarer Pioniergewinn sofort weggeschwemmt werden würde, den Pionier angemessen zu entschädigen.[71] Eine hohe Intensität des nachahmenden Wettbewerbs würde einen hohen Grad an gesellschaftlicher Aneignung privater Produktionsleistung darstellen, eine Art von Enteignung, der durch Patentschutz, Urheberrechte und dergleichen begegnet werden kann, damit der Leistungsanreiz auf diesem Gebiet erhalten bleibt. Insoweit bewegen wir uns noch auf dem eingefahrenen Gleis des Kampfes gegen „free-rider".

---

69 *F. A. von Hayek*, Der Wettbewerb als Entdeckungsverfahren, in: ders., Freiburger Studien, Tübingen 1969, S. 249–265.

70 *Fritz Machlup*, Die wirtschaftlichen Grundlagen des Patentrechts, Weinheim 1962, S. 95 ff. Die Kosten des Gebrauchs einer Erfindung können jedoch auch durchaus beachtlich sein, wenn die Anwendung besondere Schulung erfordert. Die Umrüstung der Gehirne kann ebenso aufwendig und zeitraubend sein wie die Umrüstung von Sachkapital. Der Pionier kann damit einen Vorsprung erhalten, der es ihm erlaubt, ohne weitere Intervention der Wirtschaftspolitik auf seine Kosten zu kommen.

71 Schon *Adam Smith* war bereit, bei riskanten Pionierleistungen als Entschädigung für eine begrenzte Zahl von Jahren eine Monopolstellung einzuräumen, bezeichnete aber ein derart begründetes Dauermonopol als absurde Steuer: Adam Smith, An Inquiry into the Nature and Causes of the Wealth of Nations, ed. by *E. Cannan*, London 1950, Vol. 2, Book V, Part III, Article 1st, S. 277 f.

Auf der anderen Seite besteht aber auch ein starkes gesamtwirtschaftliches Interesse an schneller Ausbreitung besserer Produktionsverfahren. Diese Ausbreitung wird um so mehr behindert, je höher die Abgaben sind, die die Imitatoren an den Pionier zu entrichten haben, etwa die Lizenzgebühren. Bei einer wirtschaftspolitischen Betrachtung ist also der Nachteil einer verzögerten Diffusion neuer Verfahren gegen die Notwendigkeit des Anreizes für Pioniere abzuwägen.[72] Bei sehr weitgehendem Schutz der Pionierleistungen würde zwar der Gewinn, den man z. B. aus der Einführung neuer Verfahren ziehen kann, sehr hoch sein, so daß eigentlich ein intensives Streben einsetzen müßte, solche Leistungen zu erbringen. Auf der anderen Seite würde aber gerade dadurch die Marktwirtschaft erstarren, denn der Schutz vor imitierendem Wettbewerb würde Monopolstellungen schaffen, bei denen man sich auf den Lorbeeren vergangener Leistungen ausruhen kann. Da Imitatoren im Prozeß der Imitation oft durch Anschlußerfindungen und deren Anwendung den ursprünglichen Pionier übertreffen, würde außerdem mit der Behinderung der Imitation zugleich auch die Innovation beeinträchtigt werden. In keinem Falle darf deswegen der Schutz von Pionieren in der Marktwirtschaft so weit getrieben werden, daß der gesamte Nutzenzuwachs, den eine Erfindung hervorruft, dauerhaft an den Verursacher fließt. Er muß es sich gefallen lassen, daß die Gesellschaft seine privaten Leistungserfolge mehr oder weniger unentgeltlich in Anspruch nimmt, wenn eine gewisse Schonfrist verstrichen ist.

Wo liegt nun die Grenze, bis zu der die wirtschaftlichen Neuerer für eine erfolgreiche Neuerung ein Entgelt erhalten sollen? Mit der einfachen Formel, daß ihnen die Erstattung ihrer nachträglich ermittelten Kosten zustehe, ist nicht auszukommen. Gewährt man nur diese Kosten, so bleibt außer Betracht, daß vor Beginn des Innovationsprozesses ein erhebliches Risiko des Mißerfolges bestanden haben kann; wenn dafür keine Prämie gewährt wird, sind die Innovatoren, die auf unbekannten Gebieten operieren, gegenüber denjenigen, die sich in weniger risikoreichem und teilweise schon erforschtem Gelände bewegen, benachteiligt. Es kann aber gerade der Vorstoß in gänzlich unbekannte Gebiete erwünscht sein. Deswegen sind Entgelte zuzulassen, die eine Wagnisprämie enthalten, also über die normalen Kosten hinausgehen.

Auf der anderen Seite gibt es Fälle, in denen keine volle Deckung der Kosten zugelassen werden sollte. Solche Fälle sind dann gegeben, wenn der soziale Nutzen einer Erfindung zwar positiv ist, die Kosten aber höher als dieser Nutzen waren.

---

[72] Der Vorschlag, diesen Konflikt dadurch aufzuheben, daß man die Pioniere aus der Staatskasse entschädigt, ist insofern problematisch, als damit die Verbindung des Produktpreises mit den Produktionskosten, die bei der Herstellung bestimmter Produkte entstehen, aufgehoben wird. Eine der betreffenden Branche auferlegte, Fixkostencharakter tragende Steuer begegnet der Schwierigkeit, fixe Steuerbeträge auf die Einzelfirmen umzulegen, ohne an die Produktionsmenge anzuknüpfen.

Die gesamtwirtschaftlichen Nachteile eines zur vollen Kostendeckung gewährten Wettbewerbsschutzes können den gesamtwirtschaftlichen Vorteil übersteigen. Es entspricht marktwirtschaftlichen Grundsätzen, wenn nicht der für eine Neuerung getriebene Aufwand, sondern allein der Erfolg honoriert wird.

Es kommen aber noch praktische Probleme hinzu, die es ausschließen, daß auch bei Neuerungen, die gesamtwirtschaftliche Nettovorteile bringen, in allen Fällen die Kostendeckung gesichert werden kann. Zum Beispiel kann der Nettovorteil einer Neuerung gesamtwirtschaftlich für eine kürzere Frist sehr hoch sein, dann aber – etwa infolge anderer Neuerungen – abklingen, während der Nettovorteil einer anderen Neuerung zwar in den ersten Perioden geringer ist, sich aber über längere Zeit hinweg hält, so daß sein Gesamtvorteil ebenso hoch sein kann wie der Gesamtvorteil der zuerst genannten Neuerung. Im Patentwesen kann man hierauf nicht genügend Rücksicht nehmen, sondern muß mit einheitlichen Maximalfristen arbeiten, für die ein Patentschutz gewährt wird. Das kann dem Erzeuger des kurzlebigen aber hohen Vorteils die Kostendeckung leicht sichern, während es dem Erzeuger des langlebigeren Vorteils gleicher Größe unter Umständen die Kostendeckung vorenthält. Auch dies ist nicht ganz sinnlos, weil man nicht voraussehen kann, ob ein Vorteil langlebig sein wird. Weit in der Zukunft liegende Vorteile sind daher – abgesehen von der Notwendigkeit ihrer Abzinsung – wegen größerer Ungewißheit wesentlich niedriger zu bewerten.

Die sozialisierende Härte der wettbewerblichen Marktwirtschaft, die hier zum Vorschein kommt, läßt sich noch deutlicher bei Wettbewerbsprozessen erkennen, die mit Verlusten verbunden sind. Wie Borchardt bemerkt, schafft auch der Mißerfolg und Bankrott eines Unternehmens allgemein zugängliches und für die übrige Wirtschaft, soweit sie nicht zu den Gläubigern gehört, kostenloses Wissen.[73] Hierfür ist nicht von allen Nutznießern ein Ausgleich zu zahlen. Geschieht dies dennoch, werden also Verluste sozialisiert, so wird damit gegen den marktwirtschaftlichen Haftungsgrundsatz verstoßen und im übrigen die Legitimation des Unternehmergewinnes und der einzelwirtschaftlichen Entscheidungsfreiheit in Frage gestellt.

Ebenso eindrucksvoll ist der Fall von Verlusten, die sich eine Branche durch technischen Fortschritt selbst bereitet. Das Musterbeispiel hierfür ist die Landwirtschaft. Die Entwicklung und Durchsetzung von Neuerungen verursacht auch in der Landwirtschaft Kosten, so daß ein Weg gefunden werden muß, diejenigen, die davon profitieren, zur Kostendeckung heranzuziehen. Wer aber profitiert von diesen Neuerungen? Auf den ersten Blick scheint es so, daß es die landwirtschaftlichen Produzenten sind, die den Gewinn erlangen, der von der Einführung kostensparender Neuerungen ausgeht. Jeder einzelne Landwirt ist deswegen auch bereit,

[73] A. a. O., S. 74.

hierfür etwas zu zahlen, jedenfalls sofern ihm der Erfolg neuer Verfahren einleuchtet. Entgegen weitverbreiteten Vorstellungen ist jedenfalls die fachliche Bildungsbereitschaft von Landwirten in vielen entwickelten Ländern heute eher höher als niedriger, verglichen mit anderen polypolistischen Branchen. Selbst wenn staatliche Bildungseinrichtungen und Forschungsstätten der Landwirtschaft einen großen Teil der Kosten des technischen Fortschritts abnehmen, ein erheblicher Rest an derartigen Kosten muß von den Landwirten selbst getragen werden.

Wie verhält sich nun der einzelne Landwirt, wenn er selber durch neue Verfahren und eine neue Betriebsorganisation seine Produktivität erheblich gesteigert hat? Im Normalfall des polypolistischen Angebots hält er dieses neue Wissen nicht geheim oder sucht es durch Patent- und Markenschutz zu privatisieren. Der kostenlose Erfahrungsaustausch zwischen Produzenten über technische Verfahren vollzieht sich in der Landwirtschaft im allgemeinen wesentlich reibungsloser als zwischen industriellen Produzenten, bei denen oligopolistisches Rivalitätsbewußtsein stärker hervortritt.[74] Auch kann es bei Versammlungen landwirtschaftlicher Produzenten weniger leicht zu jenen Verschwörungen gegen das Publikum kommen, die Adam Smith stets befürchtet hat, wenn sich Unternehmer einer Branche zu irgendeinem Zweck treffen.[75] Es können zwar auf solchen Versammlungen von Landwirten Beschlüsse über Störungen des Straßenverkehrs und Demonstrationen, nicht aber über gemeinschaftliche Erhöhungen der Agrarpreise gefaßt werden. Der Grund für die unmittelbar weniger wettbewerbsbeschränkende Verhaltensweise der Landwirtschaft liegt nicht zuletzt in der Marktstruktur: Im Polypol vernachlässigt der Entdecker neuer Verfahren den Einfluß, den die Mitteilung seines Wissens an einen einzelnen Mitanbieter auf die Produktion und den Produktpreis hat. Da der einzelne Polypolist nicht gewohnt ist, Marktstrategie im monopolistischen Sinne zu betreiben, wendet er eine solche Strategie auch hier nicht an, sondern läßt es zu, daß er von seinen Nachbarn kostenlos imitiert wird. Es ist deswegen nicht verwunderlich, wenn die Neigung zu kooperativem Verhalten *ohne* kartellartige

[74] Auch in anderen zum Polypol neigenden Branchen besteht eine Tendenz, eigene Erfahrungen nahezu kostenlos mitzuteilen; der Sinn der Wanderschaft im alten Handwerk bestand darin, fremdes Wissen bei entlohnter Arbeit in anderen Betrieben kennenzulernen, gleichzeitig aber auch eigenes Wissen an fremde Betriebe abzugeben.

[75] Adam Smith, An Inquiry into the Nature and Causes of the Wealth of Nations, a. a. O., Vol. I., Book I, Chapter X, Part II, S. 144: „People of the same trade seldom meet together, even for merriment and diversion, but the conversation ends in a conspiracy against the public, or in some contrivance to raise prices." Einige Abschnitte vorher schildert Smith, wie städtische Produzenten durch Zurückhaltung von Informationen und Nachwuchsbeschränkung ihren Gewinn erhöhen können, während in der Landwirtschaft solche Beschränkungen nicht vorkommen. Er vergißt nicht, auf den höheren beruflichen Bildungsgrad hinzuweisen, der in der Landwirtschaft notwendig und auch zu beobachten sei. – Da ihnen der Weg zur Marktmacht versperrt ist, wählen die Landwirte die Organisation als politische pressure group.

Restriktion in der Landwirtschaft weiter verbreitet ist als in der Industrie.[76] Der Umstand, daß die Kooperation in der Landwirtschaft im Gefolge mittelalterlicher Rodungen und des Flurzwanges außerdem eine jahrhundertelange Tradition hat, kann diesen Sachverhalt jedenfalls nicht allein erklären, denn der Flurzwang bedeutete eher eine Art von Kooperation, die technischen Fortschritt behinderte und geradezu ausschloß, weil Wettbewerbsvorstöße einzelner unmöglich waren und die Gesamtheit auf Neuerungsvorschläge stets konservativ reagierte.

Demgegenüber hat seit Ende des 2. Weltkrieges der technische Fortschritt in der Landwirtschaft entwickelter Länder, vor allem auch in der Bundesrepublik Deutschland, eine ungewöhnliche Dynamik gezeigt. Die Folge hätten bei wettbewerblicher Preisbildung für Agrarprodukte Preissenkungen sein müssen. Weil die Preis- und Einkommenselastizität der Nachfrage nach Agrarprodukten gering ist, wären die Preissenkungen so groß gewesen, daß sie zu fallenden Gesamterlösen und sogar zu fallenden Realeinkommen der Landwirte hätten führen können. Die eigentlichen Nutznießer des agrartechnischen Fortschritts wären dann die Verbraucher gewesen, die kostenlos in den Genuß positiver „pekuniärer externer Effekte"[77] gekommen wären. Die Agrarpolitik hat große Mühe gehabt, diesen Wettbewerbsprozeß zurückzustauen. Ganz erfolgreich ist sie darin nicht gewesen, denn die landwirtschaftlichen Einkommen haben nur durch drastische Verminderung der Zahl der Landwirte einigermaßen mit der gesamtwirtschaftlichen Entwicklung Schritt halten können.

Trotz der Nachteile, die damit bei ungünstigen Elastizitäten für die betroffenen Produzenten verbunden sein können, sind vor allem die kostenlos gewährten positiven „pekuniären externen Effekte" Systemelement jeder wettbewerblichen Marktwirtschaft. Dadurch werden die Vorteile der Konsumenten erhöht, oft zum Leidwesen der Produzenten, die gern durch monopolistische Beschränkungen größere Teile der Konsumentenrenten in Produzenteneinkommen umwandeln würden. Solchen Monopolismus sollte man nicht als eine Jagd nach „free-ridern" aufwerten. Die gesellschaftliche Aneignung privater Produktionserfolge, die die Produzenten erzielen, ist geradezu der Sinn der Marktwirtschaft, wobei allerdings der Produzent, der günstige Neuerungen durchsetzt, zugleich auch belohnt werden muß, damit er seine Dienstfunktion ausübt. Wollten die Produzenten die von

---

76 Erik Boettcher, Kooperation und Demokratie in der Wirtschaft, Tübingen 1974, S. 23, meint: „Im strengen Sinne sind Kooperation und Konkurrenz Gegensätze." Dies ist jedoch nur richtig, wenn man Konkurrenz mit marktstrategisch genutzter Rivalität gleichsetzt und den Parallelwettbewerb nicht als Konkurrenz ansieht.

77 Vgl. Jacob Viner, Cost Curves and Supply Curves, Zeitschrift für Nationalökonomie, Bd. III (1931), S. 38 ff.; ders., Art. Cost, in: Encyclopaedia of the Social Sciences, Vol. IV, S. 471 f.; vgl. auch Wolfgang Michalski, Grundlegung eines operationalen Konzepts der Social Costs, Tübingen 1965, S. 33.

ihnen erzielten Vorteile ganz für sich behalten, so könnten sie bei diesem Bestreben Teilerfolge durch Wettbewerbs- und Produktionsbeschränkungen erzielen. Eine allgemeine Angst vor der Weitergabe von Vorteilen würde aber die Produktion lähmen und die Freiheit der wirtschaftlichen Betätigung beschränken. Wer neues Wissen erworben hätte, würde versuchen, es zu monopolisieren, um daraus einen maximalen Gewinn zu ziehen. Geschähe dies überall, dann wäre die Stagnation gewiß. Man könnte daran denken, bei allseitiger Monopolisierung zu einer konzertierten Abrüstung zu gelangen, indem nach dem Muster internationaler Zollverhandlungen auch Wettbewerbsbeschränkungen auf Gegenseitigkeit abgebaut werden. Der Verzicht auf Produzentenrenten würde nur auf Gegenseitigkeit erfolgen. Es ist jedoch utopisch, sich eine Börse vorzustellen, auf der solche Tauschoperationen vorgenommen werden würden. Es kann nicht die Landwirtschaft mit der Industrie um wechselseitige Preiskonzessionen feilschen, die bei Lockerung von monopolistischen Produktionsbremsen möglich wären. Die Empfänger von Vorteilen des technischen Fortschritts und der Auflockerung von Monopolen sind zu diffus verteilt und nicht organisierbar. Außerdem ist es nicht ausgemacht, daß die Nutznießer überhaupt eine Gegenleistung erbringen können. Vielleicht sind sie nicht monopolisiert und haben auch keinen technischen Fortschritt aufzuweisen, den sie monopolisieren könnten. Das soziale Element der wettbewerblichen Marktwirtschaft liegt nicht zuletzt darin, daß die Fortschritts- und Wachstumsbranchen ohne Gegenleistung ihre Produktionsvorteile auch an solche Produzenten und Nachfrager abgeben müssen, deren technische Produktionsleistung nicht gestiegen ist. Insofern ist die Freigebigkeit in das marktwirtschaftliche System eingebaut.

Wenn man ernsthaft eine streng nach dem Prinzip des do ut des arbeitende gesamtwirtschaftliche Börse des Vorteilstausches organisieren wollte, müßten auch diejenigen Wirtschaftssubjekte Schadenersatzforderungen geltend machen können, denen aus der Anwendung neuen technischen Wissens Nachteile erwachsen. Ein ungeheuerer Apparat von Rechnungen und Gegenrechnungen mit unklarem Gesamtergebnis würde die Volkswirtschaft durchziehen, neue Initiativen würden erstickt, da niemand vorhersehen kann, ob die Entschädigungsforderungen, die an ihn gerichtet werden, seine Erlöse aus Zahlungen anderer übersteigen. Ein „Recht am eingerichteten Geschäftsbetrieb“, das auch die Abwehr von Nachteilen einschließt, die sich aus dem normalen Wettbewerb ergeben, ist mit der Marktwirtschaft grundsätzlich nicht vereinbar. Die oft überbetonte „Sozialfunktion des Eigentums“ macht sich in der Übernahme von Wettbewerbsrisiken stärker bemerkbar als in der Besteuerung und Belastung des Gewinns. Deswegen darf nicht jeder Verlust im Wettbewerb zu einer Forderung an die Gesellschaft werden. Es ergibt sich also: Der Weg gesamtwirtschaftlicher Aufrechnungen von Vor- und Nachteilen im Wettbewerbsprozeß ist nicht gangbar.

Ohne unbezahlte und positive „pekuniäre externe Effekte" wäre es kaum gelungen, in den entwickelten Marktwirtschaften jenen Massenwohlstand herbeizuführen, der der marxistischen Lehre solche Schwierigkeiten macht. Die Akkumulation des Kapitals hat die Arbeit nicht, wie die pessimistische Freisetzungslehre annahm, entwertet, sondern knapper und damit teurer gemacht.[78] Die „Kapitalisten" konnten den Produktionszuwachs, den die Kapitalvermehrung mit sich gebracht hat, nicht für sich behalten. Außerdem hat der technische Fortschritt die Massenproduktion begünstigt, die den Massenabsatz und den Massenwohlstand hervorruft und zugleich voraussetzt. Dieser nicht mehr zu leugnende Sachverhalt hat seinerseits griesgrämige Kommentare über „Konsumterror" und dergleichen ausgelöst, die an die Stelle der alten Verelendungslehre getreten sind. Es gibt keinen besseren Beweis für die Tatsache, daß die positiven externen Effekte in der Marktwirtschaft bestehen. Die Problematik des Massenwohlstandes, die auf einer anderen Ebene erörtert werden muß, ist damit keineswegs geleugnet, doch ist sie nicht damit lösbar, daß man das „einfache Leben" der Vergangenheit, das heißt ihr Massenelend, wiederherstellt.

III. Sozialpolitische Bewertung, Differenzierung und Eingrenzung

Es ist also erwiesen, daß die gesellschaftliche Aneignung privater Leistungserfolge ein unentbehrliches Strukturmerkmal der wettbewerblichen Marktwirtschaft ist. Die Privaten wissen dies und suchen sich durch Wettbewerbsbeschränkungen aller Art der partiellen Vergesellschaftung ihrer Leistungserfolge zu entziehen. Es ist nicht zuletzt Aufgabe der Rechtsordnung, dies zu verhindern und anzugeben, wie weit private Interessen verfolgt werden dürfen und wie weit das öffentliche Interesse gehen soll. Franz Böhm hat unermüdlich auf die gesellschaftliche, über das Interesse der unmittelbar Beteiligten hinausgehende Funktion des Privatrechts hingewiesen.[79] Ist damit die Marktwirtschaft zu einem System geworden, das ähnlich wie eine Zentralverwaltungswirtschaft den Leistenden „Mehrwert" im Interesse eines staatlichen Kollektivs abfordert? Selbstverständlich kann auch dies gesche-

[78] Das gilt sogar für solche Arbeit, die nicht im technischen Sinne produktiver geworden ist, etwa für viele Leistungen der Beschäftigten des öffentlichen Dienstes. Die Marktwirtschaft in Verbindung mit der Freiheit der Arbeitsplatzwahl und der Gewerbefreiheit sorgt dafür, daß sich die Folgen technischen Fortschritts auch in den Einkommen solcher Arbeitenden niederschlagen, die nichts dazu haben beitragen können.

[79] Vor allem in seinem Aufsatz: Privatrechtsgesellschaft und Marktwirtschaft, ORDO-Jahrbuch, Bd. XVII, 1966, S. 75–151.

hen, indem öffentliche Abgaben erhoben oder anderweitige Belastungen auferlegt werden, aber die besondere Art von Vergesellschaftung, wie sie ohne Dazwischentreten des Staates aus den freiwilligen Markthandlungen der Privaten hervorgeht, hat eine andere Qualität: Sie wird unmittelbar wieder zu privaten Vorteilen. Umwege, Reibungsverluste, politische Willkürlichkeiten und Verwerfungen, wie sie mit staatlichen Verteilungseingriffen einhergehen, werden hier vermieden. Auf die Dauer werden allerdings Leistungen im Wettbewerb nur insoweit vergütet, wie notwendig ist, sie hervorzurufen. Jedenfalls besteht eine starke Tendenz, darüber hinausgehende Renten fortzuschwemmen und in niedrigere Preise oder höhere Faktorentgelte zu verwandeln.

So zweckmäßig dieses Verfahren im Regelfall ist, unter bestimmten Bedingungen erfordert es Differenzierungen und Einschränkungen. Die Bereitschaft, eine Leistung unter Wettbewerbsdruck auch bei geringerem Entgelt anzubieten, also unelastisch zu reagieren, kann nämlich verschiedene Gründe haben: Einmal kann die unelastische Reaktion von einer Position hohen Einkommens und bisher unangefochtener Pioniergewinne ausgehen, die durch den Wettbewerb der Nachahmer wieder normalisiert werden. Die unelastische Reaktion kann aber auch darauf beruhen, daß die Wettbewerber keine Möglichkeit haben, bei sinkendem Einkommen in besser bezahlte Beschäftigungen abzuwandern bzw. ihre sachlichen Produktionsmittel dorthin zu transferieren, obwohl ihr Einkommen unter den Durchschnitt vergleichbarer Positionen absinkt. Betrachten wir zu diesem Zwecke noch einmal das Beispiel der Landwirtschaft: Durch besonders große Leistungssteigerung kann sie es dahin bringen, daß ihre Angehörigen nicht nur den zusätzlichen Leistungserfolg vollständig an die übrige Gesellschaft abtreten müssen, sondern noch einen Teil ihres vorher erzielten Einkommens verlieren. Dies liegt zwar in der marktwirtschaftlichen Logik, wäre aber offenbar ungerecht und sozialpolitisch schwer erträglich. Aber die wettbewerbliche Marktwirtschaft hat selber hierfür ein Heilmittel: Die übrige Wirtschaft muß sich für abwandernde Landwirte öffnen und die in der Landwirtschaft unterbezahlten Kräfte solange aufnehmen, bis die Disparität abgebaut ist. Deswegen gehören „offene Märkte" zu den konstituierenden Prinzipien der wettbewerblichen Marktwirtschaft.[80] Sie erlauben nicht nur eine bessere Faktorverteilung, sondern auch eine bessere Einkommensverteilung. Die Landwirtschaft, um im Beispiel zu bleiben, leistet bei rechtlicher und faktischer Wanderungsfreiheit nicht nur einen „Produktbeitrag", sondern auch einen „Faktorbeitrag" zum gesamtwirtschaftlichen Wachstum.[81]

---

80 Vgl. Walter Eucken, Grundsätze der Wirtschaftspolitik, a. a. O., S. 264 ff.

81 Vgl. Constantin von Dietze, Grundzüge der Agrarpolitik, Hamburg und Berlin 1967, S. 142.

Es ist aber möglich, daß wettbewerbspolitische Maßnahmen der Marktöffnung nicht ausreichen, um eine übermäßige Vergesellschaftung von Leistungserfolgen in einer Marktwirtschaft zu verhindern, weil die Faktoren aus technischen Gründen nicht oder nur mit großen Verzögerungen transferiert werden können. Spezialisierte Anlagen mit dem Charakter historischer Fixkosten können auf den Markt drücken und eine lang anhaltende Strukturkrise hervorrufen. Hoher technischer Fortschritt verbunden mit dem Vorhandensein eines großen Bestandes solcher fester Anlagen kann eine solche Situation herbeiführen. Zwar verlangsamen die alten Anlagen in diesem Falle die Einführung eines neuen Verfahrens, weil sie so lange weitergenutzt werden, wie die *Zusatz*kosten ihrer Weiterverwendung noch unter den *Gesamt*kosten des neuen Verfahrens liegen. Die Strukturkrise ist damit aber nicht verhindert. Sie ist durch technischen Fortschritt, also eine Neuerungsleistung, hervorgerufen. Die Preisbaisse bringt den Nachfragern Vorteile, private Leistungsergebnisse werden an sie weitergegeben. Gleichzeitig befindet sich aber die Branche in Schwierigkeiten. Sind in diesem Falle Wettbewerbsbeschränkungen für die Krisenbranche, etwa Krisenkartelle, angemessen? Solche Kartelle, die mit einem vorzeitigen Kapazitätsabbau durch Verschrottung wirtschaftlich noch verwendbarer Anlagen verbunden sind, bedeuten volkswirtschaftliche Kapitalvergeudung zum Zwecke der Erhaltung privatwirtschaftlichen Vermögens. Wenn es für notwendig gehalten wird, eine übermäßige gesellschaftliche Diffusion privater Leistungserfolge zu verhindern, d. h. wenn die entsprechenden Voraussetzungen – wie im Falle der Landwirtschaft – vorliegen, dann gibt es bessere Verfahren der Kompensation: Zeitlich degressive Transferzahlungen aus öffentlichen Kassen, die so gestaltet werden müssen, daß sie weder die Produktion behindern noch den Strukturwandel künstlich verzögern, sind in diesem Falle zu rechtfertigen, wobei es sich freilich empfiehlt, die Bedingungen für ihre Gewährung eher zu streng als zu milde zu fassen, damit der Anreiz zum Strukturwandel nicht aufgehoben wird.

Alle diese Differenzierungen erschüttern die allgemeine Feststellung nicht, daß die wettbewerbliche Marktwirtschaft ohne eine gesellschaftliche Aneignung privater Leistungserfolge ebensowenig auskommt wie ohne eine angemessene Entlohnung der persönlichen Leistung. Die vollständige Privatisierung von Leistungserfolgen ist sogar unmöglich und absurd. Sie würde z. B. dazu führen, daß man Hygiene unterläßt, weil auch andere von der eigenen Sauberkeit profitieren,[82] jede wirtschaftlich nützliche Information würde nur gegen Gebühr verfügbar gemacht werden: dazu müßten alle Produkte vor den Wettbewerbern versteckt werden, dies aber nicht nur wie nach dem Vorbild der Automobilindustrie *vor* Aufnahme der Serienfertigung, sondern auch *nachher*. Patentschriften, die das technische Wissen

[82] Zu der Frage, von welchen Beziehungen kollektiv wirksame Handlungen geleitet werden vgl. im einzelnen: Mancur Olson Jr., Die Logik des kollektiven Handelns, Tübingen 1968.

anregen, dürften nicht veröffentlicht werden; doch wie sollen dann Patentverletzungen vermieden und Patentstreitigkeiten erfolgreich durchgefochten werden? Ein Patent, dessen Einzelheiten ihm nicht zugänglich sind, kann ein Patentverletzer nicht bösgläubig verletzt haben. Die Kosten von überzogenen Privatisierungsversuchen wären einfach zu hoch, um selbst von den Interessenten in Erwägung gezogen zu werden.

Allerdings scheint es ein Mangel der Marktwirtschaft zu sein, daß immer wieder versucht wird, die Grenze zwischen privater und gesellschaftlicher Nutzung von Leistungserfolgen zugunsten der privaten Nutzung durch Wettbewerbsbeschränkungen zu verschieben. Bevor man diesen Sachverhalt überbewertet, ist einzubeziehen, daß die gleiche Erscheinung in noch viel deutlicherer Form in zentralgeleiteten Volkswirtschaften mit unzulänglicher Leistungsbewertung zu beobachten ist. Das Streben nach „weichen Plänen“[83] und nach Nischen der Windstille, in denen man dem vom Staat befohlenen Leistungsdruck entgehen kann, ist geradezu ein Kennzeichen solcher Volkswirtschaften, die man deswegen auch als Wirtschaftssysteme der organisierten Drückebergerei bezeichnen könnte. Gegen diese Tendenz versucht der Staat durch Propaganda, Einschüchterung, Erziehung und Kontrolle vorzugehen. Dabei werden erhebliche Energien verbraucht, weil man auf die Kontrolle durch Privateigentum und funktionierende Wettbewerbsmärkte verzichtet. Wenn man einbezieht, in welchem Umfang demgegenüber eine wettbewerbliche Marktwirtschaft auch über die steuerliche Umverteilung eine Umlenkung privater Leistungserfolge erlaubt, kann die Behauptung nicht mehr aufrechterhalten werden, die Marktwirtschaft diene allein dem Interesse derjenigen, die in ihr private Leistungen erbringen.

---

[83] Vgl. Ulrich Wagner, Die weichen Pläne der Betriebe im administrativen Sozialismus, ORDO-Jahrbuch, Bd. XIX, 1968, S. 287–309.

Den folgenden Beitrag habe ich für die Festschrift zu Ehren des bekannten und hoch angesehenen katholischen und liberalen Sozialwissenschaftlers Goetz Briefs verfaßt. Ich habe dabei ein von ihm besonders intensiv behandeltes Problem aufgegriffen, das zur Beurteilung einer Marktwirtschaft und der dazu gehörenden persönlichen Entscheidungsfreiheit außerordentlich wichtig ist: Enthält nicht die wettbewerbliche Marktwirtschaft Keime der Selbstzerstörung, die das Konzept in Mißkredit bringen müssen? Goetz Briefs hat freilich in seinen umfangreichen Studien zum Verbandspluralismus und zu den Gewerkschaften gezeigt, daß auch von der Abschaffung des Wettbewerbs durch mächtige Verbandskollektive zerstörende Kräfte ausgehen können (hierzu meine Besprechung „Laissez-faire-Pluralismus und das Problem der Staatsautorität" über ein Buch von Briefs, ORDO-Jahrbuch, Band XX 1969).

In diesem Aufsatz gehe ich der von Briefs aufgeworfenen Frage nach, ob wirklich allgemein im Wettbewerb eine Tendenz besteht, sich an der Grenze des gerade noch zulässigen oder nicht entdeckten unmoralischen Verhaltens zu bewegen, damit einen Wettbewerbsvorteil zu erlangen und auf diese Weise die übrigen Wettbewerber zu zwingen, sich der schlechtesten, also der Grenzmoral anzuschließen. Daß es eine solche Tendenz ebenso wie in der Politik geben kann, ist unbestritten. Ob sie sich aber in der modernen Wirtschaft in Analogie zum zwei Jahre später erörterten Akerlofschen Zitronenproblem wirklich durchsetzen kann, erschien mir fraglich.

Es gibt die Möglichkeit, daß sich Kriminelle gegenseitig schädigen, indem sie ein und dasselbe Ausbeutungsopfer nacheinander unabhängig voneinander ausplündern. Die Gesamtausbeute wird dann viel kleiner als für den Fall, daß sich alle Wegelagerer zu einer gemeinsamen Räuberbande zusammentun, vor allem, wenn sie vorhaben, das Ausbeutungsopfer wiederholt und als ständige Ausbeutungsquelle wie eine zu melkende Kuh zu benutzen. Ich habe dies das Wegelagererproblem genannt. Es hat sich vielfach auch bei dem Einfluß gezeigt, den mehrere Staaten unabhängig voneinander durch Besteuerung des Wirtschaftsverkehrs aufeinander ausüben. Das Problem ist vom Überfischen durch konkurrierende Fischereinationen bekannt und ähnelt dem Allmendeproblem oder dem Problem verstopfter Straßen. Nicht behandelt habe ich das heute aktuelle Problem, daß grenzmoralistische Staaten mit Kapitalflucht rechnen müssen. Es kommt hinzu, daß Staaten mit überzogenen Steuer- und Abgabenlasten ihrerseits den Staaten mit maßvoller Steuerlast und solider Infrastruktur grenzmoralistisches Verhalten unterstellen, weil sie sich der herrschenden staatlichen Überbesteuerungs-, Defizit- und Kapitalvergeudungsmentalität nicht anschließen wollen.

Es kommt hinzu, daß grenzmoralistisches Verhalten sich auf die Dauer dann nicht lohnt sondern zum Schaden der Verursacher ausschlägt, wenn die Ausgebeuteten zu weniger raubgierigen Partnern wechseln können. Alle längerfristigen und sich wiederholenden Lieferbeziehungen honorieren kein grenzmoralistisches Verhalten. Unzuverlässigkeit und ein entsprechender Ruf rächen sich am Verursacher, weil ihn die Lieferanten und Nachfrager verlassen. Die Grenzmoral ist ein bevorzugtes Revier für Gelegenheitsanbieter oder für marktmächtige Firmen und neuerdings auch für Banken, denen die Kunden wegen hoher Informationskosten nicht schnell genug ausweichen können.

Die aus diesem Phänomen abgeleiteten Verurteilungen des marktwirtschaftlichen Wettbewerbs beachten nicht, daß solche Erscheinungen viel eher bei einer sich ausbreitenden Wirtschaftsintervention des Staates und vor allem in einer Zentralverwaltungswirtschaft üblich sind und vor allem bei korruptionsträchtigen Verstaatlichungen begünstigt werden. Goetz Briefs hat in einem Briefwechsel eingeräumt, daß meine Erwägungen einbezogen werden müssen.

Grenzmoral und Wirtschaftsordnung

Von Hans Willgerodt

Der ethische Charakter der wettbewerblichen Marktwirtschaft ist umstritten. Einerseits wird festgestellt, daß sich der marktwirtschaftliche Tauschverkehr sowohl vom Raube wie von der selbstlosen Opferung von Gütern durch eine ethische Mittellage unterscheidet, bei der die Beteiligten sich gegenseitig Vorteile gewähren.[84] Andererseits räumen auch Freunde dieser Wirtschaftsordnung ein, „daß im Wettbewerb selber nicht der moralische Halt gefunden werden kann, ohne den er ständig zu entarten droht".[85] Goetz Briefs kommt das Verdienst zu, zuerst im Jahre 1920 auf mögliche Entartungen des marktwirtschaftlichen Wettbewerbs hingewiesen zu haben, die sich daraus ergeben können, daß derjenige einen wirtschaftlichen Vorsprung erzielt, der vom bisher üblichen Standard der Verhaltensweisen nach unten abweicht und sich der äußersten Grenze nähert, die gerade noch ein Wirtschaften ohne Konflikt mit den staatlichen Gesetzen erlaubt. Der Wettbewerb führe dazu, daß die übrigen Teilnehmer am Wirtschaftsprozeß auf dieses Niveau der „Grenzmoral" folgen müßten, um nicht konkurrenzunfähig zu werden.[86] Diese von Briefs entwickelte Theorie der Grenzmoral ist inzwischen von ihm selbst und anderen ausgebaut worden.[87] Dabei ist in jüngster Zeit vor allem die Frage in das Blickfeld gerückt, ob eine in wirtschaftlichen Interessengruppen „pluralistisch" gegliederte und vermachtete Wirtschaft dieses Problem der Grenzmoral mildert oder verschärft.[88] Die pluralistischen Alternativen des Mark-

---

84 Die Indifferenzlehre des Handels deutet sich bereits bei den Spätscholastikern an; vgl. z. B. Wilhelm Weber, Wirtschaftsethik am Vorabend des Liberalismus, Münster 1959, S. 97. Zur Indifferenzthese vgl. ferner Wilhelm Röpke, Ethik und Wirtschaftsleben, in: Wirtschaftsethik heute, Hamburg 1956, S. 16ff.

85 Wilhelm Röpke, Art. „Wettbewerb (II)", Handwörterbuch der Sozialwissenschaften, Bd. 12, S. 33.

86 Vgl. Goetz Briefs, Untergang des Abendlandes; Christentum und Sozialismus. Eine Auseinandersetzung mit Oswald Spengler, Freiburg i. Br. 1920, S. 5 und passim.

87 Vgl. Werner Schöllgen, Art. „Grenzmoral", in: Staatslexikon, 6. Aufl., Bd. 3, und die dort angegebene Literatur; H. H. Schrey, Art. „Grenzmoral", Evangelisches Soziallexikon, 4. Aufl., Stuttgart 1963, S. 895 f.; Wilhelm Röpke, Jenseits von Angebot und Nachfrage, 2. Aufl., Erlenbach-Zürich und Stuttgart 1958, S. 169ff.; Goetz Briefs, Staat und Wirtschaft im Zeitalter der Interessenverbände, in: ders. (Hrsg.), Laissez-faire-Pluralismus. Demokratie und Wirtschaft des gegenwärtigen Zeitalters, Berlin 1966, S. 30ff. und passim.

88 Vgl. Goetz Briefs, Grenzmoral in der pluralistischen Gesellschaft, in: ders., Gewerkschaftsprobleme in unserer Zeit. Beiträge zur Standortbestimmung, Frankfurt am Main 1968, S. 197–207; ders., Staat und Wirtschaft…, a. a. O.; Philipp Herder-Dorneich, Der Markt und seine Alternativen in der freien Gesellschaft, Hannover, Wien/Freiburg 1968 und die dort angegebene Literatur.

tes werden zum Teil mit großem – wie mir scheint: zu großem – Optimismus betrachtet; es wird für zweckmäßig gehalten, Gruppenkompromisse in stärkerem Maße als bisher zu einer planmäßigen Dauereinrichtung der Wirtschaftspolitik zu machen. Dadurch wird der Markt nicht nur ergänzt, sondern nicht selten auch verdrängt. Man hofft, auf diese Weise „konzertierte Aktionen" mit einem gesamtwirtschaftlich wünschenswerten Ergebnis auslösen zu können, während man der Abstimmung über den Markt geringeres Vertrauen entgegenbringt. Die Frage, ob ein solcher Gruppenakkord sicherer zum gesamtwirtschaftlichen Ziel führt als der marktwirtschaftliche Wettbewerb, soll im Folgenden genauer betrachtet werden. Bietet ein solcher ökonomischer Ständestaat weniger Raum für gemeinschädliche Grenzmoral und ist es einigermaßen gewiß, daß die Stände sich überhaupt auf einem gesamtwirtschaftlich optimalen Niveau einigen?

Das Phänomen der Grenzmoral im wirtschaftlichen Verhalten ist bisher als ein Wettbewerbsproblem aufgefaßt worden, das vornehmlich mit der „kapitalistischen Marktwirtschaft" verbunden sei. Weniger eingehend ist die Frage behandelt worden, ob Ordnungen mit verstärkter staatlicher Zentralplanung des Wirtschaftsprozesses die Nachteile der Grenzmoral leichter vermeiden können.[89] Das Gleichgewicht des Urteils ist infolgedessen ein wenig gestört worden. Die für die Zentralverwaltungswirtschaft und ihre verschiedenen Ausprägungen klaffende Diskussionslücke ist zu groß, um im Rahmen dieses Aufsatzes geschlossen werden zu können. Einige Hinweise werden jedoch gegeben, um zu zeigen, daß der Prozeß, der hier gegen die Marktwirtschaft zu führen war, erweitert werden muß. Es wird sich zeigen, daß er im übrigen in mehreren Punkten in die Revision gehen sollte.

I. Grenzmoral in der wettbewerblichen Marktwirtschaft

F. A. Hayek hat betont, daß Freiheit, wenn sie sich bewähren soll, nicht nur strenge moralische Standards erfordert, sondern auch moralische Standards einer besonderen Art, und daß in einer freien Gesellschaft moralische Standards sich entwickeln können, die bei ihrer allgemeinen Anwendung die Freiheit und mit ihr die Basis

Eine „konzertierte Aktion" zur Stabilisierung von Preisniveau und Beschäftigung hat für die Bundesrepublik Deutschland zuerst der Sachverständigenrat zur Begutachtung der gesamtwirtschaftlichen Entwicklung in seinem Jahresgutachten 1965/66 „Stabilisierung ohne Stagnation", Ziffer 188 ff., vorgeschlagen. Inzwischen ist das Verfahren staatlich beeinflußter oder geduldeter Gruppenabsprachen auch auf strukturpolitische Probleme übertragen worden. Kritisch dazu: Kurt H. Biedenkopf, Gefährliche Sucht nach Größe, Frankfurter Allgemeine Zeitung v. 6. Juli 1968.

89 Einige Bemerkungen hierzu finden sich bei Helmut Schneider, Theorie der ökonomischen Grenzmoral, Tübinger Dissertation 1956, S. 77 ff.

aller moralischen Werte zerstören können.[90] Solche Möglichkeit ist freilich kein prinzipielles Argument gegen die Freiheit selber, sondern nur gegen ihre Entartung. Auch für den Wettbewerbsmarkt gilt diese Aussage.

Was aber ist eine „Entartung“ des Wettbewerbsmarktes, wie sie durch ein Abweichen von dem bisher üblichen Ethos entstehen könnte? Von welchem Richtpunkt aus wird einem wirtschaftlichen Verhalten der Rang eines niedrigeren oder höheren Ethos zuerkannt? Es gibt hier mehrere Möglichkeiten, wobei Konflikte zwischen den Wertmaßstäben verschiedener Gruppen entstehen können.

Die wettbewerbliche Marktwirtschaft ist nämlich dadurch gekennzeichnet, daß der einzelne Konkurrent ständig gegen das Gruppeninteresse seiner Mitwettbewerber verstößt, indem er Angebote macht, die seinen Marktpartnern vorteilhafter erscheinen als die bisher üblichen Angebote. Die Mitwettbewerber müssen sich anpassen, so daß der Vorteil eines Schrittmachers verschwindet. Durch Verstöße gegen das Partikularinteresse der Wirtschaftsgruppe, der er angehört, nimmt der Wettbewerber aber ein Interesse der Marktpartner wahr, solange er eine für die Marktpartner günstigere Leistung bietet, und dient damit zugleich einem übergeordneten Ziel der Gesamtwirtschaft.

Die Unterbietung des Ethos der untergeordneten Gruppe kann insoweit ein Überbieten des bisherigen Ethos der Gesamtwirtschaft sein. Ein solches gesamtwirtschaftlich erwünschtes Verhalten wird kurzfristig prämiiert und bringt dem einzelnen Wettbewerber vorübergehende Gewinne. Sein kurzfristiges Einzelinteresse stimmt mit dem langfristigen Gesamtinteresse überein und wird von der Rechtsordnung und Wettbewerbsgesetzgebung geschützt, um die Wahrnehmung von partikulären Gruppeninteressen in Schach zu halten.

Wir haben es also mit einem der bekannten Fälle[91] eines Bündnisses von Zentralinstanz und breiten Massen gegen das Partikularinteresse der Zwischengruppen zu tun. Gegen diese klassische Auffassung der Wettbewerbswirtschaft wird vom Standpunkt der Grenzmoralthese aus mancherlei vorgebracht. Zunächst einmal könne die Rechtsordnung nur einen minimalen Standard bei der *Wahl der Wettbewerbsmittel* sichern. Die Masse der Wettbewerber würde durchaus einen darüber liegenden höheren Standard vorziehen, wenn sie nicht durch die Konkurrenz der unterbietenden Grenzmoralisten gezwungen würde, „mit den Wölfen zu heulen“.

Als unerwünschte Wettbewerbsmittel können zunächst solche Mittel gelten, die darauf abzielen, dem Anwendenden einen wirtschaftlichen *Vorteil auf Kosten des Marktpartners* zu verschaffen. Unentdeckter Betrug, unentdeckte Verschlechterung

---

[90] F. A. Hayek, Studies in Philosophy, Politics and Economics, London 1967, S. 230.

[91] Z. B. hat die absolute Monarchie eine Politik des Bauernschutzes gegen den Widerstand feudaler Zwischengruppen betrieben. Der Absolutismus zeigt freilich, wie problematisch die damit verbundene zentralistische Machtkonzentration sein kann. Die Marktwirtschaft kann das übergeordnete Gesamtinteresse ohne zentrale Machtballung sichern.

der Geschäftsbedingungen oder unentdeckte Verschlechterung der Warenqualitäten könnten hier in Betracht kommen. Es gibt einen Grad des Verstoßes gegen gesetzliche Bestimmungen, der noch nicht zum zivil- oder strafrechtlichen Eingriff führt, weil er relativ geringfügig, nicht ausreichend fühlbar oder nicht genügend nachweisbar ist. Es ist aber durchaus fraglich, ob die rücksichtslose Ausnutzung solcher Möglichkeiten im allgemeinen zum wirtschaftlichen Erfolg führt. Gerade die moderne Wirtschaft ist auf längerfristige und wiederkehrende Absatzmöglichkeiten angewiesen, um ihre Anlagen voll ausnutzen zu können. Solange ausreichender Wettbewerb erhalten bleibt, erweist sich ein *Verhalten zu Lasten des Kunden* langfristig als privatwirtschaftlicher Fehler. Die Konkurrenten werden dann keineswegs vom Wettbewerb gezwungen, auf die Ebene der Grenzmoral zu folgen. Die Abnehmer werden früher oder später über günstigere Kaufmöglichkeiten aufgeklärt, sei es, indem sie selbst sie entdecken, sei es, indem die Konkurrenten des Grenzmoralisten für eine entsprechende Aufklärung sorgen oder eine Anwendung des Gesetzes gegen den unlauteren Wettbewerb erzwingen; allerdings kann diese Aufklärung durch Maßnahmen verhindert werden, die ein dem Kunden gegenüber niedrigeres Ethos im Gruppeninteresse der Anbieter absichern sollen (Verbot jedes Qualitäts- oder Preisvergleichs in der Werbung; Konditionenkartell etc.). Es darf jedoch nicht vergessen werden, daß der funktionsfähige Wettbewerb sich von jeher nicht gänzlich anonym und auf „vollkommenen" Märkten vollzogen hat, sondern die Firmen auch mit ihrer Reputation konkurrieren, mit ihrem „Firmenwert", der durch eine einzige bekannt werdende Benachteiligung des Kunden empfindlich leiden kann. Die teilweise anonymen Geschäfte, die sich gleichwohl in der modernen Wirtschaft finden, sind weitgehend standardisiert, etwa an den Börsen, so daß der Spielraum für Übervorteilungen bei Wettbewerb eingeengt wird. Bei Großobjekten wird dagegen in allen Einzelheiten verhandelt und auf Bestellung geliefert, so daß der Lieferant stets bekannt bleibt und verantwortlich gemacht werden kann. Die moderne Wirtschaft vollzieht sich nicht mehr nach den Regeln des Gelegenheitshandels oder orientalischen Basars. Infolgedessen ist die Bedeutung der Firmen gering, die es sich bei ausreichendem Wettbewerb erlauben können, den Abnehmer zu übervorteilen. Damit dieses Rezept erfolgreich ist, muß die Marktübersicht des Kunden sehr gering sein, und die Konkurrenz wenig wachsam.

Für Märkte mit ausreichendem Wettbewerb ist es deshalb voreilig, den berühmten Satz von Edgeworth in Zweifel zu ziehen: „Free trade, like honesty, still remains the best policy"[92] und durch den Spruch zu ersetzen: „Honesty does not pay".[93]

[92] F. Y. Edgeworth, Papers relating to Political Economy, London 1925, S. 16.

[93] In ähnlichem Sinne äußern F. Karrenberg, Stand und Aufgaben christlicher Sozialethik, Kirche im Volk, Heft 4 (1951), S. 38 und H. H. Schrey, a. a. O., Zweifel an der Grenzmoralthese.

Es ist gerade der Wettbewerb, der unter den angegebenen Bedingungen eine Anpassung des Ethos an die Grenzmoral zum Nachteil der Kunden unwahrscheinlich macht. Hinreichende Transparenz, längerfristige Lieferströme des Unternehmens an einen Kundenkreis und die Tatsache, daß der Kunde die Lieferfirmen namentlich kennt, lassen der Grenzmoral wenig Raum. Wo sie sich ausbreitet, fehlt es vor allem an Marktübersicht. Sie zu bessern ist eine Aufgabe der Wirtschaftswerbung, die nicht immer ausreichend erfüllt wird, da es den Werbenden oft mehr auf Suggestion als auf Information ankommt. Daß im Falle der Werbung eine Asymmetrie der Marktwirtschaft vorliegen kann, ist oft betont worden.[94] Die Tatsache, daß Werbung aber den Preiswettbewerb abschwächen kann, indem z. B. ein Meinungsmonopol für Markenartikel geschaffen wird, könnte andererseits dazu beitragen, daß einige grenzmoralistische Praktiken seltener angewandt werden. Diese Tendenz ist jedoch wenig zuverlässig. Eine durch Werbung verursachte Milderung des Preiswettbewerbs bringt zwar den Unternehmungen die Möglichkeit (wenn auch nicht den Zwang), die Warenqualität anzuheben,[95] mindestens eine „grenzmoralistische" Verschlechterung der Qualität zu unterlassen. Aber dafür wird die Grenzmoral überhöhter Handelsspannen oder nur vorgespiegelter Qualitäten nur um so größer, zumal wenn eine vertikale Preisbindung hinzukommt.[96] Im übrigen kann „Qualität" anstelle eines niedrigeren Preises für den Käufer unerwünscht sein, da sie sich nicht selten in Verpackungsluxus, Werbeaufwand und weniger dringlichem Kundendienst erschöpft. Die Aufgabe, den Verbraucher zur Wertschätzung gediegener Waren zu erziehen, wird kaum durch herabgesetzten Preiswettbewerb zu lösen sein. Das Vorbild des mittelalterlichen Handwerks ist in dieser Hinsicht nicht ohne weiteres auf die Industriewirtschaft zu übertragen, da sich der moderne „Qualitätswettbewerb" oft in weniger soliden Erscheinungsformen äußert.

Daß aber der Kunde durch ein Fehlen von Anbieterwettbewerb benachteiligt werden kann, ist selbstverständlich. Der Monopolist hat bei gegebenen Kostenfunktionen im Vergleich zum Wettbewerbsanbieter einen größeren Spielraum für Verhaltensweisen, den er zum Nachteil des Abnehmers nutzen kann, ohne durch Konkurrenten daran gehindert zu werden. Firmen, die eine solche Position nicht haben, streben danach, sie sich neu zu schaffen. Sie können den Kunden besondere Leistungen anbieten und auf diese Weise als die für den Abnehmer besten Lieferanten einen Verhaltensspielraum erwerben. Das gleiche Ziel kann jedoch auch durch Absprachen über gemeinsames wettbewerbsbeschränkendes Verhalten erreicht werden. Dabei überwiegen eindeutig die Nachteile für die Kunden.

---

94 Z. B. von W. Röpke, Jenseits von Angebot und Nachfrage, a. a. O., S. 143 f. und passim.

95 Vgl. Goetz Briefs, Grenzmoral in der pluralistischen Gesellschaft, a. a. O., S. 201.

96 Hierzu: F. W. Meyer, Warum feste Preise für Markenartikel? ORDO-Jahrbuch, Bd. VI (1954), S. 133–165 und die daran anschließende umfangreiche Literatur.

Möglich sind freilich auch andere Absprachen, nämlich Lauterkeitsabreden, durch die unlautere und den Kunden benachteiligende Wettbewerbsmethoden eingeschränkt werden sollen. Die Wahrscheinlichkeit, daß derartige Lauterkeitskartelle große Bedeutung erlangen, darf jedoch nicht allzu hoch eingeschätzt werden, weil sich dabei ein besonderes Phänomen der Grenzmoral bemerkbar macht: Diejenigen Absprachen bringen den Anbietern den größten Vorteil, mit deren Hilfe die Kunden benachteiligt werden. Jedenfalls muß eine wirksame staatliche Wettbewerbsaufsicht hinzukommen, um das Abgleiten vom beruflichen Ehrenkodex in das echte Kollektivmonopol zu verhindern.

Neben den Kunden können die *Anbieter von Produktionsmitteln*, vor allem die Arbeitnehmer, als Marktpartner von grenzmoralistischen Verhaltensweisen der Unternehmen betroffen sein. Ein Wettbewerb der Unternehmen um die Arbeitskräfte liegt im Interesse der Arbeitnehmer, weil er die Löhne steigert, und im Interesse der Volkswirtschaft, weil er die Verteilung der Arbeit auf die produktivsten Verwendungen fördert. Entsprechend der Grenzmoralthese könnten jedoch einzelne Unternehmen einen Vorteil daraus ziehen, daß sie ihre Arbeitnehmer schlechter behandeln. Die übrigen Unternehmen müßten das Niveau ihres Verhaltens nach unten anpassen, um ihre Kosten zu senken. Wäre ein solcher Vorgang auf einem wettbewerblichen Arbeitsmarkt überhaupt möglich? Selbst wenn man berücksichtigt, daß auf dem unorganisierten Arbeitsmarkt wegen eines unter bestimmten Bedingungen gesamtwirtschaftlich starren oder gar inversen Arbeitsangebotes Sonderverhältnisse vorliegen, ist es unwahrscheinlich, daß diese Grenzmoralthese große praktische Bedeutung hat, solange der Unternehmerwettbewerb am Arbeitsmarkt intensiv ist. Erst die notorische Unvollkommenheit dieser Konkurrenz der Unternehmen am Arbeitsmarkt schafft Verhaltensspielräume für die Arbeitgeber, die sie zum Nachteil nicht organisierter Arbeitnehmer ausnutzen könnten.

Dieser Ansicht scheint nun die These zu widersprechen, daß die sogenannten patriarchalischen Unternehmer, die sich für das geistige und leibliche Wohl ihrer Arbeiter verantwortlich fühlten und die Arbeitskraft nicht ausbeuteten, im Wettbewerb des Industriezeitalters unterlegen sind, wie Briefs mehrfach feststellt.[97] Auf die soziologischen Aspekte dieses Problems, die vermutlich die wichtigsten sind, soll hier nicht eingegangen werden. Uns geht es allein um die nationalökonomische Basis des Theorems: Anscheinend steht dabei die Vorstellung im Hintergrund, der patriarchalische Unternehmer der vorindustriellen Zeit habe einen Lohn gewährt, der wesentlich höher gelegen habe als der Konkurrenzlohn der wettbewerblichen Marktwirtschaft. Die Zustände im System der patriarchalischen Leibeigenschaft

[97] Goetz Briefs, Art. Betriebssoziologie, Handwörterbuch der Soziologie, Stuttgart 1931, S. 45 f.; ders., Grenzmoral in der pluralistischen Gesellschaft, a. a. O., S. 201; ders., Staat und Wirtschaft im Zeitalter der Interessenverbände, a. a. O., S. 31.

auf dem Lande, die Gesellenaufstände in den Städten und die Abschließungspolitik der Zünfte in der vorindustriellen Zeit mahnen zur Vorsicht gegenüber dieser These. Aber fragen wir grundsätzlich: Aus welchen Quellen hat der patriarchalische Unternehmer solche höheren Löhne zahlen können? Es gibt nur zwei Möglichkeiten: 1. Aus seinem persönlichen Einkommen, das auch bei wettbewerblicher Marktform ihm allein zugeflossen wäre. 2. Aus dem Einkommen, das ihm aus einer Minderung des Wettbewerbs auf dem Absatzmarkt zugeflossen ist und das ihm erlaubt hat, einen Teil davon an seine Arbeitnehmer weiterzugeben.

Was könnte sich durch den Industriekapitalismus an der *ersten* Möglichkeit geändert haben? Im Prinzip kann auch in der wettbewerblichen Industriewirtschaft jeder Unternehmer aus seinem persönlichen Einkommen gegenüber Arbeitnehmern großzügig sein. Allerdings sorgt die Konkurrenz der Arbeitnehmer dafür, daß hierzu keine Notwendigkeit besteht. Ein Unternehmer, der aus seinem Wettbewerbseinkommen, höheren Lohn bietet, ist als Arbeitgeber begehrt, kann aber nicht alle beschäftigen, die bei ihm um Arbeit nachsuchen. Er wird sich die besten Arbeiter aussuchen und damit den höheren Lohn wieder hereinholen. Ein gewisser „Paternalismus" kann sich ohnehin wirtschaftlich auszahlen, indem die Arbeitsproduktivität steigt. Dieses Erfolgsrezept hat ja bereits Owen in New Lanark vor 1½ Jahrhunderten angewandt.[98] Derartige Aushilfen machen das „Opfer" des Unternehmers wieder rückgängig. Will der Unternehmer wirklich darüber hinausgehen, also auch etwas geben, was sich nicht bezahlt macht, so muß er die Zahl der Empfänger beschränken, damit seine soziale Hilfe zu Buche schlagen kann und nicht ins Uferlose zerfließt. Die Beschränkung auf die Arbeitnehmer seines Unternehmens oder einen Teil von ihnen bietet sich an. Könnte man nicht von allen Unternehmern eine solche Verhaltensweise fordern? Solche Forderung wäre nur solange realistisch, wie alle Unternehmer ein Einkommen beziehen, das wesentlich über dem Arbeitnehmereinkommen liegt und außerdem nicht für Zwecke des Unternehmens (z. B. Investition zur Erhaltung der Wettbewerbsfähigkeit) gebunden ist. Bei steigender Wettbewerbsintensität, freierem Zugang zum Unternehmerberuf und stabilerem Geld (und infolgedessen geringeren Kreislaufgewinnen) wäre es immer weniger wahrscheinlich, daß jeder Unternehmer per se besser gestellt ist als jeder Arbeitnehmer.[99] Der Wettbewerb hat die Eigenschaft, verfügbare Gewinne aufzuzehren und Freigebigkeit zu einem wirklichen Opfer zu machen. Insoweit

---

[98] Vgl. G. Weippert, Art. „Owen" im Handwörterbuch der Sozialwissenschaften, Bd. 8, S. 142–145, und die dort angegebene Literatur.

[99] Vgl. hierzu im einzelnen H. Willgerodt, Flucht vor der Verantwortung und Elitenverschleiß als mögliche Gefahren für die Soziale Marktwirtschaft, in: Beiträge zur Ordnung von Wirtschaft und Gesellschaft, Festgabe für Alfred Müller-Armack, Wirtschaftspolitische Chronik des Instituts für Wirtschaftspolitik an der Universität zu Köln, Köln 1966, S. 135 ff.

sorgt er für größere Ehrlichkeit des Altruismus. Was durch die Konkurrenz dem Verbraucher weitergegeben ist, kann nicht der betrieblichen Sozialpolitik dienen.

Der Wettbewerbsdruck zwingt im übrigen den Unternehmer dazu, freie Mittel zu investieren, anstatt sie für echte Sozialleistungen zu verwenden. Ein investitionsbereiter, aber nicht paternalistischer Unternehmer könnte einen grenzmoralistischen Vorsprung erhalten, dem der Paternalist zu folgen hätte. Ist dies ein Beweis für die Arbeiterfeindlichkeit des Industriekapitalismus? Zunächst bleibt festzustellen, daß der Wettbewerbsdruck im allgemeinen nicht so stark ist und die Unternehmereinkommen nicht so stark komprimiert, daß nicht der Unternehmer ausreichend investieren und zugleich freigebig sein könnte. Der allzu kommerzielle und nur auf das Investieren versessene Asket hat mit dem Nachteil zu rechnen, daß er an öffentlichem Ansehen verliert, ein auch wirtschaftlich nicht bedeutungsloser Zusammenhang.[100] Es dürfte ihm also kaum gelingen, das Unternehmerethos völlig eindeutig zu bestimmen. Selbst wenn er jedoch wider Erwarten durch sein in dieser Hinsicht grenzmoralistisches Verhalten das Gesamtniveau der unternehmerischen Verhaltensweisen nach unten drücken könnte, ergäbe sich daraus nicht eindeutig ein Nachteil für die Arbeitnehmer, weil die Investitionen eine Mehrproduktion erzwingen und entweder die Preise fallen oder die Masseneinkommen steigen. Der Investor erweist sich als indirekter Sozialpolitiker, der den Reallohn auf andere, vielleicht langsamere, häufig aber dauerhaftere Art anhebt und Arbeitsplätze sichert.

Der unpersönliche, makroökonomische, weniger sichtbare Charakter dieses Weges, der obendrein mit ungleicher Vermögensverteilung und partiellen Freisetzungen von Arbeitern verbunden sein kann, stellt jedoch eine Herausforderung für den Ethiker dar. Ihm ist entgegenzuhalten:

1. Wer eine wachsende Wirtschaft will, muß auch den vom Wettbewerb begünstigten Zwang zu ständig neuen Investitionen wollen. Die Unternehmungen fördern die Wohlfahrt auch der Arbeitnehmer in erster Linie dadurch, daß sie Stätten der Produktion und Investition sind und daß sie Löhne und keine Almosen auszahlen. In der wettbewerblichen Marktwirtschaft sind die Unternehmungen gezwungen, steigende Reallöhne zu bieten. Wettbewerb und volkswirtschaftlicher Kreislaufzusammenhang sorgen dafür, daß die Früchte von Investitionen mit den Arbeitnehmern geteilt werden. Das ist ein Vorteil gegenüber der zentral geleiteten Wirtschaft, in der die Priorität von Investitionen gegenüber dem Konsum in viel höherem Maße durchgesetzt werden kann und die Arbeitnehmer durchaus nicht zwangsläufig an dem Mehrprodukt teilhaben,

[100] Die Möglichkeit, öffentliches Ansehen zu erringen, kann zu Leistungen anregen, so daß die Kosten aufgewogen werden können, die der Unternehmer im Interesse des eigenen Ansehens aufwendet.

das die Investitionen abwerfen. Die Regierung kann nämlich dort anderweitig darüber verfügen.

2. Der Unternehmer kann konsumfördernde Sozialleistungen entweder auf Kosten seiner Investitionen oder auf Kosten seines Konsums gewähren:
   a) Die *Minderinvestition* kann die Wettbewerbsfähigkeit des Unternehmens beeinträchtigen und die Arbeitsplätze gefährden. Soll deswegen der Wettbewerb eingeschränkt werden, um ohne Gefahr solche Sozialleistungen auf Kosten der Investitionen ausdehnen zu können? Hier stehen die Arbeitnehmer vor der harten Wahl, ob sie kurzfristigen Konsum von Sozialleistungen für wichtiger halten als eine schnellere und dauerhaftere Steigerung ihres Einkommens durch Investitionen. Die Minderinvestitionen könnten nur dann als erfreulich hingestellt werden, wenn sich zeigen ließe, daß die Investitionsneigung in Marktwirtschaften allgemein zu hoch ist. Davon kann jedoch keine Rede sein, schon gar nicht bei Wettbewerb und wirksamer Unternehmerhaftung, die als Bremse gegen Übertreibungen wirkt. Die Minderinvestition ist zu vermeiden, wenn statt konsumfördernder Sozialleistungen Vermögenstitel an die Arbeitnehmer verteilt werden (z. B. in Form des Investivlohns), doch muß der Unternehmer, der solche Leistung freiwillig erbringt, darauf achten, daß das haftende Kapital dadurch nicht vermindert wird.
   b) Ein *Minderkonsum* des Unternehmers zugunsten von konsumfördernden Sozialleistungen verhindert befriedigende Investitionen nicht. Durch solchen Verzicht können individuelle Nöte der Beschäftigten gelindert werden, ohne das Unternehmen zu gefährden. Zur privaten Caritas ist allerdings nicht nur der Unternehmer aufgefordert, sondern jeder Staatsbürger.
3. Ein Unternehmer, der weder ausreichend investiert noch Sozialleistungen gewährt, sondern stattdessen mehr selbst konsumiert, ist unter dem hier diskutierten Gesichtspunkt gewiß noch weniger sympathisch als der hartherzige Investor. Der Wettbewerbsprozeß bestraft jedenfalls den grenzmoralistisch übertriebenen Unternehmerkonsum empfindlich, weil das Unternehmen konkurrenzunfähig wird und ausscheiden muß.
4. Das Problem der Freisetzungen läßt sich gerade bei offenem Unternehmerwettbewerb besser lösen als bei Zugangshindernissen, die den Wechsel des Arbeitsplatzes dadurch behindern, daß nicht genügend neue oder expandierende Unternehmen vorhanden sind, in denen neue Beschäftigungsmöglichkeiten angeboten werden. Auch die Vermögensverteilung kann bei Wettbewerb gleichmäßiger sein als bei Monopolismus, der die Vermögenskonzentration fördert.

Betrachten wir nun die *zweite* und vermutlich wichtigere Möglichkeit des patriarchalischen Unternehmers, höhere Löhne zu zahlen oder Sozialaufwendungen zu machen: die Verteilung von Gewinnen aus Wettbewerbsbeschränkung. Goetz Briefs hat in einem früheren Aufsatz die Meinung vertreten, erst relative Monopolstellungen könnten den aus dem Markt selbst hervorgehenden Gegenbewegungen gegen grenzmoralistischen Druck Durchschlagsstärke verleihen.[101] In der Tat erhält der Monopolist einen Spielraum für Verhaltensweisen, den der Wettbewerbsunternehmer nicht in gleichem Maße besitzt. Sofern es sich nicht um ein Leistungsmonopol handelt, sind patriarchalische Freundlichkeiten gegenüber den eigenen Arbeitnehmern auf Kosten Dritter finanziert; das Partialinteresse der Unternehmenszugehörigen, das man zum Gruppenethos hinaufstilisieren kann, dominiert gegenüber dem Gemeinwohl. Sollten in einer vorkapitalistischen Wirtschaft – etwa einem Entwicklungsland – wegen allgemein niedrigerer Wettbewerbsintensität alle Unternehmer so verfahren, so nähmen zwar die Arbeitnehmer je nach Gutdünken des jeweiligen Patriarchen auf recht unsichere Weise an seinem Marktlagengewinn teil, indem sie höhere Löhne gezahlt bekämen. Mit Sicherheit hätten sie aber als Konsumenten höhere Preise zu zahlen; und es kommt für den Saldo aus beiden Tendenzen einerseits darauf an, in welchem Grade die Arbeitnehmer mit einer Monopolstellung ihres Dienstherren und mit seinem Wohlwollen rechnen können, und andererseits, in welchem Grade sie auf den Kauf monopolistisch verteuerter Ware angewiesen sind. Monopole der unerwünschten restriktiven Art bedeuten auch, daß der Beschäftigungsgrad gedrückt ist; denn das Monopol erzielt höhere Preise durch geringeres Angebot, zu dessen Herstellung weniger Arbeiter gebraucht werden. Diese wenigen sind vielleicht patriarchalisch betreut, die Außenstehenden haben jedoch das Nachsehen. Ein allgemeiner Monopolismus restriktiver Art senkt das allgemeine Reallohnniveau fast ebenso, wie wenn sich die Unternehmen verabreden würden, gemeinschaftlich das Lohnniveau zu drücken,[102] denn ob nun die Preise erhöht oder bei konstanten Preisen die Löhne gesenkt werden, macht wenig Unterschied. Als wohlwollender Patriarch würde der Unternehmer in solchem Falle nur zurückgeben, was er zuvor genommen hat. Erst der Wettbewerbsunternehmer (dazu ist auch der Leistungsmonopolist zu zählen) gibt aus Eigenem.[103]

---

[101] Goetz Briefs, Art. Sozialform und Sozialgeist der Gegenwart, Handwörterbuch der Soziologie, Stuttgart 1931, S. 162.

[102] Der Unterschied besteht vor allem darin, daß von Preissteigerungen noch andere Nichtunternehmer betroffen sein können als die Arbeitnehmer, etwa Rentner. Vgl. im übrigen E. Heuss, Grenzproduktivitäts- und Verteilungstheorie in einer wachsenden Wirtschaft, Zeitschrift für die gesamte Staatswissenschaft 1964, S. 306 ff.

[103] Hinter dieser These steht natürlich die nur durch Werturteil begründbare Vorstellung, daß das Wettbewerbseinkommen das gerechtfertigte Normaleinkommen sei. Auf die damit zusammenhängenden Probleme kann hier nicht eingegangen werden.

Nun scheint die jüngste Entwicklung der modernen Industriewirtschaft nicht nur den monopolistisch begründeten Paternalismus wieder zu begünstigen, sondern ganz allgemein dazu zu führen, daß der vom Unternehmer gezahlte Soziallohn (in Gestalt von betrieblichen Sozialleistungen) zunimmt. Der wachsende Wohlstand auch der Arbeitnehmer setzt ihr Streben nach Barlohn herab und läßt sie stattdessen Sozialleistungen annehmen; außerdem wird der Wettbewerb der Arbeitgeber am Arbeitsmarkt durch die Sozialleistungen zu einem Qualitätswettbewerb, während der offene Preiswettbewerb, der sich durch höhere Barlohnangebote vollzieht, immer weniger üblich wird; solche Barlohnerhöhungen können nämlich nicht mehr rückgängig gemacht werden. Außerdem bringt die von Sozialleistungen geschaffene Unvollkommenheit des Arbeitsmarktes den Unternehmen Vorteile (geringere Fluktuation). Bei dieser Art von Paternalismus kommt es zu betrieblichen Bindungen, die manchmal auch gesellschaftspolitisch günstig wirken können (besseres Betriebsklima, innerbetriebliche Solidarität). Es handelt sich aber zum großen Teil nicht mehr um ein Opfer, das die Firmen über den Marktlohn hinaus zu bringen haben, sondern um eine andere Art der Auszahlung des normalen Lohnes. Gewisse Umverteilungen des Einkommens innerhalb der Arbeitnehmergruppe, die damit verbunden sind, werden offenbar bis zu einer bestimmten Toleranzgrenze von den Arbeitnehmern hingenommen, ohne daß die dabei Benachteiligten grenzmoralistisch deswegen abwandern, weil sie das Ethos der Umverteilung ablehnen. Auch insoweit bestätigt sich das Prinzip der Grenzmoral nicht unbeschränkt.[104]

Die bisher betrachteten Argumente können ein Verdikt gegenüber der Wettbewerbswirtschaft kaum hinreichend begründen. Die meisten auf der Grundlage des Grenzmoralprinzips vorgebrachten Klagen beziehen sich denn auch weniger auf die mögliche Schädigung von Abnehmern und Anbietern, sondern auf die *Schädigung von Konkurrenten*. Soweit auch Kunden und Lieferanten oder Arbeitnehmer gleichzeitig mit den Konkurrenten geschädigt werden, enthält – wie soeben gezeigt – die wettbewerbliche Marktwirtschaft automatische Bremsen, die durch die Gesetzgebung verstärkt werden können. Wie aber verhält es sich mit solchen Wettbewerbsmitteln, die von den Konkurrenten als unlauter angesehen werden, obwohl sie weder Kunden noch andere Partner der Marktgegenseite schädigen. Ist nicht in Sonderfällen denkbar, daß doch das reine Produzenteninteresse der Konkurrenten den Vorrang vor den Interessen der Verbraucher oder Faktoranbieter verdient? Zum Beispiel wäre hier an den ruinösen Oligopolkampf zu denken. Die Problematik dieser Frage ist an dieser Stelle nicht erschöpfend zu behandeln. Nur soviel sei gesagt: Bei den meisten in diesem Zusammenhang vorgebrachten

[104] Zum Problem des Verhältnisses von Leistungs- und Soziallohn vgl. auch *F. W. Meyer*, *J. H. Müller*, H. Willgerodt, Internationale Lohngefälle. Wirtschaftspolitische Folgerungen und statistische Problematik, Bonn 1956, S. 62 ff. und passim.

Argumenten handelt es sich um Erwägungen eines illegitimen Gruppeninteresses, das gegen das Gesamtinteresse verstößt. Deswegen kann auch nicht die sittliche Auffassung der Gewerbegenossen zum alleinigen Maßstab dessen gemacht werden, was als lauterer Wettbewerb zu gelten hat.[105] Das Berufsethos pflegt nämlich, was die Erlaubtheit von Leistungen an den Kunden oder Faktoranbieter betrifft, zu streng zu sein, während es zu milde gegenüber Wettbewerbsbeschränkungen in der Gruppe urteilt. Der früher erwähnte Fall, daß ein Unternehmer durch Ausbeutung seiner Arbeiter den Kunden besser bedienen und einen ungerechtfertigten Wettbewerbsvorsprung erhalten kann, macht deutlich, wie wenig man sich auf die Wirksamkeit der Standesehre verlassen kann: Ausbeutung der Arbeiter setzt voraus, daß am Arbeitsmarkt eben nicht genügend Wettbewerb um die Arbeitskräfte besteht, so daß sie nicht ausweichen und zu anderen Unternehmen abwandern können, bei denen sie besser behandelt werden.[106] Wenn nun aber das Berufsethos der Arbeitgeber die Aufnahme abwandernder Arbeiter verbietet (Kampagne gegen Abwerbung), ist es offensichtlich, daß nicht der Wettbewerb, sondern das Fehlen von Wettbewerb den grenzmoralistischen Spielraum eröffnet hat und daß dieser Zustand durch den „Ehrenkodex" geschützt wird.

Aber ist nicht die Kritik der Gewerbegenossen am Wettbewerb trotzdem insoweit berechtigt, als der industrielle Wettbewerb unter grenzmoralistischem Druck eine Intensität annehmen kann, die dem bloßen Gelderwerb zu Lasten einer kultivierteren Lebensform übermäßige Bedeutung verschafft? Wird nicht gerade in jüngster Zeit sogar das Bildungswesen nur noch unter dem Gesichtspunkt betrachtet, ob es in die „moderne Industrie- und Leistungsgesellschaft" sich einfüge? Dieses Stichwort verwendet immerhin ein Dokument, das von der Reform der westdeutschen Universitäten handelt und von keiner geringeren Instanz als der Konferenz der Kultusminister verfaßt worden ist.[107] Die Frage kann nicht ernst genug genommen werden, ob es nicht unter Umständen besser ist, auf ein Maximum an Wettbewerb zu verzichten, damit ein menschenwürdiger Lebenszuschnitt erhalten bleibt. Welchen unmittelbaren Geldeswert haben Ruhe, Landschaft, Brauchtum, alte Sprachen, Philosophie, Geschichte oder gar Theologie, wenn ein Erziehungswesen geschaffen wird, das ökonomistisches Banausentum prämiiert und auf diese Weise die Nachfrage nach nicht unmittelbar nützlich erscheinenden kulturellen Leistungen ausrottet? Daß die moderne Industriewirtschaft im übrigen in einem moralisch-kulturellen Erdreich wurzelt, das weit über bloße Ökonomie im engeren Sinne hinausreicht, muß gerade der Nationalökonom gegen immer

[105] Hierzu: *U. Meyer-Cording*, Gute Sitten und ethischer Gehalt des Wettbewerbsrechts. Grundsätzliches zu § 1 UWG, in: Juristenzeitung, 19. Jg., 1964, S. 273–278 und S. 310–314.

[106] So schon *W. Eucken*, Grundsätze der Wirtschaftspolitik, Bern – Tübingen 1952, S. 43 f.

[107] Grundsätze für ein modernes Hochschulrecht und für die strukturelle Neuordnung des Hochschulwesens, Beschluß der Kultusministerkonferenz vom 10.4.1968.

wieder vorkommendes Kurzschlußdenken hervorheben: Mit dem Verrat an unserem kulturellen Erbe kann auch unsere Industriewirtschaft Schaden nehmen.[108] Ein *Maximum* an Wirtschaftswettbewerb kann diese Gefahr heraufbeschwören, weil dabei alle Kräfte einseitig auf die unmittelbare Produktion geldwerter Güter gelenkt werden. Der industrielle Wettbewerb ist eine sehr wichtige, ja unersetzliche Grundlage unserer Wirtschaftsordnung, aber nicht ihr einziges Fundament. Seine Intensität sollte optimal, aber nicht maximal sein.[109]

Die Probleme einer optimalen Wettbewerbsintensität werden gerade in jüngster Zeit stärker diskutiert. Der dabei gewählte Beurteilungshorizont ist jedoch nicht immer genügend weit gezogen. Dadurch ist es zu einer Geringschätzung der vielzahligen Konkurrenz gekommen, die zwar den Vorzug hat, viele selbständige Existenzen, Gewerbefreiheit und Marktgleichgewicht zu vereinigen, aber den Nachteil, eine angeblich vom Standpunkt der Wirtschaftsdynamik aus zu geringe Wettbewerbsintensität aufzuweisen.[110] Die hier entstandene fruchtbare Kontroverse hat noch kein allseitig anerkanntes Ergebnis erbracht, zumal der empirische Beweis aussteht, auf einem Markt mit polypolistischer Konkurrenz seien die Leistungsantriebe geringer als etwa bei offenem Oligopol. Bei vielzahliger Konkurrenz kann freilich das Rivalitätsbewußtsein zwischen den Wettbewerbern geringer sein, denn der Markt ist so groß, daß die bessere Leistung des einen von seinem weniger leistenden Konkurrenten nicht als Schädigung des eigenen Absatzes empfunden wird. Die Bereitschaft zu produktivitätsfördernder nachbarschaftlicher und genossenschaftlicher Zusammenarbeit ist deshalb zwischen Konkurrenten auf Wettbewerbsmärkten größer als bei fühlbarer Rivalität und braucht nicht erst mit Hilfe von Kooperationsfibeln hervorgerufen zu werden. Auch unter dem Aspekt der Grenzmoral ist die polypolistische Konkurrenz vorteilhaft. Sie läßt nämlich eine Vielzahl von Verhaltensweisen zu und führt nicht zu einer Uniformierung des Anbieterverhaltens, wie sie bei maximalem Wettbewerb mindestens begünstigt wird.[111] Als Folgerung ergibt sich, daß dem berechtigten Einwand gegen eine

---

[108] Zum Bildungsproblem: W. Röpke, Bildung in unserer Zeit, Wien (1964); zu den übrigen Fragen: W. Röpke, Jenseits von Angebot und Nachfrage, a. a. O.

[109] Maximale Wettbewerbsintensität, etwa im Oligopolkampf, pflegt zur Konzentration und Aufhebung des Wettbewerbs zu führen. Unsere Aussage darf nicht als Alibi für Monopol-, Konzentrations- und Kartellinteressenten mißverstanden werden.

[110] E. Kantzenbach, Die Funktionsfähigkeit des Wettbewerbs, Göttingen 1966; ders., Das Konzept der optimalen Wettbewerbsintensität, Jahrbücher für Nationalökonomie und Statistik, Bd. 181 (1967), insbesondere S 240 f.; ferner die in diesen Jahrbüchern von E. Hoppmann und E. Kaufer geführte Diskussion (Bd. 179/1966; Bd. 181/1967); außerdem E. Hoppmann, E. Kaufer und E. Heuss, in: ORDO-Jahrbuch für die Ordnung von Wirtschaft und Gesellschaft, Bd. 18/1967.

[111] Bei der polypolistischen Konkurrenz kann die Betriebsgröße klein sein und der Anteil des Unternehmers an der betrieblichen Wertschöpfung hoch, etwa in der Landwirtschaft, dem Einzelhandel oder der Binnenschiffahrt. Wer dabei auf Geldeinkommen zugunsten anderer Ziele verzichtet, kann wegen des relativ großen residualbestimmten Einkommensanteils am Betriebsergebnis im

grenzmoralistische Übersteigerung des Wettbewerbs am ehesten begegnet werden kann, wenn die Marktformen dem vielzahligen Wettbewerb angenähert werden. Bei vielzahligem Wettbewerb tritt auch das Selbstinteresse nicht in der Weise hervor, daß der persönliche Verkehr und der Erfahrungsaustausch zwischen Konkurrenten von der fühlbaren wirtschaftlichen Rivalität vergiftet werden. Der vielzahlige Wettbewerb ist die Marktform des Lebens und Lebenlassens, ohne deswegen das Leistungsstreben zu behindern, wie das bei kartellistisch-monopolistischer Gegenreaktion gegen übersteigerte Wettbewerbsintensität zu erwarten steht.

II. Grenzmoral in der pluralistischen Gruppenwirtschaft

Goetz Briefs hat besonders in jüngerer Zeit unermüdlich betont, welche Probleme mit einer pluralistischen Gruppenanarchie verbunden sein können.[112] Sein eindrucksvolles Werk über den Laissez-faire-Pluralismus bringt hierzu eine erdrükkende Fülle von Material und Argumenten. Andere Autoren, etwa Galbraith und vor ihm Schumpeter, haben sich optimistischer geäußert. Der interessante Versuch, die aus der Marktwirtschaftslehre bekannten Wettbewerbsvorstellungen auf den Wettbewerb der Gruppen und schließlich auf politische Wahlen und ähnliche Vorgänge zu übertragen, wird herangezogen, um zu zeigen, daß man die vermachtete Gruppenwirtschaft als ein hinreichend determiniertes und ausreichend im Gesamtinteresse regulierbares Objekt ansehen könne.[113] Gelegentlich scheint es so, als werde das aus Rivalität und Zusammenspiel der wirtschaftlichen Interessenverbände entstehende „Gruppengleichgewicht" als für das Ganze optimales Ergebnis aufgefaßt und ein Ordnungs- und Eingriffsrecht des Staates als totalitäres Element für den „demokratischen" Prozeß der sich selbst verwaltenden und nach Ständen gegliederten Wirtschaft abgelehnt. Nach dieser Ansicht beruht ein über den Gruppen stehendes Gemeinwohl auf einer absolutistischen Vorstellung oder kommunistischen Fiktion, die nicht mehr zeitgemäß sei. Der Staat sei aus den Gruppen zusammengesetzt, die sich in ihm vereinigen, dürfe also keine über die

Markt bleiben. Zum Teil besteht auch gar keine andere Möglichkeit für den Unternehmer, weil seine Fähigkeiten in der unternehmerischen Tätigkeit selbst bei marginaler Position immer noch besser genutzt sein können als in einer Arbeitnehmertätigkeit. Zur Streuung der Betriebsergebnisse in der Landwirtschaft vgl. Bericht der Bundesregierung über die Lage der Landwirtschaft gemäß § 4 des Landwirtschaftsgesetzes v. 15. 2.1968, S. 155ff.

112 Goetz Briefs, Staat und Wirtschaft im Zeitalter der Interessenverbände, a. a. O.; ders., Grenzmoral in der pluralistischen Gesellschaft, a. a. O.

113 Hierzu jetzt: Philipp Herder-Dorneich, a. a. O.

Gruppen hinausgehende Gemeinwohlvorstellung haben.[114] Die These, daß das Gemeinwohl nichts anderes sei, als die Interessengruppen darunter verstehen, ist jedoch in einem sehr nüchternen wirtschaftlichen Sinne falsch. Man braucht keine romantischen oder kollektivistischen Staatslehren zu bemühen, um dies zu beweisen. Aus dem Geschiebe der Gruppen kommt keineswegs notwendig der Kompromiß zustande, der für die einzelnen Gruppen selber und ihre Mitglieder optimal ist. Diese Erkenntnis ist nicht neu,[115] es wird aber selten genau angegeben, aus welchen Gründen sehr häufig auch solche Gruppenkompromisse unterbleiben, die auf den ersten Blick im gemeinsamen Interesse der Gruppen liegen.[116] Eine Ordnungspolitik, welche die Gruppen sinnvoll gesamtwirtschaftlich integrieren will, muß diesen Gründen nachspüren. Was damit gemeint ist, soll an einem Spezialbeispiel deutlich gemacht werden, das der Zolltheorie entnommen ist, aber allgemeinere Folgerungen zuläßt:

Aus der Zollgeschichte ist bekannt, daß eine durch mehrere Territorien zu befördernde Ware im Transit oft von mehreren Zollstationen mit Abgaben belastet worden ist. Die Burgen entlang des Rheins und anderer Flüsse legen hiervon Zeugnis ab, da sie unter anderem den Finanzbehörden des Mittelalters gedient haben. In diesen jahrhundertelang bestehenden Transitbelastungen kann ein wesentlicher Grund dafür gesehen werden, daß sich keine ausreichende Arbeitsteilung entwikkeln konnte.[117] Wenn ein aufgeklärter Landesfürst in diesem System die Zölle gesenkt und die Verkehrswege verbessert hat, so konnten seine grenzmoralistisch vorgehenden Nachbarn ihre Abgaben entsprechend erhöhen; der den Handel belebende Effekt kam nicht in dem Maße zustande, daß sich ein handelsförderndes Verhalten für den einzelnen Zollberechtigten gelohnt hätte. Heckscher berichtet über den Bischof von Würzburg und Bamberg Friedrich Karl von Schönborn (1729–46), der die Flußzollsätze gesenkt habe. Die „anderen Territorien am Main

[114] Die Suprematie des Staates gegenüber innerstaatlichen Gruppen ist besonders heftig von Harold J. Laski angegriffen worden; vgl. Joseph H. Kaiser, Die Repräsentation organisierter Interessen, Berlin 1956, S. 316ff., und die dort angegebene Literatur. Die Folgerung liegt nahe, daß dann auch die Gruppe keine über ihre Untergruppen oder Mitglieder hinausgehenden Ziele verfolgen darf, Fraktionszwang und Gruppendisziplin also auszuschließen sind.

[115] Vgl. W. Eucken, Staatliche Strukturwandlungen und die Krisis des Kapitalismus, Weltwirtschaftliches Archiv, Bd. 36 (1932); F. W. Meyer, Zur wirtschaftspolitischen Lage in der Bundesrepublik, ORDO-Jahrbuch, Bd. VII, 1955, S. XXI–XXXII; K. Schmidt, Entwicklungstendenzen der öffentlichen Ausgaben im demokratischen Gruppenstaat, Finanzarchiv, N.f., Bd. 25, 1966, S. 213–241; ders., Zur ordnungspolitischen Problematik wachsender Staatsausgaben, in: Schriften des Vereins für Socialpolitik, N.f., Bd. 47 (1967), S. 138f. und S. 159ff.

[116] In die Sprache der modernen Wirtschaftstheorie übersetzt: Es wird das Pareto-Optimum nicht erreicht und außerhalb der „Kontraktkurven" operiert; bei einem Kompromiß könnten alle Partner gewinnen.

[117] Vgl. J. Kulischer, Allgemeine Wirtschaftsgeschichte des Mittelalters und der Neuzeit, 2. Aufl., Darmstadt 1958, Bd. 1, S. 301.

nahmen dies zum Anlaß, ihrerseits die Waren stärker zu besteuern, die aus den beiden Bistümern zu ihnen kamen".[118] Jede territoriale Zollstation repräsentierte ein bestimmtes Gruppeninteresse im Rahmen eines wirtschaftlichen Gesamtvorganges, von dem alle zusammen abhängig waren. Die Zollstationen standen vor dem gleichen Problem wie Räuberbanden, die in bestimmten räumlichen Abständen den Handelsverkehr belästigen, aber ohne gemeinsame Verabredung operieren. Dieses *Wegelagererproblem* tritt in veränderter Form auch bei anderen volkswirtschaftlichen Vorgängen auf, etwa bei unkoordinierter Ausbeutung von Naturschätzen, die knapp sind und sich trotzdem nicht in Privat- oder Staatseigentum befinden (Walfang, Wasservorräte). Bei ungeregelter Nutzung von Allmenden war Ähnliches zu beobachten, nämlich Raubbau, und man könnte eine ungeregelte Gruppenaktivität gegenüber der Volkswirtschaft im ganzen als eine honorig gewordene Form des Wegelagerns bezeichnen, sofern die Gruppen den Wirtschaftsprozeß oder den Staat als Medium der nicht leistungsbedingten politischen Einkommensbildung betrachten.

Wir wollen nun am Beispiel mehrerer Zollstationen beweisen, daß es für sie nützlich wäre, sich zu vereinigen, daß diese Einigung aber auf Hindernisse stößt, selbst wenn die politisch Verantwortlichen besser volkswirtschaftlich geschult sind als die Nachbarn des erwähnten Bischofs im 18. Jahrhundert:

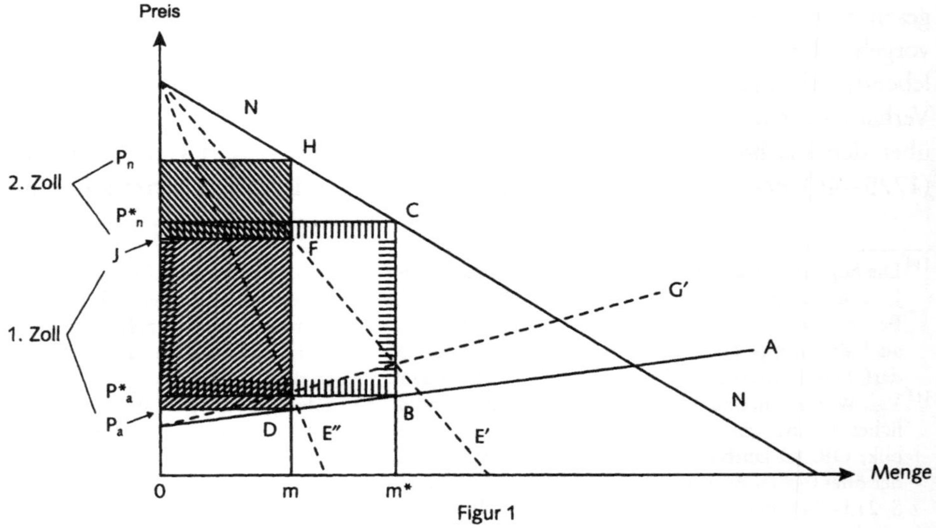

Figur 1

[118] *E. Heckscher*, Der Merkantilismus, Jena 1932, 1. Bd., S. 57; Heckscher fährt fort: „Ebenso scheiterten die Versuche des Bischofs, den Durchgangsverkehr durch Wegeverbesserungen zu fördern, an der vollständigen Gleichgültigkeit der Nachbarn gegenüber solcher neumodischen Art, durch Erleichterung des Verkehrs die Staatseinnahmen zu erhöhen."

N in Figur 1 sei die Nachfragekurve für ein Produkt, das an einem Verbrauchsort nachgefragt wird, der hinter allen Zollstationen liegt. A soll die Angebotskurve der in Wettbewerb anbietenden Produzenten darstellen, die an einem Ort vor den Zollstationen ansässig sind. Die Angebotskurve enthält bereits sämtliche Transport- und Handelsspesen, die bis zum Verbrauchsort anfallen, nicht jedoch die Zölle. Es soll zwei hintereinander liegende Zollstationen geben; ihre Verwaltungskosten seien fix, so daß davon kein Einfluß auf die Ermittlung des optimalen Zollertrages ausgeht. Die Zollsätze werden von den beiden Zollbehörden nicht im Wege von Verhandlungen aufeinander abgestimmt, sondern selbständig festgelegt. Die Gründe, die dafür sprechen, daß man sich so verhalten kann, werden später erörtert. Wenn beide Partner ohne Absprache vorgehen, können sie sich nur indirekt beeinflussen, indem jeder von ihnen auf das Verhalten des Partners reagiert oder es durch seine eigenen Handlungen zu verändern sucht. Die Zollstationen können mit zwei hintereinandergeschalteten Großhandelsmonopolisten verglichen werden.[119] Die erste Zollstation ist Nachfragemonopolist gegenüber den Produzenten, falls diese auf den zollbelasteten Absatzweg angewiesen sind und nicht auf andere Märkte oder Transportwege ausweichen können. Sie ist gleichzeitig Angebotsmonopolist gegenüber der zweiten Zollstation. Diese wiederum ist Nachfragemonopolist gegenüber der ersten Station und Angebotsmonopolist gegenüber den Endverbrauchern, die in polypolistischer Konkurrenz nachfragen. Die Zollstationen stehen sich also in der Marktform des bilateralen Monopols gegenüber; als Instrument können sie nur den Zollsatz benutzen, der unmittelbar am Warenpreis ansetzt und die gehandelten Warenmengen nur mittelbar beeinflußt. Einen unmittelbaren Einfluß auf die gehandelten Warenmengen haben die Zollbehörden nicht.

Was geschieht nun, wenn die beiden Zollstationen unter diesen Bedingungen danach streben, ihre Zolleinnahmen zu maximieren? Das gemeinsame maximale Zollaufkommen wird durch den Schnittpunkt der Grenzerlöskurve E' mit der Grenzausgabenkurve G' ermittelt, die aus der Angebotskurve A der Produzenten abgeleitet ist. Die zugehörige Absatzmenge ist in Figur 1 mit m^* angegeben, der Verbraucherpreis wäre Op_n^*, die Zolleinnahme würde dann $p_a^*BCp_n^*$ (Rechteck mit Randschraffierung) betragen, der Zollsatz wäre die Differenz zwischen Produzentenpreis p_a^* und Verbraucherpreis p_n^*.[120] Das gemeinsame Interesse der beiden Zollbehörden würde es ratsam erscheinen lassen, dieses fiskalische Optimum anzustreben. Aber es ist nicht sicher, daß dieses Ziel erreicht wird. Wahrscheinlich

[119] Zur Analogie zwischen Verbrauchssteuerfiskus und Großhandelsmonopolist vgl. Otto Gandenberger, Das Maximum des Fiskalertrages bei der speziellen Verbrauchssteuer im Konkurrenzfall, Finanzarchiv, N. f., Bd. 24 (1965), S. 225–232.

[120] Zum Beweis im einzelnen vgl. Otto Gandenberger, Das Maximum..., a. a. O.

ist vielmehr, daß ein geringerer Zollertrag, eine höhere Gesamtzollbelastung der Ware, höhere Verbraucherpreise und niedrigere Anbieterpreise zustande kommen, also die beiden „Wegelagerer" nicht nur die private Wirtschaft schädigen, sondern auch sich selbst.

Betrachten wir, um dies zu zeigen, die verschiedensten Verhaltensweisen der Zollerhebenden:

a) In Figur 1 wird angenommen, daß die zweite Zollstation die Zollpolitik der ersten Zollstation ohne aggressive Gegenstrategie als Datum hinnimmt, also zum Beispiel den Preis *OJ* der Waren, die vor der zweiten Zollschranke ankommen und von dem ersten Zollsatz schon belastet sind. Die zweite Station ist sich aber bewußt, daß sie gegenüber den Verbrauchern Monopolist sein kann, indem sie durch Zollaufschläge die Ware verteuert. Den Preis *OJ* betrachtet die zweite Zollbehörde als Grenzausgabe. Zur Maximierung des Zollertrages muß er mit dem Grenzerlös E' übereinstimmen. Der zweite Zollsatz wird stets so verändert, bis diese Übereinstimmung herbeigeführt ist, das heißt, die zweite Station erhebt für die betreffende Menge jeweils einen Zoll in Höhe der Differenz zwischen Verbraucherpreis (hier z. B. Op_n) und Grenzerlös E'. Der ersten Zollstation sei diese Reaktionsweise der zweiten Station bekannt. Infolgedessen beachtet die erste Station diese Tatsache, daß die Preiswilligkeit der Verbrauchernachfrage stets durch den zweiten Zoll um die angegebene Differenz gedämpft wird. Die für die erste Zollbehörde maßgebende Nachfragekurve ist zu ermitteln, indem der jeweilige Zoll der zweiten Zollbehörde von der Verbrauchernachfrage *N* abgezogen wird. Da der Zoll der zweiten Station stets den Unterschied zwischen Grenzerlös- und Nachfragekurve ausmacht, ist die für die erste Zollbehörde relevante Nachfragekurve mit der Grenzerlöskurve E' identisch. Von ihr wird eine neue Grenzerlöskurve E'' abgeleitet. Das Maximum der Zolleinnahme für die erste Zollbehörde ergibt sich dann, wenn man die aus der Angebotskurve der Produzenten abgeleitete Grenzausgabenkurve G' mit der neuen Grenzerlöskurve E'' zum Schnitt bringt. Die gehandelte Warenmenge *m* wird zunächst an der ersten Zollschranke mit einem Zollsatz p_aJ belastet, so daß das erste Territorium eine Einnahme von p_aDFJ erzielt (von links unten nach rechts oben schraffiert). Anschließend muß der zweite Zoll in Höhe von Jp_n bezahlt werden, das zweite Territorium erlangt Zolleinnahmen in Höhe des Rechtecks $JFHp_n$ (von rechts unten nach links oben schraffiert). Den Löwenanteil erhält die erste Zollbehörde, weil sie sich sowohl gegenüber der Anbieterstufe als auch gegenüber der Absatzstufe monopolistisch verhält.

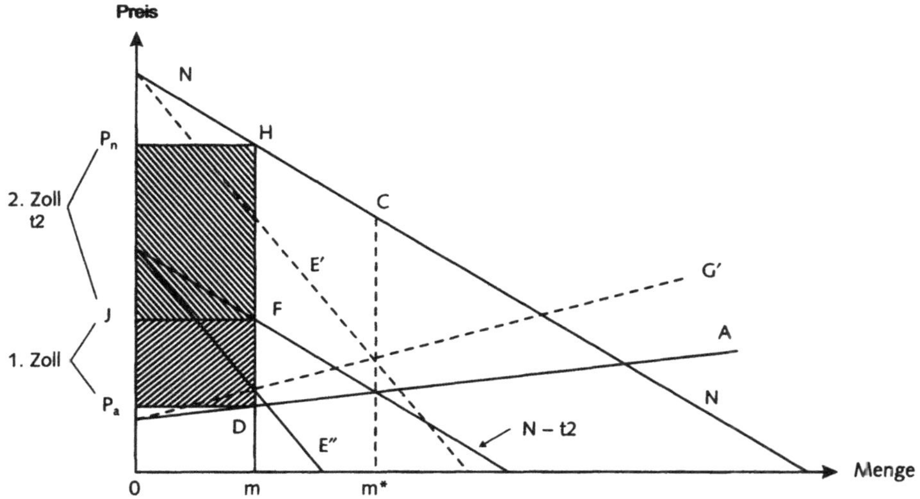

Figur 2

b) Es ist aber ebenso gut denkbar, daß sich die zweite Zollstation aggressiver verhält, also Zollsätze t_2 festlegt, die über die Differenz von Verbrauchernachfragekurve N und daraus abgeleiteter Grenzerlöskurve E' hinausgehen und an die sich nun die erste Zollstation anpassen muß (Figur 2, in der ein spezifischer Zoll t_2 angenommen wird). Die für den ersten Fiskus zur Ausbeutung verfügbare Nachfragekurve $N - t_2$ ist dann um einen festgelegten Zollsatz t_2 des zweiten Fiskus nach unten in den Bereich niedrigerer Preise verschoben. Der erste Fiskus bringt die daraus abgeleitete Grenzerlöskurve E'' mit seiner Grenzausgabenkurve G' zum Schnitt, das heißt er legt einen Zollsatz p_aJ fest, der in Verbindung mit dem zweiten Zollsatz die durch diesen Schnittpunkt gegebene Handelsmenge m hervorruft. Unter Umständen wird diese Menge m zum gleichen Endverbraucherpreis Op_n gehandelt wie im ersten Beispiel. Aber die Zolleinnahmen sind nun anders verteilt, und zwar zugunsten der zweiten Zollstation, die jetzt nicht nur ihre Angebotsmacht ausnutzt, sondern auch ihre Nachfragemacht. Dieser Fall einer aggressiveren Politik des zweiten Fiskus ähnelt der Verbrauchsbesteuerung eines Angebotsmonopolisten.[121]

[121] Vgl. Otto Gandenberger, Die Verbrauchsbesteuerung eines Angebotsmonopolisten, dargestellt als Variante zur Theorie des bilateralen Monopols, Jahrbücher für Nationalökonomie und Statistik, Bd. 179 (1966), S. 1–24. Als unrealistisch müssen die Fälle gelten, bei denen eine der beiden Zollstationen stets in dem Maße den eigenen Zoll senkt, in dem die andere ihn erhöht. Dadurch würde natürlich auf die Dauer der aggressiven Zollstation der gesamte Zollertrag zufließen und das Zolloptimum des maximalen fiskalischen Ertrages erreicht werden, indem die nachgiebige Station kapituliert und keine Abgabe mehr erhebt.

c) Daß eine der beiden Zollbehörden sich völlig nachgiebig verhält, ist nicht sehr wahrscheinlich. Vermutlich werden beide sich darüber im Klaren sein, daß sie nicht nur Einfluß auf den Angebots- und den Verbraucherpreis haben, sondern auch sich gegenseitig beeinflussen können. Sofern beide Partner wechselseitig aufeinander reagieren, indem der jeweils Agierende, der seinen Zollsatz zu ändern plant, den im Augenblick angewandten Zollsatz des anderen als Datum ansieht, kommt eine eindeutige Lösung zustande, zum mindesten für lineare Angebots- und Nachfragefunktionen.[122]
d) Versuchen dagegen beide Zollstationen, sich gegenseitig zu erpressen, in der Hoffnung, die andere werde sich bei schrumpfenden Zolleinnahmen in eine Abhängigkeitsposition drängen lassen, dann ist eine sichere Aussage über Preise und Mengen schwer möglich. Zu erwarten ist, daß die Preise steigen und die Mengen schrumpfen werden, die Summe der beiden Zolleinnahmen jedoch zurückgehen wird.

Solange nicht eine der beiden Zollstationen endgültig auf Zolleinnahmen verzichtet, wird in keinem der geschilderten Fälle der maximale Zollertrag erwirtschaftet, den beide Zollstationen zusammen erzielen könnten, wenn sie gemeinsam vorgingen.[123] Die „pluralistischen“ Lösungen dieses Falles haben also empfindliche

[122] Der Beweis kann graphisch oder mathematisch geführt werden. Bei der graphischen Methode wird das in Figur 2 angewandte Verfahren auf beide Zollbehörden abwechselnd angewandt: Der 2. Fiskus (F_2) vertraut z. B. in Figur 2 darauf, daß der 1. Fiskus (F_1) den zunächst gewählten Zollsatz p_aJ auch in Zukunft beibehält. Die dann für F_2 maßgebende Angebotsfunktion erhält man durch Addition des ersten Zollsatzes p_aJ zur originären Angebotskurve A; A wird um diesen Zollsatz parallel nach aufwärts verschoben, ebenso die zugehörige Grenzausgabenkurve G', die nunmehr zu $G' + p_aJ$ wird. Der Schnittpunkt der verschobenen Grenzausgabenkurve mit E' gibt den für F_2 nunmehr günstigsten Punkt an, der neue (gesenkte) Zollsatz von F_2 ist vertikal als Abstand zwischen der Nachfragekurve N und der verschobenen Angebotskurve abzulesen. Auf die neue Lage reagiert nun aber F_1, und zwar durch Zollerhöhung, weil $N - t_2$ für F_1 nunmehr nach aufwärts in den Bereich höherer Preise verschoben ist; auf die Zollerhöhung von F_1 hin verändert wieder F_2 seinen Zoll usw. Die Gleichgewichtsmenge ist eindeutig kleiner als die Menge des maximalen gemeinsamen Zollertrages m^*.
Der mathematische Beweis soll an dieser Stelle dem Leser erspart werden. Er ist mit einigen Abwandlungen nach den Methoden zu erbringen, die Otto Gandenberger, Die Verbrauchsbesteuerung eines Angebotsmonopolisten…, a. a. O., oder Ernst Helmstädter, Das Verbund-Dyopol Cournots als Modell der Konkurrenz um den Preisanteil und seine verteilungstheoretische Anwendung, Jahrbücher für Nationalökonomie und Statistik, Bd. 174 (1962), S. 377–413, bei ähnlichen Problemen angewandt haben. Bei linearen Angebots- und Nachfragekurven werden im Gleichgewicht die Zollsätze einander gleich, ihre Summe ist um $1/6$ größer als der Zollsatz des gemeinsamen maximalen Zollertrages. Infolgedessen wird die Menge des fiskalischen Maximums nicht erreicht.

[123] Wichtig ist, daß auch bei beiderseitig friedlichem Verhalten und wechselseitiger Anpassung an den Partner der gemeinsame maximale Steuerertrag nicht erreicht wird. Wir haben hier wie in den Beispielen, die Gandenberger, a. a. O., und Helmstädter, a. a. O., anführen, einen Fall vor uns, bei dem auch der nicht kämpferische Pluralismus gegen das Gemeinwohl verstößt. Nicht einmal die Zone, bei der ein Konflikt zwischen Fiskalinteresse und dem Interesse der Verbraucher an niedrigeren Preisen entsteht, wird erreicht, sondern man verharrt noch dort, wo beide Interessen parallel laufen.

Nachteile gegenüber dem gemeinschaftlichen Vorgehen. Würde der Handel nur einmal geschröpft, dann wäre der Zollertrag bei richtiger Dosierung größer, die Zollbelastung der Waren geringer, die Verbraucherpreise wären niedriger und die Produzentenpreise höher, Handel und Arbeitsteilung wären lebhafter. Es gelingt aber nicht einmal, das gemeinsame Fiskalinteresse durchzusetzen, vom übergeordneten Gemeinwohl, das eine Abschaffung der Zölle überhaupt und den Wechsel zu einer rationaleren Art der Besteuerung nahelegen könnte, ganz zu schweigen.

Wie ist es bei dieser Sachlage möglich, daß es die Beteiligten unterlassen, ihr Verhalten aufeinander abzustimmen? Es braucht doch nur eine Zollgemeinschaft gegründet zu werden, damit jedem der beiden Fisci ein höheres Zollaufkommen als vorher garantiert werden kann. Die moderne Preistheorie unterstellt denn auch im Falle des bilateralen Monopols, daß abseits der Pareto-Optima liegende nichtoptimale Lösungen (bei denen man einen oder beide besser stellen kann, ohne jemandem zu schaden) nicht vorkommen.[124] Aber die historische Erfahrung lehrt, daß solche Zollunionen oder auch nur Zollverträge nicht immer zustande kommen und daß es anscheinend keinen Automatismus gibt, der sie erzwingt. Bevor hier die Erklärung mit dem Hinweis auf die Herrschaft des Irrationalen abgebrochen wird, sollten weitere Überlegungen angestellt werden:

1. Zunächst können die *Handlungsinstrumente* der antagonistischen Gruppen, in unserem Beispiel der beiden Zollstationen, beschränkt sein, so daß selbst der jeweils stärkeren Gruppe Macht und Möglichkeit fehlen, den Gegenspieler zu einem Verhalten zu zwingen, das dem gemeinsamen Optimum entspricht. Wenn die eine Zollstation sich aggressiv verhält und einen bestimmten Zollsatz festlegt, kann sie die andere Zollstation nicht davon abhalten, ihrerseits einen Zoll so hoch anzusetzen, daß die Summe beider Zollsätze den Zollsatz des gemeinsamen fiskalischen Maximalertrages übersteigt. Nur wenn beide Territorien je ein staatliches Handelsmonopol einrichten würden, könnten sie sich wechselseitig auf die „Kontraktkurve" des bilateralen Monopols zwingen (*BC* in Figur 1) und damit eine überhöhte Summe der Zollsätze ausschließen. Die Handelsmonopole würden über Preise bzw. Zollaufschläge (= Monopolabschöpfungen) und gleichzeitig über die Liefermengen miteinander verhandeln; dabei wäre nunmehr die Verhaltensweise der Optionsfixierung möglich, das heißt: das aggressive Handelsmonopol könnte einen bestimmten Preis unter der Bedingung bieten, daß dabei die Menge des gemeinsamen fiskalischen Maximalertrages geliefert wird (m^* in Figur 1).[125] Aus diesem Zusammenhang sollte nicht die

[124] So z. B. W. Krelle, Preistheorie, Tübingen – Zürich 1961, S. 440, gegen von Stackelberg, Grundlagen der theoretischen Volkswirtschaftslehre, Bern 1948, S. 197–205, der nichtoptimale Verhaltensweisen für möglich hielt.

[125] Zur Optionsfixierung vgl. E. Schneider, Einführung in die Wirtschaftstheorie, II. Teil, 10. Aufl., Tübingen 1965, S. 368 ff.

wirtschaftspolitische Folgerung gezogen werden, daß es sinnvoll wäre, die Zollstationen in staatliche Außenhandelsmonopole umzuwandeln. Damit würde nämlich der Übergang zur Zentralverwaltungswirtschaft eingeleitet werden, denn die Monopolbehörden dieser Art pflegen über ihren fiskalischen Zweck hinauszugreifen.

Auch bei anderen Problemen der pluralistisch vermachteten Wirtschaft verhindert es der Mangel an Handlungsinstrumenten der Gruppen, daß der Interessenausgleich ohne Wohlfahrtseinbuße der Gesamtheit zustande kommt, man sich also auf der Ebene eines Pareto-Optimums einigt.[126] Zum Beispiel führen Absprachen zwischen Gruppen, etwa am Arbeitsmarkt, oft deswegen nicht zum gemeinsamen Optimum, weil die Gruppenspitzen allein über einen Preis, nicht aber auch über Mengen verfügen und verhandeln können. Am Arbeitsmarkt müßte die Vollbeschäftigung als unter allen Umständen zu beachtendes Ziel und Nebenbedingung der Lohnabkommen angesehen werden, wenn die Linie optimaler Verhandlungsergebnisse nicht verlassen werden soll. Die gesamtwirtschaftliche Zielvorstellung wird jedoch von den Tarifpartnern unter Hinweis auf die staatliche Vollbeschäftigungspolitik als lästige Fessel abgestreift. Im bilateralen Monopol können jedenfalls die auf der Kontraktkurve liegenden Optima verfehlt werden, wenn nicht über Preise und Mengen zugleich verfügt werden kann. Welche Folgen es andererseits hätte, wenn Arbeitgeberverbände und Gewerkschaften auch gleichzeitig über Angebots- und Nachfragemengen und nicht nur über Lohnsätze bestimmen könnten, kann hier nur angedeutet werden. Die Arbeitgeberverbände würden den Unternehmungen das Recht der Einstellungen und Entlassungen nehmen. Damit wäre die Marktwirtschaft praktisch aufgehoben. Die Gewerkschaften würden ihre Mitglieder zur Arbeit oder Nichtarbeit verpflichten müssen, also eine universale Vormundschaft erhalten. Die Lehenspflicht des Einzelnen gegenüber den Gruppenorganen würde zum Extrem getrieben. Man bedenke also sorgsam die Folgen, bevor die Verbandsführungen mit weiteren Befugnissen ausgestattet werden!

2. Freilich ist es im Rahmen unseres Zollbeispiels trotz Beschränkung der Handlungsinstrumente denkbar, daß bei einem nichtoptimalen Zustand (überhöhte Summe der beiden Zölle) beide Partner sich auf ein Verfahren gemeinsamer Zollsenkungen einigen, mindestens aber darauf, daß der eine Partner seine Zölle nicht erhöht, wenn der andere sie senkt. Dadurch könnte man dem gemeinsamen fiskalischen Optimum näher kommen. Hintereinandergeschaltete Zollstationen, vor allem, wenn sie wie einst am Rhein zahlreich sind, unterliegen jedoch einem *besonderen Gesetz der Grenzmoral.* Jede für sich kann nur einen

[126] Gandenberger, Die Verbrauchsbesteuerung..., a. a. O., hat ähnliches für die Verbrauchsbesteuerung eines Angebotsmonopolisten nachgewiesen.

geringen Zoll einheben, solange noch Handel möglich bleiben soll. Der Profit, den man daraus erzielt, daß alle anderen die Zölle senken und man selbst als einziger nicht an dieser Aktion teilnimmt, sondern sogar anschließend die Zollsätze erhöht, bedeutet eine starke Versuchung. Umgekehrt bringt eine isolierte Zollsenkung bei Stillhalten der übrigen vielen Zollstationen kaum fühlbare Vorteile, weil der handelsbelebende Effekt wenig spürbar wird. Diese Regelmäßigkeit bestätigt sich auch bei anderen Gruppenaktionen: Zahlreiche kleine und spezialisierte, dafür aber entsprechend rabiate Gruppen betätigen sich unbekümmert als Wegelagerer gegen das Sozialprodukt, weil ein aus dem eigenen Handeln resultierender Nachteil für die einzelne Gruppe kaum spürbar wird, obwohl sich eine Vielzahl solcher Nachteile im ganzen zu einer alle empfindlich schädigenden Last summieren kann. Das Beispiel der englischen Gewerkschaften dürfte diesen Zusammenhang hinreichend deutlich machen. Größere, heterogene Gruppen könnten einsichtiger sein. Die mit ihnen verbundene Machtkonzentration kann aber andere Nachteile haben.[127]

3. Gruppen im Rahmen einer Volkswirtschaft, die am Markt nach ihrem größten Vorteil streben, stimmen sich oft deswegen nicht aufeinander ab, *weil sie von den Einflüssen nichts wissen, die sie miteinander verbinden.* Die Folgen von Gruppenhandlungen im volkswirtschaftlichen Kreislauf sind ja oft so kompliziert, daß sie auch von Sachverständigen nicht mit ausreichender Genauigkeit festgestellt werden können. Daß zum Beispiel die Exportinteressen mit den Interessen der Protektionisten kollidieren, ist zwar seit zwei Jahrhunderten nicht mehr umstritten, wirkt sich aber noch immer nicht auf die Gruppenhandlungen in genügendem Maße aus. Selbst wenn man aber ausreichend informiert ist, folgt daraus nicht notwendig, daß man sich einigt.
4. Es entsteht nämlich sofort das Problem, wie der mögliche gemeinsame Vorteil (im Zollbeispiel die höhere Zolleinnahme) auf die beteiligten Gruppen verteilt werden soll. Der *Kampf um den relativen Vorteil* wird in der sozialen Optik oft wichtiger genommen als das Streben nach absolutem Gewinn. Der Gruppenwettbewerb um den höchsten Preis- oder Einkommensanteil wirkt vollkommen

[127] Als weitere Beispiele, in denen eine Konzentration Vorteile gegenüber der isolierten Monopolstrategie kleinerer Einheiten haben kann, seien die vertikale Preisbindung und das Verbund-Dyopol genannt; vgl. H. Lampert, Preistheoretische und wettbewerbspolitische Probleme mehrstufiger Produktion und mehrstufigen Absatzes, Schmollers Jahrbuch, Bd. 86 (1966), S. 1–32; E. Helmstädter, Das Verbund-Dyopol Cournots als Modell der Konkurrenz um den Preisanteil und seine verteilungstheoretische Anwendung, a. a. O. Selbstverständlich wäre es eine wesentlich bessere Lösung, anstelle der Konzentration, die lediglich vom überhöhten Preis zum Monopolpreis zurückführt, zum Wettbewerbspreis zu kommen und die Monopole aufzulösen; vgl. Lampert, a. a. O., S. 27, Helmstädter, a. a. O., S. 408.

anders als die Mengenkonkurrenz der Wettbewerbswirtschaft, nämlich restriktiv, preissteigernd oder gar dauernd inflationistisch.[128]

5. Außerdem müssen die Gruppen, z. B. die zollerhebenden Territorien, *auf Teile ihrer Souveränität verzichten*, und damit auf politische Macht, wenn das gemeinsame Optimum erreicht werden soll. Das Interesse der Funktionäre, die an der Spitze der Gruppen stehen, kann sich verselbständigen und ein wichtiges Hindernis für optimale Einigungen oder Fusionen sein. Aber auch die Vertretenen können im größeren Verband, etwa einer Zollunion, nicht sicher sein, ob ihr Partialinteresse in Zukunft ausreichend beachtet werden wird, wenn sie ihren kleineren Interessenverband auflösen. Selbst im deutschen Zollverein bedurfte es der politischen Strategie Preußens, um die Einigung herbeizuführen. Die Einigung kann durch diejenige Gruppe gefährdet werden, die durch maximale Drohung die anderen Teilnehmer am Konsens erpreßt und notfalls den Konflikt oder das Scheitern der Verhandlungen grenzmoralistisch in Kauf nimmt. Es kann sich um eine kleine Gruppe handeln, die im Rahmen einer größeren Gruppe die Außenseiterposition bezieht mit der Absicht, sich diese Position so teuer wie möglich abkaufen zu lassen. Umgekehrt ist es auch möglich, daß sehr große Gruppen zwar davon absehen, sich selbst bewußt zu schädigen, gegenüber Minderheiten aber um so unbedenklicher vorgehen. Die Furcht vor Majorisierungen dieser Art kann die Aufgabe von Souveränität bei kleinen Gruppen und auch bei kleinen Staaten aus sehr begreiflichen Gründen verhindern. Im Bereich des Außenhandels sind es übrigens nicht immer die kleinen Staaten, die sich grenzmoralistisch verhalten, denn sie haben oft eine höhere Außenhandelsintensität und sind daher vom freien Außenhandel stärker abhängig.

Der Wettbewerb vieler Verbände ist also in seiner Sozialfunktion nicht ohne weiteres mit dem vielzahligen Wettbewerb von Unternehmungen oder anderen Wirtschaftssubjekten untereinander gleichzustellen. Der marktwirtschaftliche Wettbewerb enthält starke Kräfte, grenzmoralistisches Verhalten zu bändigen oder in einen Vorteil für das Wohl der übergeordneten Gruppe umzuwandeln, selbst wenn partielles Gruppenwohl dadurch gefährdet wird. Die Konkurrenz von Verbänden um den höchsten Preis- oder Einkommensanteil kann sich dagegen als Beute- oder Verteilungswettbewerb abspielen, der ein gemeinsames Optimum verhindern kann. Dies gilt vor allem, wenn die Verbände exklusiv sind, sich also nicht wie politische Parteien an jedermann wenden.[129]

---

[128] Vgl. Helmstädter, a. a. O., S. 410 ff.

[129] Vgl. hierzu im einzelnen: E. Liefmann-Keil, ökonomische Theorie der Sozialpolitik, Berlin – Göttingen – Heidelberg 1961, insbesondere S. 101 ff.; K. Schmidt, Zur Problematik der finanzpolitischen Willensbildung im demokratischen Gruppenstaat, in: Wirtschaft, Gesellschaft und Kultur, Festgabe für Alfred Müller-Armack, Berlin 1961, S. 129 – 143; Mancur Olson Jr., The Logic of Collective Action. Public Goods and the Theory of Groups, Cambridge (Mass.) 1965.

6. Der ungeordnete Wegelagererwettbewerb der Gruppen kann sie alle zusammen schädigen, *ohne eine soziale Automatik zu enthalten, die diesen Prozeß rechtzeitig zum Stehen bringt.* Gerade die Theorie der Zollkriege ist hier lehrreich.[130] Schon den Klassikern war bekannt, daß einseitige Zollsenkungen nicht immer Vorteile für das isoliert handelnde und von der niedrigen internationalen Grenzmoral nach oben abweichende Land bringen, vor allem wegen der möglichen Zahlungsbilanzstörungen, aber auch wegen der Veränderungen der terms of trade.[131] Wie bei der militärischen Abrüstung müssen daher die Konzessionen von den Beteiligten gleichzeitig und nach dem Prinzip der Gegenseitigkeit gewährt werden. Kollektive politische Aktionen erscheinen sinnvoll, z. B. umfassende Zollverhandlungen.[132]
7. Man ist ferner zur Regulierung des Gruppenkampfes auf *Schiedsrichter* angewiesen; aber nicht immer haben sie die Weisheit eines Albertus Magnus, der übrigens schon im 13. Jahrhundert in einem Streit zwischen dem Kölner Erzbischof Konrad von Hochstaden und der Stadt Köln mit der Frage befaßt war, ob der Bischof ungerechtfertigte Zölle oder die Stadt ungerechtfertigte Verbrauchssteuern einhob.[133]

Unsere bisherigen Überlegungen, die noch durch weitere Argumente zu ergänzen wären,[134] sprechen dafür, daß eine befriedigende Selbststeuerung bei marktmächtigen Gruppen nicht in gleicher Weise erwartet werden kann wie in der wettbewerblichen Marktwirtschaft. Drei mögliche Lösungen des Problems bieten sich an:

1. Auflösung und Entflechtung von Machtgebilden, Dezentralisierung und Rückkehr zur Selbststeuerung des Wettbewerbsmarktes, dem natürlich nicht das extreme Lehrbuchmodell der reinen vollständigen Konkurrenz zugrunde gelegt werden sollte, sondern das Konzept hinreichend wettbewerblicher Verhaltensweisen.[135] Dieser Weg ist weder bequem noch beliebt. Daß er nicht gangbar sei, ist unbewiesen.

---

130 Vgl. K. Rose, Theorie der Außenwirtschaft, 2. Aufl., Berlin und Frankfurt am Main 1966, S. 383 f.

131 J. St. Mill, Essays on some Unsettled Questions of Political Economy, 2. Aufl., London 1874, S. 40 f.

132 Die vom Sachverständigenrat..., a. a. O., empfohlene „konzertierte Aktion" geht ebenfalls vom Prinzip der Gleichzeitigkeit aus.

133 Vgl. Alfred Wendehorst, Albertus Magnus und Konrad von Hochstaden, Rheinische Vierteljahresblätter, 18. Jg., 1953, S. 32 und S. 40.

134 Das Konzept der gegengewichtigen Marktmacht (Galbraith), die Theorien des rationalen Wählerstimmenfangs und Theorien von der segensreichen Wirkung der Wirtschaftskonzentration wären zu behandeln.

135 Schon W. Eucken, Die Grundlagen der Nationalökonomie, 6. Aufl., Berlin – Göttingen – Heidelberg 1950, S. 96 ff., hat die Bedeutung der Verhaltensweisen gegenüber Extremvorstellungen über Wettbewerb hervorgehoben.

2. Regulierung des Gruppenkampfes im Rahmen der Marktwirtschaft unter Beibehaltung der Gruppierungen selber. Diese Politik kann bei den Instrumenten ansetzen, die im Gruppenkampf verwendet werden dürfen. Die Abrüstung muß dann aber schon sehr weit gehen, wenn wesentliche Fortschritte erzielt werden sollen. Wie gezeigt kann das Fehlen von Handlungsinstrumenten zunächst sogar mehr schaden als nützen, wenn einzelne gefährliche Instrumente in der Hand der Gruppen zurückbleiben und dann rigoros angewandt werden. Ferner könnten staatliche Zentralinstanzen (oder auch, gegenüber Staaten, supranationale Organisationen) Spielräume der Gruppenverhandlungen festlegen (Richtlinien für Lohnerhöhungen usw.) oder den Zwang zu Verhandlungen und Einigungen zwischen den Gruppen institutionalisieren. Solches Vorgehen mag nützlich sein, doch hängt das von den Einzelheiten ab: Es macht zum Beispiel einen Unterschied, ob im Rahmen des GATT regelmäßig Zollverhandlungen stattfinden, die das einzige Ziel haben, die Zölle zu senken und hoffentlich eines Tages ganz abzuschaffen, oder ob regelmäßige Kompromisse über Entstehung und Verwendung des Sozialproduktes und über die allgemeine Wirtschaftsstruktur an zentralem Tisch ausgehandelt werden. Im letzten Fall ist die Gefahr mindestens größer, daß der Staat immer stärker Einfluß nimmt und zur Durchsetzung dieses Einflusses die im zentralen Konzert anwesenden und mitspielenden Gruppenführer mit Lenkungs- und Machtbefugnissen ausstattet, die sie womöglich vorher gar nicht besessen haben. Damit wäre ein Übergang zur dritten Lösung angebahnt.
3. Konzentration und Zentralisierung der Entscheidungen. Hierzu könnten zunächst heterogene Großgruppen gebildet werden, durch die Konflikte internalisiert werden. Für unser Zollbeispiel liegt die Gründung einer Zollunion nahe, bei der der Streit um die regionale Verteilung des Zollaufkommens an die Stelle des offenen Zollkrieges tritt. Bei hintereinanderliegenden Monopolen könnte die Fusion den Zwischenmarkt aufheben und die Lieferbeziehung zu einem nur noch innerbetrieblichen Problem machen. Je größer die Gruppen werden, desto mehr kommt es zu inneren Reibungen, die durch einen mit Wahlen organisierten oder auch nicht organisierten Kampf um die Macht in der Gruppe überwunden werden müssen.

III. Grenzmoral in der zentral gelenkten Volkswirtschaft

Zum Äußersten getrieben bedeutet dieses Verfahren den Übergang zur Zentralverwaltungswirtschaft.[136] Kann die Methode der Zentralisierung von wirtschaftlichen Entscheidungen das Problem der Grenzmoral eher lösen, als es die Methode dezentralisierender Abrüstung vermag?

Die Großgruppe, die zur Lösung interner Konflikte auf den Markt im wirtschaftlichen Sinne verzichtet, muß den Pegelstand der für den Einzelnen gültigen Rechtsnormen stark anheben, da sie verbindlich regeln muß, was sonst der Markt besorgt hätte. Daran ändern auch Wahlen zu den Führungsgremien und Abstimmungen über den Wirtschaftsplan nicht das Geringste. Die Gruppenführung kann die Wünsche der Geführten nicht in einer dem Markt vergleichbaren Weise ermitteln. Befragungen und Wahlen sind ein notorisch unzulänglicher Ersatz, da bei ihnen Fehler, Majorisierungen, simplifizierte Fragestellungen und Zeitverluste vorkommen. Im übrigen wird auf solche Verfahren nicht selten verzichtet, da die Führung ohnehin eigene, von den Gruppenmitgliedern losgelöste Ziele verfolgen will. Auf diese Weise kommt es systematisch zu Entscheidungen, die gegen den Strom der Einzelwünsche gerichtet sind.

Der beengte Einzelne empfindet immer weniger Hemmungen, sich an der äußersten Grenze des rechtlich Erlaubten grenzmoralisch zu bewegen oder diese Grenze zu überschreiten. Es gibt nunmehr Devisenschieber, Hamsterer, Schwarzhändler, Schwarzbrenner, „Wirtschaftssaboteure", „Organisierer" aller Art, Nutznießer ökonomischer Staatsgeheimnisse, Schmuggler, Kontingentsrentner, Bezugscheinschieber und ähnliches Gelichter, von denen eine wettbewerbliche und freihändlerische Marktwirtschaft nichts weiß.[137] Im schlimmsten Falle, wie er zwischen 1945 und 1948 in Deutschland gegeben war, ist das Überleben für die Masse der Bevölkerung nur durch Übertreten der Gesetze möglich. Marktwirtschaften können an sich mit einer weniger umfangreichen Gesetzgebung auskommen, sofern nur die Gesetze gut durchdacht sind. Eine solche weniger intensive Gesetzgebungsaktivität gewährt Freiheitsspielräume, die – wie wir gesehen haben – grenzmoralistisches Verhalten möglich machen. Der hohe oder überhöhte Pegelstand der Gesetzgebungsaktivität in einer Zentralverwaltungswirtschaft beseitigt aber solche Gefahren nicht, sondern macht Grenzmoral fast zur Gewißheit: Zuviele Gesetze, Befehle und Anordnungen von kurzer Lebensdauer rieseln nämlich in ununterbrochener

[136] Zu den Zwischenformen vgl. H. Willgerodt, Warum Staatsplanung in der Marktwirtschaft? ORDO-Jahrbuch, Bd. XVII, 1966, S. 153–228.

[137] Daß gesetzgeberische Vielgeschäftigkeit, Preistaxen und Bewirtschaftung kein Jungbrunnen der Moral sind, ist keine neue Erkenntnis; vgl. zur Meinung der Spätscholastiker: *Wilhelm Weber*, a. a. O., S. 128ff.

Folge auf den Bürger herab, als daß sich sein Rechtsbewußtsein daran bilden könnte; ja er vermag nicht einmal genügend davon Kenntnis zu nehmen.

Um diesem Übel abzuhelfen, wird ein propagandistischer Überdruck erzeugt, der die Integrationsbereitschaft der Einzelnen heben soll; während die Marktwirtschaft eine Art von unpersönlicher Nützlichkeit des Einzelnen gegenüber dem Fernsten bringt, mit dem er durch Arbeitsteilung und marktwirtschaftlichen Kreislauf verbunden ist, muß die zentralgeleitete Wirtschaft den Individualismus ihrer Menschen durch Appelle, Begeisterungswellen und einen Zustand ständiger Revolution niedrig halten. Die Fernstenliebe wird in diesem System gleichsam zur offiziellen Staatsreligion, und dies häufig auf Kosten der Nächstenliebe. Der Patriotismus kann nicht ständig auf Fiebertemperatur gehalten werden; infolgedessen werden Kontrollen und Strafen hinzugefügt, ein Spitzelsystem bis in die Familien hinein desintegriert die kleinen Gemeinschaften. Kinder werden belohnt, die über das Wirtschaften der Eltern bei den Behörden berichten; Kopfprämien erhält, wer Menschen niederschießt, die einen solchen Wirtschaftsraum verlassen wollen. Wer außer Landes geht, gilt als Grenzmoralist im buchstäblichen und in dem Sinne, daß er sich individualistisch dem Dienst an der Gruppe entziehen will, als deren Leibeigener er gilt.

Nun läßt sich das Kollektivbewußtsein des Einzelnen gerade in wirtschaftlichen Fragen nur vorübergehend so stark anheben, daß die gewünschte gruppenkonforme Verhaltensweise zustande kommt. Das individualistische Prinzip der „materiellen Interessiertheit" wird daher wieder eingeführt, oft in sehr drastischer Form. Während in der Marktwirtschaft der wirtschaftlich Erfolgreiche nicht automatisch auch als der moralisch Verdienstvolle gilt,[138] setzt die Führung der Zentralverwaltungswirtschaft wirtschaftlichen Effekt mit moralischer Leistung gleich. Der wirtschaftlich nicht Leistungsbereite wird in viel stärkerem Maße von der offiziellen Moral gerichtet als in Marktwirtschaften. Der Grund hierfür liegt in der mangelhaften Effizienz des Systems: Es muß, um bestimmte Erfolge zu erzielen, viel stärker an die Leistungsbereitschaft des Einzelnen appellieren, um die Unwirtschaftlichkeiten der zentralen Lenkung auszugleichen.

Der ökonomische Einzelerfolg kann jedoch ohne freie Preise nicht zutreffend gemessen werden. Die Betriebe streben zum Beispiel danach, den ihnen auferlegten Plan in einer für sie günstigen Weise zu erfüllen. Ist die Kennziffer für das Planergebnis so festgelegt, daß etwa das Gewicht oder andere technische Merkmale übermäßigen Rang erhalten, dann werden zu schwere oder in anderer Weise unzweckmäßige Produkte hergestellt. Man wird „grenzmoralistisch" auf Waren-

[138] Vgl. F. A. Hayek, Gleichheit, Wert und Verdienst, ORDO-Jahrbuch, Bd. X, 1958, S. 5–29; ders., The Moral Element in Free Enterprise, in: Studies in Philosophy, Politics and Economics, a. a. O., S. 233 f.

qualität verzichten, wenn sie bei der Festsetzung des Plan-Solls nicht ausreichend beachtet worden ist. Auch fehlt ein geeigneter wirtschaftlicher Maßstab für die erwünschte Warenqualität, wenn der freie Preis als Wertmesser ausscheidet.

Ein besonderes Problem der Grenzmoral in der Zentralverwaltungswirtschaft bringt das vielbeklagte Streben der Betriebe nach „weichen Plänen".[139] Man bemüht sich, leicht erfüllbare Pläne auferlegt zu bekommen, zumal für die Übererfüllung Belohnungen gewährt werden. Die Zentralinstanz hat es außerordentlich schwer, die echte Leistungsfähigkeit der Betriebe zu messen. Wenn die Betriebe die Erfahrung machen, daß eine höhere Leistung in der Gegenwart die Planbehörde veranlaßt, das Plansoll der nächsten Periode höher anzusetzen, werden sie vorsichtig in ihren Anstrengungen sein. Deswegen muß die Planbehörde nach anderen Kriterien der Leistungsfähigkeit suchen und kann die Erfahrungswerte der Vergangenheit nicht ohne weiteres verwenden. Selbst wenn nun aber tatsächliche Leistung nicht durch Korrektur der Planauflage bestraft wird, ist damit kein befriedigender Zustand erreicht: Die Behörde kann kaum genau genug feststellen, welche Leistung auf einer günstigen Ausstattung mit sachlichen Produktionsmitteln beruht und welche dem Menschen zuzurechnen ist. Da der Staat Eigentümer der sachlichen Produktionsmittel ist, soll der ihnen zuzurechnende Ertrag ja nicht denjenigen allein zufallen, deren Betriebe zufällig günstig damit versehen sind.

Die Zentralverwaltungswirtschaft und alle Ordnungen, die sich ihr nähern, haben ferner in besonderem Maße damit zu ringen, daß der immer mehr ausgedehnte Bereich der Kollektivgüterwirtschaft die Konsumbereitschaft bei diesen Gütern grenzmoralistisch erhöht und die Bereitschaft mindert, zur Kostendeckung beizutragen. Je mehr Güter „kostenlos", das heißt ohne spezielles Entgelt, vom Kollektiv bereitgestellt werden, desto größer wird der Anreiz, sie im Übermaß zu nutzen. Deswegen empfiehlt sich solche Unentgeltlichkeit nur, wenn die Nachfrage nicht allzu elastisch ist; aber selbst bei geringer Elastizität können Probleme entstehen, wie das Beispiel der sozialen Krankenversicherung zeigt. Als Gegenmittel kommen schärfere Kontrollen in Betracht, wenn man aus dogmatischen Gründen sich weigert, zur Selbstkontrolle zurückzukehren, indem Nutzung und Kostenbeitrag wieder unmittelbar und individuell aneinander gebunden werden.

Im ganzen ist es eine Illusion, von einer stärkeren Zentralisierung der Wirtschaft allgemein zu erwarten, daß sie das Problem der Grenzmoral löst. Nur in bestimmten Fällen ist eine größere Gruppe einer Konkurrenz kleinerer Gruppen vorzuziehen, nämlich dann, wenn sie einander entgegengerichtete Partikularinteressen neutralisiert. Viele Zentralisierungen und Kollektivierungen erlauben den Gruppenmitgliedern die grenzmoralistische Abwälzung von Lasten auf die Gesamtheit.

[139] Vgl. Ulrich Wagner, Die weichen Pläne der Betriebe im administrativen Sozialismus, ORDO-Jahrbuch, Bd. 18,1968, S. 287–309.

Das lehrt sogar schon die Erfahrung in großen Konzernen mit internem Verlustausgleich. Als Einwand gegen marktwirtschaftliche Vorgänge hat man von einer „Tyrannei der kleinen Entscheidungen"[140] gesprochen, die dann vorliegen könnte, wenn durch eine Vielzahl von einzelnen Handlungen ein unerwünschtes Gesamtergebnis zustande käme, weil ein jeder sich grenzmoralistisch darauf verläßt, daß ein anderer eine für alle nützliche Handlung vornehmen werde. Aber solche Nachteile stellen sich nur ein, wenn Nutzen und Kosten nicht individuell ausreichend aneinander gebunden sind. Die Zentralisierung kann demgegenüber mit einer viel schädlicheren Tyrannei der großen Entscheidungen einhergehen, weil die Führung großer Gebilde ihre Anordnungen nicht ausreichend differenzieren kann.

Fassen wir zusammen: Die schrittweise Annäherung an ein gesenktes ethisches Niveau wird von der Theorie der Grenzmoral vorzugsweise für die wettbewerbliche Marktwirtschaft erwartet. Sie ist aber viel eher in der vermachteten Gruppenwirtschaft wahrscheinlich und macht sich besonders stark in der zentral gelenkten Wirtschaft bemerkbar. Wir haben gezeigt, daß eine sorgfältig geordnete Wettbewerbswirtschaft in dieser Hinsicht noch am wenigsten anfällig ist. Das planmäßige Zurückdrängen des Marktes zugunsten globaler Entscheidungen kann deswegen nicht damit gerechtfertigt werden, daß man das Problem der Grenzmoral lösen wolle. Auch der Hinweis, daß die Abschaffung der Marktwirtschaft im Zuge der Zeit liege, eine „Technostruktur"[141] ohnehin die Chancen persönlicher Verantwortung herabsetze und die Gruppen inzwischen auch dann zu politischen Daten geworden seien, wenn ihre Schädlichkeit erwiesen ist, führt nicht weiter. Bei Kapitulation vor „historischem Zwang" verschwände zusammen mit dem Problem der Grenzmoral auch die Freiheit. Dieses Opfer aber wäre zu groß.

[140] Diesen Terminus hat Alfred E. Kahn bei der Analyse eines marktwirtschaftlichen Spezialproblems geprägt: A. E. Kahn, The Tyranny of Small Decisions: Market Failures, Imperfections, and the Limits of Economics, Kyklos, Vol. XIX, 1966, S. 23–45.

[141] Vgl. J. K. Galbraith, Die moderne Industriegesellschaft, München und Zürich 1968; kritisch dazu: J. E. Meade, Is „The New Industrial State" Inevitable? The Economic Journal, Vol. LXXVIII, 1968, S. 372–392.

Rang und Grenzen der Wirtschaftsfreiheit im Streit der Fakultäten: Rechtswissenschaft, Medizin und Naturwissenschaften

I.

In seiner Abhandlung über den Streit der Fakultäten[142] hat Immanuel Kant die Stellung der Philosophischen Fakultät gegenüber den drei oberen Fakultäten Theologie, Rechtswissenschaft und Medizin untersucht. Die drei oberen Fakultäten stünden wegen ihres Einflusses auf das Volk in höherem Grade unter der Aufsicht der Regierung, die sich das Recht vorbehalte, die Lehren dieser Fakultäten selbst zu sanktionieren. Die Lehren der unteren aber, nämlich der Philosophischen Fakultät, überlasse die Regierung der Vernunft des gelehrten Volks.[143] Die untere Fakultät sei in Ansehung ihrer Lehren vom Befehle der Regierung unabhängig, und zwar in ähnlicher Weise, wie es die Wirtschaft sein könne. Kant berichtet in diesem Zusammenhang, welche Antwort ein alter Kaufmann einem französischen Minister erteilt habe, der wissen wollte, wie dem Handel aufzuhelfen sei: „Schafft gute Wege, schlagt gut Geld, gebt ein promptes Wechselrecht u. dgl., übrigens aber ‚laßt uns machen'." Was hier für den Handel vorgeschlagen werde, so fügt Kant hinzu, sei ungefähr die Antwort, die die Philosophische Fakultät der Regierung geben würde, wenn es um die staatliche Einmischung in ihre Lehren gehe.[144] Kant legt außerdem dar, in welcher Weise die größere Freiheit der Philosophischen Fakultät fördernd auf die oberen Fakultäten einwirkt.

In der Tat ist kaum zu bestreiten, daß die oberen Fakultäten ihren wissenschaftlichen Rang nicht zuletzt deswegen bewahrt haben, weil die aus der Philosophischen Fakultät entlehnten Regeln der rationalen, dogmatisch nicht gebundenen Analyse verallgemeinert und auf alle Fakultäten übertragen worden sind.[145] Inzwischen haben sich Mathematik und Naturwissenschaften sowie Wirtschafts- und Sozialwissenschaften von der Philosophischen Fakultät abgespalten, ohne die gemeinsamen Rationalitätsvorstellungen aufzugeben. Auch technische und agrarwissenschaftli-

---

[142] *Immanuel Kant,* Der Streit der Facultäten in drey Abschnitten (Königsberg 1798), zitiert nach: *Immanuel Kant,* Werke in sechs Bänden, hrsg. v. Wilhelm Weischedel, Darmstadt 1964, Band VI, S. 261–393.

[143] Desgl., S. 281.

[144] Desgl., S. 182, Fußnote.

[145] In seiner Ansprache an Wissenschaftler und Studenten im Kölner Dom am 15.11.1980 hat Papst Johannes Paul II. diesen Zusammenhang anerkannt und zugleich auf die Grenzen zwischen Glauben und Wissenschaft hingewiesen.

che Fakultäten bedienen sich der Regeln, die zuerst in der Philosophischen Fakultät entwickelt worden sind, nämlich der Anwendung kritischer Vernunft ohne Rücksicht auf kirchliche Offenbarung oder Vorschriften der Regierung, die das Denken und Beobachten in ihren Ergebnissen festlegen.

Ein erheblicher Grad an Freiheit des Denkens und Handelns steht am Anfang nicht nur der modernen Wissenschaft, sondern auch der modernen Wirtschaft, bis hin zum Prinzip des „Laissez-faire", auf das sich Kant bezieht. Dieser Zusammenhang ist nicht zufällig. Die Befreiung der Wirtschaft aus den merkantilistischen Fesseln der staatlichen Lenkung war begleitet und gefördert von der Philosophie persönlicher Freiheit, wie sie auf John Locke zurückgeht und von David Hume, Adam Smith und John Stuart Mill in den ökonomischen Bereich hinein fortentwickelt worden ist. Dieser Entwicklung verdankt die Nationalökonomie ihre Entstehung als eigenständige Wissenschaft, und es läßt sich plausibel machen, weshalb sie bis zum heutigen Tage trotz aller antiliberaler Abstreifungsversuche eine Wissenschaft geblieben ist, die sich mit den erstaunlich sinnvollen Ergebnissen der wirtschaftlichen Handlungsfreiheit zahlloser, ohne Befehl miteinander kooperierender Menschen befaßt. An der Wiege der modernen Wirtschaftswissenschaft stand die Erkenntnis, daß in der arbeitsteiligen Gesellschaftswirtschaft, über das Regulativ von Märkten und Preisen gesteuert, ein geordneter und nicht chaotischer Wirtschaftsprozeß von hoher Leistungsfähigkeit zustande kommen kann.

Die Beziehungen der Wirtschaftsfreiheit zur Theologischen Fakultät werden hier nicht mehr behandelt, weil sie in wesentlichen Teilen schon in dem Beitrag „Wirtschaftsfreiheit als moralisches Problem" erörtert worden sind.

II.

Auch mit dem Recht und der Rechtswissenschaft liegt das Prinzip der Wirtschaftsfreiheit nicht selten im Streit. Weshalb das so ist, kann hier nur in groben Umrissen gekennzeichnet werden. Es ist heute vor allem eine bestimmte Auffassung vom Staat, die mit den Grundsätzen der Wirtschaftsfreiheit in Konflikt gerät. Dem Staat wird eine Art von säkularisierter Heilserwartung entgegengebracht, zumal er als sozialer und demokratischer Staat nicht nur die Legitimation, sondern auch die Pflicht habe, für Gerechtigkeit zu Sorgen. Ein deutscher Jurist (Forsthoff) hat in aller Unschuld die Formel von der „Daseinsvorsorge"[146] in Umlauf gebracht, zu welcher der Staat verpflichtet sei; andere sprechen von der Priorität der Leistungs-

[146] Vgl. Art. Daseinsvorsorge, Leistungsverwaltung (*Hans H. Klein*), in: Evangelisches Staatslexikon, 2. Aufl. Stuttgart, Berlin 1975, S. 343ff.

verwaltung vor der Eingriffsverwaltung,[147] womit wohl angedeutet sein soll, daß sich der Staat als Dienstleistungsunternehmen verstehen will, das dem einzelnen Bürger wirtschaftliche Sorgen ziemlich weitgehend abnimmt. Wozu Wirtschaftsfreiheit, wenn der fürsorgliche Staat in allen Nöten bereitsteht, um sein soziales Netz auszuspannen? Es geht um die Ausschaltung des Leidens mit Hilfe der Staatsgewalt. Leiden aber ist ein relativer Begriff, der von der Sozialbürokratie fast beliebig ausgedehnt und zur Grundlage weiterer staatlicher Programme gemacht werden kann. Im demokratischen Staat könnten die Bürger gegen solche Programme revoltieren und die Regierung abwählen, wenn ihnen diese Expansion mißfällt.

Leider hat diese Möglichkeit geringe Bedeutung. Man müßte schon nach Schweizer Vorbild das Plebiszit über Einzelgesetze vorsehen, um Korrekturen wirksam zu machen. Zur Wahl anstehende Politiker und Parteien versprechen konkrete staatliche Leistungen, um damit Wählerstimmen zu gewinnen, verschweigen aber die von den Wählern zu tragenden Kosten. Selbst wenn allgemein bekannt ist, daß der Staat nur geben kann, wenn er zugleich den Bürgern etwas wegnimmt, hoffen alle Wähler, daß die wachsende Last öffentlicher Abgaben von anderen und nicht von ihnen selbst zu tragen ist. Zusammen mit dem Wohlfahrtsstaat wächst sein „grimmiger Schatten",[148] der omnipotente Steuerstaat, der wegen seiner Kosten und seines Eigenverbrauchs mehr nimmt, als er gibt. Sozial und christlich denkende Politiker rechnen es sich als persönliches Verdienst an, staatliche, das heißt bestimmten Privatbürgern durch Zwangsabgaben entzogene Mittel zur Linderung von Not und zur Herstellung von Gerechtigkeit mobilisiert zu haben. Dank gebührt jedoch eher dem Steuerzahler, weniger demjenigen, der mit staatlicher Gewalt zuerst nimmt, um dann mit der noblen Geste des edlen Räubers das Erlangte nicht ganz uneigennützig wieder zu verteilen. Indem auf diese Weise die Einkommensverwendung immer mehr sozialisiert wird, muß der Spielraum wirtschaftlicher Entscheidungsfreiheit des Einzelnen enger werden. Der Wohlfahrtsstaat, dessen Leistungen nicht zu Marktpreisen bezahlt, sondern hoheitlich gewährt werden,

[147] Desgl., S. 346. Dort heißt es allen Ernstes: „Der Priorität der Leistungsverwaltung vor der Eingriffsverwaltung entsprechend hat auch die Teilhabe des einzelnen an den Leistungen des Staates, auf die er für seine Daseinsstabilisierung angewiesen ist, den Vorrang vor der Gewährleistung der individuellen Freiheit." Als Beispiel wird das hierfür keineswegs geeignete, vielmehr sowohl rechtliche als auch wirtschaftliche Bedenken auslösende Energiewirtschaftsgesetz von 1935 angeführt, ohne in die materielle Problematik einzudringen. Das Problem einer zweckmäßigen Ordnung des Marktes für die Versorgung mit elektrischer Energie wird dadurch mit Hilfe eines bloßen autoritären Schätzurteils zum Kurzschluß geführt, etwa in dem Sinne: „Der Mensch braucht Strom, der Staat kann ihn liefern, also soll er ihn liefern, niemand darf sich ausschließen (Anschlußzwang), jeder hat Anspruch auf Belieferung." Zum Ordnungsproblem der Energiewirtschaft vgl. *Helmut Gröner*, Die Ordnung der deutschen Elektrizitätswirtschaft, Baden-Baden 1975.

[148] Vgl. *Götz Briefs*, Staat und Wirtschaft im Zeitalter der Interessenverbände. In: Ders. (Hrsg.), Laissez-faire-Pluralismus. Demokratie und Wirtschaft des gegenwärtigen Zeitalters, Berlin 1966, S. 57.

muß sich außerdem zum Kontrollstaat entwickeln, wenn vermieden werden soll, daß seine Leistungsbereitschaft zum Nulltarif mißbraucht wird. Kein Anhänger der Sozialen Marktwirtschaft wird die Notwendigkeit staatlicher Sozialpolitik leugnen; ja es gehört zum Prinzip dieses Konzeptes, eine mit der Marktwirtschaft harmonierende Politik der sozialen Sicherung zu entwickeln. Das politische System der repräsentativen Demokratie hat sich aber bisher vielfach als unfähig erwiesen, das Optimum an Umverteilung und sozialen Leistungen einzuhalten.

Besonders auffällig wird dies bei den staatlichen Eingriffen in den Wirtschaftsverkehr, soweit sie das Ziel haben, bestimmte Gruppen zu begünstigen. Ist einmal zum Prinzip erhoben, daß der Staat seine Funktion als juristischer Schiedsrichter verläßt und korrigierend mitspielt, dann wird es womöglich zu einer Frage des wirtschaftlichen Überlebens, auf welcher Seite dieser sonderbare Schiedsrichter eingreift. In der Demokratie, wenn auch nicht in ihr allein, kann hierauf mit geeigneten Methoden des Lobbyismus Einfluß genommen werden. Die Gleichheit vor dem Gesetz wird auf diese Weise durch ein Geflecht von nicht mehr durchschaubaren Ungleichbehandlungen und sich teilweise aufhebenden Umverteilungen ersetzt. Issing bemerkt zutreffend: „Es bedarf eines erstaunlichen Maßes an Vertrauen, oder sollte man nicht besser sagen: obrigkeitsstaatlichen Denkens, um an die Möglichkeit einer durch die Administration zugeteilten Gerechtigkeit zu glauben.“[149] Der Staat wird ungerecht, weil er im Sinne der unbedingten Einzelfallgerechtigkeit und zur Herstellung von materieller Gleichheit „gerecht“ sein will. Die von Christen oft geforderte Situationsethik[150] wird hier völlig pervertiert und obendrein mit den Mängeln einer gesetzgeberischen Kasuistik verbunden, der die Staatsbürger und oft auch die Juristen ratlos gegenüberstehen.

Zu Marktwirtschaft und Wirtschaftsfreiheit gehören jedenfalls allgemeine, langfristig geltende und in ihrer Anwendung berechenbare Gesetze, nicht staatliche Verhaltensweisen, die je nach Umständen und politischer Opportunität oder nach Maßgabe des veränderlichen Urteils von Verwaltungsbeamten beliebig variierbar sind. Auch kurzlebige Maßnahmegesetze, mit denen die Wirtschaft im Detail situationsgerecht gesteuert werden soll, verfehlen in der Regel das Ziel, die Wirtschaft zu stabilisieren, wirtschaftliche Notstände zu vermeiden und die Leistungsfähigkeit der Wirtschaft zu erhöhen.

Woran liegt das? Die Staaten werden im allgemeinen nicht von unbedarften reinen Seelen gelenkt, sondern von Politikern, die mit den Abgründen der Machtausübung vertraut sind und oft auch durch Machtkämpfe an die Spitze von Regie-

---

149 *Otmar Issing*, Wirtschaftsliberalismus und Wohlfahrtsstaat, in: Humanisierung der Arbeitswelt, hrsg. v. W. Kraus, Tübingen 1979, S. 19.

150 Vgl. *Christian Gremmels*, Art. Situationsethik, und *Heinz-Horst Schrey*, Art. Kasuistik, beide in: Evangelisches Soziallexikon, 7. Aufl. Stuttgart, Berlin 1980.

rungen gelangen. Es gehört zu den Ruhmestaten des 18. Jahrhunderts und des darauf aufbauenden politischen Liberalismus, die unvermeidliche Machtausübung des Staates an das Recht, an Verfassungen und allgemeine Gesetze gebunden zu haben. Diese Gesetze wären überflüssig, wenn die Staatslenker engelgleich und allwissend wären und nach den Forderungen christlicher Situationsethik sozusagen maßgeschneiderte Anordnungen für jeden Einzelfall erteilen könnten. Sie würden damit allerdings aufhören, Menschen zu sein. Allgemeine Gesetze sind die Frucht der menschlichen Unvollkommenheit und bringen den Segen der Berechenbarkeit des Staates und der Ausschaltung von Willkür. Nur auf dieser Grundlage kann die Wirtschaft z. B. langfristige Investitionsentscheidungen treffen, die für eine moderne Wirtschaft unentbehrlich sind. Daß es trotzdem einen Ermessensspielraum für die Rechtsanwendung und das rechtlich gebundene Handeln der staatlichen Verwaltung geben muß, bleibt davon unberührt. Unberührt bleibt auch die Notwendigkeit, daß der Staat im Bereich seiner eigenen Verwaltung und Finanzwirtschaft materielle Entscheidungen trifft und z. B. über Verkehrswege und Standorte mit entscheidet, also in diesem Sinne Strukturpolitik betreibt. Aber auch hier kann die Grenze zur Bevormundungspolitik leicht überschritten werden.

Noch in anderer Hinsicht gibt es juristischen Streit mit der Wirtschaftsfreiheit. Es widerstrebt bestimmten Auffassungen von staatlicher Souveränität, prinzipiell und nicht nur aus Zweckmäßigkeitsgründen einen gesellschaftlichen Bereich sich selbst zu überlassen. Der Markt mit seiner Privatautonomie ist für diese Lehre höchstens ein staatliches Lehen, dem gegenüber Heimfallrechte geltend gemacht werden können. Es sind nach dieser Auffassung nicht die Staatsbürger, die dem Staat mit Rechtfertigungsauflagen Machtbefugnisse leihen. Noch das Bundesverfassungsgericht hatte Schwierigkeiten, den Souveränitätsspielraum des Staates bei der Wahl der verfassungskonformen Wirtschaftsordnung als begrenzt zu erklären und dabei nationalökonomische Erkenntnisse heranzuziehen.[151] Die in ihrem Wesensgehalt nicht anzutastenden Grundrechte der freien Entfaltung der Persönlichkeit, der Gleichheit vor dem Gesetz, der freien Meinungsäußerung, der freien Wahl von Beruf und Arbeitsplatz, der Koalitionsfreiheit sowie die Garantie des Privateigentums lassen aber nur eine marktwirtschaftliche Ordnung zu. Aus Gründen, die die Wirtschaftswissenschaft im einzelnen ermittelt hat, kann es keine andere Ordnung geben, die den Anforderungen der Verfassung gerecht wird, solange die Juristen an ihrer bisherigen Auffassung vom Wesensgehalt der Grundrechte festhalten. Es ist sogar nicht einmal jede Art von Marktwirtschaft mit der Verfas-

[151] Die These von der wirtschaftspolitischen Neutralität des Grundgesetzes wurde vom Bundesverfassungsgericht aufgestellt, aber relativiert, vgl. Art. Wirtschaftsordnung I: Wirtschaftsverfassung (*Hans Heinrich Rupp*), Handwörterbuch der Wirtschaftswissenschaft, Bd. 9, S. 143.

sung vereinbar, denn z. B. die Garantie des Privateigentums an Produktionsmitteln schließt eine Marktwirtschaft jugoslawischen Typs aus.

Die Zurückhaltung von Juristen gegenüber der Wirtschaftsfreiheit mag zum Teil auch mit dem nicht zu bestreitenden Subalterncharakter des Wirtschaftlichen zusammenhängen. Der berühmte italienische Philosoph Benedetto Croce war ein überzeugter Liberaler, glaubte aber, die Freiheit sei teilbar, und zwar in dem Sinne, daß wirtschaftliche Freiheit („liberismo") nicht eine notwendige Voraussetzung der geistig-politischen Freiheit („liberalismo") sei, auf die es in Wahrheit ankomme.[152] Dieser Streit kann inzwischen als entschieden angesehen werden: Wirtschaftliche Unfreiheit muß die geistig-politische Freiheit aufheben, auch wenn es nach Maßgabe persönlichen Mutes und der Art zentraler Wirtschaftsdiktatur Spielräume geben mag. Der Philosoph bemerkt dies spätestens dann, wenn ihm für seine Veröffentlichungen kein Papier mehr zugewiesen wird und man ihm mitteilt, er habe sich an einem bestimmten Arbeitsplatz einzufinden, der das Verfassen philosophischer Schriften ausschließt.

Juristen und die meisten Ökonomen sind sich auf der anderen Seite darin einig, daß die wirtschaftliche Handlungsfreiheit der Staatsbürger nicht beliebig sein kann, sondern rechtlich eingegrenzt werden muß, schon allein um zu verhindern, daß sich die Wirtschaftsfreiheit schließlich selbst aufhebt und ihr eigentlicher Sinn pervertiert wird. Eine solche Selbstaufhebung kommt zustande, wenn den Privaten unbegrenzt erlaubt wird, im Vertragswege auf ihre wirtschaftliche Handlungs- und Wettbewerbsfreiheit zu verzichten, sich also im Interesse gesicherten Einkommens in eine Art von ökonomischer Sklaverei zu begeben. Von Perversion der Wirtschaftsfreiheit kann ebenfalls gesprochen werden, wenn diejenigen, die sich des Staates bemächtigt haben, mit unterschiedlich vornehmen Formen von Korruption Privilegien auf Kosten Dritter verkaufen; es handelt sich dabei um Verfahren, die sich vom Anmieten von Wegelagerern nur der stärker zivilisierten Form nach unterscheiden. Man fühlt sich an den Ausspruch des Augustinus erinnert, wonach Staaten ohne Gerechtigkeit nichts anderes sind als große Räuberbanden.[153]

---

[152] Die Auseinandersetzung über diese Frage wurde mit den Nationalökonomen *Luigi Einaudi* (dem späteren italienischen Staatspräsidenten) und *Wilhelm Röpke* geführt. Vgl. *Benedetto Croce*, *Luigi Einaudi*, Liberismo e Liberalismo. A cura die Paolo Solari, Milano, Napoli 1957; *Wilhelm Röpke*, Jenseits von Angebot und Nachfrage, a. a. O., S. 161 ff. Unbestritten ist allerdings, daß Marktwirtschaft auch unter Diktaturen existieren kann und daß sie im Kriegsfalle vorübergehend mehr oder minder aufgehoben werden kann, ohne den freiheitlichen Charakter des politischen Systems völlig aufzuheben. Die Beziehungen zwischen den Einzelfreiheiten sind also komplex, aber nicht beliebig wählbar. Vgl. zu dieser italienischen Diskussion auch: *Carlo Antoni*, Die unteilbare Freiheit, in: Die freie Welt im kalten Krieg, hrsg. v. A. Hunold, Erlenbach-Zürich und Stuttgart 1955, S. 11–29.

[153] Sancti Aurelii Augustini: De Civitate Dei (lat. Ausgabe von 1955), S. 101: „Remota itaque iustitia quid sunt regna nisi magna latrocinia? quia et latrocinia quid sunt nisi parva regna?", d. h.: „Was

III.

Das Verhältnis der Wirtschaftsfreiheit zur Medizin ist für beide Seiten von Spannungen belastet, die gerade in jüngster Zeit drastisch hervortreten.

Arzt und Patient finden es bedrückend, wenn aus Mangel an wirtschaftlichen Mitteln nicht alles geschehen kann, was zur Förderung der Gesundheit für erforderlich gehalten wird. Niemand soll aus Mangel an Mitteln vor dem Gang zum Arzt zurückschrecken. Deswegen wird in der Sozialen Krankenversicherung, mindestens in Deutschland, jede ins Gewicht fallende Selbstbeteiligung abgelehnt. Aber das ökonomische Problem der Knappheit ist damit nicht aufgehoben; beliebige Nutzungsfreiheit bei kostenlos erscheinendem Angebot führt zum Mißbrauch. Um ihn einzuschränken, muß der Arzt zum ökonomischen Kontrolleur gemacht werden und, sofern er diese Rolle ablehnt oder nicht weisungsgemäß ausfüllt, selbst einer Kontrolle unterworfen werden.

Was aber soll geschehen, wenn der Staat zwar die Leistungen des Gesundheitsdienstes kostenlos anzubieten verspricht, aus Mangel an Steuermitteln aber dieses Versprechen nicht in einem Umfang einhalten kann, daß die zum Nulltarif ausgeübte private Nachfrage voll zufriedengestellt wird? Soll dann der Arzt zum Richter werden, der entscheidet, welcher Patient z. B. zuerst operiert wird? Oder soll man freie, aber zu knappe Krankenhausbetten – wie es aus Großbritannien gemeldet wird[154] – einfach unter die Bewerber verlosen? Ist die vollständige Ausschaltung des Preises als Regulativ der Nachfrage wirklich human?

Im Angesicht dieser Aporie liegt es nahe, die vorbeugende Gesundheitsfürsorge auszudehnen, weil sie weniger kostspielig sein kann als die Therapie für Kranke. Es könnte auf diesem Wege zu einer Diktatur öffentlicher Hygieneansprüche kommen. Das Rauchen und das Trinken wären ebenso öffentlich zu rationieren wie der Straßenverkehr mit Kraftfahrzeugen, insbesondere für Kraftfahrer jüngeren Alters, zumal bei Männern, weil sie die meisten Unfälle verursachen und für die öffentliche Krankenfürsorge erhebliche Kosten bringen. Ein zwangsweiser Volkssport für jedermann könnte empfohlen werden, wie er in Rotchina üblich zu sein scheint und – mindestens für Studenten – schon im nationalsozialistischen Deutschland eingeführt worden war. Eine derartige Gesundheitsdiktatur verleiht den Diktatoren Macht; es würde aller menschlichen Erfahrung widersprechen, wenn sie nicht mißbraucht würde.

---

sind schließlich Reiche ohne Gerechtigkeit anders als große Räuberbanden, da doch Räuberbanden auch nichts andres sind als kleine Reiche?" (nach der Übersetzung v. Carl Johann Perl, Salzburg 1951, S. 214).

[154] Vgl. *Jochen Rudolph*, Teuer, leistungsschwach und bürokratisch. Reformen für den englischen Gesundheitsdienst. Frankfurter Allgemeine Zeitung vom 19. Dezember 1980, S. 11.

Wirtschaftliche Entscheidungsfreiheit der Patienten ist wie alle Freiheit nicht ohne Gefahren. Zu bedenken ist jedoch: Können sie für gesundheitliches Fehlverhalten selbst bezahlen, so vermindern sie ein wesentliches staatliches Kontrollmotiv und der Arzt tritt ihnen wieder als Partner und nicht mehr als staatlicher Vorgesetzter gegenüber. Wie problematisch die Rolle des Arztes als eines öffentlich Beauftragten werden kann, zeigt seine im Normalfall unbestrittene Befugnis, Krankheit und Gesundheit zu ermitteln, was anerkannte Definitionen beider Zustände voraussetzt. Nicht nur für die soziale, sondern auch für die private Krankenversicherung entsteht dabei das Problem des „moral hazard", weil das wirtschaftliche Interesse des Arztes mit einer extensiven Definition von Krankheit verbunden ist. Infolgedessen muß die wirtschaftliche Bremse stärker beim Nachfrager nach ärztlichen Leistungen angesetzt werden. Schon die Notwendigkeit, den Arzt unmittelbar selbst zu bezahlen, während die Sozialversicherung erst nachträglich erstattet, könnte größere Zurückhaltung hervorrufen. Kommt wie in der französischen sozialen Krankenversicherung eine fühlbare Selbstbeteiligung hinzu, dann erscheint das Problem lösbar. Für schwere und deswegen völlig eindeutig zu ermittelnde Krankheiten könnte die Selbstbeteiligung herabgesetzt werden.

Die Alternative besteht darin, entweder das Einkommen der Ärzte von der Summe ihrer Einzelleistungen abzukoppeln, was ihren Leistungswillen lähmen kann, oder sie durch Amts- und „Vertrauensärzte" zu überwachen. Wenn einmal das Behördenprinzip der Entscheidung „von Amts wegen" auf die Medizin übertragen wird, entstehen erhebliche Gefahren.

In der Sowjetunion, aber nicht nur dort, ist man in Wahrnehmung „öffentlicher Interessen" gelegentlich zu Zwangseinweisungen in Psychiatrische Kliniken bereit. Dabei können die Auffassungen über Krankheit von nichtmedizinischen Kriterien bestimmt oder mitbestimmt sein. Am Ende dieses Weges steht die gesellschaftlich-staatlich motivierte Euthanasie.

Marxisten freilich sehen dies anders. Für sie hat der Krankheitsbegriff Klassencharakter.[155] Der Kapitalismus, d. h. die Wirtschaftsfreiheit der Kapitalisten, mache krank. In der kapitalistischen Gesellschaft gehe es dem Arzt in der Therapie nur um die Wiederherstellung der Gesundheit als eines ausbeutungsfähigen Zustandes. Im Sozialismus hingegen stehe nicht mehr der einzelne Mensch für den Arzt im Vordergrund, sondern die Gesamtheit.[156] Um diese Frage vorurteilslos zu klären, müßten die Zusammenhänge zwischen Wirtschaftsfreiheit und Gesundheitszustand im einzelnen sorgfältig untersucht werden. Bisher ist nicht nachgewiesen, daß der allgemeine Standard in Ländern mit westlichen Marktwirtschaf-

[155] Vgl. hierzu: *Dietrich von Engelhardt, Heinrich Schipperges,* Die inneren Verbindungen zwischen Philosophie und Medizin im 20. Jahrhundert, Darmstadt 1980, S. 50.
[156] Desgl., S. 51.

ten notorisch schlechter ist als innerhalb des Ostblocks. Noch viel weniger kann gezeigt werden, daß die Wirtschaftsfreiheit in Marktwirtschaften, die nicht nur eine Freiheit der Unternehmer ist, geopfert werden muß, um mehr Gesundheit zu erlangen.

Das marktwirtschaftliche Äquivalenzprinzip enthält sogar wirksame Sanktionen gegen gesundheitswidriges Verhalten, die erst durch eine zu weit gehende „Solidarität" künstlich außer Kraft gesetzt worden sind. In den Bereichen, in denen das persönliche Verhalten das Entstehen und den Verlauf von Krankheiten maßgeblich beeinflußt oder gar bestimmt, könnten die Prämien entsprechend stärker differenziert werden. Die Finanzierung von Bequemlichkeitsabtreibungen aus der sozialen Krankenversicherung ist geradezu eine Perversion von Wirtschaftsfreiheit, das heißt die Abwälzung der Folgen kontrollierbaren eigenen Verhaltens auf die Allgemeinheit. Das ökonomische Mittel des Preises muß wieder stärker zur Geltung kommen, vor allem dort, wo eine erhebliche wirtschaftliche Leistungsfähigkeit der Patienten vorhanden ist. Die – falsch konstruierten – Lohnfortzahlungen im Krankheitsfall haben für eine in diese Richtung gehende Reform zusätzliche Rechtfertigungen geschaffen. Es genügt, den Patienten soweit individuell zu belasten, daß er gesundheitsschädliches Verhalten vermeidet und den Arzt nicht unnötig bemüht. Bei den unabweisbar gewordenen Reformen handelt es sich nicht zuletzt auch um Fragen der „intelligenten Dosierung" (Niehaus[157]), eine Erwägung, die gerade Medizinern besonders nahe liegen dürfte. Solidarische Hilfe muß wieder stärker auf diejenigen konzentriert werden, die sich nicht selbst helfen oder ausreichend versichern können.

IV.

Vertreter von Naturwissenschaft und Technik haben traditionell ein ungetrübtes Verhältnis zum wissenschaftlichen Fortschritt und zu der Vorstellung besessen, immer neue und bessere Lösungen für bisher ungelöste Probleme finden zu können. Um so härter mußte sie die Erkenntnis treffen, daß Politik, Gesellschaft und Wirtschaft keineswegs tragfähig genug gewesen sind, um den naturwissenschaftlichen Fortschritt allein zum Vorteil der Menschheit ausschlagen zu lassen. Demgegenüber hat die Wirtschaftswissenschaft selten einem völlig ungetrübten Fortschrittsglauben gehuldigt, sondern – oft vergeblich – den Technokraten bei ihren immer gigantischer werdenden Vorhaben in den Arm zu fallen versucht.

---

[157] *Heinrich Niehaus*, Den Agrarpolitikern ins Gedächtnis. Wege und Irrwege der Agrarpolitik, Bonn 1976, S. 213.

Inzwischen scheinen sich die Rollen vertauscht zu haben. Aufgeschreckt von den Problemen sich erschöpfender Rohstoffvorkommen, der immer bedrohlicher werdenden Umweltbelastung, der Bevölkerungsexplosion und zunehmender Konflikte entwerfen Vertreter von Naturwissenschaft und Technik Bilder einer bevorstehenden Katastrophe. Mehr oder weniger deutlich gerät dabei die Wirtschaftsfreiheit in das Visier der naturwissenschaftlichen Kritik, ohne daß in ausreichendem Umfang von der Möglichkeit Gebrauch gemacht wird, hierzu Rat und Erfahrungen der Wirtschaftswissenschaften heranzuziehen. Daß freie Märkte auch ein Instrument sind, die Knappheit von Ressourcen anzuzeigen und einen haushälterischen Umgang damit zu erzwingen, bleibt weitgehend unbeachtet. Selbst der zweite, maßvollere Bericht des Club of Rome enthält Vorschläge und Wendungen, die für den ordnungstheoretisch denkenden Ökonomen nur als Zeugnis völliger Ahnungslosigkeit gelten können. Da wird ein „rationaler Generalplan für langfristiges organisches Wachstum" für die ganze Welt gefordert, dessen Grundlage ein „Mehrebenen-Weltmodell" sein soll.[158] Von umfassender Vorausschau sowie Planung und Vorbereitung antizipatorischen Handelns,[159] globalen Lösungen,[160] der Dringlichkeit eines neuen Weltwirtschaftssystems[161] und der Notwendigkeit, bei der Entwicklung des Weltsystems mindestens 50 Jahre vorauszuschauen,[162] ist dort die Rede. Zwar wird im Vorbeigehen kurz auf organisatorische Grenzen und die Komplexität hingewiesen,[163] mit der man es zu tun habe, doch wird klar, daß damit nur für überwindbar gehaltene Organisationsprobleme einer zentralen Weltplanung gemeint sein können.

Wenn man davon absieht, daß eine Weltplanung den utopischen Weltstaat voraussetzt, so müßte er aus rein ordnungstechnischen Gründen an der ihm zugewiesenen Aufgabe einer zentralen Weltplanwirtschaft scheitern. Seit vielen Jahrzehnten befassen sich die Nationalökonomen mit der Problematik von Zentralverwaltungswirtschaften und ihrer notorischen Unterlegenheit im Umgang mit knappen Ressourcen. Weil sie auf freie Preisbildung verzichten, verfügen diese Systeme über keine ausreichenden Knappheitssignale. Sie lenken deshalb knappe Rohstoffe in unrationelle Verwendungen und vergeuden sie damit. Wenn ein Literat wie Wolfgang Harich behauptet, wegen der ökologischen Probleme könne

---

[158] *Mihailo Mesarovic, Eduard Pestel,* Menschheit am Wendepunkt. 2. Bericht an den Club of Rome zur Weltlage, Stuttgart 1974, S. 143.

[159] Desgl., S. 142.

[160] Desgl., S. 120.

[161] Desgl., S. 119.

[162] Desgl., S. 75.

[163] Desgl., S. 139. Wesentlich überlegter und differenzierter äußert sich *Carl Friedrich von Weizsäcker,* Die Einheit der Natur, München 1971, S. 31. Er verkennt die Probleme der Wirtschaftswissenschaft nicht und bemerkt nur: „Doch bleibt ihr Gegenstand, mit dem Auge des Naturwissenschaftlers betrachtet, fast hoffnungslos komplex."

nur ein kommunistischer Weltstaat das Überleben sichern, so beweist er damit nur seine Unkenntnis der anstehenden Probleme.[164] In Wirklichkeit können sie nur mit und nicht gegen die Freiheit gelöst werden; ordnungs- und abgabenpolitische Änderungen der Rahmenbedingungen, die den Markt umgeben, können nach sorgfältiger Prüfung dazu dienen, auf wirklich klar voraussehbare Entwicklungen vorzubereiten. Vor allem muß der Zeithorizont bei Investitionen genügend groß sein; sollen langfristige Planungen der privaten Wirtschaft reifen, dann ist für Stabilität der rechtlich-institutionellen Bedingungen des Wirtschaftens zu sorgen. Gerade sie ist bei Totalplanung einer Weltregierung unmöglich, weil dabei die unvermeidlichen und gigantischen Planungsfehler ständige und große Korrekturen herausfordern. Die Einengung oder Abschaffung der Wirtschaftsfreiheit, noch dazu im Weltmaßstab, würde alle Probleme unlösbar machen, die der Club of Rome – zu Recht oder zu Unrecht – plakatiert hat.

Problematisch erscheint schließlich die vom Club of Rome geförderte Vorstellung, es handle sich bei der Industrialisierung der Welt um etwas so gut wie absolut Begrenztes, so daß die alten Industrieländer im Interesse der Gerechtigkeit sozusagen Industrie abgeben müssen, damit sich die Entwicklungsländer entwickeln, das heißt durch Industrialisierung zu einem höheren Pro-Kopf-Einkommen gelangen können. Man errechnet etwa den bisherigen Rohstoffverbrauch der Industrieländer, überträgt rechnerisch diese Verbrauchsziffern auf die noch nicht industrialisierte Welt und stellt fest, daß die bisher bekannten Rohstoffvorkommen einen solchen hypothetischen Bedarf keineswegs decken können. Außer Ansatz bleibt dabei zweierlei: Erstens besteht keine unabänderliche Proportion zwischen dem Wert der Industrieproduktion und dem Einsatz bestimmter Rohstoffe, sondern je nach den Rohstoffpreisen verändert sich dieses Verhältnis. Zweitens wäre selbst bei unveränderlichen Proportionen kein Anlaß gegeben, die Wirtschaftsfreiheit und die Marktwirtschaft aufzuheben. Vielmehr entfaltet die Marktwirtschaft auch unter diesen Bedingungen ihre rationalisierende Kraft, denn steigende Rohstoffpreise drängen die Nachfrage nach Industriewaren in diesem Falle auf den weltwirtschaftlich möglichen Umfang zurück. Es ist dabei keineswegs ausgemacht, daß im Wettbewerb um Industrierohstoffe in erster Linie die alten Industrieländer siegen werden. Eher ist das Gegenteil wahrscheinlich, weil in aufstrebenden Entwicklungsländern die Wettbewerbs- und Neuerungsintensität größer sein kann.

[164] *Wolfgang Harich*, Kommunismus ohne Wachstum?, Hamburg 1975.

V.

Wo liegen nun die tatsächlichen und die wünschenswerten, also von der Politik und dem Recht zu ziehenden Grenzen der Wirtschaftsfreiheit?

Die Ökonomen haben sich bemüht, zahlreiche Fälle nachzuweisen, in denen der freie Markt versage und daher reguliert oder gar abgeschafft werden müsse. Es ist hier nicht möglich, auf alle diese teilweise lebensfremden Argumente einzugehen. Nur einige davon seien herausgehoben, weil sie mehr prinzipielle Bedeutung für die Zulässigkeit von Wirtschaftsfreiheit haben. Beliebt ist die These von der Unmündigkeit der Verbraucher, denen es an Vernunft fehle und die man vor sich selbst schützen müsse. Der besonders prekäre Fall des Rauschgiftes scheint für Beschränkungen zu sprechen.[165] Sind die Menschen, denen Wirtschaftsfreiheit gewährt wird, wirklich frei oder nicht vielmehr lediglich anderen Einflüssen und Zwängen ausgeliefert als denen des Staates? In der Tat sind die Verbraucherwünsche auch ein Ergebnis sozialer Einflüsse, und Boulding ist zuzustimmen, wenn er die Modellkonstruktion einer völlig von anderen Personen unabhängigen Präferenzfunktion als die Doktrin von der Unbefleckten Empfängnis der Indifferenzkurve ironisiert.[166] Ist dies jedoch ein Grund, die Menschen total zu bevormunden und ihnen auch noch den Rest an ökonomischer Eigenständigkeit zu nehmen, der ihnen geblieben ist? Eine allgemeine, den Konsumenten bevormundende Tugendherrschaft wäre „das Einfallstor des modernen Totalitarismus" (Watrin[167]).

Auch für die Produktion werden fehlerhafte Resultate des freien Marktes vermutet. Viele dieser Mängel sind von der staatlichen Rahmengesetzgebung zu beheben. Grundsätzliche Bedeutung hat jedoch eine Tendenz, Wettbewerb und technischen Fortschritt als eine Frucht der Wirtschaftsfreiheit generell in Frage zu stellen. Gute Leistungen für die Marktpartner rufen bei Konkurrenten und allen, die sich daraufhin umstellen und ebenfalls anstrengen müssen, materielle und immaterielle Nachteile und Unbequemlichkeiten hervor. Soll man dies zwischen Unternehmen etwa als Eingriff in den eingerichteten Geschäftsbetrieb schadenersatzpflichtig machen? Der leistungswillige Konkurrent hat ja den bisherigen Gang des Gewerbes gestört und so einen negativen externen Effekt hervorgerufen.[168] Solche Vorschlä-

165 Vgl. *Werner W. Pommerehne*, *Hans C. Hartmann*, Ein ökonomischer Ansatz zur Rauschgiftkontrolle, Jahrbuch für Sozialwissenschaft, Band 31/1980, S. 102–143. Das Angebot an Rauschgift ist kaum ausreichend kontrollierbar, so daß die beiden Autoren empfehlen, an der Nachfrageseite anzusetzen.

166 *Kenneth E. Boulding*, Economics as a Moral Science, a. a. O., S. 2.

167 *Christian Watrin*, Bestimmt die Wirtschaft unvermeidlich alles? Eine Frage – zwei Antworten, in: Radius Heft 1/1980, S. 14.

168 Mit dem Problem negativer externer Effekte dieser Art befaßt sich im einzelnen *Emil Küng*, Steuerung und Bremsung des technischen Fortschritts, Tübingen 1976. Seine Untersuchung ist sehr differenziert, fordert aber schließlich doch eine in ihren Grenzen unbestimmt bleibende staatli-

ge wollen die Freiheit zur wirtschaftlichen Leistung einschränken und tragen eine schwere Beweislast nicht nur für die Ermittlung eines vermuteten Schadens, sondern auch für die Unschädlichkeit der beabsichtigten Korrekturen.

Wichtiger als dies alles ist jedoch die Grundsatzfrage, die uns schon mehrfach beschäftigt hatte: Dürfen alle gesellschaftlichen Bereiche nach dem Prinzip der Wirtschaftsfreiheit und des damit untrennbar verbundenen marktwirtschaftlichen Tausches geregelt sein? Ist wirklich alles käuflich, und kann eine freiheitliche Gesellschaft bestehenbleiben, wenn dies der Fall ist? Beide Fragen sind zu verneinen.

Zunächst einmal trifft es nicht zu, daß die Menschen ausschließlich nach einem ökonomischen Nutzenkalkül handeln. Täten sie dies, dann dürfte es zum Beispiel die in der Bundesrepublik Deutschland beobachtete hohe Wahlbeteiligung nicht geben, denn der Einfluß des Einzelwählers auf das Wahlergebnis konvergiert gegen Null, während die Mühen und Kosten des Wählens durchaus zählen. Der perfekte Egoist müßte eigentlich gegenüber allen sozialen Regeln die Außenseiter-, Schmarotzer- und Trittbrettfahrerrolle einnehmen, sofern nur aus dem Regelverstoß größere Vorteile als Kosten oder Strafen zu erwarten sind. Aus einer Gesellschaft von Außenseitern kann sich indessen niemals eine funktionsfähige politische und gesellschaftliche Ordnung bilden. Auch gegenüber den rechtlich-institutionellen Rahmenbedingungen einer funktionsfähigen Marktwirtschaft kann nicht ein allgemeines Außenseiterverhalten erlaubt werden, indem etwa für die eigene Branche Kartelle, Subventionen, Ausnahmen von der internationalen Handelsfreiheit, Haftungsbeschränkungen usw. gestattet werden. Der Platz für Außenseiter der Wirtschaft ist vielmehr der Markt, auf dem sie sich dem Wettbewerb stellen müssen.

Ein allgemeines gesellschaftlich-politisches Außenseiterverhalten ist glücklicherweise keineswegs die Regel. Die Menschen legen nämlich auf Gemeinschaft und Anerkennung in der Gemeinschaft Wert, wie schon Adam Smith in seiner „Theory of Moral Sentiments“[169] ausgeführt hat. Man kann diesen Sachverhalt natürlich zynisch dadurch tautologisieren, daß man die moralischen Vortrefflichkeitsgefühle

che Forschungs- und Innovationskontrolle, obwohl er auch marktkonforme Maßnahmen (z. B. Abgaben für arbeitssparenden technischen Fortschritt) erwägt (S. 71). Das „laisser innover“ sei ungleich gefährlicher als das „laisser faire“, das ebenfalls abzulehnen sei (S. 100). „Wenn schon das ‚laisser faire‘ in der Wirtschaft eingeschränkt werden mußte, weil die negativen externen Wirkungen dies unumgänglich erscheinen ließen, dann erweist sich unter den Bedingungen der Gegenwart und der Zukunft eine Einschränkung der Forschungsfreiheit als noch viel dringlicher. Denn die externen Folgen sind hier noch ungleich gravierender“ (S. 139). Der DGB-Vorsitzende *Vetter* fordert in weniger differenzierter Weise eine soziale Kontrolle der Investitionen, vor allem der Rationalisierungsinvestitionen; vgl. „Vetter fordert ‚soziale Kontrolle‘ für Investitionen“, Frankfurter Allgemeine Zeitung vom 31. Dezember 1980.

169 *Adam Smith*, The Theory of Moral Sentiments, deutsch: Theorie der ethischen Gefühle, übers, v. Walther Eckstein, 2. Aufl. Hamburg 1977.

des Regeltreuen als Tauschwert für sein Wohlverhalten interpretiert, aber in der Sache ist damit nichts gewonnen.

Es trifft auch nicht zu, daß die Menschen stets zu irgendeinem Preis tauschbereit wären. Noch immer gibt es Polizisten, die bei der Verteidigung des Rechts ihr Leben einsetzen und verlieren, deren Indifferenzkurve also sozusagen senkrecht verläuft.[170] Auch Richter und Beamte sind nicht allgemein käuflich, und bei den meisten Kaufleuten gibt es Grenzen, bei denen sie eindeutig und nicht quantitativ abgestuft handeln. Ohne ein Minimum an solcher nicht tauschwirtschaftlichen oder auch heroischen[171] Attitüde kann keine Gesellschaft existieren, denn sie braucht Regeln, die eindeutig befolgt werden, um auch dem Wirtschaftsverkehr Sicherheit zu geben und seinen Gelegenheitscharakter zu nehmen. Aus diesen Gründen sind alle Liberalen von jeher dafür eingetreten, daß die Wirtschaftsfreiheit in einen rechtlich-institutionellen Rahmen eingebunden wird, der auf allgemeinen Prinzipien beruht und nicht den Wünschen von Sondergruppen entgegenkommt.

Die Wirtschaftsfreiheit müßte sich also selbst begrenzen, oder ihre Anhänger müßten mit Begrenzungen durch den Staat einverstanden sein, damit diese Freiheit erhalten bleiben kann. Wäre die Staatstätigkeit ohne Einschränkung käuflich, dann würden Polizei, Gerichte, Steuerbehörden und Wirtschaftspolitik unterschiedlich reagieren, je nachdem, welcher Betrag dem jeweils entscheidenden Beamten oder Politiker mittelbar oder unmittelbar in die Hand gedrückt würde. Stabilität und Berechenbarkeit des staatlichen Verhaltens gingen verloren.

Nur in Sonderfällen können solche Bezahlungen an Beamte Klarheit schaffen, etwa wenn Gebühren für individuell zurechenbare Leistungen dem Beamten zufließen. Hier kann die amtliche Handlung unter Umständen der zahlenden Person nützen, ohne einer anderen zu schaden. Die Öffentliche Leistung würde verkauft wie die Leistung eines privaten Unternehmens, und es können viele Nachfrager nebeneinander gegen Entrichtung der gleichen Gebühr die gleiche öffentliche Leistung erhalten.

Viele sehr gewichtige staatliche Leistungen und Entscheidungen haben demgegenüber richterlichen Charakter, das heißt: sie können nicht für alle Staatsbürger gleichzeitig günstig sein; die eine Partei verliert, die andere gewinnt den Prozeß. Legalisierte Zahlungen an die staatlichen Entscheidungsträger würden in diesen Fällen die Staatsgewalt zur Beute der Zahlungskräftigsten machen. Diese Zahlungskräftigsten mögen zunächst über wirtschaftliche Leistungen an die Marktpartner ihren Reichtum erworben haben. Nun aber würden sie ihre Mittel nicht mehr zur Erweiterung des Produktionsapparates verwenden, sondern zum Erwerb

[170] Vgl. *G. Warren Nutter*, a. a. O., S. 265.
[171] Vgl. *Kenneth E. Boulding*, Economics as a Moral Science, a. a. O., S. 9.

des staatlichen Gewaltapparates, der eine bequemere Möglichkeit zur Erzielung von Einkommen anbietet. Es ist in diesem Falle auch nicht immer nützlich, wenn sich Gegenkräfte in ausreichender Stärke organisieren, die den Staatsapparat für gegenläufige Zwecke bestechen; solche Gegenbestechungen können eine staatliche Zusatzintervention auslösen, ohne die primäre Intervention aufzuheben. Auf solche Weise kumulieren sich die staatlichen Eingriffe und Behinderungen.

Nun ist freilich die Korruption nicht legalisiert, jedenfalls für *einzelne* Angehörige des öffentlichen Dienstes. Legalisiert ist sie nur im Großen, indem die gesetzgebende Majorität zur Erhaltung ihrer Stimmenmehrheit auf Personengruppen berechnete spezielle Vergünstigungen gewährt und die Opposition analoge Versprechungen für den Fall abgibt, daß ihr die Mehrheit zufällt. Ist hierfür das Prinzip der Wirtschaftsfreiheit verantwortlich oder vielmehr eine Staatsauffassung, nach der dem Staat die Aufgabe der umfassenden Betreuung der Staatsbürger zufällt, also eine autoritär-paternalistische Staatsauffassung? Wenn dieser panem et circenses versprechende Wohlfahrtsstaat einmal existiert, neigt er dazu, den marktwirtschaftlichen Prozeß zu stören, wenn nicht zu zerstören. In diesem Falle kann Korruption sogar nützlich sein, soweit sie dazu dient, staatliche Behinderungen wieder abzubauen.[172]

Allerdings führt die Möglichkeit der Korruption dazu, solche Hindernisse künstlich zu errichten, um sie sich dann abkaufen zu lassen. Es entsteht hier der gleiche Effekt wie bei der Zahlung von Lösegeld, die weitere Kriminelle ermutigt, sich diesem Erwerbszweig zuzuwenden.[173]

Wie ist es zu erklären, daß es während des 19. Jahrhunderts in vielen Ländern gelungen ist, solche Entwicklungen zu vermeiden und einen nicht generell von Wirtschaftsinteressen korrumpierten Staat zu schaffen? Tullock hat kürzlich betont,[174] es sei erstaunlich, daß es im Zeitalter der Industrialisierung gelungen sei, dem Einkommenserwerb über den Markt und damit durch Produktionsleistungen Vorrang zu verschaffen. Staatlich verliehene Renten auf Kosten anderer seien zurückgedrängt gewesen, aber er fürchte, daß die Rentensuche auch in den entwikkelten Industrieländern wieder vordringe und einen wirtschaftlichen Rückgang hervorrufe. Vermutlich gab es damals doch einen Vorrat an nicht korrumpierbaren gemeinsamen Überzeugungen der Staatsbürger, der zur Loyalität gegenüber einem neutraleren Staat genutzt werden konnte.

---

[172] Vgl. *Kurt Schmidt* und *Christine Garschagen*, Art. Korruption, Handwörterbuch der Wirtschaftswissenschaft, Bd. 4, S. 568 ff.

[173] Die staatliche Sperrung von Bankkonten Erpreßbarer, wie sie in Italien versucht wird, ist daher diskutabel.

[174] Vortrag im Rahmen des Instituts für Wirtschaftspolitik an der Universität zu Köln am 20.11. 1980 über das Thema: „The Economics of Rent-Seeking".

Eine solche Basis an gemeinsamen Überzeugungen dürfte auch heute noch vorhanden sein. Aber sie darf nicht überlastet werden. Eine solche Überlastung ruft der Staat damit hervor, daß er zur totalen Betreuung des Volkes ohne Unterbrechung in den Wirtschaftsverkehr mit ständig geänderten und sich widersprechenden Regelungen eingreift. Die Wirtschaft wehrt sich dann mit ihren eigenen Waffen und versucht, ihrerseits dem Staat die wirtschaftlichen Methoden des Kaufens und Gekauftwerdens aufzuerlegen. Der Staat wird zur Beute wirtschaftlicher Partialinteressen.

Besonders gefährlich wird diese Verwirtschaftlichung des Staates, wenn sie auf den Bereich der Außenpolitik und der Landesverteidigung übergreift. Unter derartigen Umständen gewähren Mitglieder einer marktwirtschaftlichen Gesellschaft solchen Regierungen langfristige Kredite und geschenkähnliche technische Hilfe, die ausdrücklich erklärt haben, das System der Wirtschaftsfreiheit in den Geberländern revolutionär beseitigen zu wollen. Man meint wohl, dies sei nicht ernst gemeint, auch Kommunisten hätten ihren Preis. Man versteht nicht, daß mindestens Kommunisten einen Bereich kennen, in dem für sie Politik aufhört, ein ökonomisches Geschäft zu sein. Wenn unsere Kaufleute nicht anerkennen wollen, daß es Grenzen des Kaufmännischen gibt, werden sie nicht mehr lange Gelegenheit haben, freie Kaufleute zu sein.

Die Vergangenheit lehrt jedoch, daß es sehr wohl möglich ist, genügend Verantwortungsbewußtsein auch und gerade in der Wirtschaft zu mobilisieren, um den Gruppenappetit im Allgemeininteresse zurückzudrängen. Es ist auch möglich, die gesetzlichen Regeln durchzusetzen, die den Raum der Wirtschaftsfreiheit zugleich eingrenzen und schützen. Hierzu bedarf es moralischer Kräfte, nicht selten auch nur einer größeren Klarheit über das eigene langfristige Interesse. Es ist nicht nur die Aufgabe von Theologen, die Bereitschaft zur Annahme und Befolgung von Regeln einer freiheitlichen und gerechten Wirtschaftsordnung zu fördern. Die Theologen allein wären mit dieser Aufgabe auch überfordert. So mündet der Streit der Wirtschaftswissenschaft mit den anderen Fakultäten in die Feststellung, daß man an einer gemeinsamen Aufgabe zu arbeiten hat und daß es nützlich wäre, sich hiervon häufiger als bisher Rechenschaft abzulegen.

Die Beziehungen zwischen Rechtswissenschaft und Wirtschaftswissenschaft sind wegen der zum Teil verschiedenen Art der von ihnen zu lösenden Probleme, aber auch wegen beiderseitiger Verhaltensmängel problematisch. Wie in einer temperamentvollen Ehe wechseln Anziehung, Mißverständnisse und Abstoßung miteinander ab. Den Juristen stören nicht selten volkswirtschaftliche Normvorstellungen, weil er doch mit dem Theologen für Normen besonders zuständig zu sein beansprucht und dafür die Hebel der Gesetzgebung und Rechtsprechung zu bedienen hat. Andererseits erobern Juristen volkswirtschaftliche Maximen, etwa in der neuen Ökonomie des Rechts und Volkswirte werden zu Rechtsinterpreten. Dabei gibt es gelegentlich allzu stürmische Annäherungen unter Preisgabe eigener Grundpositionen. Manche Volkswirte überschätzen die Steuerungsmöglichkeiten für die Wirtschaft durch das Recht und die Rechtsprechung. Sie neigen zum Interventionismus im Interesse einer Effizienz, deren Einzelheiten und Dauerhaftigkeit sie zu kennen glauben. Das Problem der institutionellen Stetigkeit und Berechenbarkeit der Reaktion von Bürgern, Staatsverwaltung und Rechtsprechung wird dabei aus den Augen verloren.

Die Fremdheit von Jurisprudenz und Rechtsprechung gegenüber dem Problem der Wirtschaftsordnung oder gar Wirtschaftsverfassung ist vor allem bei der deutschen Wiedervereinigung zum Ausdruck gekommen und beherrscht jetzt in der Finanzkrise die deutsche und europäische Rechtspolitik.

Es ist von jeher viel juristischer Scharfsinn darauf verwandt worden, den normativen Charakter des Konzepts der Sozialen Marktwirtschaft in Frage zu stellen, bis aus Anlaß der deutschen Vereinigung und innerdeutschen Währungsunion der damals noch volkswirtschaftlich beratene Gesetzgeber diese Ordnung in einem geltenden Gesetz im einzelnen definiert und festgelegt hat. Von der Jurisprudenz und der praktischen Rechtspolitik wird dieser sie störende Sachverhalt weitgehend ignoriert. Ob sich nicht in Wahrheit aus dem Grundgesetz auch Entscheidungen für die Wirtschaftsordnung ergeben, wird nicht gern systematisch geprüft. Eher dient die Verfassung zur Manipulation alltäglicher Gesetzgebungsnöte und steht den politischen Opportunisten offen. Wenn die Verfassung weiter als prinzipiell permanente Baustelle mißbraucht wird, ist die jetzt darin aufgenommene Staatsschuldenbegrenzung unglaubwürdig. Wäre man wirklich entschlossen, der Staatsverschuldung Grenzen zu setzen, hätte es im übrigen der Verfassungsänderung nicht bedurft. Durch Zustimmung zu bestimmten europäischen Regelungen kann die Regierung ohnehin das Grundgesetz mit verfassungsrechtlicher Bindungskraft ändern, umgehen oder zur Disposition stellen, es sei denn, das Bundesverfassungsgericht könnte noch darüber entscheiden. Natürlich können auch im Europarecht Regelungen getroffen werden, die dem Konzept der Sozialen Marktwirtschaft näher kommen als der deutsche Gesetzgeber. Das wird jedoch immer unwahrscheinlicher, wenn nicht nur die anderen EG-Mitglieder einen anderen Kurs steuern, sondern auch die deutsche Politik.

Soziale Marktwirtschaft – ein unbestimmter Begriff?

Von Hans Willgerodt

Als Soziale Marktwirtschaft wird eine wirtschaftspolitische Gesamtkonzeption bezeichnet, bei der Freiheit und Wettbewerb auf dem Markt mit sozialem Ausgleich verbunden werden.[175] Als Leitbild hat sie normativen Charakter. Ob dies auch im Rechtssinne gelten kann oder soll, ist umstritten. Auch die tatsächliche Ordnung der Wirtschaft wird als Soziale Marktwirtschaft bezeichnet, wenn sie sich in ausreichendem Umfang dem Leitbild annähert. Welcher Grad an Annäherung der Wirklichkeit an das Leitbild noch ausreicht, um dies zu erlauben, hängt von der Dehnbarkeit der Merkmale ab, die mit dem Begriff „Soziale Marktwirtschaft" verbunden werden, vor allem von dem Spielraum, der für Definition und Ausdehnung des „sozialen" Gehaltes der Marktwirtschaft bleibt, ohne sie aufzuheben. Umstritten sind Umfang und Charakter des sozialen Ausgleichs, die notwendig sind, um einer Marktwirtschaft den Titel des „Sozialen" zu verleihen. Umstritten ist auch, welche Merkmale für eine Soziale Marktwirtschaft als unentbehrlich und deshalb dauerhaft zu gelten haben und in welchem Sinne sie ein „offenes" System bleibt, das veränderten historischen Anforderungen anzupassen ist. Nach Müller-Armack, der den Begriff der Sozialen Marktwirtschaft eingeführt hat, handelt es sich außerdem um einen auszuprägenden Stilgedanken[176] und eine irenische Formel, die für gesellschaftspolitische Gestaltung Raum läßt und zum Ausgleich von Gegensätzen beitragen soll.[177] Im übrigen dienen die Merkmale der Sozialen Marktwirtschaft den einen als erklärende Ursache für den wirtschaftlichen Wiederaufstieg Westdeutschlands unter dem Einfluß Ludwig Erhards, den anderen erscheint der Begriff Soziale Marktwirtschaft als Propagandavokabel; man brauche eine solche „Dummy-Variable"[178] nicht, um die Entwicklung der deutschen Wirtschaft nach 1948 zu erklären.

---

[175] *Alfred Müller-Armack*, Soziale Marktwirtschaft, in: ders., Wirtschaftsordnung und Wirtschaftspolitik, Freiburg i.Br. 1966, S. 243.

[176] Wie Fn. 1, S. 12.

[177] Wie Fn. 1, S. 300 und passim.

[178] *Kurt W. Rothschild*, Zur Leistungsfähigkeit eines wirtschaftspolitischen Slogans, in: Währungsreform und Soziale Marktwirtschaft, hrsg. v. Wolfram Fischer, Schr. d. Vereins f. Socialpolitik N. F. Bd. 190, Berlin 1989, S. 635.

I. Merkmale der Marktwirtschaft

Die Soziale Marktwirtschaft ist zunächst einmal Marktwirtschaft. Ist dieser Begriff eindeutig? Sie löst das Problem der Steuerung des gesamtwirtschaftlichen Prozesses durch freiwillige Koordination einer Vielzahl selbständig handelnder Wirtschaftseinheiten über in der Regel privatrechtliche Verträge, wobei sich auf Märkten Preise bilden, die als Signale das einzelwirtschaftliche Verhalten beeinflussen und von ihm beeinflußt werden. Eine lenkende Zentrale, die den Wirtschaftsprozeß im ganzen bestimmt, gibt es nicht. Auch große Firmen und der Staat wirken nur auf Teile des Wirtschaftsablaufs, und ob sie diese Teile ganz beherrschen, ist fraglich. Daß trotzdem kein Chaos zu entstehen braucht, erklärt seit 200 Jahren die Wirtschaftstheorie. Sie findet damit wenig Glauben, vor allem bei Theologen und Juristen, ohne widerlegt zu werden.[179]

Oft entgegnet man, es gebe nur „gemischte Wirtschaftsordnungen". Überall gebe es einen Staat, der für die Wirtschaftenden Recht setze und damit auch den Wirtschaftsprozeß beeinflusse. Das ist keine Neuigkeit, sondern wurde von den Ökonomen seit Adam Smith eingehend erörtert. Der Staat hat wichtige Aufgaben als Rechtsetzer und produziert solche notwendigen Güter, die von Privaten nicht oder nach Ansicht der politisch Entscheidenden nicht ausreichend angeboten werden. Das Problem, wie innerhalb des rechtlich-institutionellen Rahmens frei gebliebene Einzelwirtschaften untereinander und mit dem staatlichen Teil der Wirtschaft koordiniert werden, bleibt bestehen. Um es scheinbar zu lösen, kann der Staat die einzelwirtschaftliche Handlungsfreiheit durch einen verbindlichen Zentralplan aufheben. Verzichtet er auf ein solches Vorgehen, dann kann das Abstimmungsproblem nur über den Markt gelöst werden,[180] oder es bleibt ungelöst wie in Deutschland zwischen 1945 und 1948, wo der Markt unterdrückt und die zentrale Lenkung funktionsunfähig war. Will man feststellen, ob eine Marktwirtschaft existiert, ist zu prüfen, ob das Problem der gesamtwirtschaftlichen Abstimmung über Märkte und Preise gelöst wird oder nicht. Für praktische Zwecke reicht dieser Test aus. Marktwirtschaft ist deshalb ein klarer Begriff.

---

179 Sozialistische Ökonomen bestreiten die Existenz einer marktwirtschaftlichen Steuerung nicht, sind aber mit Voraussetzungen und Ergebnissen dieser Steuerung unzufrieden. Von anderer Seite wird der „Vorwurf" erhoben, es handele sich um eine nominalistische Verirrung der Neoliberalen oder einen methodologischen Individualismus. Die Frage, ob es die empirisch nachprüfbare Tatsache einer marktwirtschaftlichen Koordination gibt, wird dabei mit der normativen Frage verwechselt, ob man sie zulassen soll.

180 Wahlverfahren ersetzen den Markt nicht, sondern bestimmen nur den am Markt oder im Staat Handlungsbefugten. Gruppenverhandlungen über Tauschbedingungen, etwa Lohnsätze, sind Marktvorgänge.

Nur im theoretischen Modell ist die Möglichkeit denkbar, daß der Staat über Interventionen auch die Einzelentscheidungen der Privaten beherrscht, ohne den Markt formal zu zerstören.[181] Entgegen früheren Illusionen über die politische Bestimmbarkeit der Makrogrößen einer Volkswirtschaft und ihrer Relationen zueinander gelingt es dem Staat nicht einmal, diese Aggregate ausreichend zu steuern. Er kann (und soll) sie beeinflussen, beherrschen kann er sie nicht. Daß das Stabilitäts- und Wachstumsgesetz so gut wie nicht angewandt wird, geht nicht nur auf politische, sondern auch auf technische Hindernisse zurück, die dabei im Wege stehen.[182]

Mit dieser Darstellung wird nicht zufrieden sein, wer sowohl eine ständige Zunahme der Staatstätigkeit in westlichen Marktwirtschaften beobachtet als auch einen offenbar unaufhaltsamen Drang, das Verhalten der privaten Wirtschaft zu kontrollieren, nach staatlichen Vorstellungen zu verändern, sei es durch Verbote, sei es im Wege der „Darreichung" von Vergünstigungen, bis die Bevölkerung durch solche patriarchalische „Daseinsvorsorge" unter allgemeine öffentliche Vormundschaft gestellt ist. Auch kann in einzelnen Bereichen die Marktwirtschaft mehr oder weniger abgeschafft sein. Landwirtschaft und Verkehr, aber auch die Energiewirtschaft dienen hier als Paradebeispiele der Kommentare. Im Verkehrsbereich ist inzwischen durch das Europarecht eine Rückkehr zur Marktwirtschaft eingeleitet, Landwirtschaft und Energiewirtschaft sind in Wahrheit stärker den Marktkräften ausgesetzt, als der ihnen auferlegte Regulierungsapparat vermuten läßt. Weder Produktion noch Absatz von Agrarprodukten und Energie können vollständig vom Staat gelenkt werden. Auch staatliche Unternehmen sind vom Markt abhängig, wenn sie nicht Verluste bringen sollen.

Im übrigen ist der Markt stärker, als Regulierungsbehörden glauben. Durch Abwanderung und Mißachtung weicht man Vorschriften aus, wenn Widerspruch nicht fruchtet und Bestechung nicht möglich ist. Wachsende Vorschrifteninflation und ständige Rechtsänderungen überfordern die Kontrolle durch die Staatsverwaltung,[183] die darauf ebenso störrisch reagiert wie der kontrollierte Bürger. Ein Schutz zugunsten einer Gruppe kann durch Maßnahmen zugunsten anderer Gruppen teilweise oder völlig neutralisiert oder in sein Gegenteil verwandelt werden.[184] Der Staat, der allen „helfen" will, erreicht damit eine Struktur

---

[181] Vgl. hierzu im einzelnen: *Hans Willgerodt*, Warum Staatsplanung in der Marktwirtschaft? ORDO Bd. 17 (1966), S. 201 ff.

[182] Vgl. *Erich Hoppmann*, Soziale Marktwirtschaft oder Konstruktivistischer Interventionismus? In: *Egon Tuchtfeldt* (Hrsg.), Soziale Marktwirtschaft im Wandel, Freiburg i. Br. 1973, S. 52 ff.; *Egon Tuchtfeldt*, Soziale Marktwirtschaft und Globalsteuerung, Freiburg i. Br. 1973, S. 159–188.

[183] Vgl. *Hans Willgerodt*, Wirtschaftsordnung und Staatsverwaltung*, ORDO Bd. 30 (1979), S. 199–217.

[184] Vgl. *Hans Willgerodt*, Staatliche Hilfen in einer Marktwirtschaft, Zeitschrift für Wirtschaftspolitik 33. Jg. (1984), S. 59–75. Ein bekanntes Beispiel ist der Effektivzoll, der auf einen Nachteil

der Wirtschaft, die vom Marktergebnis insoweit weniger abweicht, wie sich die Maßnahmen widersprechen und gegenseitig aufheben. Nur das Gesamtprodukt ist dann wegen der Kosten des umfassenden Interventionismus geringer. Das Ringen der Gruppen um den relativen Vorteil endet in einem absoluten Nachteil aller. Aber auch einseitige Begünstigungen lösen sich in vielen Fällen über Marktprozesse auf: Eine Begünstigung der Landwirtschaft führt oft zu höheren Boden- und Pachtpreisen, höheren Auszahlungen für weichende Erben und einer geringeren Abwanderung aus dem landwirtschaftlichen Beruf, ohne das Einkommen der einzelnen Landwirte wesentlich und dauerhaft zu erhöhen. Auch in anderen Bereichen, denen der Staat „hilft", verwandeln sich diese Hilfen in Kosten, sei es, indem mögliche Kostensenkungen unterbleiben, sei es, indem Protektionsrenten kapitalisiert und als höherer Verkaufspreis eines Unternehmens von einem Neuerwerber ausgezahlt werden. Daß Protektion zur Stützung überhöhter Lohnforderungen dienen kann, ist bekannt.

Hiervon bleibt unberührt, daß der staatliche Einfluß auf die Wirtschaft nach Art und Umfang unterschiedlich sein kann und daß Gruppenmacht und Marktmacht die marktwirtschaftliche Steuerung mehr oder weniger stark verändern können. Der Bereich der öffentlichen Wirtschaftsführung kann durch Expansion des Staatshaushalts und des staatlichen Eigentums so stark erweitert werden, daß die Koordination über den Markt zum Randphänomen wird. Das setzt allerdings voraus, daß die öffentlichen Haushalte und das öffentliche Eigentum in den Dienst eines Zentralplans gestellt werden, eine Möglichkeit, die für föderalistische Staaten mit Länder- und Kommunalautonomie ausscheidet. Auch der erhebliche Anteil von bloßen Transferausgaben innerhalb des Staatshaushaltes und von Zinsleistungen auf die öffentliche Schuld verringert den nicht marktwirtschaftlichen Anteil des Budgets insofern, als diese Zahlungen Privaten zugute kommen, die über die entsprechenden Beträge meist nach ihren eigenen und nicht nach staatlichen Präferenzen verfügen.[185] Im übrigen ist die Vermutung, daß die öffentliche Wirtschaftsführung die Marktwirtschaft bedeutungslos machen könne, schon allein deswegen wenig aktuell, weil dem mehrere Grundrechte im Wege stehen, etwa für Deutschland die Artikel 2, 3, 5, 9, 11, 12 und 14 des Grundgesetzes, wenn sie so ausgelegt werden wie bisher üblich. Trotz Expansion der Staatstätigkeit erweist sich nicht nur in Deutschland der Markt als dominierender Koordinator, was sich auch am Fehlen eines vollständigen und vollzugsverbindlichen Zentralplans ablesen läßt. Daß eine mit Interventionen und einem hohen Staatsanteil durch-

hinauslaufen kann, wenn eine vorgelagerte Produktionsstufe stärker durch Zölle geschützt wird als die nachgelagerte Produktion, die dann mit kostengünstigerem Auslandsangebot konkurrieren muß.

[185] Zu den Einzelheiten: *Hans Willgerodt*, wie Anm. 181, S. 178 ff.

setzte Marktwirtschaft ein anderes Ergebnis herbeiführt als eine weniger regulierte und vermachtete Wirtschaft, ist selbstverständlich. Es gibt eine Vielzahl möglicher Marktwirtschaften. Eine von ihnen ist die Soziale Marktwirtschaft.

II. Wirtschaftspolitische Merkmale der Sozialen Marktwirtschaft

Das in jeder Wirtschaftsordnung zu lösende Elementarproblem bleibt die Güterversorgung. Eine wenig produktive Wirtschaft hat auch wenig Mittel für Linderung von Not und für sozialen Ausgleich zur Verfügung. Gleiches Elend für alle gilt nicht als erstrebenswert, sondern sozialer Ausgleich soll im Aufsteigen der schlechter Gestellten bestehen, wie immer man steigenden Wohlstand im einzelnen unter Einschluß von kulturellen und Umweltbedürfnissen gestalten mag. Anders ausgedrückt: Eine Marktwirtschaft kann nicht „sozial" sein, wenn sie nicht das Problem der Güterversorgung löst. Dafür sind Voraussetzungen zu erfüllen:

1. Der Rechtsstaat

Es muß ein zwar nicht konstanter, aber willkürfreier rechtlich-institutioneller Rahmen von hinreichender Eindeutigkeit, Verständlichkeit, Verläßlichkeit und Dauerhaftigkeit bestehen. Nur dann sind eine produktive Arbeitsteilung und ein marktwirtschaftlicher Verkehr möglich, der über einen Gelegenheitstausch hinausgeht. Für die „Privatrechtsgesellschaft"[186] und eine entwickelte Marktwirtschaft sind eine stabile Verfassung des Staates und ein öffentliches Recht unentbehrlich, das die Berechenbarkeit des staatlichen Verhaltens gewährleistet. Bürgerkriegsgesellschaften können nicht produktiv sein; die auch darin noch vorkommende Marktwirtschaft beruht auf kurzfristigen Dispositionen und zufälligen Verfügbarkeiten, während für höhere Produktivität eine dauerhaftere Arbeitsteilung und Investitionen nötig sind, die ihre Leistungen für längere Zeit abgeben sollen und deswegen auch in der Zukunft noch wirtschaftlich sein müssen. Die von Walter Eucken geforderte „Konstanz der Wirtschaftspolitik"[187] (im Sinne von Beständigkeit) ist heute auch ohne Bürgerkrieg durch einen Regierungsstil gefährdet, bei dem Maßnahmen und Konzepte ständig wechseln wie die Damenmoden und sogar die Verfassung mit Elementen eines Maßnahmegesetzes angereichert werden kann.[188]

[186] *Franz Böhm*, Privatrechtsgesellschaft und Marktwirtschaft, ORDO Bd. 17 (1966), S. 75–151.
[187] *Walter Eucken*, Grundsätze der Wirtschaftspolitik, 6. Aufl. 1990, S. 285 ff.
[188] Z. B. in den Artikeln 135a und 143 Abs. 3 des Grundgesetzes.

2. Die Geldwertstabilität

Die größte Gefahr für eine produktive Marktwirtschaft geht von der Herrschaft des Staates über das Geldwesen aus. Die Preisgabe der Geldwertstabilität, die immer auf den Staat zurückgeht, stört die Funktionsfähigkeit des marktwirtschaftlichen Preissystems und führt zu Fehllenkungen der Produktion. Denn die Inflation ist nicht genau genug vorherzusehen und in privatrechtlichen Verträgen zu berücksichtigen, zumal der Staat eine solche Berücksichtigung im allgemeinen verbietet.[189] Die nationalökonomische Diskussion über die vermeintlich beschäftigungs- und wachstumsfördernden Wirkungen der Geldentwertung wird zwar immer wieder neu belebt, hat aber letztlich mit einer Niederlage der Inflationisten geendet. Unter modernen Bedingungen ist Inflation kein Wachstumsrezept, ganz abgesehen davon, daß durch sie vor allem auch ärmere Geldsparer enteignet werden, während sich Wohlhabende leichter vor den Inflationsfolgen schützen können.

3. Der Wettbewerb

Der Wettbewerb ist und bleibt ein tragendes Element einer produktiven Marktwirtschaft. Daran hat ein gewisser Wechsel der wettbewerbspolitischen Auffassungen und Konzeptionen nichts geändert. Er bedeutet die ständige Suche nach neuen, besseren Lösungen für wirtschaftliche Probleme[190] und ist damit wichtigste Ursache für wirtschaftliches Wachstum. Daß sich der Wettbewerb nur bei Offenheit der Märkte und damit Wettbewerbsfreiheit durchsetzen kann, wird im allgemeinen nur von Vertretern protektionistischer Sonderinteressen bestritten. Die Offenheit der Märkte stützen außerdem verfassungsrechtliche Garantien der Handlungsfreiheit (Art. 2 Abs. 1 GG), der Freizügigkeit (Art. 11 Abs. 1 GG) und der Berufsfreiheit (Art. 12 Abs. 1 GG). Wenn die Offenheit der Märkte und des Wettbewerbs heute in vieler Hinsicht unmittelbar oder über zahlreiche Genehmigungspflichten mittelbar eingeschränkt wird, so müssen die gesamtwirtschaftlichen Kosten, die damit entstehen, in die Güterabwägung einbezogen werden. Daß dies nicht oder nicht ausreichend geschieht, schlägt sich im Zustand der Wirtschaft nieder, wobei die damit gegebene Arbeitslosigkeit und Behinderung des Aufstiegs von Leistungsfähigen nicht „sozial" genannt werden kann. Wettbewerb und offene Märkte setzen Vertragsfreiheit voraus: Einem neuen Anbieter oder Nachfrager dürfen nicht neue Verträge mit Kunden und Lieferanten verboten werden. Anderenfalls kann eine bessere Leistung nicht zum Zuge

---

[189] Vgl. im einzelnen: *Hans Willgerodt*, Das Problem des politischen Geldes*, Hamburger Jahrbuch für Wirtschafts- und Gesellschaftspolitik 35. Jahr 1990, S. 141 f.

[190] Vgl. *F. A. von Hayek*, Der Wettbewerb als Entdeckungsverfahren, in: ders., Freiburger Studien, Tübingen 1969, S. 249–265.

kommen. Daß die Vertragsfreiheit nicht beliebig sein kann und vor allem nicht dazu dienen darf, sie als Institution vertraglich aufzuheben, müßte trotz aller einzuräumenden Offenheit für längerfristige Bindungen eigentlich selbstverständlich sein.

4. Privateigentum

Ohne Privateigentum auch an den Produktionsmitteln ist eine produktive Marktwirtschaft nicht möglich. Dies haben nicht nur Überlegungen, sondern auch umfangreiche Erfahrungen, etwa im ehemaligen Jugoslawien, gezeigt. Es ist so gut wie hoffnungslos geworden, hier den Gegenbeweis zu versuchen. Auch der Hinweis auf einen Kollektivkapitalismus der Riesenfirmen, die als Kapitalgesellschaften organisiert sind, trägt nicht weit. Oft erleiden diese Firmen Verluste von gigantischer Größenordnung, die sie innerbetrieblich zu verrechnen suchen, und sie reagieren unter dem Wettbewerbsdruck kleinerer Firmen oft schwerfällig wie eine Behörde. „Sozial" im Sinne einer Öffnung von Chancen für Aufsteiger ist das Institut des Privateigentums vor allem dann, wenn es für die breiten Massen leichter wird, es zu bilden und eigenes oder fremdes Kapital zu verwenden. Problematisch sind demgegenüber konzentriertes Kapital und konzentrierte Kapitalverwendung, aber nicht alle damit verbundenen Abneigungen sind rational zu begründen: Kaum etwas dürfte auf die Dauer schwieriger sein, als ein großes Vermögen zu erhalten und wirtschaftlich erfolgreich zu verwenden. Wer viel besitzt, weiß über die Einzelheiten seines Vermögens immer weniger und ist für die Kontrolle auf Helfer angewiesen, die eigene Ziele verfolgen. Schon deswegen ist die Vermögensbildung in breiten Schichten nicht nur sozialpolitisch sinnvoll, sondern auch wirtschaftspolitisch zweckmäßig. Dies gilt auch deshalb, weil es in der Regel leichter und zumutbarer ist, mit Vermögen anstatt mit Arbeitseinkommen für wirtschaftliche Fehlentscheidungen zu haften. Die Vermögensbildung in breiten Schichten wird wiederum durch Preisgabe der Geldwertstabilität erschwert, weil die Inflation solche Vermögensformen am stärksten trifft, die für die weniger Wohlhabenden am Beginn des Sparprozesses besser geeignet sind.

5. Systemkonformität der Wirtschaftspolitik

Die Merkmale der Sozialen Marktwirtschaft stehen in einer systematischen Beziehung zueinander, sind also nicht ausschließlich als Einzelmerkmale und isoliert voneinander zu betrachten.[191] Um diesen Systemzusammenhang zu betonen, kann

[191] *Walter Eucken*, wie Anm. 13, S. 289 ff.

der Oberbegriff „Soziale Marktwirtschaft“ zweckmäßig sein, doch müssen bei konkreten wirtschaftspolitischen Maßnahmen die Einzelmerkmale im Vordergrund stehen. Der Oberbegriff erinnert an die Notwendigkeit, den ordnungspolitischen Gesamtzusammenhang zu beachten und die Ausstrahlungen einer Maßnahme auf andere Bereiche und Sekundärwirkungen einzubeziehen. Wer zum Beispiel Arbeitnehmer ausländischer Firmen an einzelne deutsche Tariflöhne binden will, muß nicht nur den deutschen Export schädigende Reaktionen des Auslandes beachten, sondern auch Kostensteigerungen, die bei den Abnehmern protektionistisch verteuerter Produkte entstehen, ferner gesamtwirtschaftliche Effekte bei Ausdehnung dieses Prinzips auf alle Branchen und Verzerrungen, wenn es auf nur einige Branchen beschränkt bleibt. Was bedeutet das Prinzip ferner für den sachlichen Bestand des gemeinsamen europäischen Marktes und warum wird es nicht auch auf diejenige importierte Arbeit angewandt, die in den Einfuhrgütern enthalten ist? Das punktuelle Denken der Ressortpartikularisten und gesetzgeberischer Detailspezialisten, von dem die jetzige Politik überwuchert wird, widerspricht jedenfalls dem Konzept der Sozialen Marktwirtschaft.[192] Die Forderung, wirtschaftliche und wirtschaftspolitische Interdependenzen und die Zusammenhänge mit anderen gesellschaftlichen Bereichen zu beachten („Interdependenz der Ordnungen“[193]), bedeutet keinen zentral-planerischen Holismus, sondern ähnelt dem Verhalten des sorgfältigen Arztes, der bei jedem Eingriff darauf achtet, daß die allgemeinen Körperfunktionen nicht leiden.[194]

Zu der notwendigen Systemkonformität der Wirtschaftspolitik in der Sozialen Marktwirtschaft gehört auch die Systemkonformität der wirtschaftspolitischen Eingriffswerkzeuge. Das hierbei nur als Minimalanforderung gedachte Kriterium der Marktkonformität[195] greift natürlich nur dort, wo Eingriffe in den Marktverkehr beabsichtigt sind. Für die meisten praktischen Zwecke ist es durchaus eindeutig und brauchbar, selbst wenn es wie viele volkswirtschaftliche und juristische Begriffe an den Rändern Unschärfen aufweist. Wenn z. B. ein Prohibitivzoll den internationalen Preiszusammenhang ebenso zerstört wie ein Einfuhrverbot, so ändert

[192] Zur Kritik am punktuellen Denken: *Walter Eucken*, wie Anm. 187, S. 195 f. und passim.

[193] *Walter Eucken*, wie Anm. 187, S. 304 ff., 332 ff. und passim, außerdem die Schriften von *Alfred Müller-Armack* (z. B. Religion und Wirtschaft, 2. Aufl. Stuttgart usw. 1959); *Wilhelm Röpke* (z. B. Civitas humana, 6. Aufl. Bern 1979); *Franz Böhm*, Freiheit und Ordnung in der Marktwirtschaft, Baden-Baden 1980; *Ernst-Joachim Mestmäcker*, Recht und ökonomisches Gesetz, 2. Aufl. Baden-Baden 1984; ders., Recht in der offenen Gesellschaft, Baden-Baden 1993.

[194] Zum Holismus-Vorwurf vgl. *Hans Willgerodt*, Wertvorstellungen und theoretische Grundlagen des Konzepts der Sozialen Marktwirtschaft, in: Währungsreform und Soziale Marktwirtschaft, wie Anm. 178, S. 52 f.

[195] *Wilhelm Röpke*, Die Lehre von der Wirtschaft, 1. Aufl. Wien 1937, S. 191; ders., Die Gesellschaftskrisis der Gegenwart, 6. Aufl. Bern 1979, S. 258 ff.; ders., Civitas humana, 6. Aufl. Bern 1979, S. 77 f.; *Alfred Müller-Armack*, wie Anm. 1, S. 146.

das nichts an der Tatsache, daß nichtprohibitive Einfuhrzölle den internationalen Preiszusammenhang im Gegensatz zu Mengenkontingenten nicht aufheben. Eine Gleichartigkeit in der handelshemmenden Wirkung beider Maßnahmen besteht nur im stationären Zustand. Sobald etwa das Auslandsangebot billiger wird, setzt sich dies bei Zöllen im Inland fort, bei Mengenkontingenten nicht. Also sind Zölle im allgemeinen marktkonform, Mengenkontingente nie, solange sie wirken. Im übrigen hat schon Wilhelm Röpke[196] darauf hingewiesen, daß die Eigenschaft einer Maßnahme, marktkonform zu sein, sie noch längst nicht empfehlenswert macht, so wenig die partielle Unschädlichkeit von Aethylalkohol als Einladung zur Trunksucht aufgefaßt werden darf. Das Problem wirtschaftspolitischer Instrumente, die zur Sozialen Marktwirtschaft passen, ist hier nicht ausführlich zu erörtern. Jenseits des darüber geführten Meinungsstreits[197] besteht aber bei so gut wie allen praktischen Fragen von einiger Bedeutung Klarheit darüber, welche Maßnahmen keinesfalls systemkonform sind. Leider begünstigen manche Ökonomen den Eindruck, die Nationalökonomie habe im allgemeinen keine klaren Maßstäbe für zweckmäßiges wirtschaftspolitisches Handeln. Man betont achselzuckend die Komplexität der Probleme und die in jeder Wissenschaft bestehende Lückenhaftigkeit des Wissens, argumentiert nicht nahe genug am konkreten Problem und verbirgt außerdem hinter dem Streit um Instrumente eine Divergenz in den Zielen. Andererseits ist das Mißtrauen gegenüber dieser Wissenschaft auch dadurch gesteigert worden, daß einige ihrer Vertreter entweder einen nicht vorhandenen Determinismus oder eine ebenfalls nicht vorhandene Lenkbarkeit der Wirtschaft unterstellt haben.[198]

III. Juristische Spiegelungen zum wirtschaftspolitischen Teil der Sozialen Marktwirtschaft

Im ganzen zeigt sich gleichwohl, daß die im engeren Sinne wirtschaftspolitischen Merkmale einer Sozialen Marktwirtschaft nicht die Eigenschaften aufweisen, die von juristischer Seite der Sozialen Marktwirtschaft im ganzen unterstellt werden, nämlich „keine griffige Definition" aufzuweisen,[199] ein „vager Begriff" zu sein,[200]

---

[196] Wie Anm. 195.

[197] Vgl. *Gernot Gutmann*, Erhaltung industrieller Kerne in Ostdeutschland und das Problem der Ordnungskonformität von Wirtschaftspolitik, in: Ordnung in Freiheit, Festgabe f. *Hans Willgerodt*, hrsg. v. *Rolf H. Hasse, Josef Molsberger, Christian Watrin*, Stuttgart usw. 1994, S. 28–39 und die dort angegebene Literatur.

[198] Vgl. *Hans Willgerodt*, wie Anm. 178, S. 59 f.

[199] *Hans-Ernst Folz*, Die Soziale Marktwirtschaft als Staatsziel? München/Landsberg am Lech 1994, S. 14.

[200] *Jörg Müller-Volbehr*, Das Soziale in der Marktwirtschaft, JZ 1982, S. 133.

oder ein „wenig faßbares Konzept".[201] Die juristische Skepsis richtet sich aber nicht vorzugsweise gegen die behauptete Unklarheit des Begriffes, sondern vor allem gegen den dahinter vermuteten Begriff einer Wirtschaftsverfassung. Darunter kann der rechtliche Rahmen einer Marktwirtschaft ohne Rücksicht darauf verstanden werden, ob er im staatsrechtlichen Sinne Verfassungsrang hat. Außerdem wird ein störender Eingriff nationalökonomischer Normvorstellungen in das Rechtssystem befürchtet.[202] Auch deswegen hat das Bundesverfassungsgericht in seinem Mitbestimmungsurteil vom 1. 3. 1979[203] nur Einzelgrundrechte als Maßstab seiner Prüfung verwendet. Es hat dabei zwar „Zusammenhänge zwischen ihrem Schutzbereich" nicht völlig geleugnet, aber „weitere Prüfungsmaßstäbe eines ‚institutionellen Zusammenhangs der Wirtschaftsverfassung' und eines ‚Schutz- und Ordnungszusammenhangs der Grundrechte'" abgelehnt.[204] Diese Zusammenhänge bestehen aber gleichwohl. Da das Gericht nicht beschließen kann, nachweisbare Tatsachen bestünden nicht, kann dies nur bedeuten, daß sie unbeachtet bleiben sollen und die wirtschaftlichen und sozialen Folgen dieser Nichtbeachtung jedenfalls von der Verfassung hingenommen werden. An sich ist es dann möglich, daß die einfache Gesetzgebung diese Zusammenhänge beachtet. Sieht man von Meinungen ab, die vor allem von Franz Böhm und Ernst-Joachim Mestmäcker vertreten worden sind, besteht aber eine starke Tendenz, die Interdependenz einzelner Merkmale der Wirtschaftsordnung als nicht existierend zu behandeln und die Zurückhaltung des Bundesverfassungsgerichtes als Freibrief für ordnungspolitische Beliebigkeit des Gesetzgebers anzusehen, dessen einzige Begrenzung nicht die einer Sache gemäße Vernunft ist, sondern die vom Verfassungsgericht gesetzte Schranke für Unvernunft.[205] Begünstigt wird dies durch die Aporie des auslegenden Juristen, der als Vernunft unterstellen muß, was der Gesetzgeber durch Gesetz als seiner Ansicht nach sachgemäß erklärt hat. Seit dem Urteil des Bundesverfassungsgerichts vom 20. 7. 1954 über das Investitionshilfegesetz[206] behaupten viele Lehrbücher und Kommentare, die Verfassung verhalte sich nicht nur zur Frage der Wirtschaftsordnung, sondern überhaupt zur Wirtschaftspolitik neutral, und verweisen die von diesem Urteil in einem Nebensatz erwähnte Beziehung der Wirtschaftspolitik zur Verfassung und den Grundrechten ebenfalls in Nebensätze und Einzelbetrachtungen.

[201] *Reiner Schmidt*, Öffentliches Wirtschaftsrecht. Allgemeiner Teil. Berlin usw. S. 71.
[202] Wie Anm. 196, S. 76f.
[203] BVerfGE 50, 290 (336).
[204] Desgl.; nach Schmidt (wie Anm. 196, S. 77) gibt es ein „Phantom ‚Wirtschaftsverfassung'".
[205] Bemerkenswert ist die Äußerung des Gerichts (BVerfGE 4, 7 (18), es sei „nicht befugt, Gesetze daraufhin zu prüfen, ob sie im ganzen oder in einzelnen Bestimmungen zweckmäßig sind".
[206] BVerfGE 4, 7.

Immerhin wird – mit teilweise abwertendem Akzent[207] – die Soziale Marktwirtschaft als eine im Rahmen des Grundgesetzes zulässige, aber nicht als die allein mögliche Wirtschaftsordnung angesehen. Welche Ordnungen sonst noch möglich wären und wie es um deren Verfassungskonformität bestellt ist, wird selten systematisch geprüft, sondern in der Regel offen gelassen. Man würde dieser Frage aus dem Wege gehen, wenn man die jeweils in Deutschland bestehende Wirtschaftsordnung als „Soziale Marktwirtschaft" bezeichnen würde, solange und soweit sie nicht für verfassungswidrig erklärt ist. Soziale Marktwirtschaft wäre dann alles, was sich an Wirtschaftspolitik noch im Rahmen der Verfassung unterbringen läßt. Ein Unterschied zu der Praxis, die in anderen westeuropäischen Ländern ohne den Begriff „Soziale Marktwirtschaft" besteht, wäre dann nur noch teilweise oder überhaupt nicht mehr festzustellen, der Begriff wäre überflüssig.

Dem Leitbild der Sozialen Marktwirtschaft entspräche diese der politischen Optik dienende Etikettierung sicher nicht. Während nach der Reform von 1948 die westdeutsche Wirtschaftspolitik zunächst noch für mehr als ein Jahrzehnt erfolgreich danach strebte, dem Leitbild näher zu kommen, und damit im Unterschied zum Ausland erhebliche Besonderheiten aufzuweisen hatte, halten seit langem viele Beurteiler den Abstand der deutschen wirtschaftspolitischen Praxis von diesem Leitbild für zu groß.[208] Sie wollen nicht Vernunft mit rechtlicher Zulässigkeit gleichsetzen. Die bestehende Ordnung ist zwar noch eine Marktwirtschaft, ihre ordnungspolitischen Strukturen sind ziemlich widerstandsfähig und die Wirtschaft verfügt über erhebliche ökonomische Reserven, wie ihre Tragfähigkeit aus Anlaß der deutschen Vereinigung gezeigt hat. Sie nimmt aber immer mehr Züge einer „korporativistischen Verteilungsgesellschaft",[209] einer von unsystematischen Eingriffen durchsetzten „Zerrform der Verkehrswirtschaft"[210] an.

---

[207] Z. B. Bei *Ekkehart Stein*, Staatsrecht, 14. Aufl. Tübingen 1993, der allerdings nur die „gegenwärtige Wirtschaftsordnung" als Soziale Marktwirtschaft ansieht, nicht ihr Leitbild (S. 377 f.). Nachdem er zunächst die angebliche wirtschaftspolitische Neutralität des Grundgesetzes behauptet hat (S. 373 ff.), folgert er später (S. 379) aus dem Sozialstaatsprinzip: „Unter verfassungsrechtlichen Aspekten ist daher eine Reform unserer Wirtschaftsordnung dringend geboten." Der Widerspruch wird nicht aufgelöst.

[208] *Hans Otto Lenel*, Haben wir noch eine soziale Marktwirtschaft? ORDO Bd. 22 (1971), S. 29–47. *Manfred E. Streit*, Das Leitbild der Sozialen Marktwirtschaft – Konsens, Konfliktfelder, Defizite, Reformchancen, in: Markt und Moral, Gütersloh 1994, S. 203–214.

[209] *Ernst-Joachim Mestmäcker*, Recht in der offenen Gesellschaft, Baden-Baden 1993, S. 19 ff.

[210] *Franz Böhm*, Freiheit und Ordnung in der Marktwirtschaft, Baden-Baden 1980, S. 22.

IV. Das Soziale in der Sozialen Marktwirtschaft

Die geschilderten wirtschaftspolitischen Merkmale der Sozialen Marktwirtschaft enthalten schon für sich allein Elemente des sozialen Ausgleichs. Das erkennt man, wenn man sich fragt, welche Möglichkeiten zu willkürlicher Ungleichheit entstehen, wenn der Rechtsstaat, die Geldwertstabilität, der Wettbewerb bei offenen Märkten und die Systemkonformität der angewandten Instrumente der Wirtschaftspolitik aufgegeben werden. Gewiß ist der Rechtsstaat viel mehr als nur eine Vorbedingung für eine funktionsfähige Marktwirtschaft, aber er ist auch dieses. Seine Preisgabe bedeutet die Rückkehr zu Privilegien als das Gegenteil des Ausgleichs von Chancen und Lebenslagen. Daß Inflation, Wettbewerbsbeschränkungen und geschlossene Märkte zu Diskriminierungen der Ausgeschlossenen führen und daß ein nicht systemkonformer Interventionismus in der gleichen Richtung wirkt, ist nicht zu bestreiten. Bei nicht systemkonformen Eingriffen setzen sich gegenüber den Behörden und der Politik so gut wie immer nicht die Schwächeren und schlechter Gestellten durch, sondern die Beziehungsreichen, für die „sozialer Ausgleich“ bedeutet, daß sie etwas durch staatliche Zurückdrängung anderer erlangen wollen.

Das Konzept der Sozialen Marktwirtschaft in der Form, wie sie Müller-Armack entwickelt hat, fordert über die im engeren Sinne wirtschaftspolitischen Merkmale einer wettbewerblichen Marktwirtschaft hinaus „ein vielgestaltiges und vollständiges System des sozialen Schutzes“,[211] grenzt sich aber von einem uferlosen „Versorgungsstaat“ ebenso ab[212] wie von Maßnahmen, mit denen die Selbständigkeit geschwächt und die marktwirtschaftliche Ordnung gestört und gefährdet wird.[213] Auch soll es nicht zu einer interventionistischen Wirtschaftspolitik kommen, die „Elemente der zentralen Lenkung mit solchen der Marktwirtschaft mischte, bis sich die widersprüchlichen Faktoren gegenseitig blockierten und die wirtschaftliche Leistung hemmten“.[214] Gleichwohl werden Korrekturen an den Rahmenbedingungen wie an den Ergebnissen der Marktwirtschaft verlangt, und zwar auch als Teil einer „Gesellschaftspolitik“,[215] die zum Teil weit ausgreift, jedoch meist nur maßvoll vorwegnimmt, was heute in vergröberter und verzerrter Form in aller Munde ist.[216] Ganz einfach ist das Konzept also nicht. Macht das Adjektiv „sozial“ den Begriff der Sozialen Marktwirtschaft unklar? Die These, dieser Begriff enthal-

[211] Wie Anm. 175, S. 245.
[212] Die zweite Phase der Sozialen Marktwirtschaft, wie Anm. 175, S. 284.
[213] Abhängigkeit und Selbständigkeit in den Wirtschaftsordnungen, wie Anm. 1, S. 101–229. Ferner wie Anm. 175, S. 246.
[214] Wie Anm. 175, S. 244.
[215] Wie Anm. 178.
[216] Vgl. auch: *Hans Willgerodt*, wie Anm. 20, S. 54 ff.

te einen nicht zu harmonisierenden Antagonismus, setzt voraus, daß eine Politik des sozialen Ausgleichs der Marktwirtschaft widerspricht. Ob das zutrifft, hängt davon ab, was unter sozialem Ausgleich verstanden wird und welcher Instrumente man sich bedient, um ihn zu erreichen. In jeder Gesellschaft sind Einrichtungen notwendig, um wirtschaftliche Folgen von Krankheit, Unfällen, Alter und Arbeitslosigkeit abzufangen. Keinerlei Widerspruch zur Ordnung der Marktwirtschaft besteht, wenn die Betroffenen selbst für solche Ereignisse privatwirtschaftlich Vorsorgen. Aber dies wird von der offiziellen Sozialpolitik behindert oder abgelehnt. Die private Vorsorge enthalte nicht das Element der „Solidarität". Darunter wird eine staatlich angeordnete Umverteilung verstanden, sei es innerhalb einer Generation, sei es zwischen den Generationen. Da aber so gut wie die ganze Bevölkerung hiervon erfaßt wird, sind starke Kräfte am Werk, die das Element der Umverteilung abschwächen. Denn alle sind auch Leistungsempfänger. Die Folge ist eine Mischung von Geschäft und Umverteilung. Da z. B. so gut wie jedermann damit rechnen muß, einmal krank oder alt zu werden, handelt es sich um einen voraussehbaren Güterbedarf, dessen Befriedigung ebenso ein ökonomisches Problem ist wie die Notwendigkeit der täglichen Nahrungsaufnahme. Das Element der Umverteilung wird in der sozialen Krankenversicherung durch einkommensabhängige Beiträge, Einbeziehung von Angehörigen ohne Beitragsleistung und anderes hinzugefügt. Die soziale Alterssicherung nach dem Umlageverfahren beruht auf reiner Umverteilung, verbunden mit der Optik einer Art von Aequivalenz, indem später mehr erhält, wer früher mehr eingezahlt hat. Ob solche Umverteilungen mit der Marktwirtschaft vereinbar sind, hängt davon ab, welche Ansprüche man an diese Vereinbarkeit stellt. Es ist aber sicher, daß der Signalapparat der Preise dadurch nicht allgemein beseitigt wird, sondern nur dort, wo diese Beseitigung wie in der sozialen Krankenversicherung zum Systembestandteil gemacht worden ist. Im übrigen läßt auch die Umverteilung durch Steuern und Staatsausgaben die Preisbildung am Markt grundsätzlich bestehen, so sehr sie auch die Wirtschaftsstruktur, das Wachstums und den Wettbewerb beeinträchtigen mag.

Gefahren für die Funktionsfähigkeit der Marktwirtschaft gehen jedoch von der eingebauten Tendenz zur Uferlosigkeit der Soziallasten aus.[217] Entgegen dem Subsidiaritätsprinzip werden immer neue durch Systeme der Umverteilung betreute Sachverhalte gefunden, obwohl das reale Durchschnittseinkommen der Deutschen das höchste ihrer bisherigen Geschichte ist und damit die persönliche Tragfähigkeit eigentlich gestiegen sein sollte. Ferner ist die als „sozial" bezeichnete Ordnung des Arbeitsmarktes noch weit davon entfernt, mit der Marktwirtschaft zu har-

[217] Darauf habe ich zuerst im Jahre 1955 hingewiesen, allerdings die Belastungsfähigkeit der Marktwirtschaft unterschätzt: *Hans Willgerodt*, Die Krisis der sozialen Sicherheit und das Lohnproblem, ORDO Bd 7 (1955), S. 145–187.

monieren und das sowohl wirtschafts- wie sozialpolitisch brennende Problem der Arbeitslosigkeit ausreichend zu beachten. Als „sozial" werden im übrigen zahllose Regulierungen und Interventionen angesehen, bei denen Besitzstandswahrung gegen Marktsignale und Wettbewerb beabsichtigt ist. Vielfach wird hier die Grenze zur Systemverträglichkeit undeutlich: Der Markt besteht zwar noch, funktioniert aber unzulänglich. Mit Subventionen, die an sich marktkonform sein können, wird versucht, den Marktkräften entgegen zu steuern, anstatt mit ihnen notwendige Anpassungen zu erleichtern. Die Wirtschaft wird zum Wirtschaftsmuseum.

Schon dieser knappe Überblick zeigt, daß die soziale Komponente der Sozialen Marktwirtschaft zahlreiche noch zu lösende Probleme enthält. Trotzdem ist eine zum marktwirtschaftlichen Teil der Sozialen Marktwirtschaft passende Sozialpolitik möglich und wird sich wegen der nicht mehr zu leugnenden Krise des Sozialstaates schließlich durchsetzen. Einen heute spürbaren, wenn auch keineswegs allgemeinen Antagonismus zwischen den beiden Hauptelementen der Sozialen Marktwirtschaft muß es nicht geben. Weder muß Unwirtschaftlichkeit sozial noch muß Sozialpolitik unwirtschaftlich sein.[218] Eine sozialpolitische Abfederung der Marktergebnisse ist schon allein deswegen angebracht, weil diese Ergebnisse auch dann, wenn sie für den Einzelnen schmerzlich sind, der Allgemeinheit wichtige und nützliche Informationen liefern. Diese Ergebnisse sind nicht voll vorauszusehen und enthalten ein Element des Zufalls, dem auch der Tüchtigste nicht ausweichen kann.[219] Infolgedessen muß das im Gesamtinteresse übernommene Risiko so verteilt werden, daß es für den Einzelnen tragbar bleibt.[220] Andererseits darf es nicht so stark sozialisiert werden, daß Verantwortungslosigkeit ermutigt wird. Hält sich der soziale Schutz in diesem Rahmen, dann sichert er zugleich die Marktwirtschaft gegen irrationale Reaktionen der Betroffenen und der Politik.

Es ergibt sich, daß eine vermutete Unbestimmtheit des Begriffs der Sozialen Marktwirtschaft ihrer „sozialen" Komponente anzulasten ist. Denn diese hat sich zum Teil von ihrer Systemkonformität entfernt, teilweise strukturell und teilweise durch Übermaß. Die Sozialkomponente hat aber von jeher in Deutschland Verfassungsrang (Art. 20 Abs. 1 und Art. 28 Abs. 1 GG). Solange die Marktwirtschaft des geschilderten Typs von verfassungsrechtlichen Sicherungen mehr oder weniger ausgespart bleibt, kann sich die juristische Auslegung unbekümmert um volkswirtschaftliche Interdependenzen der Ausweitung und Verfestigung des dann unbestimmt bleibenden Rechtsbegriffs des Sozialstaates zuwenden. Dieser Rechtsbegriff

218 Zu Reformmöglichkeiten vgl. Wolfram Engels usw. (Kronberger Kreis), Mehr Markt schafft Wohlstand, Stuttgart 1987.

219 Vgl. auch *F. A. von Hayek*, Gleichheit, Wert und Verdienst, ORDO Bd. 10 (1958), S. 5–29, der zeigt, daß Markterfolg nicht auf moralischem Verdienst beruhen muß und Mißerfolg nicht auf moralischem Versagen.

220 Vgl. *Ernst-Joachim Mestmäcker*, Recht und ökonomisches Gesetz, wie Anm. 19, S. 877.

bleibt unbestimmt, wenn er nicht auf seine Vereinbarkeit mit einer auch aus sozialen Gründen erforderlichen Marktwirtschaft bezogen wird. Umgekehrt gilt, daß eine mit Wettbewerbsbeschränkungen, Geldentwertung, zügellosen Staatshaushalten, nicht systemkonformen Interventionen, einseitigen Begünstigungen und ungleicher Behandlung vor dem Gesetz durchsetzte Marktwirtschaft nicht sozial genannt werden kann. Die Ausklammerung der marktwirtschaftlichen Komponente verdirbt den Begriff des Sozialen und die Ausklammerung der Gerechtigkeit verdirbt die Marktwirtschaft. Beachtet man dies, dann wird der Begriff der Sozialen Marktwirtschaft faßbar, selbst wenn er wie viele juristische und volkswirtschaftliche Begriffe Anwendungs- und Auslegungsprobleme mit sich bringt.

V. Neue Rechtsprobleme?

Im Jahre 1950 hat Ludwig Raiser betont: „Die Wirtschaftsverfassung, also die durch politische Entscheidung festgelegte Gesamtkonzeption einer Wirtschaftsordnung hat als solche nicht Rechtssatzqualität. Die Rechtsordnung hat die jener Konzeption entsprechenden Rechtsnormen erst zu schaffen, um damit ihre Verwirklichung zu ermöglichen und zu sichern".[221] Freilich gilt ähnliches auch für den Rechtsstaat, den Sozialstaat und andere Begriffe, ohne daß sie deswegen aus Gesetzen verbannt werden. Die juristische Scheu, den Begriff „Soziale Marktwirtschaft" auch nur als Programmgröße mit Rahmen- und Richtliniencharakter zu verwenden, beruht nicht nur auf der vermuteten Unklarheit des Begriffs, sondern im Gegenteil sogar auf der Befürchtung, der Begriff sei allzu klar und enge damit den pragmatischen Spielraum von Politik und Rechtsprechung zu sehr ein. Die Neigung ist verbreitet, die Frage der in Deutschland existierenden und rechtlich gebotenen Wirtschaftsordnung so lange wie möglich offen zu halten und dem Gesetzgeber anheim zu stellen. Bei einigen mag auch die Abneigung gegen eine Marktwirtschaft dabei mitschwingen.[222]

Für das Offenhalten der Ordnungsfrage gibt es gute und weniger gute Gründe. Zu den guten Gründen zählt, daß es Ausnahmesituationen geben kann, etwa den Verteidigungsfall, in denen zu harten Eingriffen in den Wirtschaftsverkehr keine Alternative besteht. Weder das Grundgesetz noch Volk und Regierung sind auf eine solche Möglichkeit ausreichend vorbereitet.[223] Zu den guten Gründen zählt

[221] *Ludwig Kaiser*, Wirtschaftsverfassung als Rechtsproblem, in: ders., Die Aufgabe des Privatrechts, Kronberg/Ts. 1977, S. 29.

[222] Z. B. bei *Ekkehart Stein*, wie Anm. 207, S. 377 ff.

[223] Zur Frage des Ausnahmefalls: *Hans Willgerodt*, wie Anm. 194, S. 35 ff.

auch, daß die Rechtsprechung über keine oder über lückenhafte volkswirtschaftliche Kenntnisse verfügt und man auch nicht die Absicht hat, dies zu ändern.[224] Es kann deswegen dem Gesetzgeber noch ein besseres Urteilsvermögen auf diesem Gebiet unterstellt werden oder er kann mindestens durch Wahlen einer Sanktion unterworfen werden, die bei Richtern aus guten Gründen fehlt. Ferner handelt es sich bei der Wirtschaftsordnung noch immer um ein Gebiet, das nur eingeschränkt mit einem Grundkonsens in der Bevölkerung rechnen kann, also noch immer kontrovers diskutiert wird, mit der Folge, daß sich eine Politisierung der Rechtsprechung ergeben könnte, die sich eher vermeiden läßt, wenn man hart an den einzelnen Grundrechten argumentiert. Zu den weniger guten Gründen zählt, daß man hinter dem Begriff Soziale Marktwirtschaft angeblich unzulässiges Systemdenken vermutet und einen Zusammenhang zwischen einzelnen volkswirtschaftlichen Ordnungs- und Prozeßelementen leugnet oder unbeachtet lassen will, obwohl es sich um erwiesene Beziehungen handelt. Das Verharren auf einer gleichsam vorkopernikanischen Pseudoökonomie ist weder der Gesetzgebung noch der Rechtsprechung zuträglich und zum Beispiel im Stabilitäts- und Wachstumsgesetz längst aufgegeben. Unverständlich ist auch, wenn in diesem Zusammenhang angeblich unzulässiges Modelldenken der Volkswirte verdächtigt wird, vor dem der Jurist weiten Abstand nehmen müsse, weil nur er es mit dem prallen vollen Menschenleben zu tun habe. Diese ständig wiederholte These verkennt den Sinn von Modellen in einer empirischen Wissenschaft und übersieht obendrein, daß auch die Gesetzgebung auf Modellvorstellungen über die Wirkung des Rechts beruht. Es ist sogar behauptet worden, ökonomische Gesetze gebe es nur „innerhalb der reinen Theorie“,[225] also einer Art von Wolkenkuckucksheim der Ökonomen. Weniger gut ist es auch, wenn trotz möglichen Rekurses auf einzelne Grundrechte nur die marktwirtschaftliche Komponente der Sozialen Marktwirtschaft zur beliebigen Disposition gestellt wird, um die soziale Komponente mit absolutem Vorrang auszustatten. Es ist demgegenüber zu begrüßen, daß die Gemeinsame Verfassungskommission der Versuchung widerstanden hat, soziale Staatsziele zusätzlich zur Sozialstaatsklausel in das Grundgesetz aufzunehmen. Dies hätte nämlich jenseits

[224] So ist in Nordrhein-Westfalen die Wirtschaftswissenschaft aus dem juristischen Studium verbannt worden.

[225] *Ludwig Kaiser*, wie Anm. 221, S. 24. Diejenigen Juristen, die mit dem Vorwurf wirklichkeitsfremder Modelltechnik gegenüber den Wirtschaftswissenschaften operieren, sind so zahlreich, daß es kaum möglich ist, sie hier alle genau zu zitieren. Merkwürdig ist nur, daß in diesem Zusammenhang die dem Juristen geläufige typisierende Betrachtungsweise nicht in den Sinn kommt. Unterschiede und Gemeinsamkeiten zwischen juristischen und ökonomischen Modellen sowie wirtschaftswissenschaftlichen Theorien und dem, was die Juristen in ihrer Auslegungspraxis „Theorie“ nennen, müßten einmal genauer untersucht werden.

rechtlicher Bedenken[226] zu einer Deformation der Marktwirtschaft, wenn nicht zu ihrer Zerstörung geführt.

Inzwischen ist es zu einer Art von juristischem Betriebsunfall gekommen, indem der Vertrag über die Schaffung einer Währungs-, Wirtschafts- und Sozialunion zwischen beiden deutschen Staaten[227] vom 18. Mai 1990 die Soziale Marktwirtschaft ausdrücklich für beide Vertragspartner vorschreibt und ihre einzelnen Merkmale festlegt, nämlich Privateigentum, Leistungswettbewerb, freie Preisbildung und grundsätzlich volle Freizügigkeit von Arbeit, Kapital, Gütern und Dienstleistungen, Begrenzungen für öffentliches Eigentum, ferner Umweltschutz, eine der Sozialen Marktwirtschaft entsprechende Arbeitsrechtsordnung und ein auf den Prinzipien der Leistungsgerechtigkeit und des sozialen Ausgleichs beruhendes umfassendes System der sozialen Sicherung (Artikel 1). Außerdem schreibt Artikel 2 Vertragsfreiheit, Gewerbe-, Niederlassungs- und Berufsfreiheit, die Freizügigkeit und die Vereinigungsfreiheit vor. Der Vertrag ist durch Artikel 40 Abs. 1 des Einigungsvertrages vom 23. September 1990 einfaches Bundesgesetz geworden.[228] Die praktische Bedeutung dieses Vertrages war für die DDR fundamental, weil damit ihre frühere Zentralverwaltungswirtschaft aufgehoben werden mußte. Demgegenüber wird die Bedeutung des zum einfachen Gesetz gewordenen Vertrages für das jetzige Deutschland unterschiedlich beurteilt.[229] Wichtig ist, daß hier der Begriff Soziale Marktwirtschaft in einem deutschen Gesetz verwendet wird und damit die Interdependenz ihrer einzelnen Merkmale anerkannt wird. Natürlich kann der Gesetzgeber das Gesetz jederzeit durch ein anderes wieder aufheben. Ähnliches könnte im übrigen einer Klausel des Stabilitäts- und Wachstumsgesetzes (zuerst vom 8. Juni 1967)[230] widerfahren, weil nur die haushaltsrechtliche Seite dieses Gesetzes durch Artikel 109 Absatz 2 GG verfassungsrechtlich gesichert ist, nicht aber die von dem Sozialdemokraten Karl Schiller eingefügte Formel: „im Rahmen der marktwirtschaftlichen Ordnung".

Die deutsche Diskussion um die Möglichkeit des Begriffes der Wirtschaftsverfassung mit verfassungsrechtlicher Bindungskraft ist seit langem obsolet. Der mindestens den einfachen nationalen Gesetzen wie eine Verfassung übergeordnete EWG-Vertrag von 1957 hat von Anfang an nichts anderes festgelegt als eine Wirtschaftsverfassung, die wegen ihrer Freiheitsrechte nur eine marktwirtschaftliche

226 Vgl. Wolfgang Graf Vitzthum, Staatszielbestimmungen und Grundgesetzreform, in: Gedächtnisschrift für Eberhard Grabitz, München 1995, S. 819–849. Ich habe Graf Vitzthum für rechtliche Belehrung zu danken und hoffe, daß sie mindestens teilweise gefruchtet hat.

227 BGBl II, S. 537.

228 BGBl II, S. 885, hier: S. 903.

229 Matthias Schmidt-Preuß, Soziale Marktwirtschaft und Grundgesetz vor dem Hintergrund des Staatsvertrages zur Währungs-, Wirtschafts- und Sozialunion, DVBl v. 1.3.1993.

230 Vgl. Klaus Stern, Paul Münch, Karl-Heinrich Hansmeyer, Gesetz zur Förderung der Stabilität und des Wachstums der Wirtschaft, 2. Aufl. Stuttgart usw. 1967.

Ordnung zuläßt.[231] Die teilweise anders orientierten Verträge über die Montanunion und Euratom sind immer bedeutungsloser geworden. Was ist damit aus der vom Bundesverfassungsgericht einst im Jahre 1954 behaupteten[232] Wahlmöglichkeit des deutschen Gesetzgebers für die Ordnung der Wirtschaft geworden? Sie besteht nur in dem Sinne weiter, wie die deutsche Wirtschaftspolitik damit nicht gegen das Europarecht verstößt. Jedenfalls ist aber die wirtschaftspolitische Bewegungsfreiheit der deutschen Gesetzgebung massiv eingeschränkt, und zwar mit verfassungsrechtlicher Wirkung. Die deutsche Tendenz zum systemlosen Interventionismus setzt sich freilich teilweise auf europäischer Ebene fort. Die Erfahrung lehrt indessen, daß die Europäische Gemeinschaft nur auf den Gebieten reibungslos funktioniert, die marktwirtschaftlich geordnet sind und den freien innergemeinschaftlichen Austausch zulassen.

Nunmehr hat der Vertrag über die Europäische Union vom 7.2.1992[233] (Maastricht-Vertrag) auch verbal das Dogma von der verfassungsrechtlichen Neutralität gegenüber der wirtschaftlichen Gesamtordnung aufgegeben und eine „offene Marktwirtschaft mit freiem Wettbewerb" vorgeschrieben (Art. 3a, 102a, 105 Abs. 1 EGV). Für die deutsche Diskussion ergibt sich damit folgende Problematik: von den beiden Bestandteilen des Begriffes Soziale Marktwirtschaft ist die soziale Komponente durch die Sozialstaatsklausel des Grundgesetzes festgelegt, die marktwirtschaftliche Komponente jedoch nunmehr auch wörtlich durch den EG-Vertrag. Die bisherige Handhabung des Sozialstaatsprinzips in Deutschland führt bei immer weiter geöffneten Grenzen zu den übrigen EG-Ländern zu Wettbewerbsproblemen, wenn die Lasten des Sozialstaates nicht ohne Beschäftigungseinbußen auf die Nettopreise der Produktionsfaktoren zurückgewälzt werden können.[234] Die Hoffnung, den deutschen Sozialstaat gegenüber der innereuropäischen Auslandskonkurrenz abschirmen zu können, dürfte trügerisch sein. Auch ist es aussichtslos, das deutsche System der sozialen Sicherung und der hohen deutschen Lohnsätze auf die anderen Länder der EG zu übertragen, um sie wettbewerbsunfähig zu machen. Da der deutsche Sozialstaat ohnehin einer Krise entgegengeht und die Einigkeit darüber wächst, daß er mindestens umgebaut werden muß, sollte die

[231] Es handelt sich nicht um eine Rechtsfrage, sondern um eine Frage des Sachverhalts: Wären die Freiheiten des EG-Vertrages mit einer anderen als der marktwirtschaftlichen Ordnung technisch vereinbar? Die Antwort lautet: nein, ob das die Beteiligten nun wissen oder nicht. Vgl. *Ernst-Joachim Mestmäcker*, Auf dem Wege zu einer Ordnungspolitik für Europa, in: ders., Recht in der offenen Gesellschaft, wie Anm. 19, S. 583–617.

[232] BVerfGE 4, 7 (18).

[233] Europa-Archiv, 47. Jahr 1992, S. D 180, 188, 191.

[234] Zur Frage der „sozialen Harmonisierung" noch immer: *F. W. Meyer*, *Hans Willgerodt*, Der wirtschaftspolitische Aussagewert internationaler Lohnvergleiche, in: *F. W. Meyer*, *H. Willgerodt*, *J. H. Müller*, Internationale Lohngefälle. Wirtschaftspolitische Folgerungen und statistische Problematik, Bonn 1956.

Einsicht zunehmen, daß dieser Umbau nur darin bestehen kann, die Vereinbarkeit sozialpolitischer Regelungen mit der marktwirtschaftlichen Ordnung stärker zur Geltung zu bringen. Der Begriff der Sozialen Marktwirtschaft hat nur dann einen Sinn, wenn der Zusammenhang einzelner Regelungen mit dem rechtlichen, gesellschaftlichen und wirtschaftlichen Gesamtsystem wieder stärker beachtet wird. Geschieht dies, dann ist es gleichgültig, ob der Begriff der Sozialen Marktwirtschaft in Gesetzestexten vorkommt oder nicht. Die „Offenheit" der Marktwirtschaft besteht dann nicht mehr für systemlose, beliebige und punktuelle Eingriffe, sondern für die Freiheit des selbständigen Bürgers, der mit sozialen Sicherungen ausgestattet ist, die zu seiner Selbständigkeit passen.

Ein weiterer Beitrag gilt einem Problem, das in der modernen Rechts- und Ordnungspolitik auch der Liberalen so gut wie nicht eingehend erörtert worden ist. Der Staat muß nicht nur eine akzeptable Verfassung haben, sondern auch im verwaltungstechnischen Alltag funktionieren. Das ist nicht selbstverständlich und hängt nicht zuletzt von der bestehenden Wirtschaftsordnung ab. Daß diese Frage auf wenig Interesse stößt, ist um so erstaunlicher, als nicht nur die deutsche Gesetzgebung inzwischen einen gigantischen Umfang von abnehmendem Grenznutzen erreicht hat. Sie wird durch ständige Änderungen der Gesetze und den europäischen Gesetzgeber noch erweitert. Nur ein Teil dieser Anordnungs- und Papierflut dient dem Ersatz früherer behördlicher Anordnungen durch formale Gesetze. Die neuen Gesetze müßten nicht nur von den Bürgern, sondern auch von der Staatsverwaltung zur Kenntnis genommen und angewandt werden. Das gelingt immer unvollkommener. An einer wirklichkeitsnahen Feststellung der dadurch entstehenden öffentlichen Verwaltungskosten ist anscheinend niemand interessiert. Vor allem aber leidet unvermeidlich die Qualität der Staatsverwaltung in ähnlicher Weise, wie dies im 18. Jahrhundert in der Zeit des vielgepriesenen Merkantilismus der Fall gewesen ist.

Diese Entwicklung war in Frankreich zunächst von einer Finanzkrise eingeleitet worden und hat zur Großen Französischen Revolution beigetragen. Das legt die Frage nahe, ob jetzt vom Staat herbeigeführte europäische Finanzkrisen nicht die Vorboten ähnlicher Entwicklungen sein können. Der Zusammenbruch Preußens von 1807 war zugleich der Zusammenbrach seiner verkalkten merkantilistischen Staatsverwaltung. Ob der heutige deutsche Verwaltungsstaat einer ähnlichen, sich schon abzeichnenden Belastung standhalten würde, wird immer unsicherer. Historisch ist die funktionsfähige und an dauerhafte, wohlüberlegte Gesetze gebundene Staatsverwaltung ein Geschöpf des Liberalismus. Das haben liberale Beamte stets gewußt. Einigen heutigen „Liberalen“ ist es jedoch anscheinend peinlich.

Wirtschaftsordnung und Staatsverwaltung

Von Hans Willgerodt

Man spricht kein Geheimnis aus, wenn man feststellt, daß viele Liberale ein gebrochenes Verhältnis zum Staat und zur staatlichen Verwaltung haben. Sie betonen die tyrannischen Möglichkeiten, die in jeder staatlichen Organisation angelegt sind. Der Staat sei nämlich darauf angewiesen, die Kompetenz als oberste Entscheidungsinstanz in Anspruch zu nehmen und sich hierfür mit den erforderlichen Machtmitteln zu versehen. Unzählig sind die liberalen Warnungen vor dem Machtmißbrauch, der mit einer Ausdehnung der Staatstätigkeit verbunden sein müsse.

Meist ging es den Liberalen darum, die Privatautonomie und die private Wirtschaft vor freiheitsbeschränkenden und die Marktkräfte lähmenden Einflüssen zu bewahren, die vom Staat und seiner Verwaltung ausgehen können. Daß die Staatsverwaltung die Wirtschaft und die Wirtschaftsordnung deformieren können, ist ein im liberalen Schrifttum geläufiges und immer wieder neu erörtertes Thema. Um Nachteile für die Privatautonomie und Wirtschaft der Privaten abzuwehren, wird eine bestimmte Staatsverfassung gefordert. „Wirtschaftsordnung und Staatsverfassung" ist denn auch ein Standardtitel liberaler Veröffentlichungen.[235]

In jüngster Zeit wird – anknüpfend an eine im Kern schon bei Adam Smith und John Stuart Mill angelegte Konzeption – zusätzlich geprüft, ob die Staatsverwaltung die von den Bürgern gewünschten öffentlichen Leistungen zweckmäßig und kostengünstig erbringt; das heißt, die Liberalen haben das finanzpolitische und finanzwissenschaftliche Grundproblem wieder entdeckt, das sie in einer bestimmten Phase vereinfachten Modelldenkens aus den Augen verloren hatten. Die Sichtweise bleibt aber gleichwohl extrem kritisch, indem alle – ohne Zweifel vorhandenen – Schwächen der staatlichen Bürokratie pointierend hervorgehoben werden und der Versuch unternommen wird, diese Schwächen auf die Verhaltensweisen der

---

[235] Vgl. *Franz Böhm*, Wirtschaftsordnung und Staatsverfassung, Tübingen 1950; *Heinz Sauermann* und *Ernst-Joachim Mestmäcker* (Herausgeber), Wirtschaftsordnung und Staatsverfassung, Festschrift für *Franz Böhm* zum 80. Geburtstag, Tübingen 1975. Das Problem selber begleitet die klassische Nationalökonomie seit ihren Anfängen, so daß die Nationalökonomen immer zugleich auch Staats- und Verfassungstheoretiker gewesen sind. Wo man diesen Aspekt vernachlässigt hat, weist die Nationalökonomie deutliche empirische und analytische Defekte auf; in jüngster Zeit sind diese Defekte so stark in das Blickfeld gerückt worden, daß die entgegengesetzte Gefahr einer Überbetonung und einer Vernachlässigung der bewährten volkswirtschaftlichen Allokations- und Kreislauftheorie zugunsten wolkiger politökonomischer Denkgebilde besteht.

staatlichen Bürokraten zurückzuführen.[236] Der homo bürocraticus soll in einer Art von Modellanalyse ähnliche didaktische Funktionen erfüllen wie einst der homo oeconomicus für die Marktanalyse. Es wird davon ausgegangen, daß der staatliche Verwaltungsfunktionär im eigenen Interesse handelt und sich darin vom privaten Wirtschaftsbürger nicht unterscheidet. Während aber Wettbewerb und Markt dafür sorgen, daß unter bestimmten Nebenbedingungen die Verfolgung des Privatinteresses durch Einzelbürger nicht gegen das Interesse anderer verstößt, sondern damit harmoniert, gebe es entsprechende Regelsysteme in der Staatsverwaltung nicht oder nur in unvollkommener Form. Der staatliche Bürokrat sei persönlich an der Expansion der Staatstätigkeit über das Maß hinaus interessiert, das die Bürger für nützlich halten, weil Gehalt und Einfluß des Bürokraten davon abhängen. Unwirtschaftlichkeit zeichne den öffentlichen Bereich aus, weil er nicht konkursfähig sei. Die politischen Wettbewerbe um Wählerstimmen seien aus Gründen, die im einzelnen untersucht werden, kaum geeignet, dieses Problem zu lösen. Daher sei es in erster Linie notwendig, die Staatstätigkeit einzuschränken; in zweiter Linie müsse darüber nachgedacht werden, wie die staatliche Verwaltung durch Verfassungsreformen, vielleicht auch durch Einbau marktähnlicher Elemente, funktionstüchtiger gemacht werden könnte. Ohne Zweifel hat diese Diskussion zu beachtlichen Einsichten geführt und die wissenschaftlichen Verfechter der These, dem Staat müsse wegen des „Marktversagens" ein ständig wachsender Handlungsspielraum eingeräumt werden, in arge Verlegenheit gebracht. Die kommunistische, aber nun auch von Nichtkommunisten vertretene Ansicht, der „Kapitalismus" überlebe zur Zeit nur deswegen, weil der Staat im Dienste der „Monopole" die Wirtschaft stabilisiere, ist schon wegen der dahinter stehenden Fehleinschätzung staatlicher Möglichkeiten reichlich naiv. Die Vertreter der „Stamokap"-Thesen verfügen selten über ausreichende Verwaltungserfahrung, und noch seltener dürfte ihnen die moderne liberale Bürokratietheorie bekannt sein.

Gleichwohl argumentiert die neuere liberale Bürokratiekritik teilweise etwas zu einfach, weil sie – ähnlich wie einst Karl Marx den „Kapitalisten" – nunmehr den staatlichen Bürokraten als den unvermeidlich auftretenden Theaterschurken ansieht, der als Person zwar nicht schlechter sei als wir alle, der aber innerhalb des modernen staatlichen Systems unvermeidlich gemeinschädliche Eigenschaften entwickeln müsse. Bereits Adam Smith hat darauf hingewiesen, daß die Menschen

---

[236] *C. Northcote Parkinson*, Parkinson's Law and other Studies in Administration, Cambridge (Mass.) 1957; *William A. Niskanen*, Bureaucracy and Representative Government, Chicago und New York 1971; ders., Bureaucracy: Servant or Master? Lessons from America, (London) 1973; The Institute of Economic Affairs (Herausgeber), The Economics of Politics, Readings 18, (London) 1978, mit zahlreichen weiteren Literaturhinweisen, insbesondere auf Veröffentlichungen von *James M. Buchanan, Gordon Tullock, Charles K. Rowley*.

nicht nur Ziele zu ihren eigenen machen, die nur auf Kosten anderer erreicht werden können, sondern daß man auch auf Anerkennung durch andere Wert legt.[237] Für den Staatsfunktionär gilt dies nicht minder, und es wäre wirklichkeitsblind, den Personen, die im Staatsdienst stehen, allgemein einen hemmungslosen Egoismus zu unterstellen. Die vielen Beamten, die auch heute noch Gesundheit und Leben im öffentlichen Interesse einsetzen, sprechen deutlich gegen allzu zynische Vereinfachungen. Außerdem wird nicht genügend beachtet, daß auch private Großunternehmen und Verbandsorganisationen über Bürokratien verfügen, die keineswegs so vollkommen über Wettbewerb und Märkte gezügelt werden, daß eine strenge Scheidelinie zur staatlichen Bürokratie gezogen werden kann, wenn die Verhaltensweise beurteilt werden soll.

Richtig ist jedoch die jetzt stark betonte Einsicht, daß das Verhalten der staatlichen Verwaltung von ihrem Aufbau, der staatlichen Gesamtordnung und den Aufgaben abhängt, die man der staatlichen Bürokratie zuweist. Uns soll im Folgenden die besondere Frage beschäftigen, wie die Staatsverwaltung selber ihren Charakter, ihre Leistungsfähigkeit und ihre innere Organisation verändert, wenn man sich für verschiedene Wirtschaftsordnungen entschieden hat. Das Thema lautet also nicht mehr: „Wirtschaftsordnung und Staatsverfassung", sondern „Wirtschaftsordnung und Staatsverwaltung". Gefragt wird nicht, was mit den Privaten und der Wirtschaft geschieht, wenn der Staat eine bestimmte Wirtschaftsordnung zuläßt oder anstrebt; vielmehr geht es um die Folgen für den Staat selber und seine Verwaltung, wenn eine bestimmte Wirtschaftspolitik getrieben wird. Diese Sicht

---

[237] Vgl. *Martin Ricketts, Adam Smith* on Politics and Bureaucracy, in: The Economics of Politics (siehe Fußnote 236), S. 173–182. Die zahlreichen Mißverständnisse über die Rolle, die *Adam Smith* dem Egoismus angeblich zuschreibt, beruhen nicht zuletzt darauf, daß seine Erörterung dieser Frage in seinem Buch Theory of Moral Sentiments nicht herangezogen wird. Er beginnt dort seine Untersuchung mit der Feststellung, daß die Menschen Sympathie und Mitleid mit anderen empfinden und deren Situation also zum Teil als eigene empfinden mit der Folge, daß eigene Handlungen entsprechend orientiert werden (*Adam Smith*, Theorie der ethischen Gefühle, herausgegeben von *Walther Eckstein*, Leipzig 1926 – nach der 6. Auflage von 1790; 1. Teil, I. Abschnitt, 1. Kapitel, S. 1 ff.). Smith legt außerdem dar, daß die Menschen nach Anerkennung und auch nach einer Anerkennung streben, die sie objektiv wirklich verdienen (ebendort, 3. Teil, 2. Kapitel, S. 171 ff.). Zur Frage des vermeintlichen Widerspruchs zu der im „Wealth of Nations" vertretenen Konzeption vgl. die Einleitung von *Walther Eckstein*, ebendort, S. LIII ff. Die sozialethische Diskussion des „Widerspruchs" leidet darunter, daß sich die Autoren nicht in den empirischen Realismus des *Adam Smith* hineindenken können: Einerseits erkennt Smith richtig, daß der Mensch durchaus fähig und darauf angewiesen ist, in der Gemeinschaft mit anderen zu leben und diesen anderen nützlich zu sein, wobei das „Entgelt" in bloßer Anerkennung oder sogar in einfacher Selbstbestätigung bestehen kann, andererseits verkennt er nicht, daß der Altruismus nicht die normale Verhaltensweise für alle bei allen Handlungen sein kann und daß Handlungen zum Schaden anderer eine große Bedeutung haben, so daß eine Ordnung geschaffen werden muß, die vor allem gemeinschädliches Verhalten zurückdrängt.

ist ungewohnt, obgleich sich vor allem die liberalen Klassiker immer wieder auch mit dieser Frage eingehend befaßt haben.[238]

In scheinbarem Widerspruch zu ihrer angeblichen Staatsfeindlichkeit haben die Vertreter des politischen Liberalismus und Anhänger marktwirtschaftlicher Ordnungen den modernen Staat und seine Verwaltung in ungewöhnlichem Maße geprägt. Es stellt keinen übermäßig großen Fehler dar, wenn man diesen Staat geradezu als eine liberale Erfindung bezeichnet. Freilich ist dies nicht unbestritten. Die Entstehung einer modernen Staatsbürokratie wird vielfach als eine Leistung des absoluten Fürstenstaates und der von ihm bevorzugten merkantilistischen Wirtschaftspolitik betrachtet. Was den bloßen Behördenaufbau und äußere Organisationsmerkmale angeht, ist diese traditionelle Lehre nicht einmal ganz unrichtig. Aber erst in der marktwirtschaftlichen Ordnung des 19. Jahrhunderts hat die Staatsverwaltung jene Merkmale entwickelt, durch die in Anlehnung an Max Weber[239] eine moderne Staatsbürokratie gekennzeichnet ist: Diese Verwaltung gehorcht Gesetzen und Regeln; sie ist daher für den Bürger kalkulierbar. Ferner hat sie abgegrenzte Zuständigkeiten, wobei die zuständigen Beamten über die notwendige Fachkompetenz verfügen. Die Verwaltung unterliegt festgelegten Kontrollen; sie kann sich vor allem die zu verwaltenden Mittel nicht selbst beschaffen, sondern erhält sie zugeteilt und muß über die Verwendung abrechnen. Vorgänge und Handlungen werden in Akten festgehalten, schon um Kontrollen zu ermöglichen, Mißverständnisse auszuschließen und Rechtssicherheit zu wahren. Die Beamten, deren Kompetenz durch Ausleseverfahren ermittelt wird, werden so gestellt, daß von ihnen Unbestechlichkeit gefordert werden kann.

Auf den ersten Blick scheint es, als seien diese Merkmale in keine systematische Beziehung zu verschiedenen Wirtschaftsordnungen zu bringen. Jeder Staat, gleichgültig, welche Staats- und Wirtschaftsverfassung er besitze, sei doch auf eine solche Bürokratie angewiesen- so daß sie insoweit ein ordnungsindifferentes Werkzeug sei. Nähere Prüfung zeigt indessen, daß dies nicht zutrifft.

Betrachtet man die Zusammenhänge zunächst historisch, so steht fest, daß die Verwaltung des merkantilistischen Staates vielfach keinen festen Regeln unterworfen war, sondern bestenfalls internen Verwaltungsvorschriften. Nach außen wurde häufig in weiten Ermessensspielräumen und nach Gutdünken interveniert; Fach-

---

238 Hinzuweisen ist vor allem auf *Adam Smith*, An Inquiry into the Nature and Causes of the Wealth of Nations (1776), der sich eingehend mit der zweckmäßigen Organisation von Landesverteidigung, Rechtsprechung, öffentlichen Arbeiten und Erziehungswesen befaßt (Buch V), ferner auf *John Stuart Mill*, On Representative Government (1861), deutsch: Betrachtungen über Repräsentativ-Regierung, Leipzig 1873 (*John Stuart Mill's* Gesammelte Werke, Autorisirte Uebersetzung unter Redaction von *Theodor Gomperz*, 8. Bd.).

239 *Max Weber*, Wirtschaft und Gesellschaft, in: Grundriß der Sozialökonomik, III. Abteilung, 3. Aufl. Tübingen 1947, 1. Halbband, S. 124 ff.

kompetenz und Kontrollen ließen zu wünschen übrig und die Zuständigkeiten waren nicht selten unklar oder überhaupt nicht geregelt.[240] Selbst soweit es hieran nicht mangelte, fühlte sich aber der merkantilistische Landesherr für alles zuständig, konnte also grundsätzlich nicht festlegen, daß seiner Bürokratie irgendein Lebensbereich prinzipiell entzogen sei. Man fühlt sich an moderne Phraseologien von „Daseinsfürsorge" durch den Staat erinnert, wenn man in der Hofkammerordnung des Markgrafen Karl Friedrich von Baden aus dem Jahre 1766 folgendes liest: „Unsere fürstliche Hofkammer ist die natürliche Vormünderin unserer Unterthanen. Ihr liegt ob, dieselben vom Irrtume ab und auf die rechte Bahn zu weisen, sie sofort und auch gegen ihren Willen zu belehren, wie sie ihre eigenen Haushaltungen einrichten sollen" und „sie, ob sie nun wollen oder nicht, frei, opulent und gesittet zu machen."[241] Trotz dieses Totalitätsanspruches existierte aber keine durchgehend straffe Zentralverwaltungswirtschaft, sondern Elemente von Eigenwirtschaft, Marktverkehr und Staatseingriff waren in unsystematischer und jedenfalls buntscheckig-variabler Weise miteinander gemischt. Die von Max Weber angeführte Kalkulierbarkeit der Bürokratie war kaum gegeben.

Demgegenüber hat sich der liberale Staat des 19. Jahrhunderts Schranken auferlegt und die eigene Zuständigkeit abgegrenzt. Somit war es auch möglich, in die Kompetenzen der Bürokratie eine genauere Ordnung zu bringen. Auch in der Wahl politischer und wirtschaftspolitischer Mittel wurde die vorher übliche pragmatische Beliebigkeit aufgegeben. Man kann dies allein schon daran ablesen, daß die Währungspolitik nicht mehr handelspolitischen Zwecken dienstbar gemacht wurde, umgekehrt aber auch Handelsschranken nicht mehr in den Dienst der Währungspolitik gestellt wurden. Die Behauptung ist also unzutreffend, die merkantilistische Bürokratie habe durch ihr Beharrungsvermögen an ihren früheren Prinzipien auch in der liberalen Ära mehr oder weniger festhalten können,[242] so daß es eine marktwirtschaftlich-liberal denkende und handelnde Staatsverwaltung eigentlich gar nicht gegeben habe. Daß solche Legenden sich verbreiten konnten, liegt nicht zuletzt daran, daß die Liberalen die Reformen der Staatsverwaltung, die sie unternommen haben, wenig oder überhaupt nicht plakatieren wollten. Sie waren so sehr mit der Aufgabe beschäftigt, die Grenzen der Staatstätigkeit abzustecken und den rechtlichen Ordnungsrahmen der Marktwirtschaft zu schaffen,

---

[240] Vgl. *Eli F. Heckscher*, Der Merkantilismus, 1. Band, Jena 1932, S. 150ff. und passim.

[241] Zitiert nach *Alexander Rüstow*, Ortsbestimmung der Gegenwart, 2. Bd., Weg der Freiheit, Erlenbach-Zürich 1952, S. 311.

[242] Es kommt in diesem Zusammenhang weniger auf die Quantität als auf die Qualität der Staatstätigkeit an, die eben im 19. Jahrhundert gegenüber der Zeit des Merkantilismus fundamental geändert worden ist. Es kann keine Rede davon sein, daß der liberale Rechtsstaat des 19. Jahrhunderts „vorwiegend Postulat" geblieben sei. (So *Thomas Ellwein*; vgl. *Renate Mayntz*, Soziologie der öffentlichen Verwaltung, Heidelberg, Karlsruhe 1978, S. 48).

daß ihnen ihr eigener Beitrag zur Begründung des modernen Staates und seiner Verwaltung nicht betonenswert erschien. Trotzdem bot erst der Übergang zum liberalen Rechtsstaat und der von ihm abhängigen marktwirtschaftlichen Ordnung die Möglichkeit, die Unvollkommenheiten des merkantilistischen Verwaltungsapparates zu überwinden und die Verwaltung selber zu einem brauchbaren staatlichen Instrument zu machen.

Weil die Liberalen dieses von ihnen immer etwas mürrisch betrachtete staatspolitische Verdienst psychologisch verdrängt haben, ist eine fundamentale Erkenntnis praktischer Verwaltungskunst in Vergessenheit geraten: Die öffentliche Verwaltung ist um so funktionsfähiger, je klarer ihre Aufgaben definiert sind: Eine klare Definition der staatlichen Verwaltungsaufgaben ist im merkantilistischen Interventionsstaat erschwert, wenn nicht unmöglich; also kann dort auch die Staatsverwaltung nicht voll effizient sein.

Mag in der liberalen Ära der Umfang der Staatstätigkeit rein quantitativ unverändert geblieben sein oder gar mit wachsender Wirtschaft absolut und als Prozentsatz vom Volkseinkommen zugenommen haben. Zunächst war dies für das Funktionieren der Staatsverwaltung weniger wichtig. Den die Verwaltung vielleicht erschwerenden Ausweitungen der öffentlichen Haushalte standen Rationalisierungsvorteile gegenüber, und zwar in erster Linie die Tatsache, daß nunmehr die Sphäre der Privatautonomie in langfristig beständiger und klarer Form von den Möglichkeiten des öffentlichen Eingriffs abgegrenzt wurde. Dies gab nicht nur dem Bürger, sondern vor allem auch dem Beamten Sicherheit über seine Befugnisse und Aufgaben.

Die liberale Propaganda hat, um dies durchzusetzen, an die Bürger appellieren müssen, um sie notfalls als revolutionäres Potential gegen den merkantilistischen Allmachtstaat einsetzen zu können. Es hätte allzuviel an intellektueller Raffinesse bedurft, um massenwirksam darzustellen, daß die liberalen Trennungsgrundsätze nicht nur dem Bürger mehr Freiheit gewährten, sondern zugleich der Staatsverwaltung zu einer größeren Wirksamkeit verhelfen mußten. Außerdem wäre die Betonung dieses Sachverhaltes für die liberalen politischen Zwecke gefährlich gewesen; denn die Macht, die der merkantilistische Obrigkeits-, Regulierungs- und Ausbeutungsstaat angewandt hatte, war an sich verdächtig geworden und verdiente in den Augen der Öffentlichkeit keine Stärkung. So konnte es denn bis zum heutigen Tage gelingen, einer Fehlinterpretation zum Range kaum bestrittener wissenschaftlicher Dignität zu verhelfen, nämlich der Ansicht, der Liberalismus habe die Staatsverwaltung geschwächt und vernachlässigt. Lassalles Formel vom „Nachtwächterstaat", den die Liberalen begünstigt hätten, ist noch immer beliebt. Diese Formel erscheint heute ziemlich makaber, will sie doch andeuten, daß der liberale Staat ein schwächlicher Filzpantoffelstaat gewesen sei. Den allgemeinen Landfrieden hat er jedenfalls wirksamer sichern können als der neomerkantilistische Staat der Gegenwart. Es kam seltener vor, daß sich der Staat durch organisierten Terrorismus einschüchtern ließ und etwa einem Teil nicht nur der Bürgerschaft, sondern sogar seiner eigenen Beamten den gesetzlichen Schutz gegen illegale Gewaltanwendung vorenthielt, wie es heute, etwa bei Lehrern und Hochschullehrern, an der Tagesordnung ist.

Die Liberalen wußten sehr wohl, daß jede entwickelte Marktwirtschaft nicht nur Nachtwächter, aber allerdings auch diese, braucht, außerdem aber davon abhängig ist, daß die Staatsverwaltung ihre Aufgaben ordnungsgemäß erfüllt. Adam Smith selber, übrigens ein durchaus kundiger Staatsbeamter, hat einen bei näherer Betrachtung recht umfänglichen Katalog von Staatsaufgaben erstellt, die in der Marktwirtschaft erfüllt werden müßten. Allerdings hat er seine Zusammenstellung mit einer unbarmherzigen und sehr ins Detail gehenden Kritik der Staatsverwaltung seiner Zeit verbunden.[243] Neben den leider nicht mehr ganz selbstverständlichen Aufgaben des Staates, für äußere und innere Sicherheit einschließlich Rechtspflege zu sorgen, erwähnt er einen dritten Bereich, den wir heute etwas vage mit „Infrastrukturpolitik" bezeichnen würden. Adam Smith definierte diesen Bereich freilich eindeutiger, als das heute üblich ist: Es sollte sich um Produktionen handeln, die gesellschaftlich und wirtschaftlich notwendig, aber privatwirtschaftlich nicht rentabel sind.[244] Heute werden dagegen zahllose privatwirtschaftlich rentable Produktionen von der öffentlichen Verwaltung übernommen und erst dadurch nachträglich unrentabel gemacht, womit alle Grenzen zwischen notwendiger und überflüssiger Staatstätigkeit merkantilistisch verschwimmen. Adam Smith und viele nach ihm haben die Notwendigkeit und Abgrenzung der Staatstätigkeit betont im Interesse des Wohlstands der Nation, aber noch vornehmlich auch der Privatautonomie und der privaten Wirtschaft. Max Weber hat ebenfalls den Bedarf des sogenannten Kapitalismus an stetiger, straffer, intensiver und vor allem kalkulierbarer Verwaltung hervorgehoben.[245]

Die entgegengesetzte Frage, ob denn nicht ein funktionierendes Staatswesen etwa auch eine Marktwirtschaft braucht und speziell die Staatsverwaltung dann leistungsfähiger wird, ist zwar nicht völlig unterdrückt, aber seltener und meist nicht ausführlich behandelt worden. Es wäre gleichwohl merkwürdig, wenn dieser Zusammenhang völlig übersehen worden wäre. Allerdings haben ihn vor allem Verwaltungsfachleute bemerkt, die nicht immer Zeit und Neigung hatten, ihn auch in gelehrten Werken zu schildern. Ihnen blieb nicht verborgen, daß die Staatsverwaltung bei weitreichenden, aber diffusen Kompetenzen, die täglich wechseln, an Wirksamkeit einbüßen muß und daß bei einer marktwirtschaftlichen Ordnung mit ihrer Abgrenzung der Sphären dieses Problem lösbar ist. So hat der französische

[243] Vgl. Anm. 4; *Eberhard Wille* und *Martin Gläser*, Staatsaufgaben bei *Adam Smith* – eine Würdigung unter Allokationsaspekten, ORDO Band 28 (1977), S. 34–76.

[244] *Adam Smith*, An Inquiry ... the Wealth of Nations, Book V, Part III, erster Satz.

[245] Wirtschaft und Gesellschaft, a. a. O., S. 129.

Reformminister Turgot, ein erfahrener Verwaltungsbeamter, unter Ludwig XVI. versucht, das französische Staatsschiff durch liberale Reformen vor der Revolution zu bewahren. Der Staat trieb durch die Ineffizienz und Korruptheit seiner Verwaltung dem Abgrund zu und es bedurfte einer selbstmörderischen Einsichtslosigkeit des Königs und der ihn lenkenden feudalen Interessenten, dies nicht zu sehen und den einzigen Staatsmann zu entlassen, der das Unheil hätte abwenden können.[246] Wie Heckscher hierzu treffend bemerkt, wurden erst Revolution und Liberalismus zu Testamentsvollstreckern der Rationalisierungsversuche, die der Merkantilismus nicht vollenden konnte.[247]

Auch in Preußen bedurfte es erst einer Katastrophe, um die erstarrte Staatsverwaltung zu reformieren. Die Vorstellungen, die man sich noch immer weithin von der angeblichen Rationalität der merkantilistischen preußischen Staatsverwaltung macht, sind ziemlich abwegig. Hören wir dazu einen sachverständigen Zeugen aus der Zeit des preußischen Zusammenbruchs, den Hofrath und Ober-Licent-Inspector August Wilhelm Rehberg mit seiner Schrift „Über die Staatsverwaltung deutscher Länder und die Dienerschaft des Regenten", Hannover 1807. Als Hannover vor der Schlacht von Jena und Auerstedt für einige Zeit an Preußen gefallen war, konnte er mit dem preußischen Verwaltungssystem eingehende Bekanntschaft machen. Ihm fällt vor allem die unablässige Intervention und Betriebsamkeit der preußischen Verwaltung auf, die mangelnde persönliche Bindung der Beamten an bestimmte Aufgabenbereiche, ein übertriebener Formalismus sowie mangelnde Selbständigkeit und damit starke Verantwortungsscheu der Beamten, ferner eine allgemeine Planungs- und Zahlengläubigkeit und die Unwirtschaftlichkeit einer egalisierenden, zentralisierenden und alle regionalen Besonderheiten mißachtenden Reglementierung. Hierzu einige Leseproben:

„... Das ganze statistische Treiben, woran unser wissenslustiges Zeitalter so vielen Gefallen findet, worin die Gelehrten und Geschäftsmänner einander die Hände bieten, und welches den letztern vorzüglich in den preußischen Staaten, so viele Arbeit verursacht, ist in speculativer Hinsicht von sehr zweifelhaftem Werthe; in praktischer ist es geradezu verderblich: und es ist der erste große Fehler der neuern Staatsverwaltung, daß sie so vieles wissen will, was sie nicht zu wissen braucht, und gar nicht wissen kann. Die Regierung bedarf bey vielen ihrer wichtigsten Geschäfte sorgfältig gesammelter Nachrichten. Aber die häufige Beschäftigung damit, verleitet auch die besten Köpfe zu einem Misbrauche."[248]

---

[246] Vgl. *Alexander Rüstow*, a. a. O., S. 404 ff.

[247] A. a. O., S. 433 ff.

[248] *August Wilhelm Rehberg*, Ueber die Staatsverwaltung deutscher Länder und die Dienerschaft des Regenten, Hannover 1807, S. 25 f. Zu dem preußischen Versuch, eine detaillierte Totalstatistik über sämtliche Daten des erworbenen hannoverschen Gebietes zu erstellen, bemerkt er: „Diese statistischen Administratoren hätten lieber jedem Hausvater im Lande aufgeben sollen, Wo-

„... Der ruhige Geist einer solchen (republikanischen H. W.) Staatsverfassung ist nicht so nachforschend; er fragt wenig, so lange es von selbst gut geht: dahingegen eine Regierung, welche strebt den ganzen Staat ganz eigentlich zu ihrem Werkzeuge zu machen, allenthalben unaufhörlich nachspürt, ob es nicht noch etwas zu regieren gebe, und immer alles besser machen will."[249]

„... So vereinigen sich die gränzenlose Begierde nach Vergrößerung, und die übermüthigen Ansprüche auf Alleinweisheit in der Verwaltung, um eine Staatskunst zu bilden, die mit gleicher Verblendung im äussern und im innern ihrer Zerstörung zueilte. Die Folgen der allgemeinen Beschränktheit aller Staatsdiener, Unterwürfigkeit eines jeden unter Vorgesetzte, und Abhängigkeit aller Sachen und Menschen von unwesentlichen Formen, zeigen sich am deutlichsten, wenn ausserordentliche Begebenheiten das System, wodurch alles zusammengehalten ward, gewaltsam sprengen. Wenn der Feind einbricht, und jeder sich selbst rathen muß, weil Anfragen nach Instruction nicht mehr statt finden, ... so sucht man vergeblich Männer, die fähig sind nach eigner Einsicht zu handeln, unter denen, die solches nie wagen durften ..."[250]

Nach der Niederlage fanden sich indessen mit der Sprengung des alten Systems sehr wohl auch in Preußen die Männer, die zur Entscheidung bereit waren: Stein und Hardenberg. Beide waren in jahrzehntelangem Staatsdienst ergraut und übrigens ebensowenig Preußen von Geburt wie die militärischen Reformer Scharnhorst und Gneisenau. Preußen wurde durch liberale Reformen wiederbegründet. Man ging zur Gewerbefreiheit und zu marktwirtschaftlichen Prinzipien über. Der neue Geist wird erkennbar an einer Geschäftsinstruktion für die preußische Verwaltung vom 26. Dezember 1808, in der es heißt: „Es ist dem Staat und seinen einzelnen Gliedern am zuträglichsten, die Gewerbe jedesmal ihrem natürlichen Gange zu überlassen, d. h. keines derselben durch besondere Unterstützungen zu begünstigen und zu heben, aber auch keine in ihrem Entstehen, ihrem Betriebe und Ausbreiten zu beschränken, insofern das Rechtsprinzip dabei nicht verletzt wird oder sie nicht gegen Religion, gute Sitten und Staatsverfassung verstoßen."

Auf dieser Grundlage vollzog sich der wirtschaftliche und politische Aufstieg Preußens zur innerdeutschen Hegemonialmacht während des 19. Jahrhunderts, wobei eine liberale Außenwirtschaftspolitik Startvorteile gegenüber dem protektionistischen Österreich bot.

---

chenberichte über das Gewerbe der Familie und dessen Ertrag einzusenden: unter Vorbehalt, demnächst allenfalls auch die losen Knechte zu ähnlicher Berichts-Erstattung anzuhalten. Dem zufolge wäre die eine Hälfte der Einwohner beständig beschäftigt zu protocollieren, was die andre beschickt. Würde aber auch am Ende im Ideale eines statistisch bearbeiteten Landes nichts mehr producirt, so würde doch controlirt, daß nichts unbemerkt producirt werden könnte."

[249] Dsgl., S. 13.

[250] Dsgl., S. 71.

Auch im 20. Jahrhundert findet man immer wieder überzeugte Liberale und Anhänger der Marktwirtschaft in Schlüsselstellungen der Staatsverwaltung. Oft kommt ihre Stunde, wenn merkantilistische und; interventionistische Experimente Wirtschaft und Staat ruiniert haben. Namen wie Luigi Einaudi in Italien, Jacques Rueff in Frankreich, Ludwig Erhard und Alfred Müller-Armack in Deutschland, Reinhard Kamitz in Österreich: stehen für einen Typ des liberalen Staatsfunktionärs, der stark von wissenschaftlichen Überzeugungen geprägt ist. In England wurden viele liberale Nationalökonomen in der Planung der britischen Kriegswirtschaft verwendet, mit eindeutigem Erfolg, während man in Deutschland weder nationalökonomische noch gar liberale Ratgeber heranziehen wollte.[251] Es kann die These gewagt werden: Selbst eine zentral geleitete Wirtschaft funktioniert besser, wenn sie von Personen gelenkt wird, die ihren wirtschaftlichen Sachverstand an Problemen einer Marktwirtschaft geschult haben. Genug der Beispiele!

Fragen wir uns nun, von welchen Grundsätzen sich die Liberalen leiten lassen, wenn sie zur Sanierung der Staatsverwaltung gerufen werden, und rücken wir dabei vor allem die wirtschaftspolitischen Maßnahmen in das Blickfeld, um die Beziehungen zwischen Wirtschaftsordnung und Funktionsfähigkeit der Staatsverwaltung im einzelnen genauer zu erkennen. Die Hauptleistung liberaler Reformer besteht darin, die Staatsverwaltung zu beschränken und die Kraft der Bürokratie auf strategisch wichtige Aufgaben zu konzentrieren. Dem Staatsapparat wird die hierfür erforderliche Disziplin auferlegt. Möglichst viele Aufgaben werden dem Markt und der Planung des Einzelbürgers überlassen, Bewirtschaftungsbürokratien werden abgebaut. Vor allem aber wird die so gut wie immer verloren gegangene währungs- und finanzpolitische Stabilität wiederhergestellt. Man ist es gewöhnt, diese monetäre und fiskalische Restriktion vorzugsweise als disziplinierendes Werkzeug gegenüber der privaten Wirtschaft anzusehen, die nicht mehr länger mit der enthemmenden Droge der Inflation versorgt wird. Mindestens ebenso wichtig ist jedoch der Umstand, daß solche Restriktionen der Staatsbürokratie eindeutige Planungsgrenzen setzen. Dadurch wird die Verwaltung gezwungen, wesentliche von unwesentlichen Staatstätigkeiten und Staatsausgaben zu unterscheiden und von krebsartigen Behördenwucherungen abzusehen. Qualität und Wirksamkeit der Staatsverwaltung nehmen durch solche Entfettungskuren ebenso zu wie gleichzeitig das Wachstum der Wirtschaft, von dem die staatlichen Entfaltungsmöglichkeiten abhängen. Im übrigen besteht die liberale Verwaltungskunst aus einer Fülle von Warnungen, damit nicht der Staat unversehens von einem Komplementärfaktor zu einem Surrogat der Bürgerfreiheit und Schmarotzer an der Privatwirtschaft

[251] Über die chaotische Art der deutschen Wirtschaftslenkung im zweiten Weltkrieg informiert: *Erich Welter*, Falsch und richtig planen, Heidelberg 1954.

degeneriert. Es ist also das Staatsversagen, das als Störfaktor gefürchtet wird und durch eine unendliche Kette von empirischen Fällen belegt werden kann.

Es leuchtet ein, daß solche staatliche Askese trotz ihrer wohltätigen Wirkungen für den Staat selber wenig beliebt ist. Politiker, die mit dem wirksamen, aber begrenzten Instrumentarium einer liberalen Staatsverwaltung erfolgreich sein wollen, müssen über ein Mindestmaß an Verständnis für das Funktionieren einer rechtsstaatlichen Ordnung und einer auf Privatautonomie beruhenden Marktwirtschaft verfügen. Der Seufzer des schwedischen Reichskanzlers Oxenstierna, mit wie wenig Weisheit doch die Welt regiert werde, hat jedoch nichts von seiner Aktualität verloren: Fleißige, aber mittelmäßige Politiker wollen im demokratischen Staat auf leichteren Wegen politische Erfolge erringen, indem sie die Staatstätigkeit ausdehnen, Wählergruppen begünstigen und mit gesetzgeberischer und administrativer Aktivität den Anschein erwecken, als erreichten sie in harter Arbeit für das Vaterland auch dort etwas, wo sie gar nichts bewirken können. Nachdem die Liberalen für eine Regeneration von Wirtschaft und Staat gesorgt haben, sind oft genügend Reserven aller Art vorhanden, um eine publikumswirksame Politik staatlicher Expansion – verkleidet als Wohlfahrtsförderung – einzuleiten.

Natürlich fehlt es hierzu nicht an wissenschaftlichen Begründungen. In zahlreichen Varianten wird vorgetragen, das marktwirtschaftliche System sei in sich unstabil und müsse nicht nur im Wege des nachträglichen Krisenmanagements, sondern durch antizipierende Regelung und Steuerung der sozio-ökonomischen Prozesse stabilisiert werden. Mit den Instabilitäten der Marktwirtschaft und dem sogenannten Marktversagen sowie den möglichen Gegenmitteln beschäftigen sich die Nationalökonomen seit vielen Jahrzehnten. Auch die Möglichkeiten staatlicher Gegensteuerung sind in aller Ausführlichkeit theoretisch und empirisch geprüft worden. Der Beweis, daß der Staat aus Stabilisierungsgründen das öffentliche Budget ständig ausweiten und im Wege der Feinsteuerung immer stärker in die Privatautonomie eingreifen müsse, konnte nicht geführt werden. Das Problem hinreichend zuverlässiger Prognosen konnte nicht gelöst werden; selbst soweit Richtungsprognosen möglich sind, folgt aus ihnen häufig ebenso oft, daß die Staatstätigkeit stabilitätsgerecht eingeschränkt werden sollte. Ein ständiges, dem Wirtschaftsverlauf entgegengerichtetes staatliches Gegensteuern versetzt allerdings die Staatsverwaltung in ein ununterbrochenes Wechselfieber. Das Angebot an komplementären Staatsleistungen wird auf diese Weise unstetig, insbesondere bei den Staatsinvestitionen. Versucht man statt dessen, durch Einnahmevariationen und gegenhaltende Steueränderungen zum Ziel zu kommen, so werden bei den heutigen Steuersätzen die Daten für die Planungen der Wirtschaft ständig unsicherer. Die immer mehr vordringenden Erhaltungs- und Sozialschutzinterventionen wirken im Verein mit staatlicher Strukturverzerrungspolitik eher destabilisierend auf Wirtschaft und Verwaltung.

Demgegenüber gehen wirklich stabilisierende Ordnungs- und Wettbewerbsgesetze eindeutig auf liberalen Rat zurück. Die großen Kodifikationen des modernen Zivilrechtes und der angrenzenden Gebiete des öffentlichen Rechtes, ja alle wirklich beständigen Ordnungsgesetze überhaupt sind ein Geschöpf der liberalen Ära und ihrer Fortwirkungen. Nach solchen Stabilisierungen strebt aber unsere Zeit nur noch wenig. Vielmehr wird ohne viel Überblick über das Ganze der Rechtsordnung und über die Funktionsgrundsätze der modernen Marktwirtschaft mit punktuellen Interventionen operiert. Man sieht einen Mißstand, erläßt eilig ein unüberlegtes Gesetz, das ihn beheben soll, ruft damit an anderer Stelle neue und größere Übel hervor, zu deren Korrektur abermals neue Gesetze dienen und so fort. Erreicht wird damit nichts, außer einer Verunsicherung der Wirtschaft und einer Kräftevergeudung in der staatlichen Verwaltung. Daß die Wirtschaft auf diesem merkantilistischen Wege nicht genesen kann, ist oft gesagt worden.[252] Kaum ausreichend gesehen wird aber, daß schließlich auch die Staatsverwaltung selber ein Opfer dieser Politik werden muß. Einstweilen verhallen die Proteste geplagter Steuerbeamter noch ebenso ungehört wie die Ruminationen eines Bundeskanzlers, der seine eigene Gasrechnung nicht lesen kann und als Leiter des Staatsapparates an das Publikum appelliert, der Bürokratie bei Baubewilligungen zu einer schnelleren Gangart zu verhelfen, obwohl ihr zuvor durch die Bundesgesetzgebung Verzögerungen auferlegt worden sind. Die Hilflosigkeit der Staatsführung gegenüber von ihr selbst geschaffenen Situationen kann kaum deutlicher zum Ausdruck kommen.

Je mehr die Politik lenkend und steuernd gegenüber der Wirtschaft auftritt, desto mehr wächst eine vertikal verzweigte Behördenpyramide. Wie auf einen Frontsoldaten mit wachsender Industrialisierung und Verplanung des Krieges immer mehr lenkendes, planendes und versorgendes Etappenpersonal entfällt, so wächst auch innerhalb der modernen interventionistischen Staatsverwaltung der bürokratische Zwischenhandel immer mehr an, während die an der Front stehenden Beamten oft recht einsam sind. Übertriebene Lenkung und Lenkungsänderung überlastet nun die Bürokratie mit Regulierungsaufgaben, worauf diese mit Lang-

[252] Eine praxisnahe Darstellung findet sich in: Industrie- und Handelskammer zu Koblenz, Gängelwirtschaft statt Marktwirtschaft? Paragraphendirigismus lahmt unternehmerische Dynamik, Teile I und II November 1977, Teil III Juli 1978. Weniger bekannt ist, daß es auch eine dirigistische Selbstlähmung der staatlichen Verwaltung gibt, die sich derselben Lenkungstechniken bedient, wie sie gegenüber der privaten Wirtschaft angewandt werden. Die unmittelbar mit dem Bürger verkehrenden Ausführungsbehörden werden unaufhörlich mit ständig wechselnden Organisationsregeln, Verwaltungsvorschriften, Erlassen und Anordnungen überschwemmt. Die Vertraulichkeit des dienstlichen Schriftverkehrs verhindert Dokumentationen, wie sie von der privaten Wirtschaft zusammengestellt werden können. Bei relativ selbständigen Behörden wie Universitäten läßt sich allerdings der von den Lenkungsinstanzen hervorgerufene Leerlauf und Organisationswirrwarr kaum noch verheimlichen.

samkeit reagiert.[253] Die Etappenbeamten geben den auf sie ausgeübten Druck nach unten in Richtung auf die Frontbeamten weiter, die mit Hilfe neuer Regulationen behördeninterner Art zu Mehrleistungen aufgefordert werden. Unter der Pression solcher Überlastquoten entwickeln die Frontbeamten Gegenstrategien, indem sie sich zu Interessengruppen zusammenschließen oder den organisatorischen „slack" individuell durch „Dienst nach Vorschrift"[254] zu erweitern versuchen. Die Möglichkeiten hierzu bieten die immer komplexer werdenden Vorschriften, die eine arbeitsteilige, aber ungenügend koordinierte und immer mehr anwachsende Etappenbürokratie erläßt. Da die Etappe nicht genügend informiert ist und auch oft nur papierene statt tatsächlicher Informationen für wertvoll hält, gelingt die Gegenstrategie der Frontbeamten in mehr oder weniger unorganisierter und weder für den Staat noch für den Staatsbürger vorhersehbarer Form.

Bevor es soweit kommt, hat freilich die Staatsverwaltung zunächst kaum ein professionelles Interesse, der Ausweitung der Staatstätigkeit wesentlichen Widerstand entgegenzusetzen. Erhöhte Beförderungschancen, Aussichten auf Macht und

---

[253] Vgl. *Niklas Luhmann*, Funktionen und Folgen formaler Organisation, Berlin 1964, S. 194.

[254] Die Tatsache, daß einerseits ständig neue Vorschriften mit dem angeblichen Zweck erlassen werden, über ihre Anwendung staatliche Ziele zu erreichen, andererseits aber die genaue Befolgung dieser Vorschriften den Verwaltungsablauf stört, ist in sich selbst schon merkwürdig. Anscheinend geht der Vorschriftengeber davon aus, daß seine Anweisungen von den Beamten mit einem mehr oder weniger großen Diskont angewendet, also nur teilweise ernst genommen werden. Selbstverständlich muß der Beamte in vielen Fällen einen Ermessensspielraum erhalten und kann ihn im bremsenden oder fördernden Sinne ausnutzen. Trotzdem ist es kurios, wenn ein Befolgen von Vorschriften sogar zu einem Dienstvergehen erklärt werden kann, sofern der Beamte die Vorschriften wörtlich nimmt. Es wäre eher angebracht, den Urheber unanwendbarer Vorschriften disziplinarisch zu verfolgen. Die amerikanische Zollbehörde verlangt z. B. bei der Einreise von ausländischen Besuchern heute (Dezember 1978) folgende Angaben (Wortlaut des amtlichen amerikanischen Textes in deutscher Sprache):
„... 9. Führen Sie oder jemand in Ihrer Begleitung irgendwelche Früchte, Pflanzen, Fleisch, pflanzliche oder tierische Produkte, Vögel, Schnecken oder andere lebendige Organismen bei sich? 10. Haben Sie oder jemand in Ihrer Begleitung innerhalb von 30 Tagen vor Ankunft in den USA einen Bauernhof oder eine Ranch im Ausland besucht? 11. Führen Sie oder jemand in Ihrer Begleitung mehr als $ 5000,00 in Zahlungsmitteln bei sich, z. B. Münzen, Banknoten, Reiseschecks, Zahlungsanweisungen oder begebbare Inhaberpapiere? (Wenn zutreffend, muß von Ihnen auf Vordruck 4790 eine Aufstellung gemacht werden.)" Es werden außerdem Angaben gefordert über „alle von Ihnen im Ausland erworbenen Artikel (ganz gleich ob sie getragen oder gebraucht sind, ob sie zollpflichtig sind oder nicht, ob durch Kauf, Geschenk oder sonstwie erworben), die sich zum Zeitpunkt Ihrer Einreise in Ihrem Besitz oder dem Ihrer Familie befinden". Nichtamerikaner dürfen diese Erklärung mündlich abgeben, Einwohner der USA müssen sie schriftlich einreichen, wobei für die Wertangabe maßgeblich ist „tatsächlich bezahlter Preis oder angemessener Einzelhandelspreis im Einkaufsland bei nicht gekauften Gegenständen". Man kann sich vorstellen, welches Chaos auf amerikanischen Flugplätzen entstünde, wenn auch nur der Versuch gemacht werden würde, von Nichtamerikanern die totale Vermögenserklärung mündlich einzufordern, die diese Vorschrift vorsieht. Allein die recht souveräne Nichtbeachtung dieser Anordnungen durch die amerikanischen Beamten hat das Einreiseverfahren funktionsfähig erhalten.

Einfluß üben ihre verführerische Kraft aus. Nicht nur in einer Armee, deren Mannschaftsbestand vergrößert wird, sondern auch bei den Wucherungen einer Verwaltungsbürokratie gibt es eine für die Verwaltungsangehörigen angenehme Phase. Schon Alexis de Tocqueville[255] hat es betont und Max Weber hat es wiederholt, daß Staat und Bürokratie im übrigen durchaus geneigt sind, ihre „Verwaltungsaufgaben im Dienst der zu beglückenden Beherrschten"[256] wahrzunehmen. Allerdings wird hierzu ein ausgeweitetes Netz von neuen formalen bis formalistischen Reglements notwendig, die den tatsächlichen oder vermeintlichen Erfordernissen des Tages möglichst eng angepaßt sein sollen.

Mit diesem Sündenfall beginnt die Degeneration der Verwaltung, und zwar vor allem dann, wenn gleichzeitig die äußeren Formen des Rechtsstaates und der rechtsstaatlichen Kontrollen aufrecht erhalten bleiben. Die Verwaltung kann hier nicht einfach anordnen, was ihr gut dünkt, sondern muß darauf drängen, daß zum Zwecke der paternalistischen Fürsorge ständig neue Maßnahmengesetze und Verhaltungsvorschriften erlassen werden. Anders glaubt man die wohlfahrtsfördernde Feinsteuerung nicht erreichen zu können. Selbst die „fleißigste" Gesetzgebung gerät allerdings dabei in immer größere Atemnot. Das läßt sich an der geradezu exponentiell anwachsenden Verschlechterung von juristischer und sprachlicher Qualität der Gesetze ablesen. Die Gesetzesänderungen, Verordnungen und Satzungen oder Verordnungs- und Satzungsänderungen folgen einander inflationsartig, weil ein emsiges Streben einsetzt, veränderlichen Sachverhalten jeweils genau passende administrative Maßanzüge anzumessen. Selbst die kleinste Gemeinde fühlt sich verpflichtet, die Lokalzeitungen mit immer neuen Satzungen, Satzungsänderungen und Bekanntmachungen zu füllen. Satzungen allein genügen indessen nicht mehr, sie müssen mit Erläuterungen und Ausführungsbestimmungen versehen werden, die sich nicht nur die Bürokratie, sondern auch der Bürger nebst sämtlichen Änderungen immer wieder neu einzuprägen hätte, wenn alles seinen formal richtigen Gang gehen soll. Natürlich wird die Bürokratie des von ihr selbst geschaffenen formalen Gestrüpps schließlich nicht mehr Herr. Rührend ist etwa die Bekanntmachung einer kleinen westdeutschen Gemeinde vom 23. November 1978, Ehepaare, die im Jahre 1979 das 50-, 60-, 65- oder 70jährige Ehejubiläum begehen oder Personen, die 100 Jahre alt werden, möchten sich zwecks Einplanung einer Ehrengabe umgehend, spätestens bis zum 10. Dezember 1978, unter Vorlage der entsprechenden Urkunden im Rathaus melden, weil es der Verwaltung nicht immer möglich sei, sämtliche Jubiläen festzustellen.

[255] *Alexis de Tocqueville*, Über die Demokratie in Amerika, 2. Bd., (zuerst Französisch 1840) Stuttgart 1962, S. 342.

[256] *Max Weber*, Wirtschaft und Gesellschaft, a. a. O., S. 130.

Die Regierungsspitze verschafft sich bei diesen Vorgängen insoweit eine gewisse Erleichterung, als sie sich vom Parlament umfangreiche Ermächtigungen erteilen läßt, um das aufreibende Geschäft der parlamentarischen Behandlung und der damit verbundenen Öffentlichkeit zu vermeiden. Gelegentlich verlangt freilich ein von betroffenen Bürgern angerufenes Gericht, daß die Angelegenheit durch ein formales Gesetz zu regeln sei. Seufzend muß sich dann das Parlament doch mit der Angelegenheit befassen. Materiell ändert sich dadurch so gut wie nichts.

Der Charakter der Parlamentsarbeit hat sich nämlich gegenüber der liberalen Ära völlig gewandelt. Das Parlament ist von einem echten Gesetzgeber zu einer Verwaltungsbehörde besonderer Art geworden, die ihre Anordnungen und Einzelfallentscheidungen in die Form von Gesetzen gießt.[257] Mit stark ins einzelne gehenden Regelungen ist ein Parlament jedoch meist fachlich und physisch überfordert. Was soll ein normaler Abgeordneter gleichzeitig zur Änderung der Zuckermarktordnung, zum Gesetz über Konkursausfallgeld, zum Abfallbeseitigungsgesetz oder gar zu einem Vorschaltgesetz zum Hochschulgesetz sagen? Wird ihm Zeit gelassen, so kann er sich einarbeiten, aber die Häufung von Gesetzen läßt ihm keine Zeit. Infolgedessen macht sich das Prinzip der Arbeitsteilung bemerkbar: Jedes Gesetz wird kleinen Gruppen von spezialisierten Abgeordneten zur Bearbeitung zugeteilt, meist solchen, die aus interessenpolitischen oder beruflichen Gründen der Materie nahestehen oder auf einem bestimmten Gebiet Sendungsbewußtsein entwickeln. Die übrigen Abgeordneten stimmen jeweils ohne genaue Kenntnis des Sachstandes dem Votum ihrer Parteispezialisten zu, wenn sie nicht der Abstimmung überhaupt fernbleiben. Sie hüten sich vor Interventionen in die monarchischen Rechte anderer Abgeordneter, weil auch sie selbst ja auf einem allerdings anderen Gebiet Spezialisten[258] sind und ihrerseits dort möglichst ungestört operieren möchten. Nur so läßt sich ein verwaltendes Parlament organisieren, wenn es umfassend und doch mit Hilfe formaler Gesetze regieren will.

Kompliziert wird der Verwaltungsprozeß im modernen Interventionsstaat der Bundesrepublik Deutschland nun noch dadurch, daß man zwar obrigkeitsstaatlich in alle Wirtschafts- und Lebensbereiche eingreifen will, andererseits aber ob solchen autoritären Tuns ein schlechtes Gewissen hat, weil man den Freiheitsanspruch der Verfassung und des Rechtsstaates nicht aufgeben will und darf. Als Ausweg er-

---

[257] Auf diesen Sachverhalt hat vor allem *F. A. von Hayek*, Die Anschauungen der Mehrheit und die zeitgenössische Demokratie, ORDO Bd. XV/XVI (1965), S. 19–41; auch: ders., Freiburger Studien, Tübingen 1969, S. 56–74, hingewiesen.

[258] Auf die Verödung des parlamentarischen Lebens durch solche Spezialisierung hat kürzlich der SPD-Fraktionsvorsitzende *Wehner* aufmerksam gemacht. Er bemerkte, daß es eigentlich keine wirkliche allgemeine politische Debatte mehr gebe. Sehr viele, die sich in den Bundestag hätten wählen lassen, befaßten sich ausschließlich mit Spezialfragen. (Pressebericht über ein Interview im Norddeutschen Rundfunk, Walsroder-Zeitung vom 27. 11. 1978).

scheint eine Akzentverschiebung bei den Verwaltungszuständigkeiten, indem die Oberbehörden zunächst eine Fülle von Kompetenzen, insbesondere solchen, die unangenehm zu exekutieren sind und mit denen kein massenpublizistischer Ruhm zu erwerben ist, nach unten an die Front- und Linienbehörden verlagern. Dadurch entsteht allerdings das Problem des Machtzuwachses der Unterbehörden und der Koordination zwischen den dezentralisierten Bürokratien. Als Gegenmittel erscheint den Politikern vielfach eine Destabilisierung der Unterbehörden zweckmäßig, mit deren Hilfe die Front- und Linienbeamten ausreichend eingeschüchtert werden können. Mit den Worten „Demokratisierung“ und „Öffentlichkeit“ ist diese Destabilisierung nur unvollkommen beschrieben. Die Entscheidungsbefugnis von Einzelbeamten wird zunächst eingeengt und in kollegiale Gremien eingebunden, wie es auch der merkantilistische Staat mit seinen überaus schwerfälligen Kollegien einst getan hatte. Was der große Liberale John Stuart Mill hierzu und überhaupt zur staatlichen Verwaltung bemerkt hat, gilt auch heute: „Was das Collegium tut, das tut niemand, und niemand kann dafür zur Verantwortung gezogen werden.“[259] Bei Gremien befreit die Vertraulichkeit der Beratung von mancherlei Rücksichten, das Interesse des Beamten an sachgemäßer Entscheidung bleibt deswegen nur dann ungemindert, wenn er dem Gremium für lange Zeit angehört, während kurzfristige Mitgliedschaften die Verantwortungslosigkeit fördern. Im Zuge basisdemokratischer Vorstellungen werden jedoch Mandate kraft Amtes immer weniger-geschätzt und eine von Wahlen ausgehende ständige Rotation verantwortlicher Personen wird bevorzugt.[260] Bis sie sich eingearbeitet haben und nach dem Vorbild amerikanischer Präsidenten aus eigenen Verwaltungsfehlern haben lernen können, ist ihr Mandat schon wieder abgelaufen. Die Versuchung liegt nahe, die persönliche Unbequemlichkeit der Einarbeitung gering zu halten, das Amt zur Förderung eigener Ziele auszunutzen und alle Folgen der später regierenden Nachwelt zu überlassen, einschließlich unerledigter Aktenberge. Um nun die persönliche Verhaltensweise des Einzelbeamten identifizieren zu können, wird schließlich „Öffentlichkeit“ der kollegialen Beratungen verlangt und – wie etwa an den Universitäten – mehr oder weniger hergestellt.

Ist der Beamte in sein Amt nur vorübergehend eingewiesen, also von Wahlen abhängig, wird er sich als Politiker verhalten müssen, kann sich also nicht mehr von seiner lokalen oder nach Interessengruppen eingeteilten Wählerschaft emanzipieren. Ist er von seinen Kollegen und Untergebenen auf den Schild gehoben, kann

[259] *John Stuart Mill*, a. a. O., S. 188.

[260] So hat zum Beispiel die demokratisierende Gleichstellung von Studenten, Assistenten und Professoren an deutschen Hochschulen die Zahl derjenigen Gremienmitglieder stark erhöht, die nicht dauernd an die Verwaltung der Hochschulen gebunden sind, also an der fachlichen Einarbeitung in Verwaltungsvorgänge nur begrenzt interessiert sind, weil sich Fehlentscheidungen für sie selbst nicht auswirken.

er zum Gruppenvertreter werden; hat ihn eine lokale Wählerschaft in das Amt gebracht, wird er zuerst auf diese Rücksicht nehmen. Soweit die Behörde Aufgaben erfüllt, die in der Tat in erster Linie eine solche Wählerschaft angehen, wäre dagegen wenig einzuwenden. Die kommunale Selbstverwaltung hat einmal auf solchen Grundsätzen beruht und sich wenigstens auch insoweit bewährt, als sie den jeweiligen Amtsinhabern ausreichende Amtsautorität und genügende Frist des Mandats eingeräumt hat. Wie aber will man mit einer derartig konzipierten Verwaltung die Wirtschaft nach zentralen gesamtwirtschaftlichen Konzepten lenken? Diese Frage ist besonders eindringlich zu stellen, wenn außerdem die nach strengen fachlichen Auslesekriterien in ihr Amt berufenen Beamten in den administrativen Kollegien mit nach Proporzschlüsseln gewählten Dilettanten kooperieren sollen. Die Zentralbehörden werden sich für die Durchsetzung ihrer Aufträge an die Berufsbeamten halten, denen aber gleichzeitig durch Demokratisierung und Öffentlichkeit die Möglichkeit beschnitten ist, sich durchzusetzen. Spieltheoretisch gesprochen können die an der Front stehenden Berufsbeamten nunmehr sowohl gegen Kunden und gewählte Mitbestimmer als auch gegen die Oberbehörden spielen und als ein beweglicher Eckpunkt in diesem Viereck das eigene Optimum anstreben.

Die Reaktion der Zentrale ist abzusehen: Da sie sich an nur gewählte, aber sonst in keinem Anstellungsverhältnis zum Staate stehende Gruppenvertreter nicht halten kann, wird sie ihren disziplinarischen Druck auf die Berufsbeamten verstärken. Außerdem wird sie die aus der Hand gleitenden Unterbehörden durch ins letzte Detail gehende Verwaltungsvorschriften an die zentralen Ziele binden. Diese Vorschriften sind um so unsinniger, je mehr sie ins Detail gehen, weil die Oberbehörden weder die Informationen noch die Erfahrungen besitzen, um sachgemäße Regelungen zu treffen. Die altpreußische und durchaus lobenswerte Tradition, daß jeder Oberbeamte die Tätigkeiten der Unterbeamten aus eigener Erfahrung kennen muß, außerdem aber gehalten ist, sich durch regelmäßige Bereisungen vor Ort immer wieder mit den neuesten Veränderungen an der Front durch eigenen Augenschein vertraut zu machen hat, gehört längst der Vergangenheit an. Dieses Verfahren scheitert schon allein an der ins Ungemessene gewachsenen Fülle der Regierungsmaterien.

Außerdem dringen die rein politischen Oberbeamten immer mehr vor, die sich über Parlamente und Parteien ein Anrecht auf Einfluß und Versorgung im Staatsapparat erworben haben. Da die wirtschaftslenkende und politische Verwaltung gewollt ist, liegt dies in der Natur der Sache, führt aber wegen mangelnder administrativer Fachkunde der politischen Oberbeamten zu häufig absurden Ergebnissen. Man wende nicht ein, die Zentrale lasse ja die Frontbeamten regelmäßig zum Rapport erscheinen und erbitte Stellungnahmen zu geplanten Erlassen und Vorschriften, so daß der Sachverstand der Front in den Entscheidungsprozeß eingehe. Längst sind solche Anhörungen wie diejenigen der Parlamente zu einem Ritual entartet, das nur dazu dient, in einem oft sehr undurchsichtigen Prozeß bereits gefallene politische Entscheidungen mit einem pseudodemokratischen Mantel zu verhüllen.

Soweit Anhörungsrechte nicht nur für die Frontbehörden, sondern auch für wirtschaftliche Interessengruppen bestehen, hängt es von Größe, Art und Einfluß dieser Gruppen ab, inwieweit sie die Verwaltung formen können. Weil die neomerkantilistische Interventionsverwaltung einzelne Gruppen begünstigen und andere benachteiligen muß, wird Einflußnahme der Gruppen auf Verwaltungsentscheidungen zu einer privatwirtschaftlichen Notwendigkeit. Die Bürokratie ist sogar auf solche Einflüsse angewiesen, denn wie Max Weber bemerkt: „Überlegen ist der Bureaukratie an Wissen: Fachwissen und Tatsachenkenntnis, innerhalb seines Interessenbereichs, regelmäßig nur: der private Erwerbsinteressent.“[261] Die Staatsverwaltung, soweit sie die Wirtschaft en detail lenken will, muß hierfür spezialisierte Lenkungsbehörden entwickeln, deren Denkungsart sich derjenigen der zu lenkenden Wirtschaftszweige und Gruppierungen zu assimilieren pflegt, zumal den spezialisierten Beamten lohnende Positionen in der Wirtschaft geboten werden können. Die Wirtschaft muß gegen den lenkenden Staat spielen, was ihr um so eher gelingt, wenn sie aus dessen Generalstab qualifizierte Kräfte zur Entwicklung der eigenen Gegenstrategie abwerben kann. Es wäre ein Mißverständnis anzunehmen, daß deswegen alle Lenkungs- und Aufsichtsbehörden korrupt werden. Soweit interessengebundene Sachinformation richtig ist, wird die behördliche Entscheidung dadurch sogar verbessert. Auch entwickeln Aufsichtsbehörden gegenüber den zu Beaufsichtigenden durchaus Herrschaftsinstinkte. Hat aber einmal ein Branchenressort eine Branche nach eigenem Urteil korrigiert, so verteidigt es diese Entscheidung im Verein mit der Branche gegen Änderungen durch die Zentralbehörde, schon um sich nicht selbst mangelnden Sachverstand zu bescheinigen. Ein gleiches gilt für die entsprechenden Spezialisten der Parlamente, so daß ein „eisernes Dreieck“ von Ressortpartikularisten in Wirtschaft, Verwaltung und Parlament zustande kommt.[262]

Damit nicht genug: Solange der Rechtsstaat formell weiter besteht, unterliegen alle Verwaltungsakte der gerichtlichen Nachprüfung und können manchmal noch nach Jahren durch die Rechtsprechung wieder rückgängig gemacht werden. Die Zahl der zu entscheidenden Rechtsfälle nimmt parallel mit der Zahl der Verwaltungsfälle und Gesetze zu. Die Gerichte müssen vielfach als Gesetze drapierte Verwaltungsakte auf ihre Rechtmäßigkeit prüfen, womit die Rechtsprechung zu

[261] *Max Weber*, Wirtschaft und Gesellschaft, a. a. O., S. 129.

[262] Vgl. *Paul H. Weaver*, Regulation, Social Policy, and Class Conflict, in: Institute for Contemporary Studies (Herausgeber), Regulating Business: The Search for an Optimum, San Francisco 1978, S. 193 ff.

einer Nebenverwaltung wird. Man spricht davon, daß der Rechtsstaat zu einem Rechtswegstaat[263] degeneriere und fordert, der „Verwaltung als eigenständiger Staatsgewalt“[264] gegenüber dieser Vielfalt von rechtlichen Behinderungen wieder zu ihrem Recht zu verhelfen. Für den umfassend lenkenden Verwaltungsstaat ist der Widerspruch zwischen Rechtsstaat und Verwaltungseffizienz in der Tat nicht aufzulösen. Folgerichtig gibt es in den kommunistischen Staaten grundsätzlich keinen gerichtlichen Rechtsschutz gegen Maßnahmen der Verwaltungsbehörden,[265] weil die zentrale Lenkung der Wirtschaft zusammenbrechen müßte, wenn Gerichte durch Einzelfallentscheidungen Teile aus dem zusammenhängenden Gesamtgebäude der staatlichen Planung herausnehmen würden.

Im übrigen wird der Degenerationsprozeß der Verwaltung von einem Qualitätswandel der Beamtenschaft begleitet. In der liberalen Ära begnügte sich der Staat mit einem beschränkten Beamtenapparat und konnte deswegen hohe Anforderungen stellen. Dies ändert sich mit der Ausweitung der Bürokratie. Zwar kann durch fachliche Spezialisierung und Arbeitsteilung auch mit weniger geeigneten Personen eine funktionsfähige Verwaltung aufrecht erhalten werden, es nimmt dann aber der Bedarf an Beamten zu, die den nötigen Horizont für Aufsichts- und Koordinationsaufgaben besitzen. Menschen, die insbesondere für leitende Positionen im Staatsdienst taugen, sind noch wesentlich knapper als die ohnehin schon knappen Unternehmertalente. Infolgedessen macht sich eine Art von personellem Ertragsgesetz bemerkbar. Der Staatsdienst muß bei seiner Ausweitung mit weniger guten Staatsdienern zufrieden sein. Wenn außerdem die Auslese noch herabgestuft wird, weil unsere Zeit keine Eliten mehr verträgt, ist mit einem personellen Qualitätsabfall eine verminderte Funktionsfähigkeit des Staatsdienstes verbunden.

Es kommt aber noch ein weiteres hinzu:

Der neumerkantilistische Interventionsstaat der Gegenwart bringt einen Beamtentyp neuer Prägung hervor. Es genügt nicht mehr, daß der neue Beamte sein Fach versteht, rechtlich denkt und eine charakterfeste Person ist. Vielmehr muß er die Fähigkeit besitzen, zwischen den verschiedenartigen, auf die Verwaltung einwirkenden Kräften zu lavieren. Er muß Kompromisse zwischen Gesetzestreue, Folgsamkeit gegenüber der politischen Führung, Einvernehmen mit Gruppeninteressen und günstiger Beurteilung durch die Öffentlichkeit herstellen. Da das politische System die Wahrnehmung von Gruppeninteressen legalisiert und institutionalisiert hat, kann auch das bürokratische Eigeninteresse ungeschminkter nach vorn rücken. Alles zusammengenommen ist kaum auf einen Nenner zu bringen.

---

263 *Hans Peters*, Die Verwaltung als eigenständige Staatsgewalt, Kölner Rektoratsrede, Krefeld 1965, S. 19.

264 Dsgl.

265 Art. Verwaltungsrechtsschutz (*Carl Hermann Ule*), Handwörterbuch der Sozialwissenschaften, Bd. 11 (1961), S. 281.

In einem solchen Kräftefeld führen Gaben zum Erfolg, die den machiavellistischen Politiker auszeichnen: Machtinstinkt, Beherrschen von Behinderungstechniken bei gleichzeitiger Fähigkeit zur wirksamen Selbstdarstellung, Fähigkeit, politische Koalitionen zu schließen und Vorstöße anderer Koalitionen abzuwehren und so fort.[266] Vor allem aber muß man einen Instinkt für die jeweilige politische Windrichtung entwickeln und sich frühzeitig auf sie einstellen. Denn im lenkenden Interventionsstaat wechseln die erwünschten Maßnahmen und Opportunitäten von Tag zu Tag. Soweit der Beamte noch sachbezogen denkt, und von einem großen Teil der Beamten kann dies angenommen werden, muß er sich ständig damit befassen, unsachlichen Einflüssen und Anforderungen zu begegnen. Vor allem aber wird nun die Organisationsstruktur der Behörden selber zu einem Gegenstand der Politik, so daß zwar nicht die Anstellung, wohl aber die Qualität des Arbeitsplatzes, den der Beamte einnimmt, ständig zur Disposition politischer Kräfte steht. Deswegen muß der Beamte diese ununterbrochenen Reorganisationen zum Gegenstand seiner eigenen Aktivitäten machen. Wen wundert es, daß er hierbei auch egoistische Techniken erlernt, die im liberalen Rechtsstaat mindestens zurückgedrängt waren?

Schließlich kommt hinzu, daß das neomerkantilistische politische Gesamtsystem wie einst das ançien régime immer mehr den Instinkt für Selbsterhaltung vermissen läßt, den die Systemtheoretiker von jedem funktionierenden System erwarten. Insgeheim und immer mehr auch öffentlich wollen politische Führungskräfte eigentlich einen fundamental anderen Staat, sie leiten aber noch einen Beamtenapparat, der auf die bisherigen Gesetze und die bestehende Verfassung vereidigt ist und .dafür einstehen soll, im Falle von Polizisten und Soldaten sogar mit dem eigenen Leben. Dieser Widerspruch trägt seine Selbstaufhebung in sich: Der Stil des unehrlichen Lavierens und des doppelzüngigen Opportunismus wird sich nach unten ausbreiten, wenn nicht Einhalt geboten wird.

Was könnte geschehen, um die geschilderten Schwierigkeiten und Lähmungen der modernen Staatsverwaltung zu überwinden? Was die Identität der Beamtenschaft angeht, so kann entweder durch Übergang zum totalitären Einparteienstaat und entsprechende Auswechselung der Staatsdiener die Anpassung von Verwaltungsapparat und staatlicher Zielfunktion im Rahmen einer zentral geleiteten

[266] Besonders bedenklich ist in diesem Zusammenhang, daß auch die Beamten nicht mehr in vollem Umfange vorschriften- und gesetzestreu sein können, weil sie nicht alle Vorschriften und Gesetze auch des eigenen Sachgebietes, geschweige denn verwandter Gebiete, voll beherrschen können, vor allem, wenn sie nicht Juristen sind. Infolgedessen ist jedermann angreifbar und kann daher mit der Drohung einer genauen Überprüfung auf vorschriftengemäße Amtsführung erpreßt und gefügig gemacht werden. In Vorwegnahme solchen Druckes werden die Staatsdiener auch dort gefügig, wo sie im Interesse der Sache unnachgiebig sein müßten. Die Verletzung abwegiger Vorschriften ist aber im Interesse sachgerechter Amtsführung erforderlich.

Wirtschaft bewirkt werden. Oder aber man zieht wieder eindeutiger ein marktwirtschaftliches und rechtsstaatliches System vor. Marktwirtschaftliche Systeme haben den Vorzug, die Staatsverwaltung auch dadurch zu verbessern, daß die Beamten ohne untragbares persönliches und wirtschaftliches Risiko abwandern oder widersprechen können. Die private Vermögensbildung ist ja als Rückhalt in erheblichem Maße zugelassen, außerdem ist der Staat nicht der einzige Arbeitgeber wie in der zentralgeleiteten Wirtschaft. Im ganzen aber gilt gleichwohl das, was August Wilhelm Rehberg zu Beginn des vorigen Jahrhunderts bemerkt hat: „Es ist alles vergeblich, was versucht werden mag, die öffentlichen Geschäfte zu vervollkommnen, wenn die Denkungsart verschwindet, die in ihnen, blos deswegen, weil sie Sache des gemeinen Wesens sind, etwas höheres erkennt, als in jeder Privat-Sache."[267]

Was das Koordinationsproblem zwischen den vielfach aufgefächerten Interventionsbehörden der neomerkantilistischen Mischwirtschaft betrifft, so könnten als Gegenmittel gegen Ressortpartikularismus Seitenkontakte zu anderen Ressorts noch stärker vorgeschrieben werden, als das ohnehin der Fall ist. Ein gesamtwirtschaftlich effizientes Ergebnis ist damit keineswegs gesichert, oft findet ein Kuhhandel zwischen den Ressorts statt, indem eine Handlung des anderen Ressorts, die gegen die eigenen Rationalitätsvorstellungen verstößt, dann hingenommen wird, wenn das andere Ressort im umgekehrten Fall zu Gegenkonzessionen bereit ist. Vor allem aber können niemals alle wirklich betroffenen Ressorts vor einem Verwaltungsakt miteinander Kontakt aufnehmen, weil man bei einer wirtschaftspolitischen Maßnahme nicht immer weiß, wie und auf wen sie sich auswirkt und welches Ressort infolgedessen hätte gefragt werden müssen. Im übrigen steht die Langatmigkeit solcher horizontalen Koordinationen in einem grotesken Mißverhältnis zu dem Anspruch der Interventionsverwaltung, schlagkräftig und zeitgerecht marktwirtschaftliche Fehlentwicklungen zu kompensieren.

Ein anderes Gegenmittel ist die Verminderung von Komplexität, um es nach Art der modernen soziologischen Systemtheorie auszudrücken.[268] Diese Vereinfachung kann wieder auf zweierlei Weise geschehen: Einmal kann eine echte Zentralverwaltungswirtschaft eingeführt werden. Im Interesse effizienter staatlicher Verwaltung wird dann der Rechtsstaat aufgehoben. Die Mitbestimmung von Gruppen in der staatlichen Verwaltung kann mindestens rechtlich durch einfache hierarchische Beziehungen und Wiederherstellung amtsgebundener Befugnisse und Verantwortlichkeiten ersetzt werden, den Unternehmungen kann ihre Selbständigkeit genommen werden, so daß ihre Möglichkeit zu Gegenstrategien eingeschränkt sind: Sie werden zu weisungsgebundenen staatlichen Unterbehör-

---

[267] A. a. O., S. 82.

[268] Vgl. *E. K. Scheuch*, *Th. Kutsch*, Grundbegriffe der Soziologie 1, Grundlegung und Elementare Phänomene, 2. Aufl. Stuttgart 1975, S. 256.

den. Eine komplexe und sich überlagernde Doppelplanung[269] von privater Wirtschaft und staatlicher Bürokratie für ein und denselben wirtschaftlichen Vorgang wird dadurch weitgehend vermieden. Durch Zentralisierung und Standardisierung kann das System weiter vereinfacht werden, büßt dann aber an Flexibilität ein, weil auf verschiedenartige Sachverhalte stereotyp vereinheitlichte Antworten gegeben werden. Die organisatorischen Schwächen einer solchen Zentralverwaltungswirtschaft liegen auf der Hand, obwohl die Staatsverwaltung gegenüber dem merkantilistischen Mischsystem einige Rationalitätsvorteile durch größere Übersichtlichkeit, Dominanz des Gehorsamsprinzips und Alleinzuständigkeit des Staates für alle Vorgänge besitzt. Gewiß werden im idealen Fall die Beamten mit klaren Anweisungsbefugnissen ausgestattet, es wird von ihnen Plantreue erwartet, ihre Dispositionsspielräume sind auf den Rahmen beschränkt, der von den Oberbehörden festgelegt ist. Ein solches System neigt jedoch wie die friederizianische Staatsmaschine zur bürokratischen Erstarrung: Trifft ein Beamter eine unternehmerische Entscheidung, so werden die Vorgesetzten dazu neigen, einen Erfolg als eigene Leistung auszugeben, ein Mißlingen aber dem Untergebenen anzulasten. Experimente empfehlen sich daher nicht und können auch nicht nach Belieben gestattet werden, weil der Beamte mit Staatseigentum operiert.[270] Umwälzungen sind allein der Staatsführung erlaubt, die auf überlegenes Wissen Anspruch erhebt und oft ins Gigantische strebende Experimente mit übermäßigen Risiken anstellt. Diese Risiken sind nicht nur deshalb groß, weil einseitige Großexperimente nicht das gesamte Feld der Ungewißheit ausreichend abtasten. Es wird außerdem durch Verzicht auf ein marktwirtschaftliches Preissystem die Orientierung im Suchprozeß aufgehoben. Die Staatsverwaltung mag organisatorisch handlungsfähig sein, ohne ökonomisches Richtmaß schlägt sie vielfach blind um sich.

Der zweite Weg zur Verminderung von Komplexität für die Staatsverwaltung ist der liberale. Auch dabei dürfen elementare organisatorische Grundsätze nicht außer Betracht gelassen werden. Der Beamte ist an möglichst dauerhafte Gesetze und klare behördeninterne Vorschriften zu binden, die es ihm erlauben, auch den Sinn dieser Anweisungen zu erkennen und im Rahmen eines nicht zu eng gehaltenen Ermessensspielraumes entsprechend sinngemäß zu entscheiden. Dem sorgfältig auszuwählenden Beamten des liberalen Staates kann durchaus selbständiges

[269] *Alfred Müller-Armack*, Diskussionsbeitrag in: Planung ohne Planwirtschaft, herausgegeben von *Alfred Plitzko*, Basel und Tübingen 1964, S. 42.

[270] Vgl. *Hans Willgerodt*, Regeln und Ausnahmen in der Nationalökonomie*, in: Systeme und Methoden in den Wirtschafts- und Sozialwissenschaften, Erwin von Beckerath zum 75. Geburtstag, herausgegeben von *Norbert Kloten, Wilhelm Krelle, Heinz Müller, Fritz Neumark*, Tübingen 1964, S. 723. *Helmut Leipold*, Die Verwertung neuen Wissens bei alternativen Eigentumsordnungen, in: Ökonomische Verfügungsrechte und Allokationsmechanismen in Wirtschaftssystemen, herausgegeben von *Karl-Ernst Schenk*, Schriften des Vereins für Socialpolitik, N. F. Bd. 97, Berlin 1978, S. 89–122.

Denken und Handeln erlaubt werden, weil der Handlungsraum, der vom Staat im ganzen in Anspruch genommen wird, begrenzt ist. In der Marktwirtschaft ist es auch möglich, Einzelbehörden ohne Schaden für den Systemzusammenhang zu verselbständigen und sie an Verhaltensregeln zu binden, die dauerhaft sind. Dies gilt etwa für Notenbanken, Sparkassen, Sozialversicherungseinrichtungen, Verkehrsunternehmungen, Forstbehörden, staatliche Hochschulen und – last not least: Gerichte. Solche Verselbständigungen der Verwaltung bedeuten nicht, daß diese Behörden einen Beliebigkeitsspielraum erhalten, sondern sie werden im Gegenteil an ordnungspolitisch durchdachte Gesetze und Verhaltensregeln gebunden und also dem politischen Tagesstreit entzogen. Es wäre irrig zu meinen, eine sich beschränkende und mehr an Regeln und Gesetze als an umfassende Zentralpläne gebundene Bürokratie sei notorisch einfallslos, unelastisch und verantwortungsscheu. Die Erfahrungen der liberalen Ära beweisen das Gegenteil.

Wenn die Staatsverwaltung funktionsfähig sein soll, ist der Versuch abwegig, zwischen den erwähnten Alternativen einen pragmatischen Kompromiß dauerhaft zu machen. Der vielregierende und einen Totalitätsanspruch erhebende, aber doch nicht entschlossen zu einer vollen Zentralverwaltungswirtschaft übergehende Interventionsstaat ruiniert nicht so sehr die Wirtschaft als vielmehr sich selbst und seine eigene Verwaltung.[271] Zuständigkeitserweiterungen für die Staatsverwaltung bedeuten eben nicht ohne weiteres auch eine größere Wirksamkeit der Staatsbürokratie. Wenn diese Bürokratie immer mehr damit beschäftigt ist, sich selbst zu verwalten und als unförmiger Dinosaurier mühselig aufrecht zu stehen, ist nicht nur die Wirtschaft in Gefahr, sondern auch der Staat.

[271] Vgl. *Carl Schmitt*, Weiterentwicklung des totalen Staats in Deutschland, (1933), in: ders., Verfassungsrechtliche Aufsätze aus den Jahren 1924–1954, Berlin 1958, S. 359–366, insbesondere S. 362: „Der heutige deutsche Staat ist total aus Schwäche und Widerstandslosigkeit, aus der Unfähigkeit heraus, dem Ansturm der Parteien und der organisierten Interessenten standzuhalten. Er muß jedem nachgeben, jeden zufriedenstellen, jeden subventionieren und den widersprechendsten Interessen gleichzeitig zu Gefallen sein. Seine Expansion ist die Folge, wie gesagt, nicht seiner Stärke, sondern seiner Schwäche."

Westdeutschland auf dem Wege zu „richtigen" Preisen nach der Reform von 1948

Von Hans Willgerodt, Köln

A. Muß die Wirksamkeit des Marktes nach der westdeutschen Währungs- und Wirtschaftsreform von 1948 noch immer erklärt werden?

Die Reform der westdeutschen Währungs- und Wirtschaftspolitik von 1948 ist trotz aller damit verbundenen Probleme schließlich erfolgreich gewesen. Dies wird kaum noch in Zweifel gezogen.[272] Umstritten bleibt jedoch nach wie vor, auf welche Ursachen diese günstige Entwicklung zurückzuführen ist.

Als exotisch kann inzwischen die Ansicht gelten, dieses Ergebnis sei *trotz* der damaligen Reformen zustande gekommen, die eher schädlich als nützlich gewirkt hätten.[273] Für den Erfolg wären dann andere Faktoren verantwortlich, die so stark hätten sein oder werden müssen, daß sie das vermeintliche Hindernis des Marktes und einer stabilen Währung hätten überwinden können. Auf die Frage, welche Kräfte dies gewesen sein könnten, gibt es keine überzeugende Antwort. Noch viel weniger wird mitgeteilt, weshalb sich diese Kräfte nicht schon früher gegen die vor der Reform herrschende Zwangswirtschaft durchsetzen konnten. Von einer Fortdauer der vor der Reform vor sich hin vegetierenden Verwaltungswirtschaft hat bisher niemand eine Besserung erwartet. Sie hätte mindestens rationalisiert und

[272] Verbreitet sind aber Relativierungen, sei es in den Größenordnungen, sei es bei der Zurechnung zu den verursachenden Faktoren. Vor allem die Wirtschaftspolitik Ludwig Erhards wird als Wirkungsfaktor in Frage gestellt. Zur Widerlegung noch immer: *Egon Sohmen* (1959 und 1960). Zu den Schwierigkeiten, Erfolgsindikatoren zu definieren, vgl. *Peter Engst* und *Lothar Schüssler* (1974).

[273] Was unter genau gleichen Bedingungen ohne marktwirtschaftliche Reformen geschehen wäre, läßt sich nicht feststellen. Es können aber logisch-theoretische Erwägungen und Erfahrungssätze über menschliches Verhalten herangezogen werden, vor allem aber vergleichbare, wenn auch nicht völlig identische Fälle, bei denen eine der westdeutschen ähnliche Reform unterblieben ist. Die Entwicklung der ehemaligen DDR bietet sich hierfür an; nachdem insbesondere das angelsächsische Schrifttum die Wachstumsraten der DDR grob überschätzt hat, werden die einem ökonomischen Offenbarungseid gleichkommenden jüngsten Ereignisse hoffentlich zu Revisionen führen. Völlig überzeugt von der absoluten Schädlichkeit der westdeutschen Währungs- und Wirtschaftspolitik nach 1948 war nicht nur die damalige deutsche Opposition, sondern auch ein Mann wie *Thomas Balogh* (1950); vgl. im übrigen *Ludwig Erhard* (1957, 5. Kapitel).

zentralisiert werden müssen, wäre aber an den nicht mehr erfüllbaren politischen Voraussetzungen gescheitert, denn ohne Wiederherstellung des umfassenden Polizeistaates hätte sie technisch nicht funktionieren können.

Die marktwirtschaftliche Reform von 1948 war unvollkommen, richtig aber waren ihre Grundprinzipien stabiler Währung und eines freien Marktes. Fatal für die These, ohne stabile Währung und freie Märkte hätte man erfolgreicher sein können, ist der Umstand, daß solche ordnungspolitischen Alternativen sich nirgendwo bewährt haben.[274] Es ist leichter, dies zu erklären als nachzuweisen, daß nichtmarktwirtschaftliche Rezepte nur wegen falscher Anwendung erfolglos geblieben sind.[275]

Eines gewissen Ansehens erfreut sich hingegen die These, die Reformen von 1948 seien bedeutungslos gewesen, das westdeutsche Wirtschaftswachstum habe längst vorher begonnen, weil ordnungsunabhängige Wachstumskräfte am Werk gewesen seien.[276] Wenn solche Kräfte nach großen Zerstörungen bemerkbar werden können, so folgt daraus jedoch nicht, daß sie sich in jeder Ordnung überhaupt oder in gleicher Stärke durchsetzen.

---

[274] Auch die These, eine Zentralverwaltungswirtschaft eigne sich mindestens für den Kriegs- und Katastrophenfall besser und könne eher ökonomisch-technische Kräfte auf Spitzenleistungen konzentrieren, ist schon längst brüchig geworden. Einen Rüstungswettlauf mit westlichen Marktwirtschaften konnte die Sowjetunion schließlich nicht mehr gewinnen. Der Vorteil von Zentralverwaltungswirtschaften, die Organisationsstruktur der Kriegswirtschaft schon im Frieden zu besitzen, während auf Friedensbedürfnisse eingestellte Marktwirtschaften im Kriegsfalle ihr Potential erst umstellen müssen, ist weniger bedeutend geworden, seit die westliche Industriewirtschaft einen hohen Militärbedarf mit steigender Versorgung der Zivilbevölkerung vereinbar machen konnte. Daß totalitäre Regime allenfalls Blitzkriege wirtschaftlich gewinnen können, wenn nicht Sonderfaktoren wie Öleinnahmen mitwirken, ist schon früh erkannt worden, vgl. *Wilhelm Röpke* (1938), der die deutsche Niederlage im zweiten Weltkrieg vor ihrem Beginn vorausgesagt hat.

[275] In jeder Ordnung besteht ein Abstand zwischen dem wirtschaftspolitischen Konzept und seiner praktischen Anwendung. Doch stellen Marktwirtschaften geringere Anforderungen an bewußt systemloyales Verhalten und an die Intelligenz der Wirtschaftspolitik als zentralgeleitete Volkswirtschaften, selbst wenn unbestritten bleibt, daß es Maßnahmen gibt, durch die auch eine Marktwirtschaft funktionsunfähig oder aufgehoben wird. Umgekehrt zur Realität verhält sich die öffentliche Meinung: An reale Marktwirtschaften werden höhere Anforderungen gestellt als an den realen Sozialismus, der stets mit einem Bonus der Intellektuellen rechnen kann, die sich nur schwer entschließen können, Folgerungen aus dem Zusammenbruch des Sozialismus zu ziehen. Auch viele Ökonomen sind dieser Einseitigkeit zum Opfer gefallen. Z. B. haben *Norton T. Dodge* und *Charles K. Wilber* (1969 – 70) das sowjetische Industrialisierungskonzept bewußt ungleichgewichtigen Wachstums und großindustrieller integrierter Fertigung für Entwicklungsländer empfohlen. Bei allen Mängeln der praktischen Ausführung sei viel Positives vom sowjetischen Entwicklungsprozeß zu lernen.

[276] *Werner Abelshauser* (z. B. 1975) vertritt diese These, leugnet allerdings die Bedeutung der Wirtschaftsordnung nicht völlig (vgl. 1975, S. 170). Widerlegungen bei: *Rainer Klump* (1985); *Bernd Klemm* und *Günter J. Trittel* (1987) mit weiteren Quellenverweisen zur Kritik an Abelshauser.

Das Wirtschaftsergebnis geht immer auf eine Vielzahl von Ursachen zurück, also niemals allein auf die Wirtschaftspolitik.[277] Trotzdem ist es möglich, Zusammenhänge zwischen Wirtschaftsordnung und Wirtschaftserfolg aufzuklären. Das gilt vor allem, wenn sich im konkreten Fall außer der Wirtschaftsordnung wenig geändert hat. In der Mitte des Jahres 1948 war die Reform jedenfalls die dominierende Veränderung, der gegenüber alle anderen mitwirkenden Faktoren unbeachtlich gewesen sind, wie sich an zahllosen Details nachweisen läßt.

Dies war auch die Auffassung der Zeitgenossen. Diese Auffassung war für die weitere wirtschaftliche Entwicklung durchaus erheblich, denn sie hat das wirtschaftliche Verhalten entscheidend mitbestimmt. Daß das Geld wieder kaufkräftig geworden war und der Bezug von Gütern zu einem erheblichen Teil nicht mehr von behördlichem Ermessen abhing, wurde im täglichen Leben als Befreiung empfunden. Demgegenüber waren die Ansichten über den Sinn freier Preise und Märkte unmittelbar nach der Reform meist völlig abwegig und für das weitere politische Schicksal der Reform nicht günstig.

Das Kleinklima des persönlichen Verhaltens wirkte jedoch von Anfang an zugunsten eines Erfolges der Reform: Man wirtschaftete sparsam, arbeitete mehr und besser. Die durchschnittliche Wochenarbeitszeit der Industriearbeiter stieg von 39,1 im Jahre 1947 über 42,4 (1948) auf 48,2 (1950). Der Index des Produktionsergebnisses je Beschäftigtenstunde der Industrie stieg von 77,5 im 1. Halbjahr 1949 auf 102,8 im 2. Halbjahr 1951 (1936 = 100), die Zahl der Beschäftigten insgesamt stieg von 13,468 Millionen um die Jahresmitte 1948 kontinuierlich auf 14,583 Millionen Ende 1951.[278] Man paßte sich den neuen Bedingungen an und versuchte überall, das Beste aus der gegebenen Lage zu machen. Als sich dadurch ein Erfolg der Reform abzeichnete, änderte sich auch das allgemeine politische Urteil über die Marktwirtschaft, sie brachte ein knappes günstiges Urteil der Wähler vor allem über die Wirtschaftspolitik Ludwig Erhards. Damit war die „Konstanz der Wirtschaftspolitik" im Sinne Euckens[279] gewährleistet, von der die Erwartungen und die Investitionsentscheidungen günstig beeinflußt worden sind. Ansichten über Tatsachen riefen selber wieder neue, für die Reform günstige Tatsachen hervor.

---

[277] Regierende Politiker rechnen sich wirtschaftliche Erfolge auch dann zu, wenn sie – wie im Falle von Landesregierungen – kaum über wirtschaftspolitische Kompetenzen verfügen. Mißerfolge werden dagegen externen und von der Politik nicht zu beherrschenden Kräften zugewiesen. Weder Massenmedien noch Politiker betonen, daß die Regierung etwas *nicht* kann. Damit und mit einem Appell an die Selbstverantwortung des Einzelnen sind nur selten Wahlen zu gewinnen, es sei denn mit der Ankündigung, der Staat werde sich dort zurückziehen, wo er jedermann lästig gefallen ist; dies war eines der Erfolgsrezepte Erhards.

[278] Statistisches Jahrbuch für die Bundesrepublik Deutschland 1952, S. 412, 213, 86 f.

[279] *Walter Eucken*: Grundsätze der Wirtschaftspolitik, Bern und Tübingen 1952, S. 285 ff.

Wenn demnach feststeht, daß die Reform selber nicht als bedeutungslos abgewertet werden kann, so ist damit noch nicht erwiesen, welcher Anteil ihren einzelnen Komponenten zuzuschreiben ist. Kritiker marktwirtschaftlicher Lösungen haben den Beitrag der *Währungsreform* zum schließlichen Erfolg betont und die marktwirtschaftlichen Teile der Reform als unbedeutend oder gar schädlich eingestuft.[280] Demgegenüber haben die Anhänger der Marktwirtschaft die währungspolitische Bereinigung als Bestandteil der marktwirtschaftlichen Reform betrachtet, die den *Übergang zur freien Preisbildung* und der Freiheit des marktwirtschaftlichen Verkehrs stützen sollte, aber ohne diese Freiheit als sinnlos angesehen wurde.[281]

Soll dieses Zurechnungsproblem jenseits apriorischer Dogmatik gelöst werden, so bieten sich verschiedene Verfahren an:

- Es kann zunächst ein Zustand mit alleiniger Währungsreform mit einem Zustand verglichen werden, in dem auch freie Märkte und Preise eingeführt worden sind. Zum Beispiel wurde für das französische Besatzungsgebiet zunächst nur die neue Währung übernommen, nicht aber die marktwirtschaftliche Ordnung. Unter dieser Regie entwickelte sich die Wirtschaft weniger günstig als im Vereinigten Wirtschaftsgebiet der britischen und amerikanischen Besatzungsgebiete.[282] Doch war die Zeit der autonomen Lenkungspolitik des französischen Besatzungsgebietes ziemlich kurz. Übersehen wird meist, daß parallel zur westdeutschen Währungsreform in der sowjetischen Besatzungszone eine ähnlich einschneidende Währungsreform ohne marktwirtschaftliche Neuordnung stattgefunden hat; dies hat den permanenten wirtschaftlichen Rückstand des DDR-Gebietes über Jahrzehnte hinweg zementiert.[283]
- Ein anderer Weg besteht darin, die einzelnen Maßnahmen der marktwirtschaftlichen Reform und das Funktionieren des neuen Systems nach 1948 im Detail zu untersuchen, um seine Wirkungen festzustellen oder mindestens genauer zu beschreiben.

Aus gutem Grund gilt das System freier Preise als Kernstück der Marktwirtschaft. Um so erstaunlicher ist es, daß es zusammenfassende Untersuchungen über die Entwicklung des westdeutschen Preissystems nicht zu geben scheint.[284] Wenn

---

280 Der SPD-Abgeordnete Arndt äußerte im August 1948 im Wirtschaftsrat: „... wenn Besserungen eingetreten sind, so sind sie durch die Währungsreform eingetreten ...", vgl. *Ludwig Erhard* (1957, S. 105). Eine Auseinandersetzung mit dieser These findet sich bei *Wilhelm Röpke* (1950, S. 16f.).

281 Vgl. *Wilhelm Röpke* (1951, S. 261–312).

282 Vgl. *Christoph Buchheim* (1988, S. 226f.; 1989, S. 401 f.); *Wilhelm Röpke* (1948); Monatsberichte der Bank deutscher Länder, Januar 1949, S. 10.

283 Vgl. *Bruno Gleitze* (1975).

284 Vgl. aber *Klaus Grimm* (1988). Eher beschreibend: *Herbert Hahn* (1964), *Gerhard Zeitel* (1964). Bemerkenswert bleibt, daß die meisten wirtschaftstheoretischen Lehrbücher der Gegenwart das Preissystem kaum noch eingehender erörtern, im Gegensatz etwa zu *Gustav Cassel* (1923) oder

freie Märkte und Preise die Reform von 1948 geprägt haben, dann muß es sie als dominierende Erscheinung wirklich gegeben haben. Wie sich zeigen wird, muß diese Frage vorab gestellt werden.

Hierzu kann zunächst ein indirekter Beweis versucht werden: Die zentrale Lenkung des *gesamt*wirtschaftlichen Prozesses hat tatsächlich nach dem Juni 1948 zu bestehen aufgehört.[285] Außerhalb der Lebensmittelbewirtschaftung war sie schon vorher kaum noch funktionsfähig gewesen. Der gesamtwirtschaftliche Prozeß lief aber nach dem Juni 1948 trotz aller Störungen mit jedenfalls besserem Ergebnis ab, als es vorher zu beobachten war. Durch Eigenwirtschaft, Naturaltausch und Kompensationen ist dies ebensowenig zu erklären wie durch Gruppenverhandlungen oder staatliche Interventionen und Teilpläne, ganz abgesehen davon, daß Naturaltausch und Kompensationen drastisch zurückgingen, Gruppenverhandlungen, etwa am Arbeitsmarkt, mehr den Markt konstatierten als veränderten und staatliche Teilpläne zu einer *gesamt*wirtschaftlichen Steuerung entgegen den Marktkräften weder hinreichend geeignet noch im Regelfall darauf gerichtet waren. Deswegen kann die volkswirtschaftliche Aufgabe der Koordination der Einzelpläne nur über den Markt gelöst worden sein. Denn es gibt keine andere Erklärung für die Tatsache, daß der Wirtschaftsprozeß nach 1948 jedenfalls nicht chaotisch abgelaufen ist.

Erstaunlich ist es aber, daß ein sehr erheblicher Teil der Preise im Juni 1948 nicht freigegeben worden ist und viele Maßnahmen der Bewirtschaftung beibehalten worden sind. Das Gesetz über Leitsätze für die Bewirtschaftung und Preispolitik nach der Geldreform vom 24. Juni 1948 sah unter anderem für folgende Güter weiterhin eine Bewirtschaftung vor:

– Zunächst ohne Einschränkung Hauptnahrungsmittel und Rohstoffe, die eine wesentliche Grundlage für die gewerbliche und landwirtschaftliche Gütererzeugung bildeten. Für eine Freigabe von Getreide und Getreideerzeugnissen,

---

Wilhelm Röpke (1937), *Heinrich von Stackelberg* (1948), aber auch den Lehrbüchern von *Erich Carell* und *Erich Schneider*. Im Handwörterbuch der Wirtschaftswissenschaft kommt das Stichwort „Preissystem" nicht mehr vor.

[285] Im Frühjahr 1948 wurde noch ein „Aufbauplan für die Wirtschaft des Vereinigten Besatzungsgebietes" aufgestellt. Auch nach der Reform vom Juni 1948 wurde ein Verteilungsplan für Kohle, Stahl, Lebensmittel, Aus- und Einfuhren und anderes vorgesehen. Teilweise blieben diese Planungen eine Richtschnur für die Bewirtschaftungsbehörden. Vgl. Wirtschaftsverwaltung, Heft 1 (1948, S. 15–19); *Helmut Meinhold* (1948), der in der Wirtschaftsverwaltung damit befaßt war, bezeichnete den Aufbauplan als „im Hinblick auf die Wirtschaftsverfassung ‚neutrale'(s) Prinzip", was es natürlich insoweit nicht war, wie Detailplanungen verbindlich blieben. In diesem Zusammenhang kritisierte er die Anforderung der Marshallplanverwaltung, einen detaillierten Außenhandelsplan vorzulegen, der eine Durchplanung der gesamten Wirtschaft erfordert hätte. Der Plan rechnete mit einer inländischen Kohlenproduktion von etwa 83,5 Mill. t; in dem Planungszeitraum vom 2. Quartal 1948 bis zum 1. Quartal 1949 einschließlich wurden aber 91,7 Mill. t gefördert, weil nach der Reform die Monatsförderung stark anstieg (nach: Deutsche Kohlenbergbauleitung, Monatsberichte der Bank deutscher Länder, Mai 1949, S. 72).

Milch und Milcherzeugnissen, Kartoffeln, Fleisch und Fett, von Kohle, Eisen und Stahl war vorher die Genehmigung des Wirtschaftsrates als des damaligen Parlamentes der Bizone einzuholen.
- Textilwaren, die der Bekleidung dienten, Schuhe und Seifen konnten einer „Verbrauchsregelung" unterworfen werden.
- Bei anderen Gütern der gewerblichen Wirtschaft waren Lieferanweisungen, Herstellungsgebote und -verbote möglich.
- Außerdem blieben sämtliche Altbauwohnungen bewirtschaftet.
- Devisen wurden bewirtschaftet, ebenso ein erheblicher Teil der Kapitalverwendung.

Gebundene Preise, meist als Höchstpreise, galten für Hauptnahrungsmittel und solche Rohstoffe, die wesentliche Grundlage für die gewerbliche und landwirtschaftliche Gütererzeugung bildeten. Mieten und Verkehrstarife waren ebenso gebunden wie Preise für Gas, Elektrizität und Wasser, Alkohol, Tabakwaren, Düngemittel, Mineralöl und manches andere. Es gab weder einen freien Zins noch einen freien Wechselkurs.

Aus Gründen, die noch zu erörtern sind, gibt es keine einwandfreie Methode, um die Bedeutung zu messen, die den damaligen Bewirtschaftungs- und Preisvorschriften nach der Währungsreform zukam. Gewichtet man die Branchen, die noch Kontrollen bei Preisen, Mengen oder beidem unterworfen waren, mit ihrem Anteil am Bruttoinlandsprodukt im Jahre 1950 zu damaligen Preisen, so ergibt sich bei einer sehr groben und jedenfalls ungenauen Schätzung ein Prozentanteil von 29 % gegenüber einem Anteil der Branchen mit freien Preisen von 63 % und einem Staatsanteil von 8 %.[286] Dabei wurde angenommen, daß für etwa 1/5 der landwirtschaftlichen Produktion freie Preise zugelassen waren.[287] Bei Bergbau, Energie und Wohnungswesen wurde unterstellt, daß die Kontrolle vollständig gewesen sei, ferner für den größten Teil der Stahlindustrie. Bei Verkehr, Nachrichtenübermittlung, Banken, Versicherungen und sonstigen Dienstleistungen wurden Anteile regulierter Bereiche geschätzt, während angenommen wurde, das

[286] Eigene Schätzung unter Verwendung von Zahlen aus: *Peter Schwanse* (1965, S. 96 und 114); zur Schätzung des bewirtschafteten Anteils der Grundstoff- und Produktionsgüterindustrie wurde der Nettoproduktionswert nach: Statistisches Jahrbuch für die Bundesrepublik Deutschland 1955, S. 232, herangezogen. Eine Zusammenstellung der am 1.10.1948 noch bewirtschafteten und preisgebundenen Waren und Rohstoffe bietet: Wirtschaftsverwaltung, Heft 8, Sept. 1948, S. 8–11; vgl. ferner *Horst Mendershausen* (1949, S. 664). Einige der in diesen Aufstellungen als reguliert aufgeführten Produkte waren im Jahre 1950 bereits freigegeben. Zur Methodik: *Herbert Baum* (1980) sowie die dort angegebene Literatur; er kommt (S. 45) für 1970 zu einem Anteil von 29 bis 38 % staatlich administrierter Preise an der volkswirtschaftlichen Verbrauchsstruktur.

[287] Schätzung nach: Einzelhandelspreise im Juli 1949, Wirtschaft und Statistik 1949, S. 148, erste Tabelle. Dabei wurde vermutet, bei freien Einzelhandelspreisen seien auch die zugehörigen Erzeugerpreise freigegeben; dieser Vereinfachung steht gegenüber, daß es auch freie Agrarpreise außerhalb des Endverbrauchs gegeben hat.

Baugewerbe, der Handel und das Gaststättengewerbe seien ebensowenig einer Bewirtschaftung oder Preisbindung unterworfen gewesen wie der größte Teil des Verarbeitenden Gewerbes. Es wurde dabei weder geprüft, in welchem Umfang das Regulierungsergebnis vom Ergebnis eines freien Marktes abgewichen ist, noch in welchem Umfange es indirekte staatliche Beeinflussungen der Preise, etwa durch Steuern und Subventionen, gegeben hat.[288]

Abgesehen von den in diesen Annahmen enthaltenen Vereinfachungen ist es fraglich, ob der Beitrag zum Bruttoinlandsprodukt eine geeignete Gewichtungsgröße für den Untersuchungszweck darstellt, der lautet: Wie wichtig waren Preisregulierungen und Bewirtschaftungen für die Leistungsfähigkeit des gesamtwirtschaftlichen Preissystems und für die rationale Lenkung des Wirtschaftsprozesses über Märkte? Für diese Gewichtungsgröße spricht, daß sie einen groben Anhaltspunkt für die Bedeutung einer regulierten Branche angibt.

Dagegen läßt sich eine Fülle von Argumenten vortragen:

- Von Preisen geregelte Umsätze, die als Signal auf die Produktion, die Außenwirtschaft und die Investitionen zurückwirken, finden auch auf Märkten von Bestandsgrößen statt, etwa auf Wertpapierbörsen und Grundstücksmärkten.
- Beiträge zum Bruttoinlandsprodukt geben keine Auskunft über den Störwert, den ein bewirtschaftender oder preisregulierender Eingriff bei einer bestimmten Branche für das Funktionieren der Gesamtwirtschaft hat. Es gibt Märkte, etwa den Wohnungsmarkt, auf denen das aus dem Bestand kommende Angebot zunächst über längere Zeit hinweg überwiegt und leichter erfaßt und kontrolliert werden kann. Nervöse kurzfristige Reaktionen der Anbieter auf staatliche Zwangsmaßnahmen sind dann kaum zu erwarten, allerdings um so dauerhaftere Verlagerungen des Angebotes, wenn die Ersatzinvestitionen unterbleiben, das Kapital verzehrt ist und der Zeitbedarf für die Wiedergutmachung dieses Schadens zusammen mit der Kapitalbindung sehr groß wird, falls das alte Angebot wiederhergestellt werden muß. Wie das Beispiel der ehemaligen DDR zeigt, steht dem längere Zeit anhaltenden vermeintlich sozialen Vorteil von Preisen, die die Kosten nicht decken, eine mindestens ebenso lange Leidenszeit bei der Kompensation des Kapitalverzehrs gegenüber, sofern keine externen Kapitalquellen erschlossen werden können.[289] Gegenüber dem träge reagierenden, aber bei schlechter Behand-

[288] *Klaus Grimm* (1988) scheint solche indirekt vom Staat beeinflußten Preise zu den administrierten Preisen im weiteren Sinne gerechnet zu haben, bei denen er zu unterstellen scheint, sie seien dem Marktmechanismus entzogen. Außerdem bezieht er nur Endverbraucherpreise ein. Damit kommt er für die Zeit von 1950 bis 1956 zu dem hohen Prozentsatz von 60,35 staatlich administrierter Preise, denen er nur 39,65 % vom Staat freigegebener Preise für diese Zeit gegenüberstellt (S. 82).

[289] Wenn es noch eines Beweises bedurft hätte, daß die von Sozialpolitikern noch immer gepflegte These, Kapital könne nicht als Konsum aufgezehrt werden (Mackenroth-These), falsch ist, so ist er nun durch den Verzehr von Abschreibungsbeträgen durch das SED-Regime der DDR erbracht worden.

lung nachtragenden Angebot bestimmter Branchen gibt es schnell reagierende, aber leicht wieder zu versöhnende Anbieter, etwa auf dem Markt für kurzfristiges Kapital. Marktaustritt und Markteintritt können im übrigen zeitlich und in der Größenordnung (etwa bei Senkungen oder Steigerungen von Preisen) asymmetrisch reagieren; auf Märkte, von denen man durch den Staat vertrieben worden ist, kehrt man in manchen Fällen nur ungern zurück, und vielleicht langsamer, als man sie verlassen hat, schon allein deswegen, weil der Wiederaufbau eines Kundenstammes kostspielig sein kann. Für die Nachfragereaktionen gilt Entsprechendes. Zwar spricht einiges dafür, daß die Schäden eines staatlichen Eingriffes auf einem störrischen Markt zunächst geringer sind als auf einem sehr beweglich reagierenden Markt,[290] doch können die Anstoßeffekte für andere Märkte um so größer sein. Aus einem Beitrag zum Bruttosozialprodukt läßt sich hierzu ebensowenig etwas erkennen wie etwa aus dem Umsatz einer Branche.

- Das Bruttosozialprodukt läßt auch nicht die Funktion bestimmter Preise im Rahmen des ganzen Preissystems erkennen, auf die es für die Folgen staatlicher Preis- und Mengenregulierung ankommt. Wilhelm Röpke hat in seinem Regierungsgutachten aus dem Jahre 1950 den Devisenmarkt und den Kapitalmarkt als lebenswichtige Nervenzentren bezeichnet, die unbedingt von kollektivistischen (nicht marktkonformen staatlichen) Eingriffen freizulassen oder freizumachen seien,[291] weil die Devisenzwangswirtschaft und die Aufhebung der regulierenden Funktion des Zinses auf die Dauer zu einem kollektivistischen Wirtschaftssystem für alle Bereiche führen müßte. Auch der freie Außenhandel sei eine für die Marktwirtschaft unentbehrliche Bedingung. Der Beitrag zum Bruttoinlandsprodukt zeigt für eine Branche nicht an, in welchem Umfang sie unter der Disziplin des Weltmarktes und damit nicht mehr der nationalstaatlichen Administration steht, und noch viel weniger ist daran abzulesen, in wel-

[290] Deshalb hat *Wilhelm Röpke* (1950, S. 23) wohl gemeint, z. B. eine Suspendierung der Marktwirtschaft in der Wohnungswirtschaft habe keine ***unmittelbar*** nachteiligen Folgen für die Wirtschaftsordnung als Ganzes, so bedenklich sie im übrigen sein möge. Der Fall der DDR zeigt, daß dies nicht in jedem Fall richtig sein muß: Eine kurzfristig nicht den Marktmechanismus im ganzen zerstörende Teilzwangswirtschaft kann auf längere Sicht bei hinreichendem Zerfall der Wirtschaftlichkeitsmotive in diesem Bereich das Gesamtsystem gefährden, wenn es sich um einen derartig wichtigen und große Kapitalmengen bindenden Bereich wie die Wohnungswirtschaft handelt, von deren Anpassungsfähigkeit auch die Mobilität von Arbeitskräften sowie Beschäftigung und Strukturwandel abhängen können.

[291] *Wilhelm Röpke* (1950, S. 23). Devisenzwangswirtschaft und staatliche Investitionslenkung unter Ausschaltung des Kapitalmarktes führen ***auf die Dauer*** zur Transformation der Marktwirtschaft in eine Zentralverwaltungswirtschaft, wie der Fall des deutschen Nationalsozialismus gezeigt hat; dabei kam der Devisenzwangswirtschaft die Schlüsselfunktion zu. Damit ist nicht ausgeschlossen, daß eine unvollkommene Lenkung der Devisen- und Kapitalwirtschaft wie im italienischen Beispiel für längere Zeit mit der Marktwirtschaft in einer Art von Waffenstillstand vereinbar sein kann, wobei Lenkung und Markt sich gegenseitig behindern.

chem Umfang der Weltmarkt wirken würde, wenn eine staatliche Regulierung – vor allem des Außenhandels – wegfallen würde.

Immerhin ist es bemerkenswert, daß ausgerechnet in den drei Bereichen des Marktes, denen Röpke für die Funktionsfähigkeit der marktwirtschaftlichen Gesamtordnung eine strategische Bedeutung zugesprochen hat, die Reform von 1948 zunächst keine wesentlichen Liberalisierungen gebracht hat. Erhard mußte „Deutschlands Rückkehr zum Weltmarkt"[292] in zähen Kämpfen mit der Devisenbürokratie[293] und den Protektionisten durchsetzen. Dies gelang früher als die Befreiung des Kapitalmarktes und des Zinses, an deren Verhinderung staatliche Fiskalisten und Vertreter des Kreditgewerbes im Verein mit Aufsichtsorganen und Freunden der Investitionslenkung auch heute noch ein bemerkenswertes Interesse zeigen.[294] Im übrigen mußte das Leitsätzegesetz vom Juni 1948 den Eindruck erwecken, als ob alle wirklich wichtigen Güter weiterhin unter staatlicher Preis- und Bewirtschaftungskontrolle bleiben sollten. Man schien dem Glauben gehuldigt zu haben, je unwichtiger ein Gut sei, desto eher könne man es dem freien Markt überlassen. Nahrungsmittel, Textilien, Schuhe, außerdem unentbehrliche Industrierohstoffe wurden zunächst unter staatlicher Regulierung ebenso festgehalten wie Wohnungen und Verkehrsleistungen.

Infolgedessen muß vor allem von Anhängern der Marktwirtschaft die Frage beantwortet werden, weshalb ihr System überhaupt für den erfolgreichen Wirtschaftsablauf nach 1948 in Anspruch genommen werden kann.

B. Die preispolitischen Wirkungen der westdeutschen Währungsreform

Der Bereich staatlich administrierter Preise ist in Westdeutschland nach der Reform von 1948 noch immer sehr groß gewesen. Damit ist freilich nichts darüber ausgesagt, wie sehr die staatlichen Interventionen das Funktionieren des Preissystems gestört oder verhindert haben. Für die Wirkung der staatlichen Eingriffe kommt es auf den Abstand an, den sie vom Ergebnis des freien Marktes herbeiführen.

---

[292] *Ludwig Erhard* (1953).

[293] Vgl. den Schriftwechsel mit Otmar Emminger in: *Wilhelm Röpke* (1976, S. 126ff.). Erhard forderte dagegen unermüdlich die Konvertierbarkeit; der von *Albert Hunold* (1954) herausgegebene Sammelband war teilweise aus Gutachten hervorgegangen und unterstützte diese Forderung wirksam.

[294] Der Zins wurde erst ab 1. April 1967 formal freigegeben. Zur Kritik am amtlichen Zinskartell: *Fritz W. Meyer* (1960).

Die Währungsreform selber und für sich allein hat diesen Abstand wesentlich verringert. Die dadurch bewirkte schlagartige Deflation hatte in erster Linie einen preispolitischen Zweck. Das gilt selbst dort, wo die vorher staatlich fixierten Preise zunächst noch beibehalten wurden. Denn einer Währungsreform geht eine „zurückgestaute Inflation“[295] voran, bei der wegen zu niedrig festgelegter Preise auf *allen* wesentlichen Märkten ein Nachfrageüberhang besteht, den die Reform beseitigen soll.

Solange die Inflation dieser Art milde ist, kann dieser Überhang auf die noch bestehenden restlichen Märkte abgedrängt werden, bei denen trotz staatlich regulierter Preise das Angebot elastisch sein kann. Die zur Nachfrage bereiten Mittel werden auf Ladenhüter abgedrängt oder auf Märkte mit noch nicht voll ausgelasteten Kapazitäten. Dieser Zustand hat seit dem allgemeinen Preisstop von 1936 im Deutschen Reich ungefähr bis zum Kriegsausbruch von 1939 geherrscht.

Durch die inflatorische Kriegs- und Nachkriegsexpansion der Geldmenge war aber bis zur Reform von 1948 auf so gut wie *allen* Märkten ein Nachfrageüberhang entstanden, zumal sich gleichzeitig das Angebot katastrophal vermindert hatte. Mit einem erheblichen Teil des Geldes konnte legal überhaupt nichts Brauchbares mehr gekauft werden. Die Wiese des Preissystems war gleichsam vollständig überschwemmt; die unter dem monetären Wasserspiegel verborgenen Preisstrukturen der amtlichen Preise konnten weder das Angebot noch die Nachfrage lenken.[296]

Durch die Währungsreform sollte diese Überschwemmung schlagartig so weit rückgängig gemacht werden, daß die Oberflächenstruktur der Preisebene wieder sichtbar, also die Preisstruktur wieder wirksam werden konnte.

Als wesentlicher Grund für eine allgemeine Fixierung von Höchstpreisen wird die Furcht vor einem Anstieg des Preis*niveaus* genannt. Wäre die Geldmenge und damit indirekt die Nachfrage durch die Währungsreform stark genug eingeschränkt worden, dann hätten alle Preise freigegeben werden können, ohne daß das Preisniveau angestiegen wäre. Hätte man gleichwohl zunächst noch allgemein an Stoppreisen festgehalten, so hätte sich folgendes ergeben müssen:

- Bei *einigen* Preisen hätte trotz der Währungsreform die Verlagerung der Nachfrage in einen kleineren Mengenbereich nicht ausgereicht, um den Nachfrageüberhang vollständig abzubauen. Aber dieser Überhang wäre wesentlich kleiner geworden.
- Bei *anderen* Preisen hätte die Währungsreform die Nachfrage so stark vermindert, daß die alten staatlichen Höchstpreise über dem Marktgleichgewicht gele-

[295] Vgl. *Wilhelm Röpke* (1947a und b), der den Begriff geprägt und(1947b, S. 242, Fn. 1) den Ausdruck „suppressed inflation“ anstelle von „repressed inflation“ zurückgewiesen hat, weil die Inflation dabei nicht wirklich unterdrückt sei. Vgl. aber *Robert J. Barro, Herschel I. Grossman* (1974).

[296] Vgl. die treffende Darstellung bei *Fritz W. Meyer* (1948).

gen hätten und ein Angebotsüberhang entstanden wäre, wenn man keine Preissenkungen hätte zulassen wollen.

Daß es zu solchen Diskrepanzen kommen muß, wenn nach einer Währungsreform nicht auch die vom Staat früher festgelegten Preise freigegeben werden, liegt an den Datenänderungen, also Verschiebungen von Angebot und Nachfrage, die sich auch dann noch ständig vollziehen, wenn der Staat das Preissystem einmal eingefroren hat. Die eigentlich „richtige", das heißt dem Marktgleichgewicht entsprechende, Preisstruktur ist von diesem Zeitpunkt an nicht mehr zu ermitteln. Nur der freie Markt selber kann dieses Rätsel lösen. Die westdeutschen Behörden haben sich im Falle der Montanindustrie[297] vergeblich bemüht, eine solche „richtige" Preisstruktur unterhalb des Wasserspiegels der allgemeinen Geldschwemme zu finden. Man hätte hierzu eine Methode kennen müssen, alle Preise um denselben Prozentsatz von ihrem eigentlichen Marktgleichgewicht entfernt nach unten falsch festzulegen. Nur in diesem Falle hätte eine Währungsreform für sich allein vorübergehend zur Sanierung des Preissystems ausgereicht, sie hätte nur das *Niveau*problem der allgemeinen monetären Überschwemmung lösen müssen. Hätte aber der Staat anschließend die Preise wieder festgehalten, dann wäre eine zunächst vielleicht richtige Preisstruktur durch Datenänderungen alsbald wieder falsch geworden.

Was geschah nun in Westdeutschland wirklich? Unmittelbar im Juni 1948 wurde die Geldmenge M 1 ungefähr im Verhältnis 1 : 28 herabgesetzt, doch wurde diese Relation bis Ende 1949 stufenweise bis auf etwa 1 : 9,75 aufgebessert.[298] Das Geldvolumen wurde im Laufe des Jahres 1948 von 4,4 Mrd. DM auf 16,85 Mrd. DM, also auf erheblich mehr als das Dreifache, gesteigert.[299] Das Güterangebot stieg zwar ebenfalls erheblich, aber zunächst nicht stark genug, um diese Geldvermehrung ohne Preissteigerungen auszugleichen. Die Preise der Grundstoffe stiegen bis zum Jahresende 1948 um 21 v. H., die Preise der Industriegüter und die Lebenshaltungskosten um je 14 v. H.,[300] doch sanken sie mit Beginn des Jahres 1949 wieder kontinuierlich in erheblichem Umfang (vgl. Anhang, Graphiken I bis III).

---

[297] So wurden im April 1948 die merkwürdigerweise innerhalb des Systems falscher Preise subventionierten Preise für Kohle und Produkte der Eisen- und Stahlindustrie stark erhöht; vgl. Statistisches Jahrbuch für die Bundesrepublik Deutschland 1952, S. 396 f. Die Preise waren auf Viermächteebene fixiert gewesen, die Produktionskosten jedoch bei fixierten Preisen der Produktionsmittel stark gestiegen. Vgl. *Theo Horstmann* (1984, S. 221 ff.). Zu den Hintergründen: Edmund Kaufmann (1948, S. 3) und *Christoph Buchheim* (1988, S. 204 f.).

[298] Errechnet nach *Heinz Sauermann* (1961, S. 462 f.).

[299] Heinz Sauermann (1961, S. 463).

[300] Nach *Henry C. Wallich* (1955, S. 72).

Die westdeutsche Währungsreform hatte also die Bevölkerung am Anfang mit einem größeren Kassenbestand ausgestattet, als zu den geltenden Preisen ihrem Liquiditätsbedarf entsprach. Trotzdem war die monetäre Drainage radikal genug, um in vielen Fällen das Gleichgewicht unter die Höchst- oder Festpreise zu drücken. Für Kartoffeln war zum Beispiel den Erzeugern ein Festpreis garantiert worden; er ließ sich aber bei der Rekordernte des Jahres 1948 nicht halten (vgl. Tabelle 1).

Tabelle 1

Marktgleichgewicht unterhalb des staatlichen Preises

Erzeugerpriese für Speisekartoffeln während der Kartoffelschwemme im Herbst 1948 und im Frühjahr 1949 in DM je 50 kg ab Verladestation

Marktort	Herbst 1948			Frühjahr 1949			
	Fest-preis	tatsächl. Preis		Fest-preis	tatsächl. Preis[1]		
		Sept.	Okt.		April 7.	April 21.	Anf. Mai
Bremen	4,60	4,20	3,65	5,00	4,05	3,80	2,75
Hamburg	4,60	4,25	4,60	5,00	5,00	3,00	3,00
Köln	4,80	4,80	4,80	5,20	3,20	3,20	3,20
Karlsruhe	4,80	3,50	4,80	5,20	4,10	3,60	3,20
Stuttgart	4,80	3,70	4,65	5,20	4,10	3,60	3,20
Frankfurt	4,60	4,50	4,60	5,00	5,00	3,55	3,23
München	4,60	4,60	4,60	5,00	5,00	5,00	3,00

[1] Für die außerhalb der Einlagerungs- und Lieferungsverträge umgesetzte Ware. Soweit es sich um Lieferungen aus den Einlagerungs- und Lieferungsverträgen (E- und L-Verträgen) handelt, erhielten die Erzeuger im Durchschnitt etwa 4,60 DM je 50 kg; davon sind ihnen 2,– DM bereits im Herbst als Vorschuß aus öffentlichen Mitteln gezahlt worden.

Quelle: Wirtschaft und Statistik 1949, S. 51.

Deshalb mußte auch die formell noch weiterlaufende Kartoffelbewirtschaftung zusammenbrechen, ausgegebene Rationierungskarten für Kartoffeln blieben unbenutzt.

Die preispolitische Wirkung der Währungsreform kam auch darin zum Ausdruck, daß die Schwarzmarktpreise für noch bewirtschaftete Waren erheblich sanken; im Laufe des Jahres 1949 brach der Schwarzmarkt gänzlich zusammen (vgl. Anhang, Graphiken IV und V; Tabelle 2).

Tabelle 2
Legale und Schwarzmarktpreise

Waren	1938	15. Juni 1948			15. Dezember 1948	
		Legale Preise	Schwarzmarktpreise		Schwarzmarkt-	legale
				Verteuerung am freien Markt gegenüber 1938 auf das ...fache		
	RM	RM			Preise DM	
Eier, 1 Stück	0,12	0,13	6–10	50–83	0,7–2,0	0,67
Butter, deutsche Markenbutter, 1 kg	3,19	5,10	300–520	94–163	20,0–44,0	5,12
Rindfleisch, Kochfleisch, 1 kg	1,69	1,80	80–130	47–77	8,0–16,0	2,87
Schweinebauch, frisch, 1 kg	1,68	1,77	120–160	71–95	10,0–20,0	2,63
Margarine, inländische, 1 kg	1,96	2,42	240–360	122–184	14,0–32,0	2,43
Verbrauchszucker, 1 kg	0,77	1,14	60–160	78–208	3,5–8,0	1,16
Weizenbrot, 1 kg	0,53	–	10–12	19–23	1,1–2,0	0,70
Weizenmehl, 1 kg, inländisches	0,43	0,43	30–40	70–93	2,4–3,6	0,65
Zigaretten, amerikanische 1 Stück	0,04	0,30	5–6,5	125–163	0,35–0,65	0,10
Kaffee, geröstet, unverpackt, 1 kg	5,29	–	500–1000	95–189	30,0–58,0	26,32

Quelle: Ifo-Institut für Wirtschaftsforschung: Fünf Jahre Deutsche Mark, Berlin / München 1953, S. 69.

Soweit die Preise freigegeben wurden, bewegten sie sich nach der Reform zum Teil heftig in beiden Richtungen. Nach dem vorübergehenden inflatorischen Schub des zweiten Halbjahres von 1948 kam es zu zahlreichen Preissenkungen und auch zu einer Senkung des Preisniveaus im ganzen.[301] Lebensmittelkarten wurden für Januar 1950 noch ausgegeben, blieben aber so gut wie unbenutzt.

[301] Ifo-Institut (1953, S. 69); über die Zahl gesunkener und gestiegener Preise informierten: Monatsberichte der Bank deutscher Länder; Wirtschaft und Statistik; Verwaltung für Wirtschaft des Vereinigten Wirtschaftsgebietes (ab März 1950: Der Bundesminister für Wirtschaft), Die wirtschaftliche Lage in der Bundesrepublik Deutschland, Teil A: Allgemeiner Teil, ab Januar 1950.

Wie sehr sich im übrigen die Preisstruktur gegenüber der Vorkriegszeit geändert hatte, zeigen besonders deutlich die Indexziffern der Grundstoffpreise seit 1938 (vgl. Anhang, Graphik VI). Allerdings waren daran auch Änderungen staatlich administrierter Preise beteiligt.

Die Währungsreform für sich allein konnte also die von der zurückgestauten Inflation geschaffene Krankheit des Preissystems nicht heilen. Gleichwohl hat sie schon für sich allein einen ganz erheblichen preispolitischen Effekt gehabt:

- Auf den Gebieten, auf denen zum Teil noch weiter bestehende staatliche Preise über dem Gleichgewicht lagen, aber als Höchstpreise den Markt kaum behinderten, entfielen die Mengenrestriktionen, die sich sonst aus der staatlichen Preispolitik ergeben hätten.
- Auf den Gebieten jedoch, wo die Nachfrage durch die Währungsreform weniger stark zurückgedrängt worden ist, ein staatlicher Höchstpreis also noch immer unterhalb des Marktgleichgewichtes lag, hatte die Währungsreform dennoch einen erheblichen Vorteil. Besonders deutlich wird dies am Beispiel der Wohnungswirtschaft. Die Hauseigentümer waren vor und nach der Währungsreform an die Wohnraumbewirtschaftung und staatliche Höchstmieten gebunden. Aber diese Bindung bedeutete nach der Währungsreform einen wesentlich geringeren Nachteil: *Vor* der Reform erhielt der Vermieter den Mietbetrag in wertloser Reichsmark, die Mieter wohnten praktisch ohne reale Gegenleistung, also umsonst, denn der Vermieter konnte mit dem empfangenen Geldbetrag im Regelfall nichts kaufen, geschweige denn damit Unterhaltungsarbeiten an seinem Haus finanzieren. *Nach* der Reform erhielt er zwar keine dem Marktgleichgewicht entsprechende Miete, aber doch einen kaufkräftigen Geldbetrag als echten realen Gegenwert.

Was bedeutet das für die Bereitschaft der Anbieter zur Marktleistung? Das wird deutlich, wenn man zum Vergleich die Lage eines Vermieters heranzieht, der zwar auch an eine unveränderte Stopmiete gebunden bleibt, aber nicht in den Genuß einer Währungsreform kommt, sondern eine Freigabe der meisten anderen Preise ohne allgemeine Verminderung von Geldmenge und Nachfrage hinnehmen muß. Die zurückgestaute Inflation würde insoweit durch offene Preissteigerungen ersetzt. *Vor* der Preisfreigabe könnte der Vermieter, wie erwähnt, mit dem empfangenen Mietbetrag so gut wie nichts kaufen. *Nach* der partiellen Preisfreigabe, von der die Mieten ausgenommen sind, wäre das Geld zwar wieder zum Kauf verwendbar, die Preise, die der Vermieter für seine Bedarfsgüter (außer Wohnung) zu zahlen hätte, wären aber so stark gestiegen, daß die empfangenen Mietbeträge ebenfalls real entwertet wären.

Außerdem drängt jeder Höchstpreis, der unter dem Marktgleichgewicht liegt, ausgabebereite Mittel auf andere Märkte ab, und zwar besonders stark, wenn der Höchstpreis für ein unelastisch nachgefragtes Gut festgesetzt wird. Ob auch das Angebot auf den anderen Märkten entsprechend ausgeweitet werden kann, weil die Hauseigentümer für die Erhaltung der Wohnungssubstanz weniger Faktoren in Anspruch nehmen, ist nicht sicher und hängt von der Anpassungsfähigkeit des Produktionsapparates ab. Da sie begrenzt ist, können vor allem die Preise der Bedarfsgüter steigen, die von den Mietern nachgefragt werden. Das Gut Wohnungsnutzung, das sie nachfragen, wird diskriminierend zu einem niedrigen Zwangspreis genutzt, die Nachfrage nach anderen Gütern kann entsprechend größer sein und deren Preise zusätzlich zum allgemeinen Inflationseffekt in die Höhe treiben. Das trifft die Vermieter stärker als die Anbieter solcher Güter, deren Preise freigegeben sind.

Unveränderte Stoppreise bei im übrigen dominierender Freigabe der Preise würden ohne Währungsreform also real den Abstand vom Gleichgewichtspreis weitgehend beibehalten, den sie unter den Bedingungen der zurückgestauten Inflation aufzuweisen hatten. Bei einer Währungsreform wird dagegen ceteris paribus der Abstand eines Stoppreises vom Gleichgewichtspreis je nach dem Grade, in dem die Geldmenge herabgesetzt wird, vermindert.

Nach einer radikalen Währungsreform wie der westdeutschen von 1948 ergeben sich entsprechend starke Reaktionen des Angebotes. Während bei zurückgestauter Inflation mit wachsender Entfernung von Löhnen und Preisen vom Gleichgewicht ein negativ wirkender Angebotsmultiplikator[302] wirkt, bedeutet eine Preisfreigabe immer, das heißt mit und ohne Währungsreform, daß die Flucht des Angebotes vom Markt rückgängig gemacht wird.

Ohne Währungsreform gilt dies allerdings ausschließlich dort, wo freie Preise wieder zugelassen werden. Auf den nicht befreiten Märkten kann das Angebot sogar deshalb weiter zurückgehen, weil es auf freien Märkten bessere Alternativen findet.

Bei einer Währungsreform werden dagegen *alle* Preise „richtiger" und kommen dem Marktgleichgewicht näher, auch die Stoppreise. Überall erhält das Angebot eine höhere reale Gegenleistung als vor der Währungsreform, nicht nur auf den freigegebenen Märkten. Der Angebotsmultiplikator wirkt also auf *allen* Märkten in derselben Richtung, nämlich zugunsten besserer Ausnutzung der vorhandenen Produktionsmöglichkeiten. Nur ist diese Tendenz auf den Märkten mit zurückgestauten Preisen geringer als auf Märkten mit freien Preisen. Daraus können, wie die westdeutsche Entwicklung gezeigt hat, Verzerrungen entstehen, denn auch hier regen freie Preise die Produktion stärker an als real zwar durch die Währungsreform aufgebesserte, aber noch immer zu niedrige Preise. Ob der in jedem Falle das Angebot fördernde Effekt der Währungsreform von einem dämpfenden Effekt der verzerrten Preisstruktur ausgeglichen wird, hängt von den Größenordnungen ab. In jedem Fall ist aber unter sonst gleichen Bedingungen die Verzerrung geringer als ohne Währungsreform.

---

302 *Robert J. Barro, Herschel I. Grossman* (1974).

Nach einer Währungsreform nimmt das Angebot auch auf den regulierten Märkten vor allem dann zu, wenn bereits ein großer Teil der Preise freigegeben ist und die Anbieter damit rechnen, daß die Regierung eine eingeleitete Liberalisierungspolitik fortsetzen wird. Die Politik Ludwig Erhards bestärkte die westdeutschen Anbieter in der Erwartung, daß er die Preisfreigabe und Deregulierung fortsetzen werde. Auch deswegen gab es kaum wesentliche Schrumpfungen in den Branchen, die zunächst noch eine staatliche Preisregulierung hinzunehmen hatten.

C. Die Dominanz freier Preise im Widerstreit mit den Regulierungskräften nach der Wirtschaftsreform von 1948

I. Die Schlüsselpreislehre

Erhard ist sicher nicht der Ansicht gewesen, freie Preise seien nur für relativ weniger lebensnotwendige Güter zweckmäßig. Am 30. September 1948 legte er dem Wirtschaftsrat einen Vorschlag zu Erhöhungen bestimmter staatlicher Preise vor und führte zugleich aus, wie fruchtlos es sei, „mit festen, behördlich gebundenen Preisen zu operieren". Wenn er zu einer solchen Vorlage genötigt sei, so sei dies nicht Teil seiner Wirtschaftspolitik, sondern es handele sich um Reste einer Wirtschaftspolitik, „die Sie, meine Damen und Herren, ja für richtig halten".[303] Am 8. Dezember 1951 bekennt er gar: „Hätten wir schon im Jahre 1948 bei Kohle, Eisen und Stahl die Marktwirtschaft vollenden können, dann hätte sich auch dort – das ist meine feste Überzeugung – wie in allen übrigen Bereichen der Wirtschaft – ein natürliches Gleichgewicht herausgebildet".[304] Und am 31. Dezember 1951 schrieb er: „... wenn die Bundesregierung eines Versäumnisses bezichtigt werden darf, dann kann es nur das sein, daß sie es um vermeintlicher sozialer Rücksichten willen verabsäumt hat, jene zwangswirtschaftlichen Fesseln völlig abzustreifen, die auch heute noch einer glücklichen Entwicklung und wahren Harmonie hemmend im Wege stehen".[305] Weshalb hat er dann dem Leitsätzegesetz zugestimmt, das auf der Vorstellung beruhte, besonders wichtige Preise dürfe man nicht dem freien Markt überlassen?

[303] *Ludwig Erhard* (1988, S. 153).
[304] *Ludwig Erhard* (1988, S. 153).
[305] *Ludwig Erhard* (1988, S. 316).

Selbst wenn Erhard später, etwa bei einer Preiserhöhung durch das Volkswagenwerk, versucht hat, im Wege öffentlicher Kritik und Seelenmassage auf wichtig erscheinende Einzelpreise Einfluß zu nehmen, so ist ihm nicht zu unterstellen, er habe die Stabilität von Einzelpreisen mit gesamtwirtschaftlicher Stabilität verwechselt. Aber er entschied nicht allein über die staatliche Preispolitik. Bevor er sein Amt als Direktor der Verwaltung für Wirtschaft übernahm, war es sogar zu dem Versuch gekommen, eine Oberste Preisbehörde zu schaffen und sie ausgerechnet bei dem Direktor der Verwaltung für Finanzen anzusiedeln.[306] Auch später waren die Gegner einer marktwirtschaftlichen Politik nicht nur in der SPD, sondern vor allem auch in der CDU einflußreich.[307] Solange im übrigen die westalliierten Besatzungsmächte noch das Recht in Anspruch nahmen, die Preispolitik mitzubestimmen, mußte auch auf deren Ansichten Rücksicht genommen werden. Das galt insbesondere für Kohle- und Stahlpreise, solange die Alliierten an sie begünstigenden Lieferungen interessiert waren, aber auch für Lebensmittelpreise, den Wechselkurs und die Außenwirtschaft.[308]

Erhard mußte also einen Weg finden, um die zahllosen Widerstände gegen freie Preise zu überwinden und dort, wo dies nicht gelang, zu umgehen. Er bewährte sich hier als psychologisch geschickter Stratege der praktischen Preispolitik: Seine allgemeinen Grundsätze, die auf eine Befreiung aller Preise hinausliefen, verkündete er ununterbrochen und mit immer neuen, schlagenden Formulierungen, die er durch kaum widerlegbare Erfolgsstatistiken für die befreiten Märkte untermauern konnte. Im Detail aber ließ er einige Kernbereiche des zwangswirtschaftlichen Widerstandes zunächst links liegen und stieß an den Stellen vor, wo seine Zuständigkeit unbestritten und der Widerstand am geringsten war.[309] Auch machte er harmlose Zugeständnisse an den preispolitischen Bildungsnotstand und versuchte erfolgreich, ihn durch verbal kraftvolle Äußerungen und allerlei beruhigende Palliativmittel wie das Preistreibereigesetz, die Konsumbrotaktion und das Jedermann-Programm zu überspielen.[310]

306 Vgl. Amtliche Begründung zum Übergangsgesetz über Preisbildung und Preisüberwachung (Preisgesetz) vom 10. April 1948, in: Wirtschaftsverwaltung, 1. Jg., Heft 3, Juli 1948, S. 23 ff.

307 Vgl. *Edmund Kaufmann* (1948, S. 2–7), der sich mit dem stellvertretenden Landesvorsitzenden der CDU in Nordwürttemberg P. Bausch auseinandersetzte. Dieser war Landtagsabgeordneter und Leiter der Preisprüfungsstelle im Württembergischen Wirtschaftsministerium und hatte die Politik der Preisfreigabe heftig angegriffen. Dies war kein Einzelfall.

308 Auferlegte Kohlenexporte wurden zu künstlich niedrigen Preisen abgewickelt; die Lebensmittelimporte wurden zunächst nicht immer zu den günstigsten Einkaufspreisen vorgenommen.

309 Die Widerstände gegen freie Preise waren in den Ministerien für Landwirtschaft, Verkehr, Post- und Fernmeldewesen und zum Teil dem Ministerium für Wohnungsbau angesiedelt. Eine sinnvolle Regierungsorganisation hätte alle diese Ministerien dem Wirtschaftsministerium unterstellt; in diesem Sinne *Wilhelm Röpke* (1950, S. 10).

310 Das Preistreibereigesetz wurde am 7. 10. 1948 erlassen. In der Konsumbrotaktion wurde Brot festgelegter Qualität billig angeboten. In den Läden mußte ein Preisspiegel ausgehängt werden,

Vor allem mußte er mit der Popularität der Schlüsselpreistheorie rechnen, wonach es Preise von solcher Bedeutung geben soll, daß von ihrer Veränderung das gesamte Preisniveau bestimmt werde.[311] Also mußte er bei der Behandlung dieser Preise besonders vorsichtig sein, da sie als Signal für die allgemeine Preisentwicklung plakatiert zu negativen Erwartungen, entsprechenden Verhaltensweisen des Publikums und unbedachten Interventionen alarmierter Politiker hätte führen können.

In dem Grundirrtum der Schlüsselpreislehre ist außerdem jenseits solcher Psychologie ein Körnchen auch mechanischer Wahrheit enthalten. Bei unvollkommenem Wettbewerb und kartellartig abgestimmter reiner Zuschlagskalkulation als Grundlage der betrieblichen Preisforderungen sowie bei unnachgiebigen privatwirtschaftlich administrierten Preisen der Kostengüter, vor allem der Lohnsätze, sowie bei Blockade von Rationalisierungen und Kostensenkungen kann zum Beispiel eine vom Weltmarkt bedingte unabänderliche Steigerung der Energiepreise zu einem Anstieg des Preisniveaus führen. Sind alle Preise nach abwärts unbeweglich, dann kann auch die Geldpolitik die Wirkung eines autonomen Anstiegs wichtiger Einzelpreise auf das Preisniveau nicht ausgleichen. Sie würde bei einem Bremsversuch nur zu negativen Mengenreaktionen, also Absatz- und Produktionsstockungen und Arbeitslosigkeit führen. Ältere und neuere „Ungleichgewichtstheorien" haben sich dieser Möglichkeit angenommen, theoretisch zum Teil weiterführend, aber im Regelfall unrealistisch und wirtschaftspolitisch kaum ergiebig.[312] Mit der Wirklichkeit nach der westdeutschen Reform von 1948 haben solche Vorstellungen wenig zu tun. Erhard erkannte aber die in einer Wettbewerbs- und Preissklerose liegenden Gefahren und bekämpfte sie nach Kräften. Dazu diente ihm vor allem die Liberalisierung der Außenwirtschaft, die er durch Abbau von Handelsschranken und den Übergang zur vollen Konvertierbarkeit der DM schließlich erreicht hat.

Gleichwohl kam es zu Konzessionen an die Schlüsselpreislehre. Freilich hatten sie oft mehr formalen als ökonomischen Charakter: Der Abstand der regulierten Preise vom wirklichen Marktgleichgewicht wurde meist ständig vermindert. Nachdem schon die Währungsreform solche Schlüsselpreise real aufgewertet hatte, wurden sie häufig administrativ erheblich heraufgesetzt.[313]

der Preise enthielt, die nach Ansicht der Regierung angemessen waren. Bei dem Jedermann-Programm verpflichteten sich industrielle Anbieter, bestimmte Güter guter Qualität zu festen niedrigen Preisen in größeren Mengen anzubieten. Zu Einzelheiten: Wirtschaftsverwaltung, 1. Jg. 1948.

[311] Die Schlüsselpreislehre überschneidet sich, ist aber nicht identisch mit der Theorie politischer Preise. Selbst *Henry C. Wallich* (1955, S. 117f.) schließt sich mit einigen vorsichtigen, aber nicht ausreichenden Absicherungen der Schlüsselpreislehre an, ohne für seine These, bei allgemeiner Preisfreigabe müsse es zu einer Lohn-Preis-Spirale kommen, einen schlüssigen theoretischen Ableitungszusammenhang anzubieten.

[312] Vgl. *John K. Galbraith* (1952); *Edmond Malinvaud* (1978); *Jean-Pascal Benassy* (1982).

[313] Vgl. *Klaus Grimm* (1988, S. 64f.).

Der Verdacht ist sogar begründet, daß hierbei gelegentlich über das Ziel hinausgeschossen und eine preisunelastische Nachfrage staatsmonopolistisch ausgenutzt wurde. Staatlich administrierte Preise sind in der Bundesrepublik vielfach nicht nur stärker als die übrigen Preise gestiegen, sondern es ist wahrscheinlich, daß sie nicht selten stärker gestiegen sind, als wenn sie freigegeben worden wären. Zum Beispiel hat die landwirtschaftliche Marktregulierung zwar zunächst dem Ziel gedient, die Nahrungsmittelpreise unter dem Marktgleichgewicht zu halten. Der dafür geschaffene Regulierungsapparat konnte aber leicht auf die Ziele des langfristigen Agrarprotektionismus umgepolt werden.[314] Auch war das primäre preispolitische Opfer der Landwirte nicht übermäßig groß. Die Getreidepreise wurden zunächst unter dem Weltmarktniveau festgehalten. Die dabei nötigen Einfuhrsubventionen zahlten die – überwiegend nicht landwirtschaftlichen – Steuerzahler oder die ebenfalls meist nicht landwirtschaftlichen Bezieher solcher Importe, bei denen Abschöpfungen erhoben wurden, um die Preise auf ein höheres Inlandspreisniveau hinaufzuschleusen. Außerdem minderte sich das landwirtschaftliche Opfer, wenn die künstlich zu niedrigen Getreidepreise von freien und praktisch nicht kontrollierbaren Schweinepreisen begleitet waren, so daß Brotgetreide rentabel verfüttert werden konnte. Um die Landwirte hieran zu hindern, wurden abermals Subventionen gezahlt, etwa für eingeführtes Futtergetreide, dessen begünstigter Austausch gegen Brotgetreide wiederum den Absatz süddeutscher Kartoffeln an norddeutsche Viehmäster behinderte.[315] Die damals geführte agrarpolitische Grundsatzdebatte führte zu keiner Einigung. Die Elite der deutschen agrarpolitischen Wissenschaft plädierte für den Übergang auch der Landwirtschaft zur Marktwirtschaft; Bürokraten und Interessenten traten für das Gegenteil ein.[316] Zum Sieg der Marktregulierung hat unstreitig beigetragen, daß Nahrungsmittelpreise als so wichtig galten, daß man nicht glaubte, sie unkontrolliert dem Markt und damit allein der Kontrolle durch die nachfragenden Bürger überlassen zu können.

Die Perversion der staatlichen Preispolitik vom vermeintlichen Verbraucherschutz zum preissteigernden Branchenprotektionismus ließe sich auch für die Verkehrspolitik, die Versicherungswirtschaft, die Energiewirtschaft sowie das Nachrichtenwesen nachweisen. Selbst für die staatlichen Mietbegrenzungen und Mieterschutzvorschriften sind Zweifel angebracht, ob sie die Kosten des Wohnens für die Gesamtheit aller Wohnungsnutzer so eindeutig gesenkt haben, wie die staatlichen Wohnungspolitiker glauben machen wollen.[317]

---

314 Zu den Techniken: *Roderich Plate* (1970).

315 Vgl. *Kurt Pohl* (1949); *Roderich Plate* (1951, S. 16).

316 Gutachten des Ausschusses für landwirtschaftliche Marktordnung vom 1. März 1950, in: Der Wissenschaftliche Beirat beim Bundesministerium für Ernährung, Landwirtschaft und Forsten, Sammelband der Gutachten von 1949 bis 1974, Hiltrup b. Münster (Westf.) 1975, S. 46–85.

317 Der Wohnungsmarkt war gespalten: Die Altmieter waren durch niedrige Zwangsmieten privi-

Die tatsächliche Preisentwicklung nach der Reform von 1948 rechtfertigt die Schlüsselpreislehre in keiner Weise (vgl. Anhang, Graphiken I bis III). Die Preise der Grundstoffindustrien sind meist wesentlich stärker gestiegen als die Preise der Investitions- und Verbrauchsgüterindustrien. Oft hat sich eine Spreizung der Preise in der Weise ergeben, daß zwar die Grundstoffpreise gestiegen, aber die Endverbraucherpreise gleichzeitig gefallen sind. Eine Bewegung in gleicher Richtung wird zwar in der Koreakrise nach Mitte 1950 beobachtet, doch liegt dies an der allgemeinen Expansion der monetären Nachfrage in dieser Zeit; die Spreizung der Preisentwicklung blieb auch in dieser Periode erhalten: Die Grundstoffpreise stiegen viel stärker als die übrigen Preise.[318]

Gleichwohl werden – vor allem bei statistisch geprägten Untersuchungen der Preisentwicklung – immer wieder Veränderungen von Einzelpreisen unmittelbar für Veränderungen des Preisniveaus verantwortlich gemacht.[319] So soll etwa ein Anstieg der Energiepreise zur Steigerung des Gesamtpreisniveaus um einen Prozentsatz „beigetragen" haben, der dem Gewicht dieser Größe im Gesamtpreisindex entspricht. Rechnerisch richtig ist dies in dem Sinne, daß eine Steigerung des Preisniveaus aus den Steigerungen von gewichteten Einzelpreisen zustande kommt, die mit entsprechenden Senkungen gewichteter Einzelpreise im Index saldiert werden. Über ökonomische Ursachen für eine Steigerung des Preisindex besagt das gar nichts. Sie kann zum Beispiel darauf zurückgehen, daß gleichzeitige Preissenkungen wirtschaftspolitisch verhindert worden sind, sei es durch administrativen Eingriff, sei es durch eine zu expansive Geldpolitik. Im übrigen gilt: Selbst wenn ein bestimmter Preis im Gesamtpreisindex ein hohes Gewicht hat und sein Anstieg ceteris paribus den Preisindex steigen ließe, bedeutet das nicht, daß dieser Preis ein Schlüsselpreis ist, der mehr Beachtung verdient als die Summe vieler weniger hoch gewichteter Einzelpreise. Wenn es regnet, geht über einer großen Fläche mehr Wasser nieder als über einer kleinen. Aber die große Fläche ist deswegen nicht für den Regen verantwortlich und stellt für das Anschwellen der Flüsse kein anderes Problem dar als die Summe kleiner Flächen von gleicher Ausdehnung.

---

legiert und dehnten ihre Wohnungsnachfrage weiter aus als bei freien Mieten. Viele Neumieter, unter ihnen Vertriebene und Ausgebombte, ferner den Wohnort wechselnde, meist jüngere Arbeitskräfte mußten überhöhte Mieten zahlen oder Eigentum an Neubauten zu erwerben suchen. Die preisunelastische Nachfrage der Neumieter, denen Mietvorauszahlungen und Zuschüsse abverlangt werden, führte in Verbindung mit überdimensionierter Wohnungsnutzung der Altmieter dazu, die höhere Zahlungsbereitschaft der Neumieter abzuschöpfen. Damit kann das gesamte Mietniveau erheblich über den Stand der Zwangsmieten für Altbauten erhöht worden sein.

318 Vgl. Wirtschaft und Statistik 1951, S. 499 f.

319 In den Monatsberichten der Bank deutscher Länder wird zwar gelegentlich auf die monetären Voraussetzungen dafür hingewiesen, daß z. B. Preissteigerungen bei Kostengütern nicht von den Verarbeitungsstufen aufgefangen werden. Solche Erwägungen stehen aber unkoordiniert einfachen Übernahmen der Schlüsselpreislehren gegenüber. Beherrschend sind diese Lehren in zahlreichen Darstellungen in Wirtschaft und Statistik.

II. Der Dominanzeffekt bei der preispolitischen Liberalisierung

Mehr als ein preispolitisches Mischsystem konnte Erhard anfänglich nicht durchsetzen. Warum hatte seine Marktwirtschaft trotzdem Erfolg?

Zunächst konnte ein großer Teil der staatlich administrierten Preise sich nicht in so großem Umfang von der gesamten Mechanik des marktwirtschaftlichen Preissystems lösen, wie dies bei umfassender Bewirtschaftung und Preisregulierung der Fall gewesen wäre. Selbst staatlich regulierte Preise ändern ihren Charakter, wenn sie von einem Meer marktwirtschaftlicher Preise umgeben sind.

Dies läßt sich wiederum am Beispiel der Agrarpolitik deutlich machen. Bei den Erlöspreisen war die Landwirtschaft zunächst auf zu niedrigem und später auf komfortabel überhöhtem Niveau gefesselt, nicht aber bei den Kostenpreisen. Bei Einbeziehung von Abschreibungen beruhen heute mehr als 3/4 des landwirtschaftlichen Produktionswertes auf Zulieferungen anderer Wirtschaftszweige. Bei dem restlichen Viertel besteht die ständige Konkurrenz der übrigen Wirtschaft um Arbeitskräfte und Kapital. Da außerdem in der Landwirtschaft eine Tendenz zur polypolistischen Marktstruktur vorherrscht, werden die Grenzkosten den Preisen angenähert, und langfristig sogar die Durchschnittskosten, während die Grundrente eine untergeordnete Größe bleibt.

Die staatlichen Erzeugerpreise haben, solange sie *unter* dem Gleichgewicht lagen, kaum mehr Arbeitskräfte aus der Landwirtschaft vertrieben, als ohnehin bei aufstrebender gewerblicher Wirtschaft dorthin abgewandert wären. Dies lag an der Überbesetzung der Landwirtschaft, denn die Bewirtschaftung hatte zu einer Stadtflucht geführt.

Als später die Erzeugerpreise *künstlich überhöht* wurden, haben sie den einzelnen Landwirt keineswegs vom Wettbewerbsdruck dauerhaft entlastet, sondern nur eine größere Zahl von Landwirten in ihrem Beruf festgehalten, als das sonst der Fall gewesen wäre.[320]

Nutznießer überhöhter Agrarpreise sind im übrigen die Zulieferer der Landwirte gewesen, sei es, daß diese Branchen größer wurden, als dies bei marktgerechten Agrarpreisen möglich gewesen wäre, sei es, daß sie Renten kassiert haben, ohne sich auszudehnen, sei es auch nur, indem sie anstelle anderer Kunden die Landwirtschaft beliefert haben. Diese Verzerrung mag bedauerlich sein, sie ist aber relativ harmlos gegenüber einem System, in dem es allseitig vom Staat falsch fixierte Preise gibt. Für die Funktionsfähigkeit eines Preissystems – selbst gegenüber solchen Branchen, die einer Preisregulierung unterworfen bleiben – ist es viel wichtiger, die dynamische Effizienz der Preissignale zu betrachten. Gewiß geht die westdeutsche Landwirtschaft auf dem einen Bein ihrer Absatzpreise mit der staatlichen Prothese. Das andere Bein der Kostenpreise ist aber um so besser marktwirtschaftlich trai-

[320] Vgl. *Günter Schmitt* und *Stefan Tangerman* (1984).

niert. Die Leistungsantriebe sind deswegen groß genug, um die Produktivität der Landwirtschaft sogar zu einem Überschußproblem werden zu lassen, das sozialistische Länder nie gekannt haben.

Im übrigen müssen die Versuche, auch an den landwirtschaftlichen Betriebsmitteln bürokratische Preissklerosen anzubringen, an der Vielseitigkeit des landwirtschaftlichen Bedarfs scheitern. Die Bauern kaufen soviel Verschiedenartiges, daß sie nicht hoffen können, ihretwegen werde man die ganze Marktwirtschaft abschaffen. Auch die jetzt eingeführten Produktionskontingentierungen bleiben auf die Dauer ein Kampf gegen Windmühlenflügel: Sie imitieren bei leistungslosen Renten der Kontingentinhaber das Mengenresultat, das sich auch bei freien Preisen eingestellt hätte; allerdings ist diese bürokratische Operation mit zwangswirtschaftlichen Ungerechtigkeiten verbunden und führt ebenso wie im kontingentierten Güterfernverkehr zu einer schließlichen Umwandlung funktionsloser Renten in Kosten.[321] Das heißt: Der Agrarminister mag sich noch so sträuben, selbst er kann der Dominanz marktwirtschaftlicher Kräfte nicht entgehen.

Die entscheidende Leistung der Markt- und Preisreform von 1948 bestand darin, mit einer Art von erweiterungsfähigem Brückenkopf freier Preise zu beginnen, der von vornherein so groß bemessen war, daß er die weitere Entwicklung eindeutig bestimmt hat. Leonhard Miksch als Mitarbeiter Erhards hat dies in der offiziellen Monatszeitschrift der Verwaltung für Wirtschaft („Wirtschaftsverwaltung") in vielen Aufsätzen eingehend begründet. Schrittweises Vorgehen mit kleinen Anfangsschritten, wie es heute wieder für die DDR und andere ehemals sozialistische Länder empfohlen worden ist, hat er mit überzeugenden Gründen abgelehnt. Damit sich die Marktwirtschaft durchsetzen kann, bedarf es einer hinreichend großen kritischen Anfangsmasse freier Märkte. Einige Kernsätze verdienen es, wörtlich zitiert zu werden:

> „Für eine weitgehende Freigabe der Preise sprach auch die Einsicht, daß eine wirtschaftliche Erholung nicht möglich sein werde ohne Herstellung ökonomisch gerechtfertigter Preisrelationen. Jeder Eingeweihte wußte, daß die staatliche Preispolitik dem Problem der Preisrelationen völlig hilflos gegenüberstand. Jeder Preispolitiker wußte aber auch, daß partielle Preisfreigaben sehr gefährlich sind, da sie gerade die Ware aus der Produktion verdrängen, die man aus sozialen Gründen gebunden halten möchte. Es war somit klar, daß man nicht, wie die Kritik es vielfach darstellt, schrittweise vorgehen konnte. Wenn die Währungsreform ihr Ziel erreichen und sozial unerwünschte Produktionsverschiebungen unterbleiben sollten, so mußten umfangreiche und zusammenhängende Gebiete mit einem Schlage von Bewirtschaftung und Preisregelung freigestellt werden."[322]

[321] Die Kontingentrente wird kapitalisiert und verkauft oder im Erbgang als Vermögenswert betrachtet, der zu Auszahlungen an weichende Erben führt. Vgl. *Hans Willgerodt* (1987, S. 35).

[322] *Leonhard Miksch* (1948, S. 3).

Das Konzept bestand also darin, soviel zusammenhängende Preise zu gleicher Zeit freizugeben, daß Verzerrungen nicht dominierten und daß außerdem hinreichend Güter freigegeben waren, um dem Geld seine Tauschmittelfunktion zurückzugeben. Zusätzlich zu dem geschilderten Effekt realer Wertsteigerung des Geldeinkommens durch die Währungsreform stieg der reale Wert dieses Einkommens nun noch einmal dadurch, daß das Geld wieder für eine Vielzahl verschiedener Güter zum Einkauf verwendet werden konnte. Damit wurden die vorher unterdrückten Leistungsantriebe wieder wirksam.

Welchen Einfluß aber behielten die noch bewirtschafteten Bereiche? Die übliche Rationierungstheorie ist unter der Bedingung abgeleitet, daß sich Rationierungen vom einen Markt zum anderen ausbreiten. Bei im Gegenteil zunehmendem Abbau der Bewirtschaftungen muß diese Theorie gleichsam rückwärts gespult werden. Ihr Ergebnis war nicht zuletzt, daß ein zusätzlich rationiertes Gut bei Preisänderungen anderer, noch nicht rationierter Güter nicht mehr als Substitut zur Verfügung steht. Als Komplement begrenzt es andere Produktionen, die zurückgehen müssen, weil bei Rationierung und wirksamem Höchstpreis die Produktion des rationierten Gutes sinkt; die Nachfrage nach dem noch nicht bewirtschafteten Komplement sinkt und erstarrt zugleich, das heißt: sie wird unelastischer. Die Preiselastizität der Nachfrage für noch nicht rationierte Güter nimmt ab.[323] Je mehr Rationierungen es gibt und je mehr sie zusätzlich von Höchstpreisen begleitet sind, desto weniger anpassungsfähig wird das gesamte Mengengerüst der Umsätze, desto stärker werden die Preisausschläge in den noch freien Bereichen bei gesamtwirtschaftlichen Datenänderungen. Geht man nun wie nach 1948 den umgekehrten Weg abnehmender Bewirtschaftung, dann vermindern sich alle diese Erscheinungen entsprechend. Das heißt: Jede Aufhebung von Rationierungen und Preisvorschriften erhöht die Preiselastizitäten der Nachfrage bei den schon freigegebenen Gütern.

Ähnliches gilt für die Preiselastizität des Angebotes: Je größer der rationierte Bereich mit Unterversorgung, desto geringwertiger ist verdientes Geldeinkommen, das über den zum Kauf der rationierten Güter erforderlichen Betrag hinausgeht. Die noch frei gelassenen Bereiche müssen entsprechend höhere Faktorpreise bieten, um zusätzliche Faktoren an sich ziehen zu können. Sie müssen soviel mehr bieten, daß der Verlust aufgewogen wird, der aus dem Mangel an realer Verwertbarkeit des Geldes hervorgeht. Entsprechend geringer wird dadurch die Preiselastizität auch des Güterangebotes in den noch freien Bereichen. Soweit die rationierten Güter mit frei gelassenen Komplementen verwendet werden, richten sich bei strenger Komplementarität Nachfrage und Angebot in einer Art von beiderseitigem Starrkrampf nach der Rationierungsmenge. Dies alles rückwärts gewendet bedeutet,

[323] Vgl. *James Tobin, H. S. Houthakker* (1950–51); *J. P. Neary* (1987).

daß jeder zusätzliche Abbau von Rationierungen und Höchstpreisen die einzelnen Preiselastizitäten des Angebotes und damit die Anpassungsfähigkeit des ganzen Systems erhöhen muß. Der von Erhard freigegebene Bereich war groß genug, um diesen Effekt zustande zu bringen, und hatte außerdem damals die größten Wachstumschancen, nämlich der Bereich der gewerblichen Wirtschaft.

Mit zunehmendem Zeitablauf nahmen sich die zwangswirtschaftlichen Restbereiche immer mehr wie nicht eingedeichte Halligen aus, deren trockene Fläche bei ständig ansteigender marktwirtschaftlicher Flut immer kleiner wurde. Das Bundes Wirtschaftsministerium sprach von „Bewirtschaftungsinseln", die es zu verkleinern gelte.[324]

Im übrigen verfolgte man bei Kohle und Stahl sowie im Wohnungsbau eine Politik, mit der die nachteiligen Mengeneffekte zu niedriger Preise ausgeglichen werden sollten. Solange in den Grundstoffbereichen die Preise nicht freigegeben und die Möglichkeiten der Außen- und Selbstfinanzierung angeblich deswegen zu gering waren, wurden außer einigen Preiserhöhungen mancherlei Hilfen gewährt, insbesondere durch das Investitionshilfegesetz.[325] Ob hier nicht wie im Falle der Landwirtschaft der Wunsch mitgespielt hat, lieber vorübergehend – im Rahmen der vertikalen Verbundwirtschaft verrechenbare – Verluste in Kauf zu nehmen, um den altgewohnten zwangswirtschaftlichen Kartellapparat zu konservieren, damit man ihn später als Zuspeisungsadministration für staatliche Subventionen verwenden könne, wäre näherer Prüfung wert. Durch einen Teil solcher Rechnungen, wenn sie denn angestellt worden sind, hat freilich die von Erhard geförderte Öffnung zum Weltmarkt einen Strich gemacht.

Beim Wohnungsbau wurde das Angebot stark subventioniert. Die Gesamtheit der Wohnungsnutzer ist mit der Gesamtheit der Steuerzahler weitgehend identisch, so daß sie insgesamt für Wohnungen mindestens soviel hat zahlen müssen wie bei freien Mieten. Verteilungsprobleme hätten anders als durch falsche Mieten gelöst werden können.

Ein großer Teil der damaligen und weiterhin bestehenden staatlich administrierten Preise trägt im übrigen mehr den Charakter von Ordnungstaxen,[326] die dem längerfristigen Gleichgewicht entsprechen, selbst wenn sie nicht immer einen kurzfristigen Ausgleich von Angebot und Nachfrage zustande bringen. Die Kosten ständiger kurzlebiger Preisänderungen sind gegen Vorteile ständiger Markträumung abzuwägen. Der älteren Preislehre war dies durchaus geläufig; unter dem Stichwort „Mengenrationierung" oder „Fixpreissystem" ist es mit manchmal fal-

---

[324] Der Bundesminister für Wirtschaft, Die wirtschaftliche Lage in der Bundesrepublik Deutschland, Teil A, Mai 1952, S. 20.

[325] Gesetz über die Investitionshilfe der gewerblichen Wirtschaft vom 7. 1. 1952.

[326] *Ludwig von Mises* (1925).

schem wirtschaftspolitischem Akzent wiederentdeckt worden.[327] Die Vorstellung, alle Märkte müßten ständig geräumt und alle Eisenbahnsitzplätze fahrender Züge ständig besetzt sein, läuft darauf hinaus, eine Wirtschaft ohne Toleranzen, ohne Lager- und Auftragsbestände sowie ohne noch nicht ausgebuchte Kapazitäten anzustreben. Solange es solche Kapazitäten gebe, sei das Angebot bei festen Preisen vollständig elastisch, und es komme darauf an, durch inflatorischen Druck diesen Spielraum auszunutzen. Die Fehlerhaftigkeit solcher Erwägungen hat F. W. Meyer (1948) im einzelnen nachgewiesen.

Erhard hat jedenfalls eine Politik des permanenten Inflationsdruckes abgelehnt. Bei der DM-Abwertung von 1949, die gegenüber den anderen Abwertungsländern eine Aufwertung bedeutete, ging es ihm eher darum, einen Kurs zu wählen, der hinter der Kursänderung der Hauptkonkurrenzländer zurückblieb, aber der deutschen Exportwirtschaft gerade noch genug Möglichkeit gab, um durch harte Anstrengung und Rationalisierung ihren Weltmarktanteil zu halten und zu vergrößern. Ein inflatorischer Spielraum wurde nicht gewährt.[328] Diese bittere preispolitische Medizin ist der deutschen Exportwirtschaft glänzend bekommen. Die Außenwirtschaftspolitik war das Mittel, mit dem die Dominanz freier Preisbildung dauerhaft gesichert werden konnte. Wenn Hoffnung besteht, die heute noch immer regulierten Bereiche der deutschen Wirtschaft in die Welt freier Preise zu entlassen, dann durch Öffnung nach Europa und zum Weltmarkt.

---

[327] Vgl. *Otto von Zwiedineck* (1909); *Knut Wicksell* (1913); *Heinrich von Stackelberg* (1948); *Wilhelm Röpke* (1937); *Edmond Malinvaud* (1978); *Jean-Pascal Benassy* (1982).

[328] *Ludwig Erhard* (1949).

Anhang I

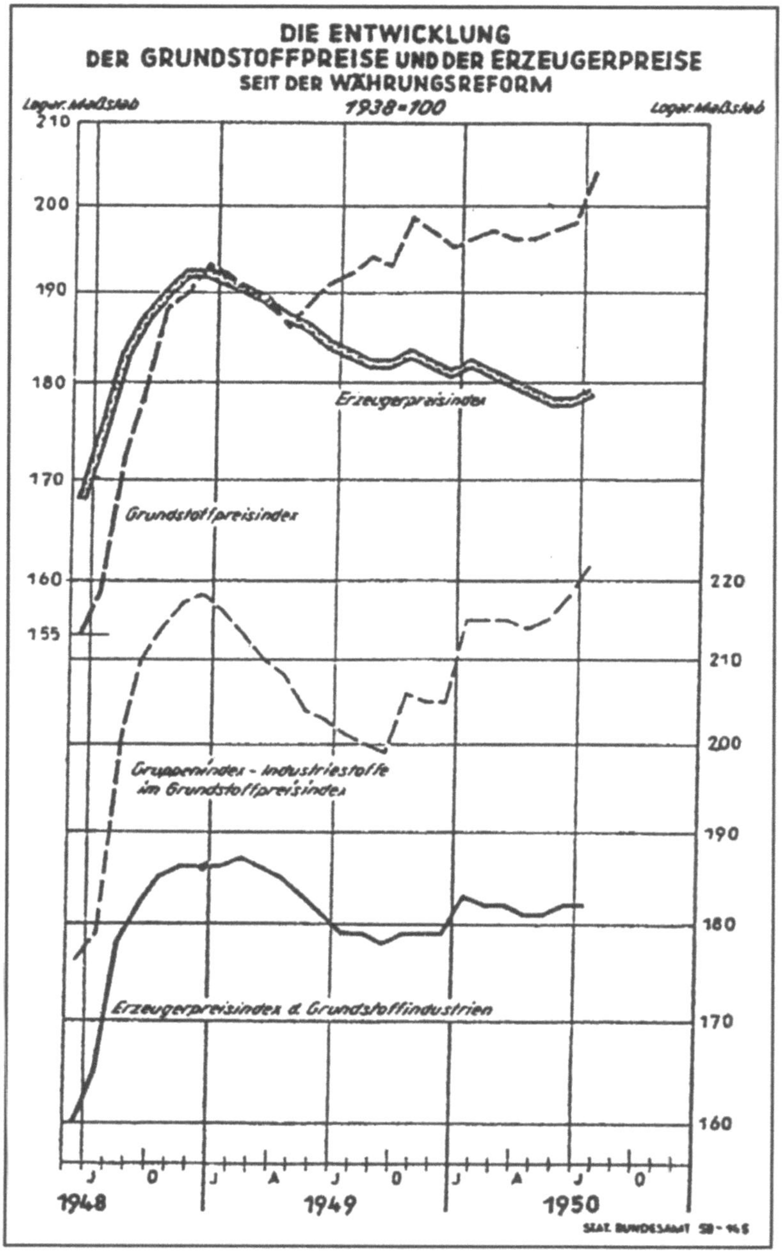

Quelle: Wirtschaft und Statistik 1950, S. 203.

Anhang II

Zur Problematik der Schlüsselpreislehre: Beispiel für gegenläufige Entwicklung von Preisreihen

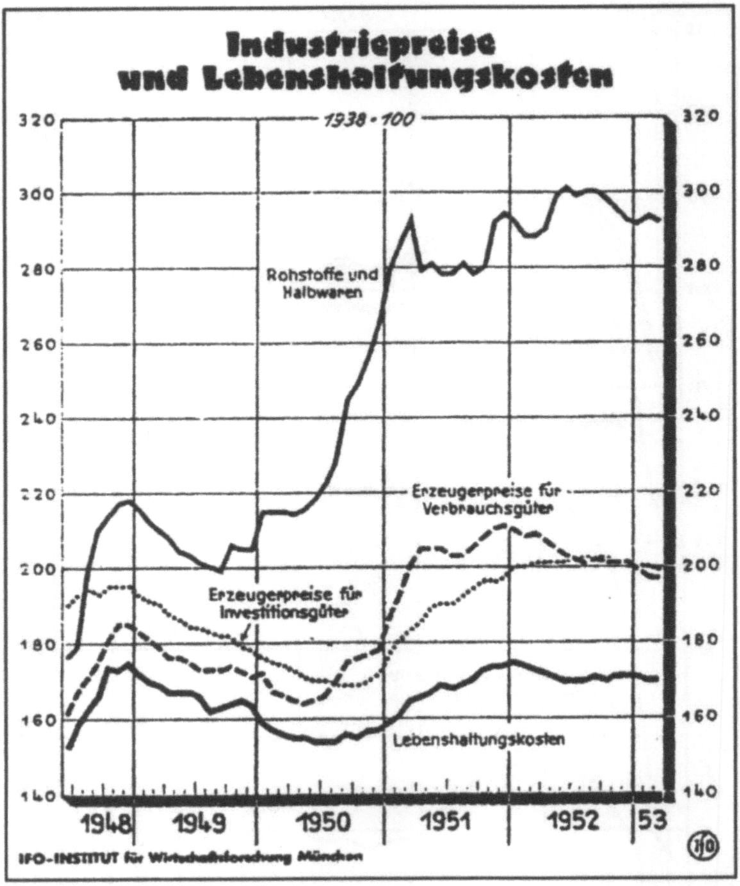

Quelle: Ifo-Institut für Wirtschaftsforschung: Fünf Jahre Deutsche Mark, Berlin/München 1953, S. 71.

Anhang III

Steigerung von Grundstoffpreisen bei Senkung anderer Preisreihen

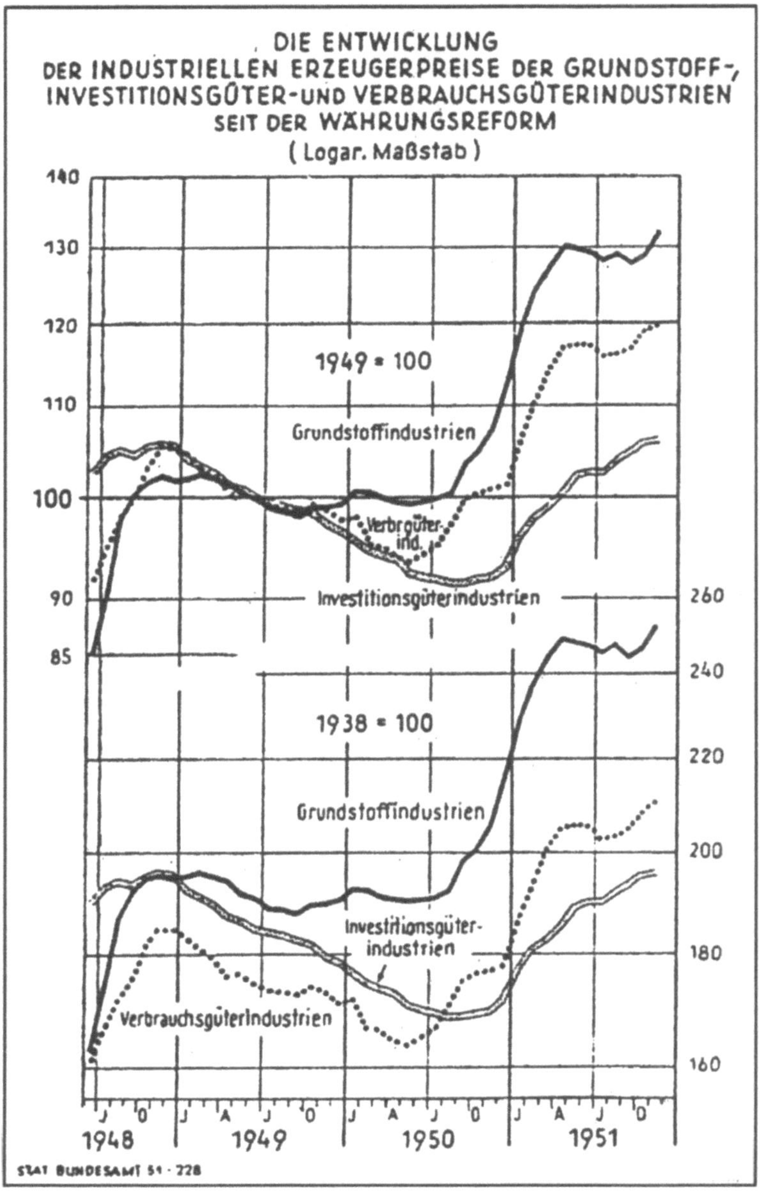

Quelle: Wirtschaft und Statistik 1951, S. 500.

Anhang IV

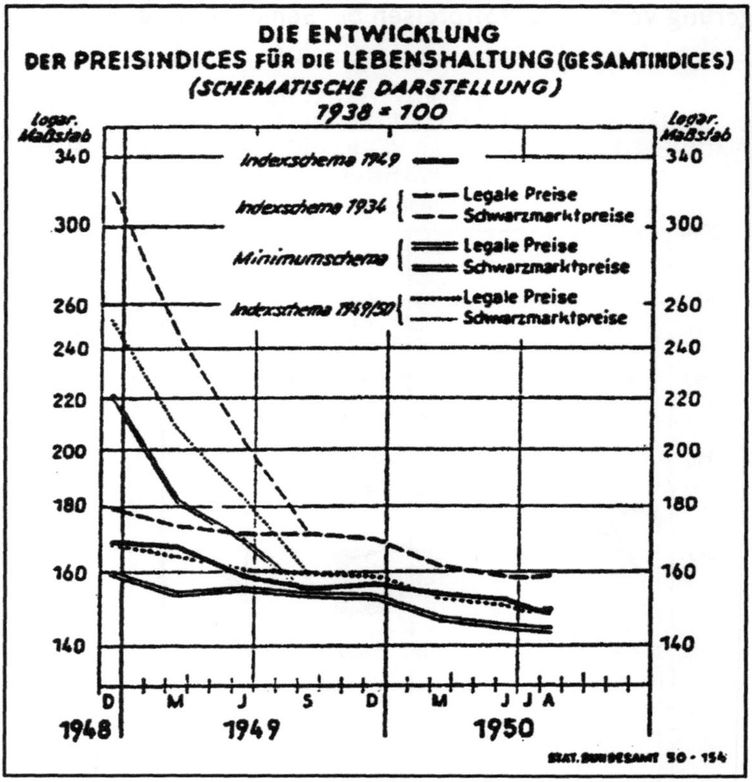

Quelle: Wirtschaft und Statistik 1950,S. 209.

Anhang V

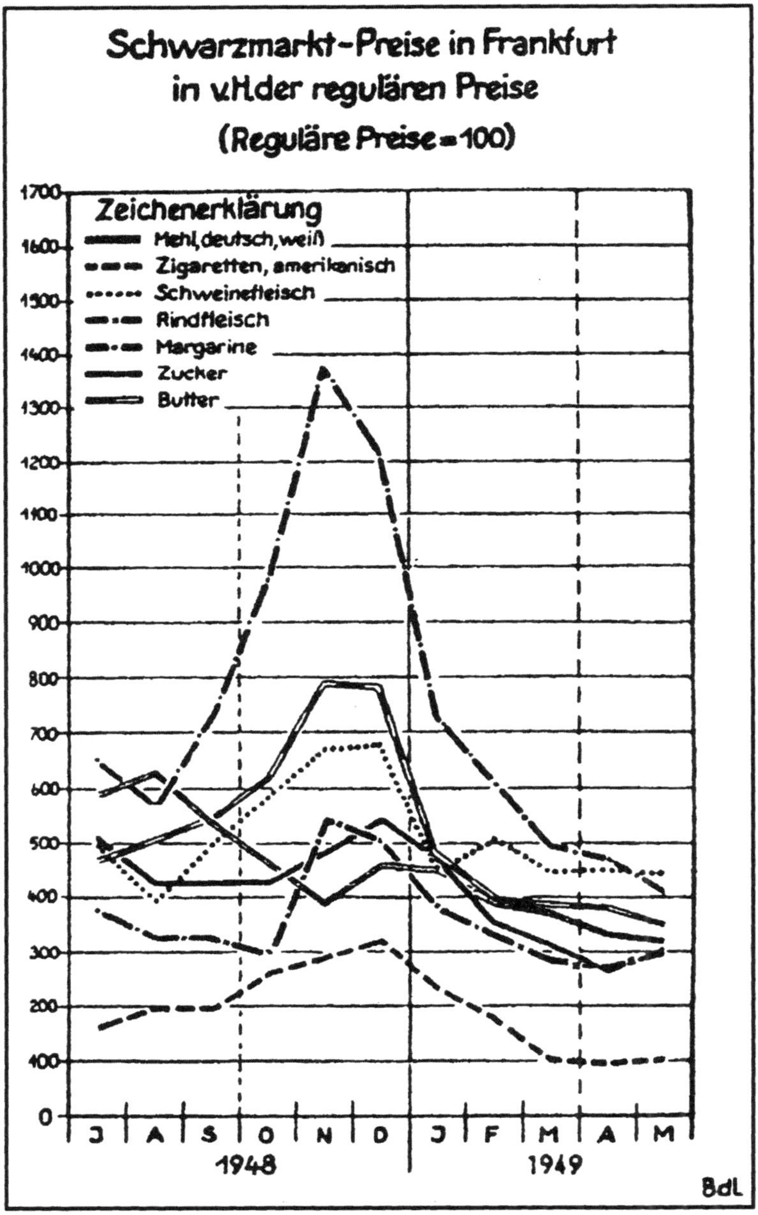

Quelle: Monatsberichte der Bank deutscher Länder, Mai 1949, S. 27.

Anhang VI

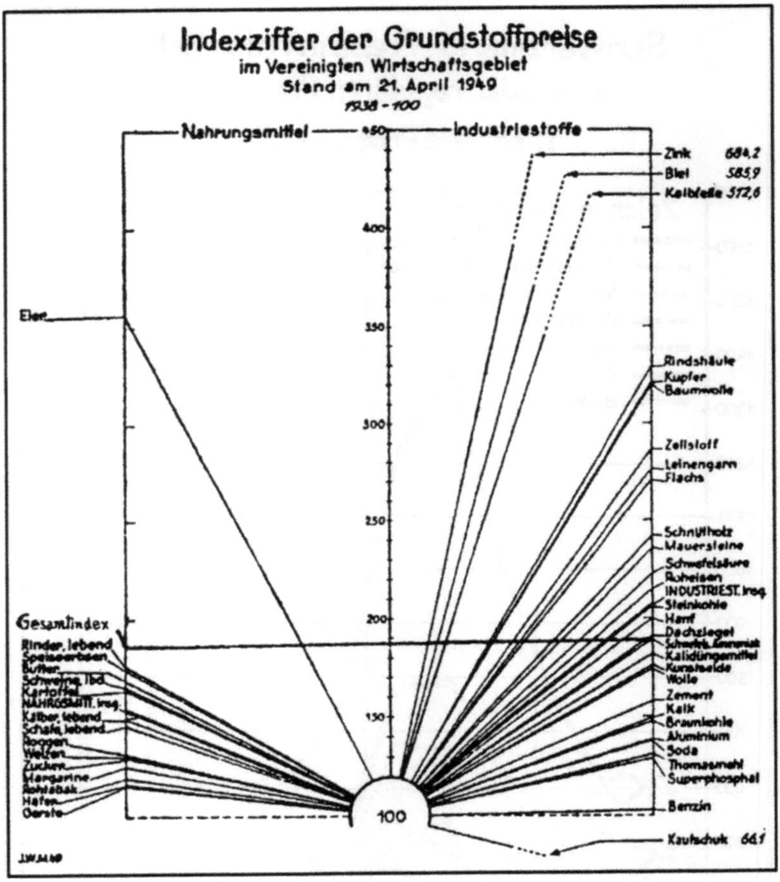

Quelle: Wirtschaftskonjunktur, Berichte des Instituts für Wirtschaftsforschung München, 1. Jg., Heft 1, 1949, Teil I, S. 18 und 19.

Der Gesamtindex der Grundstoffpreise war auf 186,1 angestiegen; darin spiegelt sich die allgemeine Geldentwertung. Weniger stark gestiegene Preise kommen darin zum Ausdruck, daß die Preisänderungslinien die senkrechten Seitenskalen unterhalb des Gesamtindexwertes schneiden, überdurchschnittliche Preissteigerungen führen zu Schnittpunkten oberhalb der Linie des Gesamtindex.

Literatur

Abelshauser, Werner (1975): Wirtschaft in Westdeutschland 1945–1948, Stuttgart.

Balogh, Thomas (1950): Germany: An Experiment in ‚Planning' by the ‚Free' Price Mechanism, Oxford.

Bank deutscher Länder (1949 f.): Monatsberichte.

Barro, Robert J. und *Grossman,* Herschel I. (1974): Suppressed Inflation and the Supply Multiplier, in: Review of Economic Studies, Vol. XLI, S. 87–104.

Baum, Herbert (1980): Staatlich administrierte Preise als Mittel der Wirtschaftspolitik, Baden-Baden.

Benassy, Jean-Pascal (1982): The Economics of Market Disequilibrium, New York usw.

Buchheim, Christoph (1988): Die Währungsreform 1948 in Westdeutschland, in: Vierteljahrshefte für Zeitgeschichte, Nr. 86, S. 189–231.

– (1989): Die Währungsreform in Westdeutschland im Jahre 1948. Einige ökonomische Aspekte, in: Wolfram Fischer (Hrsg.): Währungsreform und Soziale Marktwirtschaft. Erfahrungen und Perspektiven nach 40 Jahren. Schriften des Vereins für Socialpolitik, N. F. 190, Berlin, S. 391–402.

Cassel, Gustav (1923): Theoretische Sozialökonomie, 3. Aufl., Erlangen / Leipzig.

Dodge, Norton T., und *Wilber,* Charles K. (1969–70): The Relevance of Soviel Industrial Experience for Less Developed Economies, in: Soviet Studies, Vol. XXI, S. 330–349.

Engst, Peter, und *Schüssler,* Lothar (1974): Möglichkeiten und Grenzen des Effizienzvergleichs von Wirtschaftssystemen, Opladen.

Erhard, Ludwig (1949): Zur Neufestsetzung des DM-Umrechnungskurses, in: Wirtschaftsverwaltung, 2. Jg., Heft 19, S. 506–508.

– (1953): Deutschlands Rückkehr zum Weltmarkt, Düsseldorf.

– (1957): Wohlstand für alle, Düsseldorf und Wien.

– (1988): Gedanken aus fünf Jahrzehnten. Reden und Schriften. Hrsg. v. Karl Hohmann, Düsseldorf usw.

Eucken, Walter (1952): Grundsätze der Wirtschaftspolitik, Bern und Tübingen.

Galbraith, John K. (1952): A Theory of Price Control, Cambridge (Mass.).

Gleitze, Bruno (1975): Die Produktionswirtschaft der DDR im Wettbewerb mit der westlichen Industriewelt, in: Bruno Gleitze u. a.: Die DDR nach 25 Jahren, Berlin, S. 13–64.

Grimm, Klaus (1988): Preisreform und Preisentwicklung in der VR China, Friedrich Ebert-Stiftung Bonn (Manuscript).

Grossman: siehe Barro.

Hahn, Herbert (1964): Unterschiede der Entwicklung von Produktivität, Lohn- und Preisniveau in den einzelnen Wirtschaftsbereichen der Bundesrepublik, in: Schriften des Vereins für Socialpolitik, N. F. 30 / 11, Berlin, S. 650–665.

Horstmann, Theo (1984): Die Angst vor dem finanziellen Kollaps. Banken- und Kreditpolitik in der britischen Zone (1945–1948), in: Dietmar Petzina und Walter Euchner (Hrsg.): Wirtschaftspolitik im britischen Besatzungsgebiet 1945–1949, Düsseldorf.

Houthakker, H. S., und *Tobin,* James (1950–51): The Effects of Rationing on Demand Elasticities, The Review of Economic Studies, Vol. XVIII, S. 140–153.

Hunold, Albert (Hrsg.) (1954): Die Konvertibilität der europäischen Währungen, Erlenbach-Zürich und Stuttgart.

Ifo-Institut für Wirtschaftsforschung (1949): Wirtschaftskonjunktur, 1. Jg., München.

– (1953): Fünf Jahre Deutsche Mark, Berlin / München.

Kaufmann, Edmund (1948): Soziale Marktwirtschaft, in: Wirtschaftsverwaltung, 1. Jg., Heft 8.

Klemm, Bernd, und *Trittel*, Günter J. (1987): Vor dem „Wirtschaftswunder": Durchbruch zum Wachstum oder Lähmungskrise? Eine Auseinandersetzung mit Werner Abelshausers Interpretation der Wirtschaftsentwicklung 1945–1948, in: Vierteljahrshefte für Zeitgeschichte, 35. Jg., S. 571–624.

Klump, Rainer (1985): Wirtschaftsgeschichte der Bundesrepublik Deutschland, Wiesbaden.

Malinvaud, Edmond (1978): The Theory of Unemployment Reconsidered, Oxford.

Meinhold, Helmut (1948): Aufbauplan 1948 / 49. Erläuterungen zum Aufbauplan 1948 / 49 für die Wirtschaft des Vereinigten Wirtschaftsgebietes, in: Wirtschaftsverwaltung, Heft 3, Juli 1948, S. 28–38.

Mendershausen, Horst (1949): Prices, Money and the Distribution of Goods in Postwar Germany, in: The American Economic Review, Vol. 39, S. 646–672.

Meyer, Fritz W. (1948): Geldpolitik, Vollbeschäftigung und Wirtschaftsordnung, ORDO Jahrbuch die Ordnung von Wirtschaft und Gesellschaft, Bd. l, S. 91–124.

– (1960): Weiterhin Zinsdirigismus?, in: Festschrift zum zehnjährigen Bestehen der Mittelrheinischen Kundenkreditbank, Neuwied, S. 103–119.

Miksch, Leonhard (1948): Die Preisentwicklung, in: Wirtschaftsverwaltung, 1. Jg., Heft 7.

Mises, Ludwig v. (1925): Art. Preistaxen (Theorie), Handwörterbuch der Staatswissenschaften, 4. Aufl., 6. Bd., Jena, S. 1055–1062.

Neary, J. P. (1987): rationing, in: John Eatwell, Murray Milgate, Peter Newman (Hrsg.): The New Palgrave. A Dictionary of Economics, Vol. 4, S. 92--96.

Plate, Roderich (1970): Agrarmarktpolitik, 2. Bd., München usw.

Röpke, Wilhelm (1937): Die Lehre von der Wirtschaft, Wien.

– (1938): Grenzen der Wehrwirtschaft, in: Die Friedens warte, Jg. XXXVIII, Heft 3/4, S. 178–184.

– (1947 a): Offene und zurückgestaute Inflation, in: Kyklos, Vol. I, S. 57–71.

– (1947 b): Repressed Inflation, in: Kyklos, Vol. I, S. 242–253.

– (1948): Deutschlands Weg zur Marktwirtschaft, in: Neue Zürcher Zeitung v. 23. 10. 1948.

– (1950): Ist die deutsche Wirtschaftspolitik richtig? Analyse und Kritik, Stuttgart und Köln.

– (1951): Das deutsche Wirtschaftsexperiment. Beispiel und Lehre, in: Albert Hunold (Hrsg.): Vollbeschäftigung, Inflation und Planwirtschaft, Erlenbach-Zürich, S. 261–312.

– (1976): Briefe. Der innere Kompaß, Erlenbach-Zürich und Stuttgart.

Sauermann, Heinz (1961): Art. Währungsreformen, Handwörterbuch der Sozialwissenschaften, Bd. 11, S. 452–470.

Schmitt, Günter, und *Tangermann*, Stefan (1984): Zur Auswirkung der Agrarpreisstützung auf die landwirtschaftlichen Einkommen, in: Einkommen in der Landwirtschaft – Entstehung, Verteilung, Verwendung und Beeinflussung, hrsg. v. Werner Großkopf und Manfred Köhne, Schriften der Gesellschaft für Wirtschafts- und Sozialwissenschaften des Landbaus, Bd. 21, Münster-Hiltrup, S. 759–793.

Schüssler, Lothar: siehe Engst.
Schwanse, Peter (1965): Beschäftigungsstruktur und Wirtschaftswachstum in der Bundesrepublik Deutschland, Deutsches Institut für Wirtschaftsforschung, Sonderhefte, Nr. 74, Berlin.
Sohmen, Egon (1959 und 1960): Competition and Growth: The Lesson of West Germany, in: The American Economic Review, Vol. 49, S. 986–1003, und die anschließende Diskussion in: The American Economic Review, Vol. 50, S. 1015–1031.
Stackelberg, Heinrich von (1948): Grundlagen der theoretischen Volkswirtschaftslehre, Bern.
Tangermann, Stefan: siehe Schmitt.
Tobin, James: siehe Houthakker.
Trittel, Günter J.: siehe Klemm.
Wallich, Henry C. (1955): Triebkräfte des deutschen Wiederaufbaus, Frankfurt a. M.
Wicksell, Knut (1913): Vorlesungen über Nationalökonomie auf Grundlage des Marginalprinzipes. Theoretischer Teil, 1. Bd., Jena.
Wilber, Charles K.: siehe Dodge.
Willgerodt, Hans (1987): Weltwirtschaft ohne Marktwirtschaft?, Zürich.
Wirtschaftsverwaltung (1948 f.), Frankfurt / Main-Höchst.
Wirtschaft und Statistik (1949 f.).
Zeitel, Gerhard (1964): Bestimmungsfaktoren der Preis- und Produktivitätsstruktur, in: Schriften des Vereins für Socialpolitik, N. F. Bd. 30 / 11, Berlin, S. 666–695.
Zwiedineck, Otto von (1909): Kritisches und Positives zur Preislehre, II. Theoretisch vernachlässigte Preisbestimmungsgründe, in: Zeitschrift für die gesamte Staatswissenschaft, 65. Jg., S. 78–128.

Die vier folgenden Beiträge befassen sich mit Grundsatzfragen der Freiheit.

Der erste davon verwendet absichtsvoll die heute maßgebende dritte Strophe der deutschen Nationalhymne. Dieser Hymne ergeht es seit langem nicht besser als dem Minimum an Achtung, auf die eigentlich auch in Deutschland Symbole eines normalen Staatswesens Anspruch machen dürfen: Sie ist weithin unbekannt geworden. Selbst bei der Vereidigung von Soldaten sind die anwesenden Deutschen vielfach nicht bereit und in der Lage, die Hymne mitzusingen. Daß man deshalb auch den Text der Hymne weder kennt noch versteht, beruht auf einem schon in der Weimarer Republik in intellektuellen Zirkeln als modisch angesehenen und in der Bundesrepublik Deutschland üblich gewordenen antipatriotischen Snobismus, der heute in den geistigen Führungsschichten die Herrschaft angetreten hat. Dieser Text hat es nicht verdient, der pathologischen Selbstverachtung vieler angeblich gebildeter Deutscher zum Opfer zu fallen. Das Deutschlandlied war bei seiner Entstehung ein historisch defensives und eindeutig liberales Dokument. Sein Dichter hat im übrigen die Reihenfolge von „Einigkeit und Recht und Freiheit" nicht zufällig gewählt, wie im Einzelnen gezeigt wird. Vielmehr ist damit eine allgemein gültige Grundlage für ein freiheitliches Gemeinwesen bezeichnet.

Der zweite Beitrag wendet sich dem stets nach der einen oder anderen Seite gefährdeten Verhältnis zwischen Liberalen und dem Staat zu. Ohne ihn besteht die Gefahr der Anarchie, die leicht durch Diktaturen abgelöst wird. Der Staat kann im übrigen sowohl gefährlich werden als auch selbst durch destruktive Kräfte in Gefahr geraten. Welche Funktion kommt ihm nach liberaler Auffassung zu? Darüber gibt es unter den Liberalen einen unendlichen Meinungsstreit, aus dem hier nur ein sehr wichtiger Teilbereich behandelt wird. Laissez-faire-Liberale verkennen oft, daß ein freiheitliches Gemeinwesen einen gesellschaftlichen Humus von Strukturen und allgemeinen, nicht proletarischen und nicht anarchistischen Überzeugungen braucht, um auf die Dauer bestehen zu können. Der Staat hat hierauf durch sein bloßes Dasein einen erheblichen Einfluß und es ist zweckmäßig, daß er diesen Einfluß in einem Sinne geltend macht, durch den die gesellschaftlichen Grundlagen eines freiheitlichen Gemeinwesens nicht geschwächt werden.

Der dritte Beitrag befaßt sich mit einer von jeher überhöhten Vorstellung, wonach die gewiß unentbehrliche Demokratie eine Art von Heilmittel für alle gesellschaftlichen Probleme und Konflikte sei. Aber die Demokratie ist im Grunde eher ein Notbehelf in Fällen, in denen gemeinschaftliche Entscheidungen nicht durch Einverständnis aller getroffen werden können oder solche Entscheidungen nicht besser überhaupt vermieden werden und man den freien Einzelpersonen überläßt, was sie tun wollen. Die Jakobiner haben von jeher die Omnipotenz des Staates für problemlos gehalten, wenn dessen Entscheidungen demokratisch zustande kommen. Der Bereich demokratischer Entscheidungen soll nach nicht nur liberaler Auffassung beschränkt bleiben, indem durch Rechte der Einzelperson und rechtliche Bindungen des Staates die Demokratie nicht zum Instrument der Herrschaft über den Einzelnen wird. Vielfach erhobene Forderungen nach Demokratisierung der Wirtschaft verkennen, daß die Marktwirtschaft schon als solche ein ständiges Plebiszit über die Leistungen der Anbieter und Gegenleistungen der Nachfrager darstellt, ohne daß es einer demokratischen Mehrheitsentscheidung bedarf und ohne daß Minderheiten von Mehrheiten überstimmt werden, also eigene Absichten aufgeben müssen. So unvollkommen der Markt auch teilweise ist, es finden sich in der Regel immer irgendwelche Anbieter, die auch von der Mehrheit abweichende Wünsche erfüllen, wenn der Nachfrager einen mindestens kostendekkenden Preis zu zahlen bereit ist. Wenn Mehrheitsentscheidungen an die Stelle persönlicher Einzelentscheidungen gesetzt werden, wird persönliche Freiheit von Minderheiten und Einzelnen geopfert.

Vor allem Großunternehmungen sind wie die Staatsverwaltung hierarchische Organisationen. Ihr Freiheitsdefizit möchte der Liberale durch Rechte der einzelnen Mitarbeiter eingrenzen und deren helfende Mitarbeit fördern. Auch Mitbestimmungsregeln können diesem Ziel dienen.

Den jakobinischen Demokratisten geht es statt dessen um Konzentrationen in immer größeren Unternehmungen. Diese werden durch ihr ökonomisches Gewicht zu einer politischen Kraft. Verluste bemerken sie oft erst mit Verspätung und können sie mit Methoden verschleiern, die einem persönlich haftenden Unternehmer nicht zur Verfügung stehen. Schließlich wenden sich Großunternehmungen oft erfolgreich an den helfenden Staat (und Steuerzahler). Am Ende kann eine Verstaatlichung stehen, deren ökonomische und demokratische Kontrolle immer unsicherer wird. Manche Ökonomen versprechen sich von Fusionen zu immer größeren Unternehmungen mehr Effizienz. Meist stellt sie sich nicht ein. Die Alternativen für den Einzelnen als Marktteilnehmer werden jedoch in jedem Falle gemindert.

Der vierte Beitrag betrachtet den helfenden Wohlfahrtsstaat, den schon Wilhelm von Humboldt als eine Gefahr für die persönliche Freiheit angesehen hat. Der moderne Wohlfahrtsstaat stattet den Einzelnen mit zahllosen Rechtsansprüchen aus, die oft herausfordernd eingeklagt werden. Da der Staat aber nichts geben kann, ohne es zugleich irgend jemandem genommen zu haben, kann der angebliche Gewinn an Rechten des sozial Betreuten mit einer ebenso hohen Belastung seines Einkommens durch Abgaben einhergehen. Auch muß der Staat bestimmen, welchen Charakter seine Sozialleistungen im Einzelnen haben, und auch Rationierungen werden immer unvermeidlicher. Der Wohlfahrtsstaat führt nicht nur zum nörgelnden Anspruchsdenken, sondern auch zur Entmündigung des Einzelnen in der Verwendung seines Einkommens. Denn was der Wohlfahrtsstaat scheinbar „umsonst" zum angeblichen Nulltarif verspricht, muß er sich global von den Betreuten bezahlen lassen.

Einigkeit und Recht und Freiheit

Von Hans Willgerodt, Köln

1. Auch Lieder haben Ihre Schicksale ...

Im Jahre 1922 erklärte der Reichspräsident das Deutschlandlied zur deutschen Nationalhymne. Es war der Sozialdemokrat *Friedrich Ebert*, eine der wenigen wirklich imponierenden Gestalten der deutschen Politik in diesem Jahrhundert. Am 9. November 1918 war *Ebert* die deutsche Regierungsgewalt übertragen worden. Als sich der bisherige Reichskanzler *Prinz Max von Baden* verabschiedete, sagte er: „Herr Ebert, ich lege ihnen das Deutsche Reich ans Herz!" und *Ebert* antwortete: „Ich habe zwei Söhne für dies Reich verloren."[329]

Aber *Ebert* mit seinem maßvollen Verantwortungsbewußtsein wurde schließlich im Stich gelassen, nicht nur von seinen politischen Gegnern. Dem Lied der Deutschen ist es nicht viel besser ergangen: Die Nationalisten bemächtigten sich der ersten Strophe und sangen sie um so dröhnender, je mehr sie sich vor allem von Einigkeit und Recht und Freiheit entfernten, also von der dritten Strophe, für die kein Radikaler von links und rechts etwas übrig hatte. So verschwand die Korrektur, die der Dichter mit der dritten Strophe angebracht hatte, aus dem öffentlichen Bewußtsein. *Kurt Tucholsky* konnte deshalb sagen, eines seiner Bücher habe aus Scherz den Titel „Deutschland über alles" bekommen, „jenen törichten Vers eines großmäuligen Gedichts".[330]

Hoffmann von Fallersleben hatte es am 26. August 1841 auf der damals britischen Insel Helgoland verfaßt, gewiß nicht in großmäuliger Stimmung, sondern ähnlich wie *Tucholsky* als politisch Verfolgter aus Trotz gegen die polizeistaatlichen Partikularisten, für die Deutschland ein Begriff des Aufruhrs war und Freiheit des Bürgers gefährlich. Tage zuvor hatte der Dichter mit verfassungstreuen Hannoveranern gegen den *König Ernst August von Hannover* eine trink- und sangesfreudige Zusammenkunft gehabt.[331] Der königliche Verfassungsbrecher hat nicht nur protestierende Göttinger Professoren des Landes verwiesen, sondern auch den gebürtigen Hannoveraner *Hoffmann*. Seine Antwort waren bissig-humorvolle Spottverse.

---

[329] Zitiert nach: *E. Eyck* (1954), Geschichte der Weimarer Republik, 1. Band, Erlenbach-Zürich, Stuttgart, S. 68.

[330] *K. Tucholsky* (1929), Heimat, in: *M. Gerold-Tucholsky* (Hrsg.) (1952), Zwischen gestern und morgen. Eine Auswahl aus seinen Schriften und Gedichten, Hamburg, S. 186.

[331] Vgl. *A. H. Hoffmann von Fallersleben* (1892), Mein Leben, in: *H. Gerstenberg* (Hrsg.), Hoffmann's von Fallersleben Gesammelte Werke, Band VII, Berlin, S. 290 f.

Nichts ruft den Zorn aller Obrigkeitsstaaten eher hervor als Humor, insbesondere wenn er der niedersächsischen Mentalität entspringt, wie sie *Hoffmann* kennzeichnet. Hiergegen hat die Polizei keine Waffen, und sie kann ihn nicht arretieren. Dem Humoristen verzeiht der Polizeistaat deshalb nichts, und dies kennzeichnet ihn mehr als alle seine Kerker.

In den Jahren 1840 und 1841 hatte *Hoffmann* „Unpolitische Lieder" veröffentlicht und war damit durch die relativ freiheitliche Hamburger Zensur gelangt. In Preußen und anderen Ländern wurden sie jedoch alsbald beschlagnahmt. Im Jahre 1842 verlor er deswegen seinen germanistischen Lehrstuhl an der Universität Breslau. Wie an Universitäten üblich, spielten dabei seine Kollegen eine besonders unrühmliche Rolle. Wir wollen nicht bei der Frage verweilen, ob *Tucholsky* und alle Heutigen, die das Deutschlandlied verachten, dies alles bedacht haben.

Soviel jedoch ist sicher: Für das Jahr 1841 war auch der erste Vers weder imperialistisch, noch inhuman. Denn er entsprach der damaligen geographischen Ausdehnung Deutschlands und war an die beiden anderen Verse gebunden, also politisch vor allem an die Bedingung von „Einigkeit und Recht und Freiheit". Auch hatten sich damals die Deutschen gegenüber dem Ausland nichts vorzuwerfen, sondern standen noch unter dem Eindruck der napoleonischen Despotie und der Tatsache, daß Deutschland jahrhundertelang zum Schindanger europäischer Kriege gemacht worden war.

Wo *Hoffmann* damals politisch stand, zeigen seine „Unpolitischen Lieder" deutlich: Sie enthielten mehr liberale als nationale Forderungen. Die staatliche Einheit Deutschlands war für ihn das Mittel, um die Enge der obrigkeitsstaatlichen deutschen Monarchien zu überwinden. Daß freilich Kultur und Liberalität in keiner einfachen Beziehung zur Landesgröße stehen, erfuhr *Hoffmann* in den Niederlanden, in denen seine Forschungen hoch geehrt wurden, aber auch am Weimarer Hof. Er war gerecht genug, um sogar dem preußischen Kultusminister *von Altenstein* „Liebe für Kunst, und Wissenschaft" zu bestätigen. „Er ehrte", so schreibt *Hoffmann* in seinen Lebenserinnerungen,[332] „beide in ihren Trägern und betrachtete den Gelehrten und Künstler nicht wie einen gewöhnlichen Beamten, der an bestimmte Arbeiten und Stunden gebunden ist. Er sah in den Universitäten etwas Höheres als bloße Cadettenhäuser für den Staatsdienst, wollte nicht den Geist dressieren und jede freie Selbstthätigkeit beseitigen." Wer freilich *Hoffmanns* Schilderungen der halb gewährenden und halb inhibierenden Universitäts- und Kultusbürokratie und der Zähigkeit liest, mit der kleine Geister schon damals wirklichen Reformen des Universitätsbetriebes im Wege standen, dem kommt dies alles ziemlich modern vor, auch unter Einschluß der Tatsache, daß *Hoffmann* gewiß kein für die Obrigkeit bequemer, aber gerade auch dadurch ein loyaler Staatsdiener gewesen ist.

---

[332] Ebenda, S. 178 f.

In deutschen Landen und seinen hohen Schulen schien *Hoffmann* nirgendwo die Freiheit zu finden, von der er nicht lassen wollte. Immer mehr versteifte er sich auf die Vorstellung, daß der Weg zur Freiheit über die Einheit eines deutschen Staates gehen müsse.[333] So wurde er reif für den Wandel vom patriotischen Liberalen zum Nationalliberalen, der die kriegerisch-gewaltsame Einigung Kleindeutschlands durch Preußen jubelnd besang und Soldatenlieder dichtete. Noch die „Unpolitischen Lieder" waren gegen das Militär, den Krieg und den „Corporalstock" gerichtet und er selbst war nie Soldat gewesen, sondern hatte sich vom Dienst in der Hannoverschen Armee freigekauft.

Trotz *Hoffmanns* Wende zur großpreußisch-kleindeutschen Lösung der deutschen Frage blieb das Mißtrauen des preußischen Obrigkeitsstaates ihm gegenüber unverändert. Noch als Reichskanzler lehnte *Bismarck* eine ohne Zustimmung *Hoffmanns* beantragte Eingabe ab, ihn voll zu rehabilitieren. Staat und Hochschule erwiesen sich als nachtragend. Ein in der Wolle gefärbter Liberaler, der *Hoffmann* trotz seiner nationalen Wende geblieben war, konnte auch im kaiserlichen Rechtsstaat nicht auf Großzügigkeit hoffen.

An ihm vollzog sich die Tragödie des deutschen Liberalismus, der bis zum heutigen Tage die Nation nicht konfliktfrei in sein System einzuordnen versteht. Teilweise liegt dies in der Natur der Sache; denn es gibt tatsächlich Fälle, in denen die Nation zum Schlüssel für die Lösung von Freiheitsproblemen werden kann. Wer in Deutschland wollte hieran nach dem Herbst 1989 noch zweifeln? Aber diese nationale Schlüsselfunktion setzt voraus, daß die nationale Einigung mit einer Befreiung einhergeht, also einen innenpolitischen Zweck hat. Die Liberalen sind stets in der Gefahr, dies zu vergessen und die Einheit der Nation höher zu bewer-

[333] Treffend kommt dies in seinem Gedicht „Rechts und links" (*A. H. Hoffmann von Fallersleben* (1842), Unpolitische Lieder, 1. Teil, 2. Aufl., Hamburg, S. 41) zum Ausdruck:

„Rechts und links

Ich finde diese Rede voll Verstand
Wiewohl mich Griechenland nicht auferzogen.
Aus den Phönizierinnen des Euripides nach Schiller

Norden, Süden, Wein und Bier,
Plattdeutsch dort und Hochdeutsch hier,
Katholik und Protestant,
Mancher Fürst und manches Land –

Wer das nicht vergessen kann,.
Ist fürwahr kein deutscher Mann;
Wenn er's gut mit dir auch meint,
Vaterland, er ist dein Feind!

Das bedenket jeder Zeit,
Wenn ihr strebt nach Einigkeit,
Deutsche Fürsten, deutscher Bund.
Deutsche Lai'n und Pfaffen und –"

ten als die Freiheit ihrer Bürger. Kurz vor Ausbruch des Krieges von 1866 warnte Hoffmann noch einmal davor, Recht und Freiheit als „das deutsche Einheitsband" herabzustufen,[334] und im Jahre 1872 wendet er sich gar heftig gegen die deutschen Kriegspoeten von 1870 und 1871, denen zur Freiheit des Geistes im neuen deutschen Reich kein Reim mehr einfalle.[335] In gewandelter Form zeigt sich heute ähnliches in der deutschen Einstellung zur Einigung Europas. In Westdeutschland neigt man dazu, die eigene Nation in einem europäischen Bundesstaat aufgehen zu lassen, der ersetzen soll, was den Deutschen an patriotischen Bindungen verloren gegangen ist. Wie einst die Nationalliberalen des wilhelminischen Reiches ihre Li-

[334] Vgl, *A. H. Hoffmann von Fallersleben* (1891), Zeitgedichte, in: *H. Gerstenberg* (Hrsg.), a. a. O., Band V, Berlin, S. 165 f.:

„Deutschlands Ehr' und Hort
28. April 1866

Recht und Freiheit, sie nur retten
Unser deutsches Vaterland;
Recht und Freiheit sind die Ketten
Für das deutsche Einheitsband.
Recht und Freiheit immerfort
Unser erst und letztes Wort!

Nichts ist uns zu lieb, zu theuer,
Gilt's der Freiheit, gilt's dem Recht;
Mit der Liebe heil'gern Feuer
Ziehn wir willig ins Gefecht;
Recht und Freiheit, immerfort
Deutschlands Ehr' und Deutschlands Hort! "

[335] Vgl. ebenda, S. 196:

„An die deutschen Kriegspoeten
von 1870 und 1871
An Goethe's Geburtstage (28. August) 1872

Ihr habt gezwitschert und gesungen,
Ihr habt geschrieen und gebrüllt;
Gefochten habt ihr mit den Zungen,
Und was ihr wolltet, ward erfüllt.

Dank euch! ihr habt mit beigetragen,
Daß uns ein deutsches Reich erstand;
Doch eine größre Schlacht zu schlagen,
Verlanget jetzt das Vaterland.

Des Geistes Freiheit zu erringen,
Des deutschen Reiches Fortbestehen:
Dafür zu dichten und zu singen,
Lohnt sich's in Kampf und Tod zu gehn.

Ihr schweigt in diesen ernsten Tagen,
Gleichgültig sitzet ihr daheim;
Ihr seid wie auf das Maul geschlagen
Und wagt für Deutschland keinen Reim.

beralität zunehmend kleiner geschrieben haben um der vermeintlichen Größe der Nation willen, so sind viele Westdeutsche in der Europapolitik wieder bereit, auf Freiheit und Vernunft zu verzichten, im Interesse von Einheit und Einheitlichkeit eines Europa, das den Deutschen zu einer Art Ersatznation werden soll. Freilich ist dieses Problem nur scheinbar durch die einfache Formel zu lösen, die Vernunft oder das, was man dafür hält, dürfe niemals der Einheit geopfert werden.

Während *Hoffmann von Fallersleben* das Lied der Deutschen noch unbefangen in allen seinen Strophen singen konnte und dabei auch Österreich nicht auszuschließen brauchte, ist uns die Naivität gegenüber der ersten Strophe längst verloren gegangen. So betont die Bundesrepublik heute nur die dritte Strophe und legt das Gewicht auf die Begriffe „Einigkeit und Recht und Freiheit". Diese Verlagerung wäre zu inhaltsleer, wenn sie lediglich eine nationale durch eine liberale Erbaulichkeit ersetzen würde. Vielmehr bedingen sich die drei Begriffe „Einigkeit", „Recht" und „Freiheit" gegenseitig und auch die vom Dichter gewählte Reihenfolge ist nicht zufällig, sondern beruht auf einem in sich schlüssigen politischen Konzept.

2. Das Deutschlandlied im Wettstreit politischer Dreiklänge

a) Der Dreiklang des Deutschlandliedes

Was immer sich der Dichter bei seinem Dreiklang „Einigkeit, Recht und Freiheit" gedacht haben mag, dieser Klang kann selbständig untersucht werden: Einigkeit ist als Vorbedingung des Rechts anzusehen.

Recht wird hier im Sinne allgemein anerkannter Verhaltensregeln angesehen und ist zugleich der Gegensatz von Unterdrückung oder Krieg einschließlich des Bürgerkrieges.[336] Den Anhängern des Naturrechtes wird bloße Einigkeit als

[336] Die Unterscheidung von Krieg und Bürgerkrieg wird immer problematischer, je mehr die Staaten sich, etwa im Rahmen internationaler Blockbildungen oder der Vereinten Nationen, rechtlich binden und Sanktionen im Prinzip als rechtlich möglich für sich selbst anerkennen, während auf der anderen Seite Föderativstaaten wie Jugoslawien oder die Sowjetunion mit Sezessionen zu rechnen haben, die dem Verkehr zwischen der Union und dem Teilgebiet außenpolitischen Charakter verleihen. Während der Krieg zwar nicht tatsächlich, aber juristisch „eingehegt" und damit bis 1914 in seinen Wirkungen für den Bürger begrenzt war, hat es auch im 19. Jahrhundert an juristischen Begrenzungen des Bürgerkrieges vollständig gefehlt. *C. Schmitt* (1950), Der Nomos der Erde im Völkerrecht des Jus Publicum Europaeum, Köln, S. 94, berichtet, der Jurist *Johannes Oldendorp* (um 1488–1567) habe behauptet, der gerechte Krieg sei nicht Krieg, sondern Justiz, der ungerechte Krieg ebenfalls nicht Krieg, sondern Rebellion. Damit entfiele die rechtliche Eingrenzung des Krieges. Einzuwenden ist freilich, daß die moralische Neutralisierung des Krieges durch juristische Mittel im 20. Jahrhundert verloren gegangen ist und Tendenzen zu einer internationalen Rechtsgemeinschaft entstehen, bei der kriegerische Maßnahmen wie im Falle des

Grundlage des Rechts nicht ausreichen. Doch genügt es nicht, wenn das Recht, das mit uns geboren wird, nur als abstrakte philosophische Realie gedacht wird, die von kirchlichen oder anderen Lehrinstanzen verkündet wird, ohne daß dies zu einer allgemeinen Anwendung führt. Zum lebenden Recht wird nur, was in die gesellschaftliche Wirklichkeit umgesetzt werden kann. Und darüber muß man sich einigen. Kaum etwas war *Hoffmann* deutlicher bewußt als dies, und der deutschen Uneinigkeit hat er zahlreiche Verse gewidmet.[337]

Besteht keine Einigkeit, so könnte das Naturrecht von einem aufgeklärten Despoten mit Gewalt durchgesetzt werden, wenn es ihn gäbe und er objektiv wissen könnte, welchen konkreten Inhalt dieses Recht haben sollte. *Hoffmann* verbirgt seine Skepsis gegenüber einem solchen aufgeklärten Absolutismus nicht. In seinen Erinnerungen für das Jahr 1842 schildert er eine Unterhaltung mit dem Präsidenten *von Seckendorf*, wohl einem aufgeklärten preußischen Beamten der Biedermeierzeit: „Der Herr Präsident meint, von *Oben* müsse Alles ausgehen, der Staat gebe die Idee und alles Übrige müsse sich dieser Idee unterordnen. Ich behaupte dagegen, alles Heil könne nur von Unten kommen; der Staat nehme Alles unter seine Vormundschaft, und eben dadurch schwäche er sich selbst, weil er das Volk schwäche, ganz willenlos mache. In der Wirklichkeit zeige sich nirgend die Idee einer vernünftigen, zeitgemäßen Regierung. Es werde, wie schon Ancillon bemerkt habe, überall zuviel regiert; man müsse auch darin Maß halten."[338]

Golfkrieges einen justizartigen Rahmen erhalten. Es stellt sich die Frage nach der „gerechten" Rebellion, die für die Innenpolitik der Justiz gleichzustellen wäre und bei einer internationalen Rechtsgemeinschaft von außen zu unterstützen wäre. Solche Vorstellungen waren bisher auf den Bereich sozialistischer Denkstrukturen beschränkt. Freiheitliche Demokratien lassen im 20. Jahrhundert noch immer regelmäßig liberale Revolutionen im Stich. *I. Kant* (1795), Zum ewigen Frieden. Ein philosophischer Entwurf, 1. Aufl., Königsberg, zitiert nach: *W. Weischedel* (Hrsg.) (1964), Immanuel Kant, Werke in sechs Bänden, Band VI, Darmstadt, S. 199, vertritt zwar das Prinzip der Nichteinmischung: „Kein Staat soll sich in die Verfassung und Regierung eines andern Staats gewalttätig einmischen", nimmt aber den Fall des Bürgerkrieges von dieser Vorschrift ausdrücklich aus.

[337] Vgl. *A. H. Hoffmann von Fallersleben* (1842), a. a. O., 1. Teil: „Hunde und Katzen" (S.28); „Altes und Neues" (S. 42); „Vox Dei Vox Populi" (S. 44); „Das alte Lied" (S. 141); „Die Eidgenossen" (S. 149). 2. Teil: „Ständisches" (S. 24); „Serenate unter den Fenstergittern des Kuhschnappelschen Landtags" (S. 66); „Declamierübung" (S. 89); „Die Bauern in der Schenke" (S. 119).

[338] *A. H. Hoffmann von Fallersleben* (1892), a. a. O., S. 301 f. Mit „Ancillon" ist wohl der preußische Minister *Jean Pierre Friedrich Ancillon* gemeint, der auch Erzieher des späteren Königs *Friedrich Wilhelm IV.* gewesen ist. Es ist möglich, daß der Präsident durch *Kants* ähnliche, allerdings auf das Erziehungswesen gerichtete Auffassung beeinflußt worden war: *I. Kant* (1798), Der Streit der Facultäten, Königsberg, zitiert nach: *W. Weischedel* (Hrsg.) (1964), a. a. O., Bd. VI, S. 366: „10. In welcher Ordnung allein kann der Fortschritt zum Besseren erwartet werden? – Die Antwort ist: nicht durch den Gang der Dinge von *unten hinauf*, sondern den *von oben herab*." Das Volk meine, die Kosten der Erziehung müsse der Staat tragen, dieser habe aber kein Geld zur Besoldung der Lehrer, weil er alles zum Kriege brauche. Es müsse der Krieg zurückgedrängt werden. *Kant* kann also kaum für den allgemeinen Staatsabsolutismus in Anspruch genommen werden.

Naturrecht könnte auch durchgesetzt werden, wenn eine aufgeklärte Minderheit eine Despotie durch Revolution stürzt oder andere Staaten diese Despotie mit Gewalt beseitigen. Ein Zustand, der so zustande kommt, gewinnt Stabilität und legitimes Recht allenfalls dadurch, daß der gewaltsam erreichte juristische Status nachträglich von der Bevölkerung freiwillig adoptiert wird. Wirkliches Recht, das allein auf Gewalt beruht, kann es auf die Dauer nicht geben; es hält sich nur, wenn es von freien Bürgern legitimiert wird.

Aus der Einigkeit über die Anerkennung von Recht entsteht noch nicht automatisch ein Rechtssystem. Jedenfalls ist das einige Volk ein sehr unvollkommener Rechtsschöpfer außerhalb des wirtschaftlichen Bereichs, was immer man spontanen Prozessen, die selten klar genug definiert werden, oder gewohnheitsrechtlichen Entwicklungen zutrauen mag. Es bedarf einer Vielzahl kluger Rechtskundiger, um das Recht zu formalisieren. Die Notwendigkeit hierzu ergibt sich aus Streitigkeiten. Die Formalisierung wäre jedenfalls so lange überflüssig, wie traditionelle Spielregeln eingehalten werden, und es ist eine interessante Frage, weshalb die Deutschen soviele Paragraphen und deren Ausleger brauchen, während Japaner viel weniger davon nötig zu haben scheinen.[339]

Das Recht begrenzt die erlaubten Möglichkeiten und beendet chaotische Zustände. Damit wird die Wirklichkeit teilweise berechenbar und kann auch von den Planungen und Handlungen einzelner Bürger zielgerichtet beeinflußt werden. Wollte eine umfassende staatliche Anordnung, die man nicht mehr im genannten Sinne Recht nennen könnte, mindestens der Absicht nach die Wirklichkeit für die Untertanen vollständig determinieren, wie in sozialistischen Zentralverwaltungswirtschaften, dann hätten sie das Chaos gegen die Despotie eingetauscht. Die Begrenzung der erlaubten Möglichkeiten durch das Recht darf also nicht so weit gehen, daß für den Bürger keine sinnvollen Alternativen mehr bestehen. Es ist umgekehrt notwendig, die Beschränkungen durch das Recht gegenüber einem Zustand der Nichtbegrenzung beweispflichtig zu machen. Denn die Gefahr des Chaos bei Nichtregulierung von Sachverhalten durch juristische Fixierungen ist weitaus geringer, als zahllose Maximalisten der Staatstätigkeit behaupten. Vor allem gilt dies für den Bereich der Wirtschaft.[340]

---

[339] Zum falschen deutschen Individualismus, der das deutsche Disziplinierungs- und Vorschriftenunwesen begünstigt, vgl. *F. A. von Hayek* (1952), Wahrer und falscher Individualismus, in: *ders.*, Individualismus und wirtschaftliche Ordnung, Erlenbach-Zürich, S. 9–48, insbesondere S. 40 f.

[340] Es genügt nicht, Unvollkommenheiten des Marktes nachzuweisen, um einen Staatseingriff oder eine juristische Regulierung zu rechtfertigen. Vielmehr muß nachgewiesen werden, daß der Eingriff die Situation verbessert, und zwar um soviel, daß die Kosten des Eingriffs mehr als gedeckt werden.

Demgegenüber erweckt das deutsche Verfassungsrecht den Eindruck, als werde es von der Vorstellung beherrscht, daß dem Staat prinzipiell gegenüber dem Bürger alles erlaubt sei, was nicht ausdrücklich durch die Verfassung ausgeschlossen ist. Damit erscheint die Bürgerfreiheit als gnädigst hoheitlich gewährte Ausnahme von der staatlichen Omnipotenz.[341] Mit der faktischen Eingrenzung dieses Ausnahmebereichs sind staatliche Instanzen unentwegt beschäftigt. Souverän ist nicht, wie in der Schweiz, der Bürger, sondern der Staat, der seine demokratische Legitimation dazu benutzt, die bürgerliche Selbstbestimmung in eine durch Zentralisierung immer mehr verdünnte Mitbestimmung zu verwandeln.[342]

Die vom Recht geschaffene, aber zu begrenzende Einschränkung der Beliebigkeit ist die Bedingung der Freiheit des Bürgers. Er kann dadurch planen, entscheiden und zielgerichtet handeln, ohne vom Chaos um die Früchte seiner Handlungen betrogen zu werden. Im Schutz des Rechtes gibt es regelmäßige und sogar berechenbare Beziehungen zwischen der Anwendung von Mitteln und deren Ergebnis.[343] Gleichwohl ist das System nicht exogen vollständig determiniert. Dies würde Freiheit ausschließen. Der Bürger behält Alternativen und kann sich sowohl

341 Ein deutscher Staatsrechtslehrer hat das wie folgt ausgedrückt: „Die rechtsstaatliche Gewährleistung geschieht grundsätzlich in der Form der Abgrenzung. Die klassischen Grundrechte stellen solche Abgrenzungen dar.“; *E. Forsthoff* (1968). Begriff und Wesen des sozialen Rechtsstaates, in: *ders.* (Hrsg.), Rechtsstaatlichkeit und Sozialstaatlichkeit, Darmstadt, S. 198. Zur Kritik an der sozialstaatlichen Omnipotenz vgl. *H. Willgerodt* (1988), Der Bürger zwischen Selbstverantwortung und sozialer Entmündigung*, in: *M. Zöller* (Hrsg.), Der Preis der Freiheit, Hanns Martin Schleyer-Stiftung Bd. 26, Köln, S. 76–92, hier S. 79 und 90. Noch im Jahre 1990 versteht sich ein deutscher Jurist zu der Aussage, zu den wesentlichen Elementen der Staatlichkeit gehöre „die Totalverantwortung für das organisierte Zusammenleben“ und zur staatlichen Souveränität die „Letztverantwortung für alles, was im Staat geschieht“; *T. Stein* (1990), Europäische Integration und nationale Reservate, in: *D. Merten* (Hrsg.), Föderalismus und Europäische Gemeinschaften, Berlin, S. 96 und 101. Dies ist nicht einmal als Tatsachenbehauptung richtig, selbst für totalitäre Staaten, mißrät aber als juristische Normfeststellung zur Absurdität. Daß der Staat umgekehrt ein von den Bürgern abhängiges Geschöpf ist und nichts verteilen kann, was ihm die Bürger nicht geben (müssen), erkennt klar: *C. Schmitt* (1968), Nehmen / Teilen / Weiden, wiederabgedruckt in: *E. Forsthoff* (Hrsg.), a. a. O., S. 95–113. Eine ebenfalls von *Carl Schmitt* ausgedrückte Erkenntnis lautet: „Die Freiheit des Einzelnen ist prinzipiell *unbegrenzt*, die Befugnisse des Staates sind prinzipiell *begrenzt*“; nach *R. Schnur* (Hrsg.) (1964), Zur Geschichte der Erklärung der Menschenrechte, Darmstadt, Vorwort S. IX.

342 Das Stimmgewicht des einzelnen Bürgers nimmt mit der Zahl der Abstimmenden ab. Europäische Wahlen sind daher als Legitimation wesentlich bedeutungsloser als etwa Gemeinde- oder Landtagswahlen. Eine vernichtende Kritik an der Vorstellung, demokratische Mitbestimmung könne ein Ersatz für Selbstbestimmung sein, findet sich bei *C. Watrin* (1975), Gesellschaftliches Eigentum und Arbeiterselbstverwaltung – ein Weg zur Humanisierung der Gesellschaft?, in: ORDO. Jahrbuch für die Ordnung von Wirtschaft und Gesellschaft, Bd. 26, S. 79–96.

343 Vgl. *J. W. N. Watkins* (1978), Freiheit und Entscheidung, aus dem Englischen übersetzt von *H. Hoffmann*, Tübingen, Kapitel 5; *H. Willgerodt* (1989), Freiheit und Planung, in: *N. Szyperski*, Handwörterbuch der Planung, Stuttgart, S. 528–535.

bei seinen Zielen wie bei den angewandten Mitteln zwischen verschiedenen Möglichkeiten entscheiden. Darin besteht seine Freiheit.

Das Deutschlandlied enthält demnach eine grundsätzliche politische Weisheit, weil man über Einigkeit und Recht zur Freiheit gelangt.

b) Andere politische Trilogien

In dem Lied der Deutschen fehlen Elemente, die in anderen politischen Trilogien vorkommen. Aber kaum eine von ihnen erreicht die Folgerichtigkeit, die sich in dem Dreiklang *Hoffmanns* findet. Das Element der Freiheit wird auch in vielen anderen Konzeptionen betont, gelegentlich an erster Stelle, um es durch nachfolgende Postulate abschwächen zu können. Vielfach wird ihr ein anderer und stärker problematischer Inhalt beigelegt, oder sie wird in keinen wirklich einleuchtenden Zusammenhang gestellt, sondern findet sich eher in einer unsystematischen Sammlung wohlklingender Postulate, die wenig miteinander zu tun haben oder sich sogar widersprechen.[344] Selbst wenn aber Zusammenhänge bestehen, so kommen sie oft nicht durch die Reihenfolge zum Ausdruck, in der das Ziel der Freiheit eingeordnet werden müßte.

Den drei Zielen Hoffmanns steht noch am nächsten die Forderung *F. A. von Hayeks*, die drei großen Negativa zu beachten, nämlich Friede, Freiheit und Gerechtigkeit.[345] Friede als Abwesenheit von Faustrecht und Krieg ist in der Einigkeit enthalten, doch geht sie über dieses bloße Negativum hinaus. In der Tat genügt für eine freie Gesellschaft und ihren dauerhaften Bestand keineswegs der gegenseitige Gewaltverzicht. Schon allein für den Bestand des Gemeinwesens sind aktive

[344] Dies gilt vor allem für alle Zielkombinationen, bei denen Freiheit und Sozialismus gleichzeitig gefordert werden. Das geschieht im Berliner Parteiprogramm der SPD von 1989, II.1. Absatz 3, in dem „Demokratie und Sozialismus, Selbstbestimmung der Menschen in Politik und Arbeitswelt" gefordert werden. Demokratie und Sozialismus (wenn der Begriff einen Sinn haben soll) sind miteinander unvereinbar; auch Selbstbestimmung wird durch Sozialismus als ein System staatlicher Lenkung der Wirtschaft und anderer Lebensbereiche ausgeschlossen. Demokratie genügt auch nicht, um Freiheit zu sichern, sondern kann sie sogar gefährden; vgl. *G. Ritter* (1964), Ursprung und Wesen der Menschenrechte, Nachdruck in: *R. Schnur* (Hrsg.), a.a.O., S. 227: „Man verschob nur die Macht vom Monarchen auf das Volk. Aber das Volk, sobald es zur ungegliederten Masse, zum Kollektiv wird, ist ein noch größerer Feind individueller Freiheit als der absolute Monarch, der immerhin an geschichtliche Rechte und altes Herkommen stärker gebunden bleibt, weil seine eigene Autorität auf altem Herkommen ruht." Zum Verhältnis von Freiheit und Sozialismus: *W. Röpke* (1979), Der Irrweg des Kollektivismus, in: *ders.*, Maß und Mitte, 2. Aufl., Bern, S. 86–134; *M. Kriele* (1986), Befreiung und politische Aufklärung, Freiburg, Basel. Wien, S. 175ff.

[345] Vgl. *F. A. von Hayek* (1979), Law, Legislation and Liberty, Vol. 3, The Political Order of a Free People, London, Henley, S. 130f.

Handlungen der Bürger und Einigungen über solche Handlungen erforderlich. Jedenfalls wäre es wirklichkeitsfremd, das Zustandekommen des Staates spontanen Prozessen überlassen zu wollen, die lediglich das Ergebnis menschlichen Handelns, aber nicht menschlichen Entwurfs sind.

Ein Staat ist aber erforderlich, weil ohne ihn ein für die Gerechtigkeit ausreichendes Recht keinen dauerhaften Bestand hat. Wegen der Gefahren, die der Staat mit sich bringt, mag man dies bedauern; die Lenker der Staate sind von jeher für die größten menschlichen Verbrechen verantwortlich gewesen, hinter denen alle Privatverbrechen an Bedeutung zurücktreten. Aber es hat sich noch kein anderes Mittel als der Staat wirksam genug gezeigt, um die ebenfalls unerträgliche politische und rechtliche Anarchie zu unterbinden. Also kann es nur um die Bändigung, nicht die Abschaffung des Staates gehen.[346]

Hayek nennt anders als *Hoffmann* die Freiheit vor der Gerechtigkeit. Er scheint anzunehmen, daß sich Recht und Gerechtigkeit aus der Freiheit ergeben, anstatt deren Bedingung zu sein. Eine Freiheit des vollständigen Laissez-faire würde jedoch hinreichend allgemeines Recht und entsprechende Gerechtigkeit keineswegs hervorbringen, selbst wenn es starke Kräfte gibt, die zur Selbstkorrektur von Machtpositionen und ihren Folgen beitragen. So spricht alles dafür, das Recht eher als notwendige Bedingung der Freiheit anzusehen und wie *Hoffmann* in der Reihung voranzustellen. Das gilt selbst dann, wenn *Hayek* einzuräumen ist, daß Recht als Mittel der Sicherung von Freiheit kaum in Unfreiheit derjenigen entstehen kann, für die es gelten soll, daß es jedenfalls nur selten „von oben herab" (*Kant*, vgl. Fußnote 10) gelingen kann. In der Zeit des jüngeren *Hoffmann* gab es ein freiheitsicherndes Recht nur in verstümmelter Form; zahlreiche Privilegien bestanden fort, trotz oder sogar wegen der Stein-Hardenbergischen Reformen und anderer Modernisierungen. Die Gleichheit und Gleichbehandlung vor dem Gesetz war zwar schon Forderung, aber nur eingeschränkt Wirklichkeit. Nur über sie aber kann Freiheit als für alle geltendes Prinzip wirksam werden. Deshalb ist die Reihenfolge *Hoffmanns* vorzuziehen.

346 Über das Verhältnis zwischen Umfang und Wirksamkeit der Staatstätigkeit gibt es einige Verwirrung. Im Gegensatz zu *Carl Schmitt*, der zutreffend den vielregierenden und in diesem Sinne totalen Staat als schwach bezeichnet, meint *E. Fechner* (1968), Freiheit und Zwang im sozialen Rechtsstaat, wiederabgedruckt in: *E. Forsthoff* (Hrsg.), a. a. O., S. 84: „So wie der Rechtsstaat als obersten Leitwert die Freiheit anstrebt, auch wenn dadurch der Staat – wie man weiß – empfindlich geschwächt wird, so zielt der Sozialstaat auf die Verpflichtung des Einzelnen zur Teilnahme an der Gesamtaufgabe, an der Aufgabe der gemeinsamen Lebensbewältigung, auch wenn dabei der Einsatz von Zwang unvermeidlich sein sollte." Das vermeintliche Wissen über die Schwächung des Staates durch den Rechtsstaat verkehrt sich bei genauerer Analyse in das genaue Gegenteil; vgl. H. Willgerodt (1979), Wirtschaftsordnung und Staatsverwaltung*, in: ORDO. Jahrbuch für die Ordnung von Wirtschaft und Gesellschaft, Bd. 30, S. 199–217.

Wenig überzeugend ist demgegenüber die berühmte Formel aus der großen Französischen Revolution: Freiheit, Gleichheit, Brüderlichkeit.[347] Die Freiheit als Fehlen von Unfreiheit setzt, wenn sie für *alle* gelten soll, Gleichheit vor dem Gesetz schon voraus. Sollte Gleichheit jedoch als Umverteilung zum Zwecke gleichmäßigerer Ergebnisse gemeint sein; so ergibt sich jenseits bestehender, wenn auch nicht immer leicht zu definierender Grenzen ein Konflikt mit der Freiheit und ebenso ein Widerspruch zwischen materieller Gleichheit, die durch Ungleichbehandlung herbeigeführt wird, und der Gleichheit aller vor dem Gesetz. Dieser Konflikt mag nicht in der Schärfe bestehen, wie von liberaler Seite meist angenommen wird, aber es ist hoffnungslos, ihn einfach zu leugnen. Der Wohlfahrtsstaat mit seiner Tendenz zur umfassenden „Betreuung“[348] aller durch den Staat oder von ihm geschaffene Kollektiveinrichtungen hat feudalistische Privilegien in einem Umfang geschaffen, der den Vergleich mit dem frühen 19. Jahrhundert aushält. Wer Landwirt, Bergmann, Werftarbeiter, Handwerksmeister, Inhaber einer Fernverkehrskonzession usw. usw. ist, kann mit Vorzugsregelungen rechnen, die anderen nicht zugänglich sind. Das gilt auch für die Privilegien der Arbeitsplatzinhaber gegenüber den Arbeitslosen, die es auch wegen der erbhofartigen Ausgestaltung des Arbeitsverhältnisses bleiben. Formal lassen sich solche Vorzugsbehandlungen dadurch hinwegdefinieren, daß man – wie im Falle der Handwerksordnung[349] – einfach behauptet, es handele sich um eine nach allgemeinen Regeln abgrenzbare, erforderliche und damit rechtsstaatlich einwandfreie Regulierung. Da schon die Definition des Handwerks empirisch scheitert, wird der absurde Ausweg einer juristischen Tautologie gewählt (Handwerk ist, was „handwerksmäßig“ betrieben wird, § 1 Abs. 2 der Handwerksordnung). Mit ähnlicher Argumentation lassen sich fast beliebige Diskriminierungen als rechtsstaatlich zulässig oder sogar geboten herbeidefinieren. Wird zur Begründung von Erforderlichkeitsfiktionen auch noch jeweils eine Interessentenideologie

---

[347] Vgl. *M. Kriele* (1986), a. a. O., S. 49–71.

[348] Das Wort entstammt dem Vokabular der Nationalsozialisten, was für sich allein kein Argument sein muß, aber größere Vorsicht nahelegt Ist es Zufall, daß die „Daseinsvorsorge“ als Begriff in nationalsozialistischer Zeit eingeführt und damals zeitgemäß präsentiert worden ist?

[349] Vgl. *H. Gerber* (1968), Die Sozialstaatsklausel des Grundgesetzes, in: *E. Forsthoff* (Hrsg.), a. a. O., S. 340–410. Dieser Aufsatz ist ein Musterbeispiel dafür, wie man eine sachlich nicht zu rechtfertigende Beschränkung der Gewerbefreiheit ohne sachkundige Prüfung des Tatbestandes mit weit ausholenden Ausführungen durch die Sozialstaatsklausel rechtfertigen kann, obwohl es sich um eine ständestaatliche Ausschlußgesetzgebung mit unsozialer Diskriminierung handelt. Eine Prüfung der Frage, ob die Zulassung von Gesellen zur Selbständigen Ausübung des Handwerks schädlich sein könnte, welche Erfahrungen damit im Ausland gemacht worden sind, oder in der früheren amerikanischen Besatzungszone Deutschlands, findet nicht statt. Es wird einfach ohne Beweis unterstellt, das Erfordernis des großen Befähigungsnachweises im Handwerk sei auf Grund der Sozialstaatsklausel des Grundgesetzes gerechtfertigt. Der ganze gelehrte Beweisgang ist in sich tautologisch: Es wird bewiesen, wozu man sich durch ein Vorurteil gegenüber dem Sachverhalt bereits entschieden hatte, und benutzt dieses Vorurteil zum Beweis, daß es richtig sei.

an die Stelle volkswirtschaftlichen Sachverstandes gesetzt, dann ist die Rückkehr zum Ständestaat – freilich ohne dessen patriarchalische Romantik – von Bedenken sophistisch freigeräumt. Nicht geleugnet sei: Es ist schwer, in rechtsstaatlich einwandfreier Weise die Fälle, die unterschiedliche Gesetze erfordern, von denen zu unterscheiden, die trotz oder sogar wegen materieller Verschiedenheiten der ihnen Unterworfenen vor die Schranken desselben Gesetzes gestellt werden müssen.

Die in der französischen Trilogie zum Schluß genannte „Brüderlichkeit" kann eine bloße Freundlichkeit sein, die durchaus nicht nutzlos sein muß. *Hoffmanns* „Einigkeit" erscheint demgegenüber jedoch konkreter. Er verbindet sie außerdem damit, daß wir „brüderlich mit Herz und Hand" seinen drei Zielen nachstreben sollen. Für den Christen hat dies im Begriff der caritas[350] einen geradezu dominierenden Inhalt. Gemeint ist hier nicht nur die Art des Umganges miteinander, sondern auch tätige Hilfe. Im Verkehr zwischen der alten SED und der SPD war von „Streitkultur" die Rede, die man sich gegenseitig gewähren wolle, wobei nicht selten die Frage nahelag, ob ähnliches nicht auch entgegen bisherigem Brauch zwischen westdeutschen Parteien möglich sein könnte. Unbefriedigend, wenn auch kaum zu vermeiden, ist bloße Toleranz. Sie bedeutet nur, daß auf Sanktionen verzichtet wird und Frieden erhalten bleibt, nicht aber, daß Andersartigkeit als moralisch gleichberechtigt anerkannt wird.

Die Marktwirtschaft hat demgegenüber den Vorzug, daß in ihr im Rahmen des Rechts Ziele und Mittel gleichberechtigt sind. In ihr wird nicht nur brüderlich darauf verzichtet, einen konfliktträchtigen Anspruch einzelner Personen und Instanzen auf das Wissen über die objektive Wahrheit gegenüber den Irrenden durchzusetzen. Vielmehr wird Verschiedenheit überhaupt nicht als Irrtum aufgefaßt, sondern als rechtlich und moralisch zulässig, ja erwünscht. Dadurch wird Moral eingespart, wenn sie auch innerhalb des rechtlichen Freiheitsspielraums notwendig bleibt. Im übrigen enthält das marktwirtschaftliche System Tendenzen zur Angleichung des Verhaltens: Wer Sonderwünsche hat, muß dafür auch Sonderpreise zahlen, während Massenproduktion billiger ist; darin liegt ein Element zur Verteilung von Gütern zugunsten der breiten Massen. Damit wird die Marktwirtschaft freilich nicht zu einer caritativen Institution, sondern sie macht Hilfe von selbst weniger notwendig.

Caritas wird noch in einem anderen Dreiklang gefordert, nämlich dem Spruch: In necessariis unitas, in dubiis libertas, in omnibus caritas. *Rupertus Meldenius* hat ihn in anderer Form in einer Schrift aus dem Jahre 1626 verwendet. Statt „in dubiis"

---

350 Daß mit caritas nicht vorwiegend oder gar allein mildtätige Güterverteilung gemeint ist, beweisen z. B. die Satzungen der Jesuiten. Vgl. Constitutiones Societatis Jesu (Auctore S. Ignatio de Loyola), (Verfaßt 1540–1556), VIII, 1, 8 K: „Qui autem studiorum cursum iam peregit, advertat ne opinionum diversitas coniunctioni caritatis noceat". Diesen Hinweis verdanke ich Herrn Kollegen *Hermann Josef Wallraff SJ.*

spricht er allerdings von „non necessariis", und *Comenius* äußert sich im Jahre 1668 ähnlich („in minus necessariis (quae adiaphora vocant)"). Beide wollen also nur weniger Wichtiges der freien Entscheidung des Einzelnen überlassen. Eine allgemeine Vermutung zugunsten der Freiheit kennen sie nicht.[351] Wollte man dies für vereinbar mit modernen politischen Vorstellungen halten, so müßte nicht nur der schwer abgrenzbare Bereich der Wirtschaft zu den unwichtigen Angelegenheiten gerechnet werden, sondern auch die ganze Politik, soweit sie Freiheitsrechte begründet. Einer solchen religiös-asketischen Auffassung entspricht das Deutschlandlied sicher nicht.

Eine Betonung des Bereichs, in dem Einheitlichkeit gefordert wird, ergibt sich heute aus weniger transzendenten Bestrebungen. In der Europapolitik gibt es Harmonisierer und Zentralisierer, die vor keiner Uniformierung zurückschrecken. Sie erwecken den Eindruck, als wollten sie nur ganz unwichtige Dinge von zentralen Gemeinschaftsregulierungen verschonen. Mit Brüderlichkeit, caritas oder Einigkeit über die wesentlichen Grundlagen der Gemeinschaft hat das freilich nichts zu tun. Daß selbst caritas um so aktiver, zugreifender und beschränkender werden kann, je mehr sie im Namen für notwendig gehaltener Einheitlichkeit handelt, ist die bittere Erfahrung der Religionskriege.

Als Brüderlichkeit gilt indessen auch eine Bereitschaft zur Umverteilung von Lebenslagen, vor allem von Einkommen und Vermögen. Solche Umverteilung findet in gigantischem Umfang statt, freilich nicht unbedingt zugunsten Ärmerer. Anstelle des weniger diesseitigen Wortes „Brüderlichkeit" spricht das Godesberger Programm der SPD von „Gerechtigkeit und Solidarität".[352] Sowohl „Gerechtigkeit" als auch „Solidarität" können den Anspruch auf die Leistungsfähigkeit anderer meinen, die man für besser gestellt ansieht als die Empfänger von Ausgleichsleistungen. Man spricht von „sozialem Ausgleich" und meint damit, verkürzt ausgedrückt, das Geld anderer Leute, das man legal ohne Gegenleistung erlangen möchte. Daß dies in Grenzen sinnvoll und sogar notwendig, auch nicht per se anstößig ist, wird meist anerkannt. In jeder Gesellschaft werden Einkommen und Vermögen durch rechtliche Regelungen neu verteilt. In der Familie vollzieht sich dies zwischen Unterhaltsverpflichteten oder zugunsten von Erben. Der Staat oder von ihm geschaffene Kollektive können diesen Vorgang verallgemeinern, kollektivieren und anonymisieren.

Brüderlichkeit und Solidarität werden allerdings auch für Vorgänge behauptet und als Legitimation benutzt, in denen es nur um Interessen geht. Die Beispiele staatlicher Branchenbegünstigungen oder Beschränkungen der Gewerbefreiheit

---

[351] Vgl. *G. Büchmann* (1972), Geflügelte Worte. Der Zitatenschatz des deutschen Volkes, 32. Aufl., Berlin, S. 600.

[352] Grundsatzprogramm der Sozialdemokratischen Partei Deutschlands. Beschlossen vom Außerordentlichen Parteitag der SPD in Bad Godesberg vom 13. bis 15. November 1959, S. 5.

und des Marktzuganges sind Legion. In der Sozialpolitik gibt es ein offenbar unaufhaltsames Streben beamteter Umverteiler, neue Kollektivkassen mit Zwangsabgaben, Monopolisierungen von Leistungen und Ausschüttungen kostenträchtig einzurichten und dies mit Solidarität zu begründen, das heißt mit dem angeblichen Bedarf an Umverteilung zugunsten Ärmerer. Bei der Krankenversicherung, den Altersrenten, der Sicherung für den Pflegefall und manchem anderen handelt es sich jedoch in erster Linie oder nahezu ausschließlich um rein wirtschaftliche Fragen der jeweils zweckmäßigen Lösung eines bekannten und berechenbaren Zukunftsproblems und der damit verbundenen Risiken. Die Sozialexpansionisten müßten deswegen den größten Teil ihrer Zuständigkeiten an das Wirtschaftsministerium abtreten, anstatt sich gegenüber Wirtschaftlichkeitsforderungen und Zweckmäßigkeitsprüfungen hinter dem Appell an Solidarität zu verschanzen und damit Unwirtschaftlichkeit gegenüber Kritik zu immunisieren.

Daß freilich ein Verteilungsproblem besteht und damit auch wirklicher sozialer Ausgleich gerechtfertigt werden kann, hätte *Hoffmann von Fallersleben* vermutlich nicht bestritten. Die Problematik chemisch reiner marktwirtschaftlicher Konkurrenz brachte er zum Beispiel in seinem Gedicht „Freiheit" zum Ausdruck:[353]

„Wozu sollen die Beschwerden?
Freiheit ist genug auf Erden,
Wenig, viel und nichts zu werden.

Freiheit ward uns in Gewerben,
Im Verthun und im Verderben,
Im Verhungern und im Sterben.

Weiter kannst du's hier nicht bringen;
Andre Freiheit zu erringen,
Wird dir dort nur erst gelingen."

Jedoch gehörte er zu denen, die sich nicht um ökonomischer Vorteile willen vor irgendjemandem beugten. Dem gierigen Fiscus des modernen Wohlfahrtsstaates hätte er ebenso fassungslos gegenübergestanden[354] wie der Erwartung vieler Deutscher von heute, es sei Aufgabe des Staates allein, für ihr Wohlergehen zu sorgen und sie von Pflichten zu entlasten.

---

[353] *A. H. Hoffmann von Fallersleben* (1842), a. a. O., 1. Teil, S. 94.

[354] Schon die damalige Steuer- und Abgabenlast erschien ihm zu hoch, vgl. sein Gedicht „Haifisch" (Unpolitische Lieder, 1. Teil, a. a. O., S. 95) und „Was ist denn zollfrei?":

„Besteuert ist die ganze Welt
und alles drum und dran:
Gewerbe, Handel, Gut und Geld,
Weg, Wasser, Weib und Mann.

3. „Allen Leuten recht getan...": Das Problem der Einigkeit

a) Der radikale Konsens

Das Lied der Deutschen spricht von Einigkeit, nach der wir alle streben sollen. Das erweckt den Eindruck, als seien wir davon noch meilenweit entfernt. Die überwältigende Mehrheit aller gesellschaftlichen Vorgänge vollzieht sich jedoch im Einvernehmen zwischen den Beteiligten. Nicht Kampf und Konflikt beherrschen das tägliche Leben, sondern Konsens und allgemeiner Landfriede. Fast alle Vorgänge, bei denen mehrere Personen mitwirken müssen, beruhen auf Einstimmigkeit. Das gilt selbst für Gremien, die nach konfliktfördernden Paritätsschlüsseln zusammengesetzt sind wie Aufsichtsräte oder Hochschulgremien.

Vielen staatlich wohlabgesicherten Politikern, Erziehern und Informatoren gefällt solche Ereignisarmut nicht. Sie verführen nachwachsende Generationen zu der Vorstellung, der Konflikt sei keine Ausnahme, sondern eine dauerhafte Lebensform. Man strebt gleichsam nach Verewigung der Flegeljahre. Auch kämpft man für den Frieden, indem man ihn im nächstliegenden Bereich zunächst einmal zerstört, weil dazu in der aufgeweichten, nicht mehr wehrhaften Demokratie kein Mut gehört.[355] Ferner führen Interessenverbände unverfroren Konflikte herbei und fühlen sich wie die Gewerkschaften von jedem Beitrag zum Gemeinwohl freigestellt, selbst wenn wie jetzt eine Notlage auch von ihnen Solidarität und Einigkeit mit der übrigen Gesellschaft erfordert. Auf der anderen Seite wird legitimer Leistungswettbewerb zum Konflikt umgedeutet, der ein Verstoß gegen allgemeine Einigkeit sei. Es handelt sich dabei jedoch nur um gemeinschaftsfreundliche Drittwirkungen einvernehmlicher Prozesse. Es gilt die Analogie zur Einehe, die in Einigkeit der Partner zustande kommt: Wollten abgewiesene Freier sich durchsetzen, so müßten sie das Einvernehmen der ehebereiten Partner zerstören, also einen Konflikt erst herbeiführen. Durch Wettbewerbsbeschränkungen kehrt man

---

Wem wäre nicht das Leben theuer,
Wofür man zahlt so manche Steuer?

Besteuert ist der Bissen Brot,
den man im Schweiß gewinnt;
Besteuert ist sogar der Tod,
Weil wir am Ziele sind.
Nur zu erzeugen unsers Gleichen
Ist frei den Annen und den Reichen."

(Unpolitische Lieder, 2. Teil, a. a. O., S. 57)

[355] Vgl. *M Kriele* (1990), Friede durch Friedensbewegung? (1982), in: *ders.*, Recht, Vernunft, Wirklichkeit, Berlin, S. 34 ff.

gleichsam in die Feudalzeit mit ihren konfliktträchtigen Eheverboten zurück. Die Beschränkung auf bestimmte Partner erfordert Machtanwendung als das genaue Gegenteil von Konsens.[356]

Für normal gebliebene Menschen ist der Konflikt bestenfalls als Vorstufe des Konsenses anzusehen, und sein Andauern eine – wenn auch verbreitete – Ausnahmeerscheinung. Wenn tatsächlich nach *Carl Schmitt* Kampf und Konflikt das Wesen des Politischen[357] wären und ohne friedliche Lösung blieben, müßte das Politische als gesellschaftlicher Ausnahmebereich gelten, in dem an die Stelle von normaler Einigkeit die bestialischen Instinkte treten.

In Wirklichkeit hat der radikale Konsens, bei dem Einstimmigkeit herbeigeführt wird, einen beherrschenden Einfluß. Das gilt für alle Tauschvorgänge im legitimen marktwirtschaftlichen Prozeß, und das um so mehr, je weniger Märkte vom Interventionsstaat politisiert sind. Es gilt aber auch darüber hinaus überall dort, wo Verträge abgeschlossen werden und ihr Abschluß nicht auf Anwendung von Zwang oder erzwungenem Ausschluß von realen Alternativen, also Diktat, beruht. Viele und vor allem sehr erfolgreiche internationale Verträge gehören in diese Kategorie des radikalen Konsenses, und es bedeutet immer den Rückfall in herrschaftliche Überlagerung, wenn international, wie jetzt in den Europäischen Gemeinschaften, der radikale Konsens durch Mehrheitsbeschlüsse ersetzt wird, bei denen Disziplinierung an die Stelle von Einigkeit tritt.

Die Einstimmigkeit ist ein moralisch, rechtlich und wirtschaftlich überlegenes gesellschaftliches Prinzip. Es ist allen anderen Verfahren in den meisten Bereichen auch praktisch überlegen, insbesondere dort, wo es heute durch Mehrheitsentscheidungen ersetzt werden soll, indem der Markt durch Politik verdrängt wird. Eine solche Feststellung ruft Stirnrunzeln und Befremden hervor. Das liegt an einer ideologisch verengten Sichtweise: Weil in der Politik demokratische Verfahren der Diktatur vorzuziehen sind, meint man, demokratische Mehrheitsentscheidungen seien ein Patentrezept für alle Lebensbereiche. Dabei spricht selbst auf

---

[356] Wenn zwei konkurrierende Parteien um den Vertragsabschluß mit einer dritten Partei wetteifern, könnte behauptet werden, daß die beiden Wettbewerber miteinander in einem Konflikt stehen. Die Entscheidung wird aber nicht durch einen Kampf der Wettbewerber gegeneinander herbeigeführt, sondern durch den gegenüberstehenden Vertragspartner, um dessen Gunst die Konkurrenten ringen müssen, indem sie eine bessere Gegenleistung anbieten. Die Forderung, daß dem Vertragspartner ein günstigerer Vertragsabschluß mit einem Dritten verboten wird, bedeutet, daß man Gewaltanwendung fordert, um eine vom Standpunkt des Partners aus schlechtere Leistung absetzen zu können. Das Bevorzugen des am günstigsten erscheinenden Angebots bedeutet demgegenüber im Verhältnis zu den nicht zum Zuge kommenden Anbietern keine Gewaltanwendung, es sei denn, diese werden künstlich daran gehindert, eine wettbewerbsfähige Leistung zu erbringen.

[357] Vgl. V. *Holczhauser* (1990), Konsens und Konflikt. Die Begriffe des Politischen bei *Carl Schmitt*, Berlin, S. 102 und passim.

dem Gebiet der Politik vieles für die Einstimmigkeit, wenn bestimmte Bedingungen erfüllt werden. Darauf hat für den Bereich der Staatsfinanzen schon im Jahre 1896 *Knut Wicksell* aufmerksam gemacht.[358] Wenn sich die Einstimmigkeitsregel als nicht anwendbar erweist, kann wenigstens darauf gedrängt werden, sie anzuwenden, wenn die Regeln und Befugnisse des Gremiums festgelegt werden, das seinerseits mit Mehrheit statt Einstimmigkeit entscheidet. Eine Konzession an die Auffassung, daß das demokratische Überstimmen von Minderheiten ein Übel ist, stellt das Erfordernis qualifizierter Mehrheiten dar, die meist für Verfassungsänderungen vorgeschrieben werden. Für das Defizit in der Gleichbehandlung, wie es bei überstimmten Minderheiten entsteht, kann es heilende Begrenzungen und Kompensationen geben, in denen zum Ausdruck kommt, daß Majorisierungen einen Defekt aufweisen.

Unzulässig können zum Beispiel bestimmte Verfassungsänderungen sein, mit denen Minderheiten geknebelt werden könnten (Art. 79, Abs. 3 des deutschen Grundgesetzes). Ähnliche Absicht hat die Fesselung der demokratischen Majorität an nationales und internationales Recht und rechtliche Prozeduren, die ihr nicht zur beliebigen Manipulation überlassen werden können. Schließlich ist das Recht zur Auswanderung und zur Verlagerung des Vermögens in das Ausland ein Versuch, fehlendes Einverständnis der Minderheit zu mildern. Der Nobelpreisträger *James Buchanan*, der Entscheidendes zur Klärung dieser Zusammenhänge beigetragen hat, fordert auch das Recht zur Sezession von Teilgebieten aus einem Staatsverband, um die demokratische Vergewaltigung von Minderheiten einzudämmen.[359] Man wende nicht ein, dies verstoße gegen geheiligte Prinzipien des Staatsrechts und der Souveränität, wonach, wie in Frankreich, eine „République une et indivisible" sein und bleiben müsse und die Eigenschaft des Staates als handelnde Person im Völkerrecht nicht tangiert werden dürfe. Zwischen der Ermordung eines Menschen und der Beseitigung oder Spaltung einer juristischen Person besteht doch wohl ein Unterschied. In der Geschichte hat es zahlreiche Sezessionen gegeben, friedliche und unfriedliche, wobei es zu den großen Leistungen britischer Staatskunst gehört, seit der kriegerischen Sezession der USA überwiegend friedliche Sezessionen zuzulassen. Die Auflösungserscheinungen Jugoslawiens und der Sowjetunion zeigen, daß es sich um keine nur theoretische Erwägung handelt. Die bloße Möglichkeit von Sezessionen kann machtbegrenzend auch auf demokratische Majoritäten wirken, und zwar stärker als die Auswanderung.[360]

[358] Vgl. *K. Wicksell* (1896), Finanztheoretische Untersuchungen, Jena.

[359] Vgl. *J. M. Buchanan* (1990), An American Perspective on Europe's Constitutional Opportunity, Vortrag auf der Konferenz der Mont Pélérin Society, München, September.

[360] Zum Defekt der Abwanderung vgl. *A. O. Hirschmann* (1974), Abwanderung und Widerspruch, Tübingen.

b) Der demokratische Konsens als Mehrheitsherrschaft

Bei *Immanuel Kant* findet sich der Satz:[361]

> „Vielmehr ist meine äußerliche (rechtliche) *Freiheit* so zu erklären: sie ist die Befugnis, keinen äußeren Gesetzen zu gehorchen, als zu denen ich meine Beistimmung habe geben können."

Zur Mehrheitsentscheidung bemerkt er jedoch:[362]

> „Unter den drei Staatsformen ist die der *Demokratie*, im eigentlichen Verstande des Worts, notwendig *Despotism*, weil sie eine exekutive Gewalt gründet, da alle über und allenfalls auch wider Einen (der also nicht mit einstimmt), mithin alle, die doch nicht alle sind, beschließen; welches ein Widerspruch des allgemeinen Willens mit sich selbst und mit der Freiheit ist."

Die Rechtfertigungen der Mehrheitsherrschaft damit, daß es besser sei, die Köpfe zu zählen als sie einzuschlagen, oder daß die Mehrheit schon besser wissen werde, was dem Gemeinwesen frommt, oder daß die Mehrheit schließlich auch die Folgen von Entscheidungen mehrheitlich trage, sind nur teilweise tragfähig. Auch daß Demokratie besser sei als Diktatur, weil sie weniger zu extremen Ausschlägen neige, hat zwar etwas für sich, bleibt aber dürftig, solange nicht zusätzliche Bedingungen erfüllt werden, die das demokratische Gericht erst genießbar machen.

Solche Bemerkungen erregen Anstoß. Das Einstimmigkeitsprinzip gilt als Freibrief für Querulanten. Zwar dominiert in der Marktwirtschaft der auf wechselseitigem Einverständnis beruhende Vertrag. Aber Wirtschaftliches gilt als subaltern. Politisches, bei dem es um Macht, Kampf und Mehrheiten geht, hat den heroischen Anstrich des edlen Räubers, wird von hoheitlicher Aura umstrahlt, wenn auch vielfach nur umwölkt. So gilt es als fortschrittlich, den Markt mit seiner lästigen Einstimmigkeit zugunsten politischer Gestaltungen zurückzudrängen. Man behauptet dabei, demokratisch vorgehen zu wollen. Oft wird diese Absicht bis zur Unkenntlichkeit verdünnt. Zum Beispiel kann die Bundesrepublik Deutschland nach Artikel 24 Abs. 1 des Grundgesetzes durch einfaches Gesetz Hoheitsrechte auf zwischenstaatliche Einrichtungen wie die Europäischen Gemeinschaften übertragen. Diese können dann ohne Konsens mit den Deutschen mit sogar materiell verfassungsändernder Wirkung davon Gebrauch machen. Bei den Gemeinschaftsbeschlüssen greift außerdem die deutsche Exekutive bzw. die Versammlung der Exekutiven der EG-Länder in die Gesetzgebung ein und verletzt damit das Prinzip der Gewaltenteilung. Von den Regierungen beschlossene Richtlinien der

[361] *I. Kant* (1795), a. a. O., S. 204.
[362] Ebenda, S. 207.

EG haben Gesetzeskraft, können aber vom deutschen Gesetzgeber faktisch nicht geändert werden. Ein Sturz der eigenen Regierung deswegen, weil sie einem EG-Beschluß zugestimmt hat, kommt praktisch weder in Betracht noch könnte er den EG-Beschluß ändern.

Deutsche Europapolitiker tun sich im übrigen damit hervor, für die Abschaffung des bewährten Einstimmigkeitsprinzips in der EG einzutreten, um zentrale Beschlüsse zu erleichtern. Das Konsensprinzip soll durch die Diktatur der Mehrheit ersetzt werden, von der man schnellere Entscheidungen erhofft. Ohne Beweis hält man sie für effizienter. Sind sie damit auch richtiger? Es sind die Regierungen, die hier zentral entscheiden und als Quasipersonen angesehen werden. Dieser Begriffsrealismus bedeutet, daß demokratische Mehrheiten überstimmter Länder ebenso unbeachtet bleiben wie oppositionelle Minderheiten der zustimmenden Länder. Was eine derartige zentralistische Zusammenschmelzung im Vergleich zu einer föderativen Vereinigung an Nachteilen mit sich bringt, ist ebenfalls schon bei *Kant* nachzulesen.[363]

Vielfach wird die Demokratisierung aller Lebensbereiche gefordert.[364] Sie drängt den vollständigen Konsens zugunsten der Mehrheitsherrschaft zurück. Für den Wähler und Abstimmenden sei die Mitwirkung am Entscheidungsprozeß mindestens so wichtig, wenn nicht wichtiger als die Selbstbestimmung bei Einstimmigkeit und freiem Vertrag.[365]

Diese Mitwirkung wird aber dadurch ausgehöhlt, daß die Staatsverwaltung in immer mehr Bereichen im Rahmen demokratisch gewährter Ermächtigungen diktatorisch handelt. In Deutschland spürt man dies auch und erfindet allerlei Bürgerbeteiligungen, die oft weniger nützen als die Verwaltung immobil machen. Mit erträglichem Resultat ist weder zentral noch dezentral eine Gesamtlenkung des Wirtschaftsprozesses dadurch möglich, daß überall demokratische Abstimmungen an die Stelle von freien Entscheidungen der Einzelnen treten. Dezentral und unter Beibehaltung des Marktes würde eine solche Demokratie eine Verklumpung bisher voneinander unabhängiger Einzelbefugnisse und entsprechende Majorisie-

[363] Vgl. ebenda, S. 225: „Die Idee des Völkerrechts setzt die *Absonderung* vieler von einander unabhängiger benachbarter Staaten voraus, und, obgleich ein solcher Zustand an sich schon ein Zustand des Krieges ist (wenn nicht eine föderative Vereinigung derselben dem Ausbruch der Feindseligkeiten vorbeugt): so ist doch selbst dieser, nach der Vernunftidee, besser als die Zusammenschmelzung derselben, durch eine die andere überwachsende, und in eine Universalmonarchie übergehende Macht; weil die Gesetze mit dem vergrößerten Umfange der Regierung immer mehr an ihrem Nachdruck einbüßen, und ein seelenloser Despotism, nachdem er die Keime des Guten ausgerottet hat, zuletzt doch in Anarchie verfällt.“

[364] Im neuen Berliner Parteiprogramm der SPD (vgl. Fußnote 344) heißt es: „Wir wollen Demokratie in der ganzen Gesellschaft, auch in der Wirtschaft, im Betrieb und am Arbeitsplatz verwirklichen, wirtschaftliche Macht begrenzen und demokratisch kontrollieren.“

[365] Im Berliner Parteiprogramm der SPD (vgl. Fußnote 344) wird behauptet: „Auch kollektive Rechte dienen der Entfaltung des Individuums.“

rungen von Minderheiten auf mikroökonomischer Ebene voraussetzen. Bei zentraler volkswirtschaftlicher Gesamtplanung nähert sich selbst für die Mehrheit die tatsächliche Mitwirkung einer Utopie,[366] während die Minderheit ohnehin jeden Einfluß verliert.

c) Kosten, Zerfall und Rückgewinnung des Konsenses

Daß die Gesellschaft trotz aller Argumente, die für vollständiges Einvernehmen sprechen, nicht allein auf dem Konsens bei sämtlichen Entscheidungen beruhen kann, ergibt sich schon aus den einfachsten betriebs- und verwaltungstechnischen Überlegungen. Wer den Gehorsam im ganzen abschafft, zerstört anarchistisch jedes gesellschaftliche und wirtschaftliche System. Aber man kann sich darüber verständigen, daß dies so ist, und übrigens damit rechnen, daß man damit auf überwältigende Zustimmung stößt, die durch intellektuelle Randfiguren und Kriminelle eher bestätigt als widerlegt wird.[367] Es ist dann möglich, sich ohne nachhaltigen Widerspruch auf ein Recht zu einigen, bei dem begrenzte Anordnungsbefugnisse übertragen werden. Gesetzen dieser Art, denen man zugestimmt hat, sollte man gehorsam sein. Sie kommen dem freiwillig eingegangenen Vertrag um so näher, je wirksamer die begrenzenden Bedingungen einschließlich qualifizierter Majoritäten sind. Zum Gehorsam verpflichtende Verträge haben auch alle jene abgeschlossen, die Beamte oder Soldaten werden oder in einem Unternehmen zusammenwirken und den Anordnungen der im Unternehmen dazu Befugten Folge zu leisten versprochen haben. Wo der Bereich der Hierarchie seine Grenze findet, also Markt, Verträge und Einstimmigkeit beginnen, hängt in der Marktwirtschaft auch davon ab, wo die Grenze liegt, bei der Hierarchie billiger wird als der marktwirtschaftliche Vertrag.[368] Daß ihm und seinem freiheitlichen Konzept des radikalen Konsenses jedoch in der Marktwirtschaft der übergeordnete Rang zukommt, ergibt sich daraus, daß die vertraglichen Gehorsamspflichten durch Kündigung wieder aufgehoben werden können. Im politischen Bereich kommt die Ablösung von Regierungen und die Änderung von Gesetzen solchen Kündigungen nahe.

---

366 Vgl. *F. A. von Hayek* (1944), Der Weg zur Knechtschaft, übersetzt von *E. Röpke*, Erlenbach-Zürich (o. J.; englisches Original 1944), Kapitel 5: „Planwirtschaft und Demokratie".

367 Der Kriminelle ist im allgemeinen darauf angewiesen, daß sich die Gesellschaft an Recht und Gesetz hält und ihm nicht mit seinen eigenen Methoden begegnet. Daraus folgt eine indirekte Anerkennung der Rechtsordnung. Für den „law and order" verachtenden Intellektuellen gilt dasselbe in noch höherem Grade. – In Frankreich sollen Schüler gegen die von antiautoritären Lehrern zugelassene Anarchie und den Terror durch gewalttätige Minderheiten revoltiert und Ordnung gefordert haben.

368 Vgl. die Pionierarbeit von *R. Coase* (1937), The Nature of the Firm, in: Economica, Vol. 4, S. 386–405.

Was einmal Einigkeit war, kann in Uneinigkeit enden. Kündigung, Sezession, Scheidung, Regierungswechsel und Gesetzesänderung sollen einen solchen Zustand beenden und eine neue Einigkeit vorbereiten, deren Ergebnis andere Regelungen sind als die bisher geltenden. Kündigungs- und Revisions*schutz*, dem nicht vorher in Freiheit zugestimmt worden ist, bedeutet den gewaltsamen Fortbestand von Uneinigkeit, wie wenn eine zerstrittene Ehe unauflösbar wäre. Der Zwang gegenüber Kroatien und den baltischen Staaten, einem Staat weiter anzugehören, aus dem sie sich lösen wollen, bedeutet Uneinigkeit und im Sinne *Kants* eine Art von Kriegszustand. Die Fluchtbewegungen aus den zerbröckelnden Völkergefängnissen des Kommunismus zeigen dies überdeutlich. Hier war ein Dissens nur gewaltsam zurückgestaut, nicht aber einer neuen Einigkeit zugeführt worden.

So notwendig Änderungen sein mögen, sie müssen gegenüber dem Erfordernis abgewogen werden, daß politische Institutionen, Recht und wirtschaftliche Beziehungen auch auf ein erhebliches Maß an Beständigkeit angewiesen sind. Täglich unberechenbar geänderte Gesetze und Verträge zeigen, wenn sie überhaupt freiheitlich zustande gekommen sind, eine pathologische Kurzlebigkeit von Einigungen an. Sie ist nur ein anderes Wort für eine beständige Tendenz zur Uneinigkeit. Unentwegt werden bisherige Einigungen alsbald wieder zerstört. Das damit geforderte Chaos kann kein Recht begründen, dem Achtung und damit freiwilliger Gehorsam entgegengebracht werden. Es schwindet die Möglichkeit zu längerfristig wirksamen Entscheidungen für die Bürger, und damit ein wesentlicher Teil ihrer Freiheit. Sie leben von der Hand in den Mund, bilden weniger Eigentum und Kapital und werden damit immer abhängiger von den Launen der Obrigkeit.

Während man im Bereich der Politik auf die Verfassung und auf eine schwer zu erreichende Einsicht der Politiker angewiesen bleibt, könnte bei beständigem rechtlich-institutionellem Rahmen der Markt mit dem Prinzip des radikalen Konsenses in dem Spielraum, in dem er zugelassen wird, ein Optimum zwischen Dauerhaftigkeit und Änderung finden. Nicht ohne Not ändert man eingespielte Liefer- und Bezugsbedingungen, denn das verursacht Kosten, die erst von den Vorteilen der Änderung mehr als aufgewogen werden müssen. Man entläßt auch nicht sofort einen Arbeitnehmer, wenn er einmal einen schlechten Tag hatte; jedenfalls wäre dies töricht, und diese Torheit wäre wie alle Torheiten teuer. Auch vorhandenes spezifisches Sachkapital leistet abrupten Änderungen Widerstand, weil sein Ersatz sich erst lohnt, wenn es keinen Deckungsbeitrag mehr einbringt.

Auch gibt es Entscheidungspakete, die nicht beliebig aufgeschnürt werden können, wenn in Teilen Uneinigkeit entsteht. Dies fördert den Willen zur Beibehaltung des Ganzen, etwa eines Unternehmens, und die Suche nach neuen Einigungsmöglichkeiten in den Bereichen der Unzufriedenheit. Paketlösungen wie die Ehe haben ihre Vorzüge, auf die man nicht bei jeder Unstimmigkeit verzichtet. Dies gilt schon deshalb, weil Uneinigkeiten sich ebenso schnell ändern können und man Sezessionen erst ins Auge faßt, wenn der Dissens nicht nur intensiv, sondern auch dauerhaft ist. Es gibt nicht nur unzuverlässige Freunde, sondern auch unzuverlässige Feinde.

Hinzu kommt, daß bessere Alternativen zum Vorhandenen oft nicht bestehen. Wenn Alternativen nur deshalb nicht bestehen, weil sie unterdrückt werden, kann darin die Gefahr fortschrittsfeindlicher Sklerosen liegen. Bedrohlicher ist, daß der Mangel an Alternativen die Freiheit gefährden kann. Wer nur eine einzige Möglichkeit hat, kann nicht ausweichen, reagiert also unelastisch und wird erpreßbar. Offene Märkte und Länder, politische Alternativen bei Wahlen und zeitlich begrenzte Bindungen und Mandate fördern die Elastizität. Der Elastische ist nicht nur wirtschaftlich erfolgreicher, sondern auch politisch freier und wird zum genauen Gegenteil des Opportunisten. Änderungen, die er durchsetzt, können auch den Starren nützen, wenn sie im Zeichen der Gleichheit vor dem Gesetz in den Genuß besserer Regeln kommen oder die Elastischen den Markt zu anderen Preisen und Qualitäten zwingen.

Im übrigen liegt die besondere Kunst der Politik wie der Marktbeteiligten darin, Änderungen im Konsens, also ohne Zerstörung von Einigkeit zu vollziehen. Die Marktwirtschaft erleichtert dies mehr als jede andere Ordnung durch ihre Möglichkeit, diejenigen zu entschädigen, die von einer Änderung Nachteile haben, und diejenigen, die zustimmen sollen, an den Vorteilen der Änderung zu beteiligen. Die damit verbundenen Probleme sind vielfach diskutiert worden. Gleichwohl hat man mit vollem Recht im Anschluß an *Carl Schmitt* von der friedenstiftenden Funktion des Geldes gesprochen, die das „Inkommensurable kommensurabel, d. h. vergleichbar und kompromißfähig" mache. *Karl Marx*, dieser Apostel des Unfriedens, hat zusammen mit *Friedrich Engels* im Kommunistischen Manifest davon gesprochen, die Bourgeoisie habe nichts übrig gelassen „als das nackte Interesse, als die gefühllose ‚bare Zahlung'". Das Geld, das ihm sein Freund, der Unternehmer *Engels*, regelmäßig zusteckte, hat er aber gern genommen.[369]

4. Unechtes, Halbheiten und falsche Töne

Einigkeit, so wird gesagt, setze Kompromißfähigkeit und Konzessionsbereitschaft voraus. Das ist richtig. Daraus folgt indessen nicht, was in der politischen Welt als nicht durchsetzbar erscheine, bleibe stets Utopie und tauge nicht einmal als Leit-

[369] Zur freiheitstiftenden Funktion des Geldes vgl. *H. Willgerodt* (1990), Das Problem des politischen Geldes*, in: Hamburger Jahrbuch für Wirtschafts- und Gesellschaftspolitik, Jg. 35, S. 139 f.

bild.[370] Niemand weiß nämlich im voraus, wofür er die politisch Entscheidenden gewinnen kann und was sich durchsetzen läßt. Hierzu muß man zunächst eine eigene Konzeption haben, denn wer nichts vorzuschlagen hat, kann auch keinen Versuch machen, etwas durchzusetzen. Damit gewinnt die von der politischen Durchsetzbarkeit zunächst absehende Teilvernunft ihre realistische Legitimation; wenn im Rahmen der sogenannten Neuen Politischen Ökonomie in die politischen Prozesse eine Determiniertheit hineingeheimnist wird, die den Freiheitsspielraum der Politik leugnet und sie zu einer bloßen Mechanik umdeutet, kennt man die politische Wirklichkeit nicht. Wer zunächst die Windrichtung prüft, um anschließend die Fahne seines politischen Verhaltens nach diesem Wind zu drehen, macht von seinen Möglichkeiten keinen Gebrauch und bleibt unfruchtbar. Er hat *Hoffmann von Fallersleben* zu dem folgenden Gedicht angeregt:[371]

„Unfruchtbar

Du möchtest Allen Alles sein,
Conservativ und liberal,
Aristokratisch radical,
Und demagogisch auch einmal.

Du möchtest Allen Alles sein!
Wärst du ein Esel oder Pferd,
So wärst du überall begehrt –
Maulesel sind zur Zucht nichts werth."

Dem Konformisten liegt es nahe, Einigkeit mit Einheit zu verwechseln. Ihm genügt etwa in der Europapolitik, wenn eine Regelung das Etikett „europäisch" trägt, sie mag so unsinnig sein, wie sie wolle. Der Irrtum der Nationalliberalen wiederholt sich dann nach einem Jahrhundert auf europäischer Ebene. Hier wie bei vielen Mitwirkungs- und Mitbestimmungsregelungen verwechselt man die durchaus wertvolle Teilhabe mit der Selbstbestimmung, das heißt mit der Freiheit. Es ist der große Haufen, zu dem man sich drängt, gleichgültig, wohin er marschiert. Andererseits fühlen sich viele in diesem Haufen von der Ordnung des Rechtsstaates entbunden, die allein Freiheit erlaubt. Man nimmt sich Freiheiten heraus, bis hin zum Bürgerkrieg. Am Arbeitsmarkt ist dieser sogar institutionalisiert und verfassungsrechtlich abgesichert.[372] Damit wird die Freiheit in Freiheiten aufgespalten, die keine gleiche Freiheit für alle mehr zulassen. Gleichartiges geschieht auch, wenn

[370] Zur Klärung dieser Begriffe und ihrem Verhältnis zueinander vgl. *N. Kloten* (1967), Utopie und Leitbild im wirtschaftspolitischen Denken, in: Kyklos, Vol. 20, S. 331–354.

[371] *A. H. Hoffmann von Fallersleben* (1842), a. a. O., 2. Teil, S. 55.

[372] Vgl. *H. Willgerodt* (1978), Volkswirtschaftliche Überlegungen zum Problem des Arbeitskampfes, in: Wirtschaftspolitische Chronik, Jg. 27, S. 195–215.

die politische und die wirtschaftliche Freiheit voneinander getrennt werden und man glaubt, die politische Freiheit könne Bestand haben, wenn die wirtschaftliche geopfert wird.[373] Die Entwicklung der Weltpolitik zeigt nunmehr, daß auch die geographische Spaltung von Recht und Freiheit an ihre Grenzen stößt. Es genügt nicht mehr, Einigkeit und Recht und Freiheit nur für das deutsche Vaterland zu verlangen. Was weiter mit den drei Werten des Deutschlandliedes geschieht, hängt von uns allen ab.

[373] Grundsätzliches hierzu noch immer bei: *C. Antoni* (1955), Die unteilbare Freiheit, in: *A. Hunold* (Hrsg.), Die freie Welt im kalten Krieg, Erlenbach-Zürich, Stuttgart, S. 11–29.

Der Staat und die Liberalen*

Von Hans Willgerodt

I. Unabweisbare Erfahrungen

In der Familie meiner Eltern war man schon Gegner des Nationalsozialismus, als das noch gefährlich war. Der peinlich rechtsstaatlich und liberal denkende und handelnde Vater war aber Beamter der Wasserstraßenverwaltung. Meine Mutter sagte ihm, mit seiner rechtsstaatlichen, die Freiheit der Person achtenden Korrektheit trage er zum Ansehen des verhaßten Regimes bei. Seine Antwort war: „Soll ich mich deswegen ebenso aufführen wie die Nationalsozialisten?" In seinem Bereich ließ er keine politischen Störungen zu. Er konnte dafür die Logik der Technik ins Feld führen, die auch mehr oder weniger anerkannt werden mußte und solchen Eingriffen Widerstand leistete. Bei Kriegsende von den Parteioberen angeordnete Brückensprengungen hat er verhindert und ist durch glückliche Umstände den nachspürenden Schergen des Regimes entgangen. (Er war wegen einer Lungenentzündung nicht erreichbar.) Nachdem er im Jahre 1949 die wieder aufgebaute Brücke des Mittellandkanals über die Weser eingeweiht hatte, ist er auf dem Rückweg bei einem Verkehrsunfall tödlich verunglückt

Damit ist der Konflikt bezeichnet, der in meinem Thema „Der Staat und die Liberalen" angelegt ist. Wie steht der Liberale zum Staat? Darf er überhaupt Diener eines Staates sein, wo doch jeder Staat ein Gewaltmonopol für sich in Anspruch nimmt, das er auch ausübt? Darf man im besonderen bei einem Staat angestellt sein und bleiben, dessen Regierung freiheitsfeindliche Ziele verfolgt?

Viele Nachgeborene machen sich im Falle des Nationalsozialismus eine verneinende Antwort leicht. Der Staat verfügte aber einen weitgehenden Arbeitszwang, so daß im Prinzip nur für Pensionäre und Hausfrauen eine Wahlmöglichkeit bestand.

Selbst unter einem solchen Regime erfordert im übrigen der Alltag eine Unzahl von ganz normalen, friedlichen und unpolitischen Tätigkeiten – auch durch *staatliche* Einrichtungen wie Straßenbau- und Wasserstraßenämter, Katasterämter und dergleichen. Auch der Politik näherliegende Behörden wie die Verkehrspolizei, Zivilgerichte und Standesämter enthalten einen sachbezogenen und neutralen Teil der technischen Objektivität. Dieser Bereich der Normalität stellt schon wegen seiner eigenständigen Natur einen Gegensatz zur umfassenden Allmacht der herrschenden Ideologie dar und öffnet Nischen für Opposition und sachbezogenes

* Geringfügig veränderter Vortrag vom 7. Juni 2007 bei den Hayek-Tagen in Potsdam.

selbständiges Denken und Handeln. Aber gerade durch dieses Element von Vernunft wird die Lebensdauer eines solchen Regimes unter Umständen verlängert, weil sie auch vom Fortbestand und der Funktionsfähigkeit nicht direkt politischer Teile wie etwa der Strom- und Wasserversorgung abhängt. Legt man sie aus politischem Protest lahm, sterben auch Landsleute eigener Gesinnung.

Damals sollten alle Institutionen und die ganze Bevölkerung, wie es offiziell hieß, „gleichgeschaltet", das heißt der nationalsozialistischen Ideologie unterworfen werden. Vollständig gelungen ist das nicht. Es war etwa von „deutscher Physik" die Rede, aber man hat sich damit nicht nur im Ausland, sondern auch im Inland eher lächerlich gemacht. Auch das Überwachungssystem war nicht perfekt, zumal es noch nicht über die heutigen elektronischen Möglichkeiten verfügte.

Wesentlich deutlicher mußten im sowjetischen System im Prinzip sogar alle arbeitsfähigen Bürger direkt oder indirekt Staatsdiener sein und bleiben, zumal die Grenzen geschlossen waren und das Kontrollsystem technisch vollkommener war.[374] Aber dadurch wurde noch niemand automatisch Gesinnungsfreund der herrschenden politischen Kräfte. In einem solchen System hat man als Andersdenkender in zunehmendem Maße nur die Wahl zwischen selbstmörderischem Heldentum oder bremsendem Opportunismus mit geballter Faust in der Tasche.

Unabhängig von diesem Dilemma gilt: Wenn man Liberaler sein will, muß man Gegner aller totalitären und ähnlichen Regierungsformen sein, weil sie sich gegen die Freiheit der Einzelperson richten. Ist nicht darüber hinaus der Staat an sich, auch der relativ freiheitliche und offene, für jeden Liberalen überhaupt ein Übel?

Mein Vater meinte das nicht, sondern hat sich nach Kriegsende in der Hungerzeit unter schweren äußeren Belastungen in den Dienst des Wiederaufbaus und der neuen staatlichen Einrichtungen gestellt.

Die politische Richtung dieses Wiederaufbaus stand am Anfang auch in Westdeutschland durchaus nicht eindeutig fest. Im Juli 1945 wurde meinem Vater offenbar mit Duldung der Besatzungsmacht das Statut eines neuen Gewerkschaftsbundes für das damals noch bestehende Land Braunschweig vorgelegt. Er sollte dieses Statut als Betriebsvereinbarung annehmen. Darin war vorgesehen, daß alle Betriebsangehörigen der Gewerkschaft beitreten müßten. Sie stehe auf dem Boden des Klassenkampfes und strebe die Überführung der privatkapitalistischen in die sozialistische Produktionsweise an. Die Mitglieder (also auch die nicht streikberechtigten Beamten) hatten den, wie es hieß, „statutenmäßig gerechtfertigten Anordnungen" der Gewerkschaftsführung Folge zu leisten, also gegebenenfalls auch zu streiken. Mein Vater lehnte es ab, einen roten Gewissenszwang an die Stelle des

[374] Die nur formal veränderten Anhänger dieses Systems sind heute als politische Partei voll anerkannt und können Rechte in Anspruch nehmen, die sie selber Andersdenkenden nicht eingeräumt haben.

bisherigen braunen zu setzen. Seitdem wurde er als „Reaktionär“ verleumdet. Ein britischer Aufsichtsbeamter tröstete ihn später über diese oft wiederholte Invektive mit dem französischen Spruch hinweg: „Chacun le réactionnaire de l’autre.“ Hätte er den Dienst quittieren und seine Stellung einem Nachgiebigen oder Freund der Kommunisten überlassen sollen?

II. „Unser Feind – der Staat“

Nicht wenige, die sich zu den Liberalen rechnen, verdammen den Staat an sich, gleichgültig, welchen Charakter er hat. „Our Enemy, the State“ lautet der Titel einer Schrift, die der Amerikaner *Albert Jay Nock* zuerst im Jahre 1935 veröffentlicht hat. Der Titel legt nahe, daß jeder Staat schädlich und bestenfalls überflüssig sei. Viele, die sich Libertäre nennen, haben sich in diesem Sinne geäußert (z.B. *Radnitzky* 2006, S. 83 unter Berufung auf *Anthony de Jasay*).

Nock leugnet aber ausdrücklich nicht, daß es gesellschaftliche Regeln geben muß, ohne die ein friedliches Zusammenleben und die dazu gehörende Vertragsfreiheit bei gesicherten Rechten nicht möglich sind. Er stimmt sogar zu, wenn diese Regeln und das Verfahren ihrer Einhaltung „government“ genannt werden. Dadurch müßten Freiheit und Sicherheit gewährleistet werden. Das geschehe durch Eingrenzungen, die rein *negativ* ausgerichtet sein müßten (*Nock* 1983, S. 36f.). Gemeint ist damit wohl, daß die nach zulässigen Regeln getroffenen Entscheidungen Privater gegen verhindernde illegitime Störungen gesichert werden müßten.

Was über solche abwehrenden Schutzfunktionen hinausgeht, nennt er „Staat“. Dabei werde Zwang angewandt, um Verhalten und Eigentum der Menschen *aktiv* durch die Politik zu verändern und zu gestalten. Die Unterscheidung von notwendiger, die Sicherheit und Freiheit schützender Regierung einerseits und nach *Nocks* Ansicht schädlichem, weil aktiv gestaltendem Staat andererseits ist zunächst deswegen problematisch, weil seine beiden Kategorien nicht immer eindeutig voneinander zu trennen sind. Zum Beispiel muß schon allein aus technischen Gründen in allgemeiner Form entschieden werden, wie vorhandenes Bauland von seinen Eigentümern bebaut und genutzt werden darf. Völlige Beliebigkeit kann hier zu chaotischen Zuständen wie in den unhygienischen Wellblechvorstädten mancher Entwicklungsländer führen. Einfamilienhäuser, Mietwohnblöcke oder Wolkenkratzer gestalten in erheblichem Umfang das soziale und meist auch politische Klima eines Gebietes.

Das positive Urteil über die „government“ genannte erste Kategorie der lediglich schiedsrichterlichen Funktion setzt außerdem einiges voraus: Nach bisherigen, oft nicht liberalen Regeln zustande gekommene Entscheidungen müßten zunächst mitsamt allen auch zufälligen oder machtbedingten Ausgangszuständen und externen Effekten ohne jede Einschränkung hingenommen werden. Bei Fehlerhaftigkeit der Ergebnisse müßten anschließend entweder die neuen Zustände durch selbständige Gegenkräfte korrigiert werden, oder es müßten mindestens die Regeln so angepaßt werden, daß die Ergebnisse in Zukunft weniger fehlerhaft werden könnten. Wenn dies alles nicht geschieht, können sich wie in der Weimarer Republik illiberale Zustände ergeben, von denen nachträglich behauptet wird, man habe sie eigentlich nicht gewollt, die dann aber nicht mehr rückgängig gemacht werden können.

III. Liberale Werturteile

Der Liberale kommt bei aller Scheu, Werturteile verpflichtend zu machen, nicht daran vorbei, illiberale Zustände abzulehnen und sich mindestens in dieser Hinsicht zu Vorstellungen über eine gesunde Gesellschaft und ein Gemeinwohl zu bekennen. Wird dies abgelehnt, weil angeblich dem Einzelnen vom liberalen Standpunkt aus alle Entscheidungsmöglichkeiten offengehalten werden müssen, dann kann Freiheit für die Freiheit selbst gefährlich werden.

Dieses Dilemma wird von einer Dogmatik geleugnet, wonach es für Liberale *allein* darauf ankomme, daß bei Entscheidungsprozessen liberale *Verfahren* angewandt werden. Es dürften nicht irgendwelche Ergebnisse und Ziele, (wegen der ständigen Bewegung sozialer Prozesse fälschlich) Endzustände genannt, bei politischen Entscheidungen als maßgebend behandelt werden.[375] Fordere man von vornherein solche Ergebnisse, dann sei der Entscheidungsprozeß nicht mehr liberal, sondern eingeengt. Man zwinge Maßstäbe auf, hinter denen meist staatlich-politische Normvorstellungen stünden. Sie wirkten so gut wie immer freiheitsbeschränkend und verdrängten private Ziele. Als liberal könne allein der durch Entscheidungen Einzelner zustande kommende, auf gegenseitigem Einverständnis beruhende katallaktische Austausch- und Einigungsprozeß gelten, dessen Ergebnis offenbleiben müsse.

Wolle die Regierung vorbeugend oder korrigierend gegen unerwünschte Ergebnisse vorgehen, so müsse sie mindestens zunächst Werte zugrunde legen, zu denen sich alle Betroffenen bekennen. Darüber hinaus müsse sie über ausreichendes Wissen verfügen. Sie kenne aber nicht hinreichend die Folgen ihres eigenen Handelns, wisse also nicht, was sie tue.

---

[375] Zum deutschen Fall eines durch Regierungshandeln herbeigeführten freiheitlicheren Zustandes nach 1948 siehe Barry (1989).

IV. Möglichkeiten und Grenzen von Regierungswissen und sozialer Selbststeuerung

Das ist übertrieben. Daß jede Regierung bei allen gesellschaftlichen Problemen immer vollkommen unwissend sein muß, ist ebenso offenkundig falsch wie der übliche Anspruch, daß sie alles besser weiß. Es geht also um die Frage, wo die Grenzen des Wissens einer Regierung liegen. Eines könnte sie freilich mindestens wissen, nämlich daß bei persönlicher Freiheit und gesicherten Rechten unter sorgfältig zu beachtenden Bedingungen ein System zur Verfügung steht, das durch Millionen von Einzelentscheidungen gesteuert wird und sich mit zuträglichem Ergebnis selbst reguliert, so daß die Regierung gar nicht alles zu wissen braucht. Je mehr sie wissen will, desto mehr ist das ein Zeichen für ihre Neigung, in die Willensbildung Privater einzudringen und ihr Wissen zur Kontrolle und Bevormundung zu gebrauchen.

Manches würde klarer, wenn man die Selbstverständlichkeiten einer auf den ersten Blick unpolitischen Wissenschaft einbeziehen würde, nämlich der Medizin. Besser noch als ein liberales Wirtschaftssystem ist der gesunde menschliche Körper ein sich selbst steuerndes anpassungsfähiges System mit zahllosen Wechselwirkungen und auch verschiedenen Graden von Notwendigkeit und Entbehrlichkeit der Teile. Der Streit darüber, was Gesundheit ist, hält sich in engen Grenzen. Das System des menschlichen Körpers verfügt über Kontrollen und Selbstheilungskräfte. Der Arzt läßt im Normalfall dieses System unberührt, denn der gesunde Körper reagiert sowohl auf die meisten psychischen Vorgänge als auch auf viele äußere Einflüsse sinnvoll und ausreichend.

Aber die Selbststeuerung des Körpers ist nicht unter allen Umständen perfekt. Bei einer gesundheitlichen Krise ruft man deswegen den Arzt, dessen helfender Beruf im Prinzip anerkannt ist. Das gilt sogar, wenn er über die Krankenbehandlung hinausgeht und zur vorbeugenden Hygiene rät. Nach möglichst genauer Diagnose geht er im Einverständnis mit dem Patienten zur Therapie über, die zielgerichtet auf ein bestimmtes Ergebnis gerichtet ist. Niemand würde hier bestreiten, daß der Arzt bei allen seinen Tätigkeiten das *Ergebnis* der Gesundung oder Besserung als Ziel im Auge behalten soll. Solange freie Arztwahl besteht, kann der Wettbewerb dazu beitragen, daß Arzt und Patient in diesem Punkt übereinstimmen. Auf wenig Widerspruch dürften im übrigen sogar staatliche Maßnahmen stoßen, mit denen etwa die Verbreitung von ansteckenden Krankheiten bekämpft wird. Eine völlige Selbststeuerung der Gesellschaft ist in diesem Falle meist als ungenügend anzusehen.

Heute dringt allerdings die gestaltende medizinische Obrigkeit entmündigend und mit dem Anschein des betreuenden Wohlwollens in das Verhältnis zwischen Arzt und Patient ein. Sie besticht mit der Illusion der Kostenlosigkeit die Patienten mit ihrem eigenen Geld, das sie zugleich über das mit jeder Versicherung verbundene Maß hinaus umverteilt. Die unmittelbare Beziehung zwischen Arzt und Patient mit wechselseitigem Einverständnis über den *Gesamt*vorgang ist für Sozialversicherte aufgehoben. Denn die Finanzierung über steuerartige Zwangsabgaben hat nichts mehr mit der medizinischen Gegenleistung zu tun, deren Kosten der Patient nicht einmal mehr erfährt. Es dominieren immer mehr die Elemente des staatlichen Besserwissens, der Bevormundung, Zuteilung und Rationierung.

Wie die Selbststeuerung des menschlichen Körpers, so ist auch die katallaktische Selbststeuerung freiheitlicher Gesellschaften, wenn und soweit es sie gibt, nicht unter allen Umständen vom Standpunkt der Beteiligten aus perfekt. Es gibt Gesellschafts- und Wirtschaftskrisen. Zwar nicht gänzlich zerstritten, aber doch weniger einig als in der Medizin ist man sich darüber, was dabei als Krise anzusehen ist. Wenn gleichwohl etwas allgemein als Gesellschafts- und Wirtschaftskrise erkannt wird, so hindert das nicht, daß es Veranlasser und Nutznießer dieser Krise gibt. Sie wollen die Krise gar nicht bekämpfen, vielleicht sogar das System zerstören. Manchmal ähneln sie den Krebszellen im menschlichen Körper, die weiter wachsen, bis sie gemeinsam mit dem Körper zugrunde gehen. Noch viel weniger Einigkeit besteht auch unter Liberalen darüber, welche noch nicht krisenhaften Zustände als besserungsbedürftig anzusehen sind. Zum Beispiel gibt es Streit darüber, ob und inwieweit eine den liberalen Grundsätzen angemessene Konjunktur-, Sozial- oder Gesellschaftspolitik möglich und sinnvoll ist. Dieser Streit kann auf unterschiedlichen Vorstellungen über Ziele beruhen, aber auch um die Zweckmäßigkeit von Methoden der Abhilfe gehen. Ein Streit um Mittel ist oft in Wahrheit ein Streit um Ziele, der versteckt wird, um im Vertrauen auf die Unwissenheit des Publikums leichter das zu erreichen, was man eigentlich erreichen will. Ein Musterbeispiel hierfür sind wohlfahrtsstaatliche Versprechungen ohne Angabe, wer konkret und persönlich für die Finanzierung aufkommen soll. Dieser Streit um Ziele und Methoden gehört zur freiheitlichen Gesellschaft und wird anhalten, nicht zuletzt auch deswegen, weil sich die jeweiligen Krankheitsbilder verändern.

V. Der Staat als Therapeut

Im übrigen gibt es bei einer Gesellschafts- und Wirtschaftskrise mindestens für Liberale keine allgemeine Vermutung, daß der Staat ohne weiteres wie ein behandelnder Arzt als gesellschaftlicher Therapeut geeignet ist und anzuerkennen wäre. Auch ein Auftrag, den demokratische Mehrheiten staatlichen Funktionsträgern erteilen, reicht den Liberalen dafür bei aller Loyalität gegenüber solchen Beschlüssen oft nicht aus. Sie halten nicht alles für richtig, was demokratische Mehrheiten beschließen. Denn es geht ihnen um liberale Konzepte, für die erst entsprechende Mehrheiten gewonnen werden müssen. Die moderne Demokratie ist ferner kein den Entscheidungen vorangehendes Verfahren *zur Feststellung von Sachverstand* wie in der Medizin die Approbation von Ärzten.

Es spricht gleichwohl vieles dafür, daß ein liberaler Staat mindestens vorbeugend, aufklärend und krisenvermeidend ordnungspolitische Hygiene betreiben soll. Wenn darüber hinaus trotz aller Bedenken staatliche Maßnahmen zur aktiven Krisenbekämpfung notwendig oder sogar unvermeidlich werden, sollten die handelnden Staatsfunktionäre mindestens wissen, *wann* sie vom sachlich Notwendigen deswegen abweichen, weil politische Widerstände sich nicht überwinden lassen. Statt dessen macht sich selbst in der Wissenschaft heute eine Art von „Politökonomie" bemerkbar, bei der die Opportunität den obersten Rang erhält und zuerst gefragt wird, was sich politisch durchsetzen läßt. In Wirklichkeit steht dies nicht unverrückbar fest, sondern wird oft nur publizistisch oder demoskopisch für einen gegebenen Zeitpunkt behauptet. Aufklärung wäre sinnlos, wenn sich politische Ansichten über Sinnvolles nicht ändern ließen.

Ein Musterbeispiel für erfolgreiche Aufklärung hat *Ludwig Erhard* geliefert. Während der Koreakrise, etwa im Jahre 1952, hielt er, nur mit einem Zettel voller Zahlen bewaffnet, vor etwa 1000 zunächst gegen ihn eingestellten Studierenden aller Fakultäten an der Bonner Universität einen Vortrag über die notwendige Krisenpolitik. In der ersten Viertelstunde brachte er die Zuhörer zur Ruhe. Allmählich stieg die Aufmerksamkeit und wurde so groß, daß man schließlich eine Stecknadel hätte fallen hören können. Nach einer Stunde erhielt *Erhard* stürmischen Beifall.

Die politische Durchsetzbarkeit, so wichtig sie ist, muß eine sekundäre Frage bleiben oder wieder werden. In erster Linie ist nach sinnvollen Konzepten zu suchen, für die mit Nachdruck geworben werden muß. Auch der Arzt hat ja die Aufgabe, den Patienten von der Zweckmäßigkeit einer Behandlung zu überzeugen, anstatt vor dessen Vorurteilen zu kapitulieren oder Gewalt anzuwenden. Das Problem wird noch komplexer dadurch, daß gelegentlich Ärzte gegenüber Patienten und in noch höherem Grade Politiker gegenüber dem Volk sachlich irren können. Hierin kommt der gute Sinn der schweizerischen Volksabstimmung zum Ausdruck, die vielfach zu dem Zwang führt, über ein zweifelhaftes Vorhaben noch einmal genauer nachzudenken. Was das Volk nicht versteht und dessen Sinn es nicht erkennt und bejaht, wird dann nicht Gesetz, denn Gesetze richten sich an das Volk, das sie befolgen soll.

Außerdem dürfen Amtsträger nicht wie heute üblich die Diskussion oder überhaupt die geistige Nahrungsaufnahme verweigern, wenn zum Beispiel volkswirtschaftliche Kenntnisse über eine freiheitliche Wirtschaft vermittelt werden müssen. Volkswirtschaftliche Fachleute können freilich vor der Wirklichkeit in höchst interessante Modellkonstruktionen flüchten, anstatt sich jenseits abstrakter Vorstellungen mit praktischen Fragen die Hände schmutzig zu machen. Sinnvolle Ratschläge und Kenntnisse können allerdings auf widersprüchliche Interessen stoßen und unterdrückt werden, wenn sie wahltaktisch nicht populär sind. Aus allen diesen Gründen kann sich der Staat in seiner Eignung als Ordnungspfleger nicht immer mit dem Arzt messen. Dem Liberalen erscheint er sogar in helfender Funktion regelmäßig zunächst als gefährlich, vor allem dann, wenn dabei in Wahrheit kollektivistische Ziele verfolgt werden, von staatlich verordneten Preisen und Löhnen über Subventionen bis zur jetzt immer mehr vordringenden obrigkeitlichen Lenkung der Familie.

Liberales Mißtrauen wird um so verständlicher, je mehr der Staat unter dem Deckmantel einer scheinbar wohlwollenden, aber entmündigenden sozialpflegerischen Ordnungspolitik die Bevölkerung mit Vorschriften überschwemmt. Es ist zu einer durch ständige Änderungen dynamisch gewordenen Inflation von kostspieligen Regelungen gekommen, die entweder absichtsvoll die Herrschaft von kontrollierenden Subalternsekretären festigen oder aus bloßer Unfähigkeit immer undurchsichtiger geworden sind.

Trotzdem wäre eine völlig entgegengesetzte Position ebenfalls gefährlich. Würde sich der Staat in der modernen Welt vollständig von jeder gesetzgeberischen Tätigkeit zurückziehen, dann würde dies schon aus praktischen Gründen zu unhaltbaren Zuständen führen. Es gäbe bei neuartigen Problemen, wie sie etwa vom technischen Fortschritt ausgehen, so lange rechtsfreie Räume, wie spontane und gewaltfreie Prozesse der Rechtsentwicklung ausbleiben. Der Staat darf nicht alles im Vertrauen auf solche Prozesse treiben lassen. Manchem kommt dies schon in früher Jugend zum Bewußtsein, wenn er von seinen Schulkameraden regelmäßig nur deswegen gehänselt oder verprügelt wird, weil er als neu aus einer anderen Gegend Hinzugekommener nicht den örtlichen Dialekt spricht. Dieses etwas banale Beispiel ist heute bei zunehmender Gewalt an Schulen inzwischen ernster geworden, als uns eine bestimmte Laissez-faire-Pädagogik hat weismachen wollen, die einseitig den Bildungswert von Konflikten und ihrer autonomen Bewältigung betont hat. Die vor längerer Zeit von der Politik verursachte vorübergehende Umwandlung der Universitäten in rechtsfreie Räume gehört in die gleiche Kategorie. Sie ist damals jedenfalls in Westdeutschland von den staatlich-politischen Kräften und externen Urteilern allgemein wohlwollend bis aufmunternd hingenommen worden. Die staatliche Folgerung bestand und besteht nicht etwa darin, von der Produktivität der geordneten Freiheit wieder stärker Gebrauch zu machen, sondern die frühere Gelehrtenrepublik durch Verwaltungsmonarchien zu ersetzen. Dies alles wird jedoch schließlich an der Logik der Wissenschaft scheitern. Weitaus gefährlicher ist heute der Anarchismus, der überall in der Welt vordringt.

Eine liberale Hoffnung, daß sich in solchen Fällen *stets rechtzeitig spontan und ausreichend* von selbst Regeln des angemessenen Verhaltens herausbilden und daß sie angewandt werden, ist wirklichkeitsfremd. Das intellektuell Denkbare und die Wirklichkeit fallen hier auseinander. Gewiß gibt es das Lernen aus Fehlern, aber in der Politik sind die damit verbundenen Menschenopfer seit dem Dreißigjährigen Krieg bis in das 20. Jahrhundert und in die Gegenwart hinein zu groß, um prinzipiell allein auf Selbstkorrekturen zu hoffen.

Daß man nach liberalen Regeln von optimaler Dauerhaftigkeit streben soll und man dafür auch den Staat als Gesetzgeber und Gewährleister braucht, wird man trotz aller staatlichen Unzulänglichkeiten auch als Liberaler nicht bestreiten können. Für den Fall des Notstandes hat *von Hayek* (2003, S. 429 ff.) sogar darüber hinaus dem Staat erweiterte Kompetenzen zugestanden. Wieder ist die Analogie zur Medizin hilfreich. Die Vorstellung, es dürfe im Vertrauen auf die automatischen Selbstheilungskräfte des Körpers niemals operiert oder bei einer Kreislaufkrise niemals Intensivmedizin angewandt werden, ist exotisch.

Von Hayek hat aber für den Notstandsfall zugleich auf die Gefahr hingewiesen, daß ein Interesse entstehen kann, staatliche Sondervollmachten illegitim über das notwendige Maß hinaus beizubehalten. Die altrömische Weisheit, einen Diktator nur für 6 Monate zuzulassen, ist allzu oft vergessen worden. Das heutige Übermaß von Ermächtigungen an Regierungen und Staatsverwaltung geht mit einer schleichenden Aushöhlung der marktwirtschaftlichen Ordnung einher. Dem steht die entgegengesetzte Gefahr gegenüber, die darin besteht, daß eine freiheitliche Ordnung untergehen kann, wenn man nicht erkennen will, daß eine Katastrophe droht oder der Feind vor der Tür steht. An gegenwärtigen und historischen Beispielen hierfür fehlt es nicht.[376]

Das Verhältnis der Liberalen zum Staat ist und bleibt also zwiespältig. Die Gefahr, daß diejenigen, die staatliche Macht ausüben, sie ständig ausweiten, mißbrauchen oder irren, ist allgegenwärtig. Auf der anderen Seite kann sich der Staat nicht, wie es libertäre Dogmatiker fordern, ausschließlich neutral verhalten und nur unparteiisch bereits bestehende Rechte voneinander abgrenzen. Denn Rechte entstehen ständig neu, zum Beispiel durch neue technische Möglichkeiten. Wie weit sollen sie gehen, etwa in der Informationstechnik oder bei neuen Erfindungen anderer Art?

[376] *Friedrich Schiller* berichtet, daß beim Aufstand der Niederlande gegen Spanien die Zunft der Fleischer in dem umkämpften Antwerpen eine zur Verteidigung notwendige Überschwemmung umliegender Felder verhindert hat, weil die Fleischer darauf bisher jährlich 12000 Ochsen gemästet hatten.

Es ist ferner zu klären, ob und in welchem Umfang davon ausgehende positive Effekte Eigentum der Verursacher werden. Wer vor Jahrtausenden das Rad erfunden hat, könnte auch dann nicht mehr Patentgebühren erheben, wenn er noch leben würde und es zu seiner Zeit schon Patentrechte gegeben hätte.

Auch ist festzulegen, welche vom Verursacher ausgehenden negativen externen Effekte hinzunehmen sind und welche nicht. Die Abgrenzung von Rechten beruht selber auf Werturteilen, die gestaltend wirken. *Coase* (1960) hat zwar nachgewiesen, daß es für die marktwirtschaftliche Lenkung unter bestimmten Bedingungen nicht darauf ankommt, wie Rechte zur Belästigung anderer oder zum Schutz vor solchen Belästigungen verteilt sind. Aber ungeregelt können diese Beziehungen nicht bleiben, und für die Lebenslage der Beteiligten macht es sehr wohl einen Unterschied, was hier gelten soll.

Nur ein Traum ist die völlig wertfreie Neutralität des Staates, so sehr er auch bemüht sein sollte, ein mit Vernunft abwägender Schiedsrichter zu sein. Ob das gelingt, ist unsicher. Deshalb bleibt das Mißtrauen der Liberalen gegenüber *staatlicher* und *politischer* Gestaltung berechtigt. Aber auch *spontane* Prozesse der Rechts- und Wirtschaftsentwicklung bleiben unvollkommen und nicht selten gefährlich. Um so wichtiger ist es für den Liberalen, daß die staatlichen Gestaltungsmöglichkeiten stabilen, etwa verfassungsrechtlichen Grundsätzen unterworfen sind.

VI. Die Zähmung des Staates

Staatliches Handeln kann entarten und trifft dann im Gegensatz zum System liberaler Einigung zwischen Privaten nur unvollkommen auf automatische Korrekturen. Wer schlechte Ware liefert, verliert seine Kunden. Staatlichen Schlechtleistungen und staatlicher Willkür kann man allenfalls durch Abwanderung entgehen. Deswegen haben es die Liberalen mit Recht zunächst von jeher als eine ihrer Hauptaufgaben angesehen, gegenüber der Staatstätigkeit rechtsstaatliche Kontrollen und Korrekturen einzuführen und wirksam zu machen. Allerdings stößt dies schon aus technischen Gründen auf um so engere Grenzen, je mehr der Staat seine Kompetenzen erweitert und sogar unverfroren das Recht zu umfassender Daseinsvorsorge für sich in Anspruch nimmt.

Werden zum Beispiel Klagen gegen einen umfassenden staatlichen zentralen Wirtschaftsplan erst dann zugunsten der Kläger entschieden, wenn dieser Plan bereits praktisch umgesetzt ist, kommt allenfalls Schadenersatz in Betracht. Darüber hinaus bleibt ein juristischer Erfolg des Klägers ebenso folgenlos wie die heute üblichen erfolgreichen Klagen gegen verfassungswidrige Staatshaushalte. Sie verhallen praktisch ungehört.

Wollte man aber schon *vor* der praktischen Anwendung im Klageweg aus dem Zentralplan einer Zentralverwaltungswirtschaft einzelne *wesentliche* Teile herausbrechen, dann müßte wegen der Interdependenz der einzelnen Produktions-, Liefer- und Empfangsgrößen der Gesamtplan neu entworfen werden. Das scheitert schon am Zeitbedarf für rechtliche Entscheidungen und der Dringlichkeit des Wirtschaftens, das unabhängig von den Gerichten stattfinden muß und nicht bis zur letzten Instanz aufgeschoben werden kann, jedenfalls für die Wirtschaft im ganzen. Je bedeutender im Rahmen der Gesamtwirtschaft die zu treffenden Entscheidungen sind, desto mehr müßten Richter zu diktatorischen Staatsplanern werden und sich an die Stelle der Regierung setzen. Wer legitimiert sie dazu und woher nehmen sie die entsprechende Sachkunde? Sie könnten sich in richterlicher Selbstbeschränkung auf kosmetische Abänderungen beschränken und im übrigen den staatlichen Gesamtplan nur quasi notariell absegnen.[377]

Der Versuch, eine umfassend gewordene Staatsmacht rechtsstaatlich zu zähmen, könnte allenfalls wirksam sein, wenn dem Staat durch rechtliche Verfahren Zuständigkeiten wirksam entzogen werden. In jedem Falle ist dies eine Machtfrage. Wie sie entschieden wird und was Richter vermögen, die von den regierenden Kräften ernannt werden, ist unsicher.

Deshalb liegt es nahe, die Staatstätigkeit von vornherein zu begrenzen. Scharfsinnige Liberale haben sich in zahlreichen Studien und logischen Ableitungen um den Nachweis bemüht, daß viele, im Prinzip sogar alle staatlichen Aufgaben auch privatwirtschaftlich übernommen werden können. Dabei angeführte Einzelbeispiele müssen jedoch ihre praktische Verallgemeinerungsfähigkeit noch beweisen. Sippenbräuche bei jagenden Indianern, eine private Entwicklung von Börsenusancen, Fußballregeln und nichtstaatliche Schiedsgerichte geben noch keine Antwort auf die Grundsatzfrage, ob selbst in einer Welt von überzeugten Liberalen der Staat im ganzen überflüssig gemacht werden kann. Was an Privatisierungen möglich ist und im Wettbewerb mit staatlichen Einrichtungen bessere Ergebnisse erzielt oder mindestens bestehen kann, sollte versucht werden. Dabei kommt es aber auch darauf an, ob private – zum Beispiel bewaffnete – Organisationen, wenn sie bisherige Staatsfunktionen übernehmen, nicht mindestens so gefährlich werden wie vorher die Staatseinrichtungen.

Adam Smith, einer der unbestrittenen Stammväter der liberalen Lehre und selber in späteren Lebensjahren als Zollkontrolleur von Schottland ein durchaus kundiger Staatsdiener, war realistischer. Er hat den Staat nicht abschaffen, aber

---

[377] Das Gesagte gilt auch für weniger umfassende staatliche Wirtschaftsplanungen. Ihnen gegenüber muß der Rechtsstaat mit seinen Abwehrmöglichkeiten Vorrang behalten, andererseits können juristische Blockaden um so schädlicher sein, je dringlicher das zu lösende Problem ist. Das immer kurzlebiger werdende Recht behindert außerdem dauerhafte Lösungen.

ihm nur begrenzte Aufgaben zuweisen wollen. Die wichtigsten davon waren für ihn die Sorge für Landesverteidigung, für innere Sicherheit und Justiz, ferner die Wahrnehmung solcher von den Bürgern als notwendig angesehener Aufgaben, die privatwirtschaftlich nicht oder nicht ausreichend gelöst werden. Als Beispiele nennt *Smith* schiffbare Kanäle, Fernstraßen und mit kritischem Unterton das Erziehungswesen. Er vergißt nicht, jeweils anzugeben, wie man bei solchen öffentlichen Gütern spezielle Entgelte vorsehen und damit privatwirtschaftliche Elemente einführen kann. Das liberale Zeitalter kannte hierfür prominente Beispiele. Beim Bau des Suezkanals war der staatliche Einfluß unübersehbar, aber der Kanal war gebührenpflichtig und wurde sogar von einer Aktiengesellschaft betrieben. Das staatliche, zunächst französische Element war und blieb dabei trotzdem vorherrschend, nicht nur symbolisiert durch die schöne französische Kaiserin *Eugenie*, die als erste den Kanal durchfahren durfte.

Die Lehren von *Adam Smith* wandten sich gegen den vielregierenden, wenn auch allmählich aufgeklärter werdenden merkantilistischen Wohlfahrts- und Obrigkeitsstaat. Dieser Staat war in vieler, vor allem finanzieller Hinsicht chaotisch und hat dadurch, zumal in Frankreich, seinen eigenen Untergang gefördert. Der scheinbar diesem Bild widersprechende preußische Militärstaat war durch überflüssigen Formalismus und Bürokratismus schwach und immobil geworden. Er brach gerade militärisch unter den Schlägen Napoleons wie ein Kartenhaus zusammen. Als einziger Ausweg blieben nur liberale Reformen übrig. Sie wurden in Preußen durch Beamte wie *vom Stein*, *von Hardenberg*, *Wilhelm von Humboldt* und eine mit ihnen heranwachsende Beamtenschaft eingeleitet. Auf sie hatten liberale Lehren, zum Beispiel von *Adam Smith* und seinen deutschen Interpreten, erheblichen Einfluß. In den süddeutschen Staaten kam es zu ähnlichen Entwicklungen.

Der liberale Kampf gegen den merkantilistischen Staat führte nicht nur zu marktwirtschaftlichen und freihändlerischen Reformen, sondern auch zu einer Reform der Staatsverwaltung. Auf den ersten Seiten von *Bismarcks* „Gedanken und Erinnerungen" finden sich köstliche Anekdoten über die lahme und verkalkte preußische Bürokratie seiner Referendarzeit. Man kann sich dabei ein plastisches Bild von einem Teil der praktischen Widerstände machen, die bei dem Versuch einer Reform der Staatsverwaltung zu überwinden waren. In zähen Kämpfen mußte die Herrschaft der Monarchen und der mit ihnen verbundenen retardierenden Verwaltung praktisch und verfassungsrechtlich beschnitten werden. Dies sollte der Freiheit der Bürger, ihren Rechten und dem wirtschaftlichen Aufschwung dienen. Nutznießer war aber auch der Staat selber. Soweit es seit dem 19. Jahrhundert einen weniger ineffizienten modernen Staat gab oder zum Teil noch immer gibt, ist er in mehr als einer Hinsicht ein Geschöpf des Liberalismus.

VII. Die Katastrophe des Liberalismus und ihre Lehren

Das war freilich eine Nebenwirkung liberaler Reformen, die weniger beabsichtigt und schließlich sogar problematisch geworden war. Denn die nach ihrer wirtschaftlichen Liberalisierung potenter gewordenen Staaten haben nach einem Jahrhundert des überwiegenden Friedens die Katastrophe des Ersten Weltkrieges herbeigeführt. Mit ihr hat für Jahrzehnte auch der Liberalismus in den meisten Ländern aufgehört, eine prägende Kraft zu sein.

Damit begann in Europa eine Zeit unvorstellbarer staatlicher Barbarei. Leitet sich daraus nicht die prinzipielle Verwerflichkeit des Staates an sich ab? Diese Folgerung wäre ein ähnlicher Fehler, wie ihn die Pazifisten begehen, wenn sie sich von der Abschaffung von Militär und Polizei den ewigen Frieden versprechen. Freiheit vom Staat besteht heute leider nirgendwo nach liberaler Vorstellung, sondern endet in Bürgerkriegen und rechtsfreiem Chaos.

Viele Liberale sind Ökonomen. Sie haben es von Berufs wegen nicht nur mit Prinzipien zu tun, so wichtig diese sind, sondern auch mit Quantitäten und dem Unterschied von größer und kleiner, in bewerteter Form von besser und schlechter, aufwärts und abwärts und dergleichen. In der Beziehung zwischen dem Staat und den Liberalen geht es gewiß zunächst um die Prinzipienfrage, welche Qualität der Staat vom liberalen Standpunkt aus haben sollte, das heißt, welche Aufgaben ihm zuzuweisen sind und in welcher rechtsstaatlichen Form sie gelöst werden sollen. Anschließend muß man aber darüber streiten, wieviel Polizisten und Juristen man für die innere Sicherheit und wieviel Soldaten man für die äußere Sicherheit braucht, ferner wieviele an sogenannten öffentlichen Gütern nötig sind, wie hell zum Beispiel die Straßen beleuchtet sein sollten und so weiter. Bei näherem Zusehen werden manche Prinzipienfragen gleichzeitig zu Problemen des quantitativen Optimums und umgekehrt. Wieder ist die medizinische Analogie sinnvoll. Dem Arzt ist es geläufig, daß die Wirksamkeit eines Medikaments nicht nur von dessen prinzipieller Eignung abhängt, die natürlich geklärt sein muß, sondern auch von der verwendeten Menge. Nahezu alles, was im Übermaß genossen wird, kann zum Gift werden, während es bei zu geringer Dosis unwirksam bleiben kann. Manches darf überhaupt nicht verwendet werden, bei vielem anderen gibt es Spannweiten der Verträglichkeit. Solche Erwägungen haben nichts mit der Suche nach prinzipienlosen Unentschiedenheiten und Mittelwegen zu tun.

Für die Gesellschafts- und Wirtschaftspolitik gilt Ähnliches. Es gibt hier aber noch Sonderprobleme, die mit der Selbstverstärkung von Fehlern zusammenhängen. Wieder kann die medizinische Analogie nützlich sein. In bestimmten Fällen müssen Morphium oder ähnliche Mittel angewandt werden. Aber mit unkontrollierter Anwendung könnte Rauschgiftsucht gefördert werden, die hoffentlich kein Arzt will. Politiker sind demgegenüber zahlreichen ungenügend korrigierten Versuchungen ausgesetzt. Zum Beispiel können inflatorische Anregungen vorübergehend die Konjunktur beleben und der Regierung Wählerstimmen zuführen. Mancher, der jetzt in Frankreich Präsident werden wollte, meinte dort sogar, mit Polemik gegen Geldwertstabilität und die Europäische Zentralbank seine Aussichten zu verbessern. Negative Spätfolgen fortgesetzter Inflationspolitik mögen dann andere Politiker verantworten. Andere Beispiele sind zwangswirtschaftliche Eingriffe in den Markt, etwa einzelne Höchstpreise für wichtige Güter oder Mindestpreise für Produktionsmittel. Es kommt zu Interventionsspiralen mit unter Umständen verheerenden Folgen. Dazu paßt das Schlagwort, man könne ein bißchen Zwangswirtschaft ebensowenig haben wie ein bißchen Schwangerschaft. Das aktuellste Beispiel besteht darin, daß es heute in der Politik noch immer keine ausreichenden Bremsen gegen ständige Ausweitungen der Staatsschulden und der nicht solide finanzierten Sozialausgaben gibt.

Die einzigen praktischen Erfolge der Liberalen, die seit dem Ende des Zweiten Weltkrieges in eindrucksvoller Zahl erzielt worden sind und heute noch erzielt werden, gehen auf Politiker, Beamte und Wissenschaftler zurück, die sich persönlich um den Staat und seine Verwaltung gekümmert haben. Im Jahre 1977 tagte die Mont Pelerin Society in Amsterdam. Dort traten einer nach dem anderen Redner auf, um den Staat als solchen zu verdammen. Dies ging mir zu weit. Ich erinnerte die Anwesenden an prominente Mitglieder ihrer Gesellschaft wie *Einaudi*, *Rueff*, *Ludwig Erhard* und andere, die ihre großen liberalisierenden Erfolge nicht hätten erzielen können, wenn sie nicht Zugang zu den Schalthebeln des Staates erlangt hätten. *Von Hayek* saß in der ersten Reihe, stimmte mir zu und sagte, er sei selbst einmal Bediensteter des Staates gewesen. Es bleibt also nichts anderes übrig, als daß sich Liberale aller Parteien wieder um den jetzigen Staat kümmern, anstatt ihn den Illiberalen zu überlassen und wegen der Absurditäten der Politik nur die Hände zu ringen.

Heutige Liberale sollten der Tendenz widerstehen, überall den Niedergang der Freiheit zu sehen und darüber ihre Chancen und auch heute noch möglichen praktischen Erfolge zu vergessen. *Ludwig Erhard* hat nach 1948 in Westdeutschland eine sich verstärkende Liberalisierungsspirale in Bewegung gesetzt, vor der eine zwangswirtschaftliche Festung nach der anderen kapitulieren mußte. Die zwangswirtschaftlichen Gegenkräfte blieben zwar stark. Bei wachsendem Massenwohlstand konnte trotzdem sogar für mehr als ein Jahrzehnt das Beschäftigungsproblem gelöst werden. Das gelang nur, weil Erhard dazu die nötigen staatlichen Befugnisse erlangt hatte.

Literatur

Barry, Norman P. (1989), Political and Economic Thought of German Neoliberals, in: Alan Peacock and Hans Willgerodt (eds.), *German Neoliberals and the Social Market Economy*, London 1989, S. 105–124.
Bismarck, Otto Fürst von (1911), *Gedanken und Erinnerungen*, 1. Band, Volksausgabe, Stuttgart und Berlin 1911.
Coase, Ronald (1960), The Problem of Social Cost, *Journal of Law and Economics*, Vol. 3, pp. 1–44.
Hayek, Friedrich A. von (2003), *Gesetz und Freiheit*, Tübingen.
Nock, Albert Jay (1935 / 1983), *Our Enemy, the State*, Neudruck Delavan Wisconsin 1983.
Radnitzky, Gerard (2006), *Das verdammte 20. Jahrhundert*, Hildesheim, Zürich und New York.

Demokratisierung der Wirtschaft und die Freiheit des Einzelnen

Hans Willgerodt

Während im ersten Jahrzehnt der Bundesrepublik Deutschland eine Liberalisierung der deutschen Wirtschaft nicht nur verlangt, sondern auch erreicht worden ist, hat die Forderung nach mehr wirtschaftlicher Freiheit im darauffolgenden Jahrzehnt sehr stark an Stoßkraft eingebüßt. Es scheint, daß sie nunmehr durch ein Drängen nach sogenannter „Demokratisierung“[378] der Wirtschaft abgelöst wird. Dabei handelt es sich nicht nur um einen Wandel der Worte, sondern auch um eine Veränderung der Inhalte und ordnungspolitischen Ziele. Der Wandel läßt sich vereinfachend durch den Gegensatz kennzeichnen, der zwischen dem Liberalen im europäischen Sinne und dem Jakobiner besteht, den man auch Demokratisten nennen könnte. Worin besteht dieser Gegensatz? Man kann ihn an einer Veränderung der politischen Strömungen in der Bundesrepublik oder – wie man heute sagt – des politischen Bewußtseins deutlich erkennen:

Diejenigen Deutschen, die ihre Erfahrungen mit totalitärer Herrschaft nicht nur aus Büchern bezogen hatten, besaßen nach Kriegsende liberale Neigungen, die sich in praktische Politik umsetzen ließen. Die Tendenz dieser Generation zur Demokratie war aus der Erkenntnis abgeleitet, daß demokratische Wahl- und Abstimmungsverfahren deswegen ein liberales Element enthalten, weil sie die friedliche Lösung von Konflikten und Kollektivproblemen ermöglichen und weil sie bei richtiger Konstruktion dem einzelnen die Mitwirkung am Entscheidungsprozeß sichern. Es wurde aber nicht übersehen, daß es neben dem demokratischen Verfahren noch zahlreiche andere und zum Teil leistungsfähigere Methoden freiheitlicher Politik gibt: Zum Beispiel können der Einzelperson Grundrechte zugestanden werden, die keiner kollektiven, also im Normalfall auch keiner demokratischen Entscheidungsgewalt mehr unterworfen sind. Der Rechtsstaat und eine sorgfältig geordnete wettbewerbliche Marktwirtschaft wirken in gleicher Richtung. Ob man diese Verfahren wählt oder demokratische Abstimmungsprozesse, ist für den Liberalen eine Zweckmäßigkeitsfrage, wobei im Bündel der Zwecke die Freiheit des Einzelnen einen sehr hohen Rang einnimmt. Um eine Formulierung Manfred Hättichs zu wählen: „Man entscheidet sich für Demokratie um der Freiheit willen und nicht um der Demokratie selbst willen.“[379]

---

[378] Vgl. *W. Hennis*, Demokratisierung, „Frankfurter Allgemeine Zeitung“ vom 22. Juli 1969.

[379] *Manfred Hättich*, Demokratie und Demokratismus – zum Demokratieverständnis der „Neuen Linken“, in: *Erwin K. Scheuch* (Hrsg.), Die Wiedertäufer der Wohlstandsgesellschaft. Eine kriti-

Die Demokratie ist ohne Zweifel ein Geschöpf des Liberalismus, doch ist sie weder sein einziger noch sein in jedem Falle am besten geratener Abkömmling.

Demgegenüber wird seit einiger Zeit die „Demokratisierung" der Wirtschaft und sonstiger Lebensbereiche mit einer Heftigkeit gefordert, die darauf schließen läßt, daß in den Augen der Fordernden Demokratie nicht mehr nur ein Mittel liberaler Politik unter anderen sein soll, sondern Selbstzweck. Demokratische Wahlen und Abstimmungen können aber, wenn sie das einzige Verfahren zur Lösung gesellschaftlicher Probleme werden, zur totalen Politisierung aller Lebensbereiche,[380] zu Chaos und Unwirtschaftlichkeit und schließlich sogar zur Tyrannis führen. Dieser „Demokratismus", dessen Stammvater Rousseau ist,[381] hat von jeher den Widerstand der Liberalen ausgelöst, obwohl sie nicht aufhörten, in einem maßvollen Sinne Demokraten zu sein.[382] Solcher Demokratismus ist keine neuartige Erscheinung; die Jakobiner der französischen Revolution haben ihn in einer besonders penetranten Form vertreten und ihm damit ihren Stempel aufgedrückt. Daß man vornehmlich in einer bestimmten Altersstufe Jakobiner und Demokratist zu sein pflegt, ist ebenfalls keine neue Erfahrung.

Ich kann der Versuchung nicht widerstehen, hierzu aus Hippolyte Taines berühmtem, nach 1876 erschienenem Werk „Les origines de la France contemporaine" (Die Entstehung des modernen Frankreich) zu zitieren,[383] wo es heißt: „Tritt ein Jüngling von etwa zwanzig Jahren in die Welt ein, so fühlt sich seine Vernunft ebenso verletzt wie sein Stolz. Sei die Gesellschaft, in der er lebt, wie immer beschaffen, sie erscheint der reinen Vernunft als ein Skandal; denn sie ist nicht von einem philosophischen Gesetzgeber mit Hilfe eines einfachen Grundsatzes begründet worden, sondern aufeinanderfolgende Generationen haben sie mit Rücksicht auf ihre vielfältigen und wechselnden Bedürfnisse eingerichtet. Sie ist nicht das Werk der Logik, sondern das der Geschichte, und der klügelnde Neuling verfehlt nicht, die Nase zu rümpfen, wenn er dieses alte Gebäude betrachtet, dessen Anlage willkürlich, dessen Bauart unzusammenhängend ist und dem man die Reparaturen deutlich ansieht. Er ist ein um so eifrigerer Anhänger dieser Lehre

---

sche Untersuchung der „Neuen Linken" und ihrer Dogmen, Köln 1968, S. 133.

380 Vgl. *Manfred Hättich*, a. a. O., S. 127 ff.

381 Vgl. statt vieler Angaben: *Alexander Rüstow*, Ortsbestimmung der Gegenwart, 3. Bd., Herrschaft oder Freiheit?, Erlenbach-Zürich 1957, S. 252 ff.

382 Aus der Vielzahl der Äußerungen liberaler Autoren sei das Buch *Leopold von Wieses*, Der Liberalismus in Vergangenheit und Zukunft, Berlin 1917, hervorgehoben. Dort wird auch bereits von „Demokratismus" gesprochen (S. 68): „Je mehr man sich seit zwei bis drei Jahrzehnten (und gegenwärtig in verstärktem Grade) dem Kerne des Freisinns entfremdete, je mehr gleichzeitig die Probleme der Demokratie (im Zusammenhange mit sozialen und Wirtschaftsfragen) das tätige Interesse auf sich zogen, desto besser gelang es, stillschweigend den Liberalismus durch Demokratismus zu ersetzen."

383 Deutsche Kurzausgabe herausgegeben von *Hans Eberhard Friedrich*, Berlin und Frankfurt am Main 1954, S. 114.

(also der jakobinischen) als es keine andere gibt, die so einfach und seiner Unerfahrenheit angemessener wäre; sie ist die einzige, die er sofort begreifen und anwenden kann. Hieran liegt es, daß die Mehrzahl der jungen Leute, ..., beim Verlassen der höheren Schulen mehr oder minder Jakobiner sind. Wir haben da eine *mit dem Wachstum verbundene Krankheit vor uns.*"

Man darf wohl hinzufügen, daß nicht alle Jüngeren von dieser Krankheit erfaßt werden und nicht alle Älteren sie endgültig überwinden.

Der Geist des jakobinischen Demokratismus ist im Bereich der Wirtschaftspolitik an den Konflikten zu erkennen, die zwischen Demokratisierungsvorschlägen und der Freiheit der Einzelperson entstehen können. Der Jakobiner entscheidet sich dann für die Demokratisierung, der Liberale für die Freiheit. Oft ist der Jakobiner nicht einmal imstande zu erkennen, daß überhaupt ein solcher Konflikt entsteht. Der Nachweis für diese These ist nur zu führen, wenn man die wirtschaftspolitischen Forderungen und Sachverhalte genau betrachtet und Unschärfen des Denkens und der Beobachtung vermeidet. Bei der Verwandtschaft, die zwischen Demokratie und Liberalismus besteht, nimmt es nicht wunder, wenn der jakobinische und der liberale Ansatz zunächst übereinstimmen. Beiden ist die Erkenntnis gemeinsam, daß die politische Demokratie keineswegs automatisch Freiheitlichkeit in allen übrigen Lebensbereichen sichert und damit auch nicht notwendig im Bereich der Wirtschaft. In der Wirtschaft sind allerdings freie Einzelplanung, Markt und Preissystem unter bestimmten Nebenbedingungen in der Lage, wesentlich mehr Freiheitsraum durch eine spontane, im Prinzip nicht herrschaftliche Ordnung zu gewähren, als dies demokratischen Mehrheitsentscheidungen möglich wäre. Denn Mehrheitsentscheidungen bedeuten Herrschaft gegenüber der Minorität, die sich fügen muß. Am Markt hingegen können auch Wünsche von Minderheiten zum Zuge kommen, da Uniformität jedenfalls nicht durch die marktwirtschaftliche Ordnung verlangt wird, solange die Minderheit den allerdings mitunter höheren Marktpreis für ihre abweichenden Wünsche zahlen will. Diese These von der Freiheitlichkeit des Marktes wird immer wieder bestritten, und zwar nicht nur von Marxisten. In der Tat ist sie gewagt in einer Welt der Staatswirtschaft und Staatsintervention, des Verbandspluralismus, der Unternehmungs- und Betriebskonzentration, der ungleichen Vermögensverteilung, der Zerstörung von Naturschätzen und der problematisch werdenden Knetung des Massengeschmacks durch Wirtschaftswerbung, um nur einige neuralgische Punkte herauszugreifen. Der Jakobiner und der Liberale sind daran zu unterscheiden, was sie zur Abhilfe bei solchen Gefährdungen der Freiheit im Bereich der Wirtschaft vorschlagen.

Eine dieser Gefährdungen ist die immer mehr anwachsende wirtschaftliche und wirtschaftspolitische Tätigkeit des Staates. Viele derjenigen, die eine Demokratisierung der Wirtschaft verlangen, sehen diese Gefährdung nicht, sondern treten zugleich für eine Ausdehnung der Staatstätigkeit ein. Eine solche Tendenz findet sich bereits in der Schrift Fritz Naphtalis, „Wirtschaftsdemokratie. Ihr Wesen, Weg und Ziel",[384] die im Auftrage des Allgemeinen Deutschen Gewerkschaftsbundes 1928 veröffentlicht worden ist. Die Zunahme des öffentlichen Sektors der Wirtschaft, die Vergesellschaftung (wenn auch nicht unbedingt Verstaatlichung) der großen Unternehmen wird darin warm begrüßt, denn „desto mehr müssen die Fragen der Wirtschaftsführung zu Fragen des Staates werden, desto mehr müssen sie im demokratischen Staat zu politischen Fragen werden".[385] Die Politisierung wird, wenn sie mit Demokratisierung einhergeht, in bester Rousseauscher Tradition als völlig unproblematisch angesehen. Naphtali schreibt: „Jede Herrschaft setzt Herrschende und Beherrschte voraus, während das Wesen der Demokratie in der Beseitigung dieser Teilung liegt. Herrschen können einige Teile des Volkes über die anderen: über wen kann aber das Volk herrschen als Inbegriff aller seiner Teile, das Volk als Allgemeinheit?" Hier wird vollkommen außer Betracht gelassen, daß in der Demokratie die Regierung eben nicht Inbegriff aller Teile des Volkes ist, sondern bestenfalls der Majorität, deren Willen die Minderheit herrschaftlich unterworfen ist. Der Jakobiner wie der amerikanische „Liberale"[386] von heute sind ergriffen von der Idee der Volkssouveränität, der keine Grenze gesetzt wird, denn das Volk – oder genauer: die Gruppe, die seinen Willen interpretiert – könne nicht irren und auch nicht herrschsüchtig sein. Ob die Ideen Naphtalis heute schon völlig überwunden sind, ist zumindest nicht eindeutig erwiesen, da seine Schrift vor kurzem mit einem empfehlenden Vorwort von Ludwig Rosenberg und Otto Brenner wieder veröffentlicht worden ist. Im übrigen entspricht die in der Ruhrkohle-AG vollzogene Quasi-Sozialisierung des rheinisch-westfälischen Steinkohlenbergbaus durchaus einschließlich der weitgehenden gewerkschaftlichen Mitwirkung den Vorschlägen Naphtalis. Daß die Freiheit der Bergarbeiter und der Kohlenverbraucher gefördert wird, wenn ihnen in Zukunft nur noch ein einziger möglicher Arbeitgeber oder Lieferant gegenübersteht, dürfte man kaum sagen können.

Der Ruf nach Demokratisierung der Wirtschaft in Verbindung mit etatistischen Tendenzen ist freilich inzwischen jenseits gewerkschaftlicher Äußerungen, die zum großen Teil überlegt und durchdacht sind, zu einem Kampfruf der „Neuen Linken" geworden. Das jakobinische Erbgut tritt hier in teilweise grotesker Form ans Licht. Herbert Marcuse etwa möchte die Rede- und Versammlungsfreiheit solchen Gruppen und Bewegungen entziehen, die sich der Ausweitung öffentlicher Dienste, sozialer Sicherheit, medizinischer Fürsorge usw. widersetzen. Eine Diskussion darüber, ob der Staat diese Aufgaben am zweckmäßigsten erfüllen kann, findet

[384] Wieder veröffentlicht mit einem Vorwort von Ludwig Rosenberg und einer Einführung von Otto Brenner, 2. Aufl., Frankfurt/Main 1968.

[385] A. a. O., S. 27.

[386] Vgl. hierzu: *Thomas Molnar*, Die neo-utopische Staatsauffassung, „ORDO", Jahrbuch für die Ordnung von Wirtschaft und Gesellschaft, Bd. 19, 1968, S. 13–27.

nicht mehr statt. Wer sie beginnt, wird von ihm mit den Kriegshetzern, Chauvinisten und Rassisten in einen Topf geworfen, den man tunlichst geschlossen halten muß.[387] Es versteht sich von selbst, daß Marcuse für zentrale Wirtschaftslenkung eintritt: „Selbstbestimmung bei der Produktion und Verteilung lebenswichtiger Güter und Dienstleistungen wäre verschwenderisch",[388] so erklärt er. Unter ausdrücklicher Berufung auf Rousseau wird eine Erziehungsdiktatur für rückständige Länder gefordert, wobei unklar bleibt, wer diktieren und wie lange er dies tun soll.[389] Diese Thesen sind um so erstaunlicher, als Marcuse im Grunde das Ziel der persönlichen Freiheit verfolgt und z. B. den „Angriff auf die Privatsphäre durch die Allgegenwart der öffentlichen Meinung" beklagt.[390] Auch gibt er zu, daß die „Frage, was wahre und was falsche Bedürfnisse sind, von den Individuen selbst beantwortet werden" müsse,[391] freilich nur, wenn sie über das richtige Bewußtsein im Sinne Marcuses verfügen. So nimmt es denn nicht wunder, wenn die Verwirrung bei den Schülern Marcuses noch deutlicher hervortritt. Der „Republikanische Club Köln e. V." hat z. B. in einer Stellungnahme vom 14. Mai 1968 gefordert, das Schicksal der Gesellschaft dürfe nicht unkontrollierten Kräften überlassen bleiben, sondern müsse vorausgedacht, bewußt gemacht und geplant werden; gleichzeitig aber solle die Gesellschaft mehr Freiheit bieten, sich zu bilden und individuell abweichend zu entfalten.[392] Die Antwort auf die Frage, wie die vom Staat zentral gelenkte Gesellschaft individuelle Abweichungen möglich machen will, wird nicht gegeben. Die von unseren Neujakobinern geforderte zentrale Staatsplanung ist nun freilich in den demokratisch gebliebenen Staaten mit großen Schwierigkeiten verbunden. Immerhin ist aber eine allgemeine Bereitschaft des Staates zum wirtschaftspolitischen Eingriff vorhanden, der natürlich meist mit Begünstigungen der einen und Benachteiligungen der anderen Gruppe verbunden ist. In diesem vielregierenden Interventions- und Verwaltungsstaat müssen sich deswegen die Wirtschaftsinteressen in Gruppen und Verbänden organisieren, wenn sie nicht ins Hintertreffen geraten wollen. Die angemessene und in Grenzen durchaus legitime Repräsentation

---

387 *Herbert Marcuse*, Repressive Toleranz, in: *Robert Paul Wolff, Barrington Moore, Herbert Marcuse*, Kritik der reinen Toleranz, Frankfurt / Main 1966, S. 111 f. „Dazu würde gehören, daß Gruppen und Bewegungen die Rede- und Versammlungsfreiheit entzogen wird, die eine aggressive Politik, Aufrüstung, Chauvinismus und Diskriminierung aus rassischen und religiösen Gründen befürworten oder sich der Ausweitung öffentlicher Dienste, sozialer Sicherheit, medizinischer Fürsorge usw. widersetzen."

388 *Herbert Marcuse*, Der eindimensionale Mensch. Studien zur Ideologie der fortgeschrittenen Industriegesellschaft, 7. / 8. Aufl., Neuwied und Berlin 1969, S. 262.

389 A. a. O., S. 60 f.

390 A. a. O., S. 29.

391 A. a. O., S. 26.

392 Alle vier Jahre darf der Konsument wählen, Stellungnahme des Republikanischen Clubs Köln in der „Kölnischen Rundschau" vom 14. 5. 1968.

organisierter Interessen gegenüber dem Staat ist ein noch ungelöstes Problem, wie die Debatte um die „Konzertierte Aktion“ und eine pluralistische Wirtschaftsgesellschaft zeigt.[393] Der Verbandspluralismus kann einerseits dazu beitragen, die Macht der Regierungsinstanzen einzuengen und insoweit die Interessen der Gruppenmitglieder quasidemokratisch zu schützen.[394] Andererseits nimmt die Schlagkraft des Verbandes nach außen und gegenüber dem Staat in dem Maße zu, in dem er seine Mitglieder disziplinieren und von Handlungen abhalten kann, die den Zielen der Verbandsführung zuwiderlaufen. Demokratie und abweichende Meinungen sind dabei nur hinderlich. Gegenüber dem Staat versuchen Gruppen und Verbände, unter Berufung auf liberal-demokratische Grundsätze verfassungsmäßige Rechte und Freiheiten zu erlangen, die eigentlich nur natürlichen Personen zustehen. Damit entziehen sie sich übergeordneter staatlicher Kontrolle wie einst Fürsten und Adel gegenüber der kaiserlichen Reichsgewalt. Ein zum Jakobinertum neigender Autor wie Harold Laski hat die Suprematie des Staates gegenüber innerstaatlichen Gruppen besonders heftig angegriffen,[395] und in der Tat entspricht es den Interessen jakobinischer Gruppen, so lange maximale Handlungsfreiheit gegenüber dem Staat und den Mitbürgern zu fordern, bis man die übergeordnete Organisation im eigenen Sinne „umfunktioniert“ hat. Durch die Autonomie gegen den Staat erlangen die Gruppen Souveränität über ihre Mitglieder. Es kann zu einem schielenden Demokratismus kommen, der Demokratie nur nach außen, nicht aber nach innen verlangt. Wie vor allem Götz Briefs unermüdlich betont hat, kann dieser Neofeudalismus eine Gefahr für die wirtschaftliche Freiheit des Einzelnen darstellen, wenn er nicht reguliert wird. Er schreibt: „... in der Tat gelangt kein Kollektiv zu den Rechten und Würden einer Person, ohne seine Mitglieder ihrer persönlichen Rechte und Würden zu berauben“.[396] Hier haben vor allem die Erfahrungen mit amerikanischen Gewerkschaften im Hintergrund gestanden. Ein großer amerikanischer Gewerkschaftsverband hat die These vertreten, die Gewerkschaft sei die Regierung über alle Arbeitsplätze im Lande, und dieses Kollektivrecht der Gewerkschaft gehe den verfassungsmäßigen Rechten und Freiheiten des einzelnen Arbeiters vor.[397] Daß die amerikanische Regierung sich scheut, die

---

[393] Vgl. *Hans Willgerodt*, Laissez-faire-Pluralismus und das Problem der Staatsautorität, in: „Wirtschaftspolitische Chronik des Instituts für Wirtschaftspolitik an der Universität zu Köln“, Heft 2/3 1969 und die dort angegebene Literatur.

[394] In diesem Sinne: *Philipp Herder-Dorneich*, Zur Theorie der sozialen Steuerung, Köln 1965, S. 115.

[395] Vgl. hierzu *Joseph H. Kaiser*, Die Repräsentation organisierter Interessen, Berlin 1956, S. 316ff., und die dort angegebene Literatur.

[396] *Goetz Briefs*, Das Ethos der pluralistischen Gesellschaft von heute, in: „Hochland“, Jahrgang 51, München 1958, S. 59.

[397] *Goetz Briefs*, Demokratie und Wirtschaft, in: Mitbestimmung, herausgegeben von Anton Rauscher, Köln 1968, S. 74.

Souveränität der Gewerkschaften anzutasten, selbst wenn eklatante Rechtsbrüche und nackter Terror gegen innergewerkschaftliche Minderheiten vorkommen, hat vor kurzem der Fall des ermordeten Gewerkschaftsführers Yablonski gezeigt, dem aber viele ähnliche Fälle vorangegangen sind. Solche Zustände kennen wir in der Bundesrepublik nicht, da sich unsere Gewerkschaften zum Rechtsstaat bekennen. Gleichwohl bleibt es eine ständige Aufgabe, die wirtschaftlichen Rechte des Einzelnen auch gegenüber Gruppen und Verbänden zu schützen, deren Mitglied er ist. Auf die Dauer wird der Staat nicht umhin können, Gesetze zu erlassen, die alle Verbände zwingen, nicht nur demokratischen Mindestanforderungen zu genügen, sondern auch die Rechte des einzelnen Verbandsmitgliedes peinlich zu beachten. Der bisher deutlich herabgestufte Schutz der negativen Koalitionsfreiheit könnte verstärkt, das von den Verbänden selbst geschaffene und am ordentlichen Rechtsweg vorbeilaufende Recht der Wirtschaft könnte einer stärkeren staatlichen Aufsicht unterworfen werden und sollte in jedem Falle vor den Gerichten in Frage gestellt werden können. Der Einwand, dem einzelnen stehe ja der Austritt aus einem Verband mit ihm nicht zusagender innerer Verfassung frei, übersieht, daß diese Freiheit im wirtschaftlich-sozialen Sinne dann nicht mehr besteht, wenn die Verbände die staatliche Wirtschaftspolitik erobern und von ihnen errungene Vorteile auf ihre Mitglieder zu Lasten der Außenseiter beschränken können.

Selbst wenn aber die innere Ordnung der Verbände freiheitlich genug ist, bleibt das Problem der Außenwirkungen ungelöst. Das pluralistische Zusammenspiel der Verbände stellt keine per se sinnvolle Demokratisierung der Wirtschaft dar, denn die Verbände sind unterschiedlich stark und die Schwächeren können von den Stärkeren ausgebeutet werden. Vielleicht kommt eine Art von Gleichgewicht in den Gruppenverhandlungen zustande, etwa zwischen den Tarifpartnern am Arbeitsmarkt. Die moderne Forschung bemüht sich ja, möglichen Regelmäßigkeiten bei Verbandswahlen und Gruppenverhandlungen nachzuspüren.[398] Aber es kommt doch darauf an, daß bei dem Geraufe der Wirtschaftsverbände nicht irgendein beliebiges, sondern ein gesamtwirtschaftlich sinnvolles Ergebnis zustande kommt, und daran muß man zweifeln. Der ungezügelte Verbandspluralismus ist nicht selten mit dem Abschied vom Gemeinwohl verbunden – und mit der Aufweichung des Geldwertes. Dabei läßt sich das Gemeinwohl durchaus liberal definieren und muß keine hierarchischabsolutistische Konzeption bedeuten.[399] Es ist außerdem

---

[398] Vgl. *Philipp Herder-Dorneich*, Zur Theorie der sozialen Steuerung, a. a. O., ders., Wahl und Wahlmechanismus, in: Der Mensch im sozio-ökonomischen Prozeß, Festschrift für Wilfrid Schreiber zum 65. Geburtstag, herausgegeben von F. Greiß, Ph. Herder-Dorneich, W. Weber, Berlin 1969.

[399] Vgl. *Hans Willgerodt*, Grenzmoral und Wirtschaftsordnung*, in: Soziale Verantwortung, Festschrift für Goetz Briefs zum 80. Geburtstag, herausgegeben von J. Broermann und Ph. Herder-Dorneich, Berlin 1968, S. 141–171.

in höchstem Grade unlogisch, wenn die Verbände ein sie verbindendes und damit über ihnen stehendes Gemeinwohl leugnen und den aus Gruppenkämpfen hervorgehenden Kompromiß als Optimum ansehen. Denn intern gegenüber ihren Mitgliedern entwickeln sie durchaus eine Art von Gemeinwohlvorstellung, nämlich die Vorstellung vom gemeinsamen Besten. Wer die Vorstellung vom Gemeinwohl prinzipiell leugnet, hebt damit nicht nur jede staatliche Ordnung auf, sondern auch jede Ordnung innerhalb anderer Gruppen und Verbände. Selbst die Demokratie ist dann nicht mehr zu rechtfertigen, denn sie beruht auf der Vorstellung, daß der Mehrheit einer Gruppe das Recht zur konkreten Definition des Gemeinwohls der betreffenden Gruppe zustehen soll.

Solange man die staatliche Gemeinschaft nicht leugnet, kann ihre demokratische Organisation mit der demokratischen Organisation kleinerer Gruppierungen in Konflikt geraten. Welchem der beiden sich in diesem Falle störenden Demokratiegebilde der Vorrang gebühren soll, ist nicht ohne nähere Zielvorstellungen zu entscheiden. Älteren Verfechtern der Wirtschaftsdemokratie wie Naphtali ging es um die Durchdringung des Staates mit gewerkschaftlichen Einflüssen und Vorstellungen, um eine Beteiligung der Gewerkschaften und anderer Verbände an der Wirtschaftspolitik. In einer so umgestalteten Wirtschaft solle dann die Herrschaft von der Gemeinschaft ausgeübt werden, „der unter Auslese der Führer auf freier demokratischer Grundlage die Oberhoheit über die Arbeitskraft und über den Verbrauch des einzelnen zusteht".[400] Eine Wiederbelebung der marktwirtschaftlichen Konkurrenz, die das Problem entschärfen könnte, wurde ausdrücklich abgelehnt; eine staatliche Politik der Wettbewerbsförderung habe nicht das geringste mit einer Demokratisierung der Wirtschaft zu tun.[401] Wenn demnach die Erhaltung und Belebung des marktwirtschaftlichen Bereichs zurückgewiesen wird, muß sich der Konflikt zwischen staatlichen und verbandsbestimmten Vorstellungen zuspitzen. Es ist möglich, daß eines Tages nicht der Staat von den Verbänden domestiziert wird, sondern die Verbände vom Staat, wenn die Zuständigkeiten beider wie bisher ungenügend abgegrenzt bleiben. Ob dies den Spielraum des Einzelnen erweitert, hängt davon ab, ob der demokratische Staat starke Neigung zur Zentralplanung entwickelt oder nicht.

Das geschilderte Problem eines möglichen Konfliktes zwischen staatlicher und Verbandsdemokratie findet sich in ähnlicher Form bei dem Verhältnis des Staates gegenüber großen Unternehmen, für die ja auch nach außen Handlungsfreiheit verlangt wird. Im ganzen zeigt sich jedoch, daß auf lange Sicht der Staat am längeren Hebelarm sitzt. Das gilt selbst für die schon erwähnte Ruhrkohle-AG, bei der sich Unternehmungen und Gewerkschaften auf Kosten des Steuerzahlers zu einer

---

[400] *Naphtali*, a. a. O., S. 187.
[401] A. a. O., S. 24, 36.

lukrativen Sanierungsaktion vereinigt haben. Die Präsenz des Staates, durch den Kohlebeauftragten symbolisiert, ist so unübersehbar, daß von einer Quasisozialisierung gesprochen werden kann.

Die Abhängigkeit der Großunternehmungen vom Staat kommt noch in einer anderen Erscheinung zum Ausdruck: Viele Großfirmen, vor allem in den USA, hängen immer mehr von staatlichen Aufträgen und immer weniger vom Markt ab.[402] Außerdem hebt die Unternehmenskonzentration ganz allgemein die Großunternehmen in den politischen Bereich, da ihre Handlungen gesamtwirtschaftlich spürbar sind und der Staat sich nicht auf eine Abstinenz zurückziehen kann, wenn eine Großfirma in Schwierigkeiten gerät. Von den meisten Anhängern der Wirtschaftsdemokratie wird diese Entwicklung durchaus begrüßt. Was sie für den Einzelnen bedeutet, bleibt unbeachtet. Wenn es um Konzentrationen geht, ziehen im übrigen Unternehmensleitungen, Gewerkschaften und Staat an einem Seil, aber es ist sehr fraglich, ob sie dabei alle zusammen die gleichen Gedanken und Hintergedanken haben. Naphtali hat die Entwicklung vom „individualistischen Kapitalismus freier Konkurrenz zum organisierten Kapitalismus" begrüßt, weil damit eine Politisierung verbunden sei und wirtschaftliches Handeln zur Gemeinschaftssache werde.[403] Damit geht die richtige Vorstellung einher, daß solche Großunternehmen als Faktoren von gesamtpolitischer Relevanz schließlich den Regierungsehrgeiz der politischen Instanzen wecken. Die Möglichkeiten, sie mit privatrechtlichen Mitteln zu bändigen, wurden von Naphtali abgelehnt oder nicht gesehen, zumal sie seinem Sozialisierungskonzept im Wege gestanden hätten. Bei ihm steht die Überführung der Großunternehmen in gemeinwirtschaftliches Eigentum mit gewerkschaftlicher Kontrolle eindeutig als Ziel hinter der Konzentrationsfreundlichkeit. Die Haltung der Gewerkschaften in der Bundesrepublik zum Konzentrationsproblem ist dagegen weniger eindeutig; einerseits werden die Nachteile der Wirtschaftskonzentration erkannt, andererseits leisten die Gewerkschaften in der Praxis keinen spürbaren Widerstand gegen Konzentrationsbewegungen.[404] Sie beschränken sich im wesentlichen darauf, bei Konzentrationen mehr Mitbestimmung in den Unternehmensorganen zu verlangen. Wird diese Forderung erfüllt, so erweisen sich die Gewerkschaften sogar im Verein mit den Unternehmensleitungen als Motor der Konzentration, wie im Falle der Ruhrkohle-AG eindeutig zu

[402] Vgl. *J. K. Galbraith*, Die moderne Industriegesellschaft, München / Zürich 1968, S. 433f. und passim.

[403] A. a. O., S. 17, 27.

[404] Vgl. hierzu *Kurt Nemitz*, Machtkonzentration und Machtkontrolle in der Wirtschaft, in: Gewerkschaft, Wirtschaft, Gesellschaft, herausgegeben von Kurt Nemitz und Richard Becker, Köln 1963, S. 168–191; Denkschrift des DGB „Mitbestimmung – eine Forderung unserer Zeit", abgedruckt in: Mitbestimmung und Wirtschaftspolitik, herausgegeben von Kurt Nemitz und Richard Becker, Köln 1967, S. 317ff.

beobachten war. Ob es sich hier um eine lediglich pragmatische Verhaltensweise handelt oder ob man wieder grundsätzlich zu den Vorstellungen Naphtalis zurückkehrt, ist noch nicht abzusehen.

Der Staat verhält sich trotz gegenteiliger Bekenntnisse mehr oder weniger konzentrationsfreundlich, indem z. B. die notwendige ordnungspolitische Regulierung von Fusionen oder eine Fusionskontrolle immer wieder vertagt wird. Gewiß ist es wenig erfreulich, wenn bei einer staatlichen Fusionskontrolle Beamte über die Entscheidung mitzubefinden haben, wie groß ein Unternehmen werden soll. Andererseits darf das Problem der Konzentration nicht mehr länger im Bereich des ordnungspolitischen Niemandslandes bleiben, in dem alles erlaubt ist, was gefällt. Kartelle der Stahlindustrie wurden vor noch nicht allzu langer Zeit als „Trainingszentren für Fusionen“[405] bezeichnet. Im Jahre 1969 haben die Konzentrationen bei Großfirmen in der Bundesrepublik ungewöhnlich stark zugenommen.[406]

Meist werden die Folgen der Konzentration für die Leistungsfähigkeit und Marktmacht der Unternehmen und für den Wirtschaftsprozeß untersucht. Wir wollen hier eine andere Betrachtungsweise wählen und fragen, was Konzentrationen für die betroffenen Menschen bedeuten, vor allem für die Arbeitnehmer. Der Jakobiner beruhigt sich mit der Forderung nach Demokratisierung der Großfirmen, das heißt nach Mitbestimmung von Vertretern der Arbeitnehmer. Reicht dies wirklich aus, um den Freiheitsspielraum der einzelnen Arbeitnehmer zu sichern? Sind die Gewerkschaften wirklich gut beraten, wenn sie auf möglichst paritätische Mitbestimmung in den Aufsichtsräten von Großunternehmen drängen und im übrigen der Konzentration freien Lauf lassen oder sie sogar aktiv fördern? Für die persönliche Freiheit des einzelnen Arbeitnehmers ist jedenfalls die Unternehmenskonzentration ein zweifelhaftes Geschenk, selbst wenn seine Vertreter in den Unternehmensorganen mitbestimmen. Dies hat folgende Gründe: Je größer das Unternehmen wird, desto ferner stehen die mitbestimmenden Arbeitnehmervertreter dem einzelnen Arbeitnehmer und seinen Sorgen. Selbst wenn alle mitbestimmenden Vertreter von den Arbeitnehmern des Unternehmens gewählt und nicht von den Gewerkschaften entsandt werden, macht sich dieser Effekt bemerkbar. Da die Aufsichtsräte nicht mit wachsender Unternehmensgröße beliebig vergrößert werden können, entfallen auf ein Arbeitnehmermitglied des Aufsichtsrates um so mehr Arbeitnehmer, je größer das Unternehmen wird. Schon damit sinkt das Stimmgewicht des einzelnen Wählers. Außerdem bestehen viele Unternehmen aus einer Vielzahl von Betrieben oder im Konzern sogar rechtlich selbständigen

[405] Äußerung von Bundeswirtschaftsminister Schiller, vgl. „Frankfurter Allgemeine Zeitung“ vom 21. 11. 1969, S. 17.

[406] Vgl. „Frankfurter Allgemeine Zeitung“ vom 27. 12. 1969. Die Bilanzsummen der fusionierenden Firmen betrugen im Jahre 1968 DM 1,2 Mrd. und im Jahre 1969 DM 18,2 Mrd. Davon entfielen 2/3 auf Banken und Versicherungen.

Gesellschaften. Die Arbeitnehmer eines solchen Betriebes oder Konzernteiles können in sich gleichartigere Interessen aufweisen als die Arbeitnehmer des Großunternehmens im ganzen. Deswegen können bei Wahlen zum Aufsichtsrat des Gesamtunternehmens größere Gruppen von Arbeitnehmern überstimmt werden als bei stärker dezentralisierter Zuständigkeit. Am besten macht man sich diesen Zusammenhang am Beispiel eines Weltparlamentes klar. Gäbe es bei den Vereinten Nationen ein solches Parlament, so könnten bei Abstimmungen 49 Prozent der wahlberechtigten Menschheit überstimmt werden, und zur überstimmten Minderheit würden mit Sicherheit alle entwickelten Länder gehören. Aber es leuchtet ein, daß die Summe aller überstimmten Minoritäten in demokratisch gewählten nationalen Parlamenten wesentlich geringer wäre, weil die Homogenität der nationalen Interessen im allgemeinen größer ist. Dies ist nicht logisch zwingend, aber doch sehr wahrscheinlich. Wenn außerdem in Großunternehmen die Urwahl abgeschafft und die Wahl der Arbeitnehmervertreter über Wahlmänner vollzogen wird, wird das Stimmgewicht des Einzelnen noch einmal geringer.[407]

Dem Einzelnen erscheint das Groß- und Größtunternehmen als hierarchische Verwaltungsorganisation mit vielfältigen Vorgesetztenverhältnissen. Die Mitbestimmung kann daran um so weniger ändern, je mehr auch sie den hierarchischen Regeln der Großorganisation folgt oder folgen muß, wie das jetzt bei der Ruhrkohle-AG mit ihren über- und untergeordneten Personaldirektoren der Fall ist. Wenn dieses Problem nicht beachtet wird, kann die Mitbestimmung sogar das bestehende Autoritätsverhältnis im Großunternehmen verschärfen. Hierzu muß man sich folgendes klarmachen: Die Firmenleitung wird schon heute nicht nur von Vertretern der Anteilseigner bestellt, sondern auch von Vertretern der Arbeitnehmer, wenn auch in unterschiedlichem Grade je nachdem, ob die betreffende Kapitalgesellschaft dem Betriebsverfassungsgesetz oder der Mitbestimmungsregelung der Montanindustrie unterliegt. Nach neueren Vorschlägen zur Unternehmensverfassung[408] sollen außerdem noch Vertreter des öffentlichen Interesses einbezogen werden. In diesem Falle würde die Unternehmensleitung dem einzelnen mit dreifacher Autorität gegenüberstehen, da sie nicht nur mit Billigung der Anteilseigner, sondern auch der Gewerkschaften und des Staates ernannt ist.[409] Ein derartiger

[407] Vgl. hierzu: *Ph. Herder-Dorneich*, Wahl und Wahlmechanismus, a. a. O., S. 81. Zum Problem des Erfolgswerts der Wahlstimme: *Manfred Hättich*, a. a. O., S. 135. Zur Arbeitnehmerferne der Leitung von Großorganisationen einschließlich der Gewerkschaften: *Goetz Briefs*, Zwischen Logik und Dialektik der wirtschaftlichen Mitbestimmung, in: Mitbestimmung? Herausgegeben von Goetz Briefs, Stuttgart 1968, S. 205; *Erwin K. Scheuch*, Soziologische Aspekte der betrieblichen Mitbestimmung, in: Mitbestimmung, herausgegeben von Anton Rauscher, a. a. O., S. 182.

[408] Vgl. Unternehmensverfassung als gesellschaftspolitische Forderung. Ein Bericht, erstattet von *E. Boettcher, K. Hax, O. Kunze, O. von Nell-Breuning, H.-D. Ortlieb, L. Preller*, Berlin 1968.

[409] Zur möglichen Stärkung der Autorität der Unternehmensleitung vgl. *E. Gaugler*, Die Auswirkungen der Mitbestimmung auf die unternehmerischen Entscheidungen, in: Mitbestimmung,

Cäsaropapismus der Unternehmensleitung darf in seinen möglichen Gefahren für die Freiheit des einzelnen Arbeitnehmers nicht unterschätzt werden, selbst wenn er zur Zeit weniger spürbar ist. Die Gewerkschaften sollten sich deswegen nicht voll mit den Unternehmungen integrieren, sondern wie bisher ihre Funktion als außenstehende Wächter wahrnehmen, insofern ähnlich der Kirche im Mittelalter gegenüber der weltlichen Macht. Wohin sonst soll sich der einzelne Arbeitnehmer wenden, wenn ihm die Gewerkschaften nicht helfen, sondern sogar der Unternehmensleitung die Aufgabe abnehmen, sogenannte „Querulanten" zu neutralisieren? Bei der Ruhrkohle-AG sind Gewerkschaftsvertreter paritätisch in der Unternehmensleitung angesiedelt; gleichzeitig ist die zuständige Branchengewerkschaft darauf angewiesen, im wesentlichen nur noch mit diesem einen Unternehmen als Arbeitgeber zu verhandeln; der Gegensatz zwischen der tarifpolitischen Schutzfunktion und der Mitbestimmung der Gewerkschaftsvertreter wird damit offenkundig. Hier können die Gewerkschaften kaum noch beide Funktionen wahrnehmen, ohne unglaubwürdig zu werden. Selbst wenn in der Unternehmensleitung andere Gewerkschaftsvertreter tätig sind als in der Tarifkommission, dürfte die Spaltung der Funktionen kaum gelingen, es sei denn, man wolle ernstlich einen Streit der mitbestimmenden Gewerkschaftsvertreter mit dem Ressort „Tariflöhne" innerhalb der Gewerkschaftsorganisation ermöglichen.

Dies alles wird demjenigen weniger dringlich erscheinen, dem die demokratische Teilhabe an den Schaltstellen der Großwirtschaft wichtiger ist als die Freiheit des einzelnen Arbeitnehmers. Vom Standpunkt der wirtschaftspolitischen Lenkung aus werden die Unternehmungen in der Tat immer interessanter, je größer sie werden. Daß die von den Unternehmungen so eifrig und ohne Bedenken betriebene Konzentration schließlich in dieser Hinsicht auch gewerkschaftlichen Appetit wekken muß, darüber sollte man nicht erstaunt sein. Je größer die Unternehmungen allerdings werden und je mehr sie als gemischte Veranstaltung von Anteilseignern, Gewerkschaften und öffentlicher Hand auftreten, desto mehr nehmen sie dem einzelnen Arbeitnehmer gegenüber Behördencharakter an. C. Northcote Parkinson, einer der scharfsinnigsten Beobachter auf diesem Gebiete, hat kürzlich bemerkt: „Eine Institution existiert, um zu tun, was sie will, und wird nur durch die Erkenntnis im Zaum gehalten, daß ihre Kunden woanders hingehen können."[410] Wenn es eine Vielzahl von Unternehmungen und damit potentiellen Arbeitgebern gibt, können Arbeitnehmer bei Unstimmigkeiten ihren Arbeitsplatz wechseln, also „woanders hingehen". Je größer die Unternehmungen werden, desto mehr wird je-

herausgegeben von Anton Rauscher, a. a. O., S. 86. Zur Problematik eines aufgehobenen Interessendualismus im Unternehmen: *Goetz Briefs*, Demokratie und Wirtschaft, a. a. O., S. 74 f.; ders., Zwischen Logik und Dialektik der wirtschaftlichen Mitbestimmung, a. a. O., S. 214.

[410] *C. Northcote Parkinson*, Monopolistische Entwicklungen in heutiger Zeit, in: Hemmende Strukturen in der heutigen Industriegesellschaft, Rüschlikon-Zürich 1969, S. 99.

doch dieser Weg verbaut und eine Opposition für den Einzelnen gefährlich. Wird schließlich auch in den Gewerkschaften nach amerikanischem Vorbild Opposition unterdrückt, dann könnten alle Wege des Protestes verstopft sein, man würde sich einem Zustand nähern, der beängstigende Ähnlichkeit mit dem keinen Widerspruch duldenden „demokratischen Zentralismus" sowjetischen Typs[411] hätte. Weder die deutschen Gewerkschaften noch die deutschen Unternehmensleitungen würden dies wollen. Aber man muß das Ende eines Weges sehen, auf den man sich möglicherweise begeben könnte.

Die von der Bundesregierung eingesetzte Sachverständigenkommission zur Auswertung der bisherigen Erfahrungen bei der Mitbestimmung hat sich in ihrem Bericht zu Lösungen bekannt, die nach menschlichem Ermessen der Freiheit des einzelnen Arbeitnehmers genügend Raum lassen. (Wenn ich mich als ein Mitglied der Kommission jetzt dazu äußere, so spreche ich natürlich ausschließlich im eigenen Namen und ohne jegliche Bindung meiner Kollegen in der Kommission.[412]) Zum Beispiel schlägt die Kommission vor, alle Arbeitnehmervertreter, die in die Aufsichtsräte der Kapitalgesellschaften entsandt werden, von den Arbeitnehmern der Unternehmungen wählen zu lassen, also auch diejenigen, die von den Gewerkschaften vorgeschlagen werden. Dies ist ein Mittel, um die Bindung der Vertreter an die Basis der Arbeitnehmerschaft zu festigen. Die Mitbestimmung soll nicht eine zusätzliche volkswirtschaftliche Lenkungsfunktion der Gewerkschaften begründen, sondern im Dienst des einzelnen Arbeitnehmers stehen und auch die Dienstfunktion der Gewerkschaften betonen. Außerdem ist ein verstärkter Informationsfluß von der Unternehmensspitze zu den Arbeitnehmern vorgesehen, ohne daß damit plebiszitäre Öffentlichkeit aller Vorgänge verbunden wäre. Übertriebene Geheimniskrämerei gegenüber den von Entscheidungen Betroffenen ist nämlich ebenso freiheitsfeindlich wie die totale Öffentlichkeit und die totale Indiskretion, die heute von Jakobinern, Kollektivisten und Totalitären aller Art gefordert wird. Die Kommission will aber sicherstellen, daß Konflikte zwischen den Arbeitnehmervertretern und den Vertretern der Anteilseigner nicht vertuscht, sondern im Notfall auch publiziert werden. Die aus dieser Möglichkeit resultierende Spannung fördert einerseits den Willen zur gütlichen Einigung, sie schützt andererseits den Freiheitsraum der Arbeitnehmer im Rahmen der Großorganisation.

---

[411] Vgl. Handbuch des Weltkommunismus, herausgegeben von J. M. Bocheński und G. Niemeyer, Freiburg/München 1958, S. 123ff.

[412] An anderer Stelle habe ich das Kommissionsgutachten erläutert und verteidigt: vgl. *Ernst Heuss*, Einige kritische Überlegungen zum Sachverständigengutachten über die Mitbestimmung in der Unternehmung, „ORDO", Jahrbuch für die Ordnung von Wirtschaft und Gesellschaft, Bd. XXI 1970, S. 193–216 und meine Antwort: *Hans Willgerodt*, Der liberale Standpunkt und die Mitbestimmungsfrage, a.a.O., S. 217–242, ferner die Replik von *Heuss*, Die Mitbestimmung in unserer gegenwärtigen sozialen Umwelt, a.a.O., S. 243–247.

Die Mitgliedschaft von Arbeitnehmervertretern im Aufsichtsrat von Kapitalgesellschaften ist als solche nicht mehr umstritten. Sie besteht seit dem Jahre 1922[413] und hat sich eindeutig bewährt. Kontrovers ist allein der Stimmenanteil, der den Arbeitnehmern zustehen soll. Die Kommission hat sich hier für eine – wenn auch gegenüber dem Betriebsverfassungsgesetz verminderte – Majorität der Anteilseigner entschieden, weil ihnen die Aufgabe zugewiesen wird, im Konfliktfall den wirtschaftlichen Zweck des Unternehmens und die Orientierung an der Rentabilität zu sichern. Die Zusammenarbeit mit den Vertretern der Arbeitnehmer wird jedoch nicht zurückgewiesen, sondern weiter ausgebaut, ohne den Interessendualismus ganz aufzuheben. Insbesondere dem ausländischen Beobachter mag dies merkwürdig erscheinen. Vielleicht handelt es sich um eine speziell deutsche Eigentümlichkeit, die Arbeitnehmer und ihre Vertreter bis zu einer äußersten Grenze in den Unternehmungen zu integrieren und nicht auf Kampfstellungen zu beharren, wie sie in anderen Ländern üblich sind. Die politischen Erfahrungen, die die Deutschen gemacht haben, erweisen diesen Weg als richtig. Mögen die angelsächsischen Länder bis vor kurzem genügend politische Stabilität und sonstige Integrationskräfte besessen haben, um trotz extremer Arbeitskämpfe ihre politische Demokratie zu erhalten. In Deutschland könnten solche Entwicklungen zur Katastrophe führen. Gerade der deutsche Liberale sollte gelernt haben, daß Klassenkampf und Klassendünkel im Grunde illiberal sind. Er sollte auch die Worte des Liberalen Leopold von Wiese bedenken: „In die Opposition getrieben neigen Deutsche zur Maßlosigkeit und blinden Ideologie; zur Mitarbeit berufen setzen sie ihren Ehrgeiz darein, sich als positive, erhaltende Kräfte zu bewähren.“[414]

Die Kommission hat im übrigen die Funktion des Betriebsrates und des Gesamtbetriebsrates oder eines ähnlichen Organs auf der Ebene des Unternehmens betont. Seine Zusammenarbeit mit dem Vorstand ist weiter zu sichern. Er vertritt unter anderem die Rechte des Einzelnen gegenüber der betrieblichen Hierarchie im täglichen Betriebsablauf. Insoweit stellt er ein Stück Rechtsstaatlichkeit im Unternehmen dar. Je mehr die Konzentration fortschreitet, desto mehr muß die innerbetriebliche Rechtsordnung weiter ausgebaut werden, mit allgemeinen Regeln und Begrenzungen von Willkür, damit der Einzelne nicht einem allmächtigen Apparat ausgeliefert ist. Solche Regeln sollten freilich nicht nach dem Muster amerikanischer „work rules“ mit einem leistungshemmenden Effekt verbunden sein. Es genügt also nicht, wenn die Arbeitnehmervertretung demokratisch gewählt ist und mit dem Vorstand zusammenarbeitet. Darüber hinaus müssen Einzelrechte gesichert sein, die keiner weiteren Verhandlung unterworfen sind. Das deutsche

[413] Gesetz über die Entsendung von Betriebsratsmitgliedern in den Aufsichtsrat vom 15. Februar 1922.

[414] *Leopold v. Wiese*, a. a. O., S. 241.

Arbeitsrecht und die tarifvertragliche Praxis können hier im allgemeinen als vorbildlich gelten.

Eines allerdings kann eine demokratisch organisierte Mitbestimmung nicht leisten: Sie kann nicht den Zwang zur Einordnung und Disziplin in die Arbeitsteilung aufheben, den die moderne Wirtschaft und Technik mit sich bringen. Romantisch veranlagte Söhne und Töchter gut verdienender Eltern, aber auch ernst zu nehmende Kulturkritiker mögen noch so sehr den Verlust des einfachen Lebens und den Konsumterror der Leistungsgesellschaft beklagen: Die breiten Massen der Arbeitnehmerbevölkerung haben auch in den fortgeschrittensten Ländern noch nicht einen derartig hohen Lebensstandard erreicht, daß die Kapuzinerpredigten Außenstehender so ganz glaubwürdig wären und man guten Gewissens mit der Arbeitsteilung auch den bisher erreichten Lebensstandard herabsetzen könnte. Im übrigen enthält die moderne Wirtschaftsentwicklung Keime der Gesundung. Die zunehmende Knappheit der Arbeitskräfte und die beschleunigte Kapitalbildung fördern die Tendenz, Arbeiter sparsam und für solche Tätigkeiten einzusetzen, die Sinn für Verantwortung und Intelligenz erfordern. Gerade in Großunternehmen machen sich Bestrebungen geltend, Verantwortung zu delegieren und Entscheidungen zu dezentralisieren. Das Lohnarbeitsverhältnis nimmt immer mehr Züge des Mitarbeiterverhältnisses an. Die Mitbestimmung in dem Sinne, wie sie die Kommission versteht, ergänzt und beschleunigt nur, was der Markt ohnehin früher oder später erzwingt. Dieses Konzept der Mitbestimmung wäre freilich gründlich mißverstanden, wenn darunter eine Art von wirtschaftlicher Rätedemokratie mit Dauerdiskussionen in demagogisch aufgeputschten Massenversammlungen verstanden würde, also ein System etabliert würde, in welchem die Führungskräfte – und nicht nur sie – von ihrer eigentlichen Aufgabe abgelenkt werden. (Dieses Rezept muten die Gesetzgeber bisher nur den Universitäten zu.)

Die Mitbestimmung der Arbeitnehmer muß bei richtiger Konstruktion keinen Widerspruch zur Marktwirtschaft enthalten, sondern setzt sie geradezu voraus. In der zentral geleiteten Volkswirtschaft würde sie jedenfalls mit den staatlichen Planbefehlen in Konflikt geraten können. Wenn demnach eine richtig verstandene Mitbestimmung den Markt nicht aufhebt, werden diejenigen enttäuscht, die sich davon eine revolutionäre Vernichtung des sogenannten Kapitalismus versprechen. Die Massenproduktion, die Wirtschaftswerbung mit ihren Entartungen, alle Einflüsse der sogenannten Konsumgesellschaft (die man wohl besser als Investitionsgesellschaft bezeichnen sollte), bleiben bestehen. Die Mitbestimmung hat sich auch nicht als ein Mittel gegen Konzentrationen erwiesen, denn die Arbeitnehmer eines Unternehmens denken in dieser Frage ebenso privatwirtschaftlich und unternehmensegoistisch wie die Unternehmensleitungen. Das vorherrschende Wirtschaftssystem mit seinen Stärken und Schwächen bleibt also erhalten. Dies ruft Kritik auf den Plan.

Viele Anhänger der Sozialen Marktwirtschaft haben indessen die möglichen wirtschaftlichen und sozialen Gefahren der modernen Industrieentwicklung längst erkannt und meist zutreffender kritisiert[415] als etwa Herbert Marcuse und ähnliche Vertreter der „Neuen Linken“. Man kann nicht leugnen, daß es in unserer Gesellschaft auch Manipulationen und sogar hin und wieder „Repression“ gibt, nicht zuletzt im wirtschaftlichen Bereich. Der liberale Kritiker wählt hier jedoch den Weg der Überzeugung und beharrlichen Reform, nicht der gewaltsamen Revolution.

Denn wir leben in einem Staate, der seinen Bürgern ein sehr hohes Maß an persönlicher Freiheit und Toleranz gewährt. Der Neuen Linken will es trotzdem und trotz extremer Publizität ihrer Ansichten nicht gelingen, die Mehrheit für sich zu gewinnen. Ihren demokratischen Mißerfolg erklärt sie damit, daß unser Bewußtsein falsch sei und nur durch Gewalt gebessert werden könne. Wir seien manipuliert und müßten so lange entmündigt werden, bis wir von dieser Krankheit befreit seien. Die erfolglosen Jakobiner werden so zu totalitären Antidemokraten. Ihr übersteigerter Demokratismus erlebt seinen dialektischen Umschlag. Man kann den Satz Karl J. Newmans anwenden: „Die größte Gefahr für die Demokratie war nämlich immer schon die Übertreibung ihrer eigenen Prinzipien.“[416] Die Forderung nach Demokratisierung der Wirtschaft kann nicht leichtfertig damit begründet werden, jegliche Autorität und Disziplin seien abzubauen; Demokratie mildert außerdem dieses Problem der Herrschaftsverhältnisse nicht immer und kann es sogar unter bestimmten Bedingungen verschärfen. Mancher erleuchtete Gesellschaftskritiker unserer Tage erweckt den Eindruck, als ob ihm im Kampf gegen Disziplin jeder Art auch der Sinn für geistige Disziplin abhanden gekommen wäre. Aber auch wenn die „Neue Linke“ eine neue Kirche gründen würde, könnte ihr der Liberale nicht gestatten, statt der Überzeugung den Weg der Gewalt gegen Andersdenkende zu gehen. Die Inquisition sollte doch wohl der Vergangenheit angehören. Jedenfalls ist dies liberale Überzeugung. Mit politischer Romantik und Intoleranz lassen sich die Probleme unserer Wirtschaft ebensowenig lösen wie mit geistiger Falschmünzerei. Hier ist an Goethe zu erinnern:

„Fürsten prägen so oft auf kaum versilbertes Kupfer
Ihr bedeutendes Bild; lange betrübt sich das Volk.
Schwärmer prägen den Stempel des Geistes auf Lügen und Unsinn.
Wem der Probierstein fehlt, hält sie für redliches Gold.“

(Epigramme)

[415] Hier sind vor allem die Schriften Wilhelm Röpkes, Alexander Rüstows und Alfred Müller-Armacks zu nennen.

[416] *Karl J. Newman*, Zerstörung und Selbstzerstörung der Demokratie, Europa 1918 bis 1938, Köln-Berlin 1965, S. 234.

Der Bürger zwischen Selbstverantwortung und sozialer Entmündigung

Von Hans Willgerodt

I. Das Problem der Solidarität

Gäbe es einen durchschnittlichen Bürger der Bundesrepublik Deutschland, so müßte er wohlhabend genannt werden. Das durchschnittliche reale Volkseinkommen je Einwohner in Westdeutschland ist das höchste der deutschen Wirtschaftsgeschichte,[417] und wahrscheinlich ist auch im internationalen Vergleich das deutsche Pro-Kopf-Einkommen eines der höchsten überhaupt. Gleichzeitig scheint es so, als sei dieser Bürger der hilfsbedürftigste und unselbständigste seit vielen Generationen. Dieser Schluß drängt sich auf, wenn Zahl und Aktivität von Instanzen betrachtet werden, die unentwegt damit befaßt sind, möglichst alle Bürger umfassend zu betreuen und ihnen mit Hilfe der Staatsgewalt tatsächliche oder vermeintliche Sorgen abzunehmen. Diese betreuenden Instanzen der öffentlichen Hand können nicht umsonst arbeiten. Und damit komme ich auf das erste zu sprechen, was ich als Anmaßung von Unwissen bezeichnen möchte, nämlich die Leugnung dieses Sachverhalts. Die öffentlichen Instanzen müssen ihre Kosten aus irgendwelchen Quellen decken, im wesentlichen aus öffentlichen Abgaben, die ständig steigen. Andere Möglichkeiten sind zu vernachlässigen – sie seien am Rande erwähnt. Zum Beispiel kann die inländische Politik wohl kaum durch Belastung von Gastarbeitern finanziert werden, es sei denn, daß man ihnen zunächst – wie es geschehen ist – Sozialabgaben abverlangt, entstandene Gegenansprüche aber bei Rückwanderung mit starken Abschlägen zurückkauft. Das Verfahren, zunächst neue Beitragszahler zu gewinnen, um höhere Gegenwartsausgaben finanzieren zu können, bedeutet immer höhere Abgabenlast in der Zukunft, wenn Gegenansprü-

[417] Im Jahre 1952 hat das Realeinkommen je Arbeitnehmer im Durchschnitt wieder den Stand von 1936 erreicht. Die Selbständigeneinkommen hatten überproportional zugenommen; die Rentenzahlungen blieben zunächst hinter der allgemeinen Einkommensentwicklung bis 1951 zurück, wurden dann aber nach oben angepaßt. Vgl. IFO-Institut für Wirtschaftsforschung, Fünf Jahre Deutsche Mark. Der Wiederaufbau der westdeutschen Wirtschaft seit der Währungsreform. Berlin-München 1953, S. 64 ff. Seit 1952 hat sich das Realeinkommen pro Einwohner ungefähr vervierfacht. Näherungsrechnung nach: Bundesministerium für Wirtschaft, Leistung in Zahlen, verschiedene Jahrgänge. Für die langfristige Entwicklung ist heranzuziehen: *Walter G. Hoffmann*, Das Wachstum der deutschen Wirtschaft seit der Mitte des 19. Jahrhunderts, Berlin u. a. 1965, Tab. I/6, S. 33 und Tab. II/1, S. 172 ff.

che der neuen Beitragszahler dann geltend gemacht werden. Ähnliches gilt für Kredite, die die staatlichen Instanzen aufnehmen: Bei Auslandskrediten erhöht sich zwar zunächst die im Inland verfügbare Gütermenge, vermindert sich aber in der Zukunft, wenn Verzinsung und Rückzahlung geleistet werden müssen, denn hierfür müssen dann Exportüberschüsse erzielt werden. Auch für Konsumzwecke verwendete Staatskredite, die im Inland aufgenommen werden, sind nicht tauglich zur Lösung des Problems, denn dadurch werden die in der inländischen Wirtschaft verfügbaren Gütermengen in keiner Weise vermehrt, sondern nur umverteilt. Alle derartigen Manipulationen verschieben nur endgültige Bezahlungen auf die Zukunft, es sei denn, der Staat entledigte sich wie schon so oft seiner Verpflichtungen durch Rechtsbruch oder Inflation, womit er Kredite in Abgaben verwandelt.

Bei allen staatlichen Betreuungen ist es also letztlich immer die Gesamtheit des betreuten Volkes, die für die Betreuungskosten aufkommen muß. Je umfassender die öffentliche „Daseinsvorsorge"[418] allen Mitgliedern der zahlenden Nation zugute kommt, desto mehr handelt es sich auch für jeden Einzelnen um eine soziale Selbstfinanzierung, die im Gewande der einseitigen öffentlichen Leistung auftritt.

Der mit wachsendem Wohlstand anscheinend immer betreuungsbedürftiger gewordene westdeutsche Gegenwartsbürger wird in der einseitigen Ansicht festgehalten, es handele sich bei der öffentlichen Betreuung um – wie es ein Jurist trefflich formuliert hat – „Handlungen der Interventionsverwaltung, die fördernd, begünstigend, gewährend, verteilend, austeilend und ausgleichend nach bestimmten, oft kombinierten und komplexen Interventionszielen stattfinden ...".[419] Der gleiche Bürger wird jedoch von seinen staatlichen Betreuern offenbar für immer belastungsfähiger gehalten, wie sich an den über sämtliche Regierungswechsel hinweg anhaltenden absoluten und relativen Steigerungen der öffentlichen Abgaben aller Art erkennen läßt.[420] Einige Politiker, Verbandsvertreter und Bürger, die doch selbst auch Steuerzahler sind, empören sich gar über geplante Steuersenkungen, selbst wenn diese nur eine vorübergehende Milderung im Anstieg der Steuerlasten bringen. Der Staat wird für die Instanz gehalten, die besser als der Einzelne mit dem verdienten Einkommen umzugehen versteht. Vielfach entsteht diese Selbsttäuschung dadurch, daß der Neid zum Vehikel der Sozialisierung des Einkom-

[418] Vgl. *Hans Klein*, Art. „Daseinsvorsorge", Evangelisches Staatslexikon. Herausgegeben von *Hermann Kunst* und *Siegfried Grundmann*, Stuttgart und Berlin 1966, Spalten 269–275.

[419] *Hans Peter Ipsen*, Öffentliche Subventionierung Privater, Berlin und Köln 1956, S. 10.

[420] Die Abgabenquote in Prozent des Bruttosozialproduktes ist von 31,8 % im Jahre 1960 auf 39,8 % im Jahre 1983 gestiegen, die Sozialleistungsquote als Anteil des Sozialbudgets am Bruttosozialprodukt von 24,6 % im Jahre 1965 auf 31,9 % im Jahre 1983. Vgl. Bundesministerium für Wirtschaft, Leistung in Zahlen, verschiedene Jahrgänge. Die Abgabenlast hätte noch höher sein müssen, soweit die öffentlichen Ausgaben nicht durch Kreditaufnahme finanziert worden wären. Diese Kreditaufnahme war und ist überwiegend nicht aus konjunkturellen Schwankungen zu erklären.

mens gemacht wird: Man hofft, der beneidete Nachbar werde die öffentliche Abgabenlast tragen, während man selbst ungestört Vorteile öffentlicher Leistungen in Anspruch nehmen könne. Der damit entfesselte Kampf um den relativen Vorteil muß, wenn er sich auf alle Gruppen ausbreitet, in einen absoluten Nachteil für alle umschlagen, wie der Ökonom nachweisen kann.

Für die Kombination von betreuendem Paternalismus öffentlicher Instanzen und steigendem Abgabendruck wird das schöne Wort „Solidarität" verwandt.[421] Es ist zu einer politischen Waffe geworden, die dazu dient, staatliche und sozialpolitische Aktivitäten einer kritischen Prüfung zu entziehen. Maßnahmen, die damit etikettiert werden, sind nach deutscher Tradition so gut wie immer staatlich inszeniert, denn der Wohlfahrtsstaat hat den Deutschen die staatsfreie Solidarität immer mehr abgewöhnt. So enthält denn hierzulande „Solidarität" ein Vorurteil zugunsten einer Ausweitung der Staatstätigkeit, das sich gegen denjenigen richtet, der versucht, den damit bezeichneten Sachverhalt kritisch zu prüfen. Genau dies aber ist notwendig und soll nunmehr geschehen:

Worum handelt es sich, wenn uns der Staat durch ein immer engmaschiger werdendes Netz von Vorschriften nicht nur vor der natürlichen und gesellschaftlichen Umwelt schützen will, sondern auch vor uns selbst? Es geht nicht um die Notwendigkeit des Staates als rechtsetzende und friedenstiftende Einrichtung, die kein Vernünftiger in Frage stellt. Auch geht es nicht um solche Leistungen, bei denen unbestritten ist, daß sie der Staat besser und wirtschaftlicher erbringen kann als Private. Vielmehr ist die alte liberale Grundfrage Wilhelm von Humboldts nach den Grenzen der Wirksamkeit des Staates neu und unerbittlicher als bisher zu stellen. Humboldt legt ausführlich dar, was er für die Aufgabe des Staates hält. Als vielseitigem Staatsdiener ist ihm kaum vorzuwerfen, in Staatsgeschäften untätig gewesen zu sein. Dennoch bemerkt er mit Härte: „Der Staat enthalte sich aller Sorgfalt für den positiven Wohlstand der Bürger, und gehe keinen Schritt weiter, als zu ihrer Sicherstellung gegen sich selbst, und gegen auswärtige Feinde nothwendig ist; zu keinem andren Endzwekke beschränke er ihre Freiheit."[422] Dies begründet er mit nachteiligen Folgen, die solche wohlfahrtsstaatlichen Einrichtungen haben; der Staat führe dadurch Einförmigkeit herbei, was gerade die Absicht der Staaten sei. „Sie wollen Wohlstand und Ruhe."[423] Das freie Spiel der Kräfte werde gehemmt,

---

[421] Der Begriff „Solidarität" wird auch wertneutral in der Soziologie verwendet; vgl. *E. K. Scheuch, Th. Kutsch*, Grundbegriffe der Soziologie, Stuttgart 1975, S. 47; *Ralf Dahrendorf*, Art. Arbeitsteilung (I), Handwörterbuch der Sozialwissenschaften, Bd. 12, Stuttgart, Tübingen, Göttingen 1965, S. 515. Zur im engeren Sinne sozialpolitischen Anwendung vgl. *Marina Elisabeth Pfeffer*, Kleines Wörterbuch zur Arbeits- und Sozialpolitik, Freiburg i.B. 1972, S. 224f.

[422] *Wilhelm vom Humboldt*, Ideen zu einem Versuch, die Gränzen der Wirksamkeit des Staats zu bestimmten, (1792), in: ders., Werke in fünf Bänden, I Schriften zur Anthropologie und Geschichte, Darmstadt 1960, S. 90.

[423] Dsgl., S. 72.

„es ist Mannigfaltigkeit und Thätigkeit".[424] „Anordnungen des Staates aber", so bemerkt Humboldt weiter, „führen immer, mehr oder minder, Zwang mit sich, und selbst, wenn diess der Fall nicht ist, so gewöhnen sie den Menschen zu sehr, mehr fremde Belehrung, fremde Leitung, fremde Hülfe zu erwarten, als selbst auf Auswege zu denken."[425]

Sein Standpunkt mag heute als zu radikal gelten, seine Analyse ist aktueller denn je. Der Staat läßt uns zwar noch zu den Parlamenten wählen, traut uns aber nicht mehr zu, ohne seine Anleitung unsere eigenen Angelegenheiten zu regeln.[426] Er traut vor allem der Privatrechtsgesellschaft und dem Markt nicht zu, Mechanismen zur Entwicklung und Erschließung von Kenntnissen hervorzubringen, die uns besser vor Schaden bewahren als die wohlfahrtsstaatlichen Einrichtungen. Privatversicherungen erscheinen in diesem Licht, zumal bei solchen Risiken, die jedermann betreffen, gegenüber staatlichen Zwangsversicherungen weniger sinnvoll. Private Kapitalbildung für Zwecke der Alterssicherung wird gegenüber Umlagen diskriminiert. Private Vorsorge in der Familie erhält gegenüber dem kollektiven Familienlastenausgleich ein Vorzeichen antiquierter Rückständigkeit. Berufsausbildung gilt als Staatsaufgabe. Der Jurist, dem der in mehrfachem Sinne teuere und unbezahlbare Begriff der „Daseinsvorsorge" durch die Verwaltung eingefallen ist (Ernst Forsthoff[427]), wehrt sich gegen die Vorstellung, damit sollten nur

[424] Dsgl., S. 72.

[425] Dsgl., S. 73.

[426] Eine solche Entwicklung der Demokratie hat schon im Jahre 1840 *Alexis de Tocqueville* in seinem Werk De la Démocratie en Amérique vorausgesagt; deutsche Übersetzung: Über die Demokratie in Amerika. Zweiter Band. Stuttgart 1962, 4. Teil, 6. Kapitel „Welche Art von Despotismus die demokratischen Nationen zu fürchten haben".

[427] *Ernst Forsthoff*, Die Verwaltung als Leistungsträger, Stuttgart und Berlin 1938, Kapitel I. Die Daseinsvorsorge als Aufgabe der modernen Verwaltung. Dieses aus der nationalsozialistischen Ära stammende Werk ist zum Fundament einer bestimmten Schule des Staatsrechts in der Bundesrepublik Deutschland geworden. Es heißt dort über die Entwicklung seit Mitte des 19. Jahrhunderts (S. 6): „In dieser Entwicklungsphase kann von einer individuellen Daseinsverantwortung nicht mehr gesprochen werden. Der einzelne sieht seine Daseinsmöglichkeiten nur in der Solidarität der sozialen Gruppe gesichert. Diese Sozialverfassung erfuhr in der Weimarer Zeit ihre äußerste Zuspitzung. Der Nationalsozialismus hat diese kollektive Daseinssicherung durch die Solidarität sozialer Gruppen, aus der sich eine klare Daseinsverantwortung nicht entwickelte, überwunden, indem er die Daseinsverantwortung der Träger der politischen Gewalt (Staat und Partei) herstellte. Die Entwicklung ist also von der individuellen über die kollektive zur politischen Daseinssicherung und Verantwortung gegangen." Dieses Kapitel hat er im Jahre 1959 unverändert abdrucken lassen (Ernst Forsthoff, Rechtsfragen der leistenden Verwaltung, Stuttgart 1959), jedoch mit einer Einleitung versehen, die den Rückweg aus dem Nationalsozialismus darin zu sehen scheint, daß ein „aus den Erfahrungen der Vergangenheit verständlicher Autoritätsschwund des Staates" (Rechtsfragen …, S. 17) stattgefunden habe, „der jedoch der Wahrnehmung seiner Aufgabe nicht ernsthaft hinderlich" (Rechtsfragen …, S. 17) sei. Ein Beweis hierfür fehlt ebenso wie eine tiefere Erforschung der zugrunde liegenden Tatsachen und wirtschaftlichen Zusammenhänge. Undifferenziert wird lediglich die These aus dem Jahre 1938 wiederholt: „Heute jedenfalls muß eine umfassende politische Daseinsvorsorge, wie sie die reale Lebenssituation

diejenigen Bedürfnisse gedeckt werden, die sich auf Nahrung, Kleidung, Wohnung, Licht und Wärme beziehen. „Entscheidend kann nur sein, ob es sich um Verwaltungsleistungen handelt, welche ihrer Natur nach der Allgemeinheit angeboten werden, so daß angenommen werden darf, daß sie jedem, welcher die Merkmale des normativen Tatbestandes erfüllt, auch zugänglich sein sollen."[428] „Die Daseinsvorsorge kann nur von dem jeweiligen Status quo her interpretiert werden."[429] Irgendein Nachdenken darüber, ob dieser Status quo bestehen bleiben sollte, findet nicht statt, ausgenommen mit der These, der Begriff der Daseinsvorsorge könne nicht „unter irgendwelchen quantitativen oder qualitativen Gesichtspunkten" begrenzt werden.[430] Die normative Kraft des Faktischen steht damit jedem Regime zu Diensten, heute wie einst im Jahre 1938, wo es unter anderem hieß: „Die Grundrechte gehören der Geschichte an."[431] So kommt es sogar zu ökonomischen Tatsachenbehauptungen, bei denen sich die Tatsachen nach den juristischen Begriffen zu richten haben und nicht umgekehrt, etwa mit der Aussage, ein Energieversorgungsunternehmen nehme keine Funktionen des Marktes wahr, sondern Aufgaben der Daseinsvorsorge.[432] Was die Funktionen des Marktes sind, ist unbekannt, ebenso, daß das Dasein des Staates und seiner Finanzierbarkeit von diesen Funktionen abhängt. Auch daß der Markt über private Versicherungen hinaus Sicherungsfunktionen erfüllt, weiß man nicht.[433]

---

bestimmter moderner Völker fordert, über den Aufgabenbereich der überkommenen staatlichen Funktionen weit hinausgreifen und sich auch auf das Wirtschaftsleben erstrecken. In dieser unwidersprechbaren Ausweitung der staatlichen Aufgabe und Leistung liegt aber nicht nur die außerordentliche Steigerung der Wirksamkeit des Staates, sondern auch ein Moment der Gefährdung seiner Hoheit und seines eigentlichen Auftrags beschlossen." (Die Verwaltung ..., S. 11) Ob sich diese Gefährdung vermeiden läßt, bleibt unerörtert. Mit dem Wort „unwidersprechbar" wird anderen Wissenschaften der Mund verboten, die sich ernsthafter mit der Frage nach den Grenzen der Wirksamkeit des Staates befassen.

428 *Ernst Forsthoff*, Rechtsfragen der leistenden Verwaltung, a. a. O., S. 12.

429 Dsgl., S. 13.

430 Dsgl., S. 12.

431 *Ernst Forsthoff*, Die Verwaltung als Leistungsträger, a. a. O., S. 1; ders., Rechtsfragen der leistenden Verwaltung, a. a. O., S. 22 nebst einer halb entschuldigenden Bemerkung im Vorwort.

432 *Ernst Forsthoff*, Rechtsfragen der leistenden Verwaltung, a. a. O., S. 11: „Ein Energieversorgungsunternehmen, das durch das Energiewirtschaftsgesetz vom 13. Dezember 1935 einer besonderen Staatsaufsicht unterstellt und weitgehenden öffentlichrechtlichen Bindungen unterworfen ist, nimmt Aufgaben der Daseinsvorsorge, aber keine Funktionen des Marktes wahr und erfüllt deshalb, trotz seiner beherrschenden Stellung, die in der Natur der Sache liegt, nicht die Merkmale eines marktbeherrschenden Unternehmens im Sinne des Kartellgesetzes." Die Natur der Sache wird einfach definiert nach den Vorurteilen, die der Verfasser rechtswirksam machen will.

433 Vgl. *Rolf Hasse*, Die Sicherungsfunktion des Wettbewerbs, ORDO, Jahrbuch für die Ordnung von Wirtschaft und Gesellschaft, Band 33, Stuttgart und New York 1982, S. 149–163.

Indem ich einen Ausdruck von Hayeks[434] umkehre, frage ich, ob es jenseits dieser Anmaßung von volkswirtschaftlichem Unwissen diskutable Gründe für das ständige Anwachsen staatlich organisierter Zwangssolidarität gibt. Muß der Staat uns zum Beispiel vor französischem Käse schützen, oder genügen rechtliche Möglichkeiten von Garantie und Haftung mit dem Zweck, Sicherheit zu vermehren, Informationsmängel auszugleichen und Transaktionskosten einzusparen? Kann der Staat dort wirklich mehr an Informationen liefern, wo der Markt versagt? Schützt uns der Staat, wenn er vergleichende Werbung, Preisvergleiche und freie Ladenöffnungszeiten erschwert oder verbietet? Muß er wirklich unsere Bäume durch kommunale Baumsatzungen vor uns schützen?

In diesem Jahrhundert stellt außerdem die staatliche Verhaltensweise das konkurrenzlos höchste Vermögensrisiko dar, das es gibt. Ist ausgerechnet dieser Staat geeignet, uns durch detaillierte Anlegerschutzvorschriften vor Vermögensrisiken zu schützen, soweit er nicht lediglich Regelungen trifft, die auch Private für einen funktionierenden Markt ohnehin treffen würden? Treten wirklich durch die ständig wechselnden staatlichen Interventionen Wohlstand und Ruhe ein, die nach Humboldt Ziele des Wohlfahrtsstaates sind? Wie zahllose Beispiele zeigen, kann Ruhe durch staatlich betreuende Regulierung meist Anpassungszwänge nur zurückstauen, aber kaum aufheben. Wird unter dem Druck von Datenänderungen oder der Weltmarktkonkurrenz schließlich doch eine Anpassung notwendig – hier in Nordrhein-Westfalen ein bekanntes Thema –, führt sie meist zu größeren Verlusten als bei rechtzeitiger Umstellung. Die Ruinen verfehlter Konservierungspolitik stehen nicht nur den Landwirten, Werftarbeitern und Bergleuten im Wege. Es gilt heute weithin als Staatsaufgabe, den Bürger vor Wettbewerb und wirtschaftlichen Anpassungszwängen zu schützen. Gleichzeitig wird durch das Gesetz gegen Wettbewerbsbeschränkungen mindestens der Anschein aufrecht erhalten, Wettbewerb könne auch erwünscht sein, nach Abzug aller Ausnahmen, die dieses Gesetz und zahllose andere, ständig weiter wuchernde Gesetze enthalten. Die wichtigste Ausnahme ist der Arbeitsmarkt. Ist es wirklich berechtigt, wenn der mündige Bürger als selbständig handelnder Partner des Arbeitsvertrages auf der Arbeitnehmerseite immer seltener wird und ihm die mit faktischer Hoheitsgewalt ausgestatteten Tarifpartner weniger als Makler und eher als Vormund begegnen?

Der Arbeitnehmer gilt in den Angelegenheiten, die seinen Arbeitsvertrag betreffen, als ebenso inkompetent wie der Verbraucher beim Einkauf von Waren, jedenfalls wenn man diese Beziehungen durch die Brille der kollektiven und staatlichen Instanzen betrachtet. Staatliche Instanzen versorgen uns nicht nur mit Schulen,

---

[434] *F. A. von Hayek*, Die Anmaßung von Wissen, Rede aus Anlaß der Verleihung des Nobel-Preises in Wirtschaftswissenschaften, in: ORDO, Jahrbuch für die Ordnung von Wirtschaft und Gesellschaft, Band 26, Stuttgart 1975, S. 12–21.

Bildungseinrichtungen, Theatern und Museen und bemühen sich um das, was sie übrigens schon in der nationalsozialistischen Zeit unsere „Freizeitgestaltung" genannt haben. Wir werden von amtlich privilegierten Medien auch unterhalten und mit Meinungen ausgestattet. Wettbewerb gilt hier als besonders verdächtig, eine „Grundversorgung"[435] müsse in öffentlicher Hand bleiben. Ist als mögliches Resultat des Wohlfahrtsstaates ins Auge zu fassen, dem Bürger könne schließlich auch das Denken abgenommen werden, wie schon Alexis de Tocqueville im vorigen Jahrhundert ahnungsvoll gefragt hat?[436] Als herrschende Maxime scheint zu gelten: Der Staat möge panem et circenses, Brot und Spiele, liefern; wer den Staat dazu befähigt und was diese Befähigung kostet, wird nicht gefragt.

Seit längerem erwecken außerdem Bürgerin und Bürger in all ihrem Reichtum den Eindruck, sie seien zu schwach, um Kinder aufzuziehen und damit eine Bürde zu tragen, die unzählige Generationen zuvor auf sich genommen haben. Hilfe desselben Staates erscheint geboten, der zugleich die Tötung ungeborenen Lebens sozial subventioniert. Auch das, was Frauen werden und leisten können, ist jüngst zur Staatsaufgabe avanciert. Nichts an Versorgung scheint es mehr zu geben, was der Westdeutsche nicht vom Staat erwartet oder wovon Politiker und Medien behaupten, daß es vom Staat erwartet werde.

Mindestens insoweit, wie der Bürger bei allen diesen staatlichen Aktivitäten durchschaut, daß er sie selber bezahlen muß, werden seine möglichen Einwendungen mit dem Hinweis auf die Notwendigkeit von Solidarität erstickt. Ob damit jedoch seine Zahlungsbereitschaft erhöht wird, ist fraglich, wie die Flucht in die Schwarzarbeit zeigt, die auch eine Verweigerung sozialer Zahlungen darstellt. Das Schlagwort von der Solidarität wirkt sich kaum in stärker solidarischem Verhalten der einzelnen Bürger aus. Wilhelm von Humboldt hat hierzu bemerkt: „Wie jeder sich selbst auf die sorgende Hülfe des Staats verlässt, so und noch weit mehr über-

[435] Urteil des Bundesverfassungsgerichts vom 4. November 1986 – 1 BvF 1 / 84, Leitsätze Ziffer 1.a), wo allerdings offen gelassen wird, ob die „unerläßliche ‚Grundversorgung'" unter allen denkbaren Umständen nur durch die öffentlich-rechtlichen Anstalten gewährleistet werden kann. Das Gericht behauptet einfach, daß sie zur Zeit von diesen Anstalten wahrgenommen werde, und legitimiert diesen Zustand.

[436] *Alexis de Tocqueville*, Über die Demokratie in Amerika, Zweiter Band, a. a. O., S. 342, wo es über die egalisierten Menschen heißt: „Über diesen erhebt sich eine gewaltige, bevormundende Macht, die allein dafür sorgt, ihre Genüsse zu sichern und ihr Schicksal zu überwachen. Sie ist unumschränkt, ins einzelne gehend, regelmäßig, vorsorglich und mild. Sie wäre der väterlichen Gewalt gleich, wenn sie wie diese das Ziel verfolgte, die Menschen auf das reife Alter vorzubereiten; statt dessen aber sucht sie bloß, sie unwiderruflich im Zustand der Kindheit festzuhalten; es ist ihr recht, daß die Bürger sich vergnügen, vorausgesetzt, daß sie nichts anderes im Sinne haben, als sich zu belustigen. Sie arbeitet gerne für deren Wohl; sie will aber dessen alleiniger Betreuer und einziger Richter sein; sie sorgt für ihre Sicherheit, ermißt und sichert ihren Bedarf, erleichtert ihre Vergnügungen, führt ihre wichtigsten Geschäfte, lenkt ihre Industrie, ordnet ihre Erbschaften, teilt ihren Nachlaß; könnte sie ihnen nicht auch die Sorge des Nachdenkens und die Mühe des Lebens ganz abnehmen?"

giebt er ihr das Schicksal seines Mitbürgers. Diess aber schwächt die Theilnahme, und macht zu gegenseitiger Hülfsleistung träger."[437] So dient der mahnende Hinweis auf notwendige Solidarität vornehmlich dazu, die Hemmschwelle derjenigen Instanzen herabzusetzen, die dem Bürger Zwangsabgaben auferlegen können.

Solidarität meint in der Sozialpolitik und helfenden Wirtschaftspolitik zunächst nur, daß Notleidenden von der Gesellschaft geholfen wird.[438] Auch christliche Parteien scheinen hier wenig Vertrauen in staatsfreie Gemeinschaften und persönliche Nächstenliebe zu setzen. Sie ziehen die Verstaatlichung von Hilfe durch den Gesetzgeber vor. Darauf kommt es indessen weniger an als auf die Definition von Not. Dabei ist folgendes zu beachten:

1. Not kann als das Fehlen feststehender Gütermengen bei den Notleidenden definiert werden. Bleibt der Anteil an Notleidenden in einer Volkswirtschaft unverändert und steigt das reale Durchschnittseinkommen, wie das in der Bundesrepublik nun seit Jahrzehnten der Fall ist, dann müßte es ja eigentlich immer leichter werden, Not dieser Art zu lindern. Der prozentuale Aufwand vom Volkseinkommen für diesen Zweck müßte abnehmen. Nur wenig abgeschwächt wird dies in den Fällen, in denen die Notleidenden vorzugsweise auf Dienstleistungen angewiesen sind, die mit wachsendem Wohlstand wegen ständig steigender Reallohnsätze relativ teurer werden. Bei Unglücksfällen und anderweitigen Gütervernichtungen können die Lücken mit um so geringerer prozentualer Belastung der Volkswirtschaft geschlossen werden, je wohlhabender diese Volkswirtschaft ist.
2. Oft wird allerdings Not nicht in dem Fehlen von feststehenden Gütermengen definiert, sondern dynamisiert als gesunkener Anteil des von einem Nachteil betroffenen Bürgers am durchschnittlichen Einkommen, den man schon wegen dieses relativen Nachteils als notleidend bezeichnet. In diesem Sinne steigt mit wachsendem Wohlstand auch die absolute Not mit, wenn man sie als den Betrag definiert, der zur Beseitigung des Notstandes für erforderlich gehalten wird; jedenfalls gilt dies, solange die Zahl der Notfälle dieser Definition nicht zurückgeht. Zur Begründung wird angeführt, man könne es den notleidenden Bürgern nicht zumuten, einen allzu großen Abstand gegenüber dem Durchschnittsverdiener hinzunehmen.

   Zu einer solchen Relativierung von Not können allerdings auch andere Einkommensvergleiche dienen, als die innerhalb einer Volkswirtschaft anzustellenden. Und auch innerhalb einer Volkswirtschaft können andere Kriterien gelten, als die des Vergleichs mit den Durchschnittseinkommen. Der Augenschein lehrt

---

[437] *Wilhelm von Humboldt*, a. a. O., S. 75.

[438] *Marina Elisabeth Pfeffer*, Kleines Wörterbuch zur Arbeits- und Sozialpolitik, a. a. O., S. 225, die aber den Begriff sofort erweitert.

zwar, daß in Westdeutschland im allgemeinen weder Kinder noch Eltern Not leiden, aber ihre Not läßt sich leicht konstruieren, wenn der fiktive Kinderlose gleichen Einkommens zum Gegenstand des notbegründenden Sozialvergleichs gemacht wird, um Ausgleichsforderungen zu stellen. Die Relativitätstheorie der Not läßt sich auch zwischen ganzen Ländern anwenden und dann als Argument für massive internationale Ausgleichszahlungen benutzen, wie etwa im Rahmen der Europäischen Gemeinschaften. In diesem Falle würden die meisten deutschen Empfänger von Familienlastenausgleich in das Lager der Abgabepflichtigen wechseln, denn ihr reales Einkommen pro Kopf übersteigt dasjenige der meisten Länder der Welt bei weitem. Das Relativitätsprinzip für Nothilfe ist im übrigen von der ständigen Gefahr bedroht, zu einer Explosion öffentlicher Aus- und Abgaben zu führen, weil es eben so unersättlich ist wie der soziale Neid überhaupt.

3. Allerdings bleibt Not für Zwecke umverteilender Politik immer insoweit ein relativer Begriff, als dabei aus logischen Gründen nicht alle Bürger gleichzeitig als notleidend gelten können. Wirtschaftlich bedeutet soziale Hilfe immer, daß dem einen genommen wird, um dem anderen zu geben. Es kann nicht allen gleichzeitig gegeben werden. Daran ändert die Möglichkeit nichts, in der Vergangenheit gebildetes Vermögen zu verzehren: Brauchen es die Eigentümer selbst auf, dann liegt keine soziale Hilfe vor, geben sie es anderen ab, dann verlieren sie, während die Empfänger gewinnen. Auch die bei Umverteilern beliebte Staatsverschuldung bewahrt diese Logik: Belastet werden davon alle jene, die für Verzinsung und Rückzahlung aufkommen müssen; es gewinnen jene, die Vorteile von der Verwendung der damit finanzierten Staatsausgaben haben. Dies alles steht nicht in Widerspruch dazu, daß Hilfe für eine Teilmenge Notleidender ein unbestrittenes Ziel bleiben muß, an dem kein Vernünftiger rütteln sollte.

Der allgemeine Konsens in dieser Frage wird allerdings mit einer Fülle von erschlichenen Werturteilen zur Legitimation kollektiver Sicherungssysteme benutzt, von denen die ganze Bevölkerung durch Zwang erfaßt wird. Diese – wie eben gezeigt – kann aber nicht als notleidend definiert werden, solange es niemanden als dieselbe Bevölkerung gibt, aus deren Tasche all das finanziert wird, was ihr unter dem falschen Etikett von „Hilfe“ angedient wird. Es handelt sich bei Gütern, die man kaufen und bezahlen muß – und das ist bei diesen Gütern der Fall –, nicht um Hilfe oder gar Solidarität durch den Verkäufer, sondern um Geschäft, das nach kaufmännischen Gepflogenheiten und Zweckmäßigkeitserwägungen abzuwickeln und zu beurteilen ist. Die in der Toga von Hoheitsträgern auftretenden Geschäftsleute der sozialen Sicherung haben ihren im ganzen auf Geschäft beruhenden Systemen so viel Elemente der Umverteilung – Solidarität, wie sie es nennen – beigemischt, daß sie bisher erfolgreich hoffen konnten, auch den wesentlich größeren Anteil an bloßem Geschäft bei ihren Aktivitäten vor kaufmännischen Rationalitätserwägungen zu bewahren. Insofern sind die Systeme der sozialen Sicherung und des sozialen Brancheninterventionismus zu einem schlechten Geschäft für die Bevölkerung geworden. Der Appell an natürliche Hilfsbereitschaft sollte nicht länger eingespannt werden können und dürfen, um bestimmte kollektivistische Lösungen reiner Wirtschaftsprobleme gegenüber dem Vergleich mit Privatwirtschaftlichen Alternativen zu immunisieren.

Auch imponierende Deduktionen aus einem verfassungsrechtlichen „Sozialstaatsgebot" und die schon erwähnte Worthülse der „Daseinsvorsorge", die dem Staat obliege, sollten nicht länger von der Sachanalyse ablenken. Es haben sich hier allzu viele Worte eingestellt, wo Begriffe fehlen oder versteckt werden. Für das Wirtschaften zur Deckung des eigenen Bedarfs stellt sich nicht die Mitleidsfrage, sondern allein die Frage der relativen Nützlichkeit. Wer sich weigert, die hierfür erforderlichen Systemgedanken der dafür zuständigen Wirtschaftswissenschaft zu entnehmen, muß auf Systematik überhaupt verzichten, soweit sie die Einteilung in Rechtsprozeduren überschreitet. Es kommt dann, wie in einer Schrift des bekannten Juristen Hans Peter Ipsen,[439] zur Gleichsetzung von Realität und Legitimation und zur Anerkennung „jener realen Angewiesenheit auf staatliche Sozialgestaltung, die, *weil sie existiert*, diesen Gestaltungsauftrag des Staates *auch legitimiert*". Damit wird der Staat von der Notwendigkeit befreit zu begründen, weshalb er einen Auftrag zur Gestaltung der Wirtschaft zu haben glaubt; das heißt: Er darf sich insoweit von der Vernunft dispensiert fühlen.

II. Der Bürger als Opfer eindimensionalen Denkens über wirtschaftliche Zusammenhänge

Die soziale Entmündigung des Bürgers hat ihren Ursprung vor allem darin, daß volkswirtschaftliche Zusammenhänge komplex sind und Primärwirkungen staatlicher Maßnahmen leichter verständlich gemacht werden können als Anschlußwirkungen, die teilweise im Schatten bleiben und schwer zu erkennen sind. Öffentliche Instanzen und kollektive Organisationen können deswegen eindimensional nur auf positive Primäreffekte ihrer Maßnahmen hinweisen, auch wenn es sich um mehrdimensionale Probleme handelt. Nicht jedes Volk verfügt über politischen Realitätssinn und Erfahrung wie die Schweizer. Der Schweizer, in lokalen Angelegenheiten gelegentlich auch der Amerikaner, pflegt bei staatlichen Projekten immer sogleich nach den Kosten zu fragen. In Deutschland ist es demgegenüber ein

[439] *Hans Peter Ipsen*, a. a. O., S. 11.

Leichtes, wohlfahrtsstaatliche Projekte zu vertreten und die Frage der Finanzierung entweder überhaupt nicht zu stellen oder in den Hintergrund zu drängen. Wenn etwa für die Reform der sozialen Alterssicherung bei den unmittelbaren Beiträgen maßvollere Steigerungen vorgeschlagen werden, dafür aber der Bundeszuschuß massiv erhöht werden soll, so rechnet man damit, die Bevölkerung über die Tatsache im Unklaren lassen zu können, daß auch der Bundeszuschuß von derselben Generation und sogar denselben Personen aufgebracht werden muß, die die Beiträge zahlen.[440] Sozialpolitik verkommt damit zur optischen Täuschung. Ähnlichen Charakter haben Äußerungen von Abgeordneten bei Haushaltsdebatten. Selten oder nie bringt es ein Abgeordneter über sich, zunächst dem Steuerzahler sein Bedauern darüber zum Ausdruck zu bringen, daß man eine bestimmte staatliche Aufgabe nicht mit geringeren Ausgaben und damit geringeren Zwangsabgaben hat finanzieren können. Vielmehr überbietet man sich in Forderungen nach Ausweitung einzelner Etatposten, selbstverständlich ohne anzugeben, was dafür gekürzt werden könnte oder welche Abgabenerhöhungen dafür erforderlich wären. Man streitet nur darum, wem die größte Ausgabensteigerung für irgendeinen als gut bezeichneten Zweck gelungen ist.

Auf eindimensionalem Denken, das freilich die Intelligenz des Bürgers nun doch unterschätzt, beruht die immer wieder erhobene Forderung nach Verstaatlichung von Wirtschaftszweigen, die sich in Schwierigkeiten befinden, oder nach Subventionen zur Erhaltung von Arbeitsplätzen. Die jüngst geforderte Verstaatlichung der Stahl-, Zigaretten- und Schuhindustrie, auch des Bergbaus und so fort, oder die Warnung eines Betriebsratsvorsitzenden vor, wie er sich ausdrückte, „unmenschlicher Betriebswirtschaft", falls sein Unternehmen endgültig privatisiert werde, lassen zu deutlich erkennen, daß man Unwirtschaftlichkeit oder Fortsetzung von Unwirtschaftlichkeit auf Kosten des Steuerzahlers wünscht. Ebenso ist zu vermuten, daß ein wachsender Teil der Bürger durchschaut, was Arbeitszeitverkürzung bei vollem Lohnausgleich und unverminderten Lohnsteigerungsforderungen bedeutet. Sie bedeutet Kostensteigerung für die Unternehmungen und schafft nicht neue Arbeitsplätze, wie immer behauptet wird, sondern vernichtet alte. Es genügt die Anwendung der Grundrechenarten, um dies zu erkennen.

---

[440] Der Unterschied zwischen Sozialabgabenpflichtigen und Steuerpflichtigen vermindert sich um so mehr, je mehr alle Bürger sowohl Sozialabgaben als auch Steuern zahlen, weil sie umfassend vom System der sozialen Sicherung erfaßt sind. Um den in der Summe, nicht in der Struktur, immer geringer werdenden Unterschied zu ermitteln, enthält folgende ältere Studie eine nützliche Methodik: *Marie-Theres Starke*, Die Finanzierung der Krankenhausleistungen als sozial- und ordnungspolitisches Problem, Schriften des Instituts für christliche Sozialwissenschaften der Westfälischen Wilhelms-Universität Münster. Herausgegeben von *Joseph Höffner*, Band 12, Münster 1962.

Schwerer zu verstehen ist es schon, daß der vermeintliche Schutz inländischer Wirtschaftszweige vor ausländischem Wettbewerb die inländische Exportwirtschaft schädigt. Hierzu bedarf es etwas komplexerer Erwägungen, aber auch dies sollte man einsehen können. Denn das Ausland kann bei uns nicht einkaufen, wenn es nicht durch Verkäufe an uns, an das Inland, Einnahmen erzielt, mit denen es seine Einkäufe bezahlt. Die Suche nach denen, auf die der angeblich helfende Staat auch in anderen Fällen die Kosten seiner Hilfe schließlich abwälzt, kann schwierig oder gar unmöglich sein. Die interventionistischen Lasten werden anonymisiert. Das erleichtert die eindimensionale Argumentation. Vielfach wird auch mit Erfolg versucht, eindeutig erkennbare Beziehungen zu anonymisieren, etwa wenn Lohnforderungen im öffentlichen Dienst in ähnlich klassenkämpferischer Weise begründet werden wie gegenüber der Privatwirtschaft. Im öffentlichen Dienst – dem ich angehöre – ist der Partner aber der Steuerzahler, der in der Hauptsache aus Arbeitnehmern besteht, nämlich Arbeitnehmern anderer Tarifbereiche. Eigentlich müßten also bei den Tarifverhandlungen im öffentlichen Dienst die Gewerkschaftsfunktionäre aus der privaten Wirtschaft zusammen mit den Innenministern auf der Arbeitgeberseite sitzen.

Aus der Komplexität der modernen arbeitsteiligen Wirtschaft schlechthin, also nicht nur der Marktwirtschaft, ergibt sich, daß der eigentliche letzte Adressat von Forderungen nach Umverteilung vielfach persönlich nicht ausfindig gemacht werden kann, sondern der betreuende Staat solche Forderungen mediatisiert. In Demokratien verhandelt er meist nur mit den Leistungsempfängern, die in Erpressungsgruppen zusammengefaßt sind. Mit dem abgabepflichtigen Opfer ist die Verhandlung deutlich kühler, wenn sie überhaupt im Zeichen des Non-Affektationsprinzips der Finanzwirtschaft noch stattfindet. Bei anderen Interventionen wird die Frage nach dem Träger der Interventionslast im berechtigten Vertrauen auf die volkswirtschaftliche Unkenntnis der Bevölkerung überhaupt außer Betracht gelassen. In entsprechenden Gesetzesentwürfen heißt es dann lapidar: „Kosten: keine".

Tatsachen lassen sich jedoch nicht hinwegdefinieren. Das eindimensionale Denken spart gesamtwirtschaftlich keinerlei Kosten, erlaubt aber, eine allgemeine Revolte gegen das marktwirtschaftliche System zu organisieren, weil man auf kostenlose Vorteile hofft, die durch Abweichung vom Marktergebnis zu erzielen sind.

Der Markt beruht auf dem Prinzip, daß die Produktionsleistungen aller durch die nachfragenden Mitbürger bewertet werden, indem diese Nachfrager die Produkte kaufen oder nicht kaufen. Solche Entscheidungen der Nachfrager können hart sein. Diejenigen, die für ihre Produkte von den Mitbürgern gleichsam schlechte Zensuren erhalten, wenden sich beschwerdeführend an den Staat als eine Art Schuldirektor der Marktwirtschaft, der auch bereit ist, gegen den Markt einzugreifen, also die Zensuren zu ändern. Seine Bereitschaft hierzu, soweit sie nicht auf

Ignoranz beruht, die aber sehr verbreitet ist, gründet sich auf das Vertrauen, daß es bei einer eindimensionalen Beurteilung von Staatseingriffen bleiben werde und die Sekundäreffekte als allgemeine wirtschaftspolitische Umweltverschmutzung im komplexen volkswirtschaftlichen Gesamtprozeß nicht auf den jeweiligen Verursachungsherd zurückgeführt werden können.

III. Selbstverantwortung und Bürgerfreiheit

Die interventionistischen Revolten gegen den Markt schwächen die Selbstverantwortung des Bürgers, weil der Weg am Markt vorbei über die staatlich-politische Einkommensbildung immer nur Einkommen auf Kosten anderer umverteilen, aber nicht durch eigene Produktionsleistung neu schaffen kann. Die Produktion tritt hinter der Verteilung zurück, so daß immer weniger Zuwächse verteilt werden können. Dieses Verfahren ist prinzipiell unberechenbar, weil es die Ordnung zur ständigen Disposition stellt, innerhalb deren sich Selbstverantwortung entfalten könnte. Denn so gut wie jede neue Umverteilung ändert die Rechtsordnung.

Einige Mißverständnisse über das Verhältnis von Freiheit und Ordnung müssen in diesem Zusammenhang aus dem Weg geräumt werden.[441] Freiheit und Selbstverantwortung setzen voraus, daß der Bürger sinnvolle Pläne machen und ausführen kann. Dies wiederum setzt voraus, daß der Planende zwischen Alternativen wählen kann, daß also das Geschehen innerhalb des Systems, in dem er sich bewegt, nicht schon ohne sein Zutun total determiniert ist, denn dann kann er keine Pläne mehr machen, nach denen Zustände geändert werden sollen. Vollständige Daseinsvorsorge durch den zentral verwaltenden Staat müßte für den Bürger alle Alternativen ausschließen und ist daher mit Bürgerfreiheit unvereinbar.[442] Auf der anderen Seite aber wären auch freie Planungen des Bürgers unmöglich, wenn – wie es manche Anarchisten wollen – alle Abläufe total unbestimmt wären, also Chaos oder totale Spontaneität herrschen würden mit totalem Unwissen über künftige Entwicklungen. Freiheit bewegt sich in dem mittleren Raum zwischen totaler Determiniertheit und Unbestimmtheiten. Freiheit heißt für den Bürger Freiheit zu

[441] Vgl. hierzu im einzelnen: *Hans Willgerodt*, Art. Freiheit und Planung, Handwörterbuch der Planung. Herausgegeben von *Norbert Szyperski* 1989.

[442] Der zentral verwaltende Staat muß allerdings im Rahmen zentraler Anordnungen einen taktischen Handlungsspielraum für den Einzelnen übrig lassen, doch ist die damit eingeräumte „Freiheit" unzulänglich, weil sie sich nicht auf die Wahl der Ziele des Wirtschaftens erstreckt, sondern nur auf diejenige einer eingeschränkten Wahl der Mittel. Vgl. auch: *Hans Willgerodt*, Warum Staatsplanung in der Marktwirtschaft? ORDO, Jahrbuch für die Ordnung von Wirtschaft und Gesellschaft, Band 17, Düsseldorf und München 1966, S. 214ff.

planmäßigem Handeln, das auf vorausschauenden Erwägungen über die Folgen beruht, die bestimmte Handlungen haben werden. Dafür müssen Regelmäßigkeiten und Kausalgesetze bestehen, sonst kann man nicht planen und besteht auch keine Freiheit. Wirtschaftliche Freiheit des Einzelnen heißt, daß er zwischen Zielen wählen kann, die unter Anwendung knapper Mittel erreichbar sind. Die Eigenschaft, Mittel zu sein, schließt berechenbare Beziehungen zum Ziel ein. Ohne Regelmäßigkeiten und Gesetze besteht keine Freiheit, und es ist nicht Konstruktivismus, wie einige meinen, dieses festzustellen. Wer totale Spontaneität fordert, fordert nur Schicksal, aber keine Freiheit. In diesem Fall, wenn nichts determiniert wäre und auch nichts durch Planung der Privaten determinierbar wäre, würden die Ziele, die der Einzelne anstrebt, Türen gleichen, die sich nicht durch gezielte Planung öffnen lassen. Demnach sind sowohl Freiheit als auch Planung des Einzelnen davon abhängig, daß es Regelmäßigkeiten gibt, die Alternativen zulassen, und zwar auch dann, wenn andere Bürger dieselbe Freiheit in Anspruch nehmen. Der Markt ist die soziale Einrichtung, die dies möglich macht. Allerdings bedarf es dazu des ordnenden Rechtsstaates und der Juristen, die diesen Rechtsstaat ordnen sollen, also des Rechtsstaates, der die Spielregeln festlegt und sie nicht ständig nach unvorhersehbaren wohlfahrtsstaatlichen Kriterien ändert. Dies hat Walter Eucken gemeint, wenn er von „Konstanz der Wirtschaftspolitik" als Grundbedingung für eine auf Investitionen angewiesene moderne Marktwirtschaft hingewiesen hat,[443] denn Investitionen sind Planungen für eine künftige Wirtschaftsperiode, die nicht völlig unberechenbar sein sollte.

Der intervenierende Wohlfahrtsstaat bereitet die Unmündigkeit auch dadurch vor, daß er den Grad an Determiniertheit des rechtlichen und ökonomischen Systems herabsetzt, der für eine selbstverantwortliche Bürgerplanung nötig ist. Infolgedessen beginnt eine allgemeine Flucht unter die vermeintlich schützenden Fittiche des Staates. Zugleich verliert ein Recht, das dieser Staat schafft, seine Autorität und unbestrittene Geltung, das immer dann zur wohlfahrtsstaatlichen Disposition steht, wenn der auf politische Instanzen ausgeübte Verbandsdruck genügend groß ist. Opportunität und Verhältnismäßigkeit beherrschen dann auch im Wirtschaftsrecht die Szene.

Freilich besteht dabei eine Asymmetrie: Der dem Anarchismus des Verbandsdrucks immer weiter geöffnete Staat muß sich bei der Beschaffung seiner Einnahmen ganz anders verhalten: Hier gibt es kein Opportunitätsprinzip, sondern trotz ständiger und kaum noch verständlicher Gesetzesänderungen unerbittliche Eintreibung von Abgaben. Als Steuerzahler ist der Bürger unfrei, im Rahmen eines

443 *Walter Eucken*, Grundsätze der Wirtschaftspolitik, Bern und Tübingen 1952, S. 285 ff. Gemeint ist natürlich nicht eine absolute Unveränderlichkeit wirtschaftspolitischer Daten, sondern Stabilität und Berechenbarkeit des staatlichen Verhaltens.

Verbandes aber darf er den Staat erpressen. So ist der Staat selber ein Opfer eindimensionalen Denkens[444] geworden, nachgiebig gegenüber den unmündigen, weil verantwortungslosen Kräften der Anarchie, asymmetrisch hart als Steuer- und Abgabenstaat. Wie soll man den gesetzestreuen Bürger erwarten, wenn der Staat nur noch asymmetrisch ordnungstreu bleibt? Eine halbseitig gelähmte Rechtsordnung und ihr Opfer, der eindimensional denkende Mensch, müssen versagen. Gefordert ist der selbstverantwortliche Staatsbürger in einer vollwertigen Rechtsordnung.

[444] *Herbert Marcuse,* Der eindimensionale Mensch. Studien zur Ideologie der fortgeschrittenen Industriegesellschaft, Neuwied und Berlin 1967, S. 139 ff, hat ein Kapitel mit der Überschrift versehen: „Das eindimensionale Denken"; darunter hat er sicherlich anderes verstanden als der Verfasser dieses Aufsatzes. Gleichwohl können manche seiner Bemerkungen zum Nachdenken anregen: „So muß die Frage noch einmal ins Auge gefaßt werden: wie können die verwalteten Individuen – die ihre Verstümmelung zu ihrer eigenen Freiheit und Befriedigung gemacht haben und sie damit auf erweiterter Stufenleiter reproduzieren – sich von sich selbst wie von ihren Herren befreien?" S. 261; „Auf ihrer fortgeschrittenen Stufe fungiert Herrschaft als Verwaltung, und in den überentwickelten Bereichen des Massenkonsums wird das verwaltete Leben das gute Leben des Ganzen, zu dessen Verteidigung die Gegensätze vereinigt werden. Das ist die reine Form der Herrschaft" (S. 266). Es genügt nicht, wenn die Gegner Marcuses mit Recht darauf hinweisen, daß er keine oder nur das Kritisierte verschärfende Lösungen anzubieten hat.

Zweiter Teil:
Vertrauen, Irrtum und Wissen als wirtschaftspolitische Probleme

Ein Maximum an Nachrichten ist nicht zugleich ein Maximum an wertvollem Wissen. Vor allem kann der einzelne Mensch nur begrenzte Mengen an Informationen aufnehmen und verarbeiten. Heute wird er mit einem Übermaß an Meldungen von verschiedener Qualität, Bedeutung und Lebensdauer überschwemmt, das von Fehlern und gezielten Desinformationen begleitet wird. Dies alles vollständig zu prüfen ist dem Einzelnen unmöglich. Er bleibt also stärker unwissend als bei langsamerem Informationsfluß und geringerer Dynamik der dahinter stehenden Vorgänge. Denn je mehr Prüfungszeit zur Verfügung steht, desto zuverlässiger sind Irrtümer zu entdecken.

Um trotzdem mögliches und einer Gesellschaft zugängliches Wissen zu vergrößern, ist zunächst die Spezialisierung und Wissensteilung (Helmstädter[445]) ein erster Notbehelf. Der Einzelne kann nicht gleichzeitig auf allen Gebieten Spezialist sein, sondern muß das vertiefte Wissen auch anderer in Anspruch nehmen. Dazu muß er den anderen vertrauen oder deren Wissen prüfen können. Wegen der Interdependenz aller Wissensgebiete kann ein Übermaß an Spezialisierung das Spezialwissen insoweit entwerten, als seine Bedeutung für den Gesamtzusammenhang aller Kenntnisse nicht mehr erkennbar wird.

Ein weiterer Notbehelf sind Bibliotheken und moderne elektronische Speicher, auf die der Unwissende zurückgreifen kann. Das Problem, wo man nachschlagen muß, wird damit nur unvollkommen gelöst, denn man muß sich hier auf eine Selektion verlassen, die von anderen vorgenommen worden ist und selber fehlerhaft sein kann. Man hat zum Beispiel heute vielfach weder Zeit noch Neigung, bei Berufungen auf Professorenstellen die Veröffentlichungen von Bewerbern im Original selbst zu prüfen. Deswegen urteilt man nach der tatsächlichen oder vermeintlichen Qualität der Zeitschrift, in der jemand publiziert hat, oft ohne die Qualität derjenigen zu kennen, die über die Aufnahme eines Aufsatzes zu entscheiden haben. Denn obendrein wird hier Anonymität verlangt, weil man diplomatische Rücksichten des Urteilers gegenüber dem zu Beurteilenden vermeiden will.

Verwandte Probleme werden in dem folgenden Beitrag behandelt. Derjenige, der wahrheitsgemäße Auskünfte etwa für die amtliche Statistik erteilen soll, wird sich zurückhalten, wenn er davon persönliche Nachteile zu erwarten hat. Der Staat wird besser informiert, wenn er weniger wissen will und Auskünfte vertraulich behandelt. Dieses Problem ist für ein modernes Wirtschaftssystem fatal, in dem der Staat möglichst vieles lenken und kontrollieren will. Das Informationsproblem spitzt sich in einer Zentralverwaltungswirtschaft sowjetischen oder ähnlichen Typs zu. In der ehemaligen DDR herrschte außerdem ein Prinzip der Informationspoli-

[445] Ernst Helmstädter (2000), Arbeitsteilung und Wissensteilung. Zur Institutionenökonomik der – Wissensgesellschaft, in: Nutzinger, H. G. und M. Held (Hrsg.), *Geteilte Arbeit und ganzer Mensch: Perspektiven der Arbeitsgesellschaft*, Frankfurt am Main und New York, S. 118–141.

tik vor, wonach politisch nicht opportune Informationen möglichst so lange auch in der Führungsschicht unterdrückt worden sind, bis die Wahrheit nicht mehr länger zurückzustauen war.

Diskretion als wirtschaftspolitisches Problem

Von Hans Willgerodt

„Jedem Mann ist bekömmlich sein Maß an Wissen.
Wer zuviel weiß, wird gar nichts wissen."
(Edda)

I. Gibt es Grenzen der „Öffentlichkeit"?

Die öffentliche Kontrolle der Staatstätigkeit ist eine alte liberale Errungenschaft.[446] Eine solche Kontrolle ist nur möglich, wenn die Staatsbürger oder mindestens ihre Repräsentanten das Recht haben, sich auch über Einzelheiten staatlicher Maßnahmen zu informieren. Staatsgeheimnisse sind infolgedessen nach liberaler Auffassung sorgfältig zu begründende Ausnahmen von der Regel umfassender staatsbürgerlicher Kontrolle.[447] Die prinzipielle „Öffentlichkeit" staatlicher Aktivitäten wird noch dadurch zusätzlich begründet, daß es in der Demokratie den Wählern möglich sein muß, die Handlungen der Regierenden zu beurteilen, was wiederum nicht oder nur unzulänglich gelingen könnte, wenn die Wähler keine Möglichkeit hätten, sich über die Regierungstätigkeit zu informieren. Da „Regierung" heute in den meisten Ländern zu einem wesentlichen Teil mit „Wirtschaftspolitik" gleichgesetzt werden kann, bedeutet dies, daß es in einer liberalen Staatsverfassung eigentlich auch nur wenige wirtschaftspolitische Staatsgeheimnisse geben dürfte. Auf der anderen Seite nimmt der Staat von jeher das hoheitliche Recht in Anspruch, von den Staatsbürgern Auskünfte aller Art zu verlangen. Dabei tritt die Auskunftspflicht im wirtschaftlichen Bereich besonders penetrant hervor, zumal sie die Grundlage der Besteuerung darstellt. Grenzen scheint es auch hier kaum zu geben, solange nicht ein durch Grundrechte gesicherter Privat- und Intimbereich der Einzelperson vom Staat selber eingeräumt, beachtet und verteidigt wird.

In neuerer Zeit kommt hinzu, daß nicht nur durch den Staat, sondern auch durch Privatpersonen und private Gruppen von anderen Privatpersonen und pri-

---

[446] Vgl. *Jürgen Habermas*: Strukturwandel der Öffentlichkeit. Untersuchungen zu einer Kategorie der bürgerlichen Gesellschaft, Neuwied 1962.

[447] Das Kontrollproblem wird nicht zureichend durch direkte Demokratie mit ständigen Plebisziten gelöst; vgl. jedoch das in dieser Hinsicht erstaunlich naive Buch von *Helmut Krauch*: Computer Demokratie, Düsseldorf 1972; zum Problem, wer neben den gewählten Parlamentariern noch zur Repräsentation der Öffentlichkeit berechtigt sein könnte, vgl. *Colm Brogan*: Who are the People?, London, Paris 1947.

vaten Gruppen „Transparenz“ gefordert wird. Begründet wird diese Forderung damit, daß es neben der staatlichen auch private Macht gebe, die die von ihr „Beherrschten“ dazu berechtige, „Öffentlichkeit“ herzustellen, um analog zur Kontrolle der Staatstätigkeit auch jede andere Art von tatsächlicher oder nur behaupteter Machtausübung der Kontrolle durch Publizität zu unterwerfen.[448]

Schließlich wird sogar eine totale Informationsfreiheit der „Öffentlichkeit“ gegenüber jedermann und über jede Angelegenheit ohne Rücksicht auf zugrunde liegende Machtpositionen als Grundsatz vorgetragen,[449] wobei die Beweislast, daß Beschränkungen erforderlich seien, auf denjenigen verlagert wird, der die Information verweigern möchte und der damit nach dieser Ansicht ein Ausnahmerecht geltend machen wolle. Dem einzelnen, von dem andere Private als selbsternannte Vertreter der „Gesellschaft“ Auskunft verlangen, wird die Entscheidung über das Informationsbegehren aus der Hand genommen; der Verzicht auf Information stellt sich als eine Art von Gnadenerweis der von beliebig legitimierten Anwälten vertretenen Öffentlichkeit gegenüber dem einzelnen dar, nicht als Bürgerrecht, das nur durch Gesetz eingeschränkt werden kann. Informationsfreiheit wird damit zur totalitären Öffentlichkeit, mit der sich nicht nur radikale politische Gruppierungen, sondern auch massive Wirtschaftsinteressen verbinden. Das Grundrecht der freien Meinungsäußerung, wie es in Artikel 5 des Grundgesetzes für die Bundesrepublik Deutschland festgelegt ist, wird so zu einem Recht auf totale Information der Staatsbürger gegeneinander umgedeutet. Läßt der Staat entgegen der zur Zeit noch in den meisten Ländern gegebenen Rechtslage zu, daß Private und private Gruppen Informationen ohne Begrenzungen voneinander fordern, sammeln, verbreiten und als Waffe gegeneinander verwenden, dann kommt es zu einer Mediatisierung der Staatsgewalt und zu einer Art von Refeudalisierung der Gesellschaft. Denn die Möglichkeit der Einzelnen, voneinander Informationen zu erzwingen, bedeutet in subtiler Form die Aufhebung des staatlichen Gewaltmonopols. Außerdem unternehmen die Einzelnen den Versuch, im Prozeß gewaltsamer Informationen Vorsprünge zu erlangen, denn die Möglichkeiten, voneinander Informationen zu erzwingen, können sehr ungleichmäßig verteilt sein. Fehdenartige Kämpfe um die weiterreichende Information über andere werden begünstigt, außerdem Abwehrreaktionen gegenüber den Auskunftsbegehren anderer, wobei derjenige politisch und wirtschaftlich im Vorteil ist, der über andere am besten informiert ist

---

[448] Vgl. *Otto Kunze*: Die Publizität des Großunternehmens. In: Normen der Gesellschaft, Festgabe für Oswald von Nell-Breuning, hrsg. v. *H. Achinger, L. Preller, H. J. Wallraff*, Mannheim 1965, S. 312.

[449] Ebenda, S. 313: „Das Informationsbedürfnis der Öffentlichkeit kennt keine Grenzen.“ *Kunze* (ebenda, S. 321) schränkt jedoch ein: „Einen gewissen Diskretionsbereich braucht jede Behörde, jede Verbandsleitung und auch jedes Unternehmen.“ Damit bleibt das Problem zunächst materiell offen.

und seinerseits die Neugier anderer am besten abzuwehren versteht. Als Abwehr dient dabei auch eine sorgfältig gefilterte aktive Information über solche Tatsachen, die man zur Selbstdarstellung mitzuteilen wünscht, aber auch die bewußte Fehlinformation. Falsche Informationen können außerdem als Angriffswaffe verwendet werden. Eine besondere Machtposition nehmen die Inhaber von Schaltstellen der Massenkommunikation ein, zumal ihnen mit Recht ein Schutz vor staatlicher Zensur gewährt wird. Sobald sie beherrschenden Einfluß nicht wegen der Stringenz ihrer Argumente, sondern wegen der Unmöglichkeit, Gegenmeinungen zu Gehör zu bringen, erlangen, können sie nicht nur einen in der Verfassung nicht vorgesehenen Einfluß auf die Politik ausüben, sondern auch gegenüber Privaten Macht anwenden, die unkontrolliert bleibt. Dies gilt vor allem, wenn es sich wie im Falle von Rundfunk und Fernsehen um staatlich privilegierte und deshalb gegen Wettbewerb geschützte Positionen handelt.[450]

Bei denen, die an der Totalinformation zwischen Privaten interessiert sind, gibt es in der Frage der Ausdehnung eines solchen „Rechtes" Meinungsunterschiede und Gemeinsamkeiten. Ein wesentlicher Meinungsunterschied besteht darin, daß einige auch bereit sind, ein wechselseitiges Informationsrecht anzuerkennen, also sich selbst nicht vom allgemeinen Informationskollektivismus auszuschließen, während die Mehrheit der nach totaler Information über andere Strebenden so idealistisch nicht denkt. Die Gründe, die für derartige Privilegien angeführt werden, sind von teils guter, teils weniger guter Qualität und beziehen sich vor allem auf Berufsgeheimnisse, etwa das Redaktionsgeheimnis, Arztgeheimnis, Anwaltsgeheimnis, Beichtgeheimnis, Betriebsgeheimnis, Kartellgeheimnis usw. Vielfach wird jedenfalls nur eine Art von hinkender Totalpublizität gefordert, bei der man für sich selbst keineswegs den Grad Öffentlichkeit zuzugestehen bereit ist, den man von anderen verlangt. Im übrigen sind die Anhänger totaler Publizität so unterschiedlich wie nur möglich: Politisch Radikale unter ihnen sprengen vertrauliche Sitzungen von solchen, die sie für ihre Gegner halten, organisieren „Vollversammlungen" (die nur von Minderheiten besucht werden) mit tribunalartigem Charakter, Verhören und einer Art von Informationsfolter, wobei die Technik der bewußten Fehlinformation mit dem Zweck, dadurch im Wege des Dementis die richtige Information zu erhalten, oft perfekt beherrscht wird. Auf dem anderen Flügel stehen diejenigen, die aus wirtschaftlichen Gründen an einer unbeschränkten Möglichkeit interessiert sind, Informationen über Private auch gegen deren Willen zu beschaffen. Die Hersteller von Abhörgeräten, die Sensationspresse, aber

[450] Auf das vielschichtige Problem des Wettbewerbs in den Systemen der Massenkommunikation kann an dieser Stelle nicht eingegangen werden; es fällt auf, daß in Deutschland Probleme der weniger monopolisierten Presse intensiver diskutiert werden als Probleme der stärker monopolisierten öffentlichen Rundfunk- und Fernsehanstalten. Zum Presseproblem vgl. jetzt *H. Armbruster* u. a.: Entwurf eines Gesetzes zum Schutze freier Meinungsbildung, Tübingen 1972.

auch manche allzu unbekümmerte Promotoren privater Datenbanken und Informationssysteme sind hier zu nennen.[451] Wie so oft bekämpfen „linke“ und „rechte“ Kräfte bei aller Uneinigkeit doch gemeinsam die Position der Mitte, die darin besteht, das Informationsrecht in ein ausgewogenes Verhältnis zu anderen Rechten zu bringen, insbesondere zum Persönlichkeitsrecht des Einzelnen. Den Lauten im Lande kommt die ungewöhnliche Entwicklung der Informationstechnik entgegen, außerdem das Berufsinteresse von Spezialisten der Informationsmittel und – last not least – das Interesse der Wissenschaft an der Aufklärung aller Zusammenhänge, einschließlich der „Geheimnisse“ der Einzelmenschen.

Lohnt es sich deswegen überhaupt, der Frage weiter nachzugehen, ob es Grenzen der „Öffentlichkeit“ und auch ihres Gegenteils, nämlich der Diskretion, geben muß oder geben sollte? Oder ist allein noch die Frage interessant, ob angesichts der Fülle von Informationsmöglichkeiten die wirkliche Information über wesentliche Vorgänge ihre Grenze bereits darin findet, daß zuviel unwesentliche Informationen geliefert werden, so daß in Zukunft das Problem der Auslese von Informationen stärker in den Vordergrund tritt als die Frage, wie ein Maximum an Informationen beschafft und gespeichert werden kann? Man könnte darauf verweisen, daß die Notwendigkeit von Diskretion formal noch immer anerkannt ist und nur ihre Grenzen umstritten sind. Persönlichkeitsrechte sind jedenfalls in demokratischen Verfassungsstaaten noch immer gesetzlich geschützt und können den Informationsrechten entgegengestellt werden. Allerdings sind die Einzelpersonen im Streit mit den Gruppeninteressen meist in der schwächeren Position. Es ist deswegen für das Auffinden eines Gleichgewichtes nützlich, im einzelnen zu zeigen, daß jede funktionsfähige Wirtschaftsordnung einen Bereich der Diskretion aussparen muß und daß es neben dem Umfang dieses Bereichs im wesentlichen nur darauf ankommt, wem jeweils das Recht, keine Auskunft zu erteilen, zusteht. Daß die totale Indiskretion utopisch ist und gemeinschaftsfeindlich wäre und daß das eigentliche Problem in der angemessenen Abgrenzung zur Informationsfreiheit liegt, läßt sich für das Gebiet der Wirtschaft besonders deutlich nachweisen, ein Gebiet, für das auf der anderen Seite niemand bestreitet, daß sein Funktionieren von einer Fülle richtiger Informationen abhängt.

---

[451] Vgl. hierzu *Karl Steinbuch*: Die informierte Gesellschaft. Geschichte und Zukunft der Nachrichtentechnik, Stuttgart 1966; wesentlich kritischer jedoch ders.: Stecknadel im Heuhaufen. Auf dem Weg zur totalen Kommunikation. In: Rheinischer Merkur vom 23. 11. 1973, und ders.: Schreckenskammer der Computer-Demokratie. Verwirrung der totalen Kommunikation. In: Rheinischer Merkur vom 11. 1. 1974. Aus der Fülle kritischer amerikanischer Äußerungen seien genannt *James Martin, Adrian R. D. Norman*: The Computerized Society, Englewood Cliffs 1970; *Arthur R. Miller*: Der Einbruch in die Privatsphäre. Datenbanken und Dossiers, (amerikanisch 1971) Darmstadt 1973.

II. Diskretion in der zentralgeleiteten Volkswirtschaft

Die Qualität eines Systems arbeitsteiliger Wirtschaft beruht nicht zuletzt auf der Leistungsfähigkeit seines Informationswesens. Denn zur rationellen Verwendung der knappen Produktionsmittel müssen diejenigen, die Wirtschaftspläne aufstellen, mit den dafür notwendigen Informationen optimal versorgt sein.

In der zentralgeleiteten Volkswirtschaft, die auf das Informationssystem freier Preisbildung bewußt verzichtet, muß daher die planende Instanz der Zentrale gegenüber den Einzelpersonen und Betrieben ein umfassendes Informationsrecht in Anspruch nehmen. Auf den ersten Blick scheint es so, als würde es für die planenden Zentralinstanzen an sich genügen, in statistischer Form aufbereitete globale Angaben über die gesamtwirtschaftlichen Daten, etwa die Produktionskapazität, zu erhalten. Denn es ist unmöglich, in einem volkswirtschaftlichen Gesamtplan sämtliche Detailinformationen aus allen Betrieben und Regionen und über sämtliche Einzelpersonen ohne Aggregation zu verarbeiten. Insofern könnten indiskrete, persönlich identifizierende Angaben nach der Aggregation vernichtet werden. Allerdings muß die planende Zentrale sicher sein, daß die Angaben der Meldepflichtigen nicht absichtlich verzerrt sind; mindestens muß sie den systematischen Fehler einigermaßen abschätzen können, der durch Irrtum und bewußte Fehlmeldungen zustande kommt.

Allerdings kann trotzdem auf die Korrektheit der Einzelangaben der Meldepflichtigen nicht verzichtet werden, weil ihre Meldungen zur Grundlage von Einzelanweisungen gegenüber den Meldenden gemacht werden müssen. Denn der volkswirtschaftliche Gesamtplan ist nicht nur eine globale Übersicht über die künftige Wirtschaftsentwicklung, sondern zugleich ein vollzugsverbindliches System von Befehlen, die schließlich jeden einzelnen Betrieb erreichen müssen. Infolge dieser Notwendigkeit, globale Statistiken und Planziffern wieder zu individualisieren, haben die Meldungen der einzelnen Meldepflichtigen für sie wirtschaftliche Folgen. Diese Folgen können von ihnen teilweise vorhergesehen werden. Deswegen kommt die Psychologie der Steuererklärungen ins Spiel, das heißt: Die Meldungen werden nicht unbeeinflußt von den Nachteilen abgegeben, die eine wahrheitsgemäße Berichterstattung unter Umständen für den Einzelnen haben kann. Man wird z. B. danach streben, der Zentrale eine größere Leistungsfähigkeit nach Möglichkeit zu verheimlichen,[452] andererseits Minderungen der Kapazität übertrieben zu zeichnen, um günstige, d. h. nicht allzu hohe Produktionsauflagen zu erhalten. Durch Belohnungen für hohe Produktionsleistungen bzw. für das Übertreffen einer zu niedrig deklarierten Leistungsfähigkeit können die Betriebe zwar veranlaßt

[452] Vgl. *Ulrich Wagner*: Die weichen Pläne der Betriebe im administrativen Sozialismus, ORDO-Jahrbuch, Bd. XIX (1968), S. 287–309.

werden, die wahre Situation mindestens teilweise offenzulegen; sie können aber in Kenntnis der Tatsache, daß eine Übererfüllung des Produktionssolls für die Neufestsetzung der Plankapazität nachteilige Folgen haben kann, eine Strategie entwickeln, die ein für sie optimales Verhältnis von Unwahrheit und Enthüllung sichert. Dieser Zusammenhang wird freilich der zentralen Planbehörde auf die Dauer nicht verborgen bleiben. Sie könnte sich in der Weise helfen, daß sie in ihre globalen Statistiken und Pläne entsprechende Zuschläge oder Abschläge einsetzt und von vornherein berücksichtigt, daß sie zu einem bestimmten Prozentsatz betrogen wird, der mit Methoden der statistischen Wahrscheinlichkeitsrechnung zu ermitteln wäre. Stichproben könnten dafür die nötigen Unterlagen liefern.

In Wahrheit genügt dies jedoch nicht. Diejenigen, die die Kunst der effektvollen Selbstdarstellung besser beherrschen und auch bei Kontrollen die Situation besser zu manipulieren verstehen, würden belohnt werden. Diese bei den Etatanmeldungen innerhalb der staatlichen Bürokratie allgemein bekannte Erscheinung wird damit auf die ganze Wirtschaft ausgedehnt. Den Ehrlichen würde man eine unverdiente Strafe auferlegen, weil auch sie unter den globalen Korrekturen zu leiden hätten, die wegen der Falschmeldungen der anderen notwendig werden. Damit wären die Motivationen zu richtigen Meldungen geschwächt. Das kann auf der einen Seite nicht immer wieder neu durch Korrekturfaktoren der zentralen Planung ausgeglichen werden, ohne daß man zu steigender Ungenauigkeit gelangt. Schon aus diesem Grunde verzichtet kein System zentral-administrativer Wirtschaftslenkung auf zusätzliche Individualkontrollen: Falschmeldungen werden bestraft, außerdem werden Kontrollsysteme entwickelt, die zum Teil neben den normalen Informationssystemen einherlaufen; ferner werden Denunziation und Selbstkritik zu einem unentbehrlichen Systembestandteil gemacht.

Auf der anderen Seite würde die bloße globale Richtigstellung gesamtwirtschaftlicher Statistiken und Planziffern ein weiteres Problem nicht lösen, nämlich das Problem der Produktionslenkung. Die von der Zentrale aufgrund der statistischen Informationen aufgestellten Wirtschaftspläne müssen ja in Form von Einzelanweisungen desaggregiert werden. Hierzu können verschiedene verwaltungstechnische Verfahren verwendet werden, das Prinzip des schließlichen Rückstoßes entpersonalisierter Statistiken in identifizierende Einzelanweisungen bleibt davon unberührt. Für die Produktivität der Gesamtwirtschaft ist nun entscheidend, daß die Einzelanweisungen so weit wie möglich auf den individuellen Zuständen aufbauen, also nicht nur global für eine ganze Branche richtig sind. Anderenfalls würden diejenigen Betriebe, die bei ihren Meldungen ehrlich gewesen sind, überlastet werden und ihre Auflagen schließlich doch nicht erfüllen können, während weniger wahrheitsgetreu berichtende Betriebe ihre Leistungskraft nicht voll ausschöpfen würden. Deswegen müssen sich die Kontrollen bis in die kleinsten Einheiten hinein verästeln.

Sie erstrecken sich nach dem Blockwart-System außerdem auf das Privatleben, da auch dieses wirtschaftlich wichtig ist: Die Arbeitsfähigkeit hängt vom „außerdienstlichen" Verhalten ab; der Einzelne wird ferner, wenn er eine Ausbildung auf Staatskosten erhalten hat, als eine Art von nationalem Besitz angesehen,[453] dessen Konservierung ihm nicht allein überlassen bleibt. Zum Beispiel darf der Ausgebildete nicht ohne weiteres unter Mitnahme seines Bildungskapitals in das Ausland abwandern. Pflichtuntersuchungen stellen außerdem regelmäßig von Amts wegen den Gesundheitszustand des Einzelnen fest,[454] um unter anderem die Arbeitsfähigkeit zu kontrollieren. Mit der wirtschaftlichen Überwachung läßt sich außerdem leicht auch eine allgemeine politische Kontrolle verbinden.

Aus allen diesen Gründen ist es nur folgerichtig, wenn in den meisten „sozialistischen" Ländern Persönlichkeitsrechte nicht gegenüber dem Staat geltend gemacht werden können,[455] der Einzelne dem Staat gegenüber auch keine persönlichen Informationen irgendwelcher Art mit der Berufung auf rechtliche Schranken zurückhalten kann. Systemkonform sind dort dem Staat gegenüber jedenfalls weder Bankgeheimnis[456] noch Arztgeheimnis noch Briefgeheimnis noch die Unverletzlichkeit der Wohnung.

Wie verhält sich demgegenüber der Informationsanspruch des Einzelnen gegenüber dem Staat im wirtschaftlichen Bereich? Ein solcher Anspruch kann praktisch kaum geltend gemacht werden, da bei zentraler Wirtschaftslenkung der Staat dem einzelnen gegenüber ein derartiges Machtübergewicht erhält, daß selbst allgemeine Wahlen nur protokollarischen Charakter tragen. Die politische Führung ist bestrebt, der Bevölkerung über die direkten Produktionsanweisungen hinaus nur diejenigen Informationen zukommen zu lassen, die eine günstige Selbstdarstellung erlauben. Auch die Statistik wird in den Dienst der politischen Propaganda gestellt.[457] Während also die staatliche Führung umfassend über jeden Einzelnen informiert sein kann, sie mindestens hierbei auf keine rechtlichen Hindernisse stößt, kann sich der Staatsbürger in Ländern mit zentral-administrativer Wirtschaftslenkung weniger gut über den Zustand der Volkswirtschaft informieren, der er angehört, als vergleichbare Ausländer. Viele staatliche Maßnahmen der Wirtschaftslenkung werden dort zum Staatsgeheimnis erklärt, angeblich, um dem feindlichen Ausland kei-

---

[453] Daraus erklären sich Schadenersatzforderungen, wie sie im Zusammenhang mit Abwanderungen aus der DDR von den dortigen Behörden gegenüber Westdeutschland geltend gemacht worden sind.

[454] Vgl. *Roger Bernheim*: Die sozialistischen Errungenschaften der Sowjetunion, Zürich 1972, S. 117f.

[455] Vgl. *Vladimir Gsovski*: Art. Das Recht. In *J. M. Bocheński, G. Niemeyer*: Handbuch des Weltkommunismus, München 1958, S. 295f.; *Klemens Pleyer, Erika Lieser-Triebnigg*: Der zivilrechtliche Schutz der Persönlichkeit in der DDR. In: Persönlichkeit in der Demokratie, Festschrift für Erich Schwinge, hrsg. v. *H. U. Evers, K. H. Friauf, E. W. Hanack, R. Reinhardt*, Köln, Bonn 1973, S. 154ff.

[456] Vgl. *S. Sichtermann*: Bankgeheimnis und Bankauskunft, Frankfurt/M. 1957, S. 327.

[457] Vgl. *Ralph James*: Art. Die Wirtschaft. In *J. M. Bocheński, G. Niemeyer*: a.a.O., S. 371ff.

ne Angriffsflächen zu bieten, in Wahrheit jedoch nicht zuletzt, um die Kontrolle durch die eigene Bevölkerung zu begrenzen. Je nach den politischen Umständen kann allerdings die Führung auch wahrheitsgemäß informieren, zumal über Fehler der vorangegangenen Führungsschicht, doch hängt dies allein von ihrer Entscheidung und nicht von den Staatsbürgern ab, zumal eine freie Presse mit an Sicherheit grenzender Wahrscheinlichkeit nicht zugelassen wird. Vor allem aber fehlt vielfach die ungehinderte Möglichkeit, die Propaganda des eigenen Staates durch Konkurrenzinformationen aus dem Ausland und durch Auslandsreisen zu kontrollieren, denn Devisenbewirtschaftung und Reisebeschränkungen gehören zum System der meisten zentralgeleiteten Volkswirtschaften.

Das Informationsrecht Privater gegenüber Privaten kann je nach den Umständen auch in „sozialistischen" Ländern begrenzt sein, dem einzelnen also ein Recht auf Diskretion in dieser Hinsicht zustehen.[458] Allerdings besteht in solchen Ländern eine Tendenz zur „gesellschaftlichen Selbstkontrolle", das heißt zur Bespitzelung aller durch alle, so daß der Rückzug des Einzelnen in eine rein private Sphäre stärker erschwert ist als in anderen Systemen.

Zusammenfassend ist festzustellen: In zentralgeleiteten Volkswirtschaften kann der Staat wirtschaftspolitische Handlungen und die zugehörigen Daten auch gegenüber den eigenen Staatsbürgern in erheblichem Maße geheimhalten. Die totale Öffentlichkeit wird insofern niemals hergestellt, sondern ein größerer Bereich wirtschaftspolitischer Diskretion vorbehalten. Dies folgt schon aus dem Umstand, daß dort die Wirtschaftspolitik auch Instrument der Außenpolitik ist und in strategischer Absicht eingesetzt wird. Andererseits tritt der Staat dem einzelnen Staatsbürger mit dem Anspruch auf totale Auskunftspflicht und Kontrolle gegenüber. Daß der Staat für den Einzelnen zum indiskreten Aufpasser wird, beruht nicht auf bösem Willen der Staatsorgane, sondern ist notwendiger Systembestandteil. Zwischen Privaten kann es einen geschützten Bereich der Diskretion geben, doch ist er in einem allgemein kollektivistischen Klima in höchstem Grade eingeschränkt.

III. Diskretion in marktwirtschaftlichen Ordnungen

Wie lösen demgegenüber marktwirtschaftliche Ordnungen das Diskretionsproblem in seinen verschiedenen Ausprägungen? Auch für Marktwirtschaften gilt, daß ohne gut funktionierendes Informationsverfahren die gesamtwirtschaftliche Steuerung versagen müßte. Als wesentliches, wenn auch nicht ausschließliches Informationssystem dient das Gefüge freier Marktpreise. Es erlaubt mindestens teilweise, den Konflikt zwi-

[458] Vgl. *Klemens Pleyer, Erika Lieser-Triebnigg*: a. a. O., S. 153–162.

schen dem gesamtwirtschaftlichen Informationsinteresse und dem einzelwirtschaftlichen Diskretionsinteresse aufzulösen. Zwar müssen bei den meisten Marktvorgängen die Vertragsparteien ihre Identität bekanntgeben, es gibt aber keine staatliche oder anderweitig zentrale Instanz, bei der sämtliche Verträge mit der Möglichkeit persönlicher Identifizierung für den Staat und die breite Öffentlichkeit registriert werden. Damit ist nicht ausgeschlossen, daß wie an den Börsen Angebot und Nachfrage zusammengefaßt und die Marktergebnisse vollkommener gemacht werden.

Ein Motiv zur Geheimhaltung der eigenen Leistungsfähigkeit besteht nur insoweit, wie dadurch die Marktgegenseite zu Konzessionen veranlaßt werden kann, also bei unzureichendem Wettbewerb. Ist die Wettbewerbsintensität ausreichend, so haben die Anbieter und Nachfrager kein sehr großes Interesse daran, ihre Angebots- und Nachfragewünsche marktstrategisch geheim zu halten. Die Anbieter wollen vielmehr die Nachfrager durch Werbung für sich gewinnen, die Nachfrager wollen ihre Kaufbereitschaft zum Ausdruck bringen, damit ihnen genügend Angebote gemacht werden. Trotzdem werden die persönlichen Verhaltensweisen und Daten nur insoweit bekannt, wie es die Marktpartner wünschen. Die planenden Wirtschaftseinheiten erhalten jedoch über die anonymen Preissignale gleichsam verschlüsselt die notwendigen Informationen über gesamtwirtschaftliche Daten und das Verhalten der anderen Wirtschaftseinheiten.

Trotz seiner zahlreichen Unvollkommenheiten hat sich das marktwirtschaftliche Preissystem bisher allen anderen gesamtwirtschaftlichen Informations-, Abstimmungs- und Koordinationsverfahren als überlegen erwiesen. Hierfür gibt es keinen besseren Beweis als die Tatsache, daß für Verrechnungen zwischen „sozialistischen" Volkswirtschaften selbst heute noch trotz aller Fortschritte planwirtschaftlicher Kybernetik Preise herangezogen werden, die marktwirtschaftlichen Systemen entnommen sind. Je besser die Öffentlichkeit über Preise informiert werden kann und je mehr diese Preise unter Bedingungen ausreichenden Wettbewerbs gebildet sind, desto mehr kann sie auf anderweitige Informationen über persönliche und betriebliche Einzelheiten von Anbietern und Nachfragern verzichten. Da eine zentrale Totalsteuerung der Wirtschaft in Marktwirtschaften vom Staat nicht verlangt zu werden braucht, kann er ebenfalls von minuziösen und identifizierenden Informationsansprüchen gegenüber Privaten absehen.

Dieses Bild bedarf freilich zahlreicher Differenzierungen. Auch in Marktwirtschaften macht der Staat aus den verschiedensten Gründen gegenüber den Staatsbürgern einen Informationsanspruch in wirtschaftlichen Angelegenheiten geltend. In erster Linie sind die Steuerbehörden auf persönliche Informationen und die zugehörigen Kontrollen angewiesen. Aber auch auf zahlreiche andere Meldepflichten mit wirtschaftlichem Hintergrund (Anmeldung von Wohnsitz und Personenstand, Schulpflichtigen, Kraftfahrzeugen; gewerbe- und handelsrechtliche Meldepflichten, Eintragungen in Grundbücher usw.) kann nicht verzichtet werden.

Im übrigen braucht der Staat nicht nur für die öffentliche Finanzwirtschaft, sondern auch für Zwecke der allgemeinen Wirtschaftspolitik Statistiken, die über die Preise hinaus zusätzliche Informationen liefern. Hier zeigt sich nun, daß die Statistiken in Marktwirtschaften normalerweise nicht mit dem Systemmangel belastet sind, der ihnen in zentralgeleiteten Volkswirtschaften anhaftet: Sie werden nicht zur Grundlage von staatlichen Einzelanweisungen gegenüber Privaten gemacht. Im allgemeinen werden sogar von den statistischen Behörden die persönlichen Angaben auch gegenüber anderen Behörden streng vertraulich behandelt. Infolgedessen braucht der einzelne Meldepflichtige keine Informationsstrategie zu entwickeln, um für ihn nachteilige Folgen seiner Angaben zu verringern. Da der Staat für globale wirtschaftspolitische Maßnahmen, die indirekt über den Markt auf die Wirtschaftseinheiten wirken, keine identifizierende Statistik braucht, wird er über die wahren Verhältnisse besser informiert.

Die Qualität des statistischen Urmaterials nimmt auch in Marktwirtschaften ab, wenn eine Wirtschaftspolitik der Direktsteuerung getrieben wird, bei der staatliche Maßnahmen unmittelbar an die von Privaten gegebenen Informationen anknüpfen. Zur Korrektur sind dann Kontrollen notwendig, die den Bereich der Diskretion, der dem einzelnen gegenüber dem Staat bleibt, weiter einengen. Einfach ausgedrückt: Die Kehrseite der gezielten Maßnahmegesetze und des wirtschaftspolitischen Begünstigungssystems ist der Fragebogen mit eidesstattlicher Versicherung und die Prüfung der individuellen Verhältnisse durch den Staat. Ein Musterbeispiel für die Notwendigkeit zusätzlicher Informationen und Kontrollen sind die Kapitalverkehrsbeschränkungen, die auch in der Bundesrepublik Deutschland in den letzten Jahren eingeführt worden waren.[459] Um sie wirksam zu machen, muß das Bankgeheimnis gegenüber den Kontrollbehörden aufgehoben werden, die Grenzkontrollen sind zu verschärfen, der Postverkehr ist zu kontrollieren usw. Anderenfalls erfährt der Staat zu spät oder überhaupt nicht von den Transaktionen, die er regulieren möchte.

Es läßt sich also sagen, daß der Staat durch die Art seiner Wirtschaftspolitik in Marktwirtschaften selbst darüber bestimmt, wie gut er informiert wird. Je stärker er in die Dispositionen der Einzelwirtschaften unmittelbar eingreift, desto mehr wird er betrogen, und desto mehr wird er deswegen den Bereich privater Diskretion einschränken.

Wie ist es nun umgekehrt mit den Möglichkeiten staatsbürgerlicher, öffentlicher Kontrolle der Staatstätigkeit in Marktwirtschaften bestellt? Die Bedingungen hierfür können in diesen Systemen wesentlich günstiger sein als in zentralgeleiteten Volkswirtschaften, weil die Marktwirtschaft mit freiheitlich-demokratischen

[459] Vgl. *Rolf Hasse, Horst Werner, Hans Willgerodt*: Außenwirtschaftliche Absicherung zwischen Markt und Interventionismus. Erfahrungen mit Kapitalverkehrskontrollen, Frankfurt/M. 1975.

Verfassungen besser harmoniert. Kann deshalb eine vollkommen unbeschränkte Information der Öffentlichkeit über wirtschaftlich relevante Kenntnisse und Handlungen der Staatsorgane sinnvoll sein und zugelassen werden? Die Frage ist zu verneinen. Auch in Marktwirtschaften muß der Staat einen begrenzten Bereich der Diskretion für sich in Anspruch nehmen. Besonders leicht ist dies bei der Vorbereitung von wirtschaftspolitischen Maßnahmen einzusehen, die bei vorzeitigem Bekanntwerden spekulative Störungen auslösen könnten. Änderungen der Währungsparität können nicht auf dem offenen Markt von den Staatsorganen beraten und geplant werden, ohne daß es zu spekulativen Kapitalbewegungen großen Umfanges kommt. Auch die Vorbereitung notenbankpolitischer Maßnahmen kann nur hinter verschlossenen Türen geschehen, wenn man vermeiden will, daß die Informierten durch geschickte Dispositionen unverdiente Gewinne auf Kosten anderer machen.

Indessen ist die Notwendigkeit zur Geheimhaltung um so geringer, je stärker die staatliche Wirtschaftspolitik an Regeln gebunden ist, bei denen auch ein Außenstehender die staatlichen Reaktionen vorhersehen kann, wie das etwa in der klassischen Goldwährung der Fall gewesen ist. Der nicht an Regeln gebundene Interventionismus erfordert dagegen ein erhebliches Maß an Geheimhaltung.[460]

Die totale Offenheit der Staatsverwaltung gegenüber privaten Informationsbegehren verbietet sich im übrigen immer dann, wenn der Staat mit einer Information in geschützte Bereiche Privater eingreifen würde, also z. B. Betriebsgeheimnisse, die ihm aufgrund seiner Hoheitsgewalt bekannt geworden sind, in die Hände Privater, etwa der Konkurrenz, geraten ließe.[461] Allerdings: Was sind schutzwürdige Betriebsgeheimnisse? Sicher nicht gesetzwidrige Wettbewerbsbeschränkungen und dergleichen. Die Abgrenzungsfrage kann erst beantwortet werden, wenn die Grenzen eines sinnvollen Informationsflusses zwischen Privaten ermittelt sind.

Ein der Marktwirtschaft angemessenes Recht zur Information über Wirtschaftstatsachen zwischen Privaten oder einer nicht staatlichen „Öffentlichkeit" gegenüber Privaten ist nicht leicht abzugrenzen. Das Problem ist in allgemeiner Form bisher

---

[460] Im einzelnen sind an dieser These Differenzierungen anzubringen: Gelegentlich ruft die bloße Ankündigung einer Maßnahme bereits den Effekt hervor, den man mit ihr erreichen will (Beispiel: Einführung der Kuponsteuer für Gebietsfremde in der Bundesrepublik Deutschland im Jahre 1965). Doch könnte z. B. strittig werden, ob die Veröffentlichung der Notenbankausweise bei flexiblen Kursen dann zweckmäßig ist, wenn die Notenbank zum Zwecke der Wechselkurspflege unregelmäßig am Devisenmarkt intervenieren will. Möchte sie damit die Richtigkeit eines Kurses vortäuschen, der in Wirklichkeit langfristig nicht gehalten werden kann, dann müßte ihre Intervention möglichst unauffällig bleiben. Will sie dagegen nur Kursschwankungen glätten, dann wäre Publizität weniger gefährlich für das angestrebte Ziel. Praktisch lassen sich beide Fälle oft kaum exakt voneinander unterscheiden.

[461] Vgl. *Hans-Ulrich Evers*: Auskunftsrecht der Presse gegenüber Behörden und allgemeines Persönlichkeitsrecht. In: Persönlichkeit und Demokratie, a. a. O., S. 237–246.

überwiegend von Juristen erörtert worden.[462] Wirtschaftspolitische Analysen, die auch bei rechtspolitischen Erwägungen hätten zur Verfügung stehen sollen, haben sich in der Mehrzahl auf Teilaspekte, etwa die Frage der Konkurrenzinformation erstreckt.[463] Eine grundsätzliche Klärung, die hier nicht in allen Einzelheiten versucht werden kann, muß jedoch damit beginnen, die allgemeinen Grenzen der Informationsrechte zu klären, die in einer Marktwirtschaft zwischen Privaten bestehen sollten. Für rein technologisch Denkende erscheint es zunächst überhaupt abwegig, daß Informationen – etwa über rationellere technische Verfahren – nicht sofort allgemein mitgeteilt und damit sozialisiert werden,[464] daß es also Grenzen der Information geben soll. Sie verweisen auf die Behauptung, daß es zwischen Betrieben „sozialistischer“ Länder ein „kapitalistisches Geschäftsgeheimnis“ nicht gebe,[465] ferner darauf, daß man Fehlinvestitionen durch Investitionsabsprachen vermeiden könne und daß sich überhaupt wirtschaftliche Probleme bei möglichst umfassender wechselseitiger Information leichter lösen ließen, etwa nach dem Vorbild der französischen Planifikation älteren Typs. Allerdings verhalten sich, wie gezeigt, „sozialistische“ Betriebe keineswegs informationsfreudiger als „kapitalistische“; Überinvestitionen können wesentlich harmloser sein als Investitionskartelle, die bei wechselseitiger Totalinformation zustande kommen, und die vielgerühmte „économie concertée“ führt keineswegs zu einem besseren Informationsstand der Wirtschaft.[466]

Vor allem aber verkennt man, daß es nicht nur darauf ankommt, vorhandenes Wissen möglichst allen denen, die es nützlich anwenden können, zugänglich zu machen, sondern auch darauf, neues Wissen zu gewinnen. Hierzu muß ein hinreichender Anreiz bestehen. Das heißt: Diejenigen, die Erkundungsvorstöße

---

[462] Vgl. z. B. *Fritz Rittner*: Die handelsrechtliche Publizität außerhalb der Aktiengesellschaft. Gutachten für den 45. Deutschen Juristentag, München, Berlin 1964; *Hans-Heinrich Maass*: Information und Geheimnis im Zivilrecht. Eine rechtshistorische und rechtsvergleichende Kritik der privaten und der gewerblichen Geheimsphäre, Stuttgart 1970. Unter Heranziehung volkswirtschaftlicher Erwägungen *Ernst-Joachim Mestmäcker*: Europäisches Wettbewerbsrecht, München 1974, S. 286 ff.

[463] Vgl. z. B. *Otto Gandenberger*: Konkurrenzinformation und Wettbewerb, Jahrbücher für Nationalökonomie und Statistik, Bd. 188 (1973), S. 10–31, und die dort sowie bei *Ernst-Joachim Mestmäcker*: a. a. O., angegebene Literatur.

[464] In dieser Weise hat sich der Vater der modernen Kybernetik *Norbert Wiener*: Mensch und Menschmaschine, Frankfurt/M., Berlin 1952, S. 115 ff. und passim geäußert und gegen das Patentwesen mit teils beachtlichen, teils ökonomisch unhaltbaren Argumenten polemisiert. Kritisch zum Vorschlag staatlich organisierter Informationssysteme *Alfred Schüller*: Ein staatlich verordneter „Nürnberger Trichter“? Die Informationslücke als Problem staatlicher Wirtschaftspolitik in der Bundesrepublik Deutschland, ORDO-Jahrbuch, Bd. XXII (1971), S. 181–215.

[465] Vgl. *Hans Gottfried Nutzinger*: Art. Unternehmen. In: Sowjetsystem und demokratische Gesellschaft, Freiburg, Basel, Wien 1972, Bd. VI, S. 546.

[466] Vgl. *Hans Willgerodt*: Warum Staatsplanung in der Marktwirtschaft? ORDO-Jahrbuch, Bd. XVII (1966), S. 198 ff.

machen, müssen im Falle des Erfolges belohnt werden. Die Belohnung kann darin bestehen, daß ihnen erlaubt wird, vorübergehend ihren Erfolg allein zu nutzen, indem sie ihr neues Wissen nicht sofort jedermann mitteilen müssen. Denkbar ist auch, daß der Staat die Erfolgreichen belohnt und dafür das neue Wissen sofort allgemein zur Verfügung stellt.

Das zweite Verfahren ist für staatliche Forschungsinstitute sinnvoll, hat aber als ein gegenüber der Wirtschaft unmittelbar angewandtes dominierendes oder gar einziges Verfahren entschiedene Nachteile: Wie soll der Erfolg bewertet werden, wenn durch Sofortsozialisierung des Wissens sein Marktwert auf Null absinkt?[467] Welche Kosten ruft eine staatliche Belohnungsbürokratie hervor und welche Korruptionsgefahren sind mit ihr verbunden? Zahlreiche besonders wichtige wirtschaftliche Informationen würden zwar der Konkurrenz einleuchten, sind aber einer Behörde überhaupt nicht plausibel zu machen, es sei denn, sie wäre aus Wirtschaftsfachleuten gleichen Formats zusammengesetzt wie die Anmeldenden, womit aber der produzierenden Wirtschaft wertvolles Potential entzogen wäre. Sobald man anfängt, praktisch zu denken, stellt sich heraus, daß staatliche Belohnungen und Hilfen kein allgemeines Verfahren zur Anregung von Innovationen sein können, so nützlich sie im einzelnen sein können. Damit bleibt es bei der Notwendigkeit, wirtschaftliche Pionierleistungen zu fördern, indem man zuläßt, daß sie am Markt selbst entlohnt werden. Damit werden auch die Kosten der Neuerungen den Produkten angelastet, für die sie berechnet waren. Wählt man dieses Verfahren mindestens außerhalb der Grundlagenforschung, dann muß ein begrenzter Schutz der betrieblichen Sphäre vor der informationshungrigen Konkurrenz gewährt werden.[468] Mindestens muß die Möglichkeit zugelassen werden, gegenüber anderen Privaten die totale und sofortige Transparenz zu verweigern.

Allerdings muß dafür gesorgt sein, daß auf der Grundlage eines solchen Schutzes keine dauerhaften Monopolstellungen entstehen, sondern das neue Wissen nach einiger Zeit allgemein verfügbar wird. Hierzu kann die staatliche Wettbewerbspolitik in Verbindung mit Lockerungen des Patentschutzes und anderer gewerblicher Schutzrechte beitragen, falls das Gleichgewicht zwischen vorstoßendem und nachfolgendem Wettbewerb, das heißt auch: zwischen der Gewinnung und Ausbreitung von Informationen wirklich gestört sein sollte. Bei wettbewerb-

[467] Der Effekt auf das Sozialprodukt ist wegen des Zurechnungsproblems praktisch ebenfalls kaum hinreichend genau zu ermitteln. Außerdem bleibt ungeklärt, in welchem Verhältnis Erfolg und Belohnung zueinander stehen sollen.

[468] Vgl. Bundesminister *Hans Friderichs*: Aktuelle Fragen unserer Marktwirtschaft. In: Wirtschaft und Wettbewerb, H. 8 (August 1973), S. 535: „… Würde die Realisierung der Demokratisierung bewirken, daß unternehmerische Entscheidungsprozesse in aller Öffentlichkeit erfolgen, so können sich Wettbewerbsvorsprünge beträchtlich vermindern oder sogar vollständig aufgehoben werden. Zu unserer Wirtschaftsordnung gehört sowohl unterschiedliches Wissen als auch die Ausnutzung dieses Wissens."

lichen Marktstrukturen ist die Neigung, technisches und organisatorisches Wissen mitzuteilen, ohnehin größer als auf vermachteten Märkten, weil auf Märkten mit funktionsfähigem Wettbewerb allgemein und also auch mit Informationen weniger Marktstrategie getrieben werden kann. Ferner ist auf Wettbewerbsmärkten die Kooperation als Austausch von technisch-ökonomischen Informationen unbedenklicher, weil auch das Zusammenwirken einiger Anbieter noch nicht die Gefahr der Vermachtung mit sich bringen muß.

Demgegenüber können auf vermachteten Märkten Informationen über das Verhalten der Konkurrenten den Wettbewerb weiter beschränken oder ausschließen. Identifizierende Preismeldestellen und „Markttransparenz" sollen dann dazu dienen, Wettbewerbshandlungen unmöglich zu machen. Der vertragliche Verzicht auf Diskretion bei eigenen Wettbewerbshandlungen kann von der Marktstruktur her erzwungen sein, wenn die Weigerung, solche Informationen zu geben, als Signal für die Eröffnung des Oligopolkampfes aufgefaßt würde. Deswegen ist es zweckmäßig, wenn die Wettbewerbspolitik einen solchen Verzicht auf Diskretion untersagt, denn die Gruppentransparenz, die hier geschaffen werden soll, richtet sich gegen die Gesamtwirtschaft, was immer die Interessenten und ihre Anwälte sagen mögen.[469] Damit kommt ein Problem zum Vorschein, das allgemeinere Bedeutung hat: Bei wirtschaftlichen Vermachtungen kann die Demonstration, also die freiwillige Publizität, ähnlich abschreckenden Charakter haben wie das Vorführen neuer Waffen bei militärischen Paraden. Der „Preisgabeeffekt" (*Gandenberger*[470]) von Informationen soll den Schwächeren die Sinnlosigkeit eines Ausbrechens aus kartellartiger Gruppenmoral zum Bewußtsein bringen. Es sollen aber auch die Schwächeren dazu gebracht werden, ähnliche Publizität zu üben, um dem Stärkeren die Überwachung zu erleichtern. Jedenfalls ergibt sich eindeutig, daß auch im gesamtwirtschaftlichen Interesse „Publizität" nicht immer und grundsätzlich sinnvoll ist, sondern daß es sich bei der Abgrenzung zur Diskretion um ein Gleichgewichtsproblem handelt. Einfache Regeln zur Fixierung dieses Gleichgewichts sind Einwänden ausgesetzt, selbst wenn einzuräumen ist, daß im Interesse der Rechtssicherheit oft grobe, aber praktische und justiziable Faustregeln angewandt werden müssen. Im Vordergrund der öffentlichen Aufmerksamkeit steht in diesem Zusammenhang die Forderung, daß Großunternehmen bestimmter Rechtsformen oder Großunternehmen schlechthin erhöhten Publizitätspflichten unterworfen werden sollen.[471] Hierfür könnte angeführt werden, daß Großunternehmen marktmächtig seien und deswegen zur Kontrolle dem Scheinwerferlicht

[469] Als Beispiel sei genannt *Friedrich-St. Behrens*: Marktinformation und Wettbewerb, Köln, Berlin, Bonn, München 1963. Vgl. hierzu *Otto Gandenberger*: a. a. O.

[470] Ebenda, S. 14ff.

[471] Vgl. *Fritz Rittner*: a. a. O., S. 140ff.

der Öffentlichkeit ausgesetzt werden sollten. Indessen kann an der Größe allein die Marktmacht nicht abgelesen werden. Auch das wirtschaftspolitische Informationsinteresse, das Interesse an der Information anderer Unternehmen und das Interesse daran, das öffentliche Vertrauen in die „Wirtschaft" zu erhalten, ist nicht vorzugsweise auf Großunternehmen beschränkt. Stichhaltiger wäre schon die These, daß Großunternehmen vom Staat in höherem Maße gegen Konkurs geschützt werden und daher prophylaktisch einer größeren Publizität unterworfen werden müssen.[472] Hinzugefügt werden muß außerdem, daß nicht nur Großunternehmen, sondern auch Verbände wirtschaftliche Macht ausüben, etwa am Arbeitsmarkt. Sie wären ebenfalls Publizitätspflichten zu unterwerfen, die über den Bereich der Mitglieder hinausreichen, wenn man nicht eine hinkende Publizität befürworten will, die das Gegenteil von Machtneutralisierung bedeutet.

Fassen wir zusammen: In Marktwirtschaften ist totale Information im Verhältnis von Staat und Privaten aber auch zwischen Privaten weder notwendig noch zweckmäßig. Davon bleibt unberührt, daß im einzelnen die Grenze zwischen Publizität und Diskretion vielfach in Richtung auf höhere Publizität verschoben werden sollte, während sie in anderen Fällen zugunsten der Diskretion korrigiert werden muß. Nicht zuletzt im Interesse der Arbeitnehmer liegt es, wenn die Totalpublizität vermieden wird. Sie würde sich nicht auf die Unternehmungen und ihre Leitungen beschränken lassen. Die modernen Informationssysteme werden auch auf Arbeitnehmer angewandt; technisch werden diese Systeme immer perfekter, diejenigen aber, die diese Verfahren anwenden, werden damit weder klüger noch besser.

[472] Der politische Einfluß, den Großunternehmen möglicherweise ausüben können, ist nicht durch größere wirtschaftliche Publizität voll zu erfassen, sondern kann unter Umständen durch sie sogar zunehmen, z. B. wenn Großunternehmen demonstrativ auf Schwierigkeiten hinweisen, die die regional zuständigen Parlamentarier zu wirtschaftspolitischen Hilfsaktionen anregen.

Die Kenntnis darüber, welche Pilze giftig sind und welche eßbar, ist wohl nicht zuletzt durch Vergiftungen erlangt worden. Der Mißerfolg ist vielleicht der wichtigste Schlüssel zu neuem Wissen. Zahllose erprobende, aber vergebliche Versuche mit Chemikalien sind nötig, bis endlich vielleicht ein neues wirksames Medikament gefunden wird. Ein großer Teil des Wissens wird durch schlechte Erfahrungen gewonnen. Gewiß bedeuten auch gute Erfahrungen eines Einzelnen, die zur Nachahmung anregen, neues und gewinnbringendes Wissen. Aber hohe Gewinne können zum Ausruhen einladen. Schlechte Erfahrungen zwingen zum Handeln und zur Korrektur, und zwar um so unerbittlicher, je weniger Möglichkeiten der Verrechnung mit an anderer Stelle des Unternehmens entstandenen Gewinnen bestehen. Ein spezialisiertes Unternehmen, das nicht ausweichen oder mit Gewinnen kompensieren kann, muß auf Verluste schneller reagieren als ein gemischter Konzern, der aber gerade deswegen auf die Dauer gefährdet werden kann, weil er Verluste länger erträgt und bequem (oder auch „sozial") wird. Das Erkennen von Verlustquellen bedeutet nützliches Wissen darüber, was man vermeiden muß, um erfolgreich zu sein oder zu bleiben.

Mit dem Sinn von Verlusten befaßt sich die Volkswirtschaftslehre so gut wie nicht, es sei denn bei der Erörterung von Risiko- und Konjunkturproblemen. Ein freiheitliches, und das heißt marktwirtschaftliches System der Gesamtwirtschaft begrenzt wirtschaftlich verlustbringendes Verhalten durch drohende oder entstehende Verluste, weniger durch lockende Gewinne. Auch das Suchen nach Möglichkeiten gewinnbringender Produktion ist von Mißerfolgen begleitet, die man als Suchkosten bezeichnen kann, sofern es Erfolge gibt, denen diese Kosten schließlich zugerechnet werden können. Bei einmal entstandenen und nicht kompensierten Verlusten bleibt gleichwohl ihr abschreckender Informationswert.

Wirtschaftspolitisch gilt die Faustregel, daß derjenige, den Verlust tragen soll, der für unternehmerisches Wagnis verantwortlich ist und den Anspruch auf entstehende Gewinne geltend machen könnte. Vor dem gänzlichen persönlichen Ruin sollte er allerdings auch deswegen bewahrt werden, weil sein Mißerfolg eine für andere nützliche Information geliefert haben kann.

Bei großen Kapitalgesellschaften, die man eigentlich Managergesellschaften nennen müßte, sind Leitung und Haftung mindestens kurzfristig so gut wie vollständig voneinander getrennt. Gänzlich verarmte Spitzenmanager gibt es auch bei Verlusten ihrer Kapitalgesellschaft kaum.

Damit sind diese Kapitalgesellschaften in ihrer inneren Struktur der demokratischen Politik näher gerückt. Denn auch dabei ist letztlich die persönliche Haftung der Entscheidenden so stark verdünnt und die Risiken sind so groß, daß die Leitenden für wirtschaftliche Fehler kaum in maßgebender Größenordnung herangezogen werden können. Es haftet ein Kollektiv, bei den privaten Großunternehmungen die Gruppe der Anteilseigner, im Staat die Steuerzahler. Allerdings kann auch bei den Großunternehmungen letztlich der Steuerzahler herangezogen werden, sei es wegen des Machteinflusses der Unternehmensleitungen, sei es wegen der nachteiligen externen Effekte von Großverlusten der Riesenunternehmungen, die von der Allgemeinheit getragen werden müssen, auch wenn die Anteilseigner primär gehaftet haben.

Der Unternehmer zwischen Verlust, Gewinn und Gemeinwohl

Wir wollen uns im Folgenden weniger mit dem Gewinn befassen, sondern vorwiegend mit dem Verlust, weil es sich um ein weniger behandeltes, aber wichtiges, vielleicht sogar nützliche Problem handelt. In den einschlägigen Handwörterbüchern kommt der Verlust *in allgemeiner* Bedeutung als selbständiges Stichwort so gut wie nicht vor. Vielleicht hält man sich vor dem Negativen zurück, das er nun einmal darstellt. Bei den Volkswirten befaßt sich nur die Konjunktur- und Risikotheorie damit etwas genauer.[473] Aber für den Unternehmer wäre es unklug, die Möglichkeit von Verlusten aus den Augen zu verlieren. Die Gefahr, daß man sich zu sicher fühlt, besteht vor allem in einer Zeit guter Konjunktur. Man könnte vergessen, daß auf fette Jahre auch magere folgen können, und dies um so wahrscheinlicher, je weniger man damit rechnet und die eigenen Unternehmungen wetterfest gemacht hat. Gesamtwirtschaftlich ist es auch kein Ausweg, wenn Unternehmungen Risiken lediglich durch Verkauf oder Versicherungen auf andere Schultern verschoben haben. Man sollte jedenfalls nicht die Politik nachahmen, die bei einer unerwarteten Zunahme der Staatseinnahmen neue unproduktive und irreversible Ausgaben plant und die Konsolidierung der öffentlichen Haushalte auf die lange Bank schiebt.

Für ein Unternehmen kommt der Verlust in der Gewinn- und Verlustrechnung zum Ausdruck und erscheint als Minderung des Eigenkapitals. Manchmal scheint man sich jedoch nach dem Erwerb von Verlustobjekten zu sehnen, die steuerlich geltend gemacht werden und wegen der Merkwürdigkeiten des Steuerrechts zu einem Vorteil führen. Im weiteren Sinne gelten als Verluste alle Minderungen von Einkommen und Vermögen, die nicht nur den Unternehmer treffen.

Problematisch ist die Abgrenzung gegenüber den Kosten. Der wirtschaftliche Wettbewerb in der Wirtschaft ist, wie der Nobelpreisträger von Hayek betont hat,[474] ein Entdeckungsverfahren, also ein notwendiger Suchprozeß. Dabei muß man wie bei der Prüfung von Substanzen auf ihre Eignung als Arzneimittel Fehlschläge in Kauf nehmen und so lange suchen, bis eine erfolgreiche Lösung gefunden worden ist. Der Suchprozeß selber kann verschiedene Grade von Rationalität

[473] Zum Beispiel *Walter Adolf Jöhr*, Die Konjunkturschwankungen, Tübingen und Zürich 1952; *Frank H. Knight*, Risk, Uncertainty and Profit, (zuerst 1921) New York 1965, insbesondere Chapter XII.

[474] *Friedrich A. von Hayek*, Der Wettbewerb als Entdeckungsverfahren, Kieler Vorträge N. F. 56, Kiel 1968.

aufweisen, das heißt von verfügbaren Fähigkeiten und Informationen Gebrauch machen oder dies mehr oder weniger unterlassen. Rechnet man trotzdem alles, was für die Suche an Aufwand getrieben wird, als dem Ergebnis zuzurechnende Kosten, dann können darin auch beliebige Irrationalitäten enthalten sein. Es gibt aber auch wie in der wissenschaftlichen Forschung die dem schließlichen Sucherfolg vorangehenden unvermeidlichen und damit notwendigen Fehlschläge. Es erweitert unser Wissen auch, daß etwas *nicht* ist, also zur Lösung eines Problems ungeeignet ist und hierfür vom Entdeckungszeitpunkt an nicht mehr in Betracht kommt. Insoweit sind Fehlschläge nützlich. Dazu notwendige Aufwendungen, müssen von der gefundenen Lösung gedeckt werden, wenn der Gesamtvorgang wirtschaftlich erfolgreich gewesen sein soll. Man hätte solche Fehlschläge nur vermeiden können, wenn man sich gar nicht auf die Suche begeben hätte. Damit wären aber auch Erfolge und Gewinne als Suchergebnis vermieden worden, zu deren Kosten die Aufwendungen für notwendige Fehlschläge gehören. Ebenso sind Verkäufe unter Einstandspreis privatwirtschaftlich keine Verluste, sondern Kosten für das, was man sich von Lockvögeln als den Gesamtgewinn steigernden Absatzzuwachs bei anderen Produkten verspricht. Auch Anfangsverluste bei einem schließlich doch rentabel werdenden Unternehmen gehören insoweit zu den Kosten späterer Erfolge, wie ohne sie diese Erfolge nicht hätten erzielt werden können. Das Problem der optimalen Zeitspanne sowie notwendiger Reibungen und Verzögerungen bei der Ermittlung von Gewinnen und Verlusten kann hier nur erwähnt werden. Vierteljahresberichte sind dann problematisch, wenn sie übermäßige Hektik beim Wechsel unternehmerischer Entscheidungen und des öffentlichen Urteils darüber hervorrufen. Wenn die Suche nach Lösungen allerdings gänzlich erfolglos bleibt, gibt es kein Produkt mehr, dem man Aufwendungen als Kosten zurechnen könnte, sondern nur Verluste. Gibt es zwar einen Sucherfolg, aber von zu geringer Größe, um alle Aufwendungen der Vergangenheit zu decken, kann man zwar noch dem Sucherfolg alle Aufwendungen als Kosten zurechnen, der Überschuß der Aufwendungen über die Erlöse ist aber ein wirklicher Verlust.

Ein Sonderproblem stellt die früher stark erörterte, in Japan wieder aktuell gewordene Frage sogenannter Scheinverluste dar. Bei allerdings extrem selten gewordenen Senkungen des allgemeinen Preisniveaus können auch die Wiederbeschaffungspreise für Kostengüter gefallen sein. Die Berechnung von Abschreibungen mit den Buchwerten der Vergangenheit könnte zu rechnerischen Verlusten führen, die insoweit keine realen Verluste sind, wie geringeren Gelderlösen der Zukunft wegen des gesunkenen Preisniveaus ein höherer realer Wert der Geldeinheit zukommt. Sind die alten Anlagen mit Fremdkapital finanziert worden, dessen Nominalbetrag trotz Deflation unverändert bleibt, dann entsteht allerdings für das Unternehmen ein echter Vermögensverlust, weil man den Gläubigern *real* mehr zahlen muß, als dem ursprünglichen Kreditvertrag entsprochen hat.

Einzelwirtschaftliche Verluste können größere oder kleinere Gewinne an anderer Stelle einer Volkswirtschaft hervorrufen. Wenn etwa der deutsche Steinkohlenbergbau geschlossen wird, entstehen dort Verluste, die um ein Vielfaches kleiner sind als der Vorteil der übrigen Wirtschaft durch Wegfall der Subventionen. Wenn die qualifizierten Bergleute in anderen Unternehmungen eine neue Beschäftigung finden, mindert sich nachträglich ihr Primärverslust. Wenn dagegen eine Sturmflut Deiche zerstört und Überschwemmungen hervorruft, sind die dadurch entstehenden Verluste systematisch größer als der anschließende Augenblicksgewinn, den die Firmen erzielen, die mit der Beseitigung von Flutschäden beschäftigt sind.[475] Wirtschaftlich belebende Impulse lassen sich ohne solche Schäden herbeiführen.

Welche Bedeutung kommt dem Verlust als Tatsache oder mindestens drohende Kraft zu? Dies hat niemand besser beschrieben als der berühmteste deutsche nationalökonomische Klassiker Johann Heinrich von Thünen. Er war zugleich ein erfolgreicher Unternehmer und äußerste sich wie folgt:

„In solchen Zeiten, wo durch die Wechselfalle der Konjunktur das Geschäft große Verluste bringt und das Vermögen wie die Ehre des Unternehmers auf dem Spiele stehen, ist der Geist desselben von dem einen Gedanken, wie er das Unglück von sich abwenden kann, erfüllt – und der Schlaf flieht ihn auf seinem Lager.

Anders verhält es sich in einem solchen Fall mit dem besoldeten Stellvertreter. Wenn dieser am Tage redlich gearbeitet hat und am Abend ermüdet zu (*so steht es bei Thünen, H. W.*) Haus kommt, schläft er mit dem Bewusstsein erfüllter Pflicht ruhig ein.

Aber die schlaflosen Nächte des Unternehmers sind nicht unproduktiv.

Hier faßt er Pläne und kommt auf Gedanken zur Abwendung seines Mißgeschicks, die dem besoldeten Administrator, wie ernstlich derselbe auch seine Pflicht zu erfüllen streben mag, doch verborgen bleiben – weil sie erst aus der höchsten Anspannung aller auf einen Punkt gerichteten Geisteskräfte hervorgehen.

Die Not ist die Mutter der Erfindungen und so wird auch der Unternehmer durch seine Bedrängnis zum Erfinder und Entdecker in seiner Sphäre.[476]

---

[475] Denn die solchen Wiederaufbaufirmen zufließenden Beträge stammen aus der Substanz, die den von der Flutkatastrophe Betroffenen noch übrig geblieben ist, vermehren sie aber nicht. Die Gewinne der Wiederaufbaufirmen als deren Erlös minus Kosten sind immer kleiner als die Gesamtausgabe der Flutopfer, die sich in der Regel an ihrem Primärverlust orientiert. Von konjunkturellen und psychologischen Belebungseffekten einer Katastrophe wird dabei abgesehen. Die Meinung, der deutschen Handelsflotte nach dem ersten Weltkrieg habe die neu geschaffene Flotte zu einer der modernsten der Welt gemacht und damit einen Konkurrenzvorteil für die deutsche Wirtschaft gebracht, beruht auf demselben Irrtum wie die These von einer wirtschaftlich heilsamen Sturmflut.

[476] *Johann Heinrich von Thünen*, Der isolierte Staat in Beziehung auf Landwirtschaft und Nationalökonomie, 3. Auflage 1875, Neudruck Darmstadt 1966, Zweiter Theil, S. 86f.

Wahrscheinlich tragen drohende Verluste in stärkerem Maße als mögliche Gewinne zur unternehmerischen Aktivität bei, solange das eigene Schicksal davon abhängt und die Folgen nicht wie von manchen Managern, Politikern und Beamten wegen fehlender oder geringer persönlicher Haftung auf andere Personen abgewälzt werden können. Die mögliche Gewinnsteigerung kann eine bloße Chance sein, die man bei befriedigender Geschäftslage vielleicht ungestraft vorübergehen läßt. Der sichtbar drohende oder schon eingetretene Verlust ist jedoch eine Gefahr, deren Nichtbeachtung sich bitter rächen kann.[477] Jedenfalls wird ein möglicher, aber mit Anstrengung verbundener Gewinn, den sich der Unternehmer entgehen läßt, von ihm gegen die größere Bequemlichkeit abgewogen, die er dadurch erlangen kann. Ein tatsächlicher Verlust wirkt dagegen wie ein Stachel für neue Aktivität, es sei denn, der Unternehmer resigniert vor einer ihm zu groß erscheinenden Sanierungsaufgabe.

Für die praktische Wirtschaft sind Verluste in zweierlei Form ständige Begleiter: Zunächst als noch unwirkliche bloße *Vorstellung*, gleichsam als *Gespenst*, das nur mit einer noch schwer abzuschätzenden Wahrscheinlichkeit Gestalt annimmt. Dieses Gespenst tritt wiederum in zwei Formen auf: Einmal in der Furcht, im Wettbewerb nicht durch neue Aktivitäten mithalten zu können und damit in die Verlustzone zu geraten, zum anderen in der entgegengesetzten Furcht, bei Neuerungen ein allzu großes Risiko einzugehen und dadurch ebenfalls zu verlieren. Beide Ängste können von aktuellen Gewinnen gedämpft und von möglichst realistischen Gewinnerwartungen mehr oder weniger verscheucht werden. Zwischen Wägen und Wagen muß der Unternehmer ein Optimum suchen, wobei ihm die Zukunft nicht vollständig bekannt ist.

Das *Gespenst* als Furcht vor dem möglichen Verlust könnte dem Unternehmer übertriebene Angst machen und dazu führen, daß er nur am bisher Bewährten festhält, also kein Risiko durch die Suche nach neuen Lösungen eingeht. Aber der absolute Stillstand kann zum höchsten Risiko werden. Denn wer hindert andere daran, solche Neuerungen einzuführen, die allzu Konservativen hinter sich zu lassen und in den Bereich tatsächlicher Verluste zu verdrängen?

Der Unbewegliche kann sich allerdings gegen den Zwang zu Neuerungen wehren. Er kann Politik und Staat zu Hilfe rufen, um den Wettbewerb durch Vorschriften, Genehmigungspflichten, Verbote und Handelsschranken zu behindern. Auch private Wettbewerbsbeschränkungen können konservierend wirken, um gei-

[477] *Johann Heinrich von Thünen*, a.a.O., Zweiter Theil, S. 83 folgert daraus: „In dem Maß, als der Verlust eines Theils, oder des ganzen Vermögens empfindlicher ist, dem Glück und der Zufriedenheit mehr raubt, als eine gleich große Vergrößerung des Vermögens hinzufügen kann, – in dem Maß muß auch bei Gewerbsunternehmungen die Wahrscheinlichkeit des Gewinns größer sein, als die des Verlustes."

stige und materielle Besitzstände zu verteidigen. Meist wird damit allerdings nur der Wettbewerb auf andere Gebiete verdrängt. Zum Beispiel kann ein Preiskartell den Qualitätswettbewerb verschärfen.

Aber in der Gegenwart weltweiter offener Märkte lassen sich Veränderungen allenfalls vorübergehend zurückstauen und umlenken. Wer sich durch das Gespenst möglicher Verluste von *jeder* Änderung abhalten läßt, wird um so eher von der Wirklichkeit realer Verluste betroffen, indem ihm die besser gewordene Konkurrenz seine Kunden abjagt.

Das ist aber nicht die ganze Wahrheit. Nicht alles Neue ist auch gut. Gerade der Neuerer und Pionier muß mit Mißerfolgen rechnen, die der Bedächtige vermeidet. Eine Hauptquelle von Verlusten sind nicht genau genug geprüfte Risiken, übereifriges Streben nach modischer Neuheit und die Neigung, Bewährtes vorzeitig über Bord zu werfen, anstatt möglichst genaue Informationen über Alternativen, institutionelle Probleme sowie das Verhalten von Marktpartnern und Konkurrenten zu gewinnen. Es gilt also, das Lotterieelement unternehmerischer Wagnisse so gering wie möglich zu halten.

Das Gespenst unerfüllter Erwartungen ließe sich nur dann eindeutig verbannen, wenn die Zukunft vollständig vorauszusehen wäre oder eine änderungslose stationäre Wirtschaft bestehen könnte. Beides ist utopisch.

Es gibt trotz aller Vorsicht nicht nur befürchtete, sondern auch *tatsächliche Verluste* als harte Wirklichkeit. Sie können auf Schicksal und Schuld beruhen, also zunächst auf Datenänderungen, die außerhalb der Macht des Unternehmers liegen. Zum Beispiel können sie von der Politik veranlaßt sein. Ein Federstrich des Steuergesetzgebers kann zu Verlusten führen und solide Investitionsrechnungen der Vergangenheit zu Makulatur werden lassen. Verluste entstehen aber auch bei zu geringer Leistung und nicht ausreichender Anpassung an neue Daten.

Für Sozialpolitiker aller Art scheint jedoch der Verlust kaum eine beachtenswerte Möglichkeit zu sein. Sie erwecken oft den Eindruck, als hielten sie die Unternehmen für eine unerschöpfliche Quelle von Reichtum. Auch die allgemeine Wahrnehmung der nicht direkt betroffenen Öffentlichkeit ist eher von den überlebenden Unternehmungen und hier wieder von den mehr oder weniger florierenden unter ihnen geprägt. Die im Dunkel von Verlusten vegetierenden oder bereits gescheiterten Unternehmungen sieht man nicht. Also besteht eine Tendenz, die Unternehmungen als die große Fiktion zu betrachten, der straflos immer neue Lasten auferlegt werden können, von den Steuern und Sozialabgaben über die Lohn- und Lohnnebenkosten bis zu den Kinderkrippen. Verluste kommen in der öffentlichen Diskussion oft nur als Größe vor, die von Arbeitnehmern, dem Fiskus und anderen zu Schützenden möglichst weit ferngehalten werden sollte. Dem dienen Sozialpläne, Vorrechte bestimmter Gläubiger im Konkurs, ferner Haftungsbegrenzungen für die Unternehmer oder Anteilseigner selbst. Schließlich gibt es noch den Steuerzahler, der bemüht werden kann, wobei sich Spitzenpolitiker publizistische und wahltaktische Verdienste als Retter in der Not auf Kosten anderer erwerben können.

Gelegentlich trifft man auch auf die Sentenz, Verluste gebe es zwar, Unternehmer hätten aber gefälligst erfolgreich zu sein und müßten ihre Unternehmungen so gut füttern, daß sie wie eine Rekordkuh von anderen ausdauernd gemolken werden können. Unternehmungen gelten ferner als Zitadelle des Kapitalismus. Sie möglicherweise steuerlich zu entlasten sei, wie es so schön heißt, „unsozial". In der Tat führt der Wettbewerbsprozeß dazu, daß schließlich nur die Unternehmungen übrig bleiben, die alle sozialpolitischen und sonstigen Begehrlichkeiten tragen können. Gesamtwirtschaftlich kann dies aber bedeuten, daß die Zahl der übrig bleibenden Unternehmungen und Arbeitsplätze nicht ausreicht, um einen genügenden Wettbewerb und einen normalen Beschäftigungsgrad zu sichern.

Über die gesamtwirtschaftliche Natur des Wettbewerbs bestehen vielfach merkwürdige Vorstellungen. Der bekannte Jurist Christoph Engel hat bei aller Anerkennung der Notwendigkeit des Wettbewerbs schlicht behauptet: „Im Wettbewerb hat man die Lizenz zum Töten."[478] Andere haben sich ähnlich geäußert.[479] Das soll wohl heißen, der Wettbewerb gehe mit Verlusten und der Vernichtung von Existenzen einher. Diese Vorstellung ist zu einfach. Es ist nicht primär Sinn und Ergebnis des wirtschaftlichen Wettbewerbs, andere Unternehmungen zu ruinieren, ihre Produktion zu unterbinden und ihre Zahl möglichst herabzusetzen. Wäre das richtig und das einzige Kennzeichen des Wettbewerbs, dann hätte es längst zu einer extremen Unternehmungskonzentration kommen müssen, zumal manche Politiker den Einflüsterungen folgen, Unternehmungen seien weltwirtschaftlich um so erfolgreicher, je größer sie sind, so daß man das Entstehen von „national champions" mit Weltrang fördern müsse. Die auch bei Unternehmensleitungen verbreitete militärische Analogie des erbitterten Kampfes um Marktanteile, Geländegewinne und Großmachtpositionen ist nur verständlich, wenn man sich auf engeren oligopolistischen Märkten mit fühlbarer Rivalität bewegt. Dort gibt es auch Geheimnisse mit Korruption[480] und Spionage, während zum Beispiel der einzelne Landwirt in der Regel seine technischen Kenntnisse nicht für sich behält, solange er einen großen aufnahmefähigen Markt beliefern kann und sein Marktanteil entsprechend klein ist.

---

478 *Christoph Engel*, Wettbewerb als sozial erwünschtes Dilemma, in: *Christoph Engel*/ *Wernhard Möschel* (Hrsg.), Recht und spontane Ordnung, Festschrift für Ernst-Joachim Mestmäcker zum achtzigsten Geburtstag, Baden-Baden 2006, S. 157.

479 Z. B. *Leszek Kolakowski*, Selbstgefährdung der offenen Gesellschaft, in: *Lothar Bossle* und *Gerard Radnitzky* (Hrsg.), Selbstgefährdung der offenen Gesellschaft, Würzburg 1982, S. 17 f.

480 Den selbständigen Unternehmer kann man für seine eigene Leistung nicht bestechen, ihm aber günstige Vertragsbedingungen anbieten.

Selbst wenn aber oligopolistische Marktstrukturen vorherrschen, ist der dort herrschende Wettbewerb nicht unmittelbar ein Wettbewerb zur Vernichtung von Produktionskapazitäten. Vielmehr müssen sich neu auftretende Oligopolisten zunächst rüsten, das heißt zusätzliche und neuartige Kombinationen von Produktionsmitteln schaffen, die im Wachstum neben die alten Kapazitäten treten.[481] Sie nehmen Kredite auf und schaffen neue Produktion und neue Realeinkommen, die bei richtiger Steuerung der Geldpolitik auch zu neuen Nominaleinkommen und neuer monetärer Nachfrage führen. Die neuen Kapazitäten ziehen nicht nur eine *schon bestehende* Nachfragesumme an sich, sondern vor allem auch eine neue von ihnen geschaffene gesamtwirtschaftliche Zusatznachfrage. Diese Zusatznachfrage ist bei funktionsfähigem Geldkreislauf von dem Zusatzeinkommen begrenzt, das die wachsenden Unternehmungen schaffen. Ziehen sie durch ihr neues Angebot alte Nachfrage von bisherigen Unternehmungen ab, dann können sie insoweit nicht gleichzeitig die von ihnen geschaffenen Zusatzeinkommen bedienen. Der Überschuß an von ihnen nicht befriedigten Zusatzeinkommen muß mindestens den bisherigen Unternehmungen anderer Branchen zugute kommen. Gleichwohl bedrohte bisherige Unternehmungen müssen deswegen nicht überall und unterschiedslos sofort untergehen und den neuen Kombinationen Platz machen. Man kann außerdem rationalisieren und im Parallelwettbewerb durch bessere Leistungen mitzuhalten versuchen. Vorangehende Pioniere können später sogar von aufholenden Nachahmern überholt werden. Bleiben gleichwohl ältere Unternehmungen zurück, dann können sie von Verlusten aus dem Markt gedrängt werden und müssen Produktionsmittel freisetzen. Im günstigsten Fall können diese auf offenen Märkten an anderer Stelle mit höherer Produktivität und höherem Einkommen wieder verwendet werden, etwa in neu gegründeten Unternehmungen.

Wollen sie nicht dorthin wandern oder sind sie den Anforderungen neuer Arbeitsplätze nicht gewachsen, dann bleibt noch die bittere Möglichkeit, durch niedrigere Einkommensansprüche das alte Unternehmen und den alten Arbeitsplatz rentabel zu erhalten. Solches gilt als sozialpolitisch bedenkliche Ausnahme und wird von jeher systematisch nur Unternehmern und Anteilseignern zugemutet. Daß das Idealbild einer verlustminimierenden Umstellung mit der Wirklichkeit nur mit mehr oder weniger großen Einschränkungen übereinstimmen kann, stellt das eigentliche, überwiegend ordnungspolitische Problem dar.

Die „schöpferische Zerstörung" als Folge des technisch-wirtschaftlichen Fortschritts, die man der Marktwirtschaft nachsagt, findet einen natürlichen, wenn auch begrenzten Widerstand in langlebigen Kapitalanlagen im weitesten Sinne. Läßt man die betriebswirtschaftliche Logik zu, dann wird solches technisch noch verwendbare und mit seinen Leistungen noch der Nachfrage entsprechende Sach-

[481] Vgl. *Joseph Schumpeter*, Theorie der wirtschaftlichen Entwicklung, 6. Auflage Berlin 1964, S. 99 ff.

kapital erst dann durch modernere Anlagen ersetzt, wenn deren *neue Gesamtkosten* niedriger sind als die noch disponierbaren Restkosten alter Anlagen. Wahrscheinlich entspricht zum Beispiel die Spurweite unserer Eisenbahnen nicht dem gegenwärtigen technischen Optimum. Die neu aufzuwendenden Gesamtkosten für eine Änderung der Spurweiten nach Abzug der daraus entstehenden Gewinne sind aber zu hoch im Vergleich mit den viel geringeren laufenden Unterhaltungskosten der alten Anlagen.

Trotzdem gibt es natürlich aus den verschiedensten Gründen den Untergang von Unternehmungen, darunter *auch* wegen verloren gegangener Wettbewerbsfähigkeit. Zugleich entstehen neue Unternehmungen mit neuen Arbeitsplätzen oder neuer Nachfrage nach Leistungen anderer Unternehmungen, in denen neue Arbeit geleistet wird. Grundsätzlich ist es also nicht die gesamtwirtschaftliche Logik des Wettbewerbs, wirtschaftliche Existenzen zu vernichten, sondern eher die Faktoren durch neue Kombinationen produktiver zu machen und ihnen zu einem höheren Realeinkommen zu verhelfen.

Den von konkreten oder auch nur erwarteten Verlusten Betroffenen nützt diese schöne Feststellung freilich so lange nichts, wie sie keinen Ausweg finden, um sich von den tatsächlichen oder zu erwartenden Verlusten zu befreien und neue Einkommensquellen zu erschließen. Ob es solche produktiven Alternativen gibt, hängt nicht zuletzt vom Grad an Offenheit der übrigen Wirtschaft ab. Je offener die Märkte auch für Arbeit und Produktionsmittel sind, desto weniger ist überhaupt die Peitsche von Verlusten notwendig, um einen Strukturwandel im Wachstum herbeizuführen.

Dies zeigt das westdeutsche Beispiel nach 1948. In dieser Zeit hat es im Wachstum einen ungewöhnlichen Strukturwandel der westdeutschen Wirtschaft bei sinkender Arbeitslosigkeit gegeben. Ein allerdings nur in diesem Punkte vorbildliches Symbol sind die revolutionären Änderungen der westdeutschen Landwirtschaft gewesen. Weil in der übrigen Wirtschaft ständig neue Arbeitsplätze bei steigenden Lohnsätzen entstanden sind, haben Hunderttausende von Landwirten besser bezahlte Arbeitsplätze außerhalb der Landwirtschaft gefunden. Dort waren sie durch ihre Kombination von Arbeitsdisziplin mit unternehmerischer und handwerklicher Erfahrung gern und zu steigenden Entlohnungen willkommen. Sie sind aber in der Hauptsache nicht aus der Landwirtschaft abgewandert, weil es dort Konkurse und große Verluste gegeben hat, sondern weil dank Ludwig Erhards wettbewerblicher Marktwirtschaft die Einkommen außerhalb der Landwirtschaft stärker gestiegen sind. Es ist nicht abzusehen, was geschehen wäre, wenn die übrige Wirtschaft mit den heute beliebten Methoden, etwa Entsenderichtlinien oder verbindlichen überhöhten Bruttolöhnen, gegen Zuwanderungen von Landwirten abgesperrt worden wäre. Die wettbewerbliche Marktwirtschaft ist nur zumutbar, wenn die Märkte auch für Produktionsfaktoren nicht abgeschlossen sind. Nur dann bleibt die wichtigste Möglichkeit offen, sich vor Verlusten vorbeugend oder heilend durch Abwanderung und Strukturwandel zu schützen.

Mit allgemein steigendem Prokopfeinkommen könnten eigentlich Verluste leichter getragen werden. Aber die Bereitschaft dazu wächst kaum oder mindestens nicht eindeutig proportional zum Einkommen. Vielmehr steigt zugleich die Nachfrage nach Sicherheit gegen Verluste und gegen Einbußen am gewohnten Einkommen. Tatsächlich eingetretene Verluste sollen für den Einzelnen begrenzt bleiben. Es gibt dafür marktwirtschaftliche Sicherungen verschiedenster Art, zum Beispiel Versicherungen. Sie laufen alle darauf hinaus, an einer bestimmten Stelle entstehende konzentrierte Verluste zu begrenzen und dadurch zu verdünnen, daß man sie auf mehrere Schultern verteilt. Diese Verlustverdünnung ist jedoch nicht kostenlos und schmälert deshalb den sonst möglichen unternehmerischen Gewinn. Außerdem ist in der normalen wettbewerblichen Marktwirtschaft das unternehmerische Verlustrisiko nicht voll versicherbar,[482] weil dies bedeuten würde, dem Unternehmer einen Blankoscheck auszustellen und ihn von jeder Verantwortung freizustellen. Dieses Risiko kann keine Versicherung eingehen.

Der Verlust kann auch dadurch verdünnt werden, daß ein Unternehmen auf verschiedenen Märkten mit voneinander unabhängigen Risiken anbietet. Diese Diversifikation hat aber neben zunehmenden Problemen der zentralen Unternehmensführung den Nachteil, daß auch der Gewinn entsprechend diversifiziert und verdünnt wird, wenn nur ein Teil des Unternehmens ihn erwirtschaftet hat. Eigentlich sollte jede Kostenstelle eines Unternehmens für sich danach streben, rentabel zu sein, soweit sich das ermitteln läßt. Je größer jedoch ein Unternehmen wird, desto weniger ist dies gewährleistet, weil im Unternehmen die Elemente der zentralen Verwaltungswirtschaft und einer größer werdenden Unsicherheit pretialer, das heißt preisähnlicher Lenkung zunehmen. Es kommt zum Beispiel gerade in Riesenunternehmungen zum anscheinend plötzlichen Auftauchen von Milliardenverlusten, gegen die nichts rechtzeitig unternommen worden ist, bei eingegangenen Festlegungen vielleicht auch nicht mehr genug unternommen werden kann. Wegen ihrer Größe können diese Unternehmungen solche Verluste tragen, indem die gewinnträchtigen Teile zur Deckung herangezogen werden können. Je größer ein Unternehmen ist, desto geringere Prozentanteile vom Gesamterfolg macht ein an einer Stelle lokalisierter Verlust gegebener Größe aus und desto ruhiger schläft die Unternehmensleitung. Sie kann den Verlust innerhalb der eigenen Firma sozialisieren. Die Milliarden, die man in Kalkar und in Wackersdorf vor Jahren mit staatlicher Hilfe in den Sand gesetzt hat, sind schon vergessen.

---

[482] Vgl. *Johann Heinrich von Thünen*, a. a. O., S. 84: „Es gibt keine Assecuranzgesellschaft gegen alle und jede Gefahr, die mit der Uebernnahme eines Gewerbes verbunden ist, ein Theil der Gefahr muß immer von dem Unternehmer selbst getragen werden."

Solche Unternehmen werden oft in der Form von Publikumsaktiengesellschaften geführt. Bei ihnen stellt die Streuung der Anteile ein weiteres Element der Verdünnung von privaten Verlustfolgen dar. Ein Verlust gegebener Größe trifft einen persönlich haftenden Unternehmer in voller Höhe. Demgegenüber wird derselbe Verlust bei einer Publikumsaktiengesellschaft auf die Schultern vieler Anteilseigner verlagert, so daß auf den Einzelnen ein entsprechend geringerer Verlustbetrag entfällt. Der einzelne Anteilseigner hat gleichzeitig nur eine entsprechend geringere Möglichkeit, auf die Entscheidungen der Unternehmensleitung Einfluß zu nehmen, es sei denn, daß er sich mit anderen Aktionären verbündet. Das Aktienrecht hat diesen Einfluß in dem Sinne beschränkt, daß kaum noch die Demokratie der Aktionärsversammlung unternehmerische Entscheidungen fällen kann. Es herrscht vielmehr wie in der repräsentativen Demokratie so gut wie nur ein Recht, die Auswahl der angestellten Unternehmensleitung zu bestimmen. Aber auch dieser Einfluß ist praktisch stark verdünnt, sei es durch die Mitbestimmung von Arbeitnehmervertretern, sei es durch Vorabfestlegungen, die der bisherige Vorstand oder Aufsichtsrat beschlossen hat und die indirekt durch Kreditinstitute und andere Kräfte beeinflußt wird. Für den einzelnen Kleinaktionär lohnt es sich im allgemeinen nicht, sich die Informationen und Kenntnisse zu verschaffen, die nötig sind, um gegen Beschlüsse oder Vorschläge der angestellten Unternehmensleitung vorzugehen. Geschieht das durch Aktionärsverbände oder Einzelpersonen doch hin und wieder, wird eine Abwehrstrategie entwickelt, deren Einzelheiten juristisch interessant sind. Die Opposition gegen die Unternehmensleitung kann entweder durch persönliches und gezieltes Entgegenkommen oder durch gesteigerte Kosten von Rechtsstreitigkeiten zum Schweigen gebracht werden. Dabei kann eine geschickte und juristisch unterfütterte Publizistik gegen „störende" Kleinaktionäre mithelfen. Schließlich können sogar Kleinaktionäre gegen ihren Willen aus einer Aktiengesellschaft entfernt werden, um Großaktionären freie Bahn zu verschaffen. Dafür hat man die taktvolle Bezeichnung des rechtlich anerkannten Ausquetschens (squeezing out) erfunden. Dieser Vorgang ist besonders bei Fusionen wichtig, um solche Aktionäre auszuschalten, die der Konzentration im Wege stehen und an der bisherigen unternehmerischen Selbständigkeit des alten Unternehmens festhalten wollen.

Im Grunde sind solche kollektivkapitalistischen Organisationen schon mit Tendenzen und Verfahren ausgestattet, die in der politischen Demokratie der Staaten beobachtet werden. Auch dort verdünnt sich der Einfluß des einzelnen Wahlberechtigten um so mehr, je größer das politische Gebilde ist. In einem demokratischen Weltstaat mit Mehrheitsentscheidungen könnte nahezu die Hälfte der Erdbevölkerung von einer knappen Mehrheit Andersdenkender überstimmt und zur Übernahme einer ungewollten Regelung gezwungen werden. Die Macht einer solchen Zentralregierung erstreckt sich dann über Hunderte von Millionen Oppositioneller. Die zum Beispiel in Europa deutliche Versuchung, durch immer größere staatliche Gebilde eine stärkere Unabhängigkeit der zentralen politischen Leitungsorgane zu erlangen, entspricht der Tendenz zur Unternehmungskonzentration in der Wirtschaft. Der überall mit Energie betriebene Kampf gegen Kleinstaaten, Föderalismus und regionale Selbstbestimmung in der Politik richtet sich auch dagegen, politische Verantwortung bürgernah anzusiedeln. Dieser Kampf schwächt zugleich die Kontrollen und Korrekturen von Risiken und die Beschränkung von Verlusten. Übergeordnete Kontrollinstanzen könnten vielleicht technisch effektiver sein als die Kontrollen in kleineren Gebilden. Dafür gibt es keine allgemein gültigen Beweise. Selbst wenn es sich aber so verhielte, hängt das Ergebnis noch davon ab, welcher Anpassungszwang von Verlusten ausgeht. In Großgebilden ist dieser Zwang notorisch geringer, weil sie Verluste leichter verlagern können.

Die nicht mehr ausreichend von ihren Anteilseignern kontrollierbare Leitung von Großunternehmen kann gigantische Verluste riskieren. Sie kann sich dabei auf eine Art von Arbeitnehmerstandpunkt stellen und hohe oder sogar erhöhte Zahlungen aus der Unternehmenskasse verlangen, etwa mit dem Argument, die Sanierung von Verlustunternehmungen erfordere höhere Anstrengungen der Leitung.

Ähnlich können die Leiter von Großstaaten ihren Bürgern als haftenden Steuerzahlern gigantische Risiken aufbürden, ohne daß die Gehälter der Regierenden darunter leiden. Wenn Großunternehmungen obendrein noch von der Politik mit einer Art von Unsterblichkeitsgarantie ausgestattet werden, wie das jetzt geschehen ist, gehen verlustbringende Wirtschaft und verlustbringende Politik ineinander über.

Würde man zur umfassenden Zentralverwaltungswirtschaft, etwa sowjetischen Typs, zurückkehren, dann wäre ein System wiederhergestellt, bei dem im Prinzip alle Verluste von einer Gesamtheit getragen werden. Der Verlustanteil, der auf die einzelnen Glieder der Gesamtheit schließlich entfällt, steht in keinem ausreichend ökonomisch begründeten Zusammenhang mit den Ursachen der Verluste. Es gibt allenfalls nichtmarktliche und mangelhafte Kontrollsysteme, um individuelle Verantwortlichkeiten festzustellen. Die bloße Plantreue ist dort kein genügend aussagefähiges wirtschaftliches Erfolgskriterium.

Es ergibt sich: Nicht nur Gewinne haben eine wichtige gesamtwirtschaftliche Lenkungsfunktion, sondern auch Verluste. Beide dienen insofern dem Gemeinwohl, wie sie vom Standpunkt der Nachfrager aus bessere Leistungen belohnen und schlechtere Leistungen bestrafen.

Die Volkswirtschaftslehre kennt vorherrschende Lehren über Regelmäßigkeiten, die von anderen abgelöst werden können. Soweit dies auf einen Wechsel politischer und wirtschaftlicher Tatsachen zurückgeht, mag das hingehen. Zum Beispiel waren in einer Welt erheblicher Inflation Lehren über Deflation kaum aktuell. Bei konvertierbaren Währungen ist das Wissen über Devisenbewirtschaftung weitgehend verloren gegangen, so daß in aller Einfalt auch von Fachleuten wieder Kapitalverkehrsbeschränkungen empfohlen werden, ohne die Reaktionen des Kapitals und die verwaltungstechnischen Folgen ausreichend zu betrachten. Wer weiß heute noch genau, was eine umfassende Rationierung von Gütern praktisch bedeutet und welche Folgen sie hat? Wissen wird immer wieder vergessen, zumal es, wie gesagt, oft trotz aller Speicherungen an lebende Menschen gebunden bleibt, die es in das Grab mitnehmen, wenn es nicht an Nachwachsende weitergegeben wird.

Auch in der Medizin befaßt man sich intensiver mit den besonders aktuellen Krankheiten, sofern es sich um Massenerscheinungen handelt. Erwünscht sind dort aber die dem Einzelfall genau angepaßten Diagnosen und Therapien, und es kümmert den Patienten wenig, ob und wie viele andere Patienten an derselben Krankheit leiden. Es gibt freilich Regelmäßigkeiten die unter anderem durch die Gleichartigkeit menschlicher Körper bedingt sind, so daß der Arzt vielfach von bestimmten Symptomen auf die häufigsten Ursachen schließen kann und zunächst Faustregeln anwendet, die sich in den meisten Fällen bewährt haben. Bleiben sie erfolglos, muß man genauer zusehen und nach möglichen Ausnahmen von der Regel suchen. Die Kunst des Untersuchers besteht aber darin, möglichst von vornherein die richtigen Ursachen zu finden, anstatt sich mit bloßen Faustregeln zu begnügen

Für die Volkswirtschaftslehre gilt Ähnliches. Daß die Inflation etwas mit der Geldmenge zu tun hat und die Arbeitslosigkeit mit den Lohnsätzen, darf noch immer angenommen werden, soviel notwendiger, wenn auch oft interessengebundener Scharfsinn auf die Differenzierung dieser Kenntnis verwendet werden mag.

Es gibt aber in der Volkswirtschaftslehre eine Tendenz, einmal entdeckte Zusammenhänge für permanent und auch dann noch für allgemein gültig zu halten, wenn sich die wirtschaftlichen und politischen Bedingungen geändert haben. Man verwechselt zum Beispiel den Fall einer keynesianischen Unterbeschäftigung mit dem Fall struktureller Arbeitslosigkeit und empfiehlt monetär-fiskalische Expansion bei jeder Art von Arbeitslosigkeit. Einen ähnlichen Irrtum begehen Anhänger des Laissez-faire, wenn sie dem freien Markt zutrauen, daß er den Staat überflüssig macht. Die Volkswirtschaftslehre ist wie die Medizin nicht nur eine Lehre von Prinzipien, sondern auch der situationsgerechten Untersuchung und der dem Problem angemessenen Dosierung.

Regeln und Ausnahmen in der Nationalökonomie

Von Hans Willgerodt

> „Nicht die Lügen, sondern die sehr feinen falschen Bemerkungen sind es, die die Läuterung der Wahrheit aufhalten."
> *Lichtenberg, Aphorismen*

Der nationalökonomischen Wissenschaft fällt unter anderem die Aufgabe zu, mit illegitimen Argumenten umkleidete „Forderungen auf wirtschaftlichem Gebiete, welche sich als Interessenspiegelungen erweisen, in dieser Eigenschaft zu erkennen und zu entlarven".[483] Die ständig fortschreitende Entwicklung wirtschaftswissenschaftlicher Untersuchungsmethoden hätte eigentlich dazu führen sollen, daß diese Aufgabe immer zuverlässiger gelöst wird. Wenn von einem solchen Erfolg in Wahrheit kaum ohne Einschränkung gesprochen werden kann, so ist das nur zum Teil damit zu erklären, daß auch die Anwälte der Gruppeninteressen verfeinerte, schwerer durchschaubare nationalökonomische Argumentationen anwenden und im übrigen den Startvorteil der partiell besseren Information über Branchentatsachen nutzen können. Es kommt vielmehr eine grundsätzliche Schwierigkeit unserer Wissenschaft hinzu, die darin besteht, daß die Zahl möglicher Wirtschaftsabläufe und volkswirtschaftlicher Funktionalbeziehungen mit der gedehnten Spannweite wirtschaftspolitischer Eingriffe objektiv sehr stark zugenommen hat, während gleichzeitig damit das theoretische Wissen und das nationalökonomische Vorstellungsvermögen gewachsen sind, so daß sich mit einigem Geschick auch für die merkwürdigsten Interessentenwünsche eine empirisch nicht völlig auszuschließende und logisch haltbare theoretische Begründung liefern läßt. Wie man demgegenüber eine an sich als standfest geltende theoretische Hypothese gedanklich zu Fall bringen kann, hat Albert Hahn temperamentvoll geschildert:

„Man unterstellt eine Unzahl von nicht unmöglichen, aber keineswegs wahrscheinlichen Gegenbewegungen, wodurch dann die Grundprinzipien so lange relativiert werden, bis von ihnen nichts mehr gilt und jede Richtlinie für die Praxis verloren wird... Der Wissenschaftler, der, statt die Mauern gesunder Theorie zu stützen, sich damit beschäftigt, die Mauselöcher aufzuweisen, durch die man

---

[483] *E. v. Beckerath*, Der Einfluß der Wirtschaftstheorie auf die Wirtschaftspolitik, in: Lynkeus. Gestalten und Probleme aus Wirtschaft und Politik, Tübingen 1962, S. 291. – Oft entsprechen solche Forderungen überhaupt nicht dem aufgeklärten Selbstinteresse der Gruppen, sondern nur den Zielen der Verbandsvertreter.

möglicherweise hindurchschlüpfen kann, lädt eine schwere Verantwortung auf sich... er erleichtert damit vor allem das Spiel der Interessentengruppen, die sich natürlich der Mauseloch-Argumente zwecks allgemeiner Vernebelung der Sachlage bemächtigen."[484]

Mit diesen allgemeinen Feststellungen ist freilich noch nicht viel gewonnen. Es wäre zu fragen, ob bestimmte Entwicklungen der Wirtschaftstheorie in ihrer Wechselwirkung mit der Wirtschaftspolitik jene Erscheinungen verstärkt haben, auf die Hahn hingewiesen hat. Wie erkennt man im übrigen, was Mauer und was Mauseloch ist, was Regel und was Ausnahme? Ist es überhaupt notwendig, sich bei der Beurteilung volkswirtschaftlicher Vorgänge auf Regeln zu verlassen, oder handelt es sich bei der ganzen Frage nicht eher um ein Scheinproblem? Welchen Wert haben schließlich Unterscheidungen zwischen Regel und Ausnahme für die wirtschaftspolitischen Entscheidungen?

I.

Als empirische Wissenschaft strebt die Volkswirtschaftslehre danach, in den unübersehbaren Einzeltatsachen des wirtschaftlichen Verhaltens Regelmäßigkeiten zu entdecken. Jede einzelne unter diesen theoretischen Aussagen erhebt einerseits den Anspruch, im Prinzip mehr oder weniger weit über die Ereignisse hinaus gelten zu können, an denen sie zuerst aufgestellt und erprobt worden ist,[485] erfaßt andererseits jedoch für sich allein nicht die ganze Wirklichkeit, sondern nur einige ausgewählte Beziehungen, muß also in dieser Hinsicht abstrakt sein.[486]

An der Notwendigkeit der *Abstraktion* als Werkzeug der Erkenntnis wird im allgemeinen nicht mehr gezweifelt, was eine ständige Auseinandersetzung über den Grad des dabei unvermeidlichen Abstandes zwischen Theorie und Einzeltatsache nicht ausschließt. Auch die nur am Individuellen interessierte Beschreibung muß auswählen, was sie mitteilen will, denn eine vollkommene Gleichheit von Abbild und Wirklichkeit gibt es nicht.

---

[484] *L. A. Hahn*, Über monetäre Integration, Tübingen 1961, S. 22.

[485] Vgl. hierüber allgemein *K. R. Popper*, Naturgesetze und theoretische Systeme, in: Gesetz und Wirklichkeit, hrsg. von *Simon Moser*, Innsbruck-Wien 1949, S. 56.

[486] Hierzu noch immer *I. Kant*, Über den Gemeinspruch: Das mag in der Theorie richtig sein, taugt aber nicht für die Praxis, 1793, Neuaufl. Frankfurt a.M. (1946), hrsg. v. *J. Ebbinghaus*, S. 18: „Man nennt einen Inbegriff selbst von praktischen Regeln, alsdann Theorie, wenn diese Regeln, als Prinzipien, in einer gewissen Allgemeinheit gedacht werden, und dabei von einer Menge Bedingungen abstrahiert wird, die doch auf ihre Ausübung notwendig Einfluß haben."

Umstritten ist jedoch die *Allgemeingültigkeit* der theoretischen Sätze, zu denen die Volkswirtschaftslehre gelangt.[487] Das ist mißlich, denn es gelingt umso leichter, abwegige Meinungen zurückzuweisen, je eindeutiger die theoretischen Lehrsätze gelten und je weniger Ausnahmen sie in praktischen Fällen zulassen.

Die Allgemeinheit der Wirtschaftstheorie leidet unter der Tatsache, daß die Wirtschaft „eine gewaltige Vielgestaltigkeit und geschichtliche Vielförmigkeit"[488] aufweist. „Ein ‚invarianter Gesamtstil' *der* Art, wie ihn die Natur besitzt, findet sich in der Welt der Wirtschaft nicht."[489] Doch sollte man über der heute wieder weit verbreiteten Betonung des Gebundenseins der Wirtschaft an Zeit und Raum nicht verkennen, daß das Verhalten des wirtschaftenden Menschen nicht beliebig variierbar ist, und zwar nicht nur aus psychologischen Gründen, sondern auch deswegen, weil die Möglichkeiten des Wirtschaftens begrenzt sind. Die Grenzen der wirtschaftlichen Tätigkeit liegen zunächst in den an Raum und Zeit gebundenen Daten, die am Anfang der Wirtschaftsperiode feststehen und den Startpunkt für wirtschaftliche Entscheidungen angeben. Solche Startpunkte können prinzipiell veränderlich sein, etwa Bodenbeschaffenheit und Kapitalausrüstung. Nur die Erfahrung kann zeigen, ob sie sich tatsächlich verändern. Auf der anderen Seite gibt es allgemeine, zeitlose und grundsätzlich unverrückbare Schranken des Wirtschaftens: Gleichzeitig etwas tun und unterlassen, gleichzeitig an zwei Orten sein, gleichzeitig vom selben Gut mehr oder weniger verbrauchen oder produzieren kann auch die launenhafteste Wirtschaftsperson nicht.[490] Niemand kann etwa die folgenden trivial klingenden Sätze ungültig machen:

1. „Es kann nur verbraucht werden, was an Gütern vorhanden ist." Man könnte diese Aussage als arge Zumutung auffassen, wäre sie nicht unter anderem in einem Satz enthalten, der dem Verständnis lange Zeit Schwierigkeiten gemacht hat: Die reale wirtschaftliche Last eines Krieges muß von der im Kriege lebenden Generation getragen werden und trifft die nach dem Kriege lebenden Personen (nur) insoweit, als nach Kriegsende weniger Produktionsmittel und Vorräte zur

---

[487] Vgl. *F. Neumark*, Gedanken zur Allgemeinheit der Wirtschaftstheorie, Kyklos, Vol. XII (1959), S. 472–491.

[488] *W. Eucken*, Die Grundlagen der Nationalökonomie, 6. Aufl., Berlin-Göttingen-Heidelberg 1950, S. 22.

[489] Ebenda

[490] Vgl. *W. A. Jöhr*, Gesetz und Wirklichkeit in Wirtschaftslehre und Wirtschaftspolitik, in: Gesetz und Wirklichkeit, a. a. O., S. 218: „Möge der Mensch handeln, wie immer er auch will, er ist den Gesetzen der Logik und der Mathematik unterworfen." Für die Bedeutung dieser Aussage *Jöhrs* kommt es darauf an, wieweit der Bereich der Logik definitorisch ausgedehnt wird. – Die Logik und Mathematik als bloßes Sprachsystem aufzufassen und der „empirischen" Wirklichkeit der Wirtschaft gegenüberzustellen erscheint auch deswegen fragwürdig, weil die Sprache nicht beliebig gewählt werden kann, wenn sie Aussagen über die Wirklichkeit ermöglichen soll, und es sich bei Wirtschaftsvorgängen obendrein um Ereignisse aus dem Bereich des sprechenden, rechnenden und auch logisch denkenden Menschen handelt.

Verfügung stehen können als bei friedlicher Entwicklung; eine Verschuldung des Staates gegenüber seinen eigenen Bürgern zum Zwecke der Kriegsfinanzierung kann hieran nichts ändern.[491]

2. „Alle Mitglieder einer Gesellschaft können nicht von der Gesamtheit dauernd ohne Gegenleistung versorgt werden." Indem der Staat als die große Dimension für allgemeine Zuwendungen an jedermann betrachtet wird, die Frage der Aufbringung von Mitteln jedoch hinter der Verteilung angeblicher Wohltaten zurücksteht, wird bewußt oder unbewußt versucht, an diesem Zusammenhang vorbeizukommen, meist auf Kosten der Währungsstabilität.
3. „Beim Ringen um wirtschaftliche Macht können nicht alle Teilnehmer die Oberhand gewinnen." Dieser Satz hat ähnliche Struktur wie Satz 2, hindert aber die praktische Wirtschaftspolitik keineswegs daran, allen Wirtschaftsgruppen auf Interventionen beruhende Privilegien und Machtpositionen zu versprechen und damit Wahlstrategie zu treiben.[492]
4. „Der einzelne und die Volkswirtschaft im ganzen können von einem anderen nur erwerben, was sie bezahlen, kreditiert bekommen, sich gewaltsam aneignen, umsonst erhalten oder ihnen zugeteilt wird." Das wird leicht vergessen, wenn Probleme der volkswirtschaftlichen Zahlungsbilanz erörtert werden; man bemüht dann drohende „Zahlungsbilanzlücken", wenn nicht gar Defizite der Handelsbilanz, um die Notwendigkeit internationaler Finanzhilfe zu begründen, ohne zu begreifen, daß solche Lücken erst durch eine Finanzhilfe entstehen können, die entweder freiwillig gewährt wird oder im Weltzahlungssystem durch das Vorhandensein international liquider Mittel angelegt ist.

Diese vier Sätze, die noch um weitere vermehrt werden könnten, gelten ohne Ausnahme für jede denkbare Gesellschaftswirtschaft. Die Voraussetzungen, an die ihre Geltungskraft gebunden ist, sind so allgemein, daß man Mühe hat, sich Fälle vorzustellen, in denen sie nicht realisiert sind: Der erste Satz ist an die Voraussetzung gebunden, daß es Menschen gibt, die Güter verbrauchen, und gilt sogar für die Robinson-Wirtschaft; er könnte formal auch auf das Schlaraffenland angewandt werden, besagt dann freilich nichts, weil in diesen Gefilden der Gütervorrat keine Grenze kennt. Der zweite Satz gilt nur für eine Gesellschaftswirtschaft und außerdem nicht für das Schlaraffenland, die „Gesellschaft im Überfluß", von der viele sozialpolitische Fiktionen ausgehen und auf die trotz mancher nationalökonomischer Ankündigungen die Menschheit im ganzen wohl noch zu warten haben wird. Auch der dritte und der vierte Satz sind natürlich an das Bestehen einer Gesellschaftswirtschaft gebunden, wobei der dritte das Bestehen wirtschaftlicher

[491] Siehe hierzu z. B. *W. Röpke*, Die Gesellschaftskrisis der Gegenwart, Erlenbach-Zürich 1942, S. 222 ff.

[492] Vgl. zur Anschauung *F. W. Meyer*, Zur wirtschaftspolitischen Lage in der Bundesrepublik, ORDO VII (1955), S. XXI–XXXII.

Machtkämpfe voraussetzt, während der vierte einfach die denkbaren Teile der Gesamtheit „Erwerb" aufzählt, also einer mathematischen Definitionsgleichung ähnelt. Natürlich folgen alle diese Sätze aus bestimmten Definitionen (etwa für „Gut", „Verbrauch", „Gesellschaft", „wirtschaftliche Macht" usw.), so daß sie deswegen eine Art von tautologischer Notwendigkeit besitzen,[493] sie gelten nicht nur mit Wahrscheinlichkeit, sondern unter ihren sehr allgemein erfüllten Voraussetzungen mit Sicherheit.

Haben diese Regeln ohne Ausnahme einen Wert für die wirtschaftswissenschaftliche Erkenntnis und die Widerlegung nicht gerechtfertigter Argumente? Oft wird ihnen, weil sie denknotwendig sind, empirischer Gehalt abgesprochen.[494] Es scheint jedoch, als ob hier die Wissenschaft eigene Geisteskinder zu schlecht behandelt. Der Streit darum, ob die außermenschliche Wirklichkeit zum Teil von logischen Strukturen durchzogen ist, hat noch nicht so eindeutig zum Siege der Trennungsthese geführt,[495] wie im wirtschaftswissenschaftlichen Schrifttum meist angenommen wird. Diese philosophische Frage braucht außerdem nicht geklärt zu werden, um zu erkennen, daß viele Sätze der Logik unentbehrliche Hilfsmittel für Wirtschaftstheorie und Wirtschaftspolitik darstellen. Es ist ferner zu betonen, daß der Mensch im wirtschaftlichen Alltag *auch* logische Notwendigkeiten beachtet, also nicht nur animalische Instinkte walten läßt. Ohne ein widerspruchsfreies Begriffssystem, das die Regeln der Logik beachtet, ist schließlich die Erkenntnis der Wirklichkeit unmöglich. Nur wenn man der Meinung huldigt, das Denknotwendige könne nur gedacht, niemals auch erlebt werden, und wenn man außerdem so optimistisch sein will, alles Denknotwendige für selbstverständlich zu halten, kann man den Schluß wagen, logischen Ableitungen komme kein Informationsgehalt zu. Daß apriorisches Denken nicht zur Erkenntnis der Welt ausreicht, bleibt hiervon unberührt. Wollte man der geschilderten radikalen Ansicht folgen, so wären, jedenfalls in einer empirischen Wissenschaft, vor allem diejenigen Beziehungen informativ, die dem bloßen Denkvorgang unerwartet kommen oder mindestens im Prinzip durch Erfahrung „falsifizierbar" sind.[496] Vertreter dieser Meinung setzen ihr Vertrauen in höherem Maße auf Beobachtungen und die hierfür nötigen weniger hochentwickelten menschlichen Sinnesorgane als auf den deduzierenden

[493] Vgl. *W. A. Jöhr*, a. a. O., S. 223.

[494] Vgl. *H. Albert*, Der logische Charakter der theoretischen Nationalökonomie, Jahrbücher für Nationalökonomie und Statistik, Bd. 171 (1959), S. 5: „Sind die Aussagen selbst ‚denknotwendig', so können sie keinen empirischen Gehalt haben, was gerade hinsichtlich der ihnen meist zugesprochenen Erklärungsfunktion fatal wäre."" *G. Weippert*, in: Schriften des Vereins für Socialpolitik N.F. Bd. 25 (1962), S. 472: „Keine Modellaussage ist eine empirische Aussage."

[495] Vgl. *F. Machlup*, The Problem of Verification in Economics, The Southern Economic Journal, Vol. XXII, July 1955, p. 16; *W. Heitler*, Der Mensch und die naturwissenschaftliche Erkenntnis, 2. Aufl., Braunschweig 1962, S. 38 f.

[496] Vgl. *K. R. Popper, a. a. O., S. 54.*

Verstand und folgen damit einem in den Naturwissenschaften bewährten, wenn auch nicht mehr ganz unumstrittenen Verfahren.[497] Das Irrationale, Psychische, nur mit statistischen, soziologischen und sozialpsychologischen Kategorien Faßbare hätte demnach gegenüber dem auch rational Ableitbares, Logisches und Denknotwendiges Enthaltenden eine deutlich bessere Aussicht, mit geeigneten Hypothesen erklärt zu werden. Die Rückwendung zum Historismus,[498] die sich in teilweise verfeinerter Form in der Nationalökonomie anzubahnen scheint, deutet darauf hin, daß die Forschung sich in dieser Richtung bewegt, wiewohl der Neo-Historismus noch aus anderen, später zu erwähnenden Quellen gespeist wird.

Es trifft zu, daß die Beobachtung, die allerdings ohne zielgerichtete Tätigkeit des Verstandes nicht denkbar ist,[499] am Anfang und am Ende jeder Erfahrungswissenschaft steht. Aber man sollte nicht übertreiben: Das Denknotwendige als nicht informativ und als selbstverständlich ansehen heißt, im Bereich des Erkennens einen homo rationalis mit perfekter Kenntnis alles logisch Ableitbaren voraussetzen, während gerade diejenigen, die das Denknotwendige und Modelltheoretische damit beiseite schieben, die analoge Figur des ebenso allwissenden homo oeconomicus im Bereich der Wirtschaft aufs heftigste in Zweifel ziehen. In Wahrheit ist der Mensch das Wesen, das denken kann, nicht nur als wissenschaftlicher Wahrheitssucher, sondern auch als wirtschaftlich Handelnder. Aber dieses Denken fällt ihm nicht leicht,[500] und so besteht eine der Hauptaufgaben der Wissenschaft nach wie vor darin, gegenüber allen wirtschaftlichen und wirtschaftspolitischen Zauberkunststücken unerbittlich das Elementare und für den perfekten Denker eigentlich Selbstverständliche ans Licht zu heben, das – wie unsere Beispiele zeigen – ständig von den Wellen des Irrationalen überspült wird. Nicht nur die Regeln und Hypothesen, welche prinzipiell Ausnahmen und empirische Widerlegungen zulassen, haben ihren Wert für die menschliche Einsicht wirtschaftlicher Zusammenhänge, sondern auch starre Notwendigkeiten, die keine Ausnahme erlauben. Der Versuch, solchen Notwendigkeiten zu entrinnen, gleichsam Urlaub von der Logik zu nehmen, hat im wirtschaftspolitischen Alltag ungewöhnlich große Bedeutung. Die Positionen der Theorie sind dabei allerdings im Prinzip kaum zu erschüttern, denn Ausnahmen haben hier keinen Platz.

---

[497] Vgl. *W. Heitler*, a. a. O.

[498] Vgl. *G. Schmölders*, ökonomische Verhaltensforschung, ORDO V (1953), S. 215 f.; *H. Sanmann*, Nationalökonomie als Sozialwissenschaft, Kritische Bemerkungen zur herrschenden ökonomischen Theorie, Schmollers Jahrbuch, 78. Jg. (1958), S. 313.

[499] Vgl. *K. R. Popper*, a. a. O., S. 44.

[500] *G. Gäfgen*, Theorie der wirtschaftlichen Entscheidung, Tübingen 1963, S. 51 f., schreibt, die Implikationen eines Denkmodells seien „zwar logische Selbstverständlichkeiten (Tautologien), aber oft schwer abzuleiten". Für den Wissenschaftler seien sie „psychologische" Neuigkeiten. So auch *G. Kade*, Die Verdächtigung der exakten Wirtschaftstheorie, Jahrbücher für Nationalökonomie und Statistik, Bd. 169 (1958), S. 38.

II.

Leider hat der größte Teil auch derjenigen ökonomischen Lehrsätze, die auf dem Wege von der empirischen Voraussetzung zum empirischen Ergebnis von logischen Deduktionen Gebrauch machen, nicht eine derartig eindeutige Qualität, wie sie unseren vier Beispielsätzen zukommt. Selbst solche Theorien, die man zunächst für allgemeingültig gehalten hat, etwa die Quantitätstheorie, haben diese Eigenschaft unter dem Druck von Erfahrungen und Überlegungen eingebüßt und sind einerseits zu einem Begriffssystem wie der Verkehrsgleichung, andererseits zu Spezialtheorien geworden, die nur unter eingeschränkten Voraussetzungen gelten. Niehans sieht in diesen „Wandlungen ökonomischer Gesetze"[501] eine allgemeine Tendenz am Werk. Die Verkehrsgleichung ist ebenso wie unser vierter trivialer Beispielsatz unter allen denkbaren Umständen richtig, wenn die darin enthaltenen Größen in bestimmter Weise definiert werden; das hat zu der – allerdings umstrittenen – Neigung geführt, sie für nichtssagend zu halten wie andere logische Notwendigkeiten auch.[502] Sie ist aber, wie Niehans bemerkt,[503] heute die Grundlage eines Begriffssystems und zwar, wie wir hinzufügen möchten, eines unentbehrlichen Begriffssystems. Darin finden jene Spezialtheorien Platz, die nur unter besonderen Voraussetzungen gelten, etwa die, daß infolge einer Geldschöpfung die Preise steigen. Niehans weist noch darauf hin, daß in jüngster Zeit die ökonomischen Gesetze schneller zur Formalisierung einerseits, zur Individualisierung andererseits vordringen.[504] Die Theoretiker legen es darauf an, empirischen Falsifikationen dadurch zuvorzukommen, daß sie ein ganzes Theoriensystem unter den verschiedensten Daten und Verhaltensweisen ausbreiten, häufig dem Leser die Auswahl des Wahrscheinlichen aus dem Katalog der Möglichkeiten überlassend.

Ist mit solchen im günstigsten Falle formal vollständigen Systemen etwas für die Erklärung der Wirklichkeit gewonnen? Was Regel und was Ausnahme, was wahrscheinlich und was unwahrscheinlich ist, sagen diese Gedankenbauten zunächst nicht. Einzelne Varianten denkbarer Abläufe werden nebeneinandergestellt, und oft kommt es dazu, daß die sensationellen, aber unwahrscheinlichen oder gar utopischen Fälle den Theoretiker länger beschäftigen als langweilige Normalität.[505]

---

501 Vgl. *J. Niehans*, Die Wandlungen ökonomischer Gesetze, Schweizerische Zeitschrift für Volkswirtschaft und Statistik, 87. Jg. (1951), S. 300–309.

502 Hierzu z. B. Verkehrsgleichung, Nationalökonomie und Physik, Ein Symposion, Schweizerische Zeitschrift für Volkswirtschaft und Statistik, 89. Jg. (1953), S. 457–507.

503 Vgl. *J. Niehans*, a. a. O., S. 304.

504 Ebenda, S. 306.

505 In Politik und Wirtschaft sind es nicht immer die komplizierten Verhaltensweisen, die überwiegen, sondern in beiden Bereichen werden sehr viele „Korporalsgedanken" gedacht und ausgeführt. Deshalb versagen intellektuell überzüchtete Erklärungen dabei oft ebensosehr wie die Menschen, von denen sie stammen.

Mit jener ersten Kategorie von Lehrsätzen, die unmittelbar und nahezu ausnahmslos für den wirtschaftlichen Alltag gelten, haben Lehrsätze dieser zweiten Art als Glieder eines Denksystems den Charakter logischer Notwendigkeit gemeinsam, aber sie können keinen Anspruch erheben, allgemein gültig zu sein. Sie stehen nur auf Abruf zur Erklärung bereit, wenn die Voraussetzungen erfüllt sind, unter denen man sie abgeleitet hat.

Bei diesen Spezialtheorien und den ihnen zugrunde liegenden Modellen folgt das Ergebnis logisch aus den Prämissen, und wer auch hier die Logik für keiner weiteren Rede wert ansieht, weil sie sich bei Forschungen der empirischen Wissenschaften von selbst verstehe, mag die modelltheoretischen Exerzitien als unfruchtbar ansehen. Insbesondere die dabei verbreitete mathematische Methode ist dem Einwand ausgesetzt worden, sie sei dem Suchen von Ostereiern ähnlich, bei dem die Kinder jubeln, wenn sie die Eier genau dort finden, wo sie sie zuvor versteckt hatten.[506] Der witzige Vergleich, der nicht nur die mathematischen Modelle trifft, sondern jede nationalökonomische Modelltheorie,[507] darf jedoch nicht überanstrengt werden. Die Modelltheorie hat sehr wesentliche, für die Erkenntnis der Wirklichkeit wichtige Vorzüge:

1. Nur der schon früher erwähnte perfekte Denker, das wissenschaftliche Genie, weiß automatisch, was beim Nennen einer für die Wirtschaft wichtigen Voraussetzung alles logisch impliziert ist. Die Kenntnis dieser Implikationen ist aber nicht nur für die Wirtschaftspolitik wichtig, sondern auch für die bloße Diagnose von Tatbeständen, da sich oft die Grundvoraussetzungen weniger leicht nachprüfen lassen als die Nebenbedingungen oder Folgen eines Ereignisses. Wie in der Medizin und anderen Wissenschaften geht auch in der Nationalökonomie die *Untersuchung* von Symptomen (etwa Arbeitslosigkeit, Zahlungsbilanzentwicklung, Preisen usw.) zu den Ursachen, während jede *Erklärung* umgekehrt die Voraussetzungen für die Folgen verantwortlich macht. Der Schluß von den Folgen auf die Ursachen kann ohne Vorstellung über *mögliche* Ursachen und Voraussetzungen nicht gelingen. Solche Vorstellungen (= Theorien) können zwar auch ohne modelltheoretische Deduktion gewonnen werden. Statistische Verfahren können Regelmäßigkeiten wie etwa den Schweinezyklus aufdecken. Aber die Antwort auf die Frage, warum diese Regelmäßigkeiten bestehen, erfordert logischen Scharfsinn. Reine Empirie und Statistik versagt im übrigen bei neuen Erscheinungen, während das Neue im Modell bereits erdacht sein kann, auch wenn es noch nie vorgekommen ist.

---

506 Der Vergleich soll von *L. A. Hahn* stammen, vgl. *W. Röpke*, Der wissenschaftliche Ort der Nationalökonomie, Studium Generale, 6. Jg. (1953), S. 380.

507 Hierzu auch *G. Kade*, a. a. O., S. 38 f., der freilich über den Nachteilen der verballogischen Darstellung ihre Vorzüge übersieht und daher zu einer Überbewertung des mathematischen Verfahrens kommt, wie sie heute herrschend geworden ist.

2. Die Modelltheorie ist zum Teil auch heute noch in der Lage, trotz ihrer modernen Ausfächerung und der Vielfalt denkbarer Modellabläufe den Kreis des Möglichen einzugrenzen. Das sieht man an folgendem Beispiel: Ein erweitertes ausgeglichenes Staatsbudget wirkt nur dann inflatorisch, wenn es durch Netto-Geldschöpfung vorfinanziert wird oder die Wirtschaftseinheiten ihre Kassenbestände zu vermindern suchen.[508]

Die Funktion der Modelltheorie, unbrauchbare Erklärungen durch rein logische Überlegungen auszuscheiden und den Kreis möglicher Lösungen einzuschränken,[509] ist jedoch aus verschiedenen Gründen seit den Tagen der Klassiker immer fragwürdiger geworden. Einmal hat sich die Wirtschaftstheorie selber verfeinert und die Herrschaft mancher Allgemeinsätze gebrochen, zum anderen ist uns auch in der wirklichen Wirtschaft, nicht nur in den Vorstellungen über sie, die Sicherheit jener Welt von gestern abhanden gekommen, in der – nicht nur im ökonomischen Bereich – wesentlich mehr Dinge unmöglich und daher der Forschung unzugänglich waren als in unseren Tagen.

III.

Solange ein marktwirtschaftliches System mit überwiegend „innerer Koordination" (Miksch[510]) und langfristig stabiler rechtsstaatlicher Ordnung existierte, war der Rahmen um die denkbaren Wirtschaftsvorgänge enger gezogen als bei interventionistischen, ständig reorganisierten Mischsystemen oder modernen zentral verwalteten Gesellschaftswirtschaften.[511] Zwischen dem Erklärungswert der „reinen" Wirtschaftstheorie, vor allem, wenn sie zweckrationales Verhalten annimmt, und der jeweils vorherrschenden Gesellschafts- und Wirtschaftsordnung besteht also ein Zusammenhang.

---

[508] Zu dem vielfach überschätzten „Haavelmo-Theorem" von der Multiplikatorwirkung eines ausgeglichenen Budgets vgl. *G. Haberler*, Multiplier Effects of a Balanced Budget: some Monetary Implications of Mr. Haavelmo's Paper, in: Econometrica, Vol. 14 (1946), p. 148 f.

[509] Auch die Ausdehnung des Bereichs der Möglichkeiten kann zu den wirtschaftspolitisch wichtigen Aufgaben der Modelltheorie gehören: Während die Erziehungszolltheorie davon ausgeht, daß externe Wirtschaftlichkeitsvorteile in den Branchen gegeben sind, die mit Einfuhren konkurrieren, führen rein logische Überlegungen am Modell zu der Folgerung, daß Einfuhrsubventionen oder Exportförderung angebracht sein können, falls es die Exportbranchen sind, die am besten erzogen werden können. Damit werden einseitig protektionistische Entwicklungsvorschläge auf ihr rechtes Maß reduziert; da man kaum vorher weiß, welche Branchen am erziehungsfähigsten sind, empfiehlt sich als Regel der Freihandel. Vgl. *G. Haberler*, Außenhandel (Theorie), in: Handwörterbuch der Sozialwissenschaften, Bd. I, S. 473 f.

[510] Vgl. *L. Miksch*, Die sittliche Bedeutung der inneren Koordination, ORDO III (1950), S. 29–73.

[511] Eine primitive stationäre Zentralverwaltungswirtschaft, die auf wirtschaftliche Entwicklung keinen Wert legt, kann dagegen die möglichen Abläufe sehr begrenzen. Vgl. *L. Baudin*, Der sozialistische Staat der Inka, Rowohlts deutsche Enzyklopädie, Hamburg 1956.

Das soll nicht heißen, Marktwirtschaften seien weniger dynamisch als interventionistische und dirigistische Systeme, eher trifft das Gegenteil zu. Es heißt jedoch zweierlei:

1. Die Reaktionen des Systems auf Veränderungen seiner Daten sind in der Marktwirtschaft mit hinreichendem Wettbewerb eindeutiger, die Richtung von Abläufen kann leichter angegeben werden, wenn man den Anstoß kennt, weil der Bauplan des Systems zwar komplex, aber rational erklärbar und stabil ist. Wenn z. B. eine Knappheit entsteht, weiß man in der wettbewerblichen Marktwirtschaft recht genau, was geschehen wird: Erhöhung der Preise, dadurch Anregung der Produktion und Dämpfung der Nachfrage. In der dirigistischen Wirtschaft wird im gleichen Falle womöglich allein die Nachfrage zurückgedrängt (Rationierung) oder sogar die Zunahme des Angebotes verhindert, indem man den Preis trotz Knappheit relativ zum allgemeinen Preisniveau herabsetzt (Wohnungszwangswirtschaft). Aber auch eine künstliche Angebotsvermehrung ohne Rücksicht auf Kosten und Absatzmöglichkeiten kommt vor, wenn man das aus politischen Gründen für wichtig hält (Landwirtschaft). Das Bauprinzip der Zentralverwaltungswirtschaft ist im Gegensatz zur wettbewerblichen Marktwirtschaft und zum sehr verwickelten Interventionssystem zwar einfach: Es wird befohlen und gehorcht. Aber die Entschlüsse der Befehlenden sind beliebiger, da sie nicht wie die privaten Wirtschaftspläne in der Marktwirtschaft dem Gesetz der großen Zahl unterliegen.
2. Der tatsächliche Wirtschaftsablauf in der Marktwirtschaft ist regelmäßiger, weil das System automatisch dämpfende Regulatoren enthält, die der Zentralverwaltungswirtschaft fehlen. Das Preissystem setzt extremen Veränderungen Widerstand entgegen, indem es die Kosten dieser Umwälzungen angibt. Daß dieser Stoßdämpfer bei Konjunkturen und Inflation unzuverlässig werden kann und überwacht werden muß, ist dagegen kein schwerwiegender Einwand. Neue Techniken etwa setzen sich in der Marktwirtschaft nicht eher durch, als bis Anlagen mit alter Technik wertlos geworden sind. Launen der Nachfrage werden durch hohe Preise plötzlich begehrter Güter gezügelt. Man kann sich hier in stärkerem Maße auf Regelmäßigkeiten verlassen als in anderen Ordnungen; das System läßt Experimente aller Art zu, belastet aber den Experimentierenden mit dem bremsenden Risiko. Auch der Umstand, daß in der Marktwirtschaft zunächst Pioniere vorangehen, während die Masse nur dann folgt, wenn sich der Erfolg einstellt, verleiht dem Ablauf in dieser Ordnung größere Stetigkeit. In übertriebenem Optimismus konnte deswegen Miksch behaupten:[512]

[512] *L. Miksch*, Die Verstaatlichung der Produktionsmittel in der Morphologie der Wirtschaftsordnungen, in: Schriften des Vereins für Sozialpolitik, N. F. Band 2 (1950), S. 88.

> „Der Wirtschaftsprozeß ist somit bei innerer Koordination im Rahmen der übrigen Daten stets mit einem Wahrscheinlichkeitsgrad determiniert, der für alle praktischen Zwekke der Gewißheit gleichkommt. Daraus ergibt sich die Möglichkeit einer nationalökonomischen Theorie, die ihrem Wesen nach Gleichgewichtstheorie ist und deren Aussagen im allgemeinen Wahrscheinlichkeitsaussagen über ein menschliches Verhalten sind."

Die Marktwirtschaft kennt jedenfalls spontane quasiautomatische Abstimmungsvorgänge, mit deren Hilfe der Wirtschaftsprozeß gesteuert wird. Diese Vorgänge können erfaßt und zu allgemeinen Theorien formalisiert werden. Die Marktwirtschaft mit ausreichendem Wettbewerb unterwirft die Leistungen des Einzelnen dem Urteil vieler, die dafür Gegenleistungen bieten können. Sie gibt ihm außerdem Hinweise, wie er im Rahmen der Gesellschaft seine eigenen wirtschaftlichen Ziele zweckmäßig verfolgen kann. Denn in dieser Ordnung kann der, der sät, auch ernten; es besteht ein durchaus leistungsfähiges Rechnungs- und Bewertungssystem; die größere Regularität der Abläufe erleichtert richtige Einzelplanungen; Irrationalitäten werden in Schranken gehalten, weil derjenige, der sie begeht, dafür aufkommen muß. Modelle, die den rationalen Wirt, den „perfekten Schachspieler" (Sombart[513]) voraussetzen, sind daher für Wettbewerbswirtschaften weit weniger unrealistisch als für sonstige Systeme. Es ist deswegen kein Wunder, daß die Theorie des rationalen wirtschaftlichen Verhaltens an der Marktwirtschaft entdeckt worden ist, obwohl sie grundsätzlich für alle Ordnungen gelten kann. Die herkömmliche Marktwirtschaftslehre hat dieses Verhalten als Regel und Richtschnur, mindestens als sich auf die Dauer durchsetzende Tendenz angesehen, während man für lange Zeit irrationale Verhaltensweisen als unwesentliche Ausnahmen abtun zu können glaubte. Ein Verhalten, das vom Zweckrationalen abweicht, hat zwar gelegentlich als Prämisse Eingang in die reine Wirtschaftstheorie gefunden, doch ist im ganzen der Abstand immer weniger beachtet worden, der zwischen den theoretischen Ergebnissen und dem wirtschaftlichen Alltag selbst in marktwirtschaftlichen Systemen klafft. Eine zu enge Auffassung des rationalen Verhaltens im Sinne einer kurzfristigen Maximierung des Geldeinkommens ist dafür mitverantwortlich. Die Theorie hat im Zuge einer ersten starken Mathematisierungswelle von rechtlich-politischen oder soziologisch und psychologisch erfaßbaren Abweichungen vom Rationalverhalten abstrahiert, während sogar die Klassiker, allen voran Adam Smith selbst, einen ausgeprägten Sinn für politisch-soziologische Zusammenhänge und Bedingtheiten der ökonomischen Abläufe gezeigt hatten. Die Vorzüge der mathematischen Darstellungsmethode sind häufig, wenn auch nicht immer, gegen eine starke Ordnungs- und Soziologiefremdheit eingetauscht worden. Paradoxerweise sind einige unter denen, die in ihren volkswirtschaftlichen

[513] *W. Sombart*, Die drei Nationalökonomien, München und Leipzig 1930, S. 259 und passim.

Modellen die höchsten Stufen mathematischer Abstraktion erreichten, oft zugleich wirtschaftspolitisch Gegner der wettbewerblichen Marktwirtschaft gewesen, also des Systems, für das ihre theoretischen Ergebnisse noch am ehesten als einigermaßen realistisch gelten können.

In zentral geleiteten Ordnungen mag der Zwang bestehen, im politischen Machtkampf rational vorzugehen und dabei gelegentlich auch *wirtschaftliche* Vernunftregeln anzuwenden. Aber solche Systeme kennen keine Abstimmungsvorgänge, die selbsttätig zu rationalem Wirtschaften führen. Wirtschaftliche Vernunft verlangt die Beachtung all der formal-logischen Regeln, die die abstrakte Wirtschaftstheorie entwickelt. Solcher Formalismus fordert aber die irrationalen Instinkte des Menschen heraus und kann im Widerspruch zu einer herrschenden zugkräftigen Ideologie stehen. Deswegen ist wirtschaftlicher Unsinn so oft die Grundlage eines mindestens kurzfristigen politischen Erfolges, von Peron über Soekarno, Nasser, Castro, Ben Bella bis zu Mao Tse Tung. „Formalismus“ ist nicht nur ein Verdikt der sowjetischen Kunstkritik, sondern ganz allgemein eine Vokabel, mit der sich eine regierende Ideologie logische Hindernisse hinwegdekretiert.[514]

Jedenfalls ist die Theorie des rationalen Wirtschaftens weiter von der Wirklichkeit der Zentralverwaltungswirtschaft entfernt als vom Alltag der Marktwirtschaft. Sie kann dort nur mit großen Einschränkungen Regelcharakter beanspruchen. Versuche, auch im kommunistischen Machtbereich rationeller zu wirtschaften, führen regelmäßig zu geistigen Anleihen bei der Marktwirtschaft und kommen daher früher oder später mit dem politischen System in Konflikt.[515] Der vollwertige Ersatz des Marktes durch planwirtschaftliche Rechensysteme ist dagegen bisher nicht geglückt, trotz aller Versuche westlicher Nationalökonomen, hierbei behilf-

[514] Der prahlerische Satz *Görings*: „Das Wort ‚unmöglich‘ kenne ich nicht,“ ist hierfür ebenso typisch wie die kommunistischen Planutopien. *Bocheński-Niemeyer* berichten über einen Vertreter der formalen Logik in der Sowjetunion, der wegen „Formalismus und Parteilosigkeit“ drangsaliert worden ist: *J. M. Bocheński*, *G. Niemeyer*, Handbuch des Weltkommunismus, Freiburg / München 1958, S. 44. Es ist interessant, daß sich auch ein temperamentvoller Kritiker des neoliberalen Marktwirtschaftskonzepts den „Formalismus“ zur Hauptzielscheibe seiner Rügen gewählt hat: *E. E. Nawroth*, Die Sozial- und Wirtschaftsphilosophie des Neoliberalismus, Heidelberg-Löwen 1961, VI. Kapitel und passim. Daß die Formallogik keine hinreichende Grundlage der Ethik ist, haben auch die Neoliberalen entgegen Nawroths Ansicht keineswegs verkannt.

[515] Die jüngsten Aufforderungen *Chruschtschows*, von den Kapitalisten zu lernen, sind deswegen nicht weiter ernst zu nehmen, da dem Kommunisten jedenfalls verwehrt bleibt, den Kern des marktwirtschaftlichen Systems zu übernehmen. Vgl. *N. S. Chruschtschow* auf dem Plenum des ZK der KPdSU am 19.11.62, Prawda v. 20.11.62, deutsch in: Ostprobleme, 15. Jg., Heft 1, S. 9. Merkwürdig berührt es, wenn östliche Versuche, mit Hilfe einer Uminterpretation von Marx zu größerer ökonomischer Rationalität der Volkswirtschaft zu gelangen, vom Westen her im Namen der marxistischen Dogmenreinheit – wahrscheinlich vom marxistischen Standpunkt aus durchaus zutreffend – gerügt werden: *R. Rosdolsky* (Detroit, USA), Ein neomarxistisches Lehrbuch der politischen Ökonomie, in: Kyklos, Vol. XVI (1963), S. 626–651, worin *O. Langes* Buch: Politische Ökonomie – Allgemeine Probleme, Warschau 1959, kritisiert wird.

lich zu sein. Der Wirtschaftsablauf in der Zentralverwaltungswirtschaft kann daher nicht als bloße Ausnahme oder geringfügige Abweichung von den Regeln der Wirtschaftstheorie des rationalen Verhaltens aufgefaßt werden, denn es bestehen keine empirisch zwangsläufigen Bindungen der Wirklichkeit an das theoretische Idealbild. Eine eigene Theorie der Zentralverwaltungswirtschaft, die einfach die rein politischen Ziele der jeweiligen Führung in die Voraussetzungen ihres Modells hineinnimmt und die übrigen Menschen als bloßes Inventar der Volkswirtschaft, als Gegenstände des zentralen Wirtschaftens wie das Stallvieh eines Bauernhofes behandelt, bietet nur eine definitorische Lösung des Problems. Denn die Theorie der Zentralverwaltungswirtschaft wird damit zur Betriebswirtschaftslehre einer ganzen Volkswirtschaft, sie übersieht aber, daß darin dem Leiter der Zentralverwaltung wirtschaftliche Rationalität außerordentlich erschwert ist, besonders dann, wenn er sich die Wünsche seiner Untertanen zur Richtschnur nimmt. Der wirkliche Ablauf des Wirtschaftens steht dabei nicht in ausreichender Korrelation zu den Lehrsätzen vernünftigen Wirtschaftens, wie sie die allgemeine Wirtschaftstheorie aufstellt. Das Vernünftige kann auf vielen Gebieten nur per Zufall oder durch Nachahmung der Marktwirtschaft geschehen. Mit Bestimmtheit gelten nur solche Theorien, die den Charakter logischer Notwendigkeiten haben, also unausweichlich sind.[516] Die Ermittlung des jeweiligen Abstandes vom Rationalen ist allerdings lehrreich und teilweise möglich. Im übrigen kann die Zentralverwaltungswirtschaft wie jede Wirtschaftsordnung nur solange auf ihre Rationalität hin geprüft werden, wie sie nicht zum Selbstzweck wird.

Die interventionistischen Mischsysteme mit dominierender Marktwirtschaft, wie sie heute in der westlichen Welt vorherrschen, sind demgegenüber mit einer entsprechend verfeinerten, durch Einbau anderer Verhaltensannahmen komplizierten Marktwirtschaftslehre noch teilweise erfaßbar. Die Zunahme wirtschaftspolitischer Tätigkeit aller Art hat die Wirtschaftstheorie allerdings vor eine schwere Erklärungsaufgabe gestellt, die sie auf zwei Wegen zu lösen versucht hat:

1. Einmal hat sich die Theorie bemüht, jene Theoreme zu verfeinern, die ordnungsneutral sind und über alle wirtschaftspolitischen Maßnahmen hinweggreifen, also in ihrer Geltung von Interventionen nicht oder nur unwesentlich betroffen werden. Ein großes Revier hat sich dabei auf dem Gebiete der Kreislauftheorie und der volkswirtschaftlichen Gesamtrechnungen eröffnet. Je ordnungsneutraler und damit umfassender die Theorie jedoch wird, desto mehr steht sie in der Gefahr, zum leeren Gehäuse zu werden, in dem die unterschiedlichsten Ereignis-

[516] Über die Möglichkeiten einer selbständigen Theorie der Zentralverwaltungswirtschaft, die nicht Soziologie, Betriebswirtschaftslehre, Verwaltungslehre und Technologie ist, äußert sich skeptisch, im Gegensatz zum Ansatz *Euckens*, auch *W. Röpke*, Die Grundlagen der Nationalökonomie, abgedruckt in: Gegen die Brandung, Erlenbach-Zürich und Stuttgart 1959, S. 342.

se Platz finden können. Der Rückzug in die formale Allgemeingültigkeit kann etwa dazu verführen, Wachstumsraten ohne viel Federlesens zwischen Ländern mit und ohne Devisenzwangswirtschaft, mit und ohne Inflation, mit und ohne freie Konsumwahl usw. zu vergleichen. Die Theoretiker können damit leicht zu Fehlurteilen kommen, weil sie alles Besondere auch dann ausklammern, wenn es für den Untersuchungszweck wesentlich ist.[517]

2. Die andere Möglichkeit bestand darin, jeder interventionistischen Erfindung nachzuspüren und ein taxonomisches Filigranwerk der Theorie zu entwickeln, das kaum noch übersehen werden kann. Der Staat hat so vieles möglich gemacht, also mußte auch die Theorie ihr klassisch-neoklassisches Mauerwerk immer mehr umbauen, erweitern, verengen, mit Durchlässen versehen und zu einem ebenso unübersichtlichen Labyrinth entwickeln, wie es die praktische Wirtschaftspolitik vieler Länder darstellt, man denke nur an die Agrarpolitik. Findige Modellschreiner der Theorie sind im Erdenken von weiteren Fallgruben, Sackgassen, Irrgärten und Räuberhöhlen sogar der Wirtschaftspolitik um einiges vorausgeeilt. Wo bleibt hier noch das von Hahn zitierte feste Mauerwerk der Theorie, wo bleiben die festen Regeln und die nur geringfügigen Ausnahmen, wenn der Ausnahmezustand mit täglich neuen wirtschaftspolitischen Anordnungen zur Regel geworden ist? Natürlich kann von dem, der sich gut auskennt, auch noch in diesem Wirrwarr die ökonomische Wahrheit gegenüber den Interessenten verteidigt werden, aber die Abwehr ist schwieriger geworden. Jene sehr feinen falschen Bemerkungen, von denen das Motto dieses Aufsatzes spricht, finden in der Welt des Interventionismus einen fruchtbaren Nährboden. Nehmen wir zwei Beispiele:

[517] Ein Beispiel aus dem Bereich der allgemeinen Politik für dieses auch anderweitig verbreitete Streben, gemeinsame Nenner für wesentlich Verschiedenes zu finden, bedeutet die Rede *Carl Friedrich von Weizsäckers* bei der Verleihung des Friedenspreises des Deutschen Buchhandels 1963 (Frankfurter Allgemeine Zeitung v. 14. 10. 63). *Von Weizsäcker* tritt dort für eine „Ethik des Lebens in der technischen Welt" ein; die Technik ist aber der ganzen Welt mehr oder weniger gemeinsam. Der Blick auf die Technik verführt *von Weizsäcker* dazu, die Unterschiede der in West und Ost herrschenden innenpolitischen Prinzipien zu relativieren. Er verkennt, daß die Einheit der Technik nicht genügt, um eine Weltharmonie zu erzwingen, und daß eine nur von der Technik her diktierte Ethik weder eindeutig genug ist noch menschenwürdig, vor allem aber, daß die kommunistische Ideologie, die er ja nun ebenso in Frage stellen müßte wie den westlichen Pluralismus, ihre eigene Relativierung nicht überleben kann. Implizit hat *von Weizsäcker* eben doch den Hebel an der Ideologie angesetzt, denn mindestens der Kommunismus duldet keine Nur-Techniker, und ein Primat technischer Ethik müßte neben sonstiger Leere auch das Ende des Kommunismus bringen. Solange noch die halbe Welt von der Ideologie der Weltrevolution beherrscht wird, können auch technische Notwendigkeiten allein keinen wirklichen Frieden bringen. – Es besteht die Tendenz, daß Vertreter der Naturwissenschaften, die mit ihren Kollegen im Sowjetbereich noch eine gemeinsame Sprache sprechen, diese Tatsachen übersehen und die Zerrissenheit in anderen Bereichen als unwesentlich ansehen.

a) Die Vorstellung von der „anomalen Reaktion der Zahlungsbilanz" gehörte noch in der Zeit Alfred Marshalls eindeutig in das gut assortierte Kuriositätenkabinett der Nationalökonomie. Mit dem Aufkommen von Kontingenten und Devisenzwangswirtschaft hat sich das so sehr geändert, daß bei der deutschen Aufwertungsdebatte trotz inzwischen wieder weitgehender Liberalisierung des internationalen Handels- und Zahlungsverkehrs das Urteil vieler Nationalökonomen unsicher ausfiel. Auch deshalb war es den deutschen Inflationsinteressenten ein leichtes, sich theoretischer Argumente zu bedienen und die notwendige Wechselkurskorrektur jahrelang zu verzögern.
b) Vor kurzem hat ein Sprecher der Landwirtschaft im Rundfunk behauptet, sinkende Getreidepreise müßten wegen der „antikonjunkturellen Reaktion" der Landwirtschaft zu erhöhten Produktionsanstrengungen und Getreideüberschüssen führen, während nur gleichbleibende, wenn nicht höhere Getreidepreise ein solches unerwünschtes Ergebnis verhindern könnten.[518] Dieses Interessentenargument wäre in der Tat um so diskutabler, je mehr die Landwirtschaft durch Interventionen und Zugangsbeschränkungen bei anderen Berufen zu einer non-competing group gemacht werden würde und je einseitiger oder starrer die landwirtschaftliche Produktionsstruktur wäre. Denn die Landwirte werden sich nur dann verzweifelt bemühen, mehr Getreide zu produzieren, wenn sie weder abwandern noch andere Agrarprodukte herstellen können.

IV.

Die geschilderten Schwierigkeiten nationalökonomischer Theoriebildung und Diagnose haben eine Rebellion gegen die ganze traditionelle (nicht nur die „liberale" und neoklassische!) „reine" Wirtschaftstheorie ausgelöst. Es handelt sich dabei zunächst um einen Aufstand der Empiriker, die an Forderungen der historischen Schule anknüpfend mit statistischen Methoden die wirkliche Wirtschaft erforschen wollen, um Regelmäßigkeiten daran zu entdecken, wobei allerdings von den Ökonometrikern Überlegungen der reinen Theorie eingebaut werden. Soweit damit bestimmte Theorien getestet werden können, sind begrenzte Erfolge zu erwarten,[519] obwohl die neuen Verfahren am erratischen und teilweise unbere-

[518] Vgl. auch *Dr. R. Bremer*, Deutscher Bauernverband e. V., Zuschrift v. 4.3.1964 an die Frankfurter Allgemeine Zeitung.

[519] Die Grenzen solcher Tests liegen darin, daß isolierte und exakte Theorien nicht mit unexaktem Zahlenmaterial, auf das Nebeneinflüsse gewirkt haben, widerlegt werden können. Zum ökonometrischen Verfahren vgl. den vorzüglichen Aufsatz von *E. Streissler*, Was ist Ökonometrie, was will sie und was hat sie bisher geleistet? Allgemeines Statistisches Archiv, 46. Bd. (1962), S. 357–373.

chenbaren Charakter des interventionistischen Systems[520] nichts ändern können. Ein Federstrich des Gesetzgebers, und Bibliotheken von Statistiken, Vorausberechnungen über Elastizitäten, Grenzneigungen, Konsumfunktionen, Investitionsfunktionen und was es sei werden zu Makulatur, und zwar um so mehr, je spezieller die Berechnungen sind und je mehr sie sich auf Einzelbranchen beziehen. Je mehr Marktwirtschaft mit stabilem Rahmen, desto erfolgreicher ist andererseits solches Bemühen; aber nicht wenige Anhänger dieser Forschungsrichtung sind Anhänger der staatlichen Wirtschaftsplanung, vielleicht in dem Glauben, sie könnten die Launen des Gesetzgebers beherrschen und geringer machen als die der ungegängelten Konsumenten und Produzenten.[521]

Daneben hat sich die Forschung den „Daten" der Theorie zugewandt, ohne deren Kenntnis in der Tat die theoretischen Aussagen in der Luft hängen. Hier war die Verbindung zur Rechtswissenschaft, Geschichte und Soziologie aufzunehmen, und auch die Psychologie konnte zu ihrem Recht kommen. „Der Mensch als wirtschaftliches ‚Datum'"[522] ist denn auch der Titel einer Arbeit aus dem Bereich der Verhaltensforschung, die jedoch eine herkömmliche Wirtschaftstheorie nicht überflüssig macht, solange die Marktwirtschaft erhalten bleibt. Schmölders, der diese Forschungsrichtung besonders entwickelt hat, glaubt, daß „wir mit steigendem Wohlstand immer mehr zu einem Wirtschaftsleben kommen, in dem die harte Ratio der Entscheidungen hinter einem stark erweiterten Bewegungsspielraum zurücktritt, der allen jenen menschlich-allzumenschlichen Motiven und Verhaltensweisen Platz läßt, die den wirklichen Menschen beherrschen".[523] Wenn es der Verhaltensforschung nicht gelingt, auch in den „Irrationalitäten" des Menschen Regelmäßigkeiten zu entdecken, bleibt für halbwegs allgemeingültige Theorien kein Raum mehr. Wenn aber solche Regeln im Verhalten ermittelt werden können, so sind sie nicht mehr mit den Kategorien der traditionellen Wirtschaftstheorie erfaßbar.

Zu bedenken bleibt, inwieweit wirklich ältere theoretische Lehrsätze dadurch aufgehoben werden, daß sie mit den gewiß anfechtbaren Verhaltensannahmen der traditionellen Theorie (etwa der Annahme der Gewinnmaximierung) arbei-

---

[520] „Discretionary controls must be excluded from many analytical models, not because we do not like them, but because we cannot predict the outcome; we would need to know the ‚behaviour equations' of the control authorities in order to know how they react to certain changes in the variables of the model." *F. Machlup*, Equilibrium and Disequilibrium, Misplaced Concreteness and Disguised Politics, in: Essays on Economic Semantics, Englewood Cliffs / N. J. 1963, p. 71.

[521] Es könnte ehrenwert sein, im Interesse höherer Werte für Planwirtschaft einzutreten und dadurch die eigene Forschung zu erschweren. Planwirtschaftliche Neigungen könnten allerdings auch dadurch hervorgerufen werden, daß man eigene Berechnungen nicht gern durch marktwirtschaftliche Prozesse widerlegt sieht.

[522] *H. Dröge*, Der Mensch als wirtschaftliches „Datum", Berlin 1952.

[523] *G. Schmölders*, Zehn Jahre sozialökonomische Verhaltensforschung in Köln, ORDO XIV (1963), S. 260 f.

ten. Für die Marktwirtschaft mit ausreichendem Wettbewerb bewähren sich diese Sätze jedenfalls mit so großer Regelmäßigkeit, daß die Wirtschaftspolitik nur unwesentliche Fehler begeht, wenn sie ihre Gültigkeit unterstellt. Wie Machlup[524] und andere hervorheben, können richtige Theorien von nur ungefähr richtigen Voraussetzungen abgeleitet werden, so daß der Hinweis auf nicht ganz realistische, sondern stilisierte Voraussetzungen keine hinreichende Bedingung zur Entkräftung einer Theorie ist. In bestimmtem Sinne muß sogar jede Theorie mit vereinfachten Voraussetzungen arbeiten.[525] Die Annahme des rationalen Verhaltens gehört zu diesen Vereinfachungen. Die Marktwirtschaft lenkt jedenfalls die Menschen an mehr oder minder lockerem Zügel so sehr zum zweckrationalen Verhalten (nicht unbedingt zu „vernünftigen" Zwecken!), daß viele Lehrsätze der herkömmlichen Theorie sich einigermaßen bewahrheiten.[526] Der erweiterte Bewegungsspielraum des Wohlstandes, der diese Lenkung lockern soll, wirkt nicht eindeutig irrationalisierend für die gesamtwirtschaftlichen Abläufe, denn bei einem größeren Wohlstand können die Preiselastizitäten in der Marktwirtschaft zunehmen, damit den Wettbewerbsgrad erhöhen und die Determiniertheit des Systems fördern, weil die Kosten des Ausweichens vor unvernünftigen Preisforderungen mit der wachsenden wohlstandsbedingten Mobilität nicht mehr so hoch bewertet werden. Allerdings: Bei wachsender Intervention und Staatstätigkeit wird die Not der reinen Theorie, besonders der Theorie des Rationalverhaltens immer größer. Daß Schmölders als hervorragender Vertreter der Finanzwissenschaft zu seiner Konzeption gekommen ist, war vielleicht kein Zufall.

V.

Wenn und soweit die Wirtschaft keine Regelmäßigkeiten aufweist, ist es überflüssig, eine über den Einzelfall hinausgreifende Wirtschaftstheorie zu entwickeln. Es gibt dann nur Wirtschaftsgeschichte, Beschreibungen von Fall zu Fall mit Erklärungen ad hoc, das Problem von Regel und Ausnahme stellt sich so gut wie nicht. Aber auch in Ordnungen, die stärker durch Regeln determiniert sind, gibt

[524] A. a. O., p. 14.

[525] So z. B. *M. Friedman*, The Methodology of Positive Economics, in: Essays in Positive Economics, Chicago 1953, p. 14 f.: „To be important, therefore, a hypothesis must be descriptively false in its assumptions; it takes account of, and accounts for, none of the many other attendant circumstances, since its very success shows them to be irrelevant for the phenomena to be explained."

[526] *Sanmann*, a. a. O., S. 45 f., kritisiert die Annahme der Gewinnmaximierung. Wenig später (S. 53) wendet er sich gegen die Keynessche Konsumfunktion, da sie bei steigenden Preisen und Einkommen nicht relevant sei, die Einzelnen vielmehr zu Verschuldung und Ratenkauf übergingen. Aber gerade das ist privatwirtschaftlich unter inflatorischen Bedingungen richtig. *Sanmann* erkennt damit an, daß die Menschen eben doch oft rational handeln.

es Abweichungen vom theoretischen Regelmodell. Wäre es dann nicht besser, jeden einzelnen Sachverhalt nach seiner spezifischen Struktur zu untersuchen und an Ort und Stelle eine Theorie zu entwickeln, die genau auf das Objekt paßt, unbekümmert darum, ob diese Theorie nun auf möglichst viele oder nur einige wenige Fälle anwendbar ist? Ist nicht das Problem von Regel und Ausnahme in der Sozialökonomie ein Scheinproblem? Ohne Zweifel ist die haargenaue Differentialdiagnose das Ideal jeder empirischen Forschung. Der Patient will wissen, wie es um *ihn* steht; ob er ein Allerweltsleiden hat oder einen Sonderfall bietet, über den Doktorarbeiten geschrieben werden, ist ihm herzlich gleichgültig.

Die perfekte Diagnose oder gar Prognose ist jedoch im Bereich der Wirtschaft behindert und teilweise vollkommen ausgeschlossen. Das Leben des Forschers ist kurz, seine Fassungskraft begrenzt, die Mittel für Forschungskollektive und die Forschung im ganzen sind nicht beliebig, Diagnosen finden in Raum und Zeit statt, also kann man nicht alles von einem Objekt wissen wollen. Es gilt, das Wesentliche in optimaler Zeit und mit dem geringsten Aufwand aller Art zu erfahren. Die Ökonomie der Forschung und ihrer praktischen Anwendung erfordert, daß deswegen von verfügbaren geistigen Hilfsmitteln, also Theorien, soweit wie möglich Gebrauch gemacht wird. Das Ausprobieren der verschiedenen Hypothesen muß möglichst rationell geschehen, und so empfiehlt es sich, am Anfang die Theorien zu prüfen, die den höchsten Wahrscheinlichkeitsgrad für sich haben. Beim Auftreten bestimmter Symptome, etwa einem Steigen des Preisniveaus, liegt es heute noch immer am nächsten, zuerst nach der wahrscheinlichsten Ursache, also der Entwicklung der Geldmenge zu fragen, damit die Regel der Quantitätstheorie anzuwenden, und dann – bei einer Bestätigung des Verdachts – die Ursachen der Geldvermehrung zu erkunden. Die anderen Möglichkeiten kommen erst in zweiter Linie in Betracht, sie sind Ausnahmen. Ein genialer Untersucher wählt vielleicht treffsicher sofort die richtige Erklärungstheorie aus, aber auch er muß zunächst weitere Tatsachen kennenlernen, nachdem der zu erklärende Sachverhalt als primäre Tatsache umrissen ist; er muß Fragen an das Objekt stellen, und die Auswahl der Fragen bedeutet (wenn es sich nicht um eine ziellose Fragerei handeln soll) ein Wählen zwischen verschiedenen Theorien, wobei solche Fragen zuerst gestellt werden, deren zugehörige Theorie am wahrscheinlichsten ist.

Der erfahrene Untersucher kommt deswegen nicht aus ohne eine hierarchische Gliederung seiner Theorien. Diese Hierarchie muß allerdings wandelbar sein. Was am häufigsten vorkommt, steht nicht ein für allemal fest, es hängt von der herrschenden Wirtschaftsordnung ab, aber auch von vielen anderen Faktoren. Die Geschwindigkeit, mit der die Hierarchie der Lehrsätze den Zeitumständen in der richtigen Weise angepaßt wird, bestimmt den Untersuchungserfolg. Dabei darf über der Kenntnis des Häufigen die Kenntnis der potentiellen Ausnahmen und nicht aktuellen Sonderfälle ebensowenig verlorengehen wie in der Medizin das

Wissen über die seltenen Pocken. Beispiele für Fehler auf diesem Gebiet sind die konservativen Diagnosen der Weltwirtschaftskrise als einer sich selbst heilenden Bereinigung, der jetzigen amerikanischen Arbeitslosigkeit als einer Folge mangelhafter monetärer Expansion, der Devisenzuflüsse nach Deutschland seit 1956 als einer den Spielregeln der Goldwährung entsprechenden und daher harmlosen Erscheinung.

Soviel auch an statistischen und anderen Hilfsmitteln der Diagnose herangezogen werden muß, das Finden richtiger Erklärungen und die zweckmäßige Eingliederung des theoretischen Wissens in eine Rangordnung mit verschiedenen Wahrscheinlichkeiten bleibt doch zum Teil eine Art von Kunst:

> „Daß zwischen der Theorie und Praxis noch ein Mittelglied der Verknüpfung und des Überganges von der einen zur anderen erfordert werde, die Theorie mag auch so vollständig sein, wie sie wolle, fällt in die Augen; denn zu dem Verstandesbegriffe, welcher die Regel enthält, muß ein Aktus der Urteilskraft hinzukommen, wodurch der Praktiker unterscheidet, ob etwas der Fall der Regel sei oder nicht; und, da für die Urteilskraft nicht immer wiederum Regeln gegeben werden können, wonach sie sich in der Subsumtion zu richten habe (weil das ins Unendliche führen würde), so kann es Theoretiker geben, die in ihrem Leben nie praktisch werden können, weil es ihnen an Urteilskraft fehlt…“.[527]

Auf der anderen Seite befriedigt der Hinweis auf die Urteilskraft, die eben vorhanden sein müsse, nicht gänzlich. Die Suche nach Hilfsmitteln der Diagnose darf nicht mit dem Hinweis vernachlässigt werden, der jeweilige Untersucher müsse eben über bestimmte Naturgaben verfügen. Jedenfalls wird die Diagnose sehr erleichtert, wenn sich die Untersuchung Bezugspunkte wählt und Maßstäbe benutzt, die an viele oder sogar alle Fälle angelegt werden und es gestatten, jeden einzelnen Fall an bestimmter Stelle in eine vorgegebene Skala einzuordnen. Als Ausgangspunkt einer derartigen Skala kann das „Normale“ gewählt werden, an dem die vorkommenden Tatbestände entsprechend ihrem Abweichungs- und Ausnahmegrad gemessen werden. Diese Normalität kann als wertfreier, abstrakter Typ oder auch als statistische Größe aufgefaßt werden. Als „normal“ gilt etwa, was am häufigsten vorkommt; es bestimmt den Maßstab. Wenn vom „normalen“ Verlauf der Angebots- und Nachfragereaktionen gesprochen wird, so kann eine solche statistische Normalität zugrunde liegen. Es kann allerdings schon in diesem Beispiel etwas echt Normatives mitschwingen, nämlich die Vorstellung, Anbieter und Nachfrager *sollten*, wenn sie vernünftig sind, in der als „normal“ bezeichne-

[527] *Kant*, a. a. O., S. 18; es kommt noch die Schwierigkeit hinzu, daß bestimmte Ereignisse reguläre und irreguläre Ursachen haben können, während bestimmte Ursachen reguläre und irreguläre Folgen nach sich ziehen können, so daß die Theorien bei Diagnose und Prognose jeweils anders zu gliedern sind.

ten Weise reagieren und damit die volkswirtschaftlichen Produktivkräfte „richtig" lenken. Das Hineintragen von Werturteilen solcher Art in die Diagnose, und sei es auch nur bei der Wahl eines an sich auswechselbaren und umrechenbaren Maßstabes, wird oft als bedenklich angesehen.

Es darf jedoch nicht übersehen werden, daß eine wertende Diagnose für alle praktischen Zwecke wesentlich handlicher ist als eine bloße Deskription, die nicht an Normen und Zielen orientiert ist. Die absolute Diagnose, die nur aus bloßem Wissensdrang aufgestellt wird, kann leicht diffus werden, weil die Scheidung von Wesentlichem und Unwesentlichem nicht mit Hilfe eines eindeutigen Maßstabes vorgenommen wird oder überhaupt unterbleibt, während es gerade Aufgabe der Wissenschaft ist, manche Dinge vorübergehend nicht wissen zu wollen, um das Entscheidende zu erkennen. Erkenntnis ist den meisten Menschen nicht durch diffuses enzyklopädisches Schweifen möglich, sondern nur durch Konzentration. Hier stößt man auf die Grenzen zweckfreier Forschung, denn mit welchem Recht soll eine Konzentration nach Belieben des Untersuchers einer Konzentration mit Hilfe eines Wertmaßstabes grundsätzlich überlegen sein? Man könnte sogar auch das Belieben, sobald es sich auf ein Objekt konzentriert, als wertgebunden ansehen, denn irgendein Urteil muß den Untersucher doch dazu gebracht haben, sich gerade diesem – und keinem anderen – Gegenstand zuzuwenden. Es handelt sich dann um die Wahl zwischen ästhetischen, neigungsgebundenen und politischen Werturteilen verschiedenen Ranges. Was entscheidend ist, richtet sich jedenfalls nach dem Untersuchungsziel, also den Fragen, auf die Antworten gesucht werden, und dabei muß konzentriert und ausgewählt werden. Über die Auswahl von Fragen jedoch ist leichter zu entscheiden, wenn eine therapeutische Vorstellung im Hintergrund steht und man weiß, was als gesund und was als krank zu gelten hat: Die Zahl der Fragen wird dann rationell beschränkt und richtet sich nicht nach der Laune und Neugier des jeweiligen Untersuchers.[528] Das Kranke, die Gesellschaftskrise, die Ausnahme von der Norm, ruft in diesem Falle die Wissenschaft auf den Plan, das Gesunde jedoch bedarf des Untersuchers insoweit, als es zur Grundlage der Pathologie notwendig ist und als Maßstab dient. Es wäre freilich verfehlt, hieraus ein Dogma zu machen und die zweckfreie Forschung abzulehnen, zumal gegenüber einer Zweckforschung mit untergeordneten Zielen, etwa dem der ökonometrisch exakten Bestimmung des Cournotschen Punktes für eine monopolistische Industriefirma. Lediglich eine maßvolle und begrenzte Rehabilitation der wertenden Diagnose ist beabsichtigt.

---

[528] Wie *A. Smithies* bemerkt, hebt sich die klassische Theorie in dieser Hinsicht vorteilhaft von der modernen Theorie ab: „Whereas the classical theory gave some wrong answers to the right questions, modern theory has preoccupied itself unduly with giving the right answers to the wrong questions." (*A. Smithies*, Modern International Trade Theory and International Policy, in: American Economic Review, Papers and Proceedings XLII, May 1952, No. 2, S. 169.)

Die dafür notwendigen Maßstäbe der „Normalität" sind in der Wirtschaftswissenschaft schwieriger aufzustellen und zu handhaben als zum Beispiel in der Medizin, die im Zweifel die Meinung des Einzelmenschen darüber heranziehen kann, ob er sich gesund und normal fühlt oder nicht, also die eigene ärztliche Wertung zum Teil vermeiden kann. Tatsächlich ist trotzdem diese Wertung meist an den Arzt delegiert, und auch die Medizin strebt danach, den Begriff des Gesunden zu objektivieren, also Normalität nicht nach der Wertskala jedes einzelnen Patienten neu festzulegen. Die Nationalökonomie hat es allerdings stets mit Beziehungen zwischen verschiedenen Personen zu tun, muß also immer dann umstrittene, objektivierte und kollektivierte Normalitätsbegriffe verwenden, wenn sich die Wertskalen verschiedener Personen voneinander unterscheiden. Daraus können schon in der Diagnose mancherlei Konflikte entstehen:

1. Soweit die Diagnose eine „Frage des Interesses, der Strategie und der Therapie"[529] ist, muß zwischen verschiedenen Beurteilern Einigkeit oder mindestens Klarheit über die wirtschaftspolitischen Ziele herbeigeführt werden, auf die sich die Untersuchung bezieht, wenn man nicht aneinander vorbeireden und etwas als „normal" ansehen möchte, was dem Nachbarn als Ausnahme erscheint, die eine diagnostische Aufmerksamkeit erfordert. Die Marktwirtschaft hat den Vorzug, Bewertungen teilweise zu dezentralisieren und damit Konfliktstoffe unschädlich zu machen, denn es braucht dort keine kollektive Einigung oder diktatorische Entscheidung über jede Banalität des Einzelkonsums und der Produktion herbeigeführt zu werden wie in der Zentralverwaltungswirtschaft. Infolgedessen können manche Faktoren als gegeben in die Diagnose eingesetzt werden, vor allem die Verbrauchsstruktur und ihre Wandlungen, an denen höchstens ethische Aufklärung und kommerzielle Werbung etwas zu ändern hätten, nicht aber der Staat durch seine Wirtschaftspolitik. Ein *national-ökonomischer* Streit um das „Normale" wird dabei vermieden, ein wertgebundener Maßstab nicht gebraucht, weil man Entwicklungen dieses Faktors wirtschaftspolitisch hinnimmt. Die Diagnose konzentriert sich dann stärker auf den Ablauf der marktwirtschaftlichen Prozesse, etwa die Marktformen, in denen sie sich vollziehen, und kann hier leichter Maßstäbe finden als etwa bei der Frage, welche Tapetenmuster oder Hutmodelle noch „normal" sind oder als ungewöhnlich gelten und der Korrektur bedürfen.
2. Liberalität und Enthaltsamkeit beim Urteil über das Verhalten der Nachfrager oder Anbieter vermeidet jedoch eine Entscheidung über das „Normale" nicht völlig, sondern hebt sie nur auf eine höhere, wenn man will: abstraktere Ebene. Es wird nicht mehr darüber befunden, ob eine bestimmte Aufteilung des Ein-

[529] *P. Streeten*, Diskussionsbeitrag, in: Schriften des Vereins für Socialpolitik, N.F. Bd. 29, Berlin 1963, S. 534.

kommens und der Produktion auf Gummisohlen, Baumwollhemden, Zahnpasta und andere schöne Dinge „normal" ist, sondern über Konsumenten- und Produzentenfreiheit. Das hat Folgen für die Ermittlung therapeutisch relevanter oder auch „adäquater" Ursachen:

Nahezu jedes volkswirtschaftliche Ereignis geht auf mehr als nur einen Faktor zurück. Eine zielgerichtete Diagnose möchte jedoch die aus dem Blickwinkel bestimmter Werte entscheidende Ursache herausfinden. Nehmen wir ein Beispiel: Die Lieferfristen für Automobile können länger werden, weil die Montagekapazität zurückbleibt, die Zulieferung von Einzelteilen gestört ist, die vom Werk gebundenen Autopreise starr sind und die Nachfrage wächst. Sieht man die Freiheit der Nachfrage als normal an, so sind höchstens die Faktoren auf der Angebotsseite als solche Ursachen anzusehen, bei denen eine Therapie ansetzen könnte. Sie brauchen sich nicht einmal verändert zu haben und werden doch für das Ergebnis verantwortlich gemacht, wodurch die Diagnose leicht verwirrt werden kann. Ein typisches Beispiel hierfür ist der Hinweis auf Monopole als Inflationsursache selbst dann, wenn sie schon vor der allgemeinen Preissteigerung bestanden haben und sich ihr Verhalten kaum geändert hat. Erwin von Beckerath bemerkt mit Recht, daß der Begriff der adäquaten Verursachung eine Klarheit über die ökonomische Normalität voraussetzt.[530] Sie ist zum Teil nur mit Hilfe von Werturteilen zu gewinnen, in unserem Autobeispiel etwa durch das Urteil, die Konsumenten sollten ihr Einkommen frei verwenden, den Produzenten aber seien Preisbindungen zu untersagen. Je nach der Strenge des Werturteils wird in Sonderfällen ein Faktor doch als verursachend angesehen, der im allgemeinen aus dem Kreis der verantwortlich zu machenden Faktoren ausgeschlossen bleibt, etwa die Nachfrage, für die dann Regulierungen ins Auge gefaßt werden. Die wertverhaftete Diagnose stößt dort auf ihre Grenzen, wo die Ursache für Ereignisse zu finden ist, bei denen kein wirtschaftspolitischer Eingriff geplant wird.

Im übrigen muß auch bei komplexen Voraussetzungen und einer Mehrzahl von Faktoren, die auf einen volkswirtschaftlichen Vorgang bremsend oder fördernd gewirkt haben, nicht immer erst ein Streit um Werte ausgefochten werden, um die entscheidende Ursache zu finden. Wenn etwa jüngst das Verdienst der Marktwirtschaft am wirtschaftlichen Wiederaufstieg der Bundesrepublik Deutschland geleugnet worden ist und „die sittliche Haltung"[531] oder allerlei planerische Elemente als verursachende Momente genannt worden sind, un-

530 *E. v. Beckerath*, Diskussionsbeitrag, in: Schriften des Vereins für Socialpolitik, N.F. Bd. 29, a. a. O., S. 534. Über die Problematik eindeutiger Kausalbeziehungen in einem Falle wie der Tuberkulose, der dem Laien so einfach erscheint, vgl. *K. Kisskalt*, Theorie und Praxis der medizinischen Forschung, München-Berlin 1942, S. 91 ff.

531 *F. Ottel*, Untergang oder Metamorphose der sozialen Marktwirtschaft, Stuttgart 1963, S. 34 f.

ter ihnen die Devisenbewirtschaftung, Kapitalmarkt- und Investitionslenkung, Wohnungszwangswirtschaft und Agrarpreispolitik,[532] so lassen sich die genannten Elemente im einzelnen daraufhin prüfen, ob sie sich überhaupt verändert haben und ob sie produktionsfördernd gewirkt haben können. Eine diagnostische Regel, wonach dem staatlichen Dirigismus (im Unterschied zur wieder auflebenden klassischen Staatstätigkeit) nach 1948 der Lorbeer zustehe oder jedenfalls davon ebensoviel wie der Marktwirtschaft, erweckt mehr durch ihre Originalität als durch ihre Überzeugungskraft Interesse. Das Problem der Zurechnung wirtschaftspolitischer Erfolge ist zwar häufig, aber keineswegs immer unlösbar.

3. Selbst bei Einigkeit über Werte, die schon in der Diagnose berücksichtigt werden können, ist die „Normalität" im einzelnen oft schwer zu ermitteln, wenn bei demselben Beurteiler Konflikte zwischen wirtschaftspolitischen Zielen bestehen. Es müssen dann Kompromisse getroffen werden, wenn man nicht bestimmte Ziele und die ihnen entsprechenden diagnostischen Maßstäbe ganz beiseite legen will.[533]

VI.

Aus den Bemerkungen zur Diagnose folgt zum Teil die Antwort auf die Frage, welchen Wert es für die wirtschaftspolitischen Maßnahmen, also die Therapie, haben kann, zwischen Regeln und Ausnahmen zu unterscheiden. Je eindeutiger die Diagnose, um so eindeutiger kann auch die Therapie sein, wenn das angestrebte Ziel feststeht, um so weniger bedarf es der Regeln und ihrer Betonung gegenüber den Ausnahmen. Nur eine mangelhafte Kenntnis des Ausgangszustandes und der

---

532 Vgl. *E. E. Nawroth*, a. a. O., S. 359.

533 Ähnliche Schwierigkeiten gibt es auch in der Medizin: Im Hochgebirge lebende südamerikanische Indianer neigen zu einer Vermehrung roter Blutkörperchen pro Blutmenge (Polyglobulie), die sie in den Höhenregionen wesentlich leistungsfähiger macht als „normale" Menschen, ihre Lebenserwartung aber herabsetzt. Sowohl statistisch als auch beim Anlegen eines wertbedingten Normalmaßstabes der Leistungsfähigkeit sind diese Indianer in ihrem Gebiet keine Ausnahmeerscheinungen, sondern normal. Nach Europa verpflanzt hätten sie sowohl unter statistischen Gesichtspunkten als auch bei Verwendung eines anderen Maßstabes, nämlich der in Europa wünschenswerten Lebenserwartung, als krank zu gelten, wenn man die Leistungsfähigkeit des Durchschnittseuropäers mit der in Europa üblichen Blutbeschaffenheit als normal ansehen will. Den Hinweis auf dieses Beispiel verdanke ich Herrn Privatdozent Dr. med. *D. Koch*, Düsseldorf. Im übrigen ließe sich hier die nationalökonomische Theorie des „second best" auf die Medizin übertragen, wonach beim Abweichen von einer Normalbedingung (Luftdruck) ein neues sekundäres Optimum gesucht werden muß und dazu passend auch von anderen Normalbedingungen abgewichen werden kann (Blutbeschaffenheit), obwohl damit nicht die beste Lösung erzielt, sondern das Opfer geringerer Lebenserwartung gebracht wird.

künftigen Entwicklung legt es bei gegebenen wirtschaftspolitischen Zielen nahe, einen Normalfall anzunehmen und entsprechend auch eine Normaltherapie anzuwenden. Allerdings: Auch bei vollkommen eindeutiger Kenntnis des gegebenen Zustandes kann Unsicherheit darüber bestehen, in welcher Weise die Volkswirtschaft auf bestimmte Maßnahmen reagieren wird, so daß eindeutige Diagnosen therapeutische Regeln nicht überflüssig machen; denn die wirtschaftliche Zukunft ist nicht in vollkommen eindeutiger Weise durch die wirtschaftliche Gegenwart determiniert, man kommt in dieser Lage mit gewöhnlichen und normalen, aus Erfahrung bewährten Rezepten am weitesten, muß jedoch stets bereit sein, die Therapie bei ihrem Versagen umzustellen.

Die Regelmäßigkeit von wirtschaftlichen Vorgängen erlaubt es den Teilnehmern am Wirtschaftsprozeß, Erfahrungen zu sammeln und daraus Verhaltensregeln zu gewinnen. Wenn sich aber solche Regeln durchsetzen und durch Nachahmung ausbreiten, lenken sie den Wirtschaftsprozeß. Dadurch wird das System berechenbar, und auch die Wirtschaftspolitik kann Regeln anwenden, weil sie nicht mit Ausnahmereaktionen der Wirtschaft zu rechnen braucht. Deswegen hängt die Anwendbarkeit wirtschaftspolitischer Regeln nicht zuletzt davon ab, ob die herrschende Wirtschaftsordnung dem wirtschaftlichen Alltag einen ausreichenden Grad an Berechenbarkeit und Regelmäßigkeit erlaubt. Dabei kommt es nicht so sehr auf einen möglichst stationären Ablauf des Wirtschaftens an, wie er bestimmten Typen zentralgeleiteter Organisationen eigen ist – vom Inka-Staat bis zu „des Dienstes immer gleichgestellter Uhr", die das Militär im Geleise hält und häufig zum Anhänger der Maxime: „Keine Experimente!" werden läßt. Entscheidend sind vielmehr die Regelmäßigkeit und Berechenbarkeit der Anpassung, die in einer hinreichend wettbewerblichen Marktwirtschaft wesentlich größer sind als in anderen Ordnungen. Die Zentralverwaltungswirtschaft zeigt einerseits bürokratische Starrheit, zumal auf der Ebene abhängiger Funktionäre, die sich nicht durch fehlgeschlagene Experimente kompromittieren wollen, auf der anderen Seite ruckartige und ins Gigantische strebende Umwälzungen, die den Entschlüssen des jeweiligen, den Anspruch auf überlegenes Wissen erhebenden Diktators entspringen.

Die Neigung zum Verzicht auf Regeln des wirtschaftspolitischen Verhaltens wird um so größer, je mehr man über zentrale Kenntnis der wirtschaftlichen Notwendigkeiten verfügen zu können glaubt. Deswegen neigen manchmal gerade sehr fleißige und tüchtige Nationalökonomen zur wirtschaftlichen Staatsintervention, zur „dynamischen Ordnung", zur „Wirtschaftspolitik ohne Dogma", lehnen solche Grundsätze wie die des auszugleichenden Budgets, des Freihandels oder der Goldwährung ab und wenden sich gegen eine Regel, wonach die Beweislast der Zweckmäßigkeit bei demjenigen liegt, der in den marktwirtschaftlichen Prozeß eingreifen will, also gegen den Grundsatz: „Marktwirtschaft soweit wie möglich, zentrale Staatsplanung soweit wie nötig".

Dieser Pragmatismus folgt, entgegen der Illusion seiner Anhänger, einem Leitbild, das einen maximalen Anspruch stellt: Man spürt nämlich jenen zehn bis zwanzig Prozent an Vollkommenheit nach, die konkreten Marktwirtschaften bei Freihandel, stabiler Währung und ausreichendem Wettbewerb fehlen. Das berechtigte und unbedingt notwendige Streben nach Vervollkommnung der Marktwirtschaft sollte aber nicht die Selbsterkenntnis behindern, daß blinder Eifer hier nur schadet. Gerade die nationalökonomische Analyse der einzelnen staatlichen Interventionen zeigt die Grenzen, die der Wirksamkeit von gut gemeinten Ausnahmeregelungen selbst dort gesetzt sind, wo die Politik auf fachmännischen Rat gehört hat. Die Volkswirtschaft – mit allzuviel ständig wechselnden Eingriffen behandelt – wird für zukünftige Maßnahmen immer weniger berechenbar, so daß Augenblicksvorteile der Feineinstellung gegen Dauerschäden abzuwägen sind.

Es zeigt sich also, daß der Einfluß der Wirtschaftsordnung auf die Unterscheidbarkeit von Regeln und Ausnahmen, auf die Möglichkeit einer Hierarchie der Lehrsätze bei Diagnose und Therapie überall zu spüren ist. Je weiter die Entfernung von der wettbewerblichen Marktwirtschaft, desto mehr werden verzweifelte oder bravouröse Ausbrüche der Empiriker aus dem Turm der „reinen“ Theorie herausgefordert.

Die Rebellion der Empiriker war allerdings nicht die einzige Folge des Interventionismus. Daneben hat es aus ganz anderen Gründen den Versuch gegeben, zu klareren Verhältnissen der marktwirtschaftlichen Ordnung zurückzukehren, wodurch im Nebenergebnis die Scheidung zwischen Regeln und Ausnahmen wieder deutlicher geworden wäre.

Auch bei Freunden der Staatsplanwirtschaft ist das Streben nach reineren Formen sichtbar, freilich ohne daß hier größere Regelmäßigkeit in einem mehr als nur organisatorischen Sinne zu erreichen wäre. Purgatorien gegen marktwirtschaftliche Abweichler im Sowjetbereich beweisen jedenfalls die dortige Empfindlichkeit gegen Systemstörungen.[534]

Hat dieses Streben nach reinen Formen einen Sinn? Daß es leichter sein kann, sich in einer Ordnung zurechtzufinden, die nicht von lauter Ausnahmeregelungen und Ausnahmeerscheinungen durchbrochen ist, reicht zur Begründung gewiß

[534] Zwischen den Regeln einer echten, auf spontanen Abstimmungsvorgängen beruhenden Ordnung und den Dienstvorschriften einer Organisation wie der Zentralverwaltungswirtschaft besteht ein grundsätzlicher Unterschied. Vgl. *F. A. Hayek*, Arten der Ordnung, ORDO XIV (1963), S. 15 ff. Die „Regeln“ in einer Organisation werden bewußt angeordnet, ohne Bezug zu vorher herrschenden Gebräuchen, und es fehlt ihnen oft die Stabilität und Dauerhaftigkeit der Regeln, von denen spontane Abstimmungsvorgänge beherrscht werden. Die Orientierung ist daher nicht leicht und ruft „Selbstkritik“ derjenigen hervor, die mit ihrer Auslegung nicht durchdringen. Das Leben auch des gläubigen Kommunisten ist nicht zuletzt deshalb stets unsicher, weil ihm nicht selten die Maßstäbe für Regel und Ausnahme fehlen; es überlebt derjenige, der rechtzeitig bemerkt, woher der politische Wind weht, weniger derjenige, der sich an Grundsätze hält.

nicht aus, ist aber auch nicht zu vernachlässigen, denn der Nebel der Unsicherheit, durch Eingriffe verdichtet, führt beim einzelnen wie bei der Wirtschaftspolitik zu Unwirtschaftlichkeiten. Gäbe es keine Unsicherheit und Unwissenheit, dann könnten auf der Grundlage exakter Diagnosen alle Probleme nach Verdienst gelöst werden, theoretisch-diagnostische und therapeutische Regeln wären nicht notwendig. Aber so vollkommen ist der Mensch nicht, auch nicht der nationalökonomisch beratene Staatslenker. Verhaltensregeln und Automatismen sind nötig, um ihn ohne Allwissenheit doch einigermaßen zweckmäßig entscheiden zu lassen. In der Marktwirtschaft sorgt wirtschaftliche Entscheidungsfreiheit der Einzelnen dafür, möglichst viel Einzelwissen auszunutzen, das eine bewußt planende Zentrale nicht besitzen kann. Nur so ist eine komplexe Gesellschaft möglich,[535] während beim Verzicht auf Regeln und quasiautomatische Abstimmungsvorgänge die Wirtschaft archaisch degeneriert. Nicht umsonst haften selbst den höher entwickelten Zentralverwaltungswirtschaften unverwechselbare Züge von Primitivität an. Für eine komplexe Wirtschaft empfiehlt sich also die Marktwirtschaft unter anderem deswegen, weil sie auf Regeln beruht und Regelmäßigkeiten zuläßt. Damit erhält in dieser Ordnung aber auch der Begriff der Ausnahme seinen Sinn als ein Hilfsmittel, um Möglichkeiten und echte Notwendigkeiten zu wirtschaftspolitischer Korrektur gegenüber bloßen Interessentenideologien abzugrenzen. Wird jedoch durch wirtschaftspolitisches Vielregieren der Ausnahmezustand zur Regel gemacht, ist keine Orientierung mehr möglich.

[535] Hierzu *F. A. Hayek*, a. a. O., S. 16. Wenn *von Weizsäcker*, a. a. O., meint, technische Notwendigkeiten erzwängen ein weitgehend (vom Staat) geplantes Leben, so übersieht er wohl, daß auch dem Staat mit der Beschränkung einzelwirtschaftlicher Planungsfreiheit Maßstäbe für eine rationale Zentralplanung verlorengehen, da er z. B. einem nicht mehr vorhandenen Markt keine Signale für Eingriffe oder komplementäre Staatstätigkeit entnehmen kann.

Die Geschichte des Geldes ist die Geschichte seines Mißbrauchs. Das 19. Jahrhundert hat aber für die wirtschaftlich führenden Länder der Welt schließlich in der Goldwährung zu einer Art von weitgehend automatischem und unpolitischem Geldsystem gefunden. Es ist mit dem Ersten Weltkrieg und seinen Folgen trotz einiger Wiederbelebungsversuche zugrunde gegangen.

Seitdem sind die Geldmenge und ihr realer Wert ein Geschöpf der Politik in dem Sinne, daß es in den meisten Ländern kaum noch solche Grenzen für die Herrschaft der Politik über das Geld gegeben hat, wie sie die Goldwährung gekannt hat. Die USA als westliche Führungsmacht haben seit dem Ende des Zweiten Weltkrieges in ihrer Geld- und Währungspolitik sowohl das Ziel der Geldwertstabilität als auch das Ziel der Vollbeschäftigung verfolgt. Der damit angelegte Konflikt konnte solange verborgen bleiben, wie die übrige Welt wirtschaftlich unterlegen war und der Dollar als Leitwährung für die meisten anderen Währungen im System von Bretton Woods mehr oder weniger anerkannt wurde. Der Spielraum für nationale Währungspolitik war allerdings durch die Möglichkeit der Wechselkursänderung und durch die Devisenbewirtschaftung zunächst sehr groß und wurde auch vielfach zugunsten einer autonomen Inflationspolitik ausgenutzt. Es gab aber auch in Europa stabilitätsfreundliche Gegentendenzen. Als die USA selber eine Politik des benign neglect gegenüber ihrer Zahlungsbilanz und dem Dollarkurs eingeleitet haben, mußte das System von Bretton Woods zusammenbrechen. Denn andere Länder wollten die inflationistischen Folgen der amerikanischen Politik für ihre eigene Währung nicht mehr hinnehmen.

Vorübergehend gab es Tendenzen, der Geldwertstabilität wieder höheren Rang einzuräumen, seit der Währungsreform von 1948 vor allem in dem inflationsgeprüften Deutschland. Diese Tendenzen wurden in einigen anderen europäischen Ländern gutgeheißen, in anderen als störend für die eigene inflationsfreundliche Herrschaft über das Geld empfunden. Man beugte sich aber zunächst unter die deutsche Forderung nach Geldwertstabilität, um im Rahmen der Europäischen Währungsunion die vorherige Dominanz der deutschen Währung zu brechen. Inzwischen hat Deutschland zusammen mit Frankreich die bisherige Stabilitätsforderung weitgehend aufgegeben. Dabei kam ihm die weltweite Finanzkrise entgegen, die das Inflationsproblem trotz zur Krisenbekämpfung neu geschaffener gigantischer Zusatzliquidität als nicht aktuell erscheinen ließ. Offenbar war dies eine auch für die deutsche Regierung erwünschte Rechtfertigung für die Befreiung von Stabilitätszielen. Ob die Forderungen des geänderten Grundgesetzes, zu soliden Staatshaushalten zurückzukehren, dem politischen Defizitinteresse standhalten können, ist mehr als fraglich. Ebenso fraglich ist die künftige Haltung europäischer Instanzen und Behörden, die wahrscheinlich juristischen Vorrang ihrer Entscheidungen vor dem deutschen Grundgesetz beanspruchen werden.

Allerdings hat sich vorübergehend der Charakter der inflatorischen Politisierung des Geldes verlagert, weil bisher noch die Geldpolitik der Europäischen Zentralbank an der Preisstabilität orientiert ist. Die früher vom Staat betriebene Ausbeutung des Publikums durch Inflation ist also noch gehemmt. Solange die in großem Umfang emittierte Zusatzliquidität sich nicht auf den Gütermärkten mit Preissteigerungen bemerkbar macht, kann die politisch gewollte finanzielle Unsolidität der Staatshaushalte nur über extreme Staatsverschuldung erreicht werden. Vorübergehend stößt sie jedoch jetzt im Falle Griechenlands auf Hindernisse. Man läßt aber nichts unversucht, um die griechischen Staatsschulden auf andere Länder zu verteilen, die zum erheblichen Teil schon selbst unter Überschuldung leiden.

Der folgende, vor 20 Jahren erschienene Aufsatz behandelt das Problem des politischen Geldes unabhängig von der aktuellen Situation.

Das Problem des politischen Geldes

Von Hans Willgerodt

I. Der staatliche Mißbrauch des Geldes

Die Geschichte des Geldes ist nicht zuletzt eine Geschichte seines bewußten oder unbewußten Mißbrauchs durch die Politik. Dabei wird im Interesse angeblich höherrangiger politischer oder gesamtwirtschaftlicher Zwecke in bestehende Vertragspflichten zur Zahlung von Geldbeträgen, in monetäre Bewertungen und andere wirtschaftliche Beziehungen eingegriffen. In der Regel wird durch den staatlich-politischen Mißbrauch des Geldes der Empfänger von Geldleistungen real schlechter gestellt, als es dem ursprünglichen Willen der Vertragspartner entsprach. Diese politische Änderung geldwirtschaftlicher Beziehungen vollzieht sich entweder gewaltsam und in aller Öffentlichkeit, wie etwa bei einem Verbot von Auslandszahlungen, oder unmerklich und hinter dem Rücken der Beteiligten zu Lasten des Empfängers von Geldleistungen oder Inhabers von Geldforderungen. Vor allem sind dabei Beziehungen betroffen, bei denen sich der Staat selbst zu einer Geldleistung verpflichtet hat.

Zwei Wege gibt es, die der Staat bei dieser Manipulation wählt. Einmal nutzt er seine ihm angeblich zustehende Hoheitsgewalt über das Geld dazu aus, mehr Geld in Verkehr zu bringen, als mit der Stabilität des Geldwertes vereinbar ist, das heißt mit einer Entwicklung des Preisniveaus, wie sie bei Vertragsabschluß oder am Bewertungstermin für die Zukunft zu erwarten ist. Damit diese Wirkung eintritt, muß es den Bürgern verwehrt sein, ihre Verträge entsprechend anzupassen. In diesem Falle wird vor allem die Verwendung des Geldes als Wertmaßstab und Recheneinheit beeinträchtigt. Auf diese Weise wird das Geld vom Staat nicht direkt durch hoheitliche Änderung von monetären Beziehungen mißbraucht, sondern *mittelbar* über Preissteigerungen am Markt. Deswegen kommt diese Methode vor allem, wenn auch nicht ausschließlich, in Marktwirtschaften vor.

Der Staat kann aber auch die Verwendbarkeit des Geldes *unmittelbar* herabsetzen und auf diese Weise denjenigen schädigen, der Anspruch auf eine Geldzahlung hat. Hierzu werden bestimmte, vorher mögliche und erlaubte Geldverwendungen behindert oder verboten. Ein Musterbeispiel hierfür ist die Devisenzwangswirtschaft, mit der die Verwendung des inländischen Geldes zu Käufen von Gütern im Ausland behindert oder verboten wird. Es handelt sich dabei um einen monetären Mißbrauch des Staates, der in interventionistischen Marktwirtschaften und Zentralverwaltungswirtschaften allgemein angewandt wird. Der Staat setzt dabei seine

Hoheitsgewalt zu dem Zwecke ein, in erster Linie die Tauschmittelfunktion des Geldes zu beeinträchtigen.

Der mittelbare, inflationistische und über die Quantität des Geldes ausgeübte Mißbrauch des Geldes setzt die Geldqualität ebenso herab wie die unmittelbare Verwendungsbeschränkung, doch können die unmittelbaren Beschränkungen weniger neutral sein und den marktwirtschaftlichen Rechen- und Lenkungsapparat stärker stören oder ihn sogar zerstören. Die offene Inflation führt weniger leicht zu einer Transformation der Wirtschaftsordnung.

In den meisten Ländern sehen es die Finanz- und Währungsbehörden noch immer als Nachteil an, wenn ihnen Möglichkeiten der politischen Veränderung der Geldqualität genommen werden. Hierzu werden vielfältige, wenn auch nicht überzeugende volkswirtschaftliche Argumente vorgetragen, die von angeblich unabweisbaren politischen Notwendigkeiten bis zu konjunktur- und wachstumspolitischen oder verteilungspolitischen Erwägungen reichen.[536] Darüber hinaus gibt es allgemeine Argumente, mit denen gerechtfertigt werden soll, daß staatliche Geldpolitik notwendig sei, das Geld niemals dem politischen Prozeß und dem staatlichen Souveränitätsanspruch entzogen werden könne oder solle und daß deswegen vor allem eine freie Wahl der Tauschmittel und Recheneinheiten, also ein Wettbewerb von Währungen nicht zugelassen werden könne. Es sei hier staatliche Regulierung am Platze.

II. Allgemeine Gründe für staatliche Geldpolitik

Betrachtet man die Entwicklung des Geldwesens, so ergibt sich zwar als Hauptkomponente das Streben der Regierenden, das Geld für politische Zwecke zu mißbrauchen. Es kommt aber, wenn auch seltener und meist als abgeschwächte Komponente, die rechtsstaatliche Ordnungsfunktion des Staates zu ihrem Recht. Die staatlichen Zwecke haben also unterschiedlichen Charakter und sind demnach auch differenzierend zu beurteilen.

Auf der einen Seite muß eingeräumt werden, daß sich der Staat durchaus als geldpolitische Ordnungsmacht betätigt hat. Es war schon von jeher zumindest praktisch, wenn der Staat den Wirtschaftsverkehr dadurch erleichtert hat, daß er die Münzen mit seinem Garantiestempel versehen hat und privatem Münzbetrug dadurch entgegengetreten ist, daß er ihn ebenso unter Strafe gestellt hat

[536] Vgl. hierzu im einzelnen *Hans Willgerodt*: Stabilitätsförderung durch marktwirtschaftliche Ordnungspolitik – Notwendigkeit und Grenzen, 1975, wieder abgedruckt in: *Ulrich Teichmann* (Hrsg.), Probleme der Wirtschaftspolitik, 2. Bd., Darmstadt 1978, S. 112–149.

wie eine Fälschung von Maßen und Gewichten. Was *Walter Eucken* „Primat der Währungspolitik“[537] genannt hat, bezieht sich auf diese rechtsstaatliche Ordnungsfunktion des Staates, also gerade nicht auf das, was die Regierenden meinen, wenn sie von „Politik“ sprechen. In dem üblichen Sinn, der der Politik beigemessen wird, ist das, was *Eucken* meint, eher das genaue Gegenteil, nämlich der Verzicht auf eine Anwendung staatlicher Souveränität für politische Zwecke zugunsten der Bindung des Staates und seiner Bürger an geldwirtschaftliche Regeln des Rechts. Die staatliche Garantie, daß Münzen einen bestimmten Feingehalt haben, sollte das Recht wahren, also verhindern, daß der Empfänger eines Geldbetrages, auf den er Anspruch hatte, gegen seinen Willen vertragswidrig geschädigt wurde. Soweit sich der Staat als Teilnehmer am geldwirtschaftlichen Verkehr auch selbst der von seiner Garantie gewollten Disziplin unterworfen hat, verzichtete er auf „Politik“ im dem Sinne, daß darunter die „Gestaltung und Formung der Gemeinschaft ... durch Macht“[538] verstanden wird.

Es ist natürlich möglich und auch üblich, als „Politik“ im weiteren Sinne eine echte und nicht nur formale Bindung des Staates und der Privaten an Normen zu verstehen. Dabei wird auf die gestaltende Formung verzichtet, nachdem die Norm festgestellt ist. Die Norm bindet auch den Staat und wird ihm gegenüber selbständig, wenn sie nicht sogar vor dem Staat und über ihm stehend unabhängige Gültigkeit beansprucht.[539] Auch die Garantie stabilen oder mindestens vertragsgemäßen Geldes durch den Staat kann in diesem Sinne zur Norm werden und man kann sie als „Währungspolitik“ bezeichnen. Es handelt sich dabei um eine besondere Variante des Rechtsstaates, der sich in diesem Falle zur Aufgabe setzt, sein eigenes Verhalten und das Verhalten der Bürger im geldwirtschaftlichen Verkehr an allgemeine, im voraus erkennbare und den üblichen rechtsstaatlichen Erfordernissen genügende Regeln zu binden.

In diesem Zusammenhang ist ein Mißverständnis auszuschließen, das zu manchen – auch rechtlichen – Komplikationen führen kann: Rechtsstaatliches und also vom Staat nicht im soeben erwähnten „gestaltenden“ Sinne verwendetes „politisches“ Geld könnte rein logisch auch vorliegen, wenn der Geldwert zwar nicht stabil wäre, aber jedermann als Vertragsschließender und Steuerzahler oder sonstwie geldwirtschaftlich Beteiligter den Grad der Unstabilität des Geldes hin-

[537] *Walter Eucken*: Grundsätze der Wirtschaftspolitik, Bern, Tübingen 1952, S. 255 ff.; *Ottmar Issing*: Vom Primat der Währungspolitik, ORDO, Jahrbuch für die Ordnung von Wirtschaft und Gesellschaft, Bd. 50,1989, S. 351–361.

[538] *Michael Freund*: Art. Politik, Handwörterbuch der Sozialwissenschaften, Bd. 8, S. 35.

[539] Vgl. *Manfred Hättich*: Grundbegriffe der Politikwissenschaft, Darmstadt 1969, S. 17 ff., 73 ff., wo der enge machtstaatliche und der weitere, rechtsstaatliche Politikbegriff in verschiedenen Bedeutungen verwendet werden. Eindeutiger *F. A. Hayek*: Recht, Gesetz und Wirtschaftsfreiheit, in: *ders.*: Freiburger Studien, Tübingen 1969, S. 47–55.

reichend genau vorhersehen und in seinen wirtschaftlichen Entscheidungen darauf reagieren könnte. Schwundgeld, von dem für jedermann erkennbar feststeht, daß es jährlich um 5 % an Wert verlieren wird, kann bei Vertragsabschluß je nach dem Zeitpunkt, zu dem eine Geldschuld beglichen wird, mit einem Aufschlag in die Rechnung eingesetzt werden; ein Eingriff in die Vertragsfreiheit entgegen dem Willen der Vertragspartner liegt nicht vor, das Geld könnte in diesem Sinne neutral sein, obwohl es nicht stabil ist. Es würde sogar zu einer ungewollten Änderung des Vertragsinhaltes kommen, wenn die dem Vertrag zugrunde liegende Geldentwertung nicht zustande käme.

Abzulehnen ist jedoch eine Argumentation die darauf hinausläuft, den Vertragspartnern das Wissen um die betrügerischen Absichten der staatlichen Geldpolitik von vornherein zu unterstellen, so daß die Verträge darauf eingestellt werden können. Gibt es Sicherheit über das staatliche Verhalten, dann liegt kein Betrug vor, es sei denn, der Staat verbietet die Reaktion der am Geldverkehr Beteiligten auf seine bekannten Absichten. Liegt keine Sicherheit über das staatliche Verhalten vor, dann mag die Tatsache dieser fehlenden Sicherheit durchaus allgemein bekannt sein; das Geld nimmt Charakterzüge von Lotterielosen an. Da aber bei dieser vom Staat veranstalteten Lotterie die Absicht besteht und auch durchgesetzt wird, das Publikum zu schädigen, kann von rechtsstaatlichen Verhältnissen keine Rede sein.

Im übrigen gibt es in Wirklichkeit keine den rechtsstaatlichen Anforderungen genügende, genau vorhersehbare und damit neutralisierbare Inflation. Die Inflation als eine anhaltende und irreversible Geldentwertung wird in aller Regel vom Staat bewußt veranstaltet, damit nicht neutrale Effekte entstehen. Es soll dadurch in die Vertragsfreiheit unter Machtanwendung eingegriffen werden, um dem Staat über normale Abgaben hinaus reale Güter zuzuführen oder andere Wirkungen einer erzwungenen Umverteilung hervorzurufen. Sie würde ihren Zweck verfehlen, wenn das inflatorische Geld neutral wäre, also seine Entwertung in den Verträgen und bei auf Geldzahlungen lautenden Verpflichtungen des Staates sowie bei den Steuertarifen voll kompensierend berücksichtigt würde. Auch die Tatsache, daß bei Kreditverträgen ein Inflationszuschlag vereinbart werden kann (der natürlich nicht so genannt wird), reicht nicht aus, um die Inflation von ihrem rechtsstaatlichen Mangel zu befreien.[540]

Rechtsstaatliches Geld muß deshalb stabiles Geld sein. Garantiert es der Staat, so mag der Akt dieser Garantie als ein Akt der Politik angesehen werden, aber nur in dem gleichen Sinne, in dem dies für rechtsstaatliche Ordnungsziele allgemein

---

[540] Der Inflationszuschlag im Zinssatz reicht im Regelfall nicht aus, den Geldentwertungseffekt auszugleichen, weil die Inflation dadurch inszeniert wird, daß ein künstlich niedriger Zins von der Notenbank angestrebt wird.

zutrifft: Nachdem die Garantie gegeben ist und solange sie eingehalten wird, verzichtet der Staat auf nichtneutrales Formen und Gestalten des geldwirtschaftlichen Verkehrs unter Anwendung von Macht; er zieht sich auf die Funktion des monetären Schiedsrichters zurück. Daß dieser Schiedsrichter unter den Bedingungen der modernen Geldwirtschaft weitaus mehr zu tun hat als eine staatliche Münzstätte der Vergangenheit und daß daher die Neutralität der Währungsbehörden heute aus rein technischen Gründen weitaus schwerer zu erreichen ist, ändert am Grundprinzip nichts.

Verbietet der Staat in seinem Hoheitsgebiet die Zirkulation anderen Geldes als seines eigenen, so greift dieses Verbot nur geringfügig in die Vertragsfreiheit ein, sofern das staatliche Geld stabil bleibt. Die Stabilität bedeutet, daß der reale Inhalt bestehender monetärer Beziehungen nicht gewaltsam geändert wird. Das in diesem Sinne ausgeübte „metrische Monopol" (*Miksch*[541]) des Staates könnte auch dem internationalen Wettbewerb ausgesetzt werden, ohne daß das inländische Geld verdrängt werden muß. Eine solche Verdrängung durch ausländisches Geld ist immer dann zu erwarten, wenn das fremde Geld eine bessere Qualität aufweist, also stabiler und besser verwendbar ist. Ist es gleich stabil, aber besser verwendbar als inländisches Geld, dann ist das Inland als Währungsraum offenbar zu klein und sollte – wäre dies der einzige Gesichtspunkt der Entscheidung – seine „Währungshoheit" aufgeben und sich einem Währungsgebiet mit besserer Verwendbarkeit des dortigen Geldes anschließen. Freilich ist damit auch die Gefahr verbunden, daß die Instanzen des größeren Währungsraumes ihre Geldwertstabilität aufgeben und die Rückkehr des kleinen Landes zu einer selbständigen Währung und deren Stabilisierung mit hohen Kosten verbunden wäre sowie auf politische und rechtliche Hindernisse stoßen würde.

Die Gründe, weshalb eine an sich unter Stabilitätsbedingungen zweckmäßige Währungsunion in vielen Fällen nicht zustande kommt, liegen in der Regel weniger in der Inflationsfurcht des Gebietes, das sein eigenes Geld aufgibt, sondern sind „politisch" im engeren Sinne. Schließt sich ein Land einem anderen Währungsgebiet an, ohne an den dortigen währungspolitischen Entscheidungen unmittelbar beteiligt zu werden, dann verzichtet es zunächst einmal auf den Gewinn, der für sein Gebiet aus der Emission stoffwertlosen, aber stabilen Geldes entsteht. Dieses Land muß durch Kreditaufnahme oder Leistungsbilanzüberschüsse das im Inland umlaufende fremde Geld beschaffen und damit Vermögensverluste hinnehmen. Dieses Hindernis läßt sich jedoch überwinden, indem Abmachungen mit dem Leitwährungsland getroffen werden, durch die das abhängige Land am Geldschaffungsgewinn beteiligt wird.

541 *Leonhard Miksch*: Die Geldschöpfung in der Gleichgewichtstheorie, ORDO, Jahrbuch für die Ordnung von Wirtschaft und Gesellschaft, Bd. 2, 1949, S. 309.

Viel wichtiger für die Hemmung, die eigene Währung aufzugeben, ist der damit verbundene Verzicht auf eine eigene Inflationspolitik. Das „Recht" zu einer solchen Politik wird als Bestandteil der „Souveränität" angesehen, auf das die Nationen angeblich nicht gern verzichten.[542] In Wirklichkeit sind es allerdings weniger die „Nationen" selbst, die eine solche Neigung zeigen, als vielmehr ihre Regierungen, denen daran liegt, weiterhin mit Einsatz ihrer geldpolitischen Machtinstrumente in die monetären Beziehungen ihrer Bürger gegen deren Willen einzugreifen. Insoweit heißt „nationale Souveränität", daß die Regierung die Befugnis behalten möchte, die monetäre Souveränität der Bürger zu schmälern und sich über die von Privaten gewollten Rechtsverhältnisse hinwegzusetzen. Verständlich ist aber auch, wenn Hemmungen bestehen, die Befugnis zur staatlich veranstalteten Geldentwertung an eine supranationale, etwa europäische Instanz abzutreten und die nationale durch eine gemeinschaftliche Inflation zu ersetzen. Der von Unkundigen vielfach als hehres Ideal gepriesene Verzicht auf nationale Souveränität geht in diesem Falle nicht mit einer geringeren, sondern womöglich sogar einer stärkeren Politisierung des Geldes einher. Der Staat an sich gibt dabei nicht seine Zuständigkeit auf, in die monetären Rechtsverhältnisse seiner Bürger einzugreifen, sondern überträgt diese Kompetenz lediglich an eine supranationale Instanz, etwa eine europäische Notenbank. Welchen Gebrauch diese Instanz von der ihr übertragenen Souveränität machen wird, ist unklar und wird, wie bisher im Falle der EG, im Unklaren gelassen. Wäre nämlich dieser Gebrauch eindeutig vorherzusehen, dann würde es sich um technisch-unpolitisches Geld handeln, das offenbar gerade nicht gewollt ist. Für ein solches unpolitisches Geld würde jedenfalls der jetzt getriebene politische Aufwand bestenfalls im Stadium des Übergangs lohnen. Wäre das Geld dieser Art einmal eingeführt, dann würde es die Politik nur noch am Rande interessieren. Das hat das Beispiel der Goldwährung, wie sie vor 1914 bestand, gezeigt. Ob auf den umlaufenden Banknoten nationale Symbole oder eine Europa mit dem Stier erscheinen, ist eine Frage dritten Ranges im Vergleich zu der Frage, ob das europäische Geld stabil und eher technisch-unpolitisch ist oder ob es durch die Europapolitiker zum politischen Instrument gemacht und damit destabilisiert wird. Auch der Delors-Bericht,[543] der in dieser Beziehung hätte Klarheit bringen können, hat dieses Problem in keiner Weise gelöst, sondern eher dazu beigetragen, die Bedenken zu verschärfen, die hier vorzubringen sind.

542 Vgl. *M. W. Holtrop*: Is a Common Central Bank Policy Necessary within a United Europe? The Economist, 105. Jg. (1957), S. 655.

543 Bericht zur Wirtschafts- und Währungsunion in der EG, vorgelegt vom Ausschuß zur Prüfung der Wirtschafts- und Währungsunion am 17. April 1989, Europa-Archiv, 44. Jahr, Nr. 10 v. 25.5.1989, S. D 238–D 304.

Eine Tatsache ist jedenfalls nicht zu bestreiten: Die von Eingriffen monetärer Art durch ihre Regierung und deren währungspolitische Behörden betroffenen Bürger einer Nation können eine eigene Regierung, die sie mit Inflationspolitik überzieht, in einer Demokratie abwählen und durch eine andere Regierung ersetzen, die das Ziel der Geldwertstabilität stärker berücksichtigt. Zwar kann die Demokratie selber eine Quelle inflatorischer Tendenzen sein[544] und es ist daher nicht ratsam, die Notenbank einer Kontrolle durch ein souveränes Parlament auszuliefern, das wie das britische im Prinzip an keine festen Verfassungsregeln gebunden wird.[545] Es macht aber einen Unterschied, ob man seine eigene nationale Regierung und Notenbank demokratisch kontrolliert oder eine europäische Instanz, auf die zahlreiche andere Länder mit anderen geldwertpolitischen Vorstellungen einwirken. Der sich anbahnende Euro-Zentralismus bedeutet immer, daß in höherem Grade als bisher über nationale geldwertpolitische Ziele hinweggegangen werden muß und jede Nation immer weniger nach ihren eigenen Vorstellungen selig oder unselig werden kann. Eine von außen aufgezwungene Euro-Inflation erträgt sich schwerer als eine nationale Geldentwertung, die leichter rückgängig gemacht oder beendet werden kann. Die nationale Inflation stößt außerdem auf größere Hindernisse, weil sich bei ihr Verluste an Währungsreserven und Abwertungen der eigenen Währung schneller einstellen und nachteiliger bemerkbar machen, während ein großer Währungsraum hier unempfindlicher ist.[546]

Demgegenüber steht bei einer gesicherten supranational auferlegten Geldwertstabilität das staatsbürgerliche Interesse an Sicherheit des realen Inhalts von monetären Wirtschaftsvorgängen und Bewertungen in Konflikt mit dem Interesse der nationalen Regierung an der Möglichkeit, Inflation herbeizuführen. Es ist wahrscheinlich, wenn auch nicht zwingend, daß in diesem Falle der nationale Widerstand gegen supranationale Regelungen geringer wird. Supranationale Inflation bedeutet Anwendung von Macht und Eingriff in staatsbürgerliche Rechte durch

---

[544] Vgl. *Wilhelm Röpke*: Die „demokratische" Inflation, in Frankfurter Allgemeine Zeitung v. 17.2.1951; *ders.*: Jenseits von Angebot und Nachfrage, 5. Aufl. Bern, Stuttgart 1979, S. 272.

[545] Die britische verfassungspolitische Diskussion ist noch immer von der Vorstellung der absoluten nationalen Souveränität so stark beherrscht, daß ihr der Vorschlag einer unabhängigen, aber an Verhaltensregeln gebundenen Notenbank unmöglich erscheint. Dabei wird das Argument vorgebracht, die demokratische Kontrolle werde dadurch gefährdet. Vgl. *Stephen Haseler*: EC Pluralism and the Nation State, in: Is National Sovereignty a Big Bad Wolf? The Bruges Group, Occasional Paper 6, London 1990, S. 15. Die Bank von England war jedoch in der Zeit der Goldwährung im rechtsstaatlichen Sinne unabhängig.

[546] Im großen Währungsraum wird ein Teil dessen, was vorher Außenhandel gewesen ist, zum Binnenhandel, der unmittelbar keine Zahlungsbilanzprobleme hervorruft. Der Zahlungsverkehr zwischen den Mitgliedern einer Währungsunion erfordert keine Währungsreserven mehr, weil dabei entstehende Salden in der gemeinsamen Währung ausgeglichen werden. Werden durch die Währungsunion die Währungsreserven gepoolt, dann entsteht ein größerer inflatorischer Handlungsspielraum; Defizite mit außenstehenden Ländern können längere Zeit abgedeckt werden.

eine Instanz, der die Bürger weniger nahe stehen als der eigenen Regierung. Supranational auferlegte Geldwertstabilität bedeutet demgegenüber den Rückzug des Staates aus der Politisierung des Geldes, und zwar sowohl des Nationalstaates als auch der supranationalen Währungsinstanz; man zieht sich dabei auf ein allen gemeinsames Recht und auf den Schutz privater Verträge vor unfreiwilligen realen Veränderungen durch die Währungsbehörden zurück, gleichgültig, ob diese Behörden nun national sind oder supranational. Der Verzicht auf Inflation bedeutet, daß die staatliche Souveränität überhaupt nicht mehr durch Geldentwertung ausgeübt werden soll. Es ist eine eher technische, wenn auch wichtige Frage, ob dieser Verzicht besser und zuverlässiger von einer nationalen oder einer supranationalen Währungsbehörde ausgesprochen und eingehalten wird. Dieser in sich selbst hochpolitische Verzicht führt zur Entpolitisierung des Geldes. Die selbst dabei notwendige oder mindestens für notwendig gehaltene staatliche Aktivität – etwa der Notenbank – wird zu einer Aufgabe, bei deren Lösung der Sachverstand der Fachleute an die Stelle von im engeren Sinne „politischen" Erwägungen zu treten hat.

Das Ideal eines unpolitischen rechtsstaatlichen Geldes ist heute auch in Ländern mit stabilerem Geld nicht annähernd verwirklicht. Meist wird es nicht einmal angestrebt. Darauf sind die meisten Schwierigkeiten der modernen Geldpolitik zurückzuführen. Das gilt, selbst wenn einzuräumen ist, daß die praktische Aufgabe, stabiles Geld zu schaffen, keineswegs so einfach ist wie zum Beispiel die Definition des Meters oder des Kilogramms und die Anwendung der Eichgesetze. Trotzdem ist dieser Vergleich lehrreich.

Auch in Ländern mit unstabilem Inflationsgeld kommen heute nur wenige auf den Einfall, ihre Vertragspartner mit falschen Maßen und Gewichten zu betrügen. Die Kontrolle durch das Publikum und durch die Eichbehörden ist in der Regel wirksam und ausreichend. Dies ist deswegen erstaunlich, weil an sich alles, was mit Hilfe von Inflation und verschlechtertem Geldwert erreicht werden soll, auch dadurch zustande gebracht werden könnte, daß die Regierung die Längen- und Gewichtsmaße verändert und diese Veränderung so handhabt, daß sie in geltenden Verträgen nicht berücksichtigt werden darf. Inflation sorgt, zum Beispiel im angeblichen Interesse von Vollbeschäftigung und Wachstum, dafür, daß zu den geltenden Entlohnungssätzen weniger Güter gekauft werden können als vorher. Mit gleicher Wirkung für den Reallohn könnten auch alle Preise unverändert gelassen, aber nach Gewicht verkaufte Güter schlechter abgewogen und nach Länge verkaufte Güter kürzer abgemessen werden. Übrigens sind solche Manipulationen in der Wirtschaftsgeschichte durchaus vorgekommen. Der Staat hat gelegentlich bei Naturalleistungen ein Maß verwendet, das ihm bei Einnahmen eine größere Menge zuführte, während er ein kleineres Maß benutzte, sobald er eine Naturalleistung an Bürger zu erbringen hatte. Solche Vorgänge werden für die Feudalzeit und den aufkommenden Merkantilismus aus Frankreich und Schweden berichtet.[547] Es war außerordentlich schwer, einheitliche Maße und Gewichte durchzusetzen. Das legt den Verdacht nahe, hier seien nicht nur technische Probleme oder Fragen der Durchsetzung durch die staatliche Verwaltung im Spiel gewesen, sondern auch politische Interessen in dem Sinne, daß eine Manipulationsmöglichkeit offen gehalten werden sollte.

Freilich ist der Eingriff in Verträge auf diesem Wege ziemlich unpraktisch, vor allem, wenn beachtet wird, daß nur ein Teil der umgesetzten Güter in Form von Mogelpackungen weitergegeben werden kann. Demgegenüber ist die Geldentwertung das technisch einfachere und umfassendere Eingriffsverfahren. Das politische Geld ist aber gleichwohl nichts anderes als die Verallgemeinerung der Mogelpakkung. Da sich für die politische Ausbeutung des monetären Wirtschaftsverkehrs die Inflation besser eignet und nach dem Verschwinden der Edelmetallwährung bis dahin bestehende technische Grenzen der Geldvermehrung verringert worden sind, haben Maße, Gewichte und ähnliche Größen aufgehört, ein Gegenstand der Politik zu sein. Nur im internationalen Wirtschaftsverkehr werden sie wieder teilweise politisiert, wenn etwa Normen nur deswegen voneinander abweichen, weil die Einfuhr behindert werden soll.

III. Besondere Gründe für politisches Geld

Während bei stabilem Geld die Maßstabfunktion des Geldes mit seiner Tauschmittelfunktion zusammenfällt und die Politik sich in die Neutralität zurückzieht, außerdem die Währungsbehörden sich in eine Richtung bewegen, in der bei ihnen, ähnlich wie bei Eichbehörden, die technisch bestimmte Kompetenz immer mehr zunimmt und der politische Einfluß zurückgeht, ist heute in Wirklichkeit das Geld ein Gegenstand der hohen und höchsten Politik. Wie ist dies zu erklären?

In vielen Ländern dienen zwar Notenpresse und Inflation noch immer dem uralten Ziel, fehlende reguläre Staatseinnahmen zu ersetzen und das Publikum auf diese Weise zur Staatsfinanzierung heranzuziehen. Besonders erfolgreich ist aber dieses Rezept unter modernen Bedingungen nicht mehr, da die Ausweichmöglichkeiten immer stärker zugenommen haben, vor allem das Kapital so mobil geworden ist, daß es sich besser vor der inflationistischen Ausbeutung schützen kann.

---

[547] *Eli F. Heckscher*: Der Merkantilismus, 1. Bd., Jena 1932, S. 93.

Indessen ist das alte Argument noch lebenskräftig, die Notenbank habe nicht nur dem Ziel der Preisniveaustabilität zu dienen, sondern auch die allgemeine Wirtschaftspolitik zu unterstützen.[548] Dabei steht der Glaube im Vordergrund, durch eine expansive Geldpolitik könnten Beschäftigung und Wachstum angeregt werden; sie seien wichtiger als ein stabiler Geldwert. Nur bei einem mehr oder weniger hohen Grad an Inflation sei in einigen Ländern der Konsens der sozialen Gruppen aufrecht zu erhalten. Nicht einmal den deutschen, geschweige denn ausländischen Gewerkschaften tut man großes Unrecht, wenn man bei ihnen einen Hang zur expansiven Geldpolitik auf Kosten des Geldwertes feststellt.[549] Ob dies im Interesse der Gewerkschaftsmitglieder liegt, ist um so mehr zweifelhaft, je mehr sie entwertungsanfälliges Geldvermögen besitzen, von inflatorischer Steuerprogression getroffen werden oder auf andere Weise zu den Inflationsopfern gehören. Durch Vorwürfe an die Notenbank, eine zu restriktive Politik zu betreiben, lenken die Gewerkschaften von ihrer lohnpolitischen Verantwortung für die Beschäftigung ab, da sie mit einer Nominallohnillusion ihrer Mitglieder rechnen und daher die bei Inflation höheren „Erfolge" in der Nominallohnsteigerung als verbandspolitischen Vorteil ansehen. An die Möglichkeit, durch Inflation eine Umverteilung zugunsten der Arbeitnehmer zu erreichen, dürften aber selbst die Gewerkschaften nicht mehr glauben. Warum heute auch das Beschäftigungsziel nicht mehr durch Inflation zu erreichen ist, braucht nicht wiederholt zu werden, nachdem selbst frühere Sozialisten immer mehr zu einer besseren Einsicht gelangt sind.[550]

Weder die Fiskalinflation noch die Gewerkschaftsinflation sind besonders neuartig. Im marktwirtschaftlichen Teil Europas sind beide eher im Abklingen begrif-

---

[548] Wie Anm. 536, S. 114ff. Der Delors-Bericht sieht zwar für das von ihm vorgeschlagene Europäische Zentralbanksystem einen Vorrang des Ziels der Preisstabilität vor, enthält aber in seinen wirtschafts- und finanzpolitischen Abschnitten derartig umfassende Planungs- und Eingriffsbefugnisse, daß der Eindruck entsteht, damit solle der Vorrang der Geldwertstabilität unterlaufen werden.

[549] Vgl. z.B. WSI Mitteilungen 10/89 Oktober 1989, Zwischenbilanz zum europäischen Währungssystem (EWS) – Funktionsweise, Wirkungen und Weiterentwicklung aus der Sicht des „Delors-Bericht", von *Rudolf Hickel*, wo es auf S. 604 heißt: „Die aufgabenbezogene Nutzung der öffentlichen Kreditfinanzierung zur Bekämpfung gesamtwirtschaftlicher Ungleichgewichte sowie zur Finanzierung zukunftsorientierter öffentlicher Investitionsprojekte wird damit unterbelichtet. Eine korrdinierte Haushaltskonsolidierung – gekoppelt mit einer restriktiven Geldpolitik – könnte insgesamt zu einer deflationären Entwicklung führen, d.h. Wachstums- und Beschäftigungschancen würden nicht qualitativ genutzt. Die EG darf nicht als „Antiinflationsgemeinschaft" den Preis hoher Arbeitslosigkeit und Umweltvernichtung akzeptieren." Zur gewerkschaftlichen Inflationsneigung im allgemeinen: *Goetz Briefs*: Staat und Wirtschaft im Zeitalter der Interessenverbände, in: *ders.*: Laissez-faire-Pluralismus. Demokratie und Wirtschaft des gegenwärtigen Zeitalters, Berlin 1966, S. 120ff., Abschnitt „Gewerkschaftswährung"?

[550] Vgl. die Äußerungen des früheren britischen Premierministers *Callaghan* auf der Jahreskonferenz der Labour-Partei am 28. September 1976, Deutsche Bundesbank, Auszüge aus Pressartikeln, Nr. 67 v. 18.10.1976, S. 10.

fen. Die intensive Beschäftigung der Politik mit währungspolitischen Fragen hat gegenwärtig zwei andere Gründe:

- Erstens glauben die Politiker, die von ihnen als gefährlich angesehene internationale Entwicklung von Kapitalströmen und Wechselkursen auf Gipfelkonferenzen oder auf andere Weise politisch steuern zu können. Wenn von teilweise marktberuhigenden, aber kurzlebigen Effekten abgesehen wird, dürfte es sich entweder um Illusionen handeln, die höchstens Gelegenheit für wirksame öffentliche Auftritte verschaffen, oder um den gefährlichen Versuch, durch ein internationales Zinssenkungs- und Geldentwertungskartell die Flucht des Kapitals an Orte der höchsten Sicherheit zu behindern.
- Zweitens ergibt sich, wie schon bemerkt, eine umfangreiche politische Aktivität durch Pläne für eine europäische und eine innerdeutsche Währungsunion.

IV. Das politische Element in einer europäischen Währungsunion

Ob und in welchem Grade die geplante europäische Währungsunion zu einem stabilen und daher unpolitischen Maßstabgeld führen wird oder ob sich im Gegenteil die bisher noch starken Tendenzen durchsetzen werden, das europäische Geld wieder durch Inflation in den Dienst der Politik zu stellen, ist bisher nicht zu erkennen. Das heute umlaufende und das später vielleicht einmal für Europa vorgesehene Geld wird in jedem Falle manipuliertes und nicht, wie in der Goldwährung, automatisches Geld sein. Jedenfalls sind bisher keine institutionellen Mechanismen bekannt geworden, durch die eine künftige europäische Notenbank gezwungen wird, sich am Ziel der Geldwertstabilität zu orientieren. Es ist nicht zu erkennen, daß die Absicht besteht, einen entsprechenden Automatismus in die Mechanik der Geldschaffung einzubauen.

Gewiß schlägt der Delors-Bericht für die geplante europäische Währungsunion vor, daß das System „dem Ziel der Preisstabilität verpflichtet" sein soll.[551] Die von den Gemeinschaftsinstanzen beschlossene Wirtschaftspolitik soll unterstützt werden, soweit das mit dem Ziel der Preisstabilität vereinbart ist. Insoweit ist die Rangfolge der Ziele sogar deutlicher formuliert als für die Deutsche Bundesbank. Weder ist jedoch die Preisstabilität mit ausreichender Klarheit definiert, noch, und das ist wichtiger, bestehen irgendwelche institutionellen Garantien dafür, daß diejenigen, die es definieren, dabei an nachprüfbare Regeln gebunden werden, deren Nichteinhaltung zu Sanktionen führt.

[551] Wie Anm. 543, S. D 293 (Abschnitt 4).

Das Europäische Zentralbanksystem (EZBS), bestehend aus den Präsidenten der Zentralbanken und den Mitgliedern des Direktoriums, formuliert den geldpolitischen Kurs und entscheidet über ihn. Die Zentralbankpräsidenten sind bisher überwiegend gegenüber ihren Regierungen weisungsgebunden, so daß die Bestimmung leerläuft, wonach der EZBS-Rat von Weisungen der nationalen Regierungen und Gemeinschaftsorgane unabhängig sein soll. Auch die Vorschrift, die Präsidenten und Mitglieder des EZBS-Rates zur Förderung ihrer Unabhängigkeit für eine angemessen lange Amtszeit zu bestellen, reicht nicht aus, um das System gegenüber inflatorischen Wünschen der Politik ausreichend zu sichern. Gewiß ist es wichtig, die Mitglieder der Zentralbankorgane so zu stellen, daß sie politischen Ansinnen gegenüber stärker immunisiert werden. Auch kann der traditionelle Korpsgeist der Amtsinhaber ein auf Geldwertstabilität gerichtetes Verhalten fördern. Aber sicher ist dies nicht, und noch weniger ist es sicher, daß diese Amtsinhaber durchweg nach dem Kriterium bestellt werden, mit welcher Zuverlässigkeit von ihnen das Beharren auf der Geldwertstabilität erwartet werden kann. Gewiß wird die ernennende politische Instanz in ihrer Erwartung, willfährige Zentralbankleiter ernannt zu haben, nicht selten enttäuscht, sobald das Amt den Inhaber zu prägen beginnt. Aber ein allgemeines Vertrauen hierauf ist allzu gewagt.

Ähnlich unzuverlässig ist die Vorschrift, den Jahresbericht dem Europäischen Parlament und dem Europäischen Rat vorzulegen und diesen Institutionen zu berichten. Denn damit werden gerade diejenigen politischen Instanzen zu Adressaten und Kritikern der Berichterstattung gemacht, die das größte Interesse an einer inflatorischen Politisierung des Geldes haben können.

Die Vorschrift, keine Kredite an öffentliche Stellen zu geben, geht nur auf den ersten Blick über den bloßen Appellcharakter wesentlich hinaus, der den zuvor genannten Bestimmungen zukommt. Über die Offenmarktpolitik und andere Instrumente kann die Zentralbank den Zins beeinflussen und den Geldumlauf so stark erhöhen, daß damit indirekt der Staatskredit erleichtert wird. Verstärkt wird der Zweifel an der geldwertsichernden Zuverlässigkeit der genannten Regelungen durch umfangreiche Vorschläge des *Delors*-Berichtes, eine gemeinsame makroökonomische Politik, gemeinsame Investitionsprogramme und ein „Policy Mix“ vorzusehen, womit wohl eine Kombination von Fiskal- und Zinspolitik gemeint ist, um damit Effekte am Devisenmarkt hervorzurufen. Daß die Defizite der öffentlichen Haushalte abgestimmt werden sollen, ist zwar löblich, doch lehrt die Erfahrung in Bundesstaaten, daß eine solche Abstimmung kaum im stabilisierenden Sinne durchgesetzt werden kann. Bei der angestrebten wirtschaftspolitischen Koordinierung soll in erster Linie der Rat der Wirtschafts- und Finanzminister zuständig sein, also ein Gremium, durch das Haushaltsdefizite und Inflationsbestrebungen vermittelt werden, wenn es sie gibt.

Daß die Möglichkeiten zur Politisierung des Geldes aufrecht erhalten bleiben sollen, geht aus zahlreichen Äußerungen europäischer Politiker hervor. Vor allem ist dafür das Unbehagen kennzeichnend, das durch die Leitwährungs- und Ankerfunktionen der Deutschen Mark im Europäischen Währungssystem entstanden ist. Diese im System nicht von vornherein angelegte Funktion hat sich dadurch ergeben, daß es der Mehrheit der stärker inflationierenden Mitgliedsländer des EWS nicht gelungen ist, die DM so stark inflatorisch zu überschwemmen, wie es dem Weichwährungskonzept dieser Länder entsprach. Dies war einmal auf wiederholte DM-Aufwertungen zurückzuführen, außerdem aber auf den Umstand, daß die Deutsche Bundesbank inflatorische Effekte von Überschüssen und Devisenzuflüssen in höherem Maße sterilisiert hat als andere EWS-Länder die desinflatorischen Wirkungen ihrer Devisenverluste.[552]

Neben dem damit verbundenen und oft nicht gern gesehenen Prestigegewinn der bundesdeutschen Währung war diese Entwicklung durch einige Stabilitätsanstrengungen in den europäischen Partnerländern gekennzeichnet. Sie wurden deshalb unternommen, weil regelmäßige Abwertungen gegenüber der DM, abgesehen von dem damit verbundenen Verlust an politischem Ansehen, spekulative Kapitalabflüsse und Zinssteigerungen begünstigt hätten. Außerdem kommt Folgendes hinzu: Die Freiheit des Kapitalverkehrs in Westeuropa ist kaum noch aufzuhalten und wird nun auch offiziell angestrebt. Sie trägt dazu bei, inflatorische Neigungen zu zügeln. Denn das Kapital kann bei freiem Zahlungsverkehr das Gebiet meiden, in dem es durch Inflation ausgebeutet werden soll.

Es ist ferner unklar, aber nicht auszuschließen, daß allmählich die Zahl derjenigen westeuropäischen Länder zunimmt, die mit einer geringeren Inflationsrate gute Erfahrungen macht und sich insofern an den westdeutschen Geldwertstandard gewöhnt. Es wäre aber völlig wirklichkeitsfremd, eine solche Tendenz schon für dominierend zu halten. Vielmehr spricht alles dafür, daß mindestens ein erheblicher Teil der stärker inflationsgeneigten Länder des EWS nur vorübergehend zu einer weniger inflatorischen Politik übergegangen ist, um durch einstweiliges monetäres Wohlverhalten die Bundesrepublik Deutschland für die angestrebte europäische Währungsunion zu gewinnen. Mit dieser Union soll die Bundesrepublik ihre monetäre Entscheidungsfreiheit verlieren und an eine europäische Zentralbank abgeben, über deren künftiges währungspolitisches Verhalten nichts bekannt ist und die jedenfalls nicht mit ausreichender Sicherheit an das Ziel des rechtsstaatlichen unpolitischen Maßstabgeldes, das heißt an die Geldwertstabilität, gebunden ist.

---

[552] Vgl. *Daniel Gros, Niels Thygesen*: The EMS. Achievements, Current Issues and Directions for the Future. Brüssel 1988, S. 17ff.

Für die Erwartung, daß man sich von einer Währungsunion eine Politik des „leichten" Geldes erhofft, sprechen immer wieder vorgebrachte Klagen, die Deutsche Bundesbank berücksichtige bei ihren Entscheidungen nicht die Interessen anderer EWS-Mitglieder. Welche Interessen könnten dies sein, wenn nicht der Wunsch nach einem höheren Inflationsgrad und einer dementsprechend größeren Politisierung des Geldes? In dieselbe Richtung weist auch der Druck, der auf die Bundesrepublik nach dem Oktober 1989 ausgeübt worden ist, die Verhandlungen über die Gründung einer europäischen Währungsunion vorzuverlegen. Die westeuropäischen Inflationisten möchten die Preisgabe der westdeutschen Währungsstabilität als Kaufpreis für ihre politische Zustimmung zur Vereinigung der beiden deutschen Staaten fordern. Sie rechnen in diesem Zusammenhang damit, einen möglichen Konflikt zwischen der westdeutschen Außen- und Wirtschaftspolitik zugunsten der Außenpolitik und auf Kosten des deutschen Geldwertes entscheiden zu können. Äußerungen westdeutscher Außen- und Europapolitiker berechtigen zu dieser „Hoffnung". Man spricht davon, die – in Wahrheit keineswegs absolute – Priorität, die in der Bundesrepublik Deutschland der Geldwertstabilität zugemessen werden, trage „sicherlich Züge einer Überhöhung".[553] Die Leitwährungslösung der europäischen Geldpolitik werde für die Nachbarn der Bundesrepublik immer weniger attraktiv und verletze ihren berechtigten nationalen Stolz.[554] Seit wann berechtigt Inflation zum Stolz? Der Bundesaußenminister wünscht, daß künftig die „wichtigsten wirtschaftspolitischen Entscheidungen auf Gemeinschaftsebene getroffen werden."[555] Präsident *Mitterrand* wird mit der These zustimmend zitiert, daß „von der politischen Sensitivität her die Währungspolitik nur noch verglichen werden kann mit der Verteidigungspolitik".[556]

Träfe das wirklich zu und wäre die Währung mit einer Waffe zu vergleichen, die Geldschaffung aber mit Infanteriemunition, dann nur für ein Geld, das als Instrument der Politik zur Verfügung steht, nicht als neutraler Maßstab. Das Geld als politisches Werkzeug kann nur Inflationsgeld sein. Alles andere wäre ein Mißverständnis.

---

[553] *Werner Weidenfeld*: Wieder auf der europäischen Agenda: die Wirtschafts- und Währungsunion, in: *Rolf H. Hasse*, Die Europäische Zentralbank: Perspektiven für eine Weiterentwicklung des Europäischen Währungssystems. Mit Beiträgen von Werner Weidenfeld und Reinhold Biskup, Gütersloh 1989, S. 12.

[554] So *Heinrich Matthes*: Das EWS als stabilitätsfördernder Ordnungsrahmen, in: Ludwig-Erhard-Stiftung, Geld- und Währungspolitik. Stabilität nach innen und außen, Stuttgart, New York 1989, S. 37.

[555] *Hans-Dietrich Genscher*: Die Rolle der Bundesrepublik Deutschland bei der Vollendung des Europäischen Währungssystems, in: Die Vollendung des Europäischen Währungssystems: Ergebnisse einer Fachtagung, Gütersloh 1989, S. 16.

[556] a. a. O., S. 17.

Natürlich wäre ein wirklich dauerhaft stabiles europäisches Geld ein großer wirtschaftlicher Fortschritt und der Übergang dazu wäre ein wichtiger Akt der Politik. Aber nachdem ein solcher Übergang vollzogen wäre, hätte die hohe Politik nicht mehr viel mit dem Geld zu tun. Die Politiker müßten vielmehr so weit wie möglich von den Währungsbehörden ferngehalten werden, zusammen mit jenen Ökonomen, die noch immer die Inflation für ein Beschäftigungs- und Wachstumsrezept halten.

V. Das unpolitische Element in einer innerdeutschen Währungsunion

Wenn die DM als Währung in der DDR eingeführt wird, dann hat dieser Vorgang selbst natürlich eine ungewöhnliche politische Bedeutung. Die Überschrift dieses Abschnittes erscheint deshalb zunächst unverständlich. Sie bezieht sich auch nicht auf den hochpolitischen Übergang von einer Zentralverwaltungswirtschaft mit politisch deformiertem Geld zu einer Marktwirtschaft mit neutralerem Maßstabgeld, sondern auf den damit angestrebten Endzustand.

Das Geld in der Zentralverwaltungswirtschaft der DDR war bisher ein extrem politisiertes und zugleich funktionsunfähiges Geld. Das heißt auch: Seine Entstehung und Verwendung wurden von den politischen Instanzen bis ins Detail weitgehend gelenkt. Jede derartige Politisierung des Geldes bedeutet, daß es gegenüber stabilem und frei verwendbarem Maßstabgeld Defekte erhält. In der total politisierten Zentralverwaltungswirtschaft sind diese Defekte am größten. Um zu erkennen, welchen Weg das Geld auf diesem Weg der Beschädigungen zurücklegt, ist es zunächst nützlich, sich die Freiheit stiftende Funktion gesunden, nicht politisierten Geldes klarzumachen.

Dostojewski hat Geld als „geprägte Freiheit" bezeichnet, *Georg Simmel* verfolgt in seiner „Philosophie des Geldes"[557] die Stufen der Freiheit, die mit der Umwandlung persönlicher Untertanenverhältnisse in Geldzahlungen verbunden sein können. Der Leibeigene muß unmittelbar tun, was befohlen wird. Kann er seine Leistungspflicht durch regelmäßige Geldzahlungen ablösen, so lockert sich seine Bindung, indem sie abstrakter wird; er wird vom Befehlsempfänger zum Schuldner. Kann er gar die regelmäßige Zahlung durch einen einmaligen Kapitalbetrag ablösen, so wird er ganz frei. Zinszahlung wie Ablösung könnten auch in anderer Form als durch Geldleistung erbracht werden, etwa durch regelmäßige Naturalabgaben oder, wie bei der preußischen Bauernbefreiung, durch Abtretung von Land

[557] *Georg Simmel*: Philosophie des Geldes, 3. Aufl. München und Leipzig 1920, S. 297 ff.

an den Berechtigten. Aber in beiden Fällen ist die Geldleistung liberaler. Naturalleistungen binden den Leistungspflichtigen in der Art seines Wirtschaftens stärker als Geldleistungen. Auch der Empfänger von Geldleistungen kann beliebiger disponieren, als wenn er Naturalleistungen erhielte. Das Kommunistische Manifest drückt dies mit den Worten aus: „Sie (die Bourgeoisie, H. W.) hat die buntscheckigen Feudalbande, die den Menschen an seinen natürlichen Vorgesetzten knüpften, unbarmherzig zerrissen und kein anderes Band zwischen Mensch und Mensch übrig gelassen als das nackte Interesse, als die gefühllose ‚bare Zahlung'".[558]

Die Zentralverwaltungswirtschaft, die sich auf *Marx* und *Engels* berufen hat, ist diesen Entwicklungsweg rückwärts gegangen. Dabei ist das Geld schrittweise aus seinen Funktionen verdrängt worden. Mit dem Verlust dieser Funktion kam es zu einer Art – von allerdings weniger romantischer – Refeudalisierung der menschlichen Beziehungen in dem Sinne, daß das Geld allein immer weniger Handlungsmöglichkeiten gewähren konnte und die Bindung an befehlende Instanzen stark zugenommen hat.

Als Tauschmittel war das Geld in der Zentralverwaltungswirtschaft der DDR nicht mehr frei verwendbar, soweit die Preise von der Regierung unterhalb des Marktgleichgewichtes festgelegt waren. Der Platz in Warteschlangen oder Beziehungen zu den Verkäufern entschieden neben dem Geld über den Erwerb von Gütern. Die Tauschqualität des Geldes war ferner eingeschränkt, weil Produktionsmittel und Auslandsgüter nicht oder nur mit Genehmigung gegen Geld gekauft werden durften. Ein freier Erwerb von Vermögen im Ausland war verboten. Die unpersönliche Gleichheit vor dem Markt, die das Geld sonst gewährt, verschwand, wenn zusätzliche, vom Ermessen der Behörden abhängige Genehmigungen nötig wurden, etwa bei Wohnungen. Dem einen war die Behörde gnädig, dem anderen nicht, selbst wenn beide zu derselben Geldzahlung bereit waren. Daß zusammen mit falschen Preisen auch die Funktion des Geldes, Bewertungsmaßstab und Recheneinheit zu sein, zugunsten politischer Kriterien von Bedarf und Wichtigkeit entwertet wurde, ist selbstverständlich. Nach dem Gelde richtete sich immer weniger, und immer mehr nach dem staatlichen Plan, der die Güter nach vom Markt abweichenden monarchischen Beurteilungskriterien produzieren und zuteilen ließ. Geldbewegungen zwischen Unternehmungen waren ein Reflex des politischen Wirtschaftsplanes. Für sich allein bewegte das Geld dabei wenig bis nichts.

Die wachsende Bedeutungslosigkeit des Geldes als eines Freiheit vermittelnden Mediums kam nicht zuletzt darin zum Ausdruck, daß es im Verhältnis zum käuflichen Gütervolumen bei niedrigen Preisen zu einem Geldüberhang kam, der die Bedeutungslosigkeit und im Wortsinne die Überflüssigkeit des Geldes im Vergleich zu den politischen Leistungs- und Zuteilungskriterien anzeigte. Wie in der

[558] *Karl Marx, Friedrich Engels*: Das kommunistische Manifest, (1849), Bonn 1947, S. 16f.

Feudalzeit nahmen persönliche unbezahlte Dienstpflichten als eine Art moderner Hand- und Spanndienste stark zu, nur daß sie als Leistungen zum Aufbau des Sozialismus deklariert wurden und mit pseudofreiwilligen Selbstverpflichtungen erzwungen wurden. Auf der anderen Seite gewährte der Staat in natura zahlreiche Leistungen nach politischem Gutdünken unentgeltlich oder zu nur geringem Preis, wie einst der patriarchalische Gutsherr in Wahrnehmung seiner lehnsherrlichen Fürsorgepflicht. Die Sonderversorgung politischer Führungsschichten erinnert an Privilegien von Hofschranzen und Günstlingen in der Zeit der absoluten Monarchie.

Wenn die Menschen in der DDR heute mit solcher Vehemenz danach streben, die konvertierbare DM zu erlangen und die Mark der DDR durch die DM zu ersetzen, so wollen sie offenbar vom politisch deformierten zum weniger politischen Geld zurückkehren. Es ist die unpolitische Handlungsfreiheit, die sie damit zurückerobern wollen, und sie meinen – teilweise irrtümlich –, daß es der Ersatz ihrer bisherigen durch die westdeutsche Währung allein sei, der ihnen diese monetäre Freiheit verschaffen könne. Das Streben nach dem westdeutschen Geld ist jedoch in Wahrheit das Streben nach der unpolitischen Freiheit des Marktes und nach einer Befreiung von Behördenwillkür und politischer Abhängigkeit bei Kauf und Verkauf von Gütern. Daß der bloße Wechsel der Währung dazu nicht genügt, ist leicht einzusehen: Auch wenn in der DDR die DM eingeführt wird, kann der Staat ihre Verwendung von Genehmigungen, Auflagen und Beschränkungen abhängig machen und damit die Tauschmittelfunktion des Geldes einschränken. Nur eines wird er nicht mehr tun können: die politische Inflation wird nicht mehr möglich sein. Freilich kann der Staat das westdeutsche Geld aus Verwendungen in der DDR dadurch vertreiben, daß er dort Käufe und Verkäufe verbietet oder beschränkt, außerdem dadurch, daß er Naturalleistungen verlangt oder bietet (zum sogenannten „Nulltarif", der bei den Bürgern als Empfängern nur die Gegenleistung in Geld durch eine andere Leistung ersetzt, die ihnen deswegen abverlangt werden muß, weil der Staat im ganzen nichts hat, was er allen verschenken kann). Eine derartig aus dem Verkehr verdrängte DM würde aus dem Lande fließen und vorübergehend den Import beleben. Soweit sie verdrängt wäre, würde der Wirtschaftsverkehr politisiert werden oder bleiben.

VI. Bürgerrechte als Grenze für die Politisierung des Geldes

Eine Geld- und Währungspolitik, die über die Festigung eines stabilisierenden Ordnungsrahmens hinausgeht, ist im wesentlichen durch den politischen Mißbrauch des Geldes gekennzeichnet. Deshalb hat der Wirtschaftsverkehr von jeher

Verfahren der privatwirtschaftlichen Gegenwehr gegen diesen Mißbrauch entwikkelt. Die staatliche Monopolisierung des Geldwesens ist damit unterlaufen worden.

Soweit sich die Politisierung des Geldes über inflatorische Maßnahmen vollzogen hat, wurde das damit angestrebte politische Ziel nur erreicht, wenn die privaten Teilnehmer am Wirtschaftsprozeß den Mißbrauch nicht vorhersehen konnten oder, falls sie ihn vorhersahen, sich dagegen nicht durch entsprechende Gestaltungen der Verträge und andere Verhaltensweisen schützen konnten. Voraussicht war dann nicht notwendig, wenn nachträgliche Korrekturen von Bewertungen möglich waren, mit denen die Folgen einer später festgestellten Inflation gemildert oder aufgehoben werden konnten. Deswegen verbietet der Staat in der Regel solche privaten Schutzvorkehrungen, soweit das technisch möglich ist. In der Zeit der Edelmetallwährungen haben die Münzherren versucht, inflatorisch verschlechterte Münzen nach dem Nominalwertprinzip als gleichberechtigt mit guten Münzen dem Wirtschaftsverkehr zum Festkurs aufzuzwingen, sind daran aber durch das Verhalten des Publikums behindert worden.[559] Eine inflatorische Münzverschlechterung ließ sich nicht geheim halten, schlechte Münze wurde im Wettbewerb der Tauschmittel mit Abschlag gehandelt. Sofern die bessere Münzart vertraglich festgelegt war, konnten alte Verträge allenfalls mit höheren Beträgen schlechter Münzen erfüllt werden. Unterdrückte der Landesherr solche Klauseln, so konnte er doch nicht verhindern, daß außerhalb seines Landes die Unterwertigkeit schlechter Münze sofort in den Schuldverhältnissen beachtet wurde.

Innerhalb seines Territoriums hätte er mit Höchstpreisvorschriften und den die Marktwirtschaft aufhebenden Werkzeugen der Zentralverwaltungswirtschaft eingreifen müssen, um die sofortige Anpassung der Preise an die verschlechterte Münzqualität zu verhindern. Dazu aber fehlte in den meisten Fällen der Polizei- und Verwaltungsapparat, zumal in Deutschland, wo die Vielzahl der Grenzen und Länder den Kontrollaufwand ins Ungemessene gesteigert hätte. So hat die Metallwährung den Wirtschaftsverkehr mindestens teilweise vor den Folgen dieses staatlichen Mißbrauchs des Geldes schützen können. Denn Verträge wurden in einer wertbeständigen Recheneinheit abgeschlossen und mit Münzzahlungen erfüllt, die zum jeweiligen veränderlichen Münzwert in der Recheneinheit ausgedrückt wurden. Die Münzgeldinflation führte zur Spaltung der Geldfunktionen, das heißt, das jeweils geltende Tauschmittel war nicht mehr ohne weiteres die Recheneinheit, in der Schulden ausgedrückt und Güter bewertet wurden. Der real gewollte Inhalt von Verträgen konnte auf diese Weise vor dem geldpolitischen Mißbrauch des Staates mehr oder weniger in Schutz genommen werden.

[559] Vgl. *Fritz W. Meyer, Alfred Schüller*: Spontane Ordnungen in der Geldwirtschaft und das Inflationsproblem, Walter Eucken Institut, Vorträge und Aufsätze 59, Tübingen 1976, S. 7 ff.

Mit dem modernen stoffwertlosen Kreditgeld ist die Möglichkeit, sich vor diesem staatlichen Mißbrauch des Geldes zu schützen, erschwert, aber keineswegs ausgeschlossen, sondern ebenso wie das Geld selbst abstrakter geworden. Nicht mehr am Edelmetallgehalt der einzelnen Münze ist zu erkennen, ob das Geld einen staatlich herbeigeführten Defekt hat, sondern an der Entwicklung des Preisniveaus, das mit Verspätung statistisch als Index ermittelt wird. Verträge können indexiert werden, sofern der Staat dies erlaubt. Recheneinheit ist dann nicht mehr das Tauschmittel allein, sondern ein Produkt aus Tauschmittel und Korrekturfaktor; dabei soll der Korrekturfaktor die Wertstabilität oder mindestens Übereinstimmung mit dem gewollten Vertragsinhalt herstellen, die das Tauschmittel allein nach Ansicht der Vertragsschließenden nicht gewährleistet. Im Prinzip ist es dabei möglich, den Privatrechtsverkehr auf die Suche nach dem am besten geeigneten Korrekturfaktor zum vertraglich bedungenen Geldbetrag gehen zu lassen. Auf diese Weise gibt es auch einen Wettbewerb der Recheneinheiten.[560] Damit nehmen die staatlichen Möglichkeiten ab, realwirtschaftliche Vorgänge durch Inflation zu beeinflussen.

Wahrscheinlich wird man sich darüber einigen können, daß der Wirtschaftsverkehr eine stabile Recheneinheit braucht, so daß bei einem Tausch von Ware gegen Geld die Beteiligten wissen, welche wirtschaftlichen Werte dabei gegeneinander getauscht werden. Was die Warenseite angeht, so ist durch die Eichgesetze und andere Maßnahmen so weit wie möglich Klarheit und Rechtssicherheit darüber geschaffen worden, was hingegeben und empfangen werden soll. Gewiß bedeutet auch bei vollem Befolgen der Eichgesetze die Übergabe einer damit einwandfrei festgestellten Gutsmenge keine Information darüber, welche Wertentwicklung in der Zukunft bei dem übergebenen Gut zu erwarten ist. Dem Käufer und dem Verkäufer bleibt es überlassen, dies abzuschätzen. Das damit verbundene Wertentwicklungsrisiko soll aber als ein Risiko der Preis*relationen* begrenzt bleiben. Es müßte eigentlich einleuchten, daß auch auf der Geldseite das Risiko begrenzt werden sollte und man sich nicht hinter der These verschanzen kann, im Augenblick des Tausches wisse man ja, welche Menge an Zahlungsmitteln man erhalte. Gibt man das erhaltene Geld nicht sofort wieder aus, muß man bis zur Weiterverwendung ein Entwertungsrisiko tragen. Außerdem lauten viele und besonders wichtige Verträge über Zahlungen in der Zukunft, bei denen immer ein Entwertungsrisiko für den Geldanspruch besteht. Die Politisierung des Geldes fügt dem Wirtschaftsverkehr ein weiteres und unnötiges Risiko hinzu. Dadurch wird die Gefahr vergrößert, daß der Wirtschaftsverkehr zu einer Ansammlung von versteckten Dissensen entartet. Bei Inflation tritt neben das Preisstrukturrisiko das Preisniveaurisiko, mit komplexen Beziehungen zwischen diesen beiden Risiken; bei politischen Beschränkungen der Geldverwendung durch Dirigismus und staatliche Verwaltungswirtschaft wird der Geldempfänger durch

[560] a. a. O., S. 48 ff.

das Verwendbarkeitsrisiko noch einmal zusätzlich belastet. Das Marktrisiko wird dadurch in unzumutbarer Weise gesteigert, und zwar für beide Marktseiten, die nicht mehr wissen können, was sie tun. Das politische Risiko des Geldes trifft nicht nur den Geldempfänger, sondern auch den Warenkäufer, denn er weiß nicht mehr, ob er den Grad der politischen Qualitätsverschlechterung des Geldes nicht unter- oder überschätzt hat und deswegen die Ware besser in größerer oder geringerer Menge hätte kaufen sollen. Die Hamsterkäufe, wie sie jetzt (Frühjahr 1990) in der DDR beobachtet werden, sind ein typisches Beispiel für diese Unsicherheit, denn die Hamsterer wissen nicht, ob sie das Geld nicht besser auf ein Sparkonto hätten einzahlen sollen. Man weiß noch nicht, was aus dem Geld wird. Natürlich können das Risiko des Wirtschaftens an sich und sogar die Ungewißheit bei vielen wirtschaftlichen Entscheidungen nicht gänzlich aufgehoben werden. Die Preisrelationen müssen veränderlich bleiben. Insoweit enthält der marktwirtschaftliche Verkehr immer ein zugleich spekulatives und unternehmerisches Element. Es ist aber ganz abwegig, dieses Element nun noch durch die unberechenbare Politisierung des Geldes zu verstärken und den Marktverkehr damit dem Lotteriespiel anzunähern.

Ist also davon auszugehen, daß der marktwirtschaftliche Verkehr einen stabilen Wertmaßstab braucht, so ist zu fragen, ob für ihn besser der Staat als Monopolist der Geldschaffung oder der Wettbewerb sorgen kann. In jedem Fall muß gewährleistet sein, daß Veränderungen der Geldmenge nicht zu unkalkulierbaren Änderungen des Geldwertes führen. Die Meinung, daß eine Kontrolle der Geldmenge deswegen nicht nötig sei, weil die Spaltung der Geldfunktionen das Inflationsproblem obsolet mache, ist nicht haltbar. Denn eine Spaltung der Geldfunktionen kann nicht so perfekt sein, daß die Geldfunktion des Tauschmittels gänzlich von der Geldfunktion der Recheneinheit getrennt werden kann. Ein Wertmaßstab muß immer in einem Güterbündel ausgedrückt werden, das selber einen positiven Wert hat. Die Meinung, Geldschaffung koste unter modernen Bedingungen nichts, der automatisierte Zahlungsverkehr könne die Kassenhaltung auf Null reduzieren, damit sei die Quantitätstheorie des Geldwertes aufgehoben, weil es praktisch kein Geld als Tauschmittel mehr gebe, ist nicht richtig. Jedenfalls gilt das, wenn diese These besagen soll, daß man dann aber trotzdem noch einen allgemeinen und stabilen Wertmaßstab definieren könne, dessen Wertbeträge in veränderlichen Mengen des Tauschmittels ausgedrückt werden können.

Ein Tauschmittel, das ohne Kosten und zugleich ohne institutionelle Mengenbeschränkung geschaffen werden kann, neigt zur vollständigen Entwertung, und dabei ist es ganz gleichgültig, ob die beliebige Mengenausweitung vom Staat oder Privaten veranstaltet wird.[561] Ein entwertetes Tauschmittel kann durch noch so

561 Vgl. *Frohmund Grünärml*: Institutionelle Arrangements und monetäre Theorie, ORDO, Jahrbuch für die Ordnung von Wirtschaft und Gesellschaft, Bd. 40 1989, S. 204ff.

hohe Indexmultiplikation nicht auf den Wert einer stabilen Recheneinheit hochgerechnet werden, denn einer Null wird durch Multiplikation mit einer positiven Zahl nicht zu einem positiven Wert verholfen. Auch ein inflationiertes Tauschmittel darf nicht in so großer Menge verfügbar sein, daß es keinen Wert mehr hat. An der Quantitätsgleichung ist also nicht vorbeizukommen, die Geldmenge muß begrenzt sein.

Werden Preise in einer Recheneinheit ausgedrückt und soll auch das Preisniveau darin berechnet werden, dann wirkt die Spaltung der Geldfunktionen nur dann stabilisierend auf die realen Werte, wenn man von einem Zustand ausgehen kann, in dem eine Spaltung der Geldfunktionen noch nicht bestanden hat, mindestens das Verhältnis von Recheneinheit und Tauschmittel bestimmt gewesen ist und als Normalzustand und vertraglich beabsichtigte Gegebenheit angesehen wurde. Dabei müssen Recheneinheit und Tauschmittel dieselbe Dimension gehabt haben, etwa Silber, Gold oder Geld eines bestimmten Geldwertes, der durch das Reziprok eines darin gemessenen Preisniveaus ausgedrückt gewesen ist. Wenn Recheneinheit und Tauschmittel verschiedene Dimensionen haben, etwa in Getreide oder Silber gerechnet und in Gold oder Banknoten bezahlt wird, muß im Zeitpunkt des Vertragsabschlusses mindestens ein bestimmtes Wertverhältnis zwischen Recheneinheit (z. B. Silber) und Tauschmittel (Gold, Banknoten) unterstellt und auf diese Weise eine einheitliche Dimension hergestellt werden. Immer muß dabei das Tauschmittel einen positiven Wert gehabt haben, also knapp gewesen sein. Ob die für die Geldfunktionen unabweisbare Knappheit durch staatliche Regulierung oder durch privaten Währungswettbewerb erreicht werden soll, ist hier nicht zu erörtern.[562] Technisch sind beide Wege möglich, aber mit Problemen unterschiedlicher Art verbunden. Es ist wahrscheinlich, daß die Regierungen einen unregulierten privaten Währungswettbewerb nicht zulassen werden. Sie werden das schon allein deswegen nicht tun, weil sie die Möglichkeit zur Politisierung und damit zum politischen Mißbrauch des Geldes offen halten wollen.

Es gibt freilich auch Bestrebungen, ein gemeinsames europäisches Geld gleichzeitig mit seiner Einführung zu einem stabilen Geld zu machen. In der Bundesrepublik Deutschland wird eine Währungsunion mit der DDR vor allem deshalb angestrebt, weil die DDR ein allseitig verwendbares, voll konvertibles und stabiles Geld erhalten soll. Denn nur so kann dort eine marktwirtschaftliche Reform von der Währungspolitik wirksam unterstützt werden. Das Interesse an Geldwertstabilität und freiem Zahlungsverkehr in Europa hat damit auch eine deutschlandpolitische Dimension erlangt. Wenn die DDR ihre währungspolitische Handlungs-

[562] Vgl. *F. A. Hayek*: Denationalisation of Money, London 1976; *Rainer Gerding, Joachim Starbatty*: Zur Entnationalisierung des Geldes, Walter Eucken-Institut, Vorträge und Aufsätze 78, Tübingen 1980.

befugnis an die Deutsche Bundesbank abtreten soll, so doch in der eindeutigen Erwartung, daß die Stabilität der Deutschen Mark nicht anschließend auf dem Altar einer inflationistischen und politisierten europäischen Währungsunion zum Opfer gebracht wird.

Um die Kräfte, die in Europa auf eine stabilisierende Währungsunion hindrängen, zu stärken, können Elemente des Währungswettbewerbs in das System eingefügt werden. In erster Linie müssen die europäischen Bürger aus der währungspolitischen Bevormundung gelöst werden, der sie in nahezu allen Ländern unterworfen sind. Eine währungspolitische Vertragsfreiheit würde neben der unbegrenzten Konvertierbarkeit im Verkehr mit Drittländern bedeuten, daß die Wahl des Transaktionsmediums und der Recheneinheit den Bürgern freigestellt wird. Dazu gehört auch die Freiheit, Indexklauseln vertraglich festzulegen. Das müßte ebenso für die Staatsschuld gelten. Wirkungen von Inflation auf die Steuerprogression sollten automatisch beseitigt werden, so daß höhere Steuereinnahmen nicht mehr durch Geldentwertung zu erzielen sind, sondern immer erst vom Gesetzgeber bewilligt werden müssen.

Das bisherige Europäische Währungssystem mit seinen innerhalb von Schwankungsbreiten aneinander gebundenen Währungen kannte Elemente eines Währungswettbewerbs, die sich im stabilisierenden Sinne ausgewirkt haben, selbst wenn dies in solcher Form nicht die Absicht seiner Gründer gewesen ist. Die DM als Leitwährung blieb trotz aller auf sie ausgeübten inflatorischen Pressionen einigermaßen stabil. Durch eine europäische Einheitswährung würde dieses stabilisierende Element beseitigt, die Gefahr einer Rückkehr zu stärker politisiertem Geld würde eindeutig vergrößert. Deswegen sind Kompensationen zu fordern, die vor allem in einer Stärkung der monetären Bürgerrechte und der monetären Vertragsfreiheit bestehen müssen.

Geld und Geldforderungen gehören für den Eigentümer zum Vermögen, solange mit Geld reale Güter gekauft werden können. Der Staat kann den Wert dieses Vermögens durch offene Inflation und steigendes Preisniveau vermindern. Der reale Wert des Geldes sinkt ebenfalls, wenn der Staat solche sonst entstehenden Preissteigerungen verbietet, so daß auf den Gütermärkten Warteschlangen entstehen oder die realen Güter rationiert werden. Bei diesen Vorgängen ist das Geld nicht mehr vollständig zu alten Bedingungen durch reale Güter gedeckt.

Der Staat ist von jeher ein notorischer Geldfälscher, dem neuere ökonomische Theorien dafür auch noch den Schein der Rechtfertigung liefern. Im Gegensatz zu Edelmetallwährungen ist dem modernen Geld nicht mehr anzusehen, ob es gefälscht ist und ungedeckte Rechte verleiht.

In einer Währungsunion kann ein überschuldeter Mitgliedstaat, weder beliebig Geld schaffen noch ohne weiteres neue Gläubiger finden. Er muß also vor allem seine Ausgaben kürzen, es sei denn, die anderen Mitglieder der Währungsunion lassen sich erpressen und decken seine Schulden. In der Europäischen Währungsunion ist dies ausdrücklich verboten. Ob man das noch weiß und überhaupt noch wissen will, wird auch in Deutschland immer unklarer.

Staats- oder Kollektivschulden, denen keine ökonomisch sinnvollen Investitionen gegenüberstehen, dienen dem sozialen Gegenwartskonsum, dessen Bezahlung vertagt und auf kommende Mitglieder des Kollektivs verschoben wird. Die Fälligkeit solcher Schulden kann wie in der sozialen Alterssicherung gegenüber dem einzelnen Anspruchsberechtigten weit hinausgeschoben werden. Auch können dort die Ansprüche selber variabel gemacht werden. Der zu erwartende Geldbetrag kann sinken und die reale Deckung mit Sozialabgaben bezahlter Ansprüche kann fallen.

Das heutige Geld- und Finanzsystem bedient sich ungedeckter Rechte und dadurch geschaffener Vermögensillusionen. Was inländische Gläubiger ihrem Staat geliehen haben, betrachten sie als Vermögen, rechnen aber nicht als eigene Schuld, was sie als Steuerzahler zur Deckung dieser Staatsschuld künftig bezahlen müssen. Auch Versorgungsansprüche gelten als eine Art von Vermögen; wer sie bedienen wird, versteckt man im Nebel der Zukunft. Das erhöht die politische Gleichgültigkeit gegenüber weiteren Staatsschulden und erhöht die Ausgabenfreude der Politiker.

Das System beruht jedoch auf dem Vertrauen in die langfristige Deckung von Forderungen aller Art durch vorhandene oder neu produzierte Güter. Das leichtfüßige Hinausschieben von Verpflichtungen und Ausstellen von Wechseln auf die Zukunft kann in eine neue Krise führen und den Staat handlungsunfähig machen.

Gedeckte und ungedeckte Rechte

Von der Reichsmark über die harte D-Mark zum Regime unsicherer Hoffnungen

Von Hans Willgerodt

In den vielen Jahrhunderten, in denen es kein oder nur ein unwesentliches wirtschaftliches Wachstum pro Kopf gegeben hat, konnte das Volumen an wirtschaftlichen Rechten auf konkrete Güter für die einen fast nur auf Kosten anderer zunehmen. Das Verteilungsproblem stand im Vordergrund und wurde als Nullsummenspiel aufgefaßt: Was der eine mehr erlangte, entging dem anderen, sei es bei den Produktionsmöglichkeiten (etwa Ackerflächen), sei es bei den hergestellten Gütern. Daneben waren in dieser archaischen Wirtschaft Rechte auf Gegenseitigkeit mit Versicherungscharakter möglich, etwa im Familienverband oder in größeren Gruppen, sei es innerhalb derselben Generation, sei es zwischen verschiedenen Generationen.

Erst die moderne Wirtschaft hat es als dauerhafte Erscheinung möglich gemacht, das Gesamtvolumen wirtschaftlicher Rechte an realen Gütern pro Kopf so stark zu erhöhen, daß der urtümliche Kampf um die Verteilung von Bodenflächen, Wasserquellen und Naturschätzen sowie um die Verteilung hergestellter Güter durch den Wettbewerb in der Ausdehnung der Produktion hätte ersetzt werden können. Anstatt über die – im wesentlichen politische – Verteilung von Gütermengen zu streiten, konnte es nun vorteilhaft sein, die Gütermengen selber zu steigern, durch Arbeitsteilung innerhalb einer Friedensordnung, durch bessere Ausbildung, durch neues Wissen, durch Kapitalbildung. Die damit gestiegene Arbeitsproduktivität hätte das Verteilungsproblem mindestens mildern können.

Ordnungsmängel haben dies behindert, aber auch in Jahrtausenden eingeübte Mentalitäten. Nach wie vor wird um die Verteilung gerungen, und der Neid ist eine ungebändigte Kraft. Nicht zufällig wird in den großen Religionen die Güterverteilung stark betont und vielfach das Streben nach höherer Produktion als minderwertige Sucht nach diesseitigem Wohlleben verdammt, obwohl es eigentlich das Verteilungsproblem entschärfen müßte und die absolute Armut vermindert. Man weist dies zurück: Arm sei, wessen Einkommen um einen bestimmten Prozentsatz unter dem Durchschnittseinkommen liegt. Damit kann Armut sogar steigen, wenn die Armen reicher werden. Diese Armut bleibt, das Gesamteinkommen mag noch so sehr steigen, solange es nicht gleichmäßig verteilt ist. Daß es allen Leuten besser geht, gilt als unbeachtlich, wenn es nicht allen in gleichem Umfang besser geht.

Wenn das Arbeitsprodukt verbrennt, wird der Lohn wertlos

Bei den meisten Revolutionen[563] und Kriegen werden auch Verteilungsargumente ins Feld geführt („Krieg den Palästen", „Volk ohne Raum" usw.), obwohl sie selbst vor allem zur Zerstörung von Gütern und dem Untergang der damit verbundenen Rechte führen. Während der gewaltsamen Konflikte und nach ihrem Ende stehen die Kriegführenden vor einem internen Verteilungsproblem, denn die Lasten der Kriegführung müssen getragen werden. Kriege können nur mit Gütern geführt werden, die schon vorhanden sind oder während des Krieges produziert werden. Insofern ist eine Fortwälzung auf kommende Generationen nicht möglich. Allenfalls wird eine geringere Kapitalausrüstung vererbt, soweit im Krieg Neu- und Ersatzinvestitionen unterblieben sind und vorhandenes Kapital zerstört worden ist. Die kriegführende Generation muß immer auf Gegenwartskonsum verzichten, auch auf den Konsum, der aus einer Mobilisierung aller Produktionsreserven und dem daraus erzielten Einkommen in Friedenszeiten möglich gewesen wäre.

Der notwendige Konsumverzicht wird in modernen Kriegen nicht mehr in vollem Umfang durch sofort erhobene Steuern erreicht, weil dies dem Volk die wirtschaftlichen Opfer, die ein Krieg erfordert, unmittelbar zum Bewußtsein bringen würde. Auch mit offen den privaten Sparern zum Kauf angebotenen Staatsanleihen können größere Kriege kaum noch ausreichend finanziert werden. Man bedient sich daher der anfänglich geräuschlosen Kriegsfinanzierung, indem das Bank- und Kreditsystem anstelle der privaten Sparer veranlaßt wird, die Staatsanleihen zu kaufen. Zudem wird die Inflation zur Kriegsfinanzierung benutzt, wie das schon in der Zeit der Münzverschlechterungen und der napoleonischen Kriege der Fall gewesen war.

Damit entstehen wirtschaftliche Rechte, denen keine realen wirtschaftlichen Werte gegenüberstehen: Die Soldaten werden dafür entlohnt, daß sie Güter vernichten – eigene und die des Kriegsgegners. Den in die Rüstungsfabriken gerufenen Arbeitskräften, oft Frauen, werden Löhne gezahlt, deren realer Gegenwert für die Vernichtung bestimmt ist. Die Konsumgüterproduktion muß gedrosselt werden, Kapitalgüter werden für die Kriegsproduktion umgeleitet, wo sie ebenfalls der Vernichtung dienen. Ob die nominalen Nettoeinkommen zurückgehen, hängt von der Besteuerung und der Entlohnungspolitik ab. Meist steigen sie. Wenn sie überhaupt sinken, dann weniger als der für privaten Konsum und spätere Friedensproduktion verfügbare Gütervorrat. Soweit die Nominaleinkommen durch Besteuerung und Anleihen von der Ausgabe am Markt ferngehalten werden, kann das Preisniveau stabil bleiben. Andernfalls wird der reale Verbrauch durch Steige-

[563] *Friedrich Engels*, Der Ursprung der Familie, des Privateigentums und des Staates, 13. Auflage: Stuttgart 1910, Seite 112: „Alle bisherigen Revolutionen sind Revolutionen gewesen zum Schutz einer Art des Eigenthums gegen eine andere Art des Eigenthums."

rungen des Preisniveaus (offene Inflation) oder durch Rationierungen (zurückgestaute Inflation) auf das verfügbare Gütervolumen begrenzt. Sowohl die für den Kriegsaufwand eingegangene Staatsschuld als auch das wegen der Rationierungen nicht verwendbare Geld bedeuten Vermögensillusionen ohne reale Deckung.

Das Verfahren, Vermögensillusionen hervorzurufen und damit Leistungsbereitschaft auszunutzen, geht aber weit über die Kriegsfinanzierung hinaus.

Was bedeutet „sozial gerechte Schuldenkonsolidierung"?

Ludwig Erhard hat sich in seiner Denkschrift vom März 1944[564] eingehend mit der Vermögensillusion beschäftigt, die von der „geräuschlosen Kriegsfinanzierung" Deutschlands ausgegangen ist und mit dem Kriegsende zusammenbrechen mußte. Die polizeistaatliche Disziplin des Krieges mit ihren Höchstpreisvorschriften, Rationierungen und Kaufverboten war, wie sich später in der Besatzungszeit bis 1948 herausstellen sollte, mit rechtsstaatlichen Bedingungen unvereinbar. Vor allem aber bestand in der Nachkriegszeit das Hauptproblem darin, die herrschende Not damit zu überwinden, daß die Produktion so umfassend wie möglich wiederbelebt und von der Kriegswirtschaft auf die Verbrauchsgüterproduktion umgestellt wurde. Dazu mußte, wie *Erhard* eindringlich betonte, die Marktwirtschaft wiederhergestellt, für Geldwertstabilität gesorgt und der Staatshaushalt konsolidiert werden.

Der Geldüberhang hätte nach der notwendigen Freigabe der Preise nicht ohne Inflation zur beliebigen Verwendung freigegeben werden können. Der vom Standpunkt jeder Gerechtigkeitsvorstellung aus willkürlichen Verteilung des Geldüberhangs wäre dann die ungerechte Wirkung der Inflation hinzugefügt worden. Die Leistungsantriebe waren in einer inflationsgeprüften Nation nur bei stabilem Geld ausreichend zu mobilisieren. Den Reichsschuldtiteln, die den Kapitalsammelstellen aufgezwungen worden waren, standen keine realen Vermögenswerte oder Ertragsquellen gegenüber. Hätte man sie verzinsen oder zurückzahlen wollen, dann nur aus dem laufenden Steueraufkommen, das zu gering war, um zusätzlich zu den Aufgaben des Wiederaufbaus der Infrastruktur und unvermeidlicher Zahlungen für Kriegsopfer weiter belastet werden zu können – jedenfalls zunächst.

Die mit Gütern bei konstantem Preisniveau nicht abzudeckende Geldmenge mußte also durch eine Währungsreform herabgesetzt werden. Für die Abfindung der Staatsgläubiger schlug *Erhard* eine Art von Lastenausgleich und Abfindungen

564 *Ludwig Erhard*, Kriegsfinanzierung und Schuldenkonsolidierung, Faksimiledruck der Denkschrift von 1943/44. Mit Vorbemerkungen von *Ludwig Erhard*, *Theodor Eschenburg* und *Günter Schmölders*, Frankfurt u. a. 1977.

mit staatlichen Schuldtiteln unterschiedlicher, aber herabgesetzter Qualität vor. Währungsreform und Abfindungen bedeuteten die Vernichtung von Vermögensillusionen. Real waren die entsprechenden wirtschaftlichen Gegenposten der Schuld längst durch den Krieg untergegangen, so daß Währungsreform und Schuldenkonsolidierung nur einer Art von Konkurs gleichkamen, der den Untergang von Rechten konstatiert und über die Aufteilung des Verlustes befindet.

Den Offenbarungseid auf die nächste Rezession verschieben?

Dies war nicht nur ein deutsches Problem. *John Maynard Keynes* hat in seiner 1940 erschienenen Schrift „How to pay for the War“[565] in ähnlicher Weise wie *Erhard* das Problem der im Kriege nicht durch privat verwendbare Güter gedeckten Nettoeinkommen behandelt. Neben hoher Besteuerung schlug er ein Zwangssparen mit Verwendungsaufschub vor; mit der Freigabe solle bis zu einer Nachkriegsrezession gewartet werden, bei der eine Zusatznachfrage durch Produktionsbelebung mit Gütern versorgt werden könne.

Erhard sah jedoch richtig voraus, daß es zu dieser Nachkriegsrezession nicht kommen werde.[566] In allgemeinerer Form hat zur gleichen Zeit in Frankreich *Jacques Rueff* das Problem der nicht durch zusätzliche Güter gedeckten neu geschaffenen Rechte mit rationaler Schärfe seziert und sie als „faux droits“ bezeichnet. Diese ellenbogenartig auf den vorhandenen Gütervorrat drängenden Rechte treten in Konkurrenz zu den durch Produktion entstandenen Rechten und verdrängen sie durch Preissteigerungen. Um den Überhang an unechten Rechten zu neutralisieren, gingen Regierungen zur allgemeinen Rationierung und damit zur Aufhebung der persönlichen Freiheit über.[567] Auch Staatsschuldtitel, denen keine Investitionen gegenüberstehen, seien unechte Rechte ohne realen Gegenwert, zu deren Deckung echte Rechte aus Produktionsergebnissen durch Steuern herangezogen werden müßten.[568]

Die im Kriege entstandenen unechten Rechte wurden in Westdeutschland durch die Währungsreform und die Streichung der Staatsschuld vernichtet. Schon während des Krieges gab es Stimmen, die nicht nur diesen Vorgang, sondern auch die vorangehende inflationistische staatliche Kreditexpansion als harmlos ausgeben wollten. Der Staat – das seien letztlich alle Staatsangehörigen – sei bei seinen Bür-

---

565 London 1940.
566 *Ludwig Erhard*, Kriegsfinanzierung ..., a. a. O., Seiten 111 f.
567 *Jacques Rueff*, L'Ordre Social, Paris 1945, Band 2, Seiten 724; mit ähnlichem Abscheu hat sich übrigens *Keynes* (a. a. O., Seiten 51 ff.) über allgemeine Rationierungen geäußert.
568 *Jacques Rueff*, L'Ordre Social ..., a. a. O., Band 1, Seiten 160 f.

gern verschuldet, die ihrerseits für die Schulden aufzukommen hätten. Also könne man die Schulden ersatzlos streichen, denn damit entfielen auch die Steuerlasten der Bürger, die zur Bedienung der Schuld auferlegt werden müßten. *Erhard*[569] kritisierte solche Vorstellungen von *Otto Donner*; zur selben Zeit wandte sich in den USA *Albert Hahn* gegen ähnliche Erwägungen von *Alvin Hansen* und *Guy Greer*.[570] Die undifferenzierte Streichung rufe ungerechte und auch wirtschaftlich nicht vertretbare Ergebnisse hervor (zum Beispiel wenn der Gegenwert von Rückstellungen nur deshalb wegfalle, weil er vorübergehend in Staatstiteln angelegt sei).

Geld ohne reale Deckung: Problem der Gegenwart

Heute ist die deutsche Staatsschuld wieder auf mehr als die im Maastricht-Vertrag als Obergrenze vorgeschriebenen 60 Prozent des Bruttoinlandsproduktes gestiegen, ohne daß den Bürgern bisher diese Schuldenlast ausreichend zum Bewußtsein kommt. Vielmehr werden die im Inland gehaltenen Staatstitel zum Nettovermögen gerechnet. Weitere Vermögensillusionen kommen hinzu. Vor allem in der sozialen Alterssicherung entstehen wirtschaftliche Rechte ohne jede güterwirtschaftliche Deckung. Mit den Beiträgen wird weder Sach- noch Humankapital finanziert, aus dem die späteren Leistungen bestritten werden könnten. Vielmehr wird das Aufkommen wie der Gegenwert von Kriegsanleihen sofort verbraucht, bei den Beitragszahlern aber die Optik eines entgeltlichen Vermögenserwerbs hervorgerufen. Es handelt sich um eine Art von geräuschloser Sozialfinanzierung, bei der an die Stelle einer güterwirtschaftlichen Deckung die bloße Hoffnung auf Solidarität späterer Generationen tritt. Allein bei der deutschen gesetzlichen Rentenversicherung wird die damit entstandene implizite Staatsschuld auf gut zehn Billionen DM geschätzt, also „etwa das Fünffache der expliziten Staatsschuld".[571]

Der Einwand, noch immer werde ein erheblicher Teil der öffentlichen Defizite für die öffentliche Infrastruktur und für die Heranbildung einer neuen Generation von Steuer- und Beitragszahlern verwendet, überzeugt wenig. Viele öffentliche Investitionen sind in Wahrheit überwiegend Prestigekonsum – etwa wie vor Jahren

[569] *Ludwig Erhard*, Kriegsfinanzierung ..., a. a. O., Seiten 60 f.

[570] *Alvin Hansen/Guy Greer*, Should a Government Debt, Internally Held, be Called a Debt at All? (1943); wieder abgedruckt in: *ders.*, The Economics of Illusion, New York 1949, Seiten 9–19.

[571] Vgl. Wissenschaftlicher Beirat beim Bundesministerium für Wirtschaft, Gutachten vom 19. März 1998, Grundlegende Reform der gesetzlichen Rentenversicherung, Seite 18; zum Problem der fiskalischen Illusion durch öffentliche Schulden: *Alan Peacock* (mit *Ilde Rizzo*), Government debt and growth in public spending, in: *ders.*, The Political Economy of Economic Freedom, Cheltenham 1997, Seiten 234–242.

in Brasilien der Bau einer neuen Hauptstadt im Urwald. Soweit die öffentlichen Investitionen wie in den neuen Ländern oft nur unterlassene Ersatzinvestitionen nachholen, entsteht kein zusätzliches besteuerungsfähiges Potential, aus dem die Staatsschuld verzinst oder abgetragen werden kann. Es wird nur ein weiteres Absinken des Potentials aufgehalten. Soweit dort aus Staatsdefiziten Investitionen subventioniert werden, wird damit zwar die Arbeitsproduktivität den darüber hinausschießenden Lohnsätzen angepaßt und eine fiskalische Verlustquelle verstopft. Es werden aber Zinslasten eingetauscht. Soweit die mit Krediten finanzierten öffentlichen Investitionen und Ausgaben die Produktivität wirklich erhöhen und damit zusätzliche Einkommen entstehen, wird dadurch die Bedienung der öffentlichen Schuld nur entlastet, wenn nicht zugleich die privaten Einkommensansprüche und die Vermögensfiktionen aus der sozialen Sicherung dynamisiert ansteigen.

Die Neigung, erhöhte Staatseinnahmen mehrfach zu verteilen und sie vor allem nicht zur Senkung der Staatsschuld zu verwenden, ist jedoch, wie der bisher nicht ganz überzeugende Vorstoß des Bundesfinanzministers zur Härtung des fiskalischen Verhaltens in Europa gezeigt hat, übermächtig. Auch in Deutschland ist der Ruf nach „Bereitstellung“ von öffentlichen Mitteln für Beschäftigungsprogramme und vieles andere unüberhörbar. Wenn zur Zeit zwar erwogen wird, die Pensionslast für Beamte durch eine gewisse Kapitalbildung zu erleichtern, gleichzeitig aber vorgeschlagen wird, die aufkommenden Mittel in Bundesanleihen anzulegen, so ist es schwer, keine Satire zu schreiben. Selbst wenn aber die Mittel für ökonomisch sinnvolle Investitionen am allgemeinen Kapitalmarkt angelegt würden, wäre für eine gesamtwirtschaftlich bessere reale Deckung der Pensionslast nichts gewonnen, wenn die öffentliche Hand die bessere Verfügbarkeit anlagebereiter Mittel dazu nutzen würde, ihre Verschuldung durch zusätzliche Kreditaufnahme am Kapitalmarkt zu erhöhen.

Staats- und Sozialschuld sind so konstruiert, daß die Hoffnung entsteht, die Zahllast anderen auferlegen zu können. Die Zeichner einer Staatsanleihe können erhöhten Steuern auszuweichen versuchen, die außerdem mehr oder weniger auf spätere Generationen abgewälzt werden.[572] Ob diese dann auch die staatlichen Schuldtitel erben, hängt davon ab, ob die Gläubigergeneration diese Titel vorher liquidiert, um den Erlös zu verbrauchen. Bei den Sozialrenten gibt es diese Vererbung nicht, das System ist vielmehr als reine Zukunftsbelastung konstruiert, verbunden mit der Illusion der Entgeltlichkeit, die dazu benutzt wird, in Deutschland diesen gesamtwirtschaftlichen Vermögensfiktionen eine verfassungsgerechte Eigentumsgarantie zu verleihen.[573]

572 Zum Problem der intergenerativen Lastverteilung: *Karl-Heinrich Hansmeyer*, Der öffentliche Kredit I. Der Staat als Schuldner, 3. Auflage: Frankfurt a. M. 1984, Seiten 125 f.

573 Entscheidungen des Bundesverfassungsgerichts, Urteil vom 28. Februar 1980, Band 53, Seiten 257 ff.

Das moderne Geldsystem baut ausschließlich auf Vertrauen

Ein solches System des Weiterreichens von nicht mit Gütern unterlegten Vermögensfiktionen kann so lange funktionsfähig bleiben, wie es Personen gibt, die diese Fiktionen anerkennen (müssen) und dafür aus ihrem Leistungseinkommen in der Hoffnung bezahlen, die Fiktion später in ähnlicher Weise weitergeben zu können. Ähnlich wie beim stoffwertlosen modernen Geld genügt es zur Funktionsfähigkeit eines solchen Systems, wenn das Vertrauen erhalten bleibt, daß Ansprüche ohne Wertverlust weitergegeben werden können. Wie problematisch Systeme sind, die auf Weitergabe von Vermögensfiktionen beruhen, zeigt sich, wenn das Vertrauen in die Werthaltigkeit zusammenbricht. Dann zeigt sich die einseitige Sicht: Man hat Geldbestände zu seinem Vermögen gerechnet und das Geld, das sich in der Hand anderer befindet, nicht als potentielle eigene Schuld aufgefaßt, obwohl man es annimmt und dafür durch Verkäufe auf reale Güter verzichtet. Auch internationale Währungsreserven der Notenbanken sind insofern Vermögensfiktionen, wie einem Land die Reserven anderer Länder als Forderungen an dessen Sozialprodukt präsentiert werden können. Besonders deutlich wird dies bei den Sonderziehungsrechten des Internationalen Währungsfonds.

Systeme unechter, also realwirtschaftlich ungedeckter Rechte funktionieren nur, wenn kein Mißverhältnis zwischen dem Umfang dieser Fiktionen und der Bereitschaft der Empfänger und Erwerber solcher unechter Rechte entsteht, sie zu erwerben und zu halten. Die Vermögensillusionen brechen durch Wertverluste zusammen, bei stoffwertlosem Geld vor allem durch Inflation, die durch direkte oder indirekte Staatsverschuldung bei der Notenbank entsteht. Eine hohe und ständig steigende Staatsschuld macht die verantwortlichen Politiker zu Inflationsinteressenten, weil sie von der Geldentwertung eine reale Abwertung der Schuldenlast erhoffen und die Inflation eine Art von Steuer ohne Steuergesetz und parlamentarische Kontrolle ist.

Bei den real ungedeckten Ansprüchen an die soziale Alterssicherung muß bei konstanten Beitragssätzen nicht nur in Deutschland eine Lücke zwischen Beitragsaufkommen und Ausgaben entstehen, weil sich das Verhältnis zwischen Beitragszahlern und Rentnern verschlechtert. Die Politik tut alles, um dieses Verhältnis noch weiter zu verschlechtern, als es aus demographischen Gründen ohnehin unvermeidlich ist (Frühverrentung, erschwerter Zugang zum Arbeitsmarkt, wachstumsfeindliche Ordnungsmängel, Kampf gegen Mehrarbeit und Mehrleistung). Die Lücke muß, solange Kapitalbildung abgelehnt wird, entweder durch Beitragserhöhungen, Ausgabenkürzungen oder Staatszuschüsse geschlossen werden. Staatszuschüsse regen Steuererhöhungen oder weitere Staatsschulden an. Das System trägt den Keim der Selbstzerstörung in sich: Der Widerstand gegen Beitrags- und Steuererhöhungen muß zunehmen, wachsende Staatsschulden verstopfen die öffentlichen Haushalte, Ausgabenkürzungen stoßen wegen der durch die Beitragspflicht hervorgerufenen Entgeltlichkeitsillusion auf harten politischen Widerstand der an Zahl zunehmenden älteren Wähler.

In irgendeiner Weise muß der Überhang an unechten Rechten beseitigt werden, und je mehr man ihn aus Reformscheu anwachsen läßt, desto höher werden die politischen und materiellen Kosten für den dann unvermeidlichen Sozialkonkurs. Man könnte auf steigendes Wirtschaftswachstum hoffen, aus dem die unechten Rechte leichter abzudecken sind. Aber dazu müssen diejenigen, die ein wachsendes Produkt erwirtschaften, bereit sein, trotz der schon jetzt überhöhten Abgabenlast weitere Teile ihres Leistungseinkommens abzutreten und sich mit einem geringeren Einkommensanstieg zufrieden zu geben.

Ein nicht stabilisiertes System unechter Rechte bedeutet immer Umverteilung zu Lasten anderer – oft, wie in der Alterssicherung, hinter einem Schleier vorgetäuschter Äquivalenz. Bei der Bedienung von Staatsschulden, deren Gegenwert verbraucht worden ist, kann die Verschleierung erschwert sein: Entweder werden Staatsausgaben gekürzt oder neue Abgaben erhoben, oder die Staatsschuld muß gestrichen werden. Leidtragende sind bisherige Nutznießer von Staatsausgaben, Abgabepflichtige oder Gläubiger, während diejenigen einen Vorteil behalten, die einst von den auf Kredit finanzierten Staatsausgaben profitiert haben.

Das Austeilen unechter, güterwirtschaftlich nicht gedeckter Rechte ist zu einem der wichtigsten Mittel deutscher Politik geworden. Die Deckung für diese Rechte entsteht erst, wenn jeweils andere oder die damit Beglückten selber aus ihrem Leistungseinkommen dafür bezahlen müssen. Unechte und damit Umverteilungsrechte sind auch alle Subventionen und falschen Preise, selbst wenn sie wie in der Agrar- und Kohlenproduktion mit der Optik der Entgeltlichkeit und harter Arbeit der Subventionierten verbunden sind. Unechte Rechte sind auch mit Vollbeschäftigung unvereinbare Entlohnungsansprüche oder vererbliche Besitzrechte von Mietern an Wohnungen ohne Gegenleistung. Immer handelt es sich dabei um Rechte, die ohne marktgerechte wirtschaftliche Leistung zugeteilt worden sind. Zuteilende Politiker sprechen dabei von „Solidarität", obwohl ein großer Teil der unechten Rechte keine eindeutige Beziehung zwischen Leistungsfähigen und Bedürftigen herstellt.

„Solidarität" nicht im Sinne von echter Versicherung, sondern von politischer Umverteilung ist eine ethisch positiv besetzte Wendung. Demgegenüber wird, nicht nur von den Kirchen, die Entstehung echter wirtschaftlicher Rechte durch Mehrproduktion und Mehrleistung, also nicht zu Lasten anderer, als „unsoziale" Marktwirtschaft pur, Streben nach Profit und Mammon herabgestuft. Ja man verdreht den Sachverhalt sogar insoweit, als gehe Leistung oder Fleiß auf Kosten anderer, denen eine Erwerbsmöglichkeit genommen werde. Eine fehlerhafte Ordnung kann in der Tat die volkswirtschaftlich geleistete Arbeitsmenge künstlich begrenzen und dann nahelegen, sie müsse zünftlerisch „gerecht“ verteilt werden wie eine Kartellquote. Die Sorge für sich selbst, die es erreicht, daß man anderen nicht zur Last fällt, wird damit zum Laster. Wer durch eigene wirtschaftliche Leistung echte, wirtschaftlich real gedeckte Rechte erwirbt, die nicht auf Kosten anderer gehen, macht sich verdächtig. Als „sozial“ gilt die Umverteilung, die auf „Solidarität“ der Leistenden mit den Nichtleistenden basiert. Eine Gesellschaft kann aber nicht vorwiegend auf unechten Rechten und Umverteilung beruhen. Umverteilung ist nur in Grenzen tragbar, denn nicht alle können auf Kosten anderer leben, ohne sich selbst zu betrügen. „Über ihre Verhältnisse“ können immer nur einzelne leben. Alle zusammen müssen sich mit den Gütern bescheiden, die jetzt aus Produktion und Vorräten vorhanden sind.

Sozialpolitik und die Inflation ungedeckter Rechte

Von Hans Willgerodt

1. Das Problem: Sozial- und Finanzpolitik als volkswirtschaftliche Täuschung

Jede moderne Geldwirtschaft beruht auf der Vorstellung, stoffwertloses Geld stelle für seinen Besitzer einen realen Wert dar. Dies trifft jedoch nur zu, wenn diese Vorstellung von anderen geteilt wird und sie deswegen bereit sind, dieses Geld gegen reale Güter zu tauschen. Im Regelfall findet sich heute bei freier Preisbildung immer irgend jemand, der stofflich wertlose Schuldtitel, genannt ‚Geld', in Empfang nimmt und dafür reale Güter liefert. Dies ist das Wunder der Geldwirtschaft. Es beruht auf einer allgemeinen Täuschung, die dadurch aufhört, eine Täuschung zu sein, daß jeder damit rechnet, den stoffwertlosen ‚Schwarzen Peter', genannt ‚Geld', ohne unerwarteten realen Verlust weitergeben zu können. Deswegen krediert er der Gesellschaft seinen Anspruch auf reale Güter so lange, wie er das Geld nicht ausgibt. Wenn dies alle gleichzeitig tun, sind sie insgesamt realwirtschaftlich Gläubiger und Schuldner zu gleicher Zeit. Gegen wen das Geld als Anspruch auf das Sozialprodukt zum Kauf von Gütern konkret geltend gemacht wird, steht zunächst nicht fest. Trotzdem müssen keine unfreiwilligen güterwirtschaftlichen Kreditsalden entstehen. Das System ist – vereinfachend ausgedrückt – dann funktionsfähig, wenn es keine eingebauten Schädigungen enthält, sondern bei Preisniveaustabilität ein Gleichgewicht zwischen dem Volumen an umgesetzten realen Gütern und durch Geld ausgeübten Ansprüchen besteht.

Zu Täuschungen und Enteignungen kommt es immer dann, wenn dieses Gleichgewicht gestört wird. Das geschieht vor allem bei Inflation. Es werden dabei im Übermaß Instanzen mit zusätzlich geschaffenem Geld ausgestattet, die keinen Beitrag zum realen Sozialprodukt leisten. *Rueff* (1948/1952 Kapitel XXIV) spricht von „unechten Rechten" (faux droits); im Unterschied zu privat hergestelltem Falschgeld können sie nicht als Fälschungen entdeckt werden und treten mit gleichen Rechten neben das Geld, das durch reales Güterangebot erworben wird.

Läßt man heute vereinfachend den Euro als wertstabil gelten und nimmt man ebenfalls vereinfachend an, die nationalen Regierungen des Euro-Raumes hätten auf neu geschaffene Euro-Mengen keinen beliebigen Zugriff, dann ist ihnen der inflationistische Weg der Täuschung und realen Enteignung bestehender Geldansprüche verbaut.

Die Finanz- und Sozialpolitik hat aber andere und auf lange Sicht ebenso gefährliche Wege gefunden, um real ungedeckte Ansprüche zu verteilen und wirtschaftliche Illusionen hervorzurufen. Eine Inflation unechter, das heißt nicht ausreichend durch Güterangebote gedeckter Rechte ist auch bei Geldwertstabilität möglich, aber auf andere Wege abgedrängt. In den Systemen der Sozialen Sicherung, vor allem der Renten- und Pflegeversicherung, und bei einem Teil der heutigen Staatsverschuldung werden ebenso wie bei übermäßigem Schaffen stoffwertlosen Geldes Ansprüche begründet, denen jetzt und in Zukunft überhaupt keine oder keine ausreichenden realen Werte gegenüberstehen. Es werden dann diese Ansprüche selber wie bei Inflation entwertet, oder es muß irgend jemand herangezogen werden, um den Überschuß an Ansprüchen zu befriedigen. Vor allem sind das künftige Beitrags- und Steuerzahler.

Teilweise werden solche Ansprüche wie bei der Sozialhilfe aus dem tatsächlich vorhandenen realen Sozialprodukt ohne Gegenleistung der Berechtigten gewährt. Die Erwerber anderer sozialpolitischer Ansprüche müssen jedoch zum Teil dafür Beiträge entrichten. Dabei handelt es sich allerdings vielfach um bloße Optik, also Scheinäquivalenz des Wertes von Ansprüchen und Beiträgen. Die erworbenen Rechte sind real ungedeckt. Zum Beispiel wird in der sozialen Alterssicherung den Beitragszahlern die Illusion vermittelt, daß mit ihren Beiträgen wie bei echten Investitionen reale Werte geschaffen werden, auf die sie später zurückgreifen können. Davon kann bei Dominanz des Umlageverfahrens keine Rede sein. Echte Äquivalenz mit Erwerb real gedeckter Rechte könnte eher bei Staatsschuldtiteln bestehen, sofern der Staat mit den ihm kreditierten Mitteln wirtschaftlich sinnvolle Investitionen finanziert. Das gilt jedoch nicht, wenn diese Mittel dem staatlich finanzierten Konsum dienen, einer Tendenz, die sich immer mehr ausbreitet.[574]

Die im Umlageverfahren der Sozialpolitik und bei der Staatsverschuldung geschaffenen Ansprüche richten sich zunächst gegen unbekannte Personen, von denen man noch nicht weiß, ob sie die gewährten Anspruchsrechte durch Abgabe von Gütern decken werden. Was an Abgabepflichten auf sie zukommt, wissen sie noch nicht und fühlen sich deshalb auch noch nicht belastet. Bekannt ist höchstens die Definition des Personenkreises, gegen den sich die Ansprüche richten, etwa Beitrags- und Steuerzahler. Teilweise sind diese Zahler noch gar nicht geboren, sondern werden erst später irgendwann durch eine Zahlungspflicht überrascht. Sie können ihr legal entgehen, wenn sie zahlungsunfähig werden, also kein Einkommen versteuern und kein Vermögen erben. Dieser Weg der Flucht vor

[574] Die These, zunehmende Staatsverschuldung auch für Konsumzwecke sei unbedenklich, solange sie aus späteren Steuererträgen einer wachsenden Wirtschaft verzinst werden kann, läßt die Alternative unbeachtet, daß dieses Wachstum auch von sinnvollen staatlichen Investitionen gefördert werden kann und bei zu geringen Investitionen dieser Art zurückgeht.

Belastung bietet sich immer mehr an, je einfacher er begangen werden kann, etwa durch Auswanderung, Eigenwirtschaft, Schwarzarbeit oder durch Nichtstun bei hinreichend großzügiger Sozialhilfe.

Je enger der Erwerb vor allem von ungedeckten sozialpolitischen Ansprüchen mit entsprechenden Beitragspflichten verbunden ist, desto größer kann der Widerstand gegen solche Abgaben werden und damit gegen die geplanten sozialpolitischen Ausgaben. Arbeitnehmer fühlen zum Beispiel höhere sozialpolitische Abzüge vom Bruttolohn. Und die Unternehmungen zahlen ungern höhere Arbeitgeberbeiträge, wenn sie nicht die Preise entsprechend erhöhen oder die Barlöhne mindern können. Denn um so mehr werden die sozialpolitischen Lohnnebenkosten für Beitragszahler und Unternehmungen fühlbar. Den Anhängern des Wohlfahrtsstaates liegt deshalb viel daran, die Belastungen, die durch ihre Politik entstehen, zu verschleiern und auf Gebiete zu verlagern, bei denen der Zusammenhang zwischen ihren Ausgabeplänen und den Abgabepflichten der sozialpolitisch zu Betreuenden schwerer zu erkennen ist. Eine unmittelbare und persönliche Äquivalenz von sozialpolitischen Leistungen und Beitragspflichten soll weitestgehend aufgehoben werden, um die Täuschung hervorzurufen, soziale Leistungen seien kostenlos. Deswegen erfahren zum Beispiel in der sozialen Krankenversicherung die Patienten nicht, was ihre Behandlung kostet, und man verschiebt Beitragserhöhungen, indem statt dessen Steuern zur Kostendeckung herangezogen werden, etwa zu diesem Zweck erhöhte Tabak- oder Energiesteuern. Ein Extremfall ist die Finanzierung allein aus Steuermitteln, zum Beispiel die volle Verstaatlichung des Gesundheitswesens. Die für den Einzelnen damit unmittelbar kostenlos erscheinenden Leistungen müssen dann amtlich zugeteilt werden, weil die Bremse persönlicher Bezahlung vollständig beseitigt worden ist.

Das System der Begründung von Rechten auf Kosten von Unbekannt könnte durchaus wie bei solidem Geld stabil sein, wenn der Umfang dieser Rechte der erwarteten Leistungsfähigkeit und Leistungswilligkeit der künftig Belasteten entspricht, diese Rechte also nachträglich real gedeckt werden. Es besteht dabei eine doppelte Kreditbeziehung, die deswegen doppeltes Vertrauen voraussetzt, nämlich einmal das Vertrauen, daß die gewährten oder erworbenen Ansprüche auf Geldzahlungen bei den Abgabepflichtigen wirklich durchgesetzt werden können, und zum anderen Vertrauen darin, daß anschließend das erlangte Geld ohne Verlust in andere Güter umgetauscht werden kann. Beides ist nicht selbstverständlich. Selbst bei wertstabilem Geld können die sozialpolitischen und durch Staatsschuld begründeten Ansprüche auf Geldzahlungen über die künftige rechtlich-politische und tatsächliche Erfüllbarkeit hinaus aufgebläht sein.[575]

---

575 Während des Zweiten Weltkrieges wurde in den USA die These aufgestellt, im Inland untergebrachte Staatsschuldtitel seien in beliebiger Höhe vollständig unbedenklich. Davon ausgehende

Selbstverständlich gibt es eine Umverteilung und Nichtäquivalenz, die nicht auf Täuschung beruht, wo also durch Güter gedeckte Rechte ohne Gegenleistung übertragen werden. Sie kann auf einem Einverständnis zwischen Geber und Nehmer beruhen und ist insoweit nicht mit den Widerständen belastet, die bei erzwungener Umverteilung zu erwarten sind. Allenfalls entsteht bei freiwilligen Gaben Dankbarkeit des Empfängers, vielleicht auch erhöhtes Selbstwertbewußtsein des Gebers. Im modernen Sozialstaat sind jedoch solche Beziehungen weitgehend Forderungen und Rechtsansprüchen gewichen. Sie nicht geltend zu machen gilt als rückständige Verschämtheit, während die Fähigkeit, Hilfe zu leisten, als Symptom für besteuerbaren Überfluß des Gebers angesehen wird.

Sozialpolitik ist ursprünglich ein Bereich der soeben erwähnten, durch reale Güter voll gedeckten Nichtäquivalenz gewesen. Sie befaßte sich mit der staatlich veranlaßten Übertragung von tatsächlich vorhandenen oder aus der Produktion zu erwartenden Gütern ohne Gegenleistung an solche Empfänger, die als bedürftig galten. Ein Grenzgebiet zur Wirtschaftspolitik besteht auch heute noch in einer Art von produktiver Sozialpolitik, bei der Hilfe zur Selbsthilfe geleistet wird. Damit soll der Empfänger instand gesetzt werden, in das Reich der Äquivalenz und des Marktes zu wechseln. Ein weiteres Grenzgebiet besteht darin, daß im Zeitablauf einmal der eine und ein anderes Mal der andere auf Hilfe angewiesen sein kann. Daran läßt sich eine Art von realer Äquivalenz erkennen, die unberechnet bleiben kann. Wird sie vertraglich von Anfang an festgelegt und berechnet, dann wechselt Hilfe in das Gebiet des Geschäfts, etwa der Versicherungen.

Seit langem beschränken sich sozialpolitische Aktivitäten nicht mehr auf den Bereich der Hilfe für Bedürftige. Einerseits wird für eine Umverteilung von Gütern aus anderen Motiven gesorgt, etwa der sogenannten Verteilungsgerechtigkeit. Über deren Inhalt bestehen extreme Meinungsunterschiede. Güter werden heute vom Staat an Personen umverteilt, die sich nicht wirklich in einer Notlage befinden, sondern durch andere Merkmale, etwa Branchenzugehörigkeit, auszeichnen. Insoweit wird das Prinzip der Äquivalenz auch dort aufgegeben, wo es gelten kann und früher gegolten hat.

Andererseits wird den Wirtschaftenden ohne Rücksicht auf ihre Bedürftigkeit oder andere Kriterien eine bestimmte Verwendung ihres Einkommens vorgeschrieben, etwa für Zwecke der Alterssicherung oder der Vorsorge bei Krankheit und Pflegebedarf. Solche Verhaltensvorschriften greifen zwar in den Bereich der Äquivalenz und des Geschäfts ein, müssen aber nicht notwendig der einseitigen Übertragung von Gütern dienen. Nur hält sich der Staat auf diesem Gebiet für den

Zinssteigerungen und Verdrängungen von Privatinvestitionen blieben ebenso unbeachtet wie die Probleme kumulativ steigender Zinslasten für den Staatshaushalt, vgl. hierzu *Hahn* (1969, S. 242f.).

besseren Geschäftsmann, der die Bürger vor Hilfsbedürftigkeit bewahren will. Bei der bloßen Bevormundung durch den Staat bleibt es aber nicht, sondern Politik und Staat nutzen die Gelegenheit, ihre Eingriffe mit zahllosen Umverteilungen und dem Ausstellen von ungedeckten Wechseln auf die Zukunft zu verbinden.

Diese Entwicklung hat zur Krise des modernen Sozialstaates wesentlich beigetragen. Sie geht vor allem auf eine Politik der überzogenen Ansprüche, Ausgaben, Illusionen, Täuschungen und Selbsttäuschungen zurück. Realwirtschaftlich durch Human- und Sachkapital gedeckte Ansprüche wurden durch Forderungen an Personengesamtheiten ersetzt, deren Größe, Kapitalausstattung, Zahlungsfähigkeit und Zahlungsbereitschaft nicht hinreichend feststehen. Offen ausgewiesene, auf allgemeine Zustimmung stoßende Umverteilung wurde zugunsten unklarer Teil- und Scheinäquivalenzen, getarnter Enteignungen und Umverteilungen sowie von Kapitalverzehr zurückgedrängt.

2. Die Vermengung sozialpolitischer Äquivalenzbegriffe

In der jüngeren deutschen Sozialpolitik sind Bereiche der realen Äquivalenz und der Umverteilung in einer kaum noch zu entwirrenden Vielfalt miteinander vermischt. Entsprechend vermischt worden sind auch die Motive, die zur Begründung sozialpolitischer Maßnahmen herangezogen werden.

Je nach politischer Opportunität werden Argumente des Mitleids und der Nächstenliebe auch dann bemüht, wenn es um vollständige Erfassung aller Nichtbedürftigen in kollektiven Sicherungssystemen geht. Die sachliche Prüfung, ob und inwieweit solche Systeme zweckmäßig sind, wurde dabei mit dem Geruch des sogenannten ‚Unsozialen' behaftet, um Kritik zurückzustauen. Man spricht von notwendiger ‚Solidarität'. Damit soll an brüderliches Zusammenstehen erinnert werden. Dies ist auch ohne den Staat möglich, etwa in Familien, privaten Versicherungen, Genossenschaften und Haftungsgemeinschaften des Gesellschaftsrechts. ‚Solidarität' soll aber auch angeordnete einseitige Übertragungen von Gütern legitimieren, denen keine freiwillige Vereinbarung zugrunde liegt. Im einen Falle bedeutet Solidarität wechselseitige Achtung von Rechten und Regeln eines nichtstaatlichen Zusammenschlusses, im anderen einseitige Übertragung von Gütern auf Anordnung des Gesetzgebers.

Freiwilligem Tausch von Leistung und Gegenleistung setzen die Partner per definitionem keinen Widerstand entgegen.[576] Bei erzwungenen Umverteilungen

[576] Der Grad an Freiwilligkeit kann unterschiedlich sein. Bei dem Ruf des Verbrechers: „Geld oder Leben!" kann natürlich von Freiwilligkeit des Erpreßten keine Rede sein, weil er keine realisti-

ist dagegen mit Widerständen zu rechnen. Deswegen neigt die praktische Politik dazu, auch bei von ihr angeordneten Umverteilungen so lange wie möglich den Anschein von Äquivalenz aufrechtzuerhalten. Typisch hierfür ist die deutsche gesetzliche Alterssicherung. Bei ihr richten sich die ausgezahlten Renten unter anderem nach den früheren Einzahlungen der Anspruchsberechtigten. Eine reale Äquivalenz von Leistung und Gegenleistung zwischen zugleich gebenden und empfangenden Personen besteht dabei nicht. Denn die Einzahlungen der Anspruchsberechtigten dienen überhaupt nicht ihrer eigenen Alterssicherung, sondern ausschließlich der Alimentation einer vorangehenden Generation. Die mit den Einzahlungen wachsenden Ansprüche der Abgabepflichtigen auf spätere Renten sollen von zunächst unbeteiligten Dritten, nämlich nachwachsenden Beitragszahlern, erfüllt werden, die von früheren Beiträgen der vorangehenden Generation keinerlei Vorteile haben. Was die Nachwachsenden aufbringen, hängt unter anderem von ihrer Zahl und ihrem Lohneinkommen ab. Diese Summe kann bei wachsender Rentnerzahl und stagnierender oder rückläufiger Zahl von Beitragspflichtigen, wirtschaftlicher Stagnation und konstantem Abgabesatz hinter den gewährten Ansprüchen zurückbleiben, also nicht ausreichen, um die frühere Beitragszahlung der Anspruchsberechtigten voll zu verzinsen und zurückzuerstatten oder gar bestehende Renten nach Maßgabe von Produktivitätszuwächsen zu erhöhen. Auch der Inflationsschutz, den man einst der ‚dynamischen Rente' nachgerühmt hat, kann fragwürdig werden.

Warum scheint das Weiterreichen von stoffwertlosen Ansprüchen im Geldwesen mehr oder weniger zu funktionieren, während es heute im Rahmen des angeblichen Generationenvertrages nicht mehr zu befriedigenden Ergebnissen führt? Daß mehr als zwei Partner, nämlich drei Generationen, beteiligt sind, reicht als Erklärung nicht aus. Im marktwirtschaftlichen Verkehr kauft der Empfänger von Zahlungen ja auch nicht unbedingt bei seinen Kunden, sondern meist bei Dritten, die seinen in Geld ausgedrückten Anspruch auf Güter befriedigen. Die Antwort ist einfach: In der Geldwirtschaft mit freien Märkten müssen diejenigen, die zunächst mit Geld bezahlt haben, ihre Kasse durch Lieferungen von Gütern an irgend jemanden wieder auffüllen, also eine reale Gegenleistung erbringen. Sonst können sie nicht weiter im Geschäft bleiben und zum Beispiel ihre Arbeitskräfte entlohnen. Haushalte, deren Kassenbestände sich leeren, müssen sie ebenfalls im Regelfall durch Angebot von Leistungen wieder ersetzen, wenn sie weiter einkaufen und nicht Mangel leiden wollen. Der multilaterale Handel sorgt auf vielen Umwegen dafür, daß der frühere Lieferant schließlich doch mittelbar eine reale Gegenleistung von seinem früheren Kunden erhält. Es besteht persönliche Äqui-

schen Alternativen hat, obwohl man eine Art von Tauschvorgang erkennt. Auch der Markt kann Machtelemente und damit Beschränkungen der Freiwilligkeit enthalten.

valenz. Die möglichen Kreditbeziehungen und Verzögerungen in diesem Vorgang ändern nichts daran, daß letztlich doch real wirtschaftliche Äquivalenz zwischen den beteiligten Personen entsteht.

In der deutschen sozialen Alterssicherung gibt es hierfür keinen im System angelegten Zwang. Die Personen, die Zahlungen erhalten, nämlich die Rentner, erbringen keinerlei direkte oder indirekte persönlich zurechenbare Gegenleistung an die Beitragszahler. Diese Beitragszahler müssen sich damit trösten, daß sie ihrerseits von ganz anderen Personen, nämlich einer nachfolgenden Generation, später einmal durch deren Beiträge versorgt werden.

In der Vergangenheit erworbene Rentenansprüche können nicht aus Beiträgen erfüllt werden, wenn die davon ganz unabhängigen späteren Beitragseinnahmen hinter den Ansprüchen zurückbleiben. Zur Korrektur müssen dann die Beiträge erhöht, die Ansprüche der Beitragszahler gesenkt oder Kredite aufgenommen werden, für deren Verzinsung irgend jemand, meist der Steuerzahler, aufkommen muß. Man hat dies als implizite Einkommensteuer bezeichnet.[577] Je mehr durch Beitragserhöhung oder Kürzung der Ansprüche, die man mit bestimmten Beiträgen erwerben kann, das Umlageverfahren gegenüber der Kapitalbildung zum Verlustgeschäft wird, desto mehr werden die Beiträge nicht mehr als spezielles Entgelt angesehen, sondern als Steuern. Sie stellen insoweit das Gegenteil eines individuellen Äquivalenzverhältnisses dar. Steuern sind bestenfalls ein generelles Entgelt für staatliche Leistungen, und oft nicht einmal das.

Zur Legitimation des Umlageverfahrens in der Alterssicherung wird deswegen ein Rest von Äquivalenzähnlichkeit der Renten mit den Beiträgen dadurch aufrechterhalten, daß derjenige relativ zu anderen Rentnern mehr Rente erhält, der früher mehr eingezahlt hat. Man spricht von Teilhabeäquivalenz. Realwirtschaftlich handelt es sich um bloßen Schein, die erworbenen Rechte sind ungedeckt. Denn die Beiträge werden sofort verbraucht und tragen nichts zur Produktion und Lieferung der Güter bei, die von den Beitragszahlern später verbraucht werden, wenn sie ihrerseits Rentner geworden sind.

Es beginnt hier der Bereich der juristischen Abstraktionen von der Wirklichkeit. Den Ansprüchen gegenüber der Sozialversicherung wird ein verfassungsrechtlicher Eigentumsschutz zuerkannt. Er soll um so stringenter sein, je mehr der angeblich von den Rentnern durch frühere Beiträge finanzierte Eigenanteil an der Rente betroffen ist. Wirtschaftlich gibt es aber im Umlagesystem gar keine Eigenfinanzierung der Rente durch frühere Beiträge, sondern sie wird allein von den Beiträgen einer folgenden Generation finanziert. Die jeweils eigenen Beiträge sind längst

[577] *Thum* und *J. von Weizsäcker* (2000). In Wirklichkeit erhält der Staat bei gekürzten künftigen Rentenansprüchen aus dieser ‚Steuer' keine Einnahmen, sondern es handelt sich um einen Vorteil, der den Beitragszahlern durch staatlichen Zwang vorenthalten wird.

von der vorigen Rentnergeneration angeeignet und wahrscheinlich bei geringer Sparneigung der Rentner überwiegend verbraucht. Was in diesem System durch Beiträge erworben wird, ist ein bloßer variabler Anspruch gegenüber einer folgenden Generation. Großeltern und Eltern verabreden sich, Enkeln und Kindern eine Zahlungspflicht aufzuerlegen, die diese dann in derselben Weise an spätere Generationen weiterreichen.

Aufschlußreich, wenn auch verwirrend sind in diesem Zusammenhang verfassungsrechtliche Erwägungen, spätere Kürzungen von Altersrenten dürften nicht die früher einmal eingezahlten Beiträge angreifen, weil sonst eine bedenkliche Enteignung vorliege (*Papier* 2003). Man unterstellt hier, die Rentner hätten wirklich nach dem regulären marktwirtschaftlichen Äquivalenzprinzip ihren Rentenanspruch als einen vorhandenen wirtschaftlichen Wert gekauft. Wirtschaftlich reales Eigentum der Einzahler entsteht aber im Umlageverfahren überhaupt nicht, sondern es wird nur in Form eines an künftige Beitragszahler gerichteten Anspruchs fingiert. Der realwirtschaftliche Sachverhalt und sein rechtliches Kleid fallen völlig auseinander.

Dieses Prinzip ist schon viel früher bei den Beamtenpensionen verfestigt worden. Die deutschen Beamten erhalten einen Rechtsanspruch auf Bezüge im Alter. Es sind dafür aber weder von der öffentlichen Hand realwirtschaftlich gedeckte Rückstellungen gebildet worden, noch haben die Beamten wie bei den schweizerischen Pensionskassen investierte Ersparnisse gebildet. Soweit die Bruttogehälter der Beamten niedriger sind als diejenigen vergleichbarer Angestellter, haben die Pensionäre während ihrer Dienstzeit durch Einkommensminderung fiktiv für ihre Pension angespart. Realwirtschaftlich ist aber in der Regel nichts investiert und gespart worden, sondern der Staat hat andere Ausgaben erhöhen können, weil er für die Pensionsverpflichtungen keine Ersparnisse bilden wollte. Unter Privaten würde der Verbrauch von zweckgebundenen Einnahmen für andere Zwecke als Untreue strafbar sein.

Die genannten rechtlichen Äquivalenzfiktionen haben gleichwohl große realwirtschaftliche Folgen. (Lateinisch ‚fictio' heißt nicht nur ‚erdichteter Fall', sondern auch ‚Gestaltung'.) Hinter den realwirtschaftlich deckungslosen Renten- und Pensionsansprüchen steht die Staatsgewalt. Sie setzt diese Ansprüche gegenüber den nachfolgenden Generationen durch und verleiht ihnen dadurch einen realen Inhalt. Privatwirtschaftlich entsteht damit ein nicht übertragbares Vermögen der Anspruchsberechtigten.

Bei den Beitrags- und Steuerzahlern müßte eigentlich zur selben Zeit ein Schuldbetrag in derselben Höhe gebucht werden. Er trifft die Gesamtheit späterer Beitrags- und Steuerzahler, ist aber noch nicht auf die einzelnen Abgabenzahler umgelegt. Deshalb bilanzieren sie ihn auch nicht, sondern behandeln ihn so, wie sie auch sonst staatliche Abgaben behandeln, nämlich als Größen, die erst bei ihrer gesetzlichen Festlegung, oft auch erst bei Fälligkeit, in die Einkommens- und Vermögensrechnung eingehen. Man kann diese Schuld ja heute überhaupt noch nicht genau buchen, weil sie sich nach Kennziffern richtet, die für den Einzelnen noch unbekannt sind. Ein Teil der zu belastenden Abgabenzahler lebt noch nicht oder ist noch nicht erwerbstätig, stellt also überhaupt noch keine Vermögensbilanz auf.

In der deutschen sozialen Alterssicherung richten sich die Abgaben nach der persönlichen Lohnsumme. Um den Versicherungspflichtigen die Beitragszahlung schmackhaft zu machen, werden sie ebenso wie die Beamten mit Versorgungsansprüchen ausgestattet. Sie unterliegen damit der gesamtwirtschaftlichen Illusion, sie hätten realwirtschaftlich für ihre Alterssicherung gespart, während sie in Wirklichkeit nur ungedeckte Rechte erworben haben.

Auf ihre Beitragsbelastung können die Abgabepflichtigen verschieden reagieren: Sie können weiter der Äquivalenzfiktion Glauben schenken und darauf vertrauen, daß der Staat genügend neue Beitragszahler finden wird, um den früheren Beiträgen entsprechende und der Arbeitsproduktivität angepaßte Altersrenten zu sichern. Gibt es aber weniger künftige Beitragszahler, dann steigen bei einer gegebenen oder gar steigenden Auszahlungssumme für die Neu- und Bestandsrenten die von jedem Abgabepflichtigen aufzubringenden Beiträge, und zwar unter heutigen Bedingungen auch prozentual zum Einkommen.

Diese schon vor 50 Jahren beim Übergang zum Umlageverfahren diskutierte Möglichkeit wurde mit der optimistischen Erwartung abgetan, selbst ein Beitrag von 30 % vom Lohneinkommen allein für die Alterssicherung werde noch hingenommen werden, wenn das Gesamteinkommen genügend wachse. Es genüge, wenn trotz aller Abgabenlast noch ein realer Nettozuwachs des Lohneinkommens zustande komme (so sinngemäß *Hankel* und *Zweig* 1957, S. 162 f.).

Inzwischen ist aber mit steigenden öffentlichen Abgaben aller Art die Sozialisierung der Verwendung des Arbeitseinkommens, vor der ich schon damals gewarnt habe (*Willgerodt* 1955, insbesondere S. 145 ff.), so stark angestiegen, daß sich gegen weitere Beitrags- und Steuererhöhungen unübersehbare Widerstände bemerkbar machen und diese Belastung selber das Wirtschaftswachstum gefährdet, von dem die Finanzierbarkeit von Sozialleistungen abhängt. Diese Entwicklung ist von einer auch sozialpolitisch verursachten Degeneration der Wirtschaftsordnung begleitet worden, so daß reale Einkommenszuwächse für alle Bürger einschließlich der Rentner, wie sie früher bei geringer Arbeitslosigkeit üblich gewesen sind, immer seltener werden.

3. Die Finanzkrise der Sozialpolitik und Mittel der Abhilfe

Das Finanzierungsproblem, das durch die Inflation sozialpolitischer Ansprüche als ungedeckter Rechte entstanden ist, hätte sich ohne Beschäftigungseinbußen lösen lassen. Dazu hätten die Tarifpartner in dem Umfang auf Barlohnzuwächse verzichten müssen, in dem die lohnabhängigen Sozialabgaben, nicht zuletzt mit Billigung oder auf Verlangen der Gewerkschaften, gesteigert worden sind. Jedenfalls hängt die Beschäftigung nicht allein von den Barlöhnen ab, sondern von den gesamten Arbeitskosten einschließlich der Soziallöhne, die von den Unternehmungen gezahlt werden müssen, und zwar gleichgültig, ob sie Arbeitnehmer- oder Arbeitgeberbeiträge genannt werden. Die Bevölkerung ist offenbar immer weniger geneigt, zusätzliche Sozialleistungen durch Verzicht auf Barlöhne zu bezahlen. Dafür sollen andere aufkommen. Wer das sein könnte, wird nicht angegeben. Die Suche danach wird um so erfolgloser, je mehr das System der Sozialleistungen so gut wie die ganze Bevölkerung erfaßt. Man hat geglaubt, Arbeitsplätze schaffende Unternehmungen und Kapital bildende wohlhabende Leistungsträger belasten zu können, ohne daß die Beschäftigung zurückgeht. Dies war eine Illusion. Kostensteigerungen führen zu Arbeitslosigkeit. Leistungsträger und Wohlhabende mindern ihre Leistung und Kapitalbildung oder weichen auf andere Weise erhöhtem Abgabendruck aus. Der Versuch, diejenigen noch stärker zu belasten und zu behindern, die neue Arbeitsplätze schaffen, ist eine Hauptursache der herrschenden Arbeitslosigkeit, und diese hat selber wieder eine Explosion von Sozialausgaben, nämlich für die Arbeitslosen, hervorgerufen.

Um die Beschäftigung anzuregen, müßten die Gesamtstückkosten für Arbeit gesenkt werden, gleichgültig, ob sie von Barlöhnen, Soziallöhnen oder zu geringer Leistung hervorgerufen werden. Um eine Kürzung oder Zurückhaltung bei den Barlöhnen zu vermeiden, sollen jetzt die Lohnnebenkosten herabgesetzt werden. Wie soll das möglich sein, ohne gleichzeitig die gewährten Ansprüche und Sozialleistungen herabzusetzen?

Gewiß können Rationalisierungen im Angebot von Leistungen der Sozialen Sicherung ebenso zu Beitragssenkungen führen wie stärkere Kontrollen oder Hindernisse bei der Inanspruchnahme dieser Leistungen. Solange jedoch die Sorge für Alter, Krankheit und vieles andere sozialisiert bleibt und damit der Einzelne nicht unmittelbar selbst für diese Leistungen bezahlt, neigt das System zur Überdehnung der Ansprüche. Bei fehlender spezieller Entgeltlichkeit strebt man nach einem Überschuß des monetären Wertes empfangener Leistungen über die zu leistenden Zahlungen und neigt zur Vergeudung solcher Leistungen. Die Ansprüche auf Leistungen steigen ohnehin bei zunehmender Lebenserwartung, entsprechend höherer Morbidität, geringerer Erwerbsperiode wegen längerer Ausbildungszeit und verlängerter Dauer des Bezugs von Renten, auch wegen vorgezogener Pensionierung. Man hat außerdem die Rentner an regelmäßige Rentensteigerungen gewöhnt, die sich nur nach der Arbeitsproduktivität der noch Beschäftigten richten, anstatt die volkswirtschaftliche Durchschnittsproduktivität der Arbeitskräfte unter Einschluß der Null-Leistung der Arbeitslosen zugrunde zu legen. Je maßloser die Tarifpartner daher die Löhne steigern und je mehr deswegen die Arbeitslosigkeit zunimmt und die Sozialkassen in ein Defizit geraten, desto mehr profitieren die Rentner und erhöhen damit dieses Defizit.

Mit der an sich berechtigten Forderung nach geringeren Lohnnebenkosten öffnet sich ein weites Feld von Illusionen und Denkfehlern. Die Sozialleistungen möchte man vollständig beibehalten oder steigern. Das bedeutet, daß auch die Sozialausgaben der Summe nach unverändert bleiben oder zunehmen. Aber die Zahllast dafür soll verlagert werden. Damit soll die Beschäftigung angeregt werden, denn nach dieser Verlagerung von Kosten für Sozialleistungen sei die Verwendung von Arbeit weniger belastet und nunmehr billiger geworden. Das würde ceteris paribus richtig sein, aber durch die Kostenverlagerung bleiben die übrigen Größen nicht unverändert. Als Patentlösung für dieses Dilemma gilt zum Beispiel die Erhöhung von Tabak- und Energiesteuern bei gleichzeitiger Senkung oder Abschaffung bisheriger Sozialabgaben. Man verspricht sich davon für die Arbeitgeber nicht nur eine Verbilligung des Faktors Arbeit, sondern auch eine Minderung des gesundheitsschädlichen Rauchens und des Energieverbrauchs (*Kümmel, Lindenberger* und *Eichhorn* 2004). Die Steigerung der Energiepreise trifft jedoch auch die Unternehmungen, da sie ohne Energie nicht produzieren können. Deswegen steigen insoweit ihre Kosten. Dies wirkt der Tendenz nach beschäftigungsmindernd und steht der entgegengesetzt wirkenden Senkung der Sozialabgaben gegenüber.

Der Saldo aus beiden Tendenzen hängt zunächst vom Verhalten der Gewerkschaften ab, die der Versuchung widerstehen müssen, ihre Barlohnforderungen zu steigern, weil die Arbeitgeberbeiträge und zusätzlich noch die Arbeitnehmerbeiträge als Ausgaben für die Unternehmungen wegfallen.

Wenn die Sozialausgaben insgesamt nicht sinken sollen, muß irgend jemand dafür zahlen. Bleiben es die Unternehmungen, dann bedeutet es für ihre Rentabilität *insgesamt* wenig, wenn bisher von ihnen gezahlte, an die Löhne gekoppelte Sozialabgaben z. B. durch Energiesteuern ersetzt werden. Allerdings werden wenig Energie verbrauchende arbeitsintensive Produktionen durch Wegfall der Sozialabgaben stärker entlastet als durch Energiesteuern neu belastet, so daß sie der Tendenz nach mehr Arbeitskräfte einstellen. Bei energieintensiven Unternehmungen wird umgekehrt die Gesamtbelastung steigen, Produktion und Beschäftigung werden sinken. Auf den ersten Blick scheint es so, also ob die Gesamtbeschäftigung steigen kann, weil insgesamt weniger energieintensiv und stärker arbeitsintensiv produziert wird.

Zusätzliche Arbeit kann aber Energie nicht vollständig und bei moderner Technik sogar nur sehr begrenzt ersetzen. Das heißt: Die für die Lohnzahlungsbereitschaft der Unternehmungen maßgebende monetäre Grenzproduktivität der Arbeit sinkt, wenn mit verteuerter und weniger Energie produziert werden muß. Die Barlöhne müßten also gekürzt werden, wenn es sich für die Unternehmungen lohnen soll, Arbeitslose einzustellen.

Soweit auch die Arbeitnehmer von höheren Strom-, Benzin- und Tabaksteuern betroffen werden, zahlen sie ihre Sozialabgaben nur in anderer Form und nach anderen Bemessungsgrundlagen, jedenfalls nicht mehr nach Maßgabe ihres Einkommens, sondern des Verbrauchs an durch Verbrauchsteuern verteuerten Gütern. Eine Entlastung der Unternehmungen wäre damit möglich, wenn die Gewerkschaften diese Reallohneinbuße ohne Lohnforderung hinnehmen würden. Aber Reallohnsenkungen (oder ein Zurückbleiben von Lohnsteigerungen hinter einer gestiegenen Arbeitsproduktivität) als Mittel der Beschäftigungsforderung hätte man einfacher und weniger verzerrend anwenden können.

Es kommt hinzu, daß sich die Protagonisten sozialstaatlicher Expansion die Gelegenheit nicht entgehen lassen werden, zusätzliche Sozialausgaben zu verlangen. Denn die Quittung dafür wird nicht mehr in Form direkt höherer Sozialabgaben ausgestellt, sondern es wird die verschleierte Form von sozialpolitisch verwendeten Verbrauchsteuern gewählt. Wenn sie steigen, wird das vielleicht weniger sofort persönlich fühlbar und vielleicht weniger deutlich der Sozialpolitik angelastet, zumal wenn diese Steigerung nicht mehr gesondert ausgewiesen wird. Die Beziehung zwischen Nutzung und Bezahlung von Sozialleistungen wird für jeden Einzelnen weiter gelockert. Deshalb kann der Widerstand gegen neue sozialpolitische Ausgaben geringer werden, weil man von ihnen profitieren will, aber hofft, daß andere dafür aufkommen.

4. Mehr Staatsschulden als Ausweg?

Der deutsche Wohlfahrts- und Sozialstaat ist in eine empfindliche Finanzierungskrise geraten. Das Beitragsaufkommen bleibt hinter den wachsenden Ansprüchen zurück. Es ist von den Sozial- und Finanzpolitikern alles getan worden, um dieses Mißverhältnis zu verschleiern und Reformen aufzuschieben. Die öffentliche Hand hilft sich vorübergehend durch Kreditaufnahme und Verkauf von Staatsvermögen. Zugleich steigt aber das Mißtrauen gegenüber der Funktionsfähigkeit des Systems. Die Äquivalenzillusion der Bevölkerung weicht einem größeren Realismus. Nachwachsende Generationen rechnen wegen der demographischen Entwicklung mit immer größeren Sozialabgaben oder Steuern und geringeren Gegenleistungen durch eigene Ansprüche. Das gilt auch deswegen, weil der Sozial-, Fiskal- und Lenkungsstaat auch auf anderen Gebieten zu wenig Rücksicht auf die wirtschaftliche Grundlage nimmt, von der er lebt. Die Bürger antworten mit legaler und illegaler Abgabenvermeidung, aber auch mit dem Versuch, mit anderen Mitteln auf die Krise der sozialen Sicherung zu reagieren. Eine Möglichkeit hierzu ist die Kapitalbildung, das Sparen für den Altersbedarf.

Es beginnt nun ein Wettlauf zwischen privatem Sparen, das in Krisensituationen häufig zunimmt, und anschwellender Staatsverschuldung. Die verfassungsrechtliche Vorschrift (Art. 115 Abs. 1 Satz 2 Grundgesetz), der Staat solle sich nur nach Maßgabe seiner Investitionen verschulden, ist ziemlich unwirksam. Denn bei vielen Staatsinvestitionen kann die wirtschaftliche Werthaltigkeit nicht festgestellt werden. Außerdem sind in der Praxis wohl nur die staatlichen Bruttoinvestitionen unter Einschluß der Ersatzinvestitionen gemeint.[578] Vernutzte Investitionsgüter des Staates sind früher einmal finanziert worden. Werden sie jetzt nicht ersetzt, dann handelt es sich um Verbrauch von Staatsvermögen. Die Schlaglöcher in früher einwandfreien Straßen machen dies allen Autofahrern bewußt. Der Staat kann sich für den Bau der Straßen einst verschuldet haben. Nimmt er nun abermals Kredit auf, um diese alten Straßen zu ersetzen, dann wird für denselben Vermögensgegenstand zweimal Kredit aufgenommen. Es handelt sich in Wahrheit um einen unzulässigen Konsumkredit. Denn die eigentlich notwendigen Abschreibungen und entsprechenden Fonds für Ersatzinvestitionen hat der Staat nicht gebildet, sondern die Gegenwerte aufzehren lassen. Die ständige Kreditfinanzierung aller staatlichen Ersatzinvestitionen könnte zu einer Explosion der Staatsschulden führen, wenn dieses Rezept immer wieder neu angewandt wird (vgl. *Friauf* 1990, S. 344 f.). Selbst wenn die verbrauchten staatlichen Investitionsgüter früher einmal aus Steuermitteln finanziert worden sind, bedeutet die Kreditfinanzierung von Ersatzinvestitionen, daß Staatsvermögen verbraucht worden ist.

Man könnte hiervon absehen und die staatliche Investitionsrechnung für bare Münze nehmen. Die Regel, der Staat solle Kredite nur für Investitionszwecke aufnehmen, ist heute jedoch vielfach durch Sondervorschriften durchlöchert. In vielen Ländern wird außerdem diese Regel offen und bewußt verletzt, unter anderem, um die Konsumausgaben des Sozialstaates weiter finanzieren zu können. Dies wird auch mit einer „Störung des gesamtwirtschaftlichen Gleichgewichts" begründet, obwohl diese Störung selbst durch Reformstau und permanente Haushaltsdefizite erst hervorgerufen worden ist.[579] Bei konsumtiver Staatsausgabe auf Kredit werden private

[578] Die Begründung zum Gesetzentwurf, auf dem die geltende Fassung des Art. 115 Abs. 1 des Grundgesetzes beruht, sieht als Investitionen solche Ausgaben an, „die bei makroökonomischer Betrachtung die Produktionsmittel der Volkswirtschaft erhalten, vermehren oder verbessern" (*Friauf* 1990, S. 342). Zur Erhaltung gehören auch Ersatzinvestitionen.

[579] Der amerikanische Nobelpreisträger *Robert Solow* (2004) hält demgegenüber deutsche Reformen zur Zeit für schädlich und empfiehlt eine expansive Fiskalpolitik, das heißt: noch einmal einen

Ersparnisse vom Staat in den Konsum umgeleitet. Eigentlich sind sie für Investitionen bestimmt, wenn man von Konsumkrediten an Private absieht. Die Finanzmärkte erlauben diese Umleitung und setzen der staatlichen Schuldaufnahme bisher noch keinen Widerstand entgegen. Denn zugleich ist in Deutschland seit vielen Jahren ein ordnungspolitisches Klima geschaffen worden, das für private Investitionen ungünstig ist, so daß der Staat immer noch als besserer Schuldner gilt, jedenfalls, solange man nicht argentinische Verhältnisse herbeiführt.[580] Mit den durch den Staat für den Sozialkonsum geborgten Mitteln werden keine Produktionsmittel gebildet, aus deren Leistungen sich diese Kredite liquidieren oder mindestens verzinsen könnten. Bei den Erwerbern von Staatsschuldtiteln, deren Erlös der Konsumfinanzierung dient, entsteht eine Deckungs- und Äquivalenzillusion, denn sie kaufen Anspruchstitel und zweifeln nicht daran, daß sie verzinst und zurückgezahlt werden. Den Titeln steht jedoch keine reale Substanz an Sachkapital gegenüber, sondern nur das Versprechen, aus künftigen Staatseinnahmen einschließlich weiterer und prolongierter Staatsschulden die Zinsen und Amortisationen aufzubringen.

---

starken Schub an zusätzlicher Staatsverschuldung, um damit eine Prosperität hervorzurufen, in der sich dann seiner Ansicht nach Reformen leichter durchsetzen lassen. Der Europäische Stabilitätspakt müsse verschwinden. Er verkennt, daß eine solche entfesselte Staatsverschuldung im besten Fall die Konjunktur nur anregen könnte, wenn die übrigen ordnungspolitischen Bedingungen für eine Expansion erfüllt wären, das heißt vor allem geringere Belastung von Investitionen durch Regulierungen, Wettbewerbsbeschränkungen, Abgabenlasten und arbeitsmarktpolitische Hindernisse. Die jetzt üblich gewordene staatliche Kreditfinanzierung von Zusatzkonsum läßt unmittelbar und ohne Reformen keine neuen wettbewerbsfähigen Arbeitsplätze entstehen. Auch das für Investitionen notwendige Vertrauen entsteht durch weitere staatliche Konsumverschuldung nicht. Die chronisch gewordene Verstopfung der Staatshaushalte durch verschuldungsbedingte Zinszahlungen verengt vielmehr den staatlichen Handlungsspielraum. Die fiskalische Expansion, soweit sie nicht in Zusatzimporten und Minderexporten verpufft, bedeutet den Versuch, den Motor mit dem Anlasser in Gang zu setzen, während man die Zündkerzen herausgeschraubt läßt. Politisch hat sich *Solows* Vorstellung, erst in der Prosperität sollten und könnten Reformen durchgesetzt werden, in Deutschland als Illusion erwiesen. Die Vorstellung, eine keynesianische Fiskalexpansion könne sich durch Wachstum selbst finanzieren, ist an Bedingungen gebunden, die gerade im deutschen Fall ohne Reformen nicht erfüllt sind. Die amerikanischen Nobelpreisträger *Tobin* und *Modigliani* haben schon früher an damaliger deutscher Abneigung gegen Inflation und Staatsverschuldung Anstoß genommen. Es ist interessant, daß *Solow* und *Tobin* gleichwohl das gegen die extreme amerikanische Staatsverschuldung unter *Reagan* gerichtete Buch von *Benjamin M. Friedman* (1988) lobend erwähnt haben; *Reagan* hat aber zugleich wachstumsfördernde Reformen eingeführt, die man in Deutschland verschieben will. Eine empirische Studie von *Andrea Zaghini* (1999) zeigt für Europa, daß eine stetige, die staatlichen Ausgaben einschränkende und über längere Zeit anhaltende fiskalische Konsolidierung als Vertrauen bildende Politik konjunkturpolitisch eher günstig wirkt, im Gegensatz zu kurzfristigen steuerlichen Maßnahmen.

580 Die These, es komme heute ohne die seit vielen Jahren anhaltende Staatsverschuldung wegen einer Flucht in die Liquidität zu einer deflatorischen Entwicklung, setzt voraus, daß die Ersparnisse sonst nicht zu Investitionen verwendet werden würden. Wäre das trotz jährlicher Steigerungen des Preisniveaus richtig, dann könnte dies nur an ungünstigen ordnungspolitischen Bedingungen für private Investitionen liegen, die man bei Reformverweigerung verewigen würde.

Die Analogie der konsumtiv verwendeten Staatsschuld zum Umlageverfahren in der Alterssicherung geht ziemlich weit: Die Erwerber von Staatsschuldtiteln ähneln den Beitragszahlern der Gesetzlichen Rentenversicherung, nur mit dem Unterschied, daß der Kredit bisher noch dem Staat freiwillig gewährt worden ist und man von Zwangsanleihen abgesehen hat. Wenn Defizite in den Sozialversicherungen durch Staatszuschüsse gedeckt werden und der Staat sich hierfür verschuldet, wird die Lebensdauer der Äquivalenzillusionen in der Sozialversicherung psychologisch verlängert. Zwar wächst gegenüber Staatshaushalten, die durch die Bedienung von Schulden verstopft sind, das öffentliche Mißtrauen. Bisher ruft aber die wachsende allgemeine Staatsschuld noch weniger Aufmerksamkeit und Mißtrauen hervor als die Krise der Sozialversicherung. Denn die staatlichen Schuldtitel werden noch immer ebenso technisch problemlos untergebracht wie bei der ‚geräuschlosen Kriegsfinanzierung' Deutschlands im Zweiten Weltkrieg. Privaten Ersparnissen standen damals in den Bilanzen der Kreditinstitute keine Investitionstitel gegenüber, sondern Reichsanleihen, mit deren Erlös die staatlichen Kriegsausgaben finanziert worden sind, also ebenfalls Konsum, wenn auch nicht sozialpolitischer Art. Für die Anleger und Kreditinstitute ist es heute immer noch bequemer, Staatsschuldtitel zu erwerben, als etwa dem Mittelstand Investitionskredite zu gewähren, mit denen neue Arbeitsplätze entstehen könnten.

Der heutige Anspruch, die staatlichen Schuldtitel verzinst und die Kreditbeträge zurückgezahlt zu bekommen, ähnelt den Ansprüchen auf Altersrenten in der Sozialversicherung. Nur wird heute die Staatsschuld nicht wie nach Kriegsende durch den Zusammenbruch des Staates beseitigt, sondern bisher noch von einer Generation zur anderen weitergewälzt und ständig erhöht. Alte Sparer verkaufen ihre Staatsschuldtitel an neue Sparer, die hoffen, später dasselbe tun zu können. Das System lebt wie das Geldwesen und das Umlageverfahren bei der Alterssicherung vom Fortbestand realwirtschaftlicher Illusionen. Die Zinslast müssen die Steuerzahler tragen, in der Hauptsache die jeweils erwerbstätige Generation, sofern nicht auch dafür vom Staat neue Kredite aufgenommen werden.

Es kann, wie heute, zu einer Inflation ungedeckter Ansprüche kommen, sei es der Sozialversicherten an die Versichertengemeinschaft, sei es der Staatsgläubiger an den Staat unmittelbar. Bei den Altersrenten sind diese Ansprüche allerdings noch nicht eindeutig in bestimmten Geldbeträgen festgelegt, dies im Unterschied zu den Staatsschuldtiteln. Der Staat kann aber den realen Wert der in Geld ausgedrückten Kreditbeträge durch Inflation herabsetzen, was man jetzt anscheinend durch Aufhebung des Stabilitätspaktes bei gleichzeitiger Zähmung der Europäischen Zentralbank erleichtern will. Zu politischen Protesten von Gewicht führt das bisher nicht. Das System ist so konstruiert, daß die Beitrags- und Staatsschuld von dem einzelnen Abgabepflichtigen unterschätzt oder nicht beachtet wird. Steht damit eine sozialpolitische Katastrophe bevor? Man spricht von einer untragbaren Schuldenlast kommender Generationen. Dies ist genauer zu prüfen.

Die deutsche Wirtschaft als Einrichtung der wirtschaftlich als Inländer geltenden in Deutschland Lebenden könnte nach wie vor soviel produzieren, wie es der ihnen gehörenden realen Kapazität entspricht. Die vom Staat geschaffene Inflation der Anrechte kann allerdings die Nutzung der vorhandenen Kapazität herabsetzen, weil der Sozialstaat die Nichtarbeit belohnt. Die psychologisch verdrängten Schulden haben außerdem dazu geführt, daß man sich reicher fühlt, als man ist. Die Staatsschuldtitel in der Hand der Bürger werden als privates Vermögen angesehen, auch wenn ihnen kein Sachwert gegenübersteht, sondern nur ein Anspruch, zu dessen Erfüllung auch die Besitzer der Staatsschuldtitel selber beitragen müssen. Wegen dieser Vermögensillusion verbraucht man mehr, arbeitet weniger, fordert mindestens als Arbeitsanreiz mehr, als mit hoher Beschäftigung und befriedigendem Wachstum vereinbar ist. Sach- und Humankapitalinvestitionen werden vernachlässigt. Der Staat kürzt in seiner jetzigen Finanzkrise in erster Linie die Investitionen und verstärkt diese Tendenz. Man lebt teilweise von der Substanz.

Im Vordergrund der Aufmerksamkeit steht aber ein Verteilungsproblem als Konflikt zwischen den Generationen. Dieses Problem besteht darin, daß die Staatsschuldtitel früher von Älteren deshalb gekauft worden sein können, um sie später zu verkaufen und den Erlös zu verbrauchen. Hierzu müssen sie jüngere Käufer finden. Ein Verkaufsüberschuß müßte zu Kurseinbrüchen führen und insoweit die alten Staatsgläubiger bestrafen. Werden die Titel vererbt, dann entsteht ein Konflikt innerhalb späterer Generationen zwischen denen, die solche Titel erben und besitzen, und denen, die allein für die Bedienung dieser Schulden Steuern zahlen müssen, ohne mit Zinseinnahmen dafür entschädigt zu werden. Das Kernproblem im kommenden Generationenkonflikt ist also auch die ungleichmäßige Verteilung der Staatsschuldtitel und der öffentlichen Zinslast innerhalb derselben Generation.

5. Verkauf von Staatsvermögen und Erbschaftssteuern zur Finanzierung des Sozialstaates

Der Verkauf von Staatsvermögen ist nicht immer das Symbol von Solidität, als das er oft ausgegeben wird. Dabei werden primär nur private Ersparnisse in den Erwerb von schon vorhandenem Bestandsvermögen umgeleitet, anstatt für Neuinvestitionen verwendet zu werden. Mit dem Erlös könnten Steuern gesenkt werden. Aber das ist unrealistisch. Vielmehr finanziert der Staat damit heute den bisherigen konsumlastigen staatlichen und sozialpolitischen Ausgabenstandard. Daß das

Staatsvermögen in privater Hand oft, wenn auch keineswegs immer, wirtschaftlich sinnvoller verwendet wird, ist nur ein möglicher positiver Nebeneffekt. An der makroökonomischen Problematik des Vorgangs selbst ändert sich dadurch nichts. Der Staat kann den Verkaufserlös nur einmal ausgeben. Wird dieser Erlös nicht investiert, dann ist der Staat ärmer als zuvor und hat nur Reformen bei seinen Ausgaben verschoben, die später um so dringender sein können. Besonders skandalös ist es, wenn der Staat wie jetzt bei den Pensionen der Postbeamten den kapitalisierten Gegenwert künftiger Einnahmen verkauft, um seinen Gegenwartskonsum zu finanzieren.

Von ähnlicher Qualität ist die jetzt vielfach erhobene Forderung, die Erbschaftsteuern massiv zu erhöhen. Hierfür werden Gleichheitsargumente angeführt. Aber worum handelt es sich eigentlich saldenmechanisch? Um die Steuer zu zahlen, können die Erbschaftsteuerpflichtigen zunächst einen weiteren Teil ihres Einkommens an den Staat abführen. Damit ist die Erbschaftsteuer eine zusätzliche Einkommensteuer. Der Nettozuwachs an Einkommen aus der Erbmasse reicht in der Regel nicht aus, um eine hohe Erbschaftsteuer daraus zu bezahlen. Oft will der Erbe seinen Konsum nicht einschränken, um die Erbschaft trotz der Erbschaftsteuer anzutreten. Deswegen kann der Erbe zur Zahlung der Erbschaftsteuer Guthaben mobilisieren, Kredite aufnehmen oder einen Teil der Erbschaft verkaufen. In allen diesen Fällen werden direkt oder indirekt Ersparnisse von sonst möglichen Investitionen in die Staatskasse umgeleitet. Wenn der Staat daraus Sozialausgaben finanziert, wird Realvermögen an der Entstehung gehindert oder verzehrt.

6. Realwirtschaftliche Grundlagen der Sozialpolitik

Der staatliche Handlungsspielraum im allgemeinen und in der Sozialpolitik im besonderen hängt trotz aller anspruchsrechtlichen Luftbuchungen schließlich davon ab, wieviel Güter zur Verfügung stehen. Hierzu gibt es, wenn man von Tributen und Auslandsverschuldung absieht, nur zwei Möglichkeiten: Es können Vorräte verzehrt oder neue Güter produziert werden.

Der Zugriff auf Vorräte ist auch in der modernen Wirtschaft insoweit möglich, wie Ersatzinvestitionen unterlassen und Amortisationsquoten ausgeschüttet werden. Die Wirtschaft der DDR hat gezeigt, in welchem katastrophalen Umfang ein solcher Kapitalverzehr möglich ist. Die entgegengesetzte These *Mackenroths*, wonach Einkommen nicht von einer zur nächsten Periode übertragen werden kann, war von Anfang an falsch, hat aber in der sozialpolitischen Diskussion viel Verwirrung gestiftet. Ich habe sie schon 1956 in Zweifel gezogen und bin darin eindeutig bestätigt worden (*Willgerodt* 1956, S. 152f. und 157f.). Der Nettokapitalverzehr ist möglich, aber im allgemeinen unerwünscht. Aber noch unerwünschter wäre es, nur deswegen kein neues Nettokapital zu bilden, weil es auch verzehrt werden könnte. Vielmehr braucht man es auch sozialpolitisch, weil aus seinen Erträgen zusätzliche Ausgaben finanziert werden können.

Alles kommt demnach darauf an, wieviel neue Güter produziert werden, und dies wiederum hängt davon ab, wie groß die jeweilige Produktionskapazität ist und in welchem Umfang sie tatsächlich genutzt wird. Sie kann durch technischen Fortschritt erweitert werden, aber ihn kann der Staat entgegen manchen Machbarkeitsvorstellungen nicht befehlen. Im übrigen gibt es nur einen einzigen Weg der realen wirtschaftlichen Zukunftsvorsorge, nämlich die Kapitalbildung, und zwar das Heranziehen von gut ausgebildeten und arbeitsfähigen Menschen, das man jedenfalls bezeichnen muß, wenn man ‚Humankapital' nicht schätzt, und die Ausstattung dieser Menschen mit Werkzeug, also mit Sachkapital.

Das Umlageverfahren in der Rentenversicherung entbindet die Versicherungspflichtigen von der Notwendigkeit, für ihre Alterssicherung zu sparen und Sachkapital zu bilden. Es enthält auch keinerlei Antriebe, Kinder aufzuziehen und zu produktiven Arbeitskräften heranzubilden, die später Sozialbeiträge leisten können. Kinderlose können bei gleicher Beitragszahlung dieselben Rentenansprüche erwerben wie Eltern. Jedenfalls war dies die ursprüngliche, wenn auch inzwischen abgeschwächte Konzeption des Umlageverfahrens. Auch für Kinderlose werden heute die Altersrenten aus den Lohneinkommen der folgenden Generationen bestritten. Dabei besteuern nicht nur Eltern ihre eigenen Kinder, sondern auch Kinderlose die Kinder anderer Leute.

Seit es Menschen gibt, ist es kostspielig, aber zumutbar, Kinder heranzuziehen. Anderenfalls wäre die Menschheit ausgestorben.[581] Auch die Ausbildung zu einem verwendungsfähigen Arbeitspotential kostet etwas. Dieses Potential wird dann durch sozialpolitische Beiträge und Steuern belastet. Man behauptet, die nächste Generation zahle damit die Kosten zurück, die zu ihrer Erziehung und Ausbildung aufgewandt worden sind, und spricht von einem ‚Generationenvertrag'. Freiwillig abschließende Vertragspartner sind dabei nicht zu erkennen. Es handelt sich um bloßen Anschein von Äquivalenz, denn Rente und Pension werden nicht danach bezahlt, ob jemand zur Erziehung der nachwachsenden Generation beigetragen

[581] Ein nur in Geldnutzen rechnendes Kalkül gut verdienender Frauen legt ihnen einen Verzicht auf Kinder wegen des Ausfalls an Einkommen durch Geburt und Kinderaufzucht nahe. Männliche Partner könnten dazu drängen, um weniger belastet zu sein. Es wäre deswegen konsequent, ihre Teilhabe am Umlageverfahren in der Alterssicherung herabzusetzen und die Renten auch von der Kinderzahl abhängig zu machen. Kinderlose müßten dann bei Kinderlosigkeit durch Kapitalbildung für ihre Alterssicherung sorgen, was zumutbarer wird, je höher das Einkommen ist. Statt dessen plant man jetzt ein Elterngeld aus der Staatskasse, das zur angeblichen Lösung dieses Problems um so höher sein müßte, je mehr eine Frau verdient. Es käme durch erhöhte Steuerbelastung, also eine abermalige Umlage, zu einer regressiv wirkenden Zuchtprämie.

hat, sondern welches Lohneinkommen er früher erzielt hat. Ein großer Teil der Ausbildungslast wird allerdings von den Steuerzahlern übernommen, zu denen mit höheren Steuersätzen auch Kinderlose gehören. Insoweit ist die Teilhabe Kinderloser an aus Steuern stammenden Umlageerträgen legitim. Das mag als nicht ausreichend angesehen werden. Für den Rest ihres Versorgungsbedarfs müßten die Kinderlosen Kapital bilden.

Daraus ergeben sich zahlreiche Probleme. Man weiß nicht, ob und wann im Lebenslauf der Eltern Kinder geboren werden und arbeitsfähig gemacht werden können. Infolge dessen wissen potentielle Eltern auch nicht, wieviel Kapital sie für ihre Alterssicherung bilden müssen, falls ihnen keine Kinder geboren werden. Ihre sogenannte generative Leistung steht erst spät eindeutig fest, ihre Bildungsleistung ist überhaupt nicht genau zu ermitteln. Umlagebeiträge könnten in der Phase der Kinderaufzucht ermäßigt werden. Aber das bedeutet, daß diese Beiträge für alle übrigen Lebensphasen erhöht werden müßten, also auch für die Zeit der meist kostspieligen Familiengründung. Die verwaltungstechnisch einfachere Möglichkeit, Renten später auch nach der Kinderzahl zu bemessen, läßt die Frage offen, ob weniger, aber besser ausgebildete Kinder mindestens bis zu der Zeit, wo sie selbst Rentner werden, für die Gesamtwirtschaft und die Rentenkasse nicht nützlicher sind als viele schlechter ausgebildete.

Der jahrelang erbittert geführte Streit um die Kapitalbildung für Zwecke der Alterssicherung hat meist die Verhaltensweisen und Wertvorstellungen der Beteiligten außer Betracht gelassen. Gerade Eltern haben ein starkes Motiv, Kapital zu bilden und ihren Kindern zu hinterlassen. Entgegen der Fiktion des Generationenvertrages ist es der Wunsch vieler Eltern, ihre Kinder schuldenfrei zu stellen, anstatt von ihnen Rückzahlung der Kosten ihrer Humankapitalbildung zu verlangen. Demgegenüber liegt es bei Kinderlosen näher, weniger Vermögen zu bilden und mindestens weniger davon zu vererben. Die Kinderlosen hätten deswegen stärker auf die Kapitalbildung als Alterssicherung verwiesen werden müssen, anstatt ihnen diese Pflicht durch das Umlageverfahren abzunehmen.

Die übliche Familienpolitik behauptet eine mangelhafte Äquivalenz, weil durch Kinder der Gesamtwirtschaft ein Dienst geleistet werde, den Kinderlose ihr schuldig bleiben. Zur Gesamtwirtschaft gehören aber alle, einschließlich der Eltern. Den Dienst, den sie sich selber durch ihre Kinder leisten, können sie nicht zur Bezahlung durch andere anmelden. Ausgleichspflichtig können also höchstens die Dienste sein, die den Kinderlosen als Teilhabern am Umlageverfahren von den Kindern anderer Leute geleistet werden. Dagegen wäre der Vorteil zu rechnen, den Kinder anderer Leute von der Kapitalbildung Kinderloser haben könnten. Dieser Vorteil kann unmittelbar aus Erbschaften bestehen, aber auch mittelbar dadurch zustande kommen, daß zusätzliche Kapitalbildung die Produktivität der Arbeit und damit die Lohnzahlungsmöglichkeit der Unternehmungen steigert. Denn auf die Dauer und bei hinreichender Umstellungsbereitschaft der Arbeitskräfte macht gesamtwirtschaftlich Kapital die Arbeit eher produktiver, als sie zu ersetzen. Aber selbst ein Ersatz von unangenehmer Arbeit durch Sachkapital ist ein Vorteil, sofern Arbeitskräfte zu angenehmeren Arbeitsplätzen wandern. Würde ein freier Markt zugelassen, bei dem die Alterssicherung auf Kapitaldeckung beruht, dann würde die Kapitalbildung der Kinderlosen die Kinder anderer Leute produktiver wirtschaften lassen und eher begünstigen, wenn auch bei freiem internationalem Kapitalverkehr nicht unbedingt nur Kinder des Inlandes.

Problematisch sind andere Leistungen, die Eltern angeblich den Kinderlosen erbringen. Man könnte an den Fortbestand der Nation und dergleichen denken, an dem auch Kinderlose Interesse haben müßten. Auch verlangt man, daß die Sozialstaaten als nationale Umverteilungsgemeinschaften erhalten bleiben.[582]

Meist bleibt bei bevölkerungspolitischen Umverteilungsplänen ein einfacher Sachverhalt außer Betracht: Der größte Teil des produktiven Ertrages der arbeitsfähig gewordenen Kinder kommt diesen Kindern selbst zugute. Er beruht auf eigener Leistung und auf dem Humankapital, das ihnen in der Hauptsache von ihren Eltern und allen Steuerzahlern geschenkt worden ist. Ob die freiwillig Kinderlosen oder mit Kinderlosigkeit Gestraften genau so viel zu diesem Geschenk beitragen sollen wie die Eltern, hängt davon ab, wie hoch man den materiellen und immateriellen Nutzen einschätzt, der Eltern dadurch zufließt, daß sie Nachkommen haben. Wenn voller Ausgleich aller den Eltern entstehenden Erziehungskosten durch den Staat verlangt wird, bewertet man diesen Nutzen mit Null. Manche Familienpolitiker erwecken den Eindruck, als betrachteten sie Kinder sogar als persönlichen Schadensfall. Während das jetzige Umlageverfahren eine Prämie für Kinderlosigkeit darstellt, wäre der volle Ausgleich der Kinderkosten eine Sonderprämie für die Kinderzeugung. Im übrigen kann er das Elternrecht gefährden, weil es dann mindestens keine ökonomische Begründung mehr dafür gäbe, daß Kinderlose bei der Erziehung kein Mitspracherecht haben.

Daß es notwendig ist, nicht nur gut ausgebildete Arbeitskräfte zu haben, sondern auch entsprechendes Sachkapital, blieb in der rentenpolitischen Diskussion für lange Zeit völlig außer Betracht. Die Vorsorge für das Alter wurde mit dem totalen Umlageverfahren von der Sachkapitalbildung entkoppelt. Das Problem der demographischen Entwicklung wurde damit um ein Problem der gesamtwirtschaftlichen Investitionen und der Vermögensverteilung erweitert. Zu spät hat man außerdem entdeckt, daß die Vermögens- und Äquivalenzillusion des Umlageverfahrens eines

[582] Die Umverteilungsbereitschaft nimmt im allgemeinen mit größerer kultureller Nähe und Verwandtschaft zu, wie sie meist innerhalb von Staaten besteht. Der vielfach geforderte Weltwohlfahrtsstaat als Umverteilungsgemeinschaft würde vor allem die Leistungsantriebe auch in ärmeren Ländern herabsetzen, während ihnen gegenüber Sanktionsmöglichkeiten geringer sind als gegenüber Leistungsverweigerung im eigenen Land.

der stärksten Motive zur realen Vermögensbildung in breiten Schichten geschwächt hat, nämlich die Vorsorge für das Alter. In der Zeit überhöhter Selbstfinanzierungsraten der deutschen Wirtschaft in den ersten eineinhalb Jahrzehnten der westdeutschen Bundesrepublik ist man im Zeichen der dynamischen Umlagerente über diesen Sachverhalt hinweggegangen. Damals hätte die Möglichkeit bestanden, mit Investivlöhnen einen Teil der Selbstfinanzierungsgewinne der Unternehmungen abzuschöpfen, ohne die Investitionsneigung wesentlich zu beeinträchtigen (*Willgerodt* 1957, S. 193). In allzu später Stunde sind nun Zweifel an der Dominanz des Umlageverfahrens in der Alterssicherung aufgekommen. Wenn es nicht gelingt, in Gestalt von gründlicher und besser ausgebildeten Kindern für die Zukunft wirtschaftlich vorzusorgen, dann wäre es mindestens notwendig, mehr Sachkapital zu bilden. Trotz dieser Erkenntnis wird jedoch die Politik des kapitalpolitischen Reservenverzehrs verstärkt fortgesetzt. Zum Beispiel sollen in der Gesetzlichen Krankenversicherung im Rahmen einer zweiten zweckgebundenen Einkommensteuer (hierzu kritisch: *C. C. von Weizsäcker* 2004) vor allem Zinserträge in die Bemessungsgrundlage der Abgaben einbezogen werden. Dies wäre eine zusätzliche Strafsteuer für Kapitalbildung oder eine Kapitalvertreibungssteuer. Die bisherige private Krankenversicherung, die mit Kapitalrückstellungen arbeitet, soll abgeschafft werden, wobei ihr vorhandenes Kapital zunächst enteignet und dann nach aller bisherigen Erfahrung wie in anderen Sozialeinrichtungen aufgezehrt werden würde. Bei dem Humankapital werden Entstehung und Nutzung durch sozial- und finanzpolitische Maßnahmen behindert, von Etatkürzungen im Bildungsbereich bis zu tarifpolitischer Mindestlohnarbeitslosigkeit und Verkürzungen der Lebensarbeitszeit.

Freilich gibt es Gegenkräfte. Die Bevölkerung hat sich von den Dogmatikern des totalen Umlageverfahrens nicht davon abhalten lassen, in erheblichem Umfang zu sparen und Kapital zu bilden. Dieses Kapital ist indifferent gegenüber den Motiven, aus denen es gebildet worden ist. Also kann es auch der Alterssicherung dienen. Nur ist das Eigentum daran nicht so gleichmäßig verteilt, wie es wünschenswert wäre.

Man hat der Kapitalbildung für Zwecke der Alterssicherung zahlreiche Mängel zugeschrieben. Einmal gebildetes Kapital, wenn es der Alterssicherung diene, müsse an folgende Generationen verkauft werden. Das Ergebnis komme dem bestehenden Umlageverfahren gleich. Diese Aussage verkennt, daß nachfolgende Generationen immer erst sparen müssen, bevor sie vorhandenes Kapital von der Elterngeneration kaufen können. Sie erwerben damit aber in echter Äquivalenz von Leistung und Gegenleistung direkt oder indirekt wirkliches Realkapital, während im jetzigen Umlagesystem im Prinzip überhaupt kein Kapital gebildet oder weitergegeben wird. Das geltende System ermuntert zum Kapitalverzehr, soweit die Bevölkerung der Illusion zum Opfer fällt, ihre Umlagerente sei auch unter veränderten Bedingungen ausreichend und sicher.

7. Folgerungen

Die bisherige deutsche Sozial- und Finanzpolitik ist durch zahllose Irrationalitäten gekennzeichnet und deswegen in eine Krise geraten. Es handelt sich um eine Krise des Maßes, aber auch der zugrundeliegenden Prinzipien. Das Prinzip der Umlagen ist nicht allgemein abzulehnen. Der Staat finanziert sich immer durch Umlagen, nämlich Steuern, und das ist solide, wenn er entsprechende Leistungen erbringt. Selbst Staatsschulden können berechtigt sein, vor allem, wenn damit wirtschaftlich zweckmäßige Investitionen finanziert werden, obwohl viele Gründe dafür sprechen, daß hierfür ebenfalls Steuererträge verwendet werden. Auch zur Finanzierung sozialer Leistungen sind Umlagen seit langem üblich, etwa bei allen Leistungen, die unmittelbar aus der Staatskasse finanziert werden, wie zum Beispiel die Sozialhilfe. In der auf Umlagen beruhenden gesetzlichen Rentenversicherung, der sozialen Krankenversicherung und der Pflegeversicherung hätte keine Krise entstehen müssen, wenn die entstandenen Ansprüche mit dem Beitragsaufkommen im Gleichgewicht geblieben wären. Das war unpopulär oder wurde jedenfalls von den Sozialpolitikern so angesehen. Sie haben unentwegt Ansprüche auf zusätzliche Leistungen bewilligt und dabei keine Rücksicht auf die Finanzierbarkeit genommen. Vielmehr haben sie – nicht nur in Deutschland – die Wahrheit über die finanzielle Lage des Systems verschleiert. Zur Deckung der Sozialausgaben nötige Steuer- und Beitragserhöhungen galten als unpopulär und mit einigem Recht auch als wirtschaftlich schädlich. Die Ausgaben sollten trotzdem gesteigert werden. Falsche Ratgeber stellen dies sogar über alle Konjunkturphasen hinweg als konjunkturpolitisch notwendig hin.

Es handelt sich aber auch um Fehler der maßgebenden Prinzipien. Man hat so weit wie irgend möglich Individualgüter wie Altersvorsorge, Krankheitsvorsorge, Pflegefallvorsorge usw. meritorisiert, das heißt zu Gütern erklärt, bei denen eine spezielle persönliche Entgeltlichkeit unzumutbar sei. Was unentgeltlich scheint, ruft Verschwendung hervor. Man wird hier den Rückweg antreten müssen. Wie weit man ihn geht, ist wieder eine Frage des Maßes, aber ohne eine stärker mobilisierte Eigenverantwortung und ein entsprechendes Eigeninteresse an der Zukunftsvorsorge und an der Vermeidung persönlicher Notlagen wird man nicht auskommen. Die breiten Massen in Deutschland sind nicht allgemein absolut bedürftig, was immer an angeblicher relativer Armut ausgerechnet werden mag. Die Verbreitung von Automobilen, moderner Elektronik, Urlaubsreisen und vielen Gütern, von denen vor einem Jahrhundert auch Wohlhabende nicht einmal träumen konnten, müßte ausreichen, um plausibel zu machen, daß heute eine Rückkehr zu mehr spezieller Entgeltlichkeit möglich sein sollte.

Worum es sich handelt, läßt sich am Beispiel der Krankenversorgung erkennen. Hier können und müssen kostendeckende Preise zugemutet werden, selbst wenn der medizinische Fortschritt auch teuerer wird. Andere Güter können ja auch besser und teuerer werden. Die jetzigen Reformvorschläge für die soziale Krankenversorgung gehen in entgegengesetzte Richtungen: Die einen wollen die im alten System enthaltene, zum Teil irrationale[583] Umverteilung weitgehend abschaffen und einheitliche Gesundheitsprämien einführen. Umverteilung, soweit sie für notwendig gehalten wird, soll im wesentlichen Aufgabe der Einkommensteuer werden. Wenn aber genau dieselbe Umverteilung, die bisher in der gesetzlichen Krankenversicherung besteht, nun punktgenau auf die Einkommensteuer übertragen werden soll, fragt man sich, welchen Sinn diese ganze Umstellung haben könnte. Er könnte darin bestehen, daß die Krankenversicherungen bei einheitlichen Prämien kein Motiv mehr hätten, möglichst gut verdienende Mitglieder zu haben. Bei Prämienwettbewerb könnte dieses Streben durch Kontraktionszwang für die Krankenkassen gemildert werden. Selbstbeteiligungen könnten auch das Verhalten der Versicherten rationalisieren. Im ganzen sinnvoll wäre jedoch eine stärker an allgemeine Kriterien anknüpfende und nicht mehr selektiv in der Krankenversorgung angesiedelte, also reformierte Umverteilung, das heißt auch bei vielen Gütern die Rückkehr zu mehr Äquivalenz.

Der Gegenvorschlag, fälschlich ‚Bürgerversicherung' genannt, will die Umverteilung innerhalb der sozialen Krankenversicherung maximieren, indem alle Einkommen beitragspflichtig gemacht und alle Inländer einbezogen werden. Die Beiträge für Gesundheitsleistungen haben dann wie bisher, aber nun für alle, nichts mehr mit den Kosten dieser Leistungen zu tun. Wer damit den freien Preis vollkommen abschafft, braucht die rationierende Polizei, das heißt die bevormundend zuteilende medizinische Obrigkeit, wenn die Kosten nicht explodieren sollen. Warum dann nicht gleich die bisherigen Beiträge abgeschafft werden, die Einkommensteuer entsprechend erhöht und das Gesundheitswesen überhaupt voll verstaatlicht wird, läßt sich vielleicht mit Details, aber im ganzen immer schwerer begründen. Ein Spezialsteuerrecht für diese zweite Einkommensteuer wäre zu befürchten.

In der Alterssicherung muß der Zusammenhang zwischen Abgaben und Kapitalbildung mindestens zu einem erheblichen Teil wiederhergestellt werden. Das Volk im ganzen muß ja das Problem der Kapitalbildung in jedem Fall lösen, und es ist abwegig, sich darüber mit makroökonomischen Bilanzfälschungen, also konsumtiver Staatsverschuldung ohne persönliche Gegenbuchung der Bürger, hinwegzutäuschen. Bei Inländern aufgenommene Staatsschuld bedeutet, daß sich das Volk bei sich selbst verschuldet. Seine Sparer hängen damit der Illusion an, sie hätten Kapital gebildet und für die Zukunft vorgesorgt. Hätten alle Staatsgläubiger und sozialpolitischen Anspruchsberechtigten genau so viel Forderungen an die öf-

[583] Zum Beispiel werden nicht außerhalb des Haushaltes arbeitende Ehefrauen, auch wenn sie keine Kinder haben, ohne Beitrag mitversorgt.

fentlichen Einrichtungen, wie an öffentlicher Schuld auf sie entfällt, dann könnte man beide Posten gegeneinander aufrechnen und die privaten Vermögensbilanzen von Illusionen bereinigen. Schuldtitel und Verpflichtungen sind aber ungleichmäßig verteilt. Damit wurde ein sozialer Sprengstoff angesammelt, der sich in einem Konflikt zwischen Nettozahlern und Nettoempfängern bei der unvermeidlichen Bereinigung entladen könnte.

Literatur

Friauf, Karl Heinrich (1990), Staatskredit, in: *Josef Isensee* und *Paul Kirchhof* (Hrsg.), Handbuch des Staatsrechts der Bundesrepublik Deutschland, Bd. IV, § 91, Heidelberg.

Friedman, Benjamin M. (1988), Day of Reckoning, New York.

Hahn, L. Albert (1969), Geld und Gold, Basel und Tübingen.

Hankel, Wilhelm und *Gerhard Zweig* (1957), Die Alterssicherung in der sozialen Marktwirtschaft, in: ORDO, Bd. 9, S. 157–173.

Kümmel, Reiner, Dietmar Lindenberger und *Wolfgang Eichhorn* (2004), Die Produktionsmächtigkeit der Energie und die Nutzungspreise von Energie und Arbeit, in: *Oliver Budzinski* und *Jörg Jasper* (Hrsg.), Wettbewerb, Wirtschaftsordnung und Umwelt, Festschrift für Udo Müller, Frankfurt am Main u. a., S. 297–310.

Papier, Hans-Jürgen (2003), Überholte Verfassung? In: Frankfurter Allgemeine Zeitung vom 27. November 2003.

Rueff, Jacques (1948 / 1952), L'Ordre Social, Paris, deutsch: Die soziale Ordnung, Bremen.

Solow, Robert (2004), Erst das Zuckerbrot und dann die Peitsche, Interview in: Frankfurter Allgemeine Zeitung vom 4. September 2004.

Thum, Marcel und *Jakob von Weizsäcker* (2000), Implizite Einkommensteuer als Messlatte für die aktuellen Rentenreformvorschläge, in: Perspektiven der Wirtschaftspolitik, Bd. 1, S. 453–468.

Weizsäcker, Carl Christian von (2004), Einkommensteuer II oder Einwohnerversicherung, in: Frankfurter Allgemeine Zeitung vom 29. Mai 2004.

Willgerodt, Hans (1955), Die Krisis der sozialen Sicherheit und das Lohnproblem, in: ORDO, Jahrbuch für die Ordnung von Wirtschaft und Gesellschaft, Bd. 7, S. 145–187.

Willgerodt, Hans (1956), Der Familienlastenausgleich im Rahmen der Sozialreform, in: ORDO, Bd. 8, S. 123–171.

Willgerodt, Hans (1957), Das Sparen auf der Anklagebank der Sozialreformer, in: ORDO, Bd. 9, S. 175–198.

Zaghini, Andrea (Juni 1999), The Economic Policy of Fiscal Consolidations: The European Experience, Banca d'Italia, Temi di discussione del Servicio Studi, Number 355.

Nach der deutschen Wiedervereinigung hat der deutsche Staat vor allem solche Enteignungen zu seinen Gunsten bestehen lassen, die von der sowjetischen Besatzungsmacht in ihrer Besatzungszone vorgenommen oder veranlaßt worden sind. Die dafür vorgebrachten rechtlichen und wirtschaftlichen Gründe überzeugen nicht. Die Sowjetunion hat ausdrücklich durch ihre höchsten Repräsentanten erklärt, daß die Beibehaltung der Enteignungen keine Bedingung gewesen sei, an die sie ihre Zustimmung zur deutschen Wiedervereinigung gebunden hätten. Die damit befaßten hohen und höchsten Gerichte haben trotzdem einem vermeintlichen Staatsinteresse am Fortbestand dieser Enteignungen den Vorrang vor der Rückgabe des geraubten Gutes eingeräumt. Angemessene Entschädigung und Wiedergutmachung wurden verweigert. Betroffen waren vor allem Eigentümer, die dem sowjetdeutschen Regime als politisch unzuverlässig galten oder einer nicht willkommenen bürgerlichen Gruppe angehörten. Rußland hat inzwischen zahlreiche willkürliche Verurteilungen Enteigneter aufgehoben. Deutsche Behörden behindern die an sich zwingenden Folgerungen aus diesen Vorgängen nach Kräften und versuchen, die Rückkehr aus ihrer Heimat vertriebener oder geflüchteter Enteigneter zu erschweren.

Mit Ausnahme der Staatsrechtler hat die deutsche Rechtswissenschaft in dieser Frage versagt. Die deutschen Wirtschaftswissenschaftler sind in ihrer überwältigenden Mehrheit einer Stellungnahme ausgewichen oder haben das Enteignungsunrecht sogar gutgeheißen. Die dafür angeführten ökonomischen Gründe sind ausnahmslos abwegig. „Unrecht Gut gedeihet nicht." Das heißt, der deutsche Staat hat sich selbst durch das Enteignungsunrecht insgesamt sowohl fiskalisch als auch wirtschaftlich geschadet, aber sein Rechtssystem gefährdet.

Die sowjetzonale Bodenreform hatte teilweise durch die Schaffung von Kleineigentum bürgerliche Züge und ist insoweit auch von den früheren Eigentümern akzeptiert worden. Sie war aber von den DDR-Behörden nur als Vorstufe zur Kollektivierung der Landwirtschaft gedacht. Das später noch von der DDR gesicherte Volleigentum der Kleinbauern wird von jetzigen deutschen Behörden zum Zwecke nachträglicher Verstaatlichung in Frage gestellt, die sich offenbar als Testamentsvollstrecker des Kommunismus verstehen (vgl. zum Beispiel Thorsten Purps, Vom Staat enterbt, Halle (Saale) 2009).

Der folgende Beitrag befaßt sich näher mit dem deutschen Enteignungsproblem.

Enteignung als ordnungspolitisches Problem*

Von Hans Willgerodt

I.

Das Grundgesetz läßt nach Artikel 14 Absatz 3 eine Enteignung zu. In dem Enteignungsgesetz sind Art und Ausmaß der Entschädigung zu regeln. Soweit in der ehemaligen DDR in normalen Verfahren enteignet worden ist, wurden auch dort sogenannte Entschädigungen gezahlt. Dem realen Wert des enteigneten Gutes konnten sie nicht entsprechen.[584] Außerdem war wegen der beschränkten Verwendbarkeit des Geldes in der DDR mit dem Entschädigungsbetrag wenig anzufangen. Die Meinung der jetzigen Gesetzgebung, hier liege eine dem rechtsstaatlichen Verfahren analoge Entschädigung vor, so daß keinerlei Nachbesserungsbedarf bestehe, ist sachlich nicht haltbar; es hat sich teilweise um verkappte Expropriationen gehandelt. Man sieht diese Enteignungen jedoch aus pragmatischen Erwägungen oder in positivistischer Anerkennung von DDR-Kodifikationen als legal an.

Daneben gibt es die als widerrechtlich anerkannten Enteignungen im Gebiet der ehemaligen DDR. Dabei wurde früher entweder überhaupt keine oder keine angemessene Entschädigung gezahlt. Der Rechtsnachfolger der DDR, nämlich die Bundesrepublik Deutschland, hat diesen Defekt bisher nicht behoben. Vielmehr wurde eine Entschädigungsregelung jahrelang verzögert. Würde es sich um westdeutsche Enteignungen handeln, so wäre dieses Vorgehen verfassungswidrig. Es würde auch deswegen gegen das Grundgesetz verstoßen, weil die geplanten Entschädigungen viel niedriger bemessen werden sollen, als das für Westdeutschland bisher als rechtlich geboten angesehen wird (*Weber*, 1961, 227–230). Zur Begründung wird vorgebracht, es handele sich hier nicht um eine im Geltungsbereich des Grundgesetzes vorgenommene Enteignung. Deshalb sei diese andere Art und zeitliche Verzögerung einer Entschädigungsregelung hinzunehmen. Dies wird vorgetragen, obwohl das vereinigte Deutschland nunmehr in die Rechte der ehemaligen DDR eingetreten ist.

---

* Am 26. 11. 1992 vor der Arbeitsgemeinschaft für Agrarfragen gehaltener Vortrag.

[584] In der zurückgestauten Inflation und bei reiner Binnenwährung mit Zwangspreisen und Teilrationierungen läßt sich eine angemessene Entschädigung, die dem Realwert des enteigneten Gutes entspricht, nicht berechnen. Vgl. auch *Röpke*, 1947, 70, Fußnote 1.

Im Hintergrund stehen fiskalische und gegen Alteigentümer gerichtete emotionale Motive. Der heutige deutsche Staat versprach sich Vorteile davon, vorübergehend oder auch dauerhaft Eigentümer des im Osten enteigneten Gutes zu sein. Deshalb will der deutsche Staat die Rechte aus den rechtswidrigen Enteignungen im Osten übernehmen. Er will aber nicht das gesamtdeutsche Recht als staatliche Pflicht auf den Osten ausdehnen.

Die Beziehungen, in denen die Enteignungen der sowjetischen Besatzungszone und in der ehemaligen DDR zum Grundgesetz stehen, mögen erheblichen Scharfsinn herausfordern. Man kann ferner erwägen, ob und inwieweit andere Rechtsvorschriften, etwa die Haager Landkriegsordnung, die Europäische Menschenrechtskonvention oder die Weimarer Reichsverfassung einschlägig sein könnten. Interessieren könnte sogar Artikel 16 der Verfassung der DDR, wonach Enteignungen nur für gemeinnützige Zwecke zulässig sein sollten, die auf andere Weise nicht zu erreichen waren. Die Enteignungen durften danach nur gegen angemessene Entschädigung und in Fällen geschehen, in denen der angestrebte Zweck nicht auf andere Weise erreicht werden konnte. Es ist zu fragen, wieweit der alles Kodifizierte anerkennende Rechtspositivismus reichen soll, ein Problem, das schon früher für die Nachfolge des nationalsozialistischen Regimes Kopfzerbrechen gemacht hat.

Als „gemeinnützig" dürfte in der Sowjetzone ebenso wie in der DDR das Ziel gegolten haben, Privateigentum an den Produktionsmitteln abzuschaffen. Geeignete andere Mittel als Enteignungen waren staatliche Sondersteuern, Diskriminierungen durch staatliche Planauflagen und bei der Belieferung mit Material, staatliche Zwangsbeteiligungen und zwangsweise „Verschuldungen". Wo dies den Eigentümer nicht zur Kapitulation brachte, wurde das Mittel der Enteignungen gewählt, teils mit der erwähnten minderwertigen Entschädigung, teils entschädigungslos. Die Frage ist, ob das vereinigte Deutschland als Rechtsstaat diese marxistisch-leninistische Definition von Gemeinwohl in ihren Wirkungen unverändert lassen darf, obwohl es sie nach dem eigenen Recht für verfassungswidrig halten muß.

Die Deutschen in Ost und West sind auch schon vor der Vereinigung deutsche Staatsbürger gewesen und geblieben. Inwieweit dürfen sie vom jetzigen deutschen Staat bei gleichartigem Sachverhalt unterschiedlich behandelt werden, obwohl die Präambel des Grundgesetzes behauptet hat, man habe „auch für jene Deutschen gehandelt, denen mitzuwirken versagt war"? Der Einwand, die Aufhebung von Kodifizierungen oder Maßnahmen der Besatzungsmacht oder der DDR wäre ein Akt mit unzulässiger zeitlicher Rückwirkung westdeutscher Gesetze, ist schon allein deswegen inkonsequent, weil Rechtssetzungen mit rückwirkenden Folgen inzwischen kaum noch auf Skrupel stoßen und es sich hier ausnahmsweise um Fälle handelt, wo sie kaum berechtigt wären. Im übrigen ist auch sonst die DDR rechtlich nicht als Ausland behandelt worden.

Dem steht die These gegenüber, es handele sich zum Beispiel bei den entschädigungslosen Enteignungen zwischen 1945 und 1949 in der Sowjetischen Besatzungszone um Enteignungen durch einen anderen Staat, nämlich die Sowjetunion, im Gebiet eines Staates, der gegenüber dem jetzigen Deutschland ein fremder Staat gewesen sei. Die sowjetische Besatzungszone war jedoch Teil des formell weiterbestehenden Deutschen Reiches, das für den Rechtsnachfolger dieses Reiches nicht gut Ausland sein kann. Jedenfalls entspricht das logischer Konsequenz, wenn für viele andere Kriterien zusätzlich zur Fortgeltung der Staatsbürgerschaft die Rechtsnachfolge für das Reich in Anspruch genommen wird. Für den reinen Rechtspositivismus gilt freilich auch die Unlogik als zulässig, wenn sie kodifiziert und politisch gewollt ist.

So sind denn bei früheren und heutigen Enteignungen alle Deutschen gleich, es sei denn, daß sie in ihrer Eigenschaft als enteignete Eigentümer unterschiedlichen Klassen angehören, wobei diese eigentumsrechtliche Klassenschichtung sich nach der Belegenheit des enteigneten Objektes, dem Zeitpunkt der Enteignung, aber auch persönlichen Befindlichkeiten des Enteigneten wie dem früheren Wohnsitz oder früherer Unternehmereigenschaft, schließlich auch nach der wirtschaftlichen Kategorie des Enteignungsobjektes usw. richtet. Begründungen für diesen eigentumsrechtlichen Klassenstaat lassen sich finden, zumal wenn man das Definitionsrecht für das Allgemeinwohl in Anspruch nehmen kann, zu dessen Förderung allein Enteignungen verfassungsrechtlich erlaubt sind. Meist haben solche Gemeinwohlzwecke wirtschaftlichen oder wirtschaftspolitischen Charakter. Davon soll später die Rede sein.

Das „Wohl der Allgemeinheit" kann aber auch so definiert werden, daß darunter ein politisches Ziel wie die deutsche Vereinigung verstanden wird. Dieses Ziel, so wird behauptet, habe die Hinnahme und Fortdauer rechtswidriger Enteignungen erfordert. Dem entspricht das Urteil des Bundesverfassungsgerichtes vom 23. April 1991 zu den Enteignungen auf angeblich besatzungsrechtlicher oder besatzungshoheitlicher Grundlage. In einem solchen Falle gehört es zu den elementaren Grundsätzen des Rechtsstaates, für eine rein politische Erpressung durch einen fremden Staat, die sich gegen einzelne Bürger des Inlandes richtet, die Allgemeinheit dieses Inlandes aufkommen zu lassen, wenn durch Hinnahme dieser Erpressung ein allgemeiner politischer Zweck des Inlandes verfolgt wird (vgl. *Röpke*, 1951, 276f.). Müßte die Enteignung deswegen aufrecht erhalten werden, weil dies die Bedingung für die Zustimmung der Sowjetunion zur deutschen Vereinigung gewesen wäre, dann hätte dies nicht im privaten Sonderinteresse der Enteigneten gelegen, sondern im Interesse der deutschen Nation im ganzen. Die Nation hätte deswegen die entsprechende wirtschaftliche Last übernehmen müssen; die Enteigneten wären daran nur nach Maßgabe allgemeingültiger Steuergesetze zu beteiligen gewesen.

Ähnliches gilt für die späteren Enteignungen in der DDR, die entweder rückgängig zu machen waren, da hier keine außenpolitischen Hindernisse im Wege stehen, oder nach allgemeinem deutschem Recht zu entschädigen sind, das einheitlich auf ganz Deutschland anzuwenden ist. Erwägungen über die Finanzierbarkeit sind dabei nur in einer Form zulässig, bei der, anders als bei den jetzt geplanten Maßnahmen, diskriminierende Sonderbehandlungen vermieden werden. Nachdem sich deswegen zunächst das Grundprinzip durchzusetzen schien, daß mindestens für die Enteignungen nach 1949 die Rückgabe des rechtswidrig Enteigneten der Normalfall und eine angemessene Entschädigung der Ausnahmefall sein müsse, hat eine irreführende Propaganda zu der weder verwaltungstechnisch noch ökonomisch begründeten Forderung geführt, das Rückgabeprinzip zur Ausnahme zu machen und außerdem als Entschädigung auszugeben, was weit hinter den normalen Entschädigungssätzen zurückbleibt.

II.

Im Zuge der angeblich vereinigungsnotwendigen Klassenspaltung wird das Problem der Ostenteignungen zu einer Angelegenheit erklärt, die die Enteigneten in der Hauptsache unter sich auszumachen hätten. Diejenigen Enteigneten, denen das Gut aus den verschiedensten, gesetzlich immer weiter ausgedehnten Gründen nicht zurückgegeben werden kann oder soll, erhalten eine möglichst niedrig bemessene „Entschädigung" oder einen Ausgleich. Mit der für Enteignungen innerhalb Westdeutschlands bisher rechtlich gebotenen und das Gesamtvermögen des Enteigneten nicht schmälernden Entschädigung haben diese geplanten Zahlungen nichts zu tun. Wenn trotzdem auch bei solchen jetzt geplanten Zahlungen von „Entschädigungen" gesprochen wird, so ist das ein Präzedenzfall, der künftig auch in allen anderen Teilen Deutschlands Manipulationen von Entschädigungen erlaubt.

Diejenigen, die das Enteignete zurückerhalten, sollen eine Vermögensabgabe als Substanzsteuer zahlen, um denen, die von der Rückgabe ausgeschlossen werden, die erwähnte Pseudo-Entschädigung zahlen zu können. Dabei gibt es nach einem Referentenentwurf des Bundesfinanzministeriums vom 25. August 1992 weitere Klassenschichtungen:

- Wer ununterbrochen bis zur Wende im Osten ausgeharrt hat, braucht bei Rückgabe keine Vermögensabgabe zu zahlen.
- Wer die DDR zwischen dem 31.12.1979 und dem 9.11.1989 nach Westen verlassen hat, zahlt 11 % von der Bemessungsgrundlage.
- Wer das gleiche in der Zeit vom 13.8.1961, also dem Bau der Mauer, und dem 1.1.1980 getan hat, zahlt 22 % von der Bemessungsgrundlage.

- Sonstige Enteignete, vornehmlich Westbürger mit Osteigentum, zahlen ein Drittel.
- Befreit werden können gewerbliche Unternehmer, wenn sie 90 % der Dauerarbeitsplätze für mindestens 3 Jahre erhalten,
- ihre Abgabe mindert sich um 50 %, wenn sie dasselbe für mindestens 50 % der Dauerarbeitsplätze tun.

Bei „Entschädigungen" werden solche Differenzierungen nicht vorgesehen. Das tatsächliche oder vermeintliche Verdienst, es möglichst lange im SED-Staat ausgehalten zu haben, wird also hierbei nicht honoriert. Zu entschädigende Altunternehmer können nur maximal 250.000 DM erhalten, im Gegensatz zur allgemeinen Regelung, die auch höhere Beträge zuläßt. Altunternehmer erscheinen demnach als besonders unsympathisch.[585]

Der rechtswidrige staatliche Enteignungsakt im Osten erscheint damit als ein vom unberechenbaren politischen Hagelschlag abhängiges Zufallsereignis. „Aus der Wolke ohne Wahl, zuckt der staatliche Enteignungsstrahl", um *Friedrich Schiller* zu variieren. Wer das Enteignete zurückerhält, hat eben in dieser Staatslotterie nur Glück gehabt. In der Sprache der Begründung des Referentenentwurfs zum Entschädigungsgesetz nimmt sich dieser Vorgang wie folgt aus: Dem Berechtigten sei „der Restitutionsanspruch ohne Gegenleistung zugefallen" (S. 40), oder, noch deutlicher: „Wer als Rückgabeberechtigter ... den Sachwert unentgeltlich zurückbekommt ..., erfährt dank der Überwindung der deutschen Teilung einen Vermögenszuwachs" (S. 9). Es wäre interessant, von denen, die solches zu Papier gebracht haben, ihre Ansicht zu folgenden Sätzen zu hören, die eine logisch völlig identische Struktur zu den Referentensätzen aufweisen: „Dem von einem abscheulichen Gewalttäter blau geschlagenen Polizeibeamten ist der Anspruch auf Schmerzensgeld und Erstattung der Krankenhauskosten ohne Gegenleistung zugefallen." oder „Wem sein von einem Bonner Ministeriumsparkplatz gestohlenes Privatauto dank der Bemühungen der Polizei unentgeltlich zurückgegeben wird,

[585] Die Begründung zum Referentenentwurf zum Entschädigungsgesetz führt auf S. 20 f. zur Erklärung an, dem Geldanspruch fehle eine Sozialbindung, die dem Betriebsvermögen auferlegt sei, indem zum Beispiel ein Sozialplan zu finanzieren sei und dergleichen. Die Kosten des Sozialplans und anderer sozialpolitischer Belastungen gehen aber immer in die Lohnkosten ein und mindern den Ertragswert des Unternehmens, solange die Rückwälzung auf die Arbeitnehmer oder die Fortwälzung auf die Produktpreise nicht gelingt. Entsprechend geringer ist dann der Zeitwert des Unternehmens, der eigentlich der Vermögensabgabe zugrunde gelegt werden müßte. Das Ministerium begründet seine Präferenz für das Betriebskapital mit dessen sozialpolitischen Belastungen, nicht mit dessen unternehmerischer Funktion in der Marktwirtschaft. Daß ein Geldanspruch nicht zu einer Sozialbindung führt, läßt sich erst beurteilen, wenn man den Charakter der Wiederanlage des Geldanspruchs kennt. Daß man die Entschädigung statt in Geld auch in Anteilen an Unternehmungen oder Sozialpflichtigen Immobilien hätte leisten können, ist nicht erwogen worden, weil es um die Verbannung von Alteigentümern aus ihrer Heimat geht, die festgeschrieben werden soll.

erfährt dadurch einen Vermögenszuwachs." Demnach gäbe es kein besseres Mittel zur Vermögensbildung in breiten Schichten als die Förderung edler Räuber, die ja schon Aristoteles als normale Berufstätige aufgeführt hat. Sie müssen nur das Geraubte nach einiger, wenn möglich langer Zeit und mit Rabatt zurückerstatten. Möglichst lang soll die Frist bis zur Rückgabe sein, weil der Beraubte dann nicht mehr den Verlust des Geraubten im Gedächtnis haben könnte, er mindestens den Raub, wie man so sagt, verschmerzt hätte. Könnte man dann nicht gar nach der Vermögenszuwachstheorie Einkommensteuer auf dasjenige erheben, was zurückerstattet wird?

Die Bereinigung des Enteignungsproblems wird nun nach Art einer Hagel- oder Diebstahlversicherung konstruiert, allerdings ist niemand gefragt worden, ob er vom Staat, der den Schaden verursacht hat, wie ein Versicherter behandelt werden möchte. Zwischen denen, die der Hagelschlag nicht getroffen hat, die also ihr Gut zurückerhalten, und denen, deren Gut in der Hand des Enteigners zurückbleibt, soll ein Ausgleich stattfinden. Die nachträgliche Zwangsversicherung wird der Einfachheit halber nicht in der Weise gehandhabt, daß zunächst von allen Enteigneten Prämien erhoben und anschließend für die Schadensfälle verwendet werden. Vielmehr wird ein staatlicher Entschädigungsfonds die Abwicklung übernehmen, den diejenigen durch eine Objektsteuer finanzieren sollen, denen ihr Eigentum zurückgegeben wird.

Es heißt, dies sei „sozial" und entspreche dem Gleichheitsgrundsatz.

Was das Soziale angeht, so sollte es aber möglichst nahe an die persönlichen Einkommens- und Vermögensverhältnisse anknüpfen. Davon ist bei diesem Entschädigungsvorhaben nichts zu entdecken. Es gibt zwar eine Degression der zu zahlenden Beträge bei der Pseudo-Entschädigung oder dem Ausgleich; sie ist aber völlig davon unabhängig, ob sie den Armen oder Reichen trifft, sondern knüpft allein an den zu zahlenden Gesamtbetrag nach dem Entschädigungsgesetz an. Auch hängen Vermögensabgabe und Umverteilung nur von den Werten der Vermögensobjekte ab, unabhängig von der wirtschaftlichen Lebenslage des jeweils Berechtigten. Gewiß wäre dies bei einer echten Entschädigung zum Verkehrswert nicht anders. Niemand käme dabei aber auf den Einfall, sie dann als „sozial" zu bezeichnen. Sofern „sozial" die Bedeutung erhält, daß der Staat mit Zwangsgewalt über Einkommen und Vermögen seiner Bürger verfügt, um sich selbst von seinen rechtswidrigen Handlungen freizustellen, mag die Bezeichnung zutreffen.

Was den verfassungsrechtlichen Gleichheitsgrundsatz angeht, so soll er in der Form zahlloser Ungleichbehandlungen bei identischen oder gleichartigen Sachverhalten „angewandt" werden. Wer zum Beispiel als Alteigentümer im Zeitpunkt der Enteignungen über ein gleiches Vermögen verfügt hat wie ein anderer Alteigentümer, kann je nachdem, was mit ihm im Anschluß an die Enteignung geschehen ist, gänzlich verschiedenartig behandelt werden, aber beileibe nicht nach Maßgabe etwa seiner persönlichen wirtschaftlichen Verhältnisse. Es soll nach Kollektivkriterien vorgegangen werden. Zum Beispiel ist der nach der Enteignung maßgebende Wohnsitz wichtig, ob man ihn nun freiwillig gewählt hat oder vom Staat an seiner freien Wahl gehindert worden ist. Anscheinend hat die Erwägung Pate gestanden, wer in einem bestimmten Zeitraum seinen Wohnsitz in den Westen verlegt hat oder verlegen mußte, ist schon allein deswegen wirtschaftlich leistungsfähiger als jemand, der nur im Osten ansässig gewesen ist. Woher weiß man dies? Der edle Räuber Staat will es einfach haben, also zugleich Ungleiches über einen Kamm scheren und trotzdem in höchst komplizierter Weise differenzieren. Das kann nur schematisch geschehen. Es handelt sich um den vergeblichen Versuch, mit typisierender Betrachtungsweise einen wirtschaftlichen Einzelvorgang „sozial" zu gestalten, an den das Soziale vernünftigerweise nicht anknüpfen kann. Oder soll künftig auch in Westdeutschland die Entschädigung bei Enteignungen davon abhängig gemacht werden, wo der Enteignete vorher gewohnt hat? Es gibt ja im Durchschnitt wohlhabende und weniger wohlhabende Gebiete auch in Westdeutschland. Weshalb wird nicht auch das Alter des zu Entschädigenden berücksichtigt, da es doch im Durchschnitt die Entwicklung des Einkommens wesentlich beeinflußt? Wird künftig ein Bestohlener vom Dieb geringer zu entschädigen sein, wenn der Geschädigte einer Schicht angehört, die im Durchschnitt wohlhabender ist, auch wenn der Bestohlene selbst wenig Vermögen besitzt?

Doch es soll noch weitere Differenzierungen geben:

- Ein Teil der Enteigneten erhält zunächst den Verkehrswert aus dem Verkauf seines enteigneten Gutes, muß dann aber die Vermögensabgabe zahlen.
- Ein anderer wird nur auf den viel geringeren Betrag der Pseudo-Entschädigung verwiesen.
- Vermögenswerte die gar nicht enteignet, sondern nur unter staatliche Zwangsverwaltung gestellt worden sind, werden trotzdem zur Vermögensabgabe herangezogen. Der Eigentümer kann sie allerdings vermeiden, wenn er auf sein Eigentum verzichtet.

Bei Hausbesitz scheint dies auch das eigentliche Ziel zu sein (vgl. hierzu im einzelnen *Emmerich*, 1992, 357–371). Durch die staatliche Mieten- und Wohnungspolitik wird das alte Eigentum an Mietwohnungen weiter unrentabel gehalten und entwertet. Die Pseudo-Entschädigung ist dann für den Alteigentümer günstiger, so daß er dem Staat sein Eigentum „freiwillig" überläßt. Hier wird nur fortgesetzt, was die SED-Regierung jahrelang angewandt hat, um Privateigentümer auszuhungern.

Festzuhalten bleibt: die widerrechtlich enteigneten Objekte im Gebiet der ehemaligen DDR sind überwiegend noch vorhanden, so schlecht ihr Zustand auch sein mag. Die Objekte befinden sich innerhalb desselben Staates, der die Rechtsnachfolge der Enteigner angetreten oder den Enteigneten gegenüber eine Schutzfunktion bei Eingriffen fremder Mächte wahrzunehmen hat. Selbst wenn diese Objekte nur teilweise vorhanden wären: Welche Logik könnte hinter einer Aussage stehen, wonach ein Bestohlener sein wiedergefundenes Gut nur deswegen nicht zurückerhalten soll, weil das Gestohlene in anderen Fällen verloren bleibt? Manche amtlichen Verlautbarungen kommen der Auffassung bedenklich nahe, es solle allen gleich schlecht gehen.

Die Naturalrestitution war und ist überall dort möglich, wo das Objekt noch vorhanden ist. Davon sind auch keine außenpolitischen Verwicklungen zu erwarten. Denn für die Restitution lassen sich Formen finden, die mit internationalen Abmachungen nicht kollidieren. Daß die Enteigneten nicht den entgangenen Nutzen aus ihrem enteigneten Vermögen zurückerhalten können, dürfte ihnen klar sein. Der dafür aufzuwendende Betrag wäre einfach zu groß. Die Gemeinwohlbildung des Eigentums verlangt auch von den Alteigentümern Konzessionen. Es ist jedoch so gut wie kein Gedanke darauf verwendet worden, wie man durch geeignete Regelungen die Alteigentümer für den Wiederaufbau in ihrer alten Heimat besonders motivieren kann. Im Gegenteil: Die vorgesehene Pseudo-Entschädigung in Geld beseitigt alle hierfür bestehenden Möglichkeiten, die etwa in einer Begünstigung von Beteiligungen und anderen vermögenspolitischen Maßnahmen hätten bestehen können. Man scheint sich darin einig zu sein, daß die Alteigentümer so weit wie irgend möglich von der Teilnahme am ostdeutschen Wiederaufbau ferngehalten werden sollen. Sie kennen Land und Leute und durchschauen ehemalige politische Strukturen, denen reine Westbürger oft naiv gegenüberstehen.

Es handelt sich hier auch um die Fortsetzung des Sozialismus mit anderen Mitteln. Man verteidigt dies mit Gründen der Zweckmäßigkeit, insbesondere mit den Notwendigkeiten des wirtschaftlichen Wiederaufbaus. Rechtfertigt dieser Zweck die angewandten Mittel?

III.

Um diese Frage beantworten zu können, ist ein Blick auf den Sinn normaler Enteignungen nützlich. Die klassische Enteignung bezieht sich auf die Zukunft und dient nicht der vermögensrechtlichen Korrektur von Ergebnissen der Vergangenheit (vgl. *Weber*, 1961, 227–230). Der Staat will sich dabei zur eigenen oder fremden Verwendung einen Gegenstand verschaffen, den er zur Verfolgung seiner Zwecke braucht und sich auf anderem Wege nicht verschaffen kann. Zum

Beispiel müssen für den Bau eines vom Staat errichteten Verkehrsweges die entsprechenden Grundstücke zur Verfügung stehen. Der Normalfall wäre, daß der Staat diese Grundstücke den bisherigen Eigentümern abkauft. Es ist aber möglich, daß jemand um keinen Preis zum Verkauf bereit ist. Außerdem kann der verlangte Preis nur wegen der staatlichen Bauabsicht derartig steigen, daß dem Staat diese monopolistische Verhaltensweise des Eigentümers nicht tragbar erscheint und er eine Entschädigung festsetzt, die niedriger ist als ein möglicher Monopolpreis. Dem Alteigentümer wird dabei aber nicht ein Vermögensverlust gegenüber dem Zustand vor Beginn der staatlichen Bauplanung zugemutet. Volkswirtschaftlich hofft man, daß durch die Enteignung ein Wert geschaffen wird, der größer ist als das wirtschaftliche Ergebnis, das der alte Eigentümer mit dem Gegenstand erzielt hätte.

Wie gefährlich diese Betrachtungsweise ist, war der älteren Literatur zum Enteignungsproblem noch durchaus geläufig (vgl. *Wittmayer*, 1926, 730–760). Der marktwirtschaftliche Prozeß innerhalb der Privatrechtsordnung setzt eine klare, aber auch in dem Sinne dauerhafte Zuordnung von Eigentumsrechten voraus, daß im Regelfall darüber nur einvernehmlich durch Privatrechtsgeschäfte verfügt werden kann. Dabei gehen die Nutzenschätzungen beider Vertragspartner in das Marktergebnis ein. Bei der Enteignung handelt es sich dagegen um ein Diktat, bei dem die Nutzenschätzung der Enteigneten unterdrückt wird. Goethe hat dies zum Schluß seines „Faust" am Beispiel des alten Ehepaares Philemon und Baucis deutlich gemacht, dessen humanes Glück auf eigenem Grund durch ein großartiges Eindeichungsprojekt zerstört wird, mit dem der Dichter seinen Titelhelden zugrunde gehen läßt. So können Enteignungen in der Marktwirtschaft immer nur Ausnahme sein, wenn sie ihren menschenwürdigen Gehalt nicht verlieren soll.

Gänzlich anderes galt für Enteignungen im sozialistischen System sowjetischen Typs. Nur selten waren es dort wirtschaftliche Erfordernisse, etwa der Inanspruchnahme von Boden für öffentliche Zwecke, die der Grund für Enteignungen waren. Vielmehr war dort die Enteignung das Mittel, um eine kollektivistische Gesellschaftsordnung mit eigentumslosen Proletariern und zentraler Produktionslenkung zu schaffen. Für das Gebiet der ehemaligen DDR ist dieser Zweck inzwischen entfallen. Er soll durch sein Gegenteil ersetzt werden, nämlich durch dezentralisiertes Privateigentum an Produktionsmitteln und Immobilien. Ohne solches Privateigentum funktioniert die angestrebte Marktwirtschaft nicht, und deswegen ist solches Privateigentum auch im Staatsvertrag vom 18. Mai 1990 zwischen der Bundesrepublik Deutschland und der Deutschen Demokratischen Republik festgelegt worden.

Umstritten ist jedoch, wem das zu privatisierende Eigentum zugeführt werden soll. Dabei stehen sich zwei Konzepte gegenüber:

1. Der jetzige staatliche Verfügungsberechtigte kann das sogenannte Volkseigentum freihändig an ihm geeignet erscheinende Private verkaufen. Für solche Vermögenswerte, an denen keine Ansprüche privater Alteigentümer bestehen, kann dieses Verfahren zweckmäßig sein.
2. Bei solchen Objekten, die erst durch Enteignung zu Bestandteilen des Volkseigentums geworden sind, kann die Rückgabe an die alten Eigentümer oder deren Rechtsnachfolger vorgesehen werden.

Für die Enteignungen von 1945 bis 1949 hat man die Rückgabe an die alten Eigentümer ausgeschlossen. Das Grundgesetz wurde durch Einfügen eines Artikels 143 in dem Sinne zurechtgebogen, daß diese Enteignungen Bestandskraft erhalten sollten. Rechtsprechung und Staatsbürokratie üben sich seitdem eifrig und pietätvoll, den vermeintlichen letzten Willen der verblichenen Sowjetunion zu vollstrekken. In der Begründung des Referentenentwurfs vom 25.8.1992 zum Entschädigungsgesetz werden auf S. 33 sogar solche Enteignungen als von der sowjetischen Besatzungsmacht gewollt ausgegeben, die von der Besatzungsmacht ausdrücklich wieder rückgängig gemacht worden sind. Anschließend von deutscher Seite vorgenommene Enteignungen hätten keinen sowjetischen Widerspruch gefunden. Daraus sei zu schließen, daß sie von der Besatzungsmacht stillschweigend gebilligt worden seien. Es fehlt die Antwort auf die Frage, zu welchem Zweck die Besatzungsmacht dann überhaupt ihre Enteignungen aufgehoben hat. Daß sie lediglich versucht haben könnte, mangels anderer Aufgaben sich selbst zu beschäftigen, kann man wohl nicht annehmen. Die Verlagerung von Kompetenzen auf deutsche Stellen mußte bedeuten, daß damit auch die Verantwortung auf deutsche Stellen verlagert werden sollte, die insoweit nicht mehr besatzungsrechtlich oder besatzungshoheitlich gehandelt haben.

Selbst wenn man aber an der These festhält, alle diese Enteignungen hätten bis zum heutigen Tage eine besatzungsrechtliche oder besatzungshoheitliche Grundlage, ist zu prüfen, welche Substanz diese Enteignungen gehabt haben. Nach marxistisch-leninistischen Vorstellungen sollte das Privateigentum an den Produktionsmitteln abgeschafft und durch Kollektiveigentum ersetzt werden. Dazu mußte das Privateigentum zunächst, unter anderem durch Enteignungen, abgeschafft werden. Die administrativen weiteren Kollektivierungsschritte gehören zum Gesamtkomplex der getroffenen Maßnahmen, selbst wenn sie mit nicht nur stillschweigender, sondern ausdrücklicher Billigung und auf sowjetische Anweisung von deutschen Instanzen vollendet worden sind. Folgt man der These, deutsche Stellen hätten nur den Willen der Besatzung ausgeführt, dann muß man es auch hier tun.

Die kollektivierende Substanz der Enteignungsmaßnahmen ist aber inzwischen weggefallen. Auch das von 1945 bis 1949 Enteignete soll privatisiert werden. Verschämt spricht sogar das Bundesfinanzministerium an einer Stelle der Begründung zum erwähnten Referentenentwurf vom „ordnungspolitische(n) Zweck der Rückgabe als eines Beitrages zur Wiedergewinnung normaler Eigentumsstrukturen" (S. 6). Selbst die Nachfolgestaaten der Sowjetunion, vor allem Rußland, wollen im eigenen Land zum Privateigentum übergehen. Indem die Bundesrepublik Deutschland nunmehr auch bei sowjetisch enteignetem Gut das gleiche tut, beseitigt sie die Substanz der sowjetischen Enteignungspolitik, nämlich das Kollektiveigentum. Bestehen bleiben soll nach Auffassung deutscher Stellen lediglich der ohne Kollektivierung sinnlose Enteignungsvorgang selber, als ein bloßes Grinsen ohne Katze. Man könnte das jetzige Schweigen der Rechtsnachfolger der Sowjetunion zur Zerstörung der Substanz dessen, wovon die deutsche Vereinigung abhängig gemacht worden sein soll, als stillschweigende Zustimmung zur deutschen Privatisierung auffassen. Damit wären die sowjetischen Maßnahmen aufgehoben. Muß man dann noch gesondert prüfen, ob nicht die substanzlose Enteignung als bloße gewaltsame Verschiebung zwischen Privateigentümern von sowjetischer Seite gewünscht würde oder noch heute gewünscht wird?

Wenn man will, kann man von deutscher Seite einen vom Inhaber, der Sowjetunion, längst preisgegebenen Rechtstitel künstlich konservieren. Trotzdem ließe sich das Problem lösen. Die vom Standpunkt der Sowjetunion aus substanzlos gewordenen Enteignungen könnten fortbestehen, den von 1945 bis 1949 Enteigneten kann der Wiedererwerb des Weggenommenen mit Hilfe einer dazu ausreichenden Entschädigung ermöglicht werden. Wer später einmal sein Elternhaus nach der Privatisierung zurückkaufen will, kann ja ohnehin nicht daran gehindert werden. Warum muß eigens noch ein anderer Privateigentümer dazwischengeschoben werden, um dies möglich zu machen? Oder soll dem privaten Ersterwerber etwa zur Auflage gemacht werden, das Gekaufte nicht an Alteigentümer zu verkaufen, um die Alteigentümer zu Deutschen dritter Klasse zu machen? Gegen den unmittelbaren Verkauf an Alteigentümer mit Hilfe der Entschädigung wehrt man sich mit Händen und Füßen. Weshalb?

Wird das enteignete Gut jetzt von den Verfügungsberechtigten in einer schnellen Privatisierungsaktion auf den Markt geworfen, kann der Preis dafür so stark fallen, daß auch mit einer geringeren Entschädigung ein größerer Teil des Weggenommenen zurückgekauft werden könnte. Verlangsamt man deswegen den Verkauf, um die Verkaufspreise hoch zu halten, dann muß in der Zwischenzeit das Gut verpachtet oder anderweitig vom Staat genutzt werden, wahrscheinlich unter beträchtlichen Verlusten für die Staatskasse. Sein Verhalten bedeutet für den Fiskus ein schlechtes Geschäft.

Dies wird in Kauf genommen. Es besteht ein kostspieliges Ressentiment in Ost und West gegenüber Alteigentümern, obwohl oder vielleicht sogar weil sie bereit wären, in der alten Heimat auch unter Opfern am Wiederaufbau teilzunehmen.

Eine solche Grundeinstellung macht sich auch bei solchen Enteignungen bemerkbar, die nach 1949 in der DDR vorgenommen worden sind und für die an sich das Rückgabeprinzip gesetzlich vorgesehen war. Eine sofortige und mit Nachdruck geförderte Rückgabe an die alten Eigentümer hätte das zu lösende Problem wirtschaftlich und administrativ wesentlich erleichtert. Die Rückgabe hätte den Markt für Vermögensobjekte nicht preisdrückend belastet, soweit die Alteigentümer das Zurückgegebene persönlich nutzen wollten. Deswegen hätte die Treuhandanstalt beim Verkauf der rein staatlichen Objekte weniger Preiskonzessionen zu machen brauchen als heute. Auch Entschädigungszahlungen wären insoweit nicht angefallen.

Auch bei denen, die in der alten Heimat nicht wohnen oder unternehmerisch tätig sein wollen oder können, hätte sich trotzdem die Rückgabe empfohlen. Denn diese Alteigentümer hätten an der wirtschaftlichsten Verwendung ihres Eigentums das größte Interesse gehabt. Es hätte schneller ein wettbewerblicher Bodenmarkt in Gang kommen können, über dessen Fehlen heute so oft geklagt wird. Über diesen Markt hätte die Lenkung der Immobilien in die auch volkswirtschaftlich günstigsten Verwendungen gefördert werden können. Die Treuhandanstalt und andere Verfügungsberechtigte wären in erheblichem Umfang von Verwaltungsarbeit für die Verkaufsverhandlungen entlastet worden. Auch Subventionszahlungen hätten geringer sein können, denn Privateigentümer sind am Arbeitsmarkt und von ihren Marktpartnern weniger leicht zu erpressen als eine staatliche Einrichtung. Bei Preissenkungen für Immobilien hätten die Privateigentümer nach Wegen gesucht, Verkäufe aufzuschieben und durch Verpachtung oder eigene Unternehmertätigkeit das Objekt zu nutzen. Auf dem Markt für Verpachtungen wäre der Wettbewerb intensiver geworden, so daß eine Ausbeutung von Pächtern weniger leicht möglich geworden wäre. An einer möglichst wirtschaftlichen Lösung solcher Probleme wären die Privateigentümer dringend interessiert gewesen, wenn sie nicht Verluste erleiden wollten.

Die jetzigen staatlichen Verfügungsberechtigten über die enteigneten Objekte haben noch immer, wenn auch in zunehmend aufgeweichter Form, den Auftrag der Privatisierung. Anstelle der Rückgabe wird aber der Verkauf an private Neueigentümer für nützlicher gehalten. Die Instanzen, die heute über die enteigneten Objekte verfügen, könnten besser als die alten Eigentümer beurteilen, welcher spätere Privateigentümer der privat- und volkswirtschaftlich besser geeignete Verwender des Objektes sei. Die Treuhandanstalt, obwohl mit hervorragenden Fachleuten ausgestattet, ist mindestens insofern skeptischer, als sie immer wieder betont hat, für die Sanierung ehemals volkseigener Objekte nicht am besten gerüstet zu sein.

Die beste Sanierung sei immer die Privatisierung, weil nur Privateigentümer, die sich auf das jeweilige Objekt spezialisieren müssen, eine sinnvolle Sanierung ausführen könnten und daran mit ihrem wirtschaftlichen Schicksal gebunden seien.

Einer gewissen Gleichgültigkeit gegenüber der Frage, welcher Privateigentümer der bessere sei, könnte ein Mißverständnis Vorschub geleistet haben, das von neueren Entwicklungen der nationalökonomischen Theorie ermöglicht, aber nicht gewollt worden ist. Es ließ sich nachweisen, daß unter bestimmten unrealistischen Bedingungen die optimale Verwendung von Produktionsmitteln tatsächlich davon unabhängig sein kann wem jeweils die Eigentumsrechte gehören. Diese mit dem Namen des Nobelpreisträgers *Coase* (vgl. *Coase*, 1960, 1–44) verbundene Entdeckung kann aber nicht dazu mißbraucht werden, die jetzigen Prozeduren bei der Privatisierung zu rechtfertigen. Das Theorem setzt nämlich voraus, daß Eigentumsrechte nicht während des Wirtschaftsprozesses willkürlich entzogen oder umverteilt werden. Sie müssen genau definiert und verläßlich zugeteilt sein, weil sie nur dann handelbar sind. Und von der Handelbarkeit der Eigentumsrechte hängt das ganze Theorem ab.

Unter diesen Umständen können über das Eigentum marktwirtschaftliche Verträge abgeschlossen werden, durch die das Recht an einem Objekt zu demjenigen wandert, der damit den höchsten wirtschaftlichen Ertrag erzielen kann, denn er kann den höchsten Preis bieten. Es bedarf also keiner staatlichen Enteignungs- und Umleitungsanstalt, um die Wanderung der Faktoren zum ökonomisch besten Wirt zu erreichen. Auch eine – unter den jetzigen Sonderbedingungen kaum entbehrliche – Einrichtung wie die Treuhandanstalt kann die Regel nicht aufheben, daß der Markt für die Lenkung der Produktionsmittel das weit überlegene Instrument darstellt.

Das läßt sich auch an folgendem Zusammenhang erkennen: Die als Monopolverkäufer enteigneten Gutes scheinbar marktmächtige Treuhandanstalt tritt den aus dem Westen als Käufer für Ostobjekte in Betracht kommenden Bewerbern zugleich als Forderer und als Bittsteller gegenüber. Sie fordert, daß möglichst viel vom Neueigentümer nach einem bestimmten von ihr zu prüfenden Konzept investiert werde und er eine Art von ökonomischer Arbeitsplatzgarantie gebe. Dies wird er nur tun, wenn die damit übernommenen Risiken entweder im Kaufpreis oder durch Subventionen mindestens ausgeglichen werden. Je mehr die Treuhandanstalt hier fordert, desto schwächer wird ihre Verhandlungsposition, denn niemand kann zur Investition im Osten gezwungen werden. Die Arbeitsmarktparteien haben durch von der Produktivität völlig losgekoppelte Lohnforderungen ein übriges getan, um das noch vorhandene Kapital wirtschaftlich zu vernichten und neues Kapital abzuschrecken. Außerdem ist eine möglichst schnelle Privatisierung von Immobilien nach Kräften verhindert worden. Oder was soll man davon halten, daß die Aufteilung des Volkseigentums auf einzelne Gebietskörperschaften nach dem Zuordnungsgesetz noch immer nicht bewältigt worden ist und daß man sie teilweise zur Vorbedingung von Privatisierungen gemacht hat? Hätte der Streit zwischen den öffentlichen Händen um einen möglichst großen Anteil am zu verteilenden Vermögen nicht aufgeschoben werden können, bis ein Maximum an Privatisierungen vollzogen ist?

Die Grundbücher wurden nicht aufgearbeitet, obwohl man sie ganz unabhängig von der Art der Privatisierung in jedem Fall braucht. Die Vermögensämter wurden stiefmütterlich ausgestattet, obwohl ohne sie eine Privatisierung und damit ein Markt für Immobilien und Unternehmungen nicht zustande kommt.

Man schob alle diese Mängel dem Prinzip der Rückgabe des Enteigneten in die Schuhe. Es lägen etwa 2 Millionen Rückerstattungsanträge bei den Vermögensämtern, die sich nicht schnell bearbeiten ließen. Die Zahl kann nur verwaltungstechnische Laien beeindrucken.[586] Die Arbeits- und Sozialverwaltung, die ebenfalls ganz neu aufgebaut werden mußte, ist mit viel größeren Zahlen fertig geworden. Es gibt in Westdeutschland genügend Juristen und sonstige Fachleute, die man hätte mobilisieren können, wenn man das gewollt hätte. Der Aktenberg hätte sich außerdem vermindert, wenn man davon abgesehen hätte, auch diejenigen einzubeziehen, die nicht einmal das SED-Regime enteignet hat, sondern deren Objekte nur unter staatliche Zwangsverwaltung gestellt worden sind. Wenigstens ist jetzt nicht mehr ein besonderer Antrag nötig, um aus der Zwangsverwaltung entlassen zu werden, sondern sie soll zum Jahresende 1992 automatisch enden. Das Ende kann ein Ende mit Schrecken sein, denn der Staat hat ungerührt von der politischen Wende die Verwaltung so geführt, daß ein großer Teil der Objekte beinahe wertlos geworden sein kann. Man kann diese Wertlosigkeit auch dadurch herbeiführen, daß Zwangsverschuldungen zugewiesen oder auferlegt werden, denen weder einst noch jetzt eine reale Wertsteigerung des Objektes gegenübersteht. Der Aktenberg hätte sich auch verringern lassen, wenn rechtzeitig ein Entschädigungsgesetz verabschiedet worden wäre, so daß viele, die ihr Objekt nicht zurückerhalten wollen, eine Entscheidungsgrundlage gehabt hätten. Man darf wohl fragen, ob auch für die gar nicht Enteigneten, aber Zwangsverwalteten der vorher zitierte ministerielle Satz gilt, durch die Rückgabe hätten die Berechtigten einen unentgeltlichen Vermögenszuwachs erhalten. Es handelt sich ja in diesen Fällen gar nicht um eine Rückgabe, sondern um das Ende einer Zwangsverwaltung für etwas, was man eigentumsrechtlich gar nicht eingebüßt hat. Warum werden diese Eigentümer dann zur Vermögensabgabe herangezogen? Muß künftig nach solcher Logik jemand, der zu Unrecht in Untersuchungshaft und damit staatliche Zwangs-

[586] Vgl. dazu im einzelnen *Willgerodt*, 1993, 157 ff. Die Zahl der Anträge auf Rückgabe von Unternehmungen beläuft sich auf nur etwa 90.000, und zwar einschließlich der landwirtschaftlichen Betriebe.

verwaltung genommen worden ist, nach der Entlassung eine Abgabe zahlen, anstatt für die erlittene Unbill entschädigt zu werden?

Da nun einmal das Gesetz Rückgaben an Alteigentümer vorsieht und sie nicht immer verhindert werden, mußte man dem denkbaren Vorwurf begegnen, rückwandernde alte Ostunternehmer seien durch die Vermögensabgabe mit einem künstlichen Startnachteil beschwert worden, der einem reinen Westkäufer bei Unternehmenserwerb im Osten nicht zugemutet wird.

Die in dem erwähnten Referentenentwurf gegebene Begründung hat sich hierzu etwas für Ökonomen Interessantes einfallen lassen. Einerseits spricht man bei der Vermögensabgabe von einer Objektsteuer. Das könnte die Vermutung nahelegen, daß sie auch aus dem Vermögen gezahlt werden soll oder mindestens gezahlt werden kann, entsprechend der ministeriellen Vermögenszuwachstheorie. Damit würde aber bei der Rückgabe von Unternehmungen das Unternehmen getroffen. Das Ministerium begegnet diesem Sachverhalt mit der These, die Vermögensabgabe belaste nicht „das Unternehmen als solches, sondern diejenigen, die Rechte an dem Unternehmen haben, somit die Einzelunternehmer, den Gesellschafter einer Personalgesellschaft, den Aktionär oder Inhaber von GmbH-Anteilen sowie das Mitglied einer Genossenschaft. Unmittelbare Rückwirkung auf die Finanzlage eines Unternehmens kann die Vermögensabgabe daher insoweit nicht haben." (S. 57) Indirekte Wirkungen werden für die Beschaffung von Eigenkapital zögernd eingeräumt. Im Zusammenhang mit Stundungsproblemen versteht sich das Ministerium zu der flotten Formulierung, „das begrenzte Volumen der Vermögensabgabe" sei „heute ohne Schwierigkeit über den Kapitalmarkt zu finanzieren ..." (S. 62).

Vielleicht ist es wirklich nötig, dies pedantisch und ernsthaft zu widerlegen. Der Einzelunternehmer, der täglich in seiner Firma erscheint, könnte sich ein Bein brechen. Trifft dies das Unternehmen „als solches" nicht? Einen perfekten Markt für Unternehmerleistung, an dem „das Unternehmen" einen Ersatzmann anwerben könnte, gibt es nicht. Den Unternehmer zeichnet die Inhomogenität seiner Leistung aus. Im übrigen hat „das Unternehmen" des Einzelkaufmanns überhaupt keine Rechtspersönlichkeit, die etwas kaufen könnte, sondern dies muß der Unternehmer schon selbst tun. Er haftet mit allem, was er hat, für das Unternehmen, und diese Größe wird vermindert, wenn er sich das Bein bricht und nicht arbeiten kann. Das Loch, das damit im haftenden Kapital entsteht, läßt sich nicht sofort füllen, da es auch keinen perfekten Markt für haftendes Kapital gibt. Das Unternehmen ist also immer betroffen.

Ist dies bei Kapitalgesellschaften anders? Bei kleineren Kapitalgesellschaften, die nur wenige Anteilseigner haben, offenbar nicht. Was ihre Gesellschafter belastet, belastet auch die Firma, für die nicht mehr zur Verfügung steht, was dem Finanzamt abgeführt werden muß. Es kann zu erhöhten Ausschüttungen deswegen kommen, weil die Anteilseigner die Sondersteuer zahlen müssen, der reine und meist noch mit Sondersubventionen angelockte Westkäufer nicht unterworfen sind. Die These, hier lasse sich jedes entstandene Finanzierungsloch einfach über den Kapitalmarkt auffüllen, verkennt, daß die Kreditwürdigkeit von den vorhandenen Sicherheiten und dem nicht entzogenen Kapital abhängt. Etwas indirekter ist der Zusammenhang bei Publikumsaktiengesellschaften, die im Osten bisher nicht selbständig vorkommen. Man könnte die Altaktionäre mit einer Sondersteuer belasten, die sie durch Aktienverkauf finanzieren könnten. Der beim Eigentümerwechsel dem Verkäufer der Aktie zufließende Erlös würde dann um die Abgabe gemindert. Die Kurse könnten wegen des Verkaufsdrucks fallen. Erleichtert das die Kapitalbeschaffung? Diese Lehre vom Unternehmen als solchem ist ziemlich falsch und außerdem gefährlich. Was wird aus der Haftung des Unternehmers, wenn er sich auf diese Lehre beruft? Kann er die Privatentnahmen beliebig steigern, da die fehlende Liquidität ja angeblich leicht am Kapitalmarkt zu beschaffen sei? Und wenn sich das Eigenkapital wegen flotter Lebensweise des Unternehmers mindert, dem „Unternehmen als solchem" macht das nach dieser Lehre nichts aus, es muß dann eben Eigenkapital von einem anderen beschafft werden. Die Wirklichkeit sieht anders aus.

Was verbirgt sich hinter solchen merkwürdigen Argumentationen, mit denen sich eine Spitzenbürokratie plagen muß, um nicht begründbare politische Vorgaben mit „Begründungen" auszustatten? Es ist zunächst das fiskalische Interesse gegenüber einer für nicht wahlwirksam gehaltenen Minderheit. Es soll etwas „haushaltsneutral" nur innerhalb dieser Gruppe ausgeglichen werden, um den allgemeinen Steuerzahler zu entlasten. In Wirklichkeit ist das Verfahren jedoch auch noch unnötig teuer wie jeder Ersatz des Marktes durch die Bürokratie. Denn man hat sich im Netz seiner eigenen Vorschriftenkomplikationen verfangen.

Um möglichst viele Erträge aus der Vermögensabgabe zu erzielen und die Zahlungen für Entschädigungen gering zu halten, müßte der Fiskus eigentlich an einer möglichst schnellen Reprivatisierung interessiert sein, denn damit gewinnt er mehr Steuerzahler. Hat sich aber ein Vermögensamt einmal nach langer Prüfung zur Rückgabe entschlossen, legen die staatlichen Verfügungsberechtigten Rechtsmittel ein, um ihren Herrschaftsbereich nicht gemindert zu sehen. Selbst die beiden letzten Regierungen der DDR, denen man übertriebene Eigentümerfreundlichkeit nicht nachsagen kann, haben es vermocht, innerhalb ihrer kurzen Regierungszeit bis zum 3. Oktober 1990 schnell und unkompliziert 2.976 Unternehmen an Alteigentümer zurückzugeben. Nach der Vereinigung hat dann die Unternehmensreprivatisierung mehr als ein Jahr lang vollständig stagniert. Immer neue administrative Hürden und Nebelwände von Paragraphen wurden aufgetürmt, um das eigentliche Ziel zu verbergen, nämlich die unrechtmäßigen Enteignungen durch den an das Grundgesetz gebundenen deutschen Staat endgültig zu machen.

Wie sich inzwischen gezeigt hat, gedeiht unrecht Gut nicht. Immer neue Subventionen werden gezahlt, um wankende, nicht privatisierte Unternehmen aufrecht zu erhalten, anstatt sie durch Reprivatisierung und Neuprivatisierung in die Lage zu versetzen, auf eigenen Beinen zu stehen. Daß dies nur einer der vielen Faktoren ist, die mitwirken, um den Aufschwung im Osten zu behindern, ändert nichts daran, daß man diesen Mangel noch jetzt beseitigen könnte.

Epilog

Der vorstehende Text geht von einem Referentenentwurf vom 25. August 1992 des Bundesministeriums der Finanzen zum Entschädigungsgesetz aus. Inzwischen ist mit dem 26. November 1992 ein veränderter Referentenentwurf bekanntgegeben und zum Gegenstand einer Anhörung gemacht worden, die am 10. und 11. Dezember 1992 stattgefunden hat.

a) Im ersten Entwurf war für Unternehmungen als „Entschädigung" ein Höchstbetrag von 250.000 DM festgelegt worden, der für andere Entschädigungsansprüche nicht gelten sollte. Auf den Vorwurf, damit ehemalige Unternehmer einer Diskriminierung zu unterwerfen, hat das Ministerium nunmehr damit reagiert, daß für alle Ansprüche von Entschädigungsberechtigten insgesamt ein Höchstbetrag von 300.000 DM gelten soll. Die dafür gegebene neue Begründung ist mehr als merkwürdig: In § 6 Absatz 1 Satz 2 des Vermögensgesetzes ist bei einer Rückgabe von Unternehmen vorgesehen, daß im Zeitpunkt der Rückgabe festzustellende wesentliche Verschlechterungen oder wesentliche Verbesserungen der Vermögens- oder Ertragslage auszugleichen sind. Die Unternehmensrückgabeverordnung vom 13. Juli 1991 regelt in ihrem § 5 die Frage, wie solche Veränderungen der Vermögenslage berücksichtigt werden sollen. Ist das zum Zeitpunkt der Rückgabe vorhandene Kapital geringer als das gezeichnete Kapital zum Zeitpunkt der Enteignung, so ist ein Ausgleich vorgesehen, der aber höchstens zu einem Eigenkapital führen darf, das dem Zehnfachen des nach der Rechtsform vorgeschriebenen Mindestkapitals entspricht. Für die GmbH, die als Regelfall unterstellt wird, würde dies das Zehnfache von 50.000 DM ausmachen, also maximal 500.000 DM. Der Enteigungsschaden kann jedoch über diese Summe weit hinausgehen, denn Eigenkapitalbeträge im Zeitpunkt der Enteignung von einer Million oder mehreren Millionen dürften keine Seltenheit sein und im Bereich der Industrie noch keine Großbetriebe kennzeichnen. Die Unternehmensrückgabeverordnung läßt diesen Schaden unberücksichtigt. § 6 Abs. 2 Satz 1 des Vermögensgesetzes schließt ferner einen Ausgleich bei solchen Unternehmungen aus, bei denen im Zeitpunkt der Rückgabe das gesetzlich vorgeschriebene Mindestkapital überschritten wird. Daraus ergeben sich Ungereimtheiten, auf die der Gesetzgeber hingewiesen worden ist, ohne daß er eine Korrektur für nötig befunden hätte (vgl. *Schmidt/Kaufmann*, 1992, 46ff.).

Das Bundesfinanzministerium nimmt nun als Regelfall an, die zurückzugebenden Unternehmungen seien so weit heruntergewirtschaftet, daß das gesetzliche Mindestkapital von 50.000 DM unterschritten wird und ein Ausgleichsanspruch entsteht, der zu einer Auffüllung des Eigenkapitals auf maximal 500.000 DM führen könne. Ein gut beratener Berechtigter könne dann, wenn er eine über diesen Betrag hinausgehende Entschädigung erhalte, die „Entschädigung wählen und mit einem Teilbetrag derselben sein Unternehmen zurückkaufen". Dies sei aus fiskalischen Gründen und deswegen abzulehnen, weil die Rückgabe des Unternehmens für den Berechtigten lukrativer sein müsse als die Entschädigung in Geld. Um diese Entschädigung hinter dem maximalen Ausgleich für Vermögensschäden bei Rückgabe von Unternehmungen in Höhe von 500.000 DM zurückbleiben zu lassen, wird für die „Entschädigung" ein Maximalbetrag von 300.000 DM gewählt und unter Berufung auf den Gleichheitsgrundsatz dann auf alle Entschädigungsfälle übertragen. Gegen diesen Vorschlag ergeben sich folgende Einwendungen:

1. Unternehmungen, die derartig abgewirtschaftet worden sind, daß sie nicht mehr den geringen Betrag von 50.000 DM an Mindestkapital aufzuweisen haben, dürften in der Regel zugleich einen Anspruch auf Erstattung wegen verschlechterter Ertragslage besitzen, selbst wenn man einbezieht, daß ein offenbar mit wirtschaftlichen Sachverhalten nicht vertrauter Gesetzgeber in § 6 Absatz 4 Satz 1 des Vermögensgesetzes diese Verschlechterung der Ertragslage falsch, unbeholfen und laienhaft definiert hat („zu erwartende Umsätze in Einheiten der voraussichtlich absetzbaren Produkte oder Leistungen unter Berücksichtigung der allgemeinen wirtschaftlichen Entwicklung": Umsätze können nicht in Absatzmengen definiert werden, sondern nur in Werten, außerdem meint der Gesetzgeber, sofern das Gesetz einen Sinn haben soll, nicht Umsätze, sondern Rentabilität, wenn er von „Ertragslage" spricht, denn ohne diese Rentabilität geht das Unternehmen zugrunde, so daß auch kein Absatz mehr stattfindet). Jedenfalls besteht für den Rückgabeberechtigten nicht nur der Anspruch auf Ausgleich einer verschlechterten Vermögenslage, der auf 500.000 DM begrenzt ist, sondern auch ein Anspruch auf Ausgleich einer im Regelfall gleichzeitig bestehenden verschlechterten Ertragslage. Damit wächst aber der Vorteil einer Rückgabe über den Vorteil hinaus, den der Ausgleich wegen verschlechterter Vermögenslage bietet. Entsprechend höher könnte die „Entschädigung" bemessen werden, ohne eine Präferenz dieser „Entschädigung" gegenüber der unmittelbaren Rückgabe zu begründen.

2. Es wird wahrscheinlich Fälle geben, in denen das Eigenkapital im Zeitpunkt der Rückgabe höher ist als 500.000 DM, die mit dem Ausgleich für Vermögensschäden bei Rückgabe maximal erreicht werden können. In diesem Falle würde ein Ausgleich für Vermögensschäden ohnehin nicht gezahlt werden, weil das gesetzliche Mindestkapital von 50.000 DM weit überschritten wird. Würde der Zeitwert des Unternehmens mit dem Eigenkapitalbetrag übereinstimmen, dann würde sich trotzdem die Rücknahme des alten Unternehmens lohnen, sofern die übrigen Bedingungen für eine Rücknahme des alten Unternehmens günstig sind oder mit Hilfe des Ausgleichs für verschlechterte Ertragslage günstig gemacht werden können. Selbst gegenüber einer Entschädigung, die den geplanten Höchstbetrag von 300.000 DM wesentlich übersteigt, kann in solchen Fällen die Rücknahme unter sonst gleichen Umständen günstiger sein.

   Allerdings ist das ministerielle Argument, man wolle den rückkehrenden Alteigentümer besser stellen als einen Empfänger von „Entschädigung", nicht zuletzt deswegen wenig glaubwürdig, weil der in sein altes Unternehmen zurückkehrende Alteigentümer dafür mit einer Vermögensabgabe belastet werden soll, die ein Drittel des Eigenkapitals ausmacht. Das Eigenkapital im Zeitpunkt der Rücknahme müßte also in Höhe der zu erwartenden Vermögensabgabe höher sein als die zu erwartende Entschädigung, bevor sich die Rücknahme allein in der Vermögensrechnung lohnen soll. Wenn zu dem Unternehmen wertvoller Grundbesitz gehört, kann aber das ausgewiesene Eigenkapital wegen stiller Reserven zu niedrig sein; der Alteigentümer wird nach dem wirklichen Wert entscheiden. Insoweit ist der Maximalbetrag von 300.000 DM für die „Entschädigung" zu niedrig angesetzt.
3. Weshalb es freilich nicht sinnvoll sein soll, daß ein Altunternehmer mit seiner Entschädigung sein marodes Unternehmen zurückkauft, wird vom Ministerium nicht ausreichend begründet. Es ist möglich und in vielen Fällen sogar wahrscheinlich, daß das Eigenkapital eines zur Rückgabe anstehenden Unternehmens im Zeitpunkt der Schädigung ein wesentlich höheres Eigenkapital aufzuweisen hatte als 500.000 DM, die heute unter Inanspruchnahme des Ausgleichs für schlechtere Vermögenslage maximal zu erreichen sind. Der entsprechende Enteignungsschaden, der bei fehlender oder wenigstens über 300.000 DM wesentlich hinausgehender Höchstgrenze der Entschädigung zugrunde zu legen wäre, ist dann also entsprechend größer. Ein Unternehmen, das derartig stark entwertet worden ist, muß mit der Möglichkeit rechnen, überhaupt keinen Käufer zu finden, es sei denn, den alten Eigentümer. Wenn er aus dem Entschädigungsbetrag noch Mittel über den Kaufpreis hinaus übrig hat, um das ruinierte Unternehmen wieder funktionsfähig zu machen, so gibt es kaum eine bessere Verwendung öffentlicher Ent-

schädigungsmittel als eben diese. Das Ministerium zieht demgegenüber eine völlig unangebrachte, vermeintlich sozialpolitische Sicht vor, wonach die Entschädigung von Altunternehmern ein eigentlich überflüssiges Geschenk aus der Staatskasse sei und den Staat daran hindere, durch Verkauf des von ihm weggenommenen Gutes seine Finanzen zu sanieren. Ein Unternehmen der hier geschilderten Art hat bis zum Zeitpunkt der Enteignung offenbar einigermaßen und jedenfalls besser als heute floriert. Um es von seinem jetzigen miserablen Zustand aus wieder in die Nähe der früheren Produktions- und Absatzposition zu bringen, ist ein entsprechend größerer Betrag erforderlich, der eine ebenso höhere Entschädigung rechtfertigt. Der Unternehmer, der infolge der staatlichen Politik besonders stark geschädigt worden ist, müßte dementsprechend auch höher entschädigt werden. Das Ministerium hat aber offenbar die Vorstellung, ein Altunternehmer, der sein schrottreifes und daher billig zu erwerbendes Unternehmen zurückkauft, werde den überschießenden Betrag anschließend in Monte Carlo oder einer anderen Spielbank verjubeln. So unwahrscheinlich dies ist, zumal die Treuhandanstalt beim Verkauf einige Bedingungen stellen kann, unmöglich ist fast nichts: Aber warum hat dann das Ministerium nicht weiter darüber nachgedacht, daß die Entschädigung ja nicht quasi naturgesetzlich in Geld geleistet werden muß?

Anstelle der sinn- und einfallslosen Generalregelung, wonach alle Entschädigungen oder Auszahlungen von Verkaufserlösen für Unternehmungen in Geldform zu leisten sind, wären ganz andere Lösungen zweckmäßig gewesen: Anstelle der in § 9 des Vermögensgesetzes vorgesehenen Entschädigung in Geld oder der Zahlung von Geldbeträgen nach § 16 Absatz 1 des Investitionsvorranggesetzes hätte ein allgemeiner Vorrang der Entschädigung in realen Vermögenswerten und möglichst eigenkapitalnahen Vermögenstiteln treten sollen. Die auch jetzt schon mögliche Übertragung von Beteiligungstiteln (§ 6 Absatz 5a Vermögensgesetz als Erfüllung des Anspruchs auf Rückgabe) und die Übertragung von Ersatzgrundstücken (§§ 9 und 21 Vermögensgesetz für die Fälle „redlichen Erwerbs“ oder eines Antrages von bisherigen Nutzern des Grundstücks zum Kauf) sind als restriktive Ausnahmen konstruiert. Der Referentenentwurf neuer Fassung zum Entschädigungsgesetz übernimmt nur die bisherige Regelung, ohne sie zu erweitern. Diese Bestimmungen sind bisher weitgehend funktionslos geblieben, zumal das nach § 9 Absatz 3 Vermögensgesetz vorgeschriebene Ausführungsgesetz bisher fehlt. Die Verwaltung hat schon das Vermögensgesetz von 1990 nicht angewandt und sich hinter dem angeblichen Fehlen von Vorschriften verschanzt, die gar nicht vorgeschrieben waren. Um so mehr wird sie untätig bleiben, wenn ein Ausführungsgesetz ausdrücklich gesetzlich angekündigt wird.

Das bisher fehlende Interesse an einer solchen für die ostdeutsche Kapitalversorgung und den dortigen Wiederaufbau strategischen Konzeption erklärt sich zunächst aus der allgemein kapitalbildungsfeindlichen Politik des letzten Jahrzehnts. Es scheint aber auch ein kurzsichtiges fiskalisches Interesse mitzuspielen: Der Staat möchte ein möglichst großes Volumen an Grundstükken und Gebäuden mit einer möglichst niedrigen „Entschädigung" erwerben und im Falle der ostdeutschen Kommunen vielleicht als spekulative oder für Begünstigungszwecke nach westlichen Vorbildern verfügbare Reserve halten, um vielleicht jetzt oder später durch Verkauf einen Betrag zu erlösen, der höher ist als die „Entschädigung".

Man verzichtet damit aber auf frühzeitige Neugründung von Unternehmen und damit auf das Hinzukommen neuer Steuerzahler. Der fiskalische Ertrag muß negativ werden. Fiskalische Nachteile hat auch der bevorzugte Verkauf von Unternehmungen und Beteiligungen vorzugsweise an westliche Neuerwerber, jedenfalls im Vergleich zu einer Rückgabe oder Ersatzrückgabe an Altunternehmer oder Alteigentümer. Der Neuerwerber erhält mindestens alle Konzessionen, die Alteigentümern gemacht werden, kann aber zusätzliche Bedingungen stellen und den Kaufpreis möglichst weit herunterhandeln. Sein Marktbeherrschungsinteresse, für dessen Durchsetzung er vielleicht einen Preis zahlen würde, wird er möglichst verbergen. Muß er Neuinvestitionen und die Erhaltung von Arbeitsplätzen zusagen, so wird er Bedingungen stellen, die für den Fiskus teuer sind. Der bisherige Vorrang des Verkaufs von früher „volkseigenem" Vermögen gegenüber der Rückgabe an Alteigentümer hat die Verkaufspreise für die Objekte gedrückt (vgl. *Sinn, G./Sinn, H.-W.*, 1991, 113 ff.). Hätte man die Entschädigung vorrangig in realen Vermögenswerten vorgenommen und dabei nicht am ökonomisch unsinnigen Dogma der physischen Identität von enteignetem und zurückgegebenem Gut festgehalten, dann hätte ein sowohl wirtschaftspolitisch wie fiskalisch besseres Ergebnis erzielt werden können; statt dessen wird in § 5 Vermögensgesetz eine Rückübertragung von Eigentumsrechten schon dann ausgeschlossen, wenn Grundstücke und Gebäude wesentlich verändert worden sind; § 6 Absatz 1 fordert für Unternehmungen eine weitgehende Vergleichbarkeit des heutigen mit dem enteigneten Unternehmen, um die Rückübertragung zu erlauben. Dieses vergangenheitsorientierte Fossilitätsprinzip verkennt völlig die zu lösende Aufgabe, die darin besteht, möglichst viele als Entschädigung zu leistende Wertübertragungen der ostdeutschen Wirtschaft zu erhalten oder neu zuzuführen, außerdem ein möglichst großes Interesse der Alteigentümer am Wiederaufbau ihrer alten Heimat zu mobilisieren. „Entschädigungen" in Geld hätten gegenüber realen Wertübertragungen die Ausnahme bilden sollen; wer sie verlangte, hätte einen deutlichen Abschlag hinnehmen müssen.

Bei Umkehrung des Grundsatzes der Entschädigung in Geld und vorrangiger Naturalentschädigung hätte man sich eine niedrige Höchstgrenze für den Entschädigungsbetrag sparen können, weil der Staat genügend Objekte besitzt.

4. Mit dem Rezept des Ministeriums, die „Entschädigung" auf 300.000 DM zu begrenzen, möchte es den Fall ausschließen, daß jemand mit der Entschädigung sein altes Unternehmen zurückkauft. In Wirklichkeit wird dieses ohnehin abwegige Ziel auch mit dieser „Lösung" nicht in jedem Fall erreicht. Auch bei einer Maximalentschädigung von 300.000 DM ist es möglich, daß der heutige Verkaufswert des Unternehmens geringer ist als der Entschädigungsbetrag. Das trifft für solche Unternehmungen zu, bei denen zwar das heutige Mindestkapital noch 50.000 DM erreicht, ein Ausgleich für Verschlechterung der Vermögenslage also nicht stattfindet, der nach dem Entwurf des Entschädigungsgesetzes zu berechnende Entschädigungsbetrag jedoch höher ist als der heutige Rückkaufswert des Unternehmens. Sofern der heutige Marktwert des Unternehmens nicht allzu weit von der Höhe seines Eigenkapitals entfernt ist, dürften kaum wesentlich mehr als 50.000 DM für den Rückerwerb des Unternehmens aufzuwenden sein. Der Entschädigungsbetrag richtet sich aber in diesem Falle nach dem Einheitswert, den das Unternehmen zum Zeitpunkt der Enteignung gehabt hat. Er kann weit höher sein als 50.000 DM und sogar den Maximalbetrag von 300.000 DM erreichen, so daß 250.000 DM für die Modernisierung des Unternehmens verwendet werden könnten. Was ist daran anstößig?
5. Im übrigen ist die ganze Argumentationskette des Ministeriums, wonach die „Entschädigung" maximal begrenzt werden muß, um die Rückgabe von Unternehmungen vorteilhafter zu machen, vollkommen brüchig, weil in der Mehrzahl aller Fälle diese Maximalgrenze umgangen werden kann. Wer trotz eigener Bereitschaft zur Rücknahme sein altes Unternehmen aus verschiedenen, gesetzlich vorgesehenen Gründen nicht zurückerhält, hat meistens Anspruch auf den vollen Verkehrswert. Bei größeren oder sogar nur mittleren Unternehmungen kann dieser Verkehrswert auch noch im Rückgabezeitpunkt höher sein als der maximale Entschädigungsbetrag von 300.000 DM. Sind wertvolle Grundstücke vorhanden, leuchtet dies ohne weiteres ein. Gemessen am ursprünglichen Einheitswert im Zeitpunkt der Enteignung kann der heutige Verkehrswert zwar stark gesunken sein, aber trotzdem noch immer höher sein als die maximale „Entschädigung". War zum Beispiel das Unternehmen im Zeitpunkt der Enteignung 2 Millionen Mark wert und kann es heute für 500.000 DM verkauft werden, dann erhält der Alteigentümer diesen Betrag. Davon muß er allerdings ein Drittel, also 166.000 DM als

Vermögensabgabe zahlen. Ihm bleiben dann aber immer noch 344.000 DM, also 44.000 DM mehr als die maximale „Entschädigung". Dieses Verfahren können Altunternehmer nutzen, deren enteignete Unternehmungen heute noch einen erheblichen Wert aufweisen, so daß der heutige Verkaufserlös nach Abzug der Vermögensabgabe höher ist als die zu erwartende „Entschädigung", die ja außerdem erst ab 1996 und nach Maßgabe der verfügbaren Mittel (§ 2 Absatz 2 des neuen Referentenentwurfs zum Entschädigungsgesetz) gezahlt werden soll, also unter Unsicherheit und mit Zins- und Geldentwertungsverlust. § 5 Absatz 1 Ziffer 2 des Referentenentwurfs neuer Fassung zum Vermögensabgabegesetz zählt die entsprechenden Regelungen auf, nach denen der Verkaufserlös oder Verkehrswert anstelle einer „Entschädigung" verlangt werden kann. Um die Begrenzung des „Entschädigungsgesetzes" von 300.000 DM zu vermeiden, werden die Rückgabeberechtigten diese zahlreichen Wege zur Veräußerung oder Übertragung ihres alten Unternehmens gehen, sofern sie das Unternehmen nicht wieder selbst übernehmen wollen oder können. Sie werden sich zum Beispiel mit einem Investitionsvorrang anderer einverstanden erklären oder selber im Wege der gütlichen Einigung einen Investor suchen.

Nur diejenigen, bei denen die Rückübertragung nach §§ 4 und 5 des Vermögensgesetzes „als von der Natur der Sache her nicht mehr möglich" deklariert wird, bleiben auf den Betrag des Entschädigungsgesetzes angewiesen, auch wenn das enteignete Objekt noch heute einen hohen Verkaufswert hätte. Es ist zu hoffen, daß die Behörden die zuletzt genannten Vorschriften so auslegen, wie sie für normale Leser des Gesetzes zu verstehen sind, nämlich als restriktiv zu handhabende Ausnahmen vom Prinzip der Rückgabe. Infolgedessen können dadurch Privatisierung und Verkauf noch funktionsfähiger Unternehmungen nicht behindert werden. Trotz immer wieder zum Vorschein kommender Versuche, dem Gesetz den Gehorsam zu verweigern, wenn es Rückgabe oder Privatisierung vorschreibt, wäre ein Sabotageversuch mit Hilfe der Ausnahmebestimmungen der erwähnten Paragraphen 4 und 5 des Vermögensgesetzes wohl nicht genügend gerichtsfest.

Aus der Gesamtheit dieser Einzelprüfung der ministeriellen Argumentation folgt, daß die vom Ministerium beabsichtigte Höchstgrenze von „Entschädigungen" gerade Altunternehmer weniger trifft, also auch die Begründung des Referentenentwurfs weitgehend leerläuft, mit der gezeigt werden soll, daß man Entschädigungsberechtigte schlechter stellen müsse, um die Rückgabe des Unternehmens vorteilhafter erscheinen zu lassen. Auch die Unterstellung, bei einer Rückgabe komme wegen des Vermögensausgleichs nur ein Eigenkapital von höchstens 500.000 DM zustande, ist als allgemeine Aussage oder auch nur als Regelfallannahme nicht überzeugend.

Die den Altunternehmern gewährte Möglichkeit, in vielen Fällen an Stelle einer „Entschädigung" den Verkaufserlös oder Verkehrswert ihres enteigneten Objekts zu verlangen, besteht durch das Investitionsgesetz (§ 3 BInvG) und durch das an seine Stelle getretene Investitionsvorranggesetz vom 14. Juli 1992 (mit § 16 Abs. 1 in Verbindung mit § 3 Absatz 1) auch für Alteigentümer von Grundstücken und Gebäuden, wenn diese für Vorranginvestitionen verwendet werden. Der Kreis derjenigen, für die die Höchstgrenze einer „Entschädigung" von 300.000 DM wirklich gelten würde, verengt sich damit auf einen Kreis von Geschädigten mit geringen Gestaltungsmöglichkeiten, insbesondere auf alle diejenigen, denen ein Rückgabeanspruch nicht gewährt wird. Hierzu gehören bisher vor allem Personen, die von 1945 bis 1949 auf besatzungsrechtlicher oder besatzungshoheitlicher Grundlage enteignet worden sind oder von denen dies Gesetzgebung und Rechtsprechung jedenfalls noch immer entgegen immer deutlicher hervortretenden Tatsachen behaupten.[587]

b) Bei der Konstruktion der Bemessungsgrundlage für die „Entschädigung" enthält der Referentenentwurf neuer Fassung weitere Merkwürdigkeiten. Zum Beispiel sieht der Entwurf für Grundvermögen und land- und forstwirtschaftliches Vermögen vor, daß im Falle der „Entschädigung" 50% der langfristigen Verbindlichkeiten, die im Schädigungszeitpunkt bestanden haben, von der Bemessungsgrundlage abgezogen werden. Diese soll das 1,3fache des vor der Schädigung festgestellten Einheitswertes betragen. Die Begründung des Ministeriums spricht davon, nur der Nettowert eines Vermögensgegenstandes könne die Höhe der „Entschädigung" bestimmen.

Als allgemeines Prinzip enthält diese These einen elementaren Denkfehler. Man müßte nämlich etwas darüber erfahren, wer in diesem Falle für die langfristigen Verbindlichkeiten aufkommt. Sollten sie weiter auf den alten Eigentümern lasten, so müßten diese auch die Bruttovermögenswerte zurückerhalten, die mit diesen Kreditbeträgen früher einmal erworben worden sind. Es kann nicht davon ausgegangen werden, daß es sich um Konsumkredite gehandelt hat, zumal der ministerielle Entwurf zum Entschädigungsgesetz selber in seinem § 3 Absatz 4 davon spricht, es seien Verbindlichkeiten gemeint, die mit dem Vermögen in wirtschaftlichem Zusammenhang gestanden haben. Der Staat würde sich also illegitim bereichern, wenn er nur den schuldenfreien Teil des Gesamtvermögens

[587] Zum Einzelnachweis, daß es sich bei der Behauptung, die Sowjetunion habe ihr Einverständnis mit der deutschen Vereinigung von der Nichtrückgabe der von 1945 bis 1949 vorgenommenen Enteignungen abhängig gemacht, um eine Legende handelt: *Albrecht Graf von Schlieffen*, demnächst erscheinend. Es ergibt sich damit, daß der Einigungsvertrag insoweit verfassungswidrig ist und das ihn bestätigende Urteil des Bundesverfassungsgerichtes auf unzulänglicher sachlicher Grundlage gefällt wurde.

zur Grundlage der „Entschädigung" machen würde, gleichzeitig aber bei dem mit Schulden belasteten Teil die Aktiva behalten und die Verbindlichkeiten dem alten Eigentümer zuschieben würde. Das Problem ist mindestens klärungsbedürftig, bevor eine Höchstgrenze für „Entschädigungen" festgelegt wird. Denn fortgeltende Verbindlichkeiten könnten so groß sein, daß eine nach dem Nettovermögen begrenzte „Entschädigung" damit zur Farce gemacht wird.

Der ministerielle Vorschlag erklärt sich wohl aus dem Umstand, daß bei der Ermittlung von landwirtschaftlichen Einheitswerten Geldschulden nicht abgezogen werden, während dies bei gewerblichen Unternehmungen vorgeschrieben ist. Aber auch für gewerbliche Unternehmungen muß gelten, daß nicht ohne weiteres nur das Nettovermögen oder der Einheitswert zur Bemessungsgrundlage der Entschädigung erklärt wird. Ein solches Vorgehen ist nur dann gerechtfertigt, wenn der Entschädigungsberechtigte nicht weiterhin mit den Schulden seines Unternehmens belastet bleibt oder diese Schulden gar infolge der deutschen Vereinigung neu aufleben. Ob dies ausreichend gesichert ist, bleibt unklar. Sollte das Unternehmen in Form einer Kapitalgesellschaft fortbestehen, mögen ihm seine Schulden weiterhin zugerechnet worden sein und wären dann mit der Enteignung auf den Staat übergegangen. Bei Personalunternehmungen könnte dies zweifelhaft sein. Dies ist ebenso klärungsbedürftig wie die entsprechende Situation bei der staatlichen Zwangsverwaltung, wenn sich der Berechtigte nach § 11 Absatz 1 Satz 2 des Vermögensgesetzes für eine „Entschädigung" entscheidet.

Daß der Verdacht nicht unbegründet ist, hier wolle sich der Fiskus abermals in rechtlich dubioser Weise über bestehende Bürgerrechte und zugleich über die wirtschaftliche Logik hinwegsetzen, folgt aus Satz 4 von Absatz 1 des § 5 des neuen Referentenentwurfs zum Entschädigungsgesetz. Danach sollen nämlich von der Bemessungsgrundlage der „Entschädigung" „öffentlichrechtliche Verbindlichkeiten, die schon vor der Inverwaltungnahme entstanden waren, danach angefallene Erbschaftsteuer sowie privatrechtliche Verbindlichkeiten, insbesondere Unterhaltsschulden des Kontoinhabers" von der Bemessungsgrundlage der „Entschädigung" abgezogen bleiben. Daraus ist zu schließen, daß diese Verbindlichkeiten nicht eindeutig als gestrichen gelten, wenn sich der Entschädigungsberechtigte für eine „Entschädigung" statt der Rücknahme entscheidet. Eine normale Erbschaftsteuer setzt aber voraus, daß der Erbe zunächst das volle Eigentum an der Erbschaft ohne vorherigen Abzug der Erbschaftsteuer erhält und ihm bei einer rechtsstaatlich einwandfreien Enteignung zunächst der Wert des Bruttoerbes einschließlich des zu zahlenden Steuerbetrages vom enteignenden Staat erstattet wird. Erst anschließend wird aus der Bruttoerbschaft oder dem dafür bei Enteignung zu zahlenden Entschädigungsbetrag die Erbschaftsteuer gezahlt. Anderenfalls würde der Staat die Erbschaftsteuer doppelt erheben, nämlich zunächst in Form einer niedrigeren Entschädigung einbehalten und anschließend von dieser niedrigeren Entschädigung (oder gar dem höheren Bruttowert der Erbschaft vor der Entschädigung!) noch einmal Erbschaftssteuer verlangen.

Für die im Referentenentwurf ebenfalls genannten privatrechtlichen Verbindlichkeiten gilt das gleiche. Bleiben sie bestehen, so berechtigt dies nicht den Fiskus, sie von der von ihm zu leistenden Entschädigung abzuziehen, nachdem er das Aktivvermögen des Betroffenen durch Enteignung weggenommen hat. Der Fiskus will sich hier in einer Weise verhalten, die vielleicht eher einleuchtet, wenn man ein anderes Beispiel bildet: Nehmen wir an, ein Ministerialrat des Bundesministeriums der Finanzen habe sich im schönen Bonn ein Haus errichtet und zu diesem Zweck verschuldet; außerdem sei er geschieden und müsse Beträge an Unterhaltsverpflichtete abführen. Das Haus soll nun aber für öffentliche Zwecke enteignet werden. Was würde unser Ministerialrat sagen, wenn ihm der zur Entschädigung verpflichtete Staat für das Haus einen Entschädigungsbetrag anbietet, der um die Bauschulden und die Schulden aus privaten Unterhaltsverpflichtungen gekürzt ist, ohne daß der enteignende Staat diese Schulden sämtlich übernimmt? Der Staat würde bei einem solchen Verfahren das Haus möglicherweise umsonst wegnehmen können.

Das von dem Referentenentwurf verkündete Prinzip einer Entschädigung nur nach Maßgabe des Nettovermögens ohne Regulierung der Schulden bedeutet, daß sich der Staat das Sachvermögen aneignet, die für den Erwerb des Vermögens aufgenommenen Schulden aber privat bleiben.

c) Für das amtliche Rechtsbewußtsein besonders interessant ist die vorgesehene Regelung bei der Rückgabe oder Verweigerung dieser Rückgabe von beweglichen Sachen. Es wird anerkannt, daß es besatzungsrechtliche Hindernisse für die Rückgabe hierbei auch für diejenigen Alteigentümer nicht gibt, die von 1945 bis 1949 enteignet worden sind. Diskriminierend gegenüber anderen Deutschen wird aber von der Rückgabe abgesehen, wenn „das öffentliche Interesse einer Rückgabe entgegensteht" (§ 3 Absatz 1 des geplanten Ausgleichsleistungsgesetzes). Für andere Deutsche müßte dieses „öffentliche Interesse" im einzelnen begründet werden und der Staat müßte entweder die Verwendung der beweglichen Sache durch allgemeine Gesetze beschränken oder das Eigentum daran in einem normalen Entschädigungsverfahren mit vollem und nicht besteuertem Entschädigungsbetrag der öffentlichen Hand übertragen. Nichts dergleichen ist für diejenigen beabsichtigt, die von den sowjetischen Enteignungen diskriminierend besonders schwer betroffen worden sind. Hier soll der Staat, der sich diese Gegenstände illegitim angeeignet hat, einen weiten Ermessensspielraum erhalten, ob er diese Gegenstände wirklich zurückgeben will oder ob er sich selbst bestätigen will, daß sein eigenes Interesse an der Konservierung des Raubes dem Interesse des Beraubten vorgeht. Man kann sich ausmalen, welches

Ergebnis diese Abwägung im Regelfall haben wird, solange es sich nicht um wenig wertvolle Sachen handelt. Daß intelligente Räuber nur Wertvolles stehlen, ist ja keine Neuigkeit.

Ist also anzunehmen, daß der sich bereichernde Fiskus oder andere Behörden so wenig wie möglich wertvolle Mobilien zurückgeben werden, so ist dafür immerhin eine „Ausgleichsleistung" des Staates vorgesehen. Dafür gilt als Bemessungsgrundlage aber nicht der heutige Zeitwert, sondern der gemeine Wert zum Zeitpunkt der Enteignung. Die bei wertvollen Gegenständen vielfach zu erwartenden Wertsteigerungen und Inflationszuschläge will also der Staat in die Tasche stecken, wie er das auch sonst beabsichtigt. Immerhin ist es aber denkbar, daß die Gegenstände inzwischen veräußert worden sind; nur dann kann der Geschädigte nach § 10 des Vermögensgesetzes den erzielten Erlös fordern. Die besonders wertvollen oder nützlichen Gegenstände wird der Staat freilich wohl behalten, weil er damit auf Kosten des Beraubten einen Spekulationsgewinn einstreicht, der sich später einmal mobilisieren ließe.

Bei wohlwollendem Verhalten staatlicher Stellen kann es aber selbst bei wertvollen Mobilien auch für die Besatzungsgeschädigten zur Rückgabe kommen. In diesem Falle ist ebenso wie bei der Rückgabe beweglicher Sachen nach dem Vermögensgesetz eine Vermögensabgabe von einem Drittel vorgesehen, wobei diesmal der Gemeine Wert am 3. Oktober 1990 zugrunde gelegt wird, der Fiskus also von den Wertsteigerungen profitieren will, die er bei der Bemessungsgrundlage für „Entschädigung" oder „Ausgleich" ignoriert. Gemildert wird dies nur durch einen Freibetrag und durch die Möglichkeit, die Abgabe zu erlassen, wenn der Gegenstand auf mindestens 20 Jahre dem Staat (etwa einem Museum) überlassen wird.

d) Im ursprünglichen Referentenentwurf vom 25.8.1992 war, wohl auf Grund von politischen Vorgaben der Gerster-Kommission, eine Differenzierung der vorgesehenen Vermögensabgabe sowohl nach dem früheren Wohnsitz des Rückgabeberechtigten als auch nach seinem Verhalten als Investor und Arbeitgeber enthalten (§§ 8 und 9 des damaligen Entwurfs).

Je früher jemand aus der ehemaligen DDR vertrieben oder abgewandert war, desto höher sollte der Besteuerungssatz für die Vermögensabgabe sein. Wer vor dem 13. August 1961 die DDR verlassen hatte oder verlassen mußte, sollte mit dem vollen Abgabesatz von einem Drittel herangezogen werden, für spätere Abwanderungstermine waren niedrigere Abgabesätze vorgesehen. Die in der DDR zurückgebliebenen Rückgabeberechtigten sollten von der Abgabe befreit bleiben. Die Abgabe wäre damit zu einer Sondersteuer für sogenannte „Republikflucht" geworden und hätte diejenigen entlastet, die unter dem SED-Regime ausgeharrt haben und nun ihr altes Vermögen zurückerhalten könnten. Unter den Ausharrenden haben sich sowohl solche befunden, die die DDR ebenfalls gern verlassen hätten, aber dazu keine Möglichkeit hatten, als auch solche, die mit dem Regime besser ausgekommen sind. Den Ausharrenden gemeinsam war, daß sie in einem nicht effektiven Wirtschaftssystem leben mußten; verallgemeinernde Schlüsse auf ihre heutige Vermögenslage sind gleichwohl nicht zulässig. Dem Vorwurf, eine Strafsteuer für Republikflucht einzurichten (vgl. *Willgerodt*, 1992, 13) begegnet der neue Referentenentwurf vom 26. November 1992 nunmehr damit, daß von den genannten Differenzierungen Abstand genommen wird.

Dieser Kurswechsel scheint in einiger Hast vor sich gegangen zu sein. Jedenfalls scheint man nicht mehr die Zeit gehabt zu haben, die Begründung des Entwurfs dem neuen Vorschlag entsprechend vollständig anzupassen. So wird auf S. 39 des Begründungstextes noch immer davon gesprochen, daß auch persönliche Verhältnisse berücksichtigt werden sollen und daß deswegen in § 8 eine Abstufung des Abgabesatzes vorgesehen sei. In dem neuen § 8 ist aber nur ein Freibetrag für solche Abgabepflichtigen aufgeführt, die keinen Lastenausgleich erhalten haben. Anstelle früher vorgesehener komplizierter und mit hohem Verwaltungsaufwand verbundener Möglichkeiten, bei gewerblichen Unternehmungen die Abgabe zu erlassen, soll jetzt eine verallgemeinerte Anrechnung bestimmter Wiederaufbauleistungen treten; darin mag eine Verbesserung liegen.

Über die Motive dieser Änderung kann man nur Vermutungen anstellen: Es kann die offenkundige Verletzung des Gleichheitsgrundsatzes bei der früher vorgesehenen Abstufung nach dem Wohnsitz mitgespielt haben, obwohl die Finanzbürokratie auf diesem Gebiet traditionell wenig sensibel ist. Denkbar hätte sein können, daß man den Verwaltungsaufwand bei der Erforschung des früheren Wohnsitzes der Berechtigten gescheut hat, aber auch auf diesem Gebiet hat die Finanzbürokratie noch nie besondere Sensibilität gezeigt. Am wahrscheinlichsten sind also wiederum kurzsichtige und damit falsche fiskalische Erwägungen: Durch die ursprünglich geplante Regelung wären nur diejenigen abgabepflichtig geworden, die zu irgendeinem Zeitpunkt in den Westen entkommen sind. Inzwischen hat sich herausgestellt, daß ein erheblicher Teil der Geschädigten ständig in der DDR zurückgeblieben ist und nach dem früheren Referentenentwurf von der Abgabe befreit wäre. Ob dann das Aufkommen aus der Abgabe noch ausreichen würde, um den Entschädigungsfonds hinreichend zu speisen, wird immer unsicherer, wenn die ostdeutschen Rückgabeberechtigten von der Abgabe ausgespart bleiben. Im übrigen ist alles getan worden und wird weiterhin vieles getan, um die Rückgabe von enteignetem Vermögen zu be- und verhindern und mindestens zu verzögern. Die auch deswegen unbefriedigende Wirtschaftslage mindert den Wert der rückgabebelasteten Unternehmungen und Objekte, weil ein nur treuhänderisch und vorübergehend verwaltetes Vermögen keine grundlegenden und unternehmerischen Verbesserungen erlaubt. So wächst die Zahl der Abgabenpflichtigen wahrscheinlich immer weniger, während die Zahl derjenigen zunimmt, die sich für eine „Entschädigung" entscheiden, selbst wenn sie so gering ausfällt, wie es der Referentenentwurf vorsieht.

Die Folgen des ministeriellen Kurswechsels können verhängnisvoll sein: Alle diejenigen, die als Altunternehmer ihre früheren Unternehmen wieder zurückgenommen haben, müssen nun ein Drittel des Eigenkapitals aus der Rückgabebilanz, wenn auch nach Abzug von Sonderrücklagen, als Abgabe leisten, wobei die Eröffnungsbilanz zum 1. Juli 1990 maßgebend sein soll. Das gesetzlich vorgeschriebene Mindestkapital für Aktiengesellschaften von 100.000 DM und von 50.000 DM für GmbH soll abgabefrei bleiben, vielleicht weil es noch immer jemanden gibt, der annimmt, diese Beträge hätten irgendeine praktische Bedeutung für die Solidität eines entsprechenden Unternehmens.

Unverändert wird auch in der neuen Gesetzesbegründung das juristische Wolkenkuckucksheim aufgebaut, wonach eine Abgabe, die zwar das Unternehmen als Bemessungsgrundlage nimmt, aber rechtlich dessen Eigentümer oder Anteilseigner als Abgabepflichtigen benennt, das Unternehmen nicht belaste. Immerhin wagt sich die neue Begründung ebenso wie die alte auf Seite 52 soweit auf das Gebiet der Realität vor, daß eingeräumt wird, die Vermögensabgabe könne für die Ausstattung von zurückgegebenen Unternehmen mit dem notwendigen Eigenkapital besonders nachteilig sein. Man glaubt, für den Fortbestand der zurückgegebenen Unternehmen genug getan zu haben, wenn für gewinnlose Unternehmen die Abgabe für maximal 5 Jahre gestundet wird, aber die gestundeten Beträge verzinst werden müssen. Andere Unternehmen können bis zu 70 % der Abgabe sparen, wenn sie jeweils den vierfachen Betrag für Investitionen aufwenden. Da sich viele der zurückgegebenen Unternehmen schon jetzt mit Belastungen aller Art, nicht zuletzt durch staatliche Anlastung von Altschulden, schwer tun, werden mit der Vermögensabgabe viele von ihnen in den Konkurs getrieben werden und als Steuerzahler ausfallen. Das gilt insbesondere für diejenigen Altunternehmer, die in der DDR ausgeharrt haben und deswegen mindestens größere Probleme hatten, Reserven anzusammeln.

Im ganzen läuft also dieser Komplex von Entschädigungsgesetz, Ausgleichsleistungsgesetz und Vermögensabgabegesetz, wie ihn der Referentenentwurf vorsieht, auf einen Anschlag gegen den ostdeutschen Wiederaufbau hinaus. Nicht nur wird der ostdeutschen Wirtschaft durch die Präferenz für Geldentschädigungen anstelle von Rückgabe realer Objekte Kapital vorenthalten und dem gesamtdeutschen Fiskus ein Volumen an Mitteln entzogen, das für den Aufbau hätte verwendet werden können, sondern es werden auch zurückgegebene Unternehmen vernichtet und damit Steuerquellen verschüttet. Finanzpolitiker der Vergangenheit wußten noch davon, daß ihre erste Aufgabe darin bestehen muß, die Steuerquellen zu pflegen, um sie nutzen zu können.

Daß solche Vorschläge für politisch möglich gehalten werden, kann auf dem allgemeinen Ressentiment beruhen, das planmäßig und gezielt gegen sogenannte Alteigentümer gepflegt worden ist. Im Osten scheint es noch immer einflußreiche politische Kräfte zu geben, denen die Rückkehr früherer Unternehmer selbst dann unsympathisch ist, wenn sie nicht in den Westen abgewandert sind. Daß die Rückgabe nicht im Interesse westlicher Kaufinteressenten liegt, leuchtet ein. Was kümmert es diese Kreise, wenn damit die ohnehin nicht geschätzte Marktwirtschaft auf diese Weise daran gehindert wird, ihre Leistungsfähigkeit zu beweisen.

Nachwort (20. März 1993)

Seit dem Referentenentwurf des Bundesministeriums der Finanzen vom 26. November 1992 ist die Diskussion weiter fortgeschritten, aber noch keineswegs beendet. Es kann also nur ein weiterer Zwischenbericht erstattet werden. Er beruht auf dem Papier des Bundesministeriums der Finanzen zu einem Hintergrundgespräch am 25. Februar 1993. Darin wird mitgeteilt, daß sich die Bundesressorts am 24. Februar 1993 über die Eckwerte zum Entschädigungsgesetz geeinigt hätten. Die für den 17. März 1993 vorgesehene Behandlung im Bundeskabinett ist jedoch verschoben worden, nach Pressemeldungen deshalb, weil noch verfassungsrechtliche Fragen geklärt werden sollen.

Nach dem Eckwertepapier soll der Höchstbetrag für Entschädigungs- und Ausgleichsleistungen zwar auf 950.000 DM erhöht, aber die Degression entsprechend verstärkt werden und schon bei 10.000 DM einsetzen. Bei einem Schaden von 10 Millionen DM werden demnach 9,5 % als Entschädigung oder Ausgleich gewährt, bei noch größeren Schäden entsprechend weniger, und bei geringeren Schäden mehr. Eine Beziehung zum Zeitwert des noch vorhandenen enteigneten Vermögens besteht offenbar nicht. Dieser wird bei der Bemessung der Vermögensabgabe von Einheitswerten des Jahres 1935 mit Multiplikatoren hochgerechnet. Sie betragen für landwirtschaftliche Flächen 4, Mietwohngrundstücke 6, gemischt genutzte Grundstücke mit Wohnungsanteil über 50 % 8, Geschäftsgrundstücke, sonstige gemischt genutzte Grundstücke, Ein- und Zweifamilienhäuser 10 und unbebaute Grundstücke 27. Ob diese durch westdeutsche Vergleichsrechnungen ohne große Rücksicht auf die ostdeutschen Verhältnisse zur Ermittlung einer möglichst großen Besteuerungsgrundlage errechneten fiktiven Werte dem Zeitwert von 1990, geschweige denn den sich anschließenden Veränderungen entsprechen, ist ungeklärt.

Bei Rückgabe ist, wie bisher vorgesehen, der Lastenausgleich zurückzuzahlen. Bei Entschädigung wird er verrechnet. Damit werden die früheren Empfänger von Lastenausgleich, abgesehen vom Zinsvorteil, so gestellt, als hätten sie ihn nicht erhalten. Für diejenigen, die ihn niemals erhalten haben, also die im Osten gebliebenen Geschädigten, wird ein Freibetrag von 70.000 DM vorgesehen und die zweifelhafte Behauptung aufgestellt, damit entfalle für Einfamilienhäuser bei Rückgabe in der Regel die Vermögensabgabe. Das würde für diese Häuser Einheitswerte von maximal 7.000 RM im Jahre 1935 voraussetzen.

Die Vermögensabgabe soll „grundsätzlich an den Nettowert des zurückgegebenen Vermögenswertes" anknüpfen; ob damit der Fehler bereinigt ist, bei Immobilien den Bruttowert, nämlich den Einheitswert, zugrunde zu legen, ist nicht zu erkennen, denn nach wie vor soll dieser als Basis der Bemessungsgrundlage für die Vermögensabgabe dienen.

Die Vermögensabgabe soll bis auf einen Sockelbetrag von 50 % durch Investitionen vermieden werden können, allerdings nicht für selbstgenutzte Einfamilienhäuser. Um eine DM-Abgabe zu sparen, müssen vier DM investiert werden, von Ostdeutschen allerdings nur zwei DM. Bei zurückgegebenen Unternehmen kann die Abgabe in vollem Umfang durch Investitionen in das Betriebsvermögen eingespart werden. Im Osten gebliebene Unternehmer müssen also 2/3 des Eigenkapitals aus der DM-Rückgabebilanz investieren, nicht als Ost-Berechtigte anerkannte Altunternehmer brauchen dafür eine Investition von 4/3 des Eigenkapitals. Bisher war hierfür eine Frist von drei Jahren nach der Rückgabe vorgesehen; diese Frist soll allerdings erst frühestens 2 Jahre nach Inkrafttreten des Vermögensabgabegesetzes enden. Ob der Freibetrag von 70.000 DM für Ostberechtigte dafür eine große Erleichterung bringt, hängt von der Unternehmensgröße und dem abgabepflichtigen Nettovermögen ab. Wer die entsprechende Investitionsleistung nicht erbringen kann, muß zahlen und wird anschließend seinem (möglichen Konkurs-) Schicksal überlassen.

Beharrlich wird entgegen den Tatsachen behauptet, man wolle sich am Gleichbehandlungsgrundsatz und Sozialstaatsprinzip ausrichten; das Ungleichgewicht zwischen Entschädigung und Rückgabe könne nur durch einen Solidarbeitrag derjenigen gemildert werden, die das Alteigentum oder dessen Gegenwert zurückerhalten. Eine Solidarität mit nicht Enteigneten in Ost- und Westdeutschland findet ebensowenig statt wie eine entsprechende Gleichbehandlung. Es wird an der These festgehalten, die Rückgabe enteigneten Vermögens verschaffe den Berechtigten „erhebliche vereinigungsbedingte Vorteile", die es rechtfertigen, sie zur Finanzierung des Entschädigungsfonds heranzuziehen. Diese Argumentation von einer Solidargemeinschaft der Beraubten allein anstatt des ganzen Volkes unter Einschluß der nicht Beraubten erklärt sich aus dem starren Festhalten im Prinzip der Haushaltsneutralität in dem engen Sinne, daß Entschädigung und Ausgleich möglichst vollständig durch die Vermögensabgabe zu finanzieren seien. Ebenso starr wird daran festgehalten, Entschädigung und Ausgleich in Geld zu leisten, nicht in Sachwerten, über die der Staat im Osten überreichlich verfügt, oder in Kapitalanlagetiteln für die Finanzierung von Ostinvestitionen.

Man scheint aber teilweise eingesehen zu haben, daß die Belastung von Unternehmungen und das Herausziehen von Liquidität aus Firmen, die um ihr wirtschaftliches Überleben ringen, unzweckmäßig wäre, weil damit mehr Arbeitsplätze, wirtschaftliches Wachstum und Steuereinnahmen verloren gehen können, als an einer vorübergehenden Zusatzeinnahme durch die Vermögensabgabe zu gewinnen ist. Entziehen sich die Unternehmungen durch Investitionen der Vermögensabgabe, dann fehlen bei dieser Sondersteuer entsprechende Beträge. Daß der Fiskus durch Besserstellung der Unternehmungen aus anderen Abgaben mehr gewinnt, als er bei der Vermögensabgabe verliert, blieb bisher ebenso außer Betracht wie die Ersparnis an staatlichen Ausgaben, wenn mehr Arbeitsplätze erhalten oder geschaffen werden. Hält man trotzdem daran fest, daß die Vermögensabgabe die Entschädigungsausgaben decken müsse, dann müssen entweder die Entschädigungen noch weiter gekürzt werden oder es müssen abgabepflichtige Nichtunternehmer um so stärker belastet werden. Dazu sind die Immobilien- und Hausbesitzer ausersehen. Aber auch Ostimmobilien sind zum großen Teil völlig ungeeignete Besteuerungsobjekte, weil sie sich in erheblichem Umfang in beklagenswertem Zustand befinden und außerdem noch durch die neuen §§ 18 und 18a des Vermögensgesetzes zur Erleichterung der Grundbuchbehörden gezwungen werden, Altschulden vorzeitig abzulösen, dies alles in einem Augenblick, in dem die Mieten weiterhin künstlich auf einem die Kosten nicht deckenden Niveau gehalten werden. Um nicht zuviel an Einnahmen aus der Vermögensabgabe zu verlieren, können hier nur 50 % der Vermögensabgabe durch Investitionen eingespart werden. Westberechtigte müssen 2/3 des Einheitswertes hierzu aufwenden, Ostberechtigte 1/3; beide haben gleichwohl 1/6 des Einheitswertes als Vermögensabgabe zu entrichten und die Altschulden abzulösen, soweit sie nicht beweisen können, daß den Schulden keine Baumaßnahmen entsprochen haben. Ob hier der nur Ostberechtigten zustehende Freibetrag von 70.000 DM genügend Erleichterung schafft, ist fraglich. Wählen entmutigte Alteigentümer von Immobilien, auch aus Verzweiflung über die Art, mit der der neue deutsche Staat in diesem Punkte dem SED-Regime ähnlich geworden ist, eine Entschädigung, dann schrumpfen die Einnahmen aus der Vermögensabgabe abermals. Ob der Staat dies durch Verkauf der ihm überlassenen Immobilien ausgleichen kann, hängt auch davon ab, ob er die darauf lastenden Schulden mit übernehmen muß. Die staatliche Aneignung der Immobilien ohne Übernahme dieser Schulden wäre allerdings nichts weniger als ein rechtspolitischer Skandal. Für den Wiederaufbau der maroden ostdeutschen Bausubstanz wäre durch ein solches Vorgehen nichts gewonnen, sondern man hätte abermals auf den Willen zum Wiederaufbau bei einer keineswegs kleinen Schicht ostdeutscher oder ehemals ostdeutscher Mitbürger verzichtet.

Literaturverzeichnis

Coase, Ronald H. (1960), „The Problem of Social Cost", *The Journal of Law and Economics*, Chicago (Ill.), 3 (1960), S. 1–44.

Emmerich, Volker (1992), „Anmerkungen zur Wohnungs- und Eigentumspolitik der Bundesregierung", in: *ORDO* (Jahrbuch für die Ordnung von Wirtschaft und Gesellschaft), Bd. 43, 1992, S. 357–371.

Röpke, Wilhelm (1947), „Offene und zurückgestaute Inflation", Kyklos, Vol. I, 1947, S. 70, Fußnote 1.

Röpke, Wilhelm (1951), „Wirtschaftssystem und internationale Ordnung. Prolegomena", in: *ORDO*, Bd. 5, 1951, S. 276f.

Schlieffen, Albrecht Graf von (demnächst erscheinend), „Die Legende von der Vorbedingung".

Schmidt, Axel und Friedrich Kaufmann (1992), „Mittelstand und Mittelstandspolitik in den neuen Bundesländern: Rückgabe enteigneter Unternehmen", *Schriften zur Mittelstandsforschung*, Nr. 47, Institut für Mittelstandsforschung, Stuttgart 1992, S. 46ff.

Sinn, Gerlinde und Hans-Werner Sinn (1991), *Kaltstart. Volkswirtschaftliche Aspekte der deutschen Vereinigung*, 2. Aufl., Tübingen 1991, S. 113ff.

Weber, Werner (1961), „Art. Enteignung", *Handwörterbuch der Sozialwissenschaften*, Bd. 3, Stuttgart usw. 1961, S. 227–230.

Willgerodt, Hans (1992), „Enteignung für den Wiederaufbau? Zum Streit um die Rückgabe von „Alteigentum" in Ostdeutschland", Frankfurter Allgemeine Zeitung vom 20. Oktober 1992, S. 13.

Willgerodt, Hans (1993), „Ökonomische und soziale Folgen der Beschränkung privater Eigentumsrechte", in: Werner Dichmann und Gerhard Fels (Hrsg.), *Gesellschaftliche und ökonomische Funktionen des Privateigentums, div-Sachbuch 56*, Köln 1993, S. 139–184.

Wittmayer, Leo (1926), „Art. Enteignung", *Handwörterbuch der Staatswissenschaften*, 4. Aufl., Bd. 3, Jena 1926, S. 730–760.

Alles menschliche Wissen steht unter dem Vorbehalt der Lückenhaftigkeit oder des Irrtums. So ist auch die Darstellung und Deutung der Texte dieses Buches zu verstehen. Einerseits können sich die Sachverhalte selber, von denen die Rede gewesen ist, geändert haben, andererseits kann auch ihre Deutung unvollkommen oder fehlerhaft gewesen sein. Zweifel in dieser Beziehung begleiten vor allem eine empirische Wissenschaft wie die Volkswirtschaftslehre und darin wieder in besonderer Weise die Lehre von der Wirtschaftspolitik. Man hat es dabei auch mit Zielen zu tun, die durch Werte begründet werden, denen man nicht zuzustimmen braucht. Man muß dann aber die Folgerungen in Kauf nehmen, die sich aus solcher Ablehnung und den anderen Bewertungen ergeben. Es genügt jedenfalls nicht, jede Beschäftigung mit Werten nur deswegen abzulehnen, weil angeblich darin die Gefahr liegt, sich auch wissenschaftlich mit Politik zu beschäftigen. Solche Bedenken hatten Marx und Engels nicht, aber auch die klassischen Liberalen haben das Feld der politischen Ökonomie nicht den Illiberalen überlassen. Sie taten dies gerade auch deswegen, weil sie die Bewertungsfreiheit in ihrem möglichen Rahmen erhalten wollten. Von solcher Bewahrung der Freiheit wollen alle Radikalen nichts wissen.

Diesen Radikalen liegen auch Zweifel an der eigenen Position fern. Diese Zweifel, denen in einer freiheitlichen Gesellschaft ein legitimer Platz zusteht, können aber so weit gehen, daß man überhaupt jede Erkenntnis für zweifelhaft hält, woraus folgt, daß auch diese Aussage wieder in Zweifel gezogen werden kann. Zu solchem wirklichkeitsfremden allgemeinen Agnostizismus kann sich keine Wissenschaft bekennen, ohne sich selbst aufzugeben. Sie wäre eine Anmaßung von Unwissen, die nicht weniger gefährlich ist als die Anmaßung von Wissen, die mit einigem Recht von dem Nobelpreisträger *von Hayek* kritisiert worden ist.

Die Anmaßung von Unwissen[588]

Von Hans Willgerodt

1. Jede Wissenschaft, also auch die Sozialwissenschaft, setzt voraus, daß es sinnvoll ist, nach Erkenntnis zu streben. Gäbe es die Möglichkeit nicht, Sachverhalte festzustellen und Zusammenhänge zu klären, dann wäre jede Suche nach Erkenntnis überflüssig. Es erweckt deswegen mindestens Aufmerksamkeit, wenn Gelehrte auf die Grenzen aller, also auch ihrer eigenen Erkenntnismöglichkeit hinweisen und darin so weit gehen, jede dauerhafte Wahrheit in Frage zu stellen. Seit *Sokrates* hat dies eine ehrwürdige Tradition.

2. Vor allem in einer empirischen Wissenschaft ist es schon allein wegen der Unvollkommenheit menschlicher Sinnesorgane notwendig, alles Wissen über Tatsachen und Zusammenhänge ständig zu überprüfen und für potentiell unsicher zu halten. Viele bisher für richtig gehaltene Aussagen sind widerlegt oder in ihrem Geltungsbereich eingeschränkt worden. Daß es deswegen ganz allgemein überhaupt keine feststehenden oder so gut wie feststehenden Wahrheiten geben kann, ist damit nicht bewiesen. Die Zweckmäßigkeit, alles bisherige Wissen zu überprüfen, schließt nicht aus, daß es Erkenntnisse gibt, die diesem Test standhalten.

3. Ferner leidet die sokratische These, man wisse, daß man nichts weiß, unter der Möglichkeit der Selbstaufhebung (zum Problem: *Rüstow* 1910 / 1994). Denn sofern man sogar über die Richtigkeit dieser eigenen Aussage nichts weiß, bleibt neben totaler Ignoranz die Möglichkeit von Gewißheiten erhalten. Für Anhänger des sokratischen Extrems gibt es den Ausweg, allein die Aussage über das eigene Nichtwissen für gewiß zu halten. Damit wird diese Grundlage des Agnostizismus von ihrer eigenen Gültigkeit ausgenommen und behauptet, nur dies eine wisse man unzweifelhaft, nämlich nichts zu wissen. Weiß man tatsächlich auch dieses eine nicht, dann bleibt Ratlosigkeit. Weiß man es aber, dann folgt daraus mancherlei Merkwürdiges.

4. Vor allem folgt daraus, daß Irrtum und Lüge nicht möglich sind. Denn sie beide werden daran gemessen, daß es etwas erkennbar Zutreffendes oder Auszuschließendes gibt: Irrtum setzt voraus, daß es einen Sachverhalt gibt, der tatsächlich mit Sicherheit existiert und sich von dem unterscheidet, was der Irrende meint, und der Lügner weiß sogar, daß der von ihm behauptete Sachverhalt unzutreffend ist, also ausgeschlossen werden muß. Auch daß etwas nicht ist, gehört zur

---

[588] Bemerkungen zu Guy Kirsch, Die Anmaßung von Wissen und Glauben, in diesem Band. Für hilfreiche Anmerkungen bin ich Alfred Schüller dankbar.

wichtigen Erkenntnis, die der total Unwissende leugnet. Die Problematik läßt sich dadurch relativieren, daß als Irrtum und Lüge nur gilt, was nicht etwa eindeutig einer tatsächlichen Sachlage widerspricht, sondern nur dem, was bisher allgemein als tatsächlich zutreffend angesehen worden ist. Eine solche allgemeine Meinung kann aber falsch sein. Damit bleibt die Möglichkeit erhalten, daß der Irrende schließlich doch recht erhält und der Lügner die Wahrheit gesprochen hat.

5. Das Problem der Relativierung aller Erkenntnis ist trotzdem selber zu relativieren. Jedenfalls ist dies ein unabwendbares Erfordernis der praktischen Vernunft und der Ethik. Denn der Mensch kann als selbständig, bewußt und verantwortlich handelndes Wesen, das sich eigene Ziele setzt, keine Pläne fassen und ausführen, wenn er überhaupt nichts über diese Welt weiß (so auch *Kirsch*, Ziffer 1), also über die Daten, die er seinen Entscheidungen und Planungen zugrunde legen will. Möchten zum Beispiel sie oder er heiraten, so müssen sie einen ganz bestimmten Partner kennen, sich also über dessen Existenz vergewissern können und mit dessen oder deren Einverständnis rechnen. Natürlich kann der Partner / die Partnerin bis zum Hochzeitstermin verunglücken oder sich die Sache anders überlegen. Hat aber die Hochzeit stattgefunden, dann wäre es lächerlich, diese Tatsache lediglich unter Berufung auf Sokrates in Zweifel zu ziehen. Gewiß besteht die zivil- oder kirchenrechtliche Möglichkeit, daß die Trauung nicht ordnungsgemäß vollzogen worden ist. Aber das läßt sich feststellen, und es gibt eine letzte juristische Instanz, die hierüber abschließend urteilt. Daß ein solches Urteil aus irgendwelchen Sondergründen revidiert und ein abgeschlossener Prozeß wieder aufgenommen werden könnte, ist zwar nicht unmöglich, wird aber immer entlegener und unwahrscheinlicher. Das heißt auch: Mit jeder sinnvollen und zu keiner Ablehnung führenden Überprüfung einer Aussage über einen Sachverhalt nimmt die Möglichkeit ab, daß sie unrichtig ist. Das schließt nicht aus, daß sie schließlich doch falsch sein kann. Es ist aber sinnlos, menschliches Handeln nur deswegen immer weiter hinauszuschieben, weil *absolute* Sicherheit über sämtliche Daten eigener Planungen in allen Bereichen nicht zu erlangen ist.

Im übrigen gibt es nicht nur physische Tatsachen, sondern auch Rechtsregeln, die von den Erkenntnismöglichkeiten eines einzelnen Planenden unabhängig sind und sich ihm gegenüber durchsetzen. Utopische Planungen stoßen auf den Widerstand der Wirklichkeit. Dieser Widerstand vermittelt zugleich Erfahrungswissen und setzt Unsicherheit herab. Völlig beseitigt werden kann sie (zum Glück) nicht, weil dann jeder Handlungsspielraum und damit auch jede Verantwortung aufgehoben wären.

6. Man muß sich mit ausreichenden Sicherheiten zufrieden geben, was nichts anderes heißt, als daß es bei einem mehr oder weniger großen Grad an Unsicher-

heit bleibt.[589] Was als „ausreichende Sicherheit" angesehen wird, hängt vor allem von der Risikobereitschaft der Entscheidenden ab. Gewiß können sie sich in der Einschätzung des Risikos irren. Daraus folgt jedoch nicht, daß die Entscheidenden weder über Kenntnisse zu Sachverhalten der Gegenwart verfügen noch über Erfahrungswissen, das es ihnen erlaubt, sinnvolle Prognosen zu stellen, auf deren Grundlage sie ihre Handlungen planen können. Wäre es anders, dann könnte der Mensch nicht existieren und müßte verhungern, er würde nicht säen, weil er nichts darüber wüßte, daß er später mit einiger Wahrscheinlichkeit ernten kann. Das Schlaraffenland jedoch, in dem wirtschaftliche Planungen überflüssig sind, ist nur ein Traum, und nicht einmal ein schöner.

Ob der Mensch von seinem Erfahrungswissen und seinem Verstand hinreichend Gebrauch macht, bleibt zwar fraglich. Auch bleibt sein Leben ebenso wie die Wissenschaft als Teil dieses Lebens ständig von Irrtümern begleitet. Kenntnisse über Plandaten und vor allem Prognosen über künftige Abläufe mögen also nicht vollkommen sicher sein. Es genügen begründete Schätzungen, um Planungen, also auch Wirtschaftspläne, möglich und sinnvoll zu machen.

7. Wirtschaftliche Planungen sind nicht bei totalem Unwissen über die darin zu erfassenden Sachverhalte möglich. Man muß etwas über verfügbare Produktionsmittel, Absatzmöglichkeiten und vieles andere wissen, die als Plandaten (*Eucken* 1950, 128 ff. und passim) zugrunde gelegt werden. Auch die rechtliche und soziale Ordnung (mitsamt ihren Mängeln) ist nicht völlig unbekannt. Je nach Qualität und Reichweite mindert sie Unsicherheiten über das Verhalten anderer.

Die genannten Daten dürfen nicht völlig unbestimmt sein und sind es auch nicht. Wäre wirklich nicht nur alles möglich und gleich sicher oder unsicher, dann wäre Wirtschaften als rationaler Umgang mit knappen Mitteln zur Erreichung menschlicher Ziele so gut wie sinnlos und unmöglich. Sinnlos wäre es, weil man zum Beispiel nicht wüßte, was knapper oder reichlicher verfügbar sein wird, und es auch nicht rechtzeitig erfahren würde, um darauf reagieren zu können. Relativer Mangel oder Überfluß an dem einen Gut wären ebenso wahrscheinlich wie bei einem anderen. Wirtschaften heißt aber Wahl zwischen erkennbaren Alternativen und das Finden eines Optimums in der bestehenden Vielfalt der sachlichen und quantitativen Möglichkeiten.

Unmöglich wird das Wirtschaften, wenn man weder die Knappheiten erkennen kann noch die Möglichkeiten, sie zu überwinden. Der Mensch wirtschaftet aber, und er muß wirtschaften, weil er immer in der Welt der Knappheit leben wird, und sei es auch nur der Knappheit seiner eigenen Lebenszeit.

---

[589] Vgl. die klassische Darstellung bei *Frank H. Knight* (1921 / 1965), insbesondere Chapter VII, das sich eingehend auch mit den Grenzen des Wissens und damit der Sicherheit von Prognosen befaßt.

Lebensfremde Philosophen könnten selbst dies für fraglich halten. Spätestens im Zusammenbruch ihrer wirtschaftlichen Existenz, also im persönlichen Konkurs, würden sie dann auf den Boden der Wirklichkeit zurückgeholt werden. Es bedeutet eine Anmaßung von Unwissen, ein solches rationales Wirtschaften für nicht notwendig oder gar unmöglich zu erklären. Das Problem besteht darin, daß der Mensch zwar über Wissen verfügen kann, dieses Wissen aber immer beschränkt bleiben wird, und zwar auch aus Gründen, die in Ziffer 10. genannt werden. Es besteht ständig die Gefahr, daß man die eigenen Kenntnisse überschätzt.[590]

8. Gilt die allgemeine Ignoranzthese auch für Aussagen über gesellschaftliche und wirtschaftliche Vorgänge? *Von Hayek* (z. B. 1975) hat mit Recht immer wieder betont, die Entwicklung der Gesellschaft sei offen und es könne niemals vollständiges prognostisches Wissen darüber geben, wie diese Entwicklung verlaufen wird. Wer dies bestreite, müsse sich Anmaßung von Wissen vorwerfen lassen. Das Scheitern vieler Versuche, auf Grund als gesichert geltender Ausgangsbedingungen und Verhaltensfunktionen gesamtwirtschaftliche Größen durch die Regierungen plangerecht zu steuern, ist offenkundig.

Ist damit jede Art von sinnvoller gesamtwirtschaftlicher Politik unmöglich? Empirisch läßt sich bei Einigkeit über erwünschte Zustände eine Fülle von wirtschaftspolitischen Fehlschlägen einer erheblichen Menge wirtschaftspolitischer Erfolge gegenüberstellen. Was man tun muß, um gegen verkündete Optimalvorstellungen zu verstoßen und eine Volkswirtschaft zu ruinieren, und was man deswegen vermeiden sollte, ist trotz allen Meinungsstreites in höherem Maße bekannt, als oft angenommen wird. Ein Teil des wirtschaftspolitischen Meinungsstreites geht außerdem darauf zurück, daß man sich weniger um Sachzusammenhänge als um Ziele der Wirtschaftspolitik streitet und diesen Streit als Streit um Sachverhalte verkleidet.

Auch *von Hayek* (1972, S. 15 ff.) hat trotz seiner Skepsis gegenüber der Möglichkeit gesamtwirtschaftlicher quantitativer Prognosen von ihm so genannte „pattern predictions", also Muster- oder Strukturprognosen für möglich und notwendig gehalten. Im übrigen haben sich Richtungsprognosen, die zwar quantitativ, aber nicht numerisch sind, stärker bewährt als genau bezifferte Voraussagen.

[590] Zum Sonderproblem ökonomischer Prognosen auf der Grundlage modelltheoretischer Vorstellungen: *Hutchison* (1977). Seine Polemik gegen Modelltheorie schlechthin schießt allerdings über das Ziel hinaus, weil jede tiefer eindringende theoretische Analyse Abstraktionen erfordert und außerdem die Wirtschaft sehr wohl Regelmäßigkeiten des Verhaltens kennt. Es muß jedoch jeweils wie in der Medizin empirisch geprüft werden, ob der nach irgendeiner Regel zu behandelnde Sachverhalt wirklich vorliegt; vgl. *Willgerodt* (1964). Die Sachverhalte sind zwar in der Medizin ähnlich komplex wie in der Wirtschaftswissenschaft, aber weniger dominierend vom menschlichen Verhalten und zum Beispiel von der Politik abhängig, daher teilweise berechenbarer.

Von geradezu strategischer Bedeutung ist jedoch die Frage, bei wem besseres Wissen oder geringeres Unwissen zu vermuten ist. Da Wirtschaften unvermeidlich ist, bedeutet dies zugleich, bei wem die Kompetenz über wirtschaftliche Entscheidungen am besten angesiedelt werden soll. Nicht nur staatliche Wirtschaftspolitik, sondern auch privates Wirtschaften beruht auf Prognosen, die immer ein Element von Unsicherheit enthalten, weil sich die Daten und Erwartungsgrößen ändern können, mit denen privatwirtschaftliche Planungen rechnen. Besonders bei Investitionen wird dies deutlich. Bedeuten deswegen auch privatwirtschaftliche Planungen Anmaßung von Wissen?

Den Privaten ist im Regelfall sehr wohl bekannt, daß sie nicht in einer Welt der völligen Sicherheit leben. Sie versuchen daher, ihre Risiken einzuschätzen, zu begrenzen und gegen Erfolgsaussichten abzuwägen. Sie gehen dabei um so sorgfältiger vor, je mehr sie für Mißerfolge persönlich haften müssen. In wettbewerblichen Marktwirtschaften mit freier Preisbildung gibt es ein permanent wirkendes Anreiz-, Informations- und Korrektursystem, mit dem privatwirtschaftliche Irrtümer entdeckt und Anpassungen erzwungen werden. Besseres Wissen verdrängt dabei schlechteres.[591]

Bei politischer Lenkung wirtschaftlicher Prozeßgrößen werden dagegen oft Informationen unterdrückt oder unbeachtet gelassen, um keine Fehler einräumen oder unbequeme Entscheidungen treffen zu müssen. Daß man jedoch überhaupt nichts über gesamtwirtschaftliche Prozeßabläufe und die zugehörigen Größen wisse, ist maßlos übertrieben. Viel wichtiger ist die Tatsache, daß bei staatlicher Wirtschaftslenkung das Korrektursystem in der Regel unzulänglich ist. Die demokratische Selektion ist notorisch mangelhaft, so daß Entscheidende für Fehler oft nur gegenüber Gott und der Geschichte haften, also im Diesseits gegenüber niemandem. Vielfach verzichten staatliche Wirtschaftslenker auch auf die Signalfunktion freier Preise oder lassen, solange die Preise noch frei sind, davon ausgehende Signale unbeachtet. Es bedeutet eine Anmaßung von Unwissen, wenn die Regierenden oft jahrelang hartstirnig erkennbare Entwicklungen, etwa der öffentlichen Finanzen und Sozialversicherungseinrichtungen, und andere erwiesene Tatsachen beschönigen oder ignorieren, weil sie die Möglichkeit haben, sie durch Staatsverschuldung und auf andere Weise zu verschleiern.

9. Das berechtigte Mißtrauen gegenüber allzu selbstgewissen Aussagen kann nicht bedeuten, daß die Gestalt und Entwicklung der Gesellschafts- und Wirtschaftsordnung einem völlig unerklärlichen, gänzlich unverstehbaren spontanen Prozeß ausgeliefert sind, dessen Richtung in keinem Fall irgendjemand mit eini-

[591] Vollkommen ist dieses Korrektursystem nicht, weil es zu späte oder zu starke Reaktionen hervorrufen kann. Gegenüber obrigkeitlichen Planrevisionen in zentralgeleiteten Volkswirtschaften hat es sich aber als überlegen erwiesen.

ger Sicherheit erkennen kann. *Von Hayek* selbst hat in seinem Buch „The Road to Serfdom“ (1944), deutsche Übersetzung „Der Weg zur Knechtschaft“ (o. J.; 1945), und in zahlreichen anderen Schriften maßgebende Beiträge zum besseren Verständnis gesellschaftlicher und wirtschaftlicher Entwicklungen und Ordnungsprobleme geleistet. Nach den erdrückenden Erfahrungen des letzten Jahrhunderts und auch der Gegenwart bedeutet es eine Anmaßung von Unwissen, wenn die Politik so verfährt, als gebe es keinerlei Kenntnisse über ordnungspolitische Sachverhalte und Probleme.

Wichtig ist in diesem Zusammenhang, daß das Wissen der Entscheidenden über wirtschaftliche Vorgänge und Zusammenhänge auch systemabhängig ist. Das System freier Preise gibt Informationen und vermindert Unwissen, weil es persönliche Daten und Präferenzen in verschlüsselter und damit weniger zurückgehaltener Form allgemein bekannt macht. Demgegenüber werden bei vom Staat erzwungenen Mitteilungen der Privaten Informationen dann nach Möglichkeit zurückgehalten, wenn die Politik daran Nachteile knüpft. Diese von Steuererklärungen bekannte Verhaltensweise wird in zentral geleiteten Volkswirtschaften extrem begünstigt und muß durch kostspielige Kontrollen bekämpft werden, die ein privatwirtschaftlicher Markt nicht kennt (hierzu im einzelnen *Willgerodt* 1975).

10. Die Wirklichkeit bewegt sich zwischen Extremen, nämlich der völligen Determiniertheit und der völligen Unbestimmtheit. Dieser Zwischenbereich ist der Lebensraum der menschlichen Freiheit.

Wären alle Handlungen, Sachverhalte und Entwicklungen von vornherein vollständig und unveränderlich vorausbestimmt, dann gäbe es keinen Spielraum für freie Entscheidungen. Denn sie sind immer nur möglich, wenn es Alternativen gibt, die bei totaler Determiniertheit ausgeschlossen sind. Wo es keine Freiheit gibt, kann es auch keinen verschuldeten Irrtum geben. Was der Mensch weiß oder an Wissen erwirbt oder an Unwissen behält, ist ihm vorausbestimmt, ändern könnte er daran nichts. Wissen wäre in einer solchen Welt ein physikalisch-mechanisches Teilaggregat und das Unwissen ein eingebauter Störfaktor, an dessen Existenz nichts geändert werden kann. Es gibt bei dieser Prädestination ebenso wenig eine menschliche Schuld, wie es ein sündhaftes Erdbeben geben kann.

Wären jedoch alle Sachverhalte oder wäre mindestens das Wissen über solche Sachverhalte völlig unbestimmt, dann wären Menschen entweder dem Zufall ausgeliefert oder könnten wegen fehlender Möglichkeit, solche Sachverhalte zu erkennen, nicht zwischen Alternativen wählen. Denn man kann nur erkennen und etwas darüber wissen, was nicht beliebig ist. Planen für ein hinreichend zuverlässiges Ergebnis wäre unmöglich (*Willgerodt* 1989a). Alle Möglichkeiten wären und blieben gleich offen. Also wären auch die Daten nicht faßbar, die den Entscheidungen zugrunde gelegt werden müßten.

Der völlig Determinierte kann ebensowenig freie Entscheidungen fällen wie der völlig Unwissende, denn der Determinierte ist nicht frei und der Unwissende weiß nicht, worüber er entscheiden könnte.

11. Der Zwischenbereich der Freiheit kennt einerseits Wahrscheinlichkeiten, die bis zur Gewißheit reichen, und andererseits Offenheit und Alternativen, die weder unendlich zahlreich noch gleich möglich sind. Anmaßung von Wissen bedeutet es, wenn behauptet wird, man kenne ganz genau alle Wahrscheinlichkeiten, obwohl sie unsicher sind oder nicht in der behaupteten Größenordnung bestehen. Anmaßung von Unwissen bedeutet es dagegen, wenn offenkundige Sachverhalte unbekümmert geleugnet werden und alles für ebenso möglich gehalten wird wie das Gegenteil davon.

12. Die Wirtschaftswissenschaft strebt oft als „positive" Wissenschaft von der wirtschaftlichen Wirklichkeit danach, durch intensives Forschen möglichst viele Größen zu „endogenisieren", also als Ergebnis des Wirtschaftens selbst oder gar unabhängiger politischer Prozesse darzustellen. Man ist dann jeder wirtschaftspolitischen Bewertung enthoben und fühlt sich in der Position des Astronomen, der den Gang der Sterne beobachtet, aber darüber kein Urteil fällt. Dies ist die Position der Deterministen oder mindestens Fatalisten, denn auch das Zufällige, was sie vielleicht in den Sternen oder im Wirtschaftsablauf beobachten, nehmen sie als von ihnen nicht beeinflußbar und als gegeben hin. Für Bewertungen oder darauf folgende Handlungen etwa der Wirtschaftspolitik wäre kein Raum.

Auf der anderen Seite stehen jene, die nur zu wissen glauben, daß wir nichts über gesamtwirtschaftliche Vorgänge wissen können, weil sie unbestimmt oder zu komplex seien, um wirklich verstanden werden zu können. Auch für diese Skeptiker gibt es keinen legitimen Raum für wirtschaftspolitisches Handeln, denn man kann angeblich nicht wissen oder verstehen, worum es sich handelt, und deswegen auch nicht rationale wirtschaftspolitische Maßnahmen treffen.

Der Weg geht dann von der Wertunabhängigkeit endogen bestimmter Wirtschaft, der damit verbundenen Leugnung der Freiheit und der Anmaßung deterministischen Wissens über den Agnostizismus und die Anmaßung von völligem Unwissen zur praktischen Wertlosigkeit der Nationalökonomie als Wissenschaft (*Willgerodt* 1989b, S. 60).

13. Das Wirtschaften ist wie das Leben überhaupt nicht nur ein ausschließlich pseudobiologischer Prozeß oder ein bloßes Zufallsergebnis. Zwar trifft es zu, daß die planenden und handelnden Menschen nicht ihr Schicksal beherrschen, aber sie wirken daran mit. Sie wirtschaften nicht nur durch geplante Entscheidungen, sondern auch durch Versuch und Irrtum, also einen Wettbewerb der eingeschlagenen und nach Mißerfolgen wieder verlassenen Wege. Mißerfolge sind oft schmerzhafte, aber erkennbare Realität. Das Wissen darüber ist möglich. Es bedeutet eine Anmaßung von Unwissen, sie zu leugnen oder gar nachträglich in Erfolge um-

zudeuten. Ein solches Verfahren ist in der Politik und bei Großunternehmungen beliebt. Man behauptet zum Beispiel, daß alles noch viel schlimmer hätte kommen können, wenn man nicht gewesen wäre, und schiebt die Verantwortung auf nicht beherrschbare Faktoren ab. Am mißlichen Tatbestand selber ändert das nichts.

14. So wenig die Möglichkeit, überhaupt etwas zu wissen, geleugnet werden kann, so sehr gibt es Streit darüber, wieviel man weiß und wer der Wahrheit am nächsten kommt oder systematisch näher kommen kann. Insoweit darf man die Darstellung von *Kirsch* ergänzen. Die liberale Vermutung geht dahin, daß der erwachsene Einzelne in seinen eigenen Angelegenheiten über richtigeres Wissen verfügt, vor allem über seine eigenen Ziele und Werte. Aber an dieser Position gibt es viele, zum Teil auch unvermeidliche Abstriche. Allzuviele glauben darüber hinaus, auf der Grundlage ihres eigenen angeblich besseren Wissens andere durch die Politik in ein gesamtgesellschaftliches und gesamtwirtschaftliches Korsett zwängen zu sollen.

Es ist sogar von höchster staatlicher Autorität, nämlich dem Bundespräsidenten *Rau* (12.5.2004, S. 9) selbst, die These vertreten worden, es müsse ein Primat der Politik wiederhergestellt werden. Die Gegenposition wäre ein Primat der Bürgerfreiheit. Es handelt sich um eine Frage der Beweislast: Muß der Bürger seinen Freiheitsanspruch gegenüber der Politik rechtfertigen oder umgekehrt die Politik ihre Kompetenz gegenüber dem Bürger? Das ist nicht mit Vorrang, aber doch auch eine Frage des besseren Wissens. Was ist mit dem Primat der Politik gemeint, wenn etwa die Hälfte des Sozialproduktes über öffentliche Kassen geleitet wird? Der Präsident könnte daran gedacht haben, der Staat solle sich durch Minderung seiner Schulden und seiner Überlastung mit Aufgaben wieder mehr Bewegungsfreiheit in dem Bereich verschaffen, in dem er tatsächlich über besseres Wissen verfügt. Zu erkennen ist das nicht. Nicht zu erkennen ist ferner, ob vielleicht mehr rechtsstaatliche Sicherheit gegenüber privaten Machtgruppen aller Art gemeint sein könnte.

Politik bedeutet, da Einstimmigkeit praktisch nicht hergestellt werden kann, immer auch Zwang gegenüber einer überstimmten Minderheit. Dies ist aber noch der günstigste Fall, nämlich derjenige einer Demokratie, in der Wahlen und Abstimmungen möglich sind. Heute ist das nur bei einer Minderheit der Staaten der Fall. Bei den übrigen bedeutet Politik als Normalfall immer, daß Regierende nicht nur ihren eigenen Willen gegen Widerstreben durchsetzen, sondern auch ihre eigene Ansicht über Sachverhalte für zutreffender halten als das Wissen der Bürger, die deswegen bevormundet werden müßten. Primat der Politik bedeutet nicht nur Handlungsbeschränkungen für die Bürger, sondern auch behauptetes Besserwissen der politischen Instanzen. Was sie wirklich besser wissen, müßte festgestellt und begründet werden.

Im Normalfall weiß der freie Bürger nicht nur, was ihm frommt, sondern er kennt auch seinen wirtschaftlichen Alltag besser. Meist weiß er auch besser als eine Regierung, was er über sich selbst nicht hinreichend weiß, und nimmt deswegen in der vielfältigsten Weise das Wissen von Fachleuten in Anspruch, während er selber sein Fachwissen anderen anbietet, ohne daß es einer behördlichen Anordnung bedarf (zu diesem Problem: *Helmstädter* 2000). Auch privates Unwissen rechtfertigt daher nicht schlechthin einen Primat der Politik. Mit Recht hat *von Hayek* (1960, S. 30 f.) immer wieder betont, die Überlegenheit einer freiheitlichen Gesellschaft und Wirtschaft beruhe darauf, daß sie es erlaubt, das Wissen der zahllosen Einzelnen auszunutzen. Dieses dezentrale Wissen mag unvollkommen sein, aber was daran richtig ist, kann unmöglich einer politischen Zentralinstanz vollständig mitgeteilt werden. Sie bleibt insofern immer unzureichend informiert und weiß im Regelfall zu wenig, um an Stelle der Bürger deren umfassende Daseinsvorsorge übernehmen zu können.

Die Regierenden könnten sich, um die Folgen ihres Unwissens zu begrenzen, damit begnügen, nur Entscheidungen zu treffen, denen sie strategische Bedeutung zumessen. Im übrigen würde dann dem einzelnen Bürger überlassen, innerhalb des amtlich vorgegebenen Rahmens nach Maßgabe seines lokalen Wissens selbständig zu entscheiden. Die Bürgerfreiheit wäre damit zwar wie eine beschränkte taktische Entscheidungsfreiheit des Soldaten noch vorhanden, aber untergeordnet und stünde jederzeit zur Disposition eines strategischen Primats der Politik.

Das Problem des Unwissens der Regierenden auch über strategische Größen ist damit nicht gelöst. Dezentrales Wissen vieler Einzelner kann zu besseren und jedenfalls auch bei strategischen Größen ganz anderen Ergebnissen führen, als die Obrigkeit erfährt oder voraussehen kann. Außerdem müssen strategische Entscheidungen den jeweiligen dezentralen Entwicklungen an der Front der Einzelvorgänge angepaßt werden, wenn sie nicht scheitern sollen. Deswegen besteht auch ein großes Interesse zentraler Regierungsinstanzen an Informationen und Statistiken über die Vorgänge an der Front der wirtschaftlichen Wirklichkeit. In einer freiheitlichen Gesellschaft ergeben sich makroökonomische Werte aus der statistischen Summation von Einzelentscheidungen der Bürger, die im Zweifel den Vorrang vor dem Primat der Politik haben oder ihn oft auch über gesamtwirtschaftliche Mißerfolge erzwingen. Damit wird eine Art von Subsidiaritätsprinzip in der Ermittlung und Anwendung von Wissen begründet: Die Obrigkeit hat in den meisten Fällen bestenfalls abgeleitetes und subsidiäres Wissen und muß begründen, weshalb sie es anwendet.

Wer den Primat der Politik ohne jede Einschränkung betont, hat offenbar ein abgrundtiefes Mißtrauen gegenüber dem freien Bürger, der für unwissend gehalten wird, von dem aber die kontrollbegierigen politischen Instanzen niemals ganz genau wissen können, was er im einzelnen mit seiner Freiheit beginnt. Auch die

Anhänger der viel beschworenen „Demokratisierung aller Lebensbereiche" trauen dem einzelnen Bürger merkwürdigerweise höchstens zu, in Abstimmungen über viel komplexere allgemeine Zusammenhänge intelligent zu entscheiden, nicht aber in eigenen Angelegenheiten. Er muß sich vor demokratischen, das heißt politischen und jedenfalls kollektiven Gremien oder von diesen Gremien ernannten Funktionären rechtfertigen, während die umgekehrte Rechtfertigung der politischen Instanzen vor dem Bürger bei Wahlen auch dort höchst unvollkommen bleibt, wo überhaupt solche Wahlen stattfinden. Der Vorrang des Kollektivs gegenüber dem Einzelnen wird nicht nur mit dem durchaus in sorgfältig zu begründenden Fällen möglichen höheren Rang gemeinschaftlicher Ziele begründet, sondern auch damit, daß regelmäßig bei dem Kollektiv besseres Wissen angesiedelt sei. Die Demokratisierung von Entscheidungen bedeutet ferner, daß Informationen zentralisiert und dabei vereinfacht werden müssen. Auf dem Wege zum demokratischen Entscheidungsorgan müssen sie stilisiert und homogenisiert werden und können entstellt werden oder sogar verloren gehen. Das wirklich Wichtige wird oft nicht gemeldet. Außerdem kann die empfangende Zentrale weniger bereit und in der Lage sein, diese Informationen richtig zu deuten. Denn sie kennt die Umgebung nur unvollkommen, in der die Nachrichten entstanden sind. Gleichwohl wird eine Anmaßung von Wissen nicht in erster Linie bei den politischen Instanzen unterstellt, sondern bei dem freien Bürger. Dies bedeutet zugleich eine Anmaßung von Unwissen der Regierenden über die Verteilung von Kennmissen.

15. Die zunehmende internationale und weltwirtschaftliche Verflechtung hat die staatliche Lenkungsmöglichkeit eingeschränkt. Der freiere Austausch von Produkten und Informationen bedeutet mindestens, daß die nationalstaatliche Befugnis, den Verkehr der Bürger mit dem Ausland zu bestimmen, stark eingeschränkt worden ist. Was bedeutet dieser Vorgang für die Verteilung und Anwendung von Wissen?

Durch die Öffnung des internationalen Verkehrs können die Bürger ihr Wissen über vorteilhafte Bezugs- und Absatzmöglichkeiten und auch über den Erwerb von Wissen selber anwenden und an die Stelle obrigkeitlicher Optimalvorstellungen über Daseinsvorsorge setzen. Nun bedauern manche Regierenden, daß sie damit einen Teil ihrer bisher ausgeübten Souveränität an die Bürger abgetreten haben. Verschleiert wird dieses Bedauern mit herablassender Rhetorik, wonach Politik, Nation und Staat höheren Rang hätten als bloße Wirtschaft. In Wirklichkeit geht es bei freiem internationalem Verkehr um weit mehr als Probleme der Güterversorgung, nämlich um die Entscheidungsfreiheit der Bürger im weitesten Sinne, einschließlich des persönlichen Verkehrs und kulturellen Austauschs. Der lenkende Staat (das heißt: die ihn beherrschenden Gruppen) ist mit den Ergebnissen dieses freien Verkehrs unzufrieden und möchte seine Entscheidungen an die Stelle der Entscheidungen seiner Bürger setzen. Dies geschieht aber nicht nur wegen gewünschter anderer Ergebnisse, sondern auch wegen der Machtpositionen, Renten und bürokratischen Pfründen, die mit bloßer Lenkungsbefugnis verbunden sind. Wer den Primat der Politik und damit eines Kollektivs auch in der Außenwirtschaft verkündet, sagt damit, daß er die Freiheit der einzelnen Bürger grundsätzlich für nachrangig hält. Sie steht dann zur Disposition politischer Instanzen, die vor allem in der Außenpolitik ein unverzichtbares Revier verteidigen zu müssen glauben. Dies bedeutet selbst dann, wenn der Staat die politischen und Wertvorstellungen seiner Bürger ausreichend beachten würde, zugleich einen staatlichen Anspruch auf besseres Wissen. In einer freiheitlichen Gesellschaft ist der Staat hierfür beweispflichtig. Sein allgemeiner Überlegenheitsanspruch wäre hierbei Anmaßung von Wissen und zugleich von Unwissen über die eigenen Möglichkeiten.

16. Die Anmaßung von Wissen ist ebenso wie der Irrtum in einer Welt leicht möglich, in der Wissen notorisch unsicher sein kann. Daraus folgt nicht, daß es nur Irrtümer gibt und jede Aussage über vorhandenes Wissen anmaßend wäre. Es muß neben abgestufter Unsicherheit über Tatsachen und Sachverhalte auch vorläufige Wahrheiten und Erkenntnisse geben. Denn in einer Welt völliger Unbestimmtheit und Ignoranz können Menschen ebensowenig existieren wie ohne jede Kenntnis über sich selbst und ihre Umgebung. Es bedeutet eine Anmaßung von Unwissen, wenn Aussagen über Tatsachen und Zusammenhänge ohne Gegenbeweis abgestritten oder sogar geleugnet werden, die sich bisher gegenüber Kritik und Zweifeln bewährt haben. Auch das Unwissen unterliegt jenem Zweifel, den man dem Wissen entgegenbringt.

17. Die Annahme wäre abwegig, der Mensch brauche überhaupt kein erlerntes Wissen, weil sein Handeln vollständig instinktgebunden sei und er von vornherein über das zum Überleben notwendige Reaktionssystem verfüge. Der Mensch kommt unfertig zur Welt und muß deswegen in einem langwierigen Prozeß erzogen werden. Ebenso abwegig ist die Vorstellung, sein Verhalten sei vollständig physikalisch bestimmt. Jedenfalls genügt zum Beweis solcher Thesen nicht der neuerdings betonte Nachweis irgendwelcher physikalischer Erscheinungen im menschlichen Gehirn, in denen sich Handeln und Wissen dokumentieren. Die physikalischen Vorgänge beim Bedienen eines in seinen Möglichkeiten durch die Bauart determinierten Fahrzeugs sagen auch nichts darüber, wohin es fährt und aus welchem Grund dies geschieht.

18. Auch wollen und sogar müssen Menschen den Sinn der gesellschaftlichen und natürlichen Ordnung in der sie leben, zu einem erheblichen Teil begreifen. Die Meinung, eine solche Ordnung sei zu komplex, um von den Einzelnen verstanden zu werden, könnte mißverstanden werden. Es ist richtig, daß viele Ergebnisse der Sprache und des Wirtschaftens zwar vom menschlichen Handeln hervorgerufen werden, aber nicht von irgendjemand geplant sind. Im Falle des Wirtschaftens gilt dies aber nur für das gesamtwirtschaftliche Ergebnis als eine statistische Abstrak-

tion. Es sind zahllose planende Einzelwirtschaften, die in Wirklichkeit das konkrete Wirtschaften betreiben und ihre Pläne aufeinander abstimmen. Sie wissen sehr wohl etwas darüber, was sie tun. Ein bloßes Naturereignis ist das Wirtschaften nicht. Auch kann das gesamtwirtschaftliche Ergebnis einer bestimmten wirtschaftlichen Ordnung von den Einzelnen bewertet werden, selbst wenn sie sein Zustandekommen nicht verstehen. Sie können versuchen, es gegen bekannt gewordene Ergebnisse von Alternativen abzuwägen, und dabei neben eigenen Erfahrungen auch wirtschaftswissenschaftlichen Rat zu Hilfe nehmen. Selbst diejenigen, die eine bestimmte Ordnung zerstören wollen, müssen sie zunächst als ihren Feind insoweit erkennen, als sie deren Merkmale und Unterschiede gegenüber anderen Ordnungen begreifen.

Auf der anderen Seite begrenzen freie Entscheidungen der Einzelnen das prognostische Wissen. Vollkommene Prognosen würden voraussetzen, daß der Voraussagende schon jetzt nicht nur wüßte, wie nicht nur alle anderen, sondern auch er selbst handeln werden. Es gäbe keine Wahl mehr und damit auch keine Freiheit. Die Annahme, daß Menschen vollständige Voraussicht besitzen könnten, ist jedoch absurd.

19. Richtigeres Wissen bedeutet aber immerhin geringeres und nicht totales Unwissen.

Literatur

Eucken, Walter (1950), *Die Grundlagen der Nationalökonomie*, 6. Aufl., Berlin, Göttingen und Heidelberg 1990.

Hayek, Friedrich A. von (1944), *The Road to Serfdom*, Chicago, deutsche Übersetzung von Eva Röpke, *Der Weg zur Knechtschaft*, Erlenbach-Zürich o. J. (1945).

Hayek, Friedrich A. von (1960), *The Constitution of Liberty*, London.

Hayek, Friedrich A. von (1972), *Die Theorie komplexer Phänomene*, Tübingen.

Hayek, Friedrich A. von (1975), Die Anmaßung von Wissen, *ORDO*, Bd. 26, S. 12–21.

Helmstädter, Ernst (2000), Arbeitsteilung und Wissensteilung: Zur Institutionenökonomik der Wissensgesellschaft, in: Hans G. Nutzinger und Martin Held (Hrsg.), *Geteilte Arbeit und ganzer Mensch: Perspektiven der Arbeitsgesellschaft*, Frankfurt / M. und New York, S. 118–139.

Hutchison, Terence W. (1977), *Knowledge and Ignorance in Economics*, Oxford.

Knight, Frank H. (1921 / 1965), *Risk, Uncertainty and Profit*, New York.

Rau, Johannes (12. 5. 2004), *Vertrauen in Deutschland – eine Ermutigung*, Bundespräsidialamt, Pressemitteilung.

Rüstow, Alexander (1910 / 1994), *Der Lügner: Theorie, Geschichte und Auflösung*, Erlanger Dissertation, Leipzig 1910, Nachdruck Köln 1994.

Willgerodt, Hans (1964), Regeln und Ausnahmen in der Nationalökonomie*, in: Norbert Kloten, Wilhelm Krelle, Heinz Müller und Fritz Neumark (Hrsg.), *Systeme und Methoden in den Wirtschafts- und Sozialwissenschaften*: Erwin von Beckerath zum 75. Geburtstag, Tübingen, S. 697–725.

Willgerodt, Hans (1975), Diskretion als wirtschaftspolitisches Problem*, *Hamburger Jahrbuch für Wirtschafts- und Gesellschaftspolitik*, 20. Jg., S. 129–142.

Willgerodt, Hans (1989a), Freiheit und Planung, in: Norbert Szyperski (Hrsg.), *Handwörterbuch der Planung*, Stuttgart, S. 528–535.

Willgerodt, Hans (1989b), Wertvorstellungen und theoretische Grundlagen der Sozialen Marktwirtschaft, in: Wolfram Fischer (Hrsg.), *Währungsreform und Soziale Marktwirtschaft: Erfahrungen und Perspektiven nach 40 Jahren*, S. 31–60.

Von den soeben angestellten Überlegungen hat sich die europäische und vor allem auch die deutsche Hochschulpolitik meilenweit entfernt. Sie betrachtet Wissenschaft ausschließlich als Effizienz-, Fortschritts- und Berufsbildungsmaschine, die nur von einer staatlichen oder wissenschaftsinternen Planungsbürokratie genügend hierarchisch organisiert werden muß, um politisch und vor allem technisch-wirtschaftlich günstige Ergebnisse abzuwerfen. Liberale Zweifel, die an dieser aus Großunternehmungen übernommenen veralteten Konzeption aufgekommen sind, hat man dadurch entkräften zu können geglaubt, daß man die früher recht milde Fachaufsicht der Ministerien für Wissenschaft durch eine straffe und extrem bürokratische Zentralverwaltungswirtschaft jeder einzelnen Hochschule ersetzt hat. Die Verantwortung und Ausübung von Wissenschaft wird nun innerhalb der Hochschulen dem einzelnen Wissenschaftler immer mehr entzogen und einer zentralisierten Eigenbürokratie der Hochschulen übertragen. Bei ihr regieren Professoren und andere Universitätsmitglieder oder auch externe unverantwortliche Instanzen über Forschung und Lehre. Selbstbestimmung, soweit sie möglich ist, wird für Wissenschaftler durch Fremdbestimmung ersetzt. In die Gremienarbeit und Leitungsfunktionen der wissenschaftlichen Verwaltung drängen Professoren, denen das bürokratische Verwalten mehr liegt als das selbständige Nachdenken über wissenschaftliche Probleme. Früher gab es einen sehr bewährten Grundsatz, daß man aus verschiedenen Gründen akademische Ämter rotieren lassen soll. Man sollte sie auch nicht solchen Professoren übertragen, denen das bürokratische Verwalten mehr Freude macht als ihre eigene Wissenschaft. Das Märchen, die alte Universität sei nach diesem von den Ministerien überwachten Prinzip schlecht verwaltet worden, stammt von zentralistisch denkenden Wirtschaftsmanagern und obrigkeitsstaatlich denkenden Regierungsbürokraten ohne Verständnis für die prinzipiell mit Freiheit des Denkens verbundene Natur von Wissenschaft. Humboldt ist tot, so hieß es von höchster Stelle. Gelesen und verstanden hat man ihn vermutlich nicht. Dabei sind die größten Erfolge der deutschen Wissenschaft in einer Zeit erzielt worden, in der einer geordneten Freiheit des einzelnen Wissenschaftlers, auch der einzelnen Studierenden, im Rahmen des Möglichen Spielraum gelassen worden ist.

Aber man kann auf die Natur der Sache vertrauen. Ohne Freiheit des Denkens und wissenschaftlichen Handelns gibt es keine wirkliche Wissenschaft. Der folgende Beitrag gibt ein inzwischen leider zu optimistisch gewordenen Bild über die Situation an der Universität zu Köln.

Die Universität als Ordnungsproblem

Von Hans Willgerodt

I. Die äußere Ordnung der Universität

In der schönen Weserstadt Hameln hält sich hartnäckig eine Legende, die sich auf eine Universität bezieht: Einst sei vom Landesherrn als besonderer Gnadenerweis angeboten worden, entweder eine neue Strafanstalt oder aber eine Universität zu erhalten. Man habe sich für das Gefängnis entschieden. Verbürgt ist dies nicht.[592] Vermutlich ist den Stadtvätern anstelle der Universität auch nicht ein Gefängnis, sondern ein Stapelrecht zur Wahl gestellt worden. Es kann bei der Entscheidung aber auch die Erwartung äußerer Unruhe mitgespielt haben, die immer dann möglich wird, wenn viele junge Leute an einem Ort versammelt sind und es nicht voll gelingt, ihrem Kraftüberschuß eine geordnete Bahn zu verschaffen.

Für sich allein genommen ist das damit berührte Problem der äußeren und organisatorischen Ordnung einer Universität weder neuartig noch schwer lösbar. Ich umgehe zunächst Kölner Beispiele. Vor 200 Jahren feierte die Universität Göttingen ihr 50jähriges Bestehen. In einer Art von Studienführer, an dem man sich heute noch ein Beispiel nehmen könnte, bemerkte der dortige Jurist Johann Stephan Pütter zum Ablauf der Feier unter anderem Folgendes: „In der That hat das Betragen der Herren Studierenden die Bewunderung aller Fremden auf sich gezogen… Wie sehr stach insonderheit die Moderation dieser jungen Männer von den Zeiten der Einweihung der Academie ab, von denen Herr C. R. Leß in seiner

---

[592] Die Stadt Hameln teilt mir mit, in Johann Daniel Gottlieb Herrs Collectanea zur Geschichte der Stadt Hameln von 1761 finde sich eine Abschrift wohl von dem Hamelner Prediger Johann Backhaus (1623–1635 Pastor an der dortigen Marktkirche St. Nicolai) verfaßten „Chronicon rhytmicon Hamelense". wo es anläßlich der Huldigung für Herzog Julius am 15. Juli 1585 heiße:

„… seine Fürstlich Gnadt
der Stadt Hameln geschworen hatt,
bey Ihrer Jurisdiction
sie nicht allein zu lassen schon.
Sondern ihr den Stapell in der Zeit,
oder aber die universität,
auß gnaden zu gönnen und zu lassen,
welchen großen Nutzen ohn alle maßen,
man nicht annehmen noch habcn wollen…"

Für die Stadt Celle besteht eine ähnliche Legende, läßt sich aber zur Zeit nicht ausreichend belegen.

Jubelpredigt sagt: ‚Mehr ein Schwarm von Bachanten und Unsinnigen, als eine Gesellschaft von Söhnen der Musen und Lieblingen der Wissenschaften. In den Hörsälen: Tumult; Grobheit; Barbarey; auf den Strassen, Geschrey und fürchterliches Getümmel am Tage und des Nachts Schrecken und Verwüstung! Viele grobe Unthaten, auch Morde der Studierenden'"

Nichts mehr von alledem nach 50 Jahren, im Jahre 1787! Freilich spricht Pütter auch von weiser Vorsorge der königlichen Landesregierung, die aus Anlaß der Feier die Garnison ansehnlich verstärkt habe, sowie von „wohlgewehlten und aufmerksam ausgeführten Anstalten des academischen Senats", so daß „auch nicht eine von den mannigfaltigen Unannehmlichkeiten sich hier ereignete, die bey solchem großen Zusammenflusse von Menschen aus allerley Ständen höchst selten ganz vermieden werden."[593]

Gibt es Analogien zu unserem jetzigen Jubiläum in Köln (600-Jahr-Feier)? Von einer Verstärkung der Garnison aus solchem Anlaß hätte in Köln schon deshalb keine Rede sein können, weil man hier durch den Karneval geübt ist, mit großen Feiern umzugehen. Immerhin ergibt sich doch eine bestimmte Art von Ähnlichkeit: Die jetzige Studentengeneration ist unter schwieriger gewordenen Bedingungen freundlicher und sogar deutlich fröhlicher als manche verdrossenen Vorgänger. Um so beklagenswerter ist es, daß gerade sie nun zum Opfer früherer Fehler der Schul- und Bildungspolitik zu werden droht.[594] Es ist ihr allerdings zuzutrauen, aus der mißlichen Situation das Beste zu machen. Der Sturm auf gewisse Studiengänge und die vermutlich schon wieder zu weit gehende Flucht aus dem Lehrerberuf zeigen diese Tendenz.

Ohne Zweifel ist die äußerliche Disziplin einer Universität unentbehrlich. Man braucht dazu nicht Karzer und Disziplinarsatzungen, wenn sie auch nützlich, weil milder sein könnten als das allgemeine Recht. Werden die allgemeinen Gesetze angewandt, dann wirken sie wahrscheinlich ziemlich hart. Werden sie nicht angewandt, sondern nach dem neuerdings allzu sehr bemühten Prinzip der Verhältnismäßigkeit relativiert, dann wird die Universität zum rechtsfreien Raum. Die unwirksame Rechtsaufsicht über die Mittelverwendung der Studentenschaft hat dies häufig gezeigt. Für das Schicksal der Gesamtuniversität handelt es sich bisher gleichwohl um eine Randerscheinung. Die äußerliche Ordnung ist eine im Wort-

[593] Versuch einer academischen Gelehrten-Geschichte von der Georg-Augustus-Universität zu Göttingen vom geheimen Justizrath Pütter. Zweyter Theil von 1763–1788. Göttingen 1788, S. 408f.

[594] Der Hauptfehler besteht darin, durch Senkung des Niveaus der Reifeprüfungen der höheren Schulen und einen immer größeren Abstand zur Universität einerseits die Schleusen des Zugangs zu den wissenschaftlichen Hochschulen in großem Umfang für Ungeeignete zu öffnen und dabei andererseits wegen des so geschaffenen Nachholbedarfs junge Menschen viel zu lange in einem ihnen nicht angemessenen Ausbildungsgang festzuhalten. Es handelt sich nicht um ein deutsches Sonderproblem: vgl. *Fritz Machlup*, Hochschulbildung für jedermann. Eine Auseinandersetzung mit einem Gleichheitsideal. Zürich 1973.

sinne subalterne, das heißt einem anderen Zwecke untergeordnete Notwendigkeit. Ihren wirklichen Wert erhält sie erst vom Sinn dessen, was sich unter dieser Disziplin abspielt.

Demgegenüber sind breite Kreise der Öffentlichkeit vor allem daran interessiert, daß an der Universität äußerlich Ruhe herrscht. Ruhe und Ordnung, genügt das? Wenn Goethe in seiner Schilderung der Belagerung von Mainz über sich selbst sagt, er wolle lieber eine Ungerechtigkeit begehen als Unordnung ertragen, so bringt er damit eine ziemlich „deutsche“ Ansicht zum Ausdruck.[595] Liest man ihn genauer, so meint er jedoch weniger, daß äußere Ordnung wichtiger sei als Gerechtigkeit, sondern tritt für die Geltung von Verhaltensregeln und gesetzmäßigen Prozeduren ein: Es soll sich nicht ein jeder selbst sein Recht nehmen dürfen, wie er es versteht.

Gerade für die Hochschulen ist dies wichtig. Ihre Mitglieder müssen in höherem Maße Handlungsfreiheit erhalten, als dies sonst in Behörden und Betrieben die Regel ist. Infolgedessen neigen die Mitglieder der Hochschulen zur individuellen Selbstdefinition dessen, was ihrer Ansicht nach als Recht zu gelten hat.

Die Kunst der Leitung einer Hochschule besteht nun darin, die hieraus entstehenden Konflikte zu regulieren, ohne zugleich den wissenschaftlich Tätigen die für den wissenschaftlichen Suchprozeß unentbehrliche Handlungsfreiheit zu nehmen. Hierzu muß es durchdachte, praktisch anwendbare, verständliche und langfristig beständige Satzungen, aber auch ungeschriebene akademische Verhaltensregeln geben. Die Vermutung ist wohl erlaubt, daß es andere Zeiten hierin weiter gebracht hätten als unsere regulierungssüchtige Gegenwart. In jahrhundertelanger Erfahrung waren sparsame, weise und wirksame Regelungen entwickelt worden, die sich im Alltag bewährt hatten und nur in vorsichtigen Schritten an veränderte Bedingungen angepaßt wurden. Wir werden noch zu prüfen haben, was aus der revolutionären Preisgabe des Grundsatzes der Beständigkeit geworden ist.

Man vermutete in dieser Beständigkeit die Verstaubtheit eines Jahrtausends. Ein Teil der Universität hat darauf mit Mephistopheles geantwortet: „Bedenkt: der Teufel, der ist alt, So werdet alt, ihn zu verstehen!“ (Faust II, 2. Akt). Aber es hätte mehr geantwortet werden müssen, nämlich mindestens Zweierlei: Einmal ist das kulturelle Fundament, auf dem wir stehen, schon weit älter als nur 1000 Jahre, und die Risse, die es enthält, müssen sorgfältiger untersucht werden. Zum Zweiten darf die notwendige Spannung zwischen Altem und Neuem nicht zur Sprengung des kulturellen Zusammenhanges der Jahrhunderte führen. Diese Spannung setzt die Beweispflicht alles Neuen gegenüber dem Alten voraus, das seinerseits seine Berechtigung aus der täglichen Bewährung ableiten oder untergehen muß. Revolutionen statt Reformen sind prinzipiell wissenschaftsfeindlich.

---

595 Vgl. auch *Wilhelm Röpke*. Die deutsche Frage. 3. Aufl. Erlenbach-Zürich 1948, S. 146.

Altes kann nicht nur deswegen als falsch gelten, weil es alt ist, und Neues nicht nur deshalb als richtig, weil es gerade erst in Mode gekommen ist. Der berühmte Romanist *Ernst Robert Curtius* hat in seiner Schrift aus dem Jahre 1932 mit dem Titel „Deutscher Geist in Gefahr" dem nationalsozialistischen Infantilismus die überkommene Rangordnung der abendländischen Kultur entgegengehalten und vor einer gedankenlosen Überschätzung der Jugend gewarnt.[596] In der Tat: Mit einer auch im Geistigen vater- und mutterlosen Gesellschaft ist der Jugend am wenigsten gedient. Die Klügeren unter den Jungen haben dies immer gespürt und in manchmal merkwürdigen Formen denjenigen älteren Meistern gedankt, an deren hartem Kern sie sich reiben konnten.

Die äußerliche Ordnung der Universität in einem ganz oberflächlichen polizeilichen Sinne ist heute nur noch selten wirklich gefährdet. Wie aber ist es – auch in Köln – um die Organisationsstruktur der Hochschule bestellt? Seit Jahren sind die Universitäten mit einer immer unübersichtlicher werdenden Paragraphenflut von abnehmender rechtlicher und sprachlicher Qualität überschwemmt worden. Von einem Sündenbekenntnis derjenigen, die den Hochschulen verfassungswidrige Gesetze zugemutet haben, hat man nichts gehört. Wer ständig die neuen Hochschulgesetze, Prüfungsordnungen und sonstigen Reglements gelernt hat, muß das damit erlangte Dressurwissen alsbald wieder abschreiben. Durch Paragraphenkunde mußten die Wissenschaftler einen wachsenden Teil ihrer Arbeitskraft ihrer eigentlichen Aufgabe entfremden, wollten sie dem neuesten Vorschriftenstand auf den Fersen bleiben, und sogar die meisten Juristen blieben von entsprechenden Unlustgefühlen nicht verschont.

Ignorierten die Hochschullehrer aber den ständigen Modewechsel in den Rechtsgrundlagen ihrer Tätigkeit, so konnte sie jeder rechtskundige Obersekretär im Besitz seines Herrschaftswissens abkanzeln. „Grundsätzliche Erwägungen" – vorgetragen in gespreizter Habachtstellung – rieseln dann auf die Frontbeamten hernieder, zu denen die Hochschullehrer und ihre wissenschaftlichen Mitarbeiter gehören. Die Vorschriften sind am Leitbild des fürsorglichen und bevormundenden neomerkantilistischen Obrigkeitsstaates orientiert, an der Welt des pünktlichen Dienstschlusses und urlaubsartigen Wochenendes sowie des gemächlichen und geordneten Dienstweges.

Vor der Tür steht jedoch eine vom Staat herbeigeführte Studentenlawine. Gleichwohl werden die Hochschullehrer mit dem Rat ausgestattet, Dienst nach Vorschrift zu betreiben, wiewohl dies in anderen Fällen schon als Verstoß gegen Dienstpflichten geahndet worden ist. Da Dienstzeitvorschriften für Professoren nicht gelten, können ihnen Überlastquoten leicht zugemutet werden. Der Arbeitsstil eines Wissenschaftlers kennt ohnehin eine Elastizität, die durch kein Tarifrecht

[596] *Ernst Roben Curtius*, Deutscher Geist in Gefahr. Stuttgart. Berlin 1932, S. 68.

zu erfassen ist. Im Grunde gibt es hier auch keine Möglichkeit, die Privatsphäre völlig wissenschaftsfrei zu halten. Man hat es mit vorindustriellen Arbeitsmethoden zu tun,[597] bei denen Arbeit und privater Haushalt wie in der älteren Landwirtschaft eine Einheit bilden.

Die moderne Verwaltung tut sich schwer mit solchen Unklarheiten. Den des Nachts noch in der Universität arbeitenden Wissenschaftsjünger hält sie für merkwürdig bis leicht unsolide. Infolgedessen beginnt sie, um abzuwandeln, was Madame de Staël auf Napoleon gemünzt haben soll, viele Korporalsgedanken sehr intensiv zu denken. An der Universität Bonn gab es zu meiner Assistentenzeit einen Oberinspektor und früheren Major, der täglich den Rektor Rügen an alle jene unterschreiben ließ, die versehentlich ein Fenster hatten offen stehen lassen. Bei der Rektoratsübergabe und dem damit verbundenen Wechsel von Talar und Barett pflegte er dem bisherigen Rektor zu bedeuten, er sinke nun in sein professorales Nichts zurück, während dem neuen Rektor durch einen sanften Schlag von oben auf das Barett klargemacht wurde, daß dieses eben zu passen habe. Ordnung muß sein.

Der natürliche Konflikt zwischen Wissenschaft und Verwaltung kann auch durch etwas Humor von beiden Seiten gemildert werden. Indessen sollte die Ordnungslosigkeit, wie sie sich nach 1969 auch in Köln ausgebreitet hatte, wegen ihres Lehrwertes nicht bequemem Vergessen anheimfallen. Was die Studierenden angeht:

---

[597] Über den vorindustriellen Charakter des Akademikers vgl. *Wilhelm Röpke*, Bildung und Wissenschaft in der Kulturkrise, in: *ders.*, Torheiten der Zeit, Nürnberg 1966, S. 81–123, hier: S. 98. Nach § 50 Abs. 1 Satz 3 des Hochschulrahmengesetzes vom 9. April 1987 gelten Dienstzeitvorschriften für Professoren im Regelfall nicht. Ein als „Pressesprecher im Wissenschaftsministerium Nordrhein-Westfalen" bezeichneter Autor *Uwe Knüpfer* bemerkt in „Die Zeit" vom 13. Januar 1989, bezogen auf Hochschullehrer: „Acht Wochenstunden während des laufenden Semesters (das gottlob nie lange dauert) muß er in der Regel der Lehre widmen. Worüber und auf welche Art, ist fast vollständig ihm überlassen. In der restlichen Zeit forscht er wahrscheinlich." Diese Auslassung, die keinen Vermerk darüber enthält, daß es sich lediglich um die persönliche Ansicht des Verfassers handelt, führt zu folgenden Fragen: Welcher Grad an Kenntnislosigkeit über den Arbeitsalltag und die Tätigkeit von Hochschullehrern ist zulässig oder gar erforderlich, um jemanden zum Pressesprecher eines Wissenschaftsministeriums zu qualifizieren? In welchem Umfang hat die zuständige Ministerin ihrer beamtenrechtlichen Pflicht genügt, die ihr unterstehenden beamteten Hochschullehrer gegen unqualifizierte Angriffe in der Öffentlichkeit zu schützen? In welchem Umfang hat sie diese Angriffe aus dem eigenen Hause veranlaßt, billigend in Kauf genommen oder ungerügt gelassen? Was hat sie unternommen, um den Kenntnisstand der Mitarbeiter ihres Ministeriums auf ein Niveau zu bringen, das mit den Tatsachen besser als bisher übereinstimmt? Was hat sie unternommen, um zu ermitteln, welche Arbeit von Hochschullehrern und anderen Mitarbeitern der Hochschulen die von ihrem Ministerium ausgehenden Gesetze und Verwaltungsakte aller Art hervorrufen? Dieses Beispiel wirft ein Schlaglicht auf die Asymmetrie zwischen den Reformbemühungen, denen die an der Front von Lehre und Forschung stehenden Bediensteten der Hochschulen seit vielen Jahren unterworfen sind, und der Öffentlichkeitsferne, in der sich ein Teil der Hochschul- und Wissenschaftsverwaltung in der von Studenten und Wissenschaft weit entfernten Etappe ausstrecken kann. Über die längst überfällige Reform der Wissenschaftsverwaltung und die Art der Rekrutierung der darin Tätigen gibt es weder eine öffentliche Diskussion noch eine Mitsprache den Hochschulen.

Die rein äußerlichen Gründe, weshalb die Disziplin gefährdet werden könnte, sind meist wenig wirksam. Überfüllung, Bürokratie, unnütze Wege, veraltete Bibliotheksdienste und vieles andere werden, fast möchte man sagen: leider, ertragen.

Wurde die Ordnung gestört, so war es letztlich immer Unzufriedenheit mit politischen und gesellschaftlichen Zuständen, deren Opfer und manchmal auch Werkzeug die Universitäten geworden sind. Der labile Kompromiß von gegeneinander abgegrenzten Handlungs- und Freiheitsrechten der Akademiker wurde damit in Frage gestellt. Zwar waren es regelmäßig Studenten, die gewaltsame Veränderungen herbeiführen wollten, aber der geistige Ursprung ihrer Konzepte lag so gut wie ausschließlich bei einigen Professoren. Ihnen war es nicht gelungen, ihren Ansichten durch Überzeugung von Mehrheiten zum Durchbruch zu verhelfen. Wo man nicht überzeugt hatte, wollte man den Acheron von Massen bewegen. Das Marschieren, Demonstrieren und Besetzen verdrängte ruhiges Argumentieren. Auch waren es Professoren, die Gewalt gegen Sachen für zulässig erklärten, und sie müssen gewußt haben, daß es sich dabei nur um eine besondere Art von Gewalt gegenüber Personen handelt.

Gefährdungen der äußeren Ordnung sind nur Symptome. Daß die eigentlichen Ursachen nicht oder nicht regelmäßig aus der Universität stammen, will ich mit einem Beispiel aus meiner persönlichen Erfahrung zeigen: Zum Sommer 1971 wurde ich als Dekan meiner Fakultät mit der Anweisung überrascht, einen vom Landtag neu eingerichteten Lehrstuhl für „Politik und Ökonomie" auszuschreiben. Ein Kontakt mit der Universität oder dem Wissenschaftsministerium über den fachlichen Charakter dieses Lehrstuhls war nicht hergestellt worden. Es war aber nach den Begleitumständen überdeutlich geworden, daß die Besetzung nur nach weltanschaulichen Gesichtspunkten geplant sein konnte, da es eine derartig bezeichnete empirische Fachwissenschaft damals nicht gab. Ein der CDU angehörender Studentenvertreter schlug mir als geeigneten Kandidaten einen Herrn aus dem Frankfurter DKP-Institut für marxistische Studien vor. Ich beantragte daraufhin im Senat in Gegenwart der Studentenvertreter die Einrichtung einer Weltanschauungsfakultät, in der auch die anderen Glaubensrichtungen vertreten seien, und erklärte mich außerstande, für meine Fakultät eine Ausschreibung einzuleiten, zumal ich nicht wisse, wer in diesem Falle die missio canonica zu erteilen habe. Daraufhin wurde im Sommersemester 1971 meine Vorlesung ohne Unterbrechung von Kommandos gestört, deren Zentrale in der Evangelischen Studentengemeinde angesiedelt war.

Zwei mit Recht als gemäßigt geltende Studentenvertreter, einer der SPD, ein anderer der CDU angehörend, drängten auf mich ein, hier und bei einer neuen Prüfungsordnung nachzugeben. Anderenfalls hätten sie keine „Erfolge" aufzuweisen und würden durch radikalere Vertreter ersetzt, mit denen ich es schwerer haben würde als mit ihnen. Inzwischen erwog die Fakultät, ihrem Dekan und einem ebenso betroffenen Kollegen durch Absagen von Lehrveranstaltungen und andere Maßnahmen öffentlich beizustehen. Es gelang mir jedoch, sie hiervon abzubringen: Ich hatte die Wieder- und Neubesetzung zahlreicher Lehrstühle zu betreuen und wollte deshalb jede abschreckende Publizität vermeiden, um anstehende Berufungen nicht zu gefährden.

Die gemäßigten Studenten, an sich stets in der Mehrheit, verließen schließlich meine Vorlesung. Damit fehlte den Störern das Publikum, so daß sie begannen, sich manierlich aufzuführen. In der Lehrstuhlfrage kam das Kuratorium wirksam zur Hilfe. Schließlich konnte mit dem damaligen Staatssekretär Schnoor Einvernehmen über meinen Vorschlag hergestellt werden, dem Lehrstuhl einen für die Fakultät akzeptablen Charakter im Bereich der Soziologie zu verleihen.

Was lehrt dies alles? Es lehrt, daß auch staatliche Instanzen die Ordnung der Universität gefährden können. Das Selbstverwaltungsrecht der Universität, wie es die Landesverfassung vorsieht, nützt wenig, wenn das Parlament einen totalen Souveränitätsanspruch wahrnimmt. Im übrigen betrachten staatliche Instanzen die Universität als politische Anstalt und tun sich schwer mit der Vorstellung, daß an der Universität zwar auch über Politisches geforscht und gelehrt wird, daß sie aber nicht selbst zur politischen Arena werden darf. Im Grunde verharrt der Staat noch immer bei der Einstellung, die ihm *Immanuel Kant* in seiner Abhandlung „Der Streit der Facultäten“[598] unterstellt, soweit die drei „oberen“ Fakultäten, die theologische, die juristische und die medizinische betroffen sind. An diesen drei Fakultäten war der Staat wegen des Gebrauchswertes der darin betriebenen Wissenschaften interessiert, so daß er auch Einfluß auf das in ihnen Gelehrte zu nehmen versuchte. Später erweiterte sich das staatliche Interesse auf die Philosophische Fakultät, nicht nur, soweit sie eine Fakultät der Lehrerbildung geworden war, sondern auch wegen ihrer Abkömmlinge, zu denen die Naturwissenschaften, die Wirtschaftswissenschaften, die Agrarwissenschaften und letztlich auch die Ingenieurwissenschaften gehören.

Ein unmittelbarer Einfluß des Staates auf Forschung und Lehre der Universität ist allerdings durch Artikel 5 Abs. 3 des Grundgesetzes eingedämmt. Der auf mancherlei Wegen mittelbare Einfluß ist demgegenüber erheblich. Er wird nicht nur durch die dem Staat zustehende, allerdings eingegrenzte Auswahl der Hochschullehrer ausgeübt, sondern auch über staatliche oder staatlich genehmigte Studien- und Prüfungsordnungen und über die Lenkung staatlicher Forschungsmittel. Im Grunde handelt es sich hierbei um ein staatliches Effizienzinteresse: Wissenschaft soll verwertbare Ergebnisse abwerfen, und für eine gute akademische Ausbildung soll gesorgt sein.

---

598 *Immanuel Kant*, Der Streit der Facultäten, Königsberg 1798. Zitiert nach: *Immanuel Kant*, Werke in sechs Bänden, hrsg. v. *Wilhelm Weischedel*, Darmstadt 1964, Bd. VI., S. 263–393.

Daneben hat der Staat oft noch ein im engeren Sinne politisches Interesse verfolgt, das er vor allem über die organisatorische Struktur der Universität zu erreichen hoffte. Heute ist die Vorstellung dominierend, die Universität solle in einem bestimmten Sinne „demokratisiert“ werden. In Unkenntnis ihrer von jeher angewandten Prozeduren wurde ihr geraten, Verfahren zu übernehmen, die im freiheitlich-demokratischen Staat in der allgemeinen Politik angewandt werden. Der Vorgang ähnelt ein wenig der Legende über den Ablauf der Revolution von 1848 in den norddeutschen Hansestädten: Das aufständische Volk forderte vom Senat eine Republik. Auf den Bescheid, diese habe man bereits, soll aus dem Volk geantwortet worden sein, dann wolle man eben noch eine weitere haben. In Wahrheit konnte es natürlich nur um Reformen der überkommenen demokratisch-liberalen Verfahren der Universität gehen.

Schließlich gab und gibt es noch einen anderen gesellschaftlich-politischen Einfluß auf die Universität, nämlich das Interesse der Unternehmungen daran, daß die Universität in einem bestimmten Sinne „funktioniert“. Unklar ist nicht selten, welche Vorstellungen Vertreter der Wirtschaft von einer rationalen Organisation der Universität haben. Zu Beginn der neueren hochschulpolitischen Diskussion wurde vielfach die Ansicht vertreten, ein Gebilde wie die Universität mit einem Haushaltsvolumen von einer halben Milliarde DM pro Jahr erfordere eine straffere zentrale Lenkung nach dem Vorbild großer Konzerne.

Ständig wechselnde Rektoren, die sich als Verwaltungsamateure an der Spitze der Universität ablösen, seien für diese Aufgabe nicht mehr tauglich. Daraus, so meinten einige Wirtschaftsführer, erkläre sich die Unruhe an den Universitäten, denen endlich ein modernes Management verschrieben werden müsse. Daß die Universität, wenn sie funktionsfähig sein soll, nicht zentralistisch organisiert werden darf, weil damit die notwendige Selbständigkeit der Einzelwissenschaften verloren geht, war weitgehend unbekannt.

II. Die innere Ordnung der Universität und die Selbstregulierung der Wissenschaft

Ordnung und Verwaltungsorganisation einer Universität müssen sich nach ihren Aufgaben richten. Der Gesetzgeber hat festgelegt, daß die Universität „der Pflege und Entwicklung der Wissenschaften durch Forschung, Lehre und Studium“ zu dienen hat (§ 3 Abs. 1 des geltenden Gesetzes über die wissenschaftlichen Hochschulen des Landes Nordrhein-Westfalen i.d.F. v. 20.10.1987). Infolgedessen muß sich die äußere Ordnung der Universität nach der inneren Ordnung der Wissenschaft richten.

Forschung, von der die innere Ordnung der Wissenschaft bestimmt wird, besteht in der Suche nach Ergebnissen, die bisher nicht bekannt gewesen sind. Die erste Aufgabe eines jeden Forschers ist es, seine eigene Forschung, teilweise in Abstimmung mit anderen, möglichst rational zu organisieren. Damit ist in mehr oder minder großem Umfang eine besondere Art von Verwaltungstätigkeit verbunden. Sie ist der unternehmerischen Tätigkeit in der Wirtschaft ähnlich, weil nach Lösungen gesucht wird und ein Risiko mit diesem Suchprozeß verbunden ist. Jeder Forscher ist eine besondere Art von Unternehmer und zugleich ein geborener Disponierer und Verwalter.

Die neuere Hochschulpolitik irrt daher, wenn sie eine Einheitsverwaltung festlegen will, die mit monopolistischem Anspruch von nichtwissenschaftlichen Mitarbeitern bestimmt wird. Dieses Konzept ist längst an der Wirklichkeit gescheitert. Der Versuch, es durchzusetzen, beschränkt sich auf Kontrolle, Bewilligung und Behinderung, während die konkrete Verwaltung sämtlicher wissenschaftlichen Angelegenheiten einschließlich aller Prüfungen und Dekanatsgeschäfte unverändert in der Hand von Wissenschaftlern liegt und weiterhin liegen muß. In der Forschung wie in der unternehmerischen Tätigkeit liegt ein spekulatives Element der Unsicherheit, das einer auf Regelmäßigkeit und Routine beruhenden nichtwissenschaftlichen Verwaltung widerspricht.

Jedenfalls muß die Befugnis zu Dispositionen und Planungen im Forschungsvorgang selber bei dem Forscher liegen, will er nicht in die Lage österreichischer Feldherren der Vergangenheit kommen, deren Entscheidungsbefugnis auf dem Schlachtfeld häufig vom Wiener Hof behindert wurde. Die Unsicherheit in der Forschung, die sich durch noch so viele Planungen und Vorausrechnungen nicht voll aufheben läßt, wird außerdem durch den Wettbewerb der Forscher erhöht. Hier setzt Kritik ein, indem behauptet wird, der Wettbewerb führe zu Doppelforschung und Vergeudung von Mitteln. Es gibt kein größeres Mißverständnis über die Natur von Forschung und Wettbewerb als diese These. Der Nobelpreisträger für Wirtschaftswissenschaften *F. A. von Hayek* hat geradezu vom „Wettbewerb als Entdeckungsverfahren"[599] gesprochen und damit zum Ausdruck gebracht, daß bessere Ergebnisse im wirtschaftlichen Wettbewerb gerade dadurch zustande kommen, daß viele Wettbewerber gleichzeitig nach neuen, wirtschaftlich verwertbaren Informationen suchen und zu Höchstleistungen angeregt werden. Für die Forschung gilt Ähnliches. Monopolisierung führt hier zum Verzicht auf solche Ergebnisse, die ein von der Forschung Ausgeschlossener hätte erzielen können. Deshalb muß der Markt für bessere Lösungen auch in der Forschung geöffnet bleiben. Als langjähriger Gutachter der Deutschen Forschungsgemeinschaft weiß ich, wovon

[599] *F. A. von Hayek*, „Der Wettbewerb als Entdeckungsverfahren" in *ders.*, Freiburger Studien, Tübingen 1969, S. 249–265.

ich spreche, wenn ich sage: Kein Gutachter kann mit ausreichender Sicherheit in jedem Einzelfall voraussagen, welche Person als Forscher erfolgreich sein wird und welches Projekt eine Förderung deshalb lohnt, weil man im voraus weiß, daß es Erfolg haben wird.

Ein weiteres einer wettbewerblichen Marktwirtschaft ähnliches Element der Forschung besteht darin, daß es eine unendliche Fülle an Produkten wie an Forschungsrichtungen und Wissenschaften gibt. Am Markt der Produkte sorgt der Wettbewerb dafür, daß so gut wie alles hergestellt wird, was einen kostendeckenden Preis erzielt, also Millionen von verschiedenartigen Gütern, die sämtlich um die Kaufkraft der Kunden konkurrieren. Läßt sich von der Wissenschaft Ähnliches sagen? Ergebnisse der Zweckforschung mögen wie für den Markt hergestellte Güter unmittelbar ihren zahlenden Abnehmer finden. Aber ein großer Teil der Universitätsforschung einschließlich der technischen Forschung hat keinen unmittelbaren Marktwert. Dies gilt für alle Fakultäten, verdrießt aber vor allem Mitglieder der Philosophischen Fakultät. Mit etwas verunsichertem Trotz sehen sie auf „Zweckforschung“ und „Profitwissenschaft“ herab, der man die eigene brotlose, aber um so kultiviertere Kunst gegenüberstellt. Sie diene den philosophischen Köpfen zur zweckfreien Bildung, deren Eigenwert anzuerkennen sei. Weil aber auch philosophische Köpfe ohne Einkommen nicht auskommen, wenden sie sich fordernd an den Staat und Steuerzahler, um von dort zu erlangen, was der Markt nicht hergibt. Das Kulturstaatsideal erfordere das Mäzenatentum des Staates.

In solcher Form ist diese Argumentation unhaltbar. Hier verlangen sich selbst als kulturell hochwertig definierende Schichten von anderen Bürgern, die diese Definition nicht durch Zahlungsbereitschaft anerkennen, Zwangsabgaben. Die von *Alexander Rüstow* geschilderte, mit der Entwicklung der Kultur verbundene feudalistische Überlagerung[600] wird hiermit in das Zeitalter der egalitären Demokratie übertragen. Man könnte auch von einer Art Säuglingshaltung sprechen, bei der mit Geschrei Nahrung zu erlangen versucht wird.

---

600 Zum Problem der gewaltsamen Überlagerung der daran anschließenden Kulturentwicklung: *Alexander Rüstow*, Ortsbestimmung der Gegenwart, I. Band: Ursprung der Herrschaft, Erlenbach-Zürich und Stuttgart 1950, S. 39 ff., 165 f. und passim.

Es könnte behauptet werden, das Mäzenatentum des Staates führe zur Bereitstellung sogenannter meritorischer Güter durch den Staat. Es handelt sich dabei um Güter, die nicht notwendig nur kollektiv produziert werden müssen und deren Nutzung auch in der Weise vor sich gehen könnte, daß sie nur demjenigen erlaubt wird, der individuell dafür bezahlt, bei denen aber die kollektive Herstellung die Nutzung ohne spezielles Entgelt für zweckmäßig gehalten werden. Zur Kritik an diesem Konzept vgl. *Kurt Schmidt*, Mehr zu Meritorik. Kritisches und Alternatives zu der Lehre von den öffentlichen Gütern, Zeitschrift für Wirtschafts- und Sozialwissenschaften, 108. Jahrgang 1988, S. 383 – 403. Soweit Personen nur zur Entwicklung ihrer Persönlichkeit vom Staat Alimentation verlangen, ohne nach außen wirkende Leistungen irgendwelcher An zu erbringen, handelt es sich allerdings nicht um die Bereitstellung meritorischer Güter, sondern um – hoffentlich kultivierte – einseitige Inanspruchnahme von fremden Leistungen.

Es gibt aber weitaus bessere und klügere Argumentationen zugunsten einer Förderung am Markt nicht rentabler Wissenschaft, sei es durch den Staat, sei es durch privates Mäzenatentum. Es ist hier die Volkswirtschaftslehre heranzuziehen, jene von *Carlyle* zu Unrecht als „dismal science“[601] abqualifizierte Wissenschaft. Wie schon *Adam Smith* gelehrt hat, gibt es Güter, die zwar in einem ganz weiten Sinne nützlich sind, deren Herstellung aber privatwirtschaftlich nicht rentabel möglich ist.[602] Sie geben einen Teil ihres Nutzens ohne Bezahlung ab. Viele oder gar alle wünschen diese Güter, sind aber nicht gezwungen, dafür zu bezahlen, weil die entsprechenden Leistungen nicht portionsweise geteilt und Nichtzahler nicht vom Genuß ausgeschlossen werden können.

Für neues Wissen gilt dies in besonderer Weise: Ist es einmal bekannt, dann läßt sich kaum jemand von seiner Nutzung ausschließen, der über das zur Aufnahme nötige Verständnis verfügt. Patentrechte und Urheberrechte reichen jedenfalls nicht aus, um genügend positive Effekte, die nach außen dringen, zur Kostendekkung heranzuziehen. Als Nothelfer für die mangelhafte Preisbildung kann sich der Staat nützlich machen und gleichsam als Ersatzkassierer auftreten. Er sorgt durch seine Befugnis zur Erhebung von öffentlichen Abgaben dafür, daß Forschungsleistungen, die für den allgemeinen Gebrauch erbracht worden sind, auch bezahlt werden. Die philosophischen Köpfe werden hier nicht deswegen bezahlt, weil ihnen der Staat ein zweckfreies Philosophendasein ohne jeden gesellschaftlichen Sinn ermöglichen will, sondern weil sie etwas über ihre eigene Person hinaus Wirkendes, auch für andere auf irgendeinem verschlungenen Wege Sinnvolles getan haben, was vergütet werden sollte, aber durch den Markt nicht oder nicht dem Nutzen entsprechend vergütet wird.

Die Argumentation kann aber noch weiter geführt werden. Die Logik der Wissenschaft führt dazu, daß am Markt verkäufliche Ergebnisse nur erzielt werden können, wenn auch weite und sogar sehr weite Umwege begangen werden, deren Zusammenhang mit verwertbaren Resultaten zunächst überhaupt nicht zu erkennen ist. In kleinen, größeren und ganz großen Schleifen und mit unberechenbaren Verzögerungen hängen fast alle Wissenschaftsgebiete miteinander zusammen und es ist mindestens keine gesicherte Aussage darüber möglich, daß zwei Wissenschaften niemals in irgendeiner Weise direkt oder indirekt miteinander in Beziehung

---

[601] *Thomas Carlyle*, Critical and Miscellaneous Essays, Volume IV, London 1899, The Nigger Question (1849), S. 353 f.: „And the Social Science, – not a ‚gay science‘, but a rueful, – which finds the secret of this Universe in ‚supply and demand‘, and reduces the duty of human governors to that of letting men alone, is also wonderful. Not a ‚gay science‘, I should say, like some we have heard of; no, a dreary, desolate, and indeed quite abject and distressing one; what we might call, by way of eminence, the dismal science.“

[602] *Adam Smith*, An Inquiry into the Nature and Causes of the Wealth of Nations (zuerst 1776). Ed. by Edwin Cannan, Vol. II, London 1961, S. 244 (Book V, Chapter I, Part III).

kommen werden. Dies gilt trotz der Spezialisierung und einer verbreiteten Neigung zum Wissenschaftspartikularismus. Insoweit lebt die Universität, und wenn man sie noch so oft in Fachhochschulen zerteilt. Die Vertreter der Zweckwissenschaften wissen dies. Vielfach drängt sie ihr eigenes Fach zur Grenzüberschreitung. Von keinem Fach, das den allgemeinen wissenschaftlichen Standards genügt, werden die Vertreter der Zweckwissenschaften sinnvoll behaupten können, daß es überflüssig sei. Zur übergroßen Sorge, daß sich die Universität selbst zerstören wird, besteht also kein Grund. Als Gegenleistung dürfen jedoch die Vertreter der Zweckwissenschaften verlangen, daß man der unhaltbaren Vorstellung abschwört, Zweckforschung bilde nicht. *Wilhelm von Humboldt* bemerkt zwar: „Jedes Geschäft – welcher Art es auch sei – wird besser betrieben, wenn man es um seiner selbst willen, als den Folgen zu Liebe treibt.“[603] Aber daraus folgt nicht, daß den Forscher, der zum Beispiel eine lebensrettende Medizin entwickelt, dieses Ziel gleichgültig lassen soll.

Vielfalt, Wettbewerb und Interdependenz der Wissenschaften erfordern die dazu passende Ordnung der Universität. Diese Ordnung muß den Forschern in erster Linie Selbständigkeit erlauben. Erst in zweiter Linie muß sie auch Zusammenarbeit begünstigen, wo das sachlich geboten ist. Damit ist gesagt: Der Schwerpunkt der Befugnisse muß so weit wie möglich bei den einzelnen Forschern liegen, nicht an der Universitätsspitze. Die innere Ordnung der Wissenschaft erfordert eine Universität, die mehr einem Staatenbund ähnelt als einem Einheitsstaat. Eine erzwungene Zusammenfassung zu größeren Einheiten ist gegenüber kleineren Einheiten stets beweispflichtig, nicht umgekehrt. Denn solche Zentralisationen erfordern hierarchische Strukturen, die zum Teil unvermeidlich sein mögen, aber ein prinzipiell wissenschaftsfeindliches Element enthalten.

---

[603] *Wilhelm von Humboldt,* Ideen zu einem Versuch, die Gränzen der Wirksamkeit des Staats zu bestimmen. (1792). In: *ders.*, Werke in fünf Bänden, Darmstadt 1960, Bd. I, S. 92.

Abgesehen von der erwähnten indirekten Zweckmäßigkeit scheinbar zweckfreier Studien ist deren pädagogische Zweckmäßigkeit zu betonen: Die wissenschaftliche Beschäftigung mit Gegenständen, denen kein erkennbarer Zweck zukommt, kann zur Ausbildung von Fähigkeiten besonderer Art führen, da hier die wirtschaftliche oder politische Interessiertheit zurückgedrängt werden kann und der Wissenschaftler allein auf das Erkenntnisziel orientiert wird. Die dabei zu entwickelnde Fähigkeit der Objektivität und Disziplin ist auch für Zweckwissenschaften unentbehrlich, zumal sie ständig von der Gefahr bedroht sind, daß wirtschaftliche und politische Interessen auf die Aussagen der Wissenschaftler verzerrend einwirken. Vgl. hierzu schon: *August Wilhelm Rehberg*, Ueber die Staatsverwaltung deutscher Länder und die Dienerschaft des Regenten. Hannover 1807, S. 83ff., z.B. S. 85f.: „Im Ganzen hängt die Erhaltung unsrer Nationalvorzüge, der Gründlichkeit in allem Wissen und Arbeiten, und die allgemeine Ausbreitung einer gebildeten Denkungsart, von der Verfassung unserer Universitätsstudien ab: und selbst in praktischer Absicht, ist nichts so zuträglich, die freyeste Entwicklung ausgezeichneter Geisteskräfte zu befördern, als die Vorbereitung eines allgemeinen wissenschaftlichen Unterrichts.“

Abwegig ist deswegen die im Jahre 1968 vom Wissenschaftsrat geforderte Auflösung der Lehrstühle und die angeblich notwendige Zerschlagung der nicht unmittelbar mit Forschung befaßten Fakultäten. Sie sollten durch kleinere, in sich zentralisierte und als eine Art von Wissenschaftskolchosen aufgefaßte Fachbereiche[604] auch dort ersetzt werden, wo die großen Fakultäten und ihre Lehrstühle funktionsfähig sind und sich im einzelnen notwendige Untergliederungen von selbst ergeben hatten. Völlig verfehlt ist die früher einmal sogar gesetzlich fixierte Vorstellung, die Fachbereiche könnten „die organisatorischen Grundeinheiten für Forschung und Lehre" an der Hochschule sein (§ 34 Abs. 1 des nordrhein-westfälischen Hochschulgesetzes vom 7.4.1970). Als ebenso abwegig haben sich andere Konzentrationsvorgänge erwiesen, die der Wissenschaftsrat seinerzeit propagiert hat. Hierzu gehört sein Vorschlag, ganz allgemein eine Zentralisation von Menschen und Mitteln der Forschung für bestimmte Fächer bei bestimmten Standorten auf Kosten anderer vorzusehen.[605] Es kann hier immer nur um ein Optimum gehen, bei dem auch zu beachten ist, daß Fächer aufeinander angewiesen sein können; die Universitäten sollten nicht einfach zur zentralplanerischen Vivisektion freigegeben werden. Die aus der industriellen Großforschung stammende Vorstellung, es komme allein auf eine maximale Zusammenfassung von Mitteln an, um entsprechende Erfolge zu erzielen, hat sich nicht einmal dort eindeutig bewährt, wo man es noch am ehesten erwarten sollte, nämlich in den Naturwissenschaften und in der Medizin. Die Gefahr, daß der originelle Forscher durch den zum Subalternen neigenden Forschungsbeamten ersetzt wird, wächst mit der Betriebsgröße und ist mindestens so groß wie die umgekehrte Gefahr einer zu geringen kritischen Masse und eines vereinzelten Forschers der bei zu geringen Mitteln und zu wenigen Gesprächspartnern nicht genügend leisten kann. Für jedes Fach sind die optimalen Bedingungen gesondert zu prüfen, wobei im übrigen anzumerken bleibt, daß hier ebenso wie in der Wirtschaft keine ein für allemal richtige und zweckmäßige Betriebsgröße angegeben werden kann. Auch in der Wissenschaft gibt es den umtriebigen, ständig nach Marktlücken Ausschau haltenden Kleinbetrieb, der zwar großen Aufwand erfordernde Forschungen oft nicht betreiben kann, der aber durch unbürokratische Wendigkeit ersetzt, was ihm an Gunst der Finanzierung fehlt.

Das zentralistische Vorurteil, von dem die Hochschul- und Wissenschaftspolitik beherrscht wird, hat auch an anderer Stelle seinen Niederschlag gefunden, nämlich in dem Vorschlag des Wissenschaftsrates, eine monarchische Universitätsspitze in Gestalt eines mit totalen Eingriffsbefugnissen ausgestatteten Präsidenten vorzuse-

[604] Empfehlungen des Wissenschaftsrates zur Struktur und Verwaltungsorganisation der Universitäten. Vorgelegt im Dezember 1968, (Bonn), S. 20 ff.

[605] Desgl., S. 10.

hen.[606] Typisch ist, daß ihm nach § 29 Abs. 4 des nordrhein-westfälischen Hochschulgesetzes vom 7. April 1970 alle Angelegenheiten obliegen sollten, für die nicht ausdrücklich in Gesetz und Satzung eine andere Zuständigkeit festgelegt war. § 20 Abs. 1 des jetzt geltenden Gesetzes über die wissenschaftlichen Hochschulen des Landes Nordrhein-Westfalen scheint dem Rektorat diese Auffangzuständigkeit zuzuweisen.[607] Den einzelnen Hochschulmitgliedern wäre damit alles verboten, was ihnen nicht ausdrücklich erlaubt ist. Wenn man es nicht anders wüßte, könnte man auf Grund solcher Regelungen meinen, die Deutschen seien noch immer ein Volk von begeisterten Antragstellern, Schalterbeamten und Oberkontrolleuren. Auf den Einfall, im Zweifel alle Zuständigkeiten dem mündigen Universitätsbürger zuzuweisen, die nicht ausdrücklich einer höheren und rechenschaftspflichtigen Instanz zustehen, kommt hierzulande noch immer niemand.

Nach 40 Jahren mindestens teilweiser Erfahrung mit einer Art von Marktwirtschaft gehört es noch immer nicht zum westdeutschen Bildungskanon, zu wissen, daß durch frei miteinander Verträge abschließende Menschen bei richtiger Gestaltung des rechtlich-institutionellen Rahmens kein Chaos entsteht, sondern eine Ordnung, die jeder bisher bekannten anderen überlegen ist. Auch weiß man noch immer nicht, daß alles, was die Menschen durch Tauschverträge am Markt erreichen wollen, Zielen dient, die durch den Markt selber überhaupt nicht bestimmt sind. Sind die Menschen kultiviert, dann zeigen sie dies am ehrlichsten dadurch, daß sie die Anstrengungen derjenigen freiwillig bezahlen, die kulturelle Leistungen erbringen. Die geordnete Anarchie des Marktes wird häufig erst dann gestört, wenn der Staat wohlmeinend und ungeschickt mit grober Hand in den Marktprozeß eingreift.

Auch der Wissenschaftsprozeß enthält Mechanismen der marktähnlichen Selbstregulierung, die trotz aller ihrer Unvollkommenheiten von keiner staatlichen oder anderweitigen Gesamtplanung der Wissenschaft ersetzt werden können. Verstünde man den Markt besser, so wäre auch das Urteil über den Wissenschaftsprozeß sorgfältiger. Aber es gibt nun einmal in Deutschland keine wissenschaftliche Dis-

[606] Desgl., S. 30 ff.

[607] Freilich ist der Text des Gesetzes nicht ganz eindeutig: „Das Rektorat leitet die Hochschule. In Ausübung dieser Aufgabe obliegen ihm alle Angelegenheiten der Hochschule, für die in diesem Gesetz oder in der Grundordnung nicht ausdrücklich eine andere Zuständigkeit festlegt ist." Es kommt darauf an, welche Auslegung den Worten „In Ausübung dieser Aufgabe" gegeben wird; wird die Leitung der Hochschule als eine begrenzte Aufgabe angesehen und werden dementsprechend auch „alle Angelegenheiten der Hochschule" nur insoweit einbezogen, wie sie mit der begrenzten Leitung der Hochschule in Verbindung stehen, dann bleibt für andere Instanzen ein Spielraum, der nicht von der Ergänzungskompetenz des Rektorates erfaßt wird. In jedem Falle ist eine solche Begrenzung der Rektoratskompetenz zweckmäßig und am ehesten mit der Auffassung von Wissenschaftsfreiheit als einem persönlichen Recht gemäß Art. 5 Abs. 3 Satz 1 des Grundgesetzes und § 4 WissHG Nordrhein-Westfalen vereinbar.

ziplin, der gegenüber gleich penetrant die geistige Nahrungsaufnahme verweigert wird wie die Volkswirtschaftslehre, die unter anderem den Markt erklärt.[608]

In der Universität sollten bei wissenschaftlichen Diskussionen im Prinzip nur das Argument und die empirisch nachvollziehbare Demonstration gelten, gleichgültig, wer argumentiert oder Tatsachen vorweist. Die sinnvolle Beteiligung an der wissenschaftlichen Diskussion setzt aber Qualifikationen voraus. Für ihren Erwerb muß es trotz aller Außenseitererfolge einen geregelten Weg geben, dessen einzelne Strekken nur demjenigen geöffnet werden, der bestimmte Prüfungen abgelegt hat. Der Prüfungsvorgang selber ist autoritär und insoweit wissenschaftsfeindlich, als dem Geprüften, anders als bei wissenschaftlichen Auseinandersetzungen, keine Replik oder Gegenbeurteilung des Prüfers zusteht. Dieses unvermeidlich elitäre Element des Universitätsalltags läßt sich mildern, aber nicht beseitigen. Die Hochschule soll erwachsene und durchweg intelligente Menschen examinieren. Der Erwachsene trägt vor allem Tadel weniger bereitwillig. Die Zahl derjenigen, die die Universität mit einem dauerhaften Ressentiment verlassen, weil sie sich ungerecht beurteilt fühlen, ist recht groß. Bevor man Ursachen bei sich selbst sucht, wird oft der nie ganz auszuschließende Fall angenommen, der Prüfer habe sich geirrt oder sei übelwollend. Der Staat des 19. Jahrhunderts war klug genug, den Hochschulen trotzdem Ansehen zu gewähren, um sie gegenüber der Öffentlichkeit für diesen strukturellen Nachteil zu entschädigen.[609] In der Mehrzahl aller Fälle ist die Zahl der Fehlbeurteilungen bei normal gebliebenen Universitäten wie der Kölner gering.

Für die Examinierten, die weiter an der Universität oder an Wissenschaftseinrichtungen tätig sind, beginnt jedoch mit der Qualifikation ein lebenslanger Wettbewerb besonderer Art, der mit dem Unternehmerwettbewerb zu vergleichen ist. Ansehen und beruflicher Aufstieg hängen von weiteren Leistungen in Forschung und Lehre ab. Das Volk der Gelehrten ist so geartet, daß es, um mit *Kant* zu sprechen, „keinen Scherz versteht und alle, die sich mit Wissenschaften bemengen, über einen Kamm schiert."[610] Wer Stürme der Kritik nicht aushalten kann, sollte

---

[608] Demgegenüber war es für *Wilhelm von Humboldt* ebenso wie für *Immanuel Kant* selbstverständlich, mit der damals noch jungen Nationalökonomie vertraut zu sein. Dies zeigt Humboldts Schrift über die Grenzen der Wirksamkeit des Staates ebenso wie sein Vorschlag, in den juristischen Staatsprüfungen auch die Staatswissenschaften (d. h. die Nationalökonomie) einzubeziehen. Vgl. *Wilhelm von Humboldt*, Gutachten über die Organisation der Ober-Examinations-Kommission (Juli 1809), in: *Wilhelm von Humboldt*, Werke in fünf Bänden, Band IV, a. a. O., S. 78 f. Neuerdings haben es die nordrhein-westfälischen Juristen erreicht, keinerlei wirtschaftswissenschaftliche Kenntnisse mehr nachweisen zu müssen, obwohl ein ständig wachsender Teil von ihnen später außerhalb des Staatsdienstes in der Wirtschaft tätig sein wird oder wirtschaftspolitisch handelt.

[609] Vgl. im einzelnen: *Hans Willgerodt*, Betrachtungen zur deutschen Unruhe, in: Wirtschaftspolitische Chronik des Instituts für Wirtschaftspolitik an der Universität zu Köln, Heft 1/2 1968, S. 39 ff.

[610] l. c., S. 281.

sich nicht der Wissenschaft zuwenden. Es gibt bei diesem Treiben zahllose Unvollkommenheiten. Dem Volkswirt sind ähnliche Erscheinungen aus der Beobachtung des unternehmerischen Wettbewerbs bekannt. Von Kartellabsprachen, Meinungsmonopolen, marktbeherrschenden Patriarchen und Berufungsprotektionismus bis zu unlauterem Wettbewerb und vielem anderen kommt fast alles auch in der Wissenschaft vor, was im unternehmerischen Wettbewerb an Unerfreulichem zu beobachten ist. Und doch gibt es – eben durch den Wettbewerb – eine starke Tendenz zur Anerkennung wirklicher Leistung und zur ausgleichenden Gerechtigkeit. Wer an einem Ort verleumdet wird, ist am anderen gerade deswegen willkommen. Gute Publikationen finden schließlich doch Aufmerksamkeit, selbst wenn die inflationistische Aufblähung der Zahl wissenschaftlicher Veröffentlichungen dazu führt, daß der Informationsstand schlechter wird. In großen Fakultäten gibt es die Kontrolle durch erfahrene Kollegen, und die Kartellgefahr sinkt mit der Zahl der Gremienmitglieder. Die Neigung zu bequemen Lösungen stößt damit auf die Tendenz, das Ansehen der eigenen Fakultät durch hervorragende Kollegen zu steigern. Es besteht ein starkes Interesse, Schüler heranzuziehen und jedenfalls erkennbare Spitzenbegabungen nicht unentwickelt zu lassen.

Gleichwohl muß die wettbewerbliche Selbstregulierung der Wissenschaft einen elitären Charakter haben. Der Hochschullehrer gehört zu den Beamten, dessen Leistungen von einer Art Markt und jedenfalls nicht von einem Vorgesetzten beurteilt werden, der sich für eine Regelbeförderung einsetzen kann. Der insoweit erfolgreiche Professor wird damit auch zum Neidobjekt. Anders als bei hervorragenden Tennisspielern glaubt man bei ihm auch, den elitären Charakter durch ständestaatliche Demokratisierungskonzepte in der sogenannten Gruppenuniversität dämpfen zu müssen. Zunächst war dabei das Mitentscheidungsrecht aller Universitätsmitglieder unterschiedslos in allen Angelegenheiten vorgesehen. Die Gruppen wurden im übrigen aufgefordert, ihre Interessen wahrzunehmen. Die früher übliche Bestimmung, alle Gremienmitglieder hätten das Gesamtinteresse der Universität wahrzunehmen, trat in den Hintergrund. Neben das Gruppeninteresse trat ein Interesse an Politisierung; insbesondere Studentenvertreter wurden und werden nicht nach Maßgabe ihrer fachlichen Qualifikation gewählt, sondern nach ihrer politischen Einstellung. Die Gruppenuniversität hat nicht das Ziel, mehr Freiheit für Studierende, wissenschaftliche Mitarbeiter und Professoren zu gewährleisten. Vielmehr wurde die Universität als Fortsetzung der Schule mit anderen Mitteln aufgefaßt. Was an Freiheit fehlte, sollte durch Mitbestimmung ersetzt werden, die an die Stelle der Selbstbestimmung treten und vor allem die Hochschullehrer beschränken sollte.[611]

[611] Die Rede von der „Gruppenuniversität“ ist schon rein sprachlich verräterisch: Wissenschaft und Wahrheitssuche, denen doch die Hochschulen gewidmet sind, gehen von dem Axiom aus, daß

III. Die Universität zu Köln an der Schwelle zu einer neuen Verfassung

Was ist aus diesem Konzept geworden, und vor allem: Was ist daraus in Köln geworden? Als die Lawine der Hochschulgesetzgebung sich in Bewegung gesetzt hat, ist zunächst von Köln aus unermüdlich argumentiert und dem Gesetzgeber die ganze Fülle von fachkundigen Überlegungen vorgetragen worden, die er nach Ansicht der Universität hätte einbeziehen sollen. In Köln hat man auch gemeint, über Änderungen lieber gründlich als unüberlegt beraten zu sollen. Der erste Satzungskonvent nahm im Jahre 1973 seine intensiven Beratungen auf, bis sich die Verfassungswidrigkeit des niedersächsischen Hochschulgesetzes herausstellte und Minister Rau einsichtig genug war, die Beratungen abzubrechen. Eine große Universität verträgt es besonders schwer, von eiligen Rechtsänderungen hin und her gestoßen zu werden. Vieles, ja fast alles, was in den 70er Jahren als hochschulpolitischer Fortschritt gefeiert worden ist, hat dem Test praktischer Erfahrung nicht standhalten können. Die Universität zu Köln hat sich hier als verblüffungsfest erwiesen und nur akzeptiert, was ihr einleuchtete. Besonderes Geschick haben die Rektoren gezeigt, die in vielen Gremien und bei zahlreichen Anlässen mit Beharrlichkeit den Kölner Standpunkt zur Geltung gebracht haben. Der frühere und der jetzige Kanzler haben in einer Expertenkommission im Sinne der Vernunft mitgewirkt.[612] Viele der in dem Kommissionsbericht enthaltenen Überlegungen sind in die Novelle zum Hochschulrahmengesetz eingegangen.

Ein Überblick über den Scherbenhaufen von zwei Jahrzehnten Hochschulpolitik ist jetzt wohl angebracht: Formell beibehalten, aber als bloße Worthülse funktionslos ist die Einheitsverwaltung. Auch der geplante Globalhaushalt mit der Befugnis, Haushaltsmittel in großem Umfang durch die Gremien der akademischen Selbstverwaltung disponibel zu machen, ist gescheitert. Die Haushaltsbefugnis des

---

es gemeinsame Erkenntnisziele gibt und sie ohne Ansehen der Gruppenzugehörigkeit einzelner Personen verfolgt werden können. Demgegenüber fördert die Rede von der Gruppenuniversität die absurde Vorstellung, es gebe je nach Gruppenzugehörigkeit andersartige Erkenntnismöglichkeiten und Erkenntnisziele. Dies schlägt sich nun auch in der Vorstellung nieder, das Geschlecht sei eine für den Universitätszweck mit maßgebende Kategorie. Da es noch beliebig viele weitere wissenschaftsfremde Einteilungskriterien für Universitätsangehörige gibt, ist dem weiteren Partikularismus keine prinzipielle Schranke gesetzt; nach Landsmannschaft, Ausländereigenschaft, Herkunft (z. B. aus der Arbeiterschaft), Religion usw. lassen sich neue „Gruppen" für die „Gruppenuniversität" bilden, deren logische Berechtigung nicht geringer ist als diejenigen der jetzigen Gruppen. Hiervon zu trennen ist das Problem, wie Fähigkeiten der einzelnen Universitätsangehörigen je nach ihrer Qualifikation und Funktion am besten für das gemeinsame Ziel der Universität nutzbar gemacht werden können. Dies ist kein Gruppenproblem, sondern ein Problem der Gesamtuniversität, und es hätte nie als Gruppenproblem bezeichnet werden dürfen.

612 Bericht der Expertenkommission zur Untersuchung der Auswirkungen des Hochschulrahmengesetzes (HRG). Herausgeber: Der Bundesminister für Bildung und Wissenschaft, Bonn 1984.

Kanzlers wird den Kampf aller gegen alle um knappe Mittel zwischen den Hochschullehrern wohl verhindern, was eine engere Zusammenarbeit mit der akademischen Seite ja nicht ausschließt, sondern geradezu erfordert. Von einer diktatorischen Präsidialverfassung wird nicht mehr gesprochen. Die Amtsmitgliedschaft der Dekane im Senat, leider in Nordrhein-Westfalen ohne Stimmrecht, mußte wieder eingeführt werden, weil sonst eine geordnete Verwaltung der Fakultätsprobleme durch den Senat nicht möglich ist. Ebenso gibt es wieder Amtsmitgliedschaften von Institutsdirektoren und Professoren bei bestimmten Entscheidungen in den Fachbereichen, die in Köln wieder Fakultäten heißen. Die Möglichkeit, auch Nichtbewerber auf Professorenstellen zu berufen, ist wiederhergestellt worden. Auch der Konvent kennt wieder eine, wenn auch geringe Professorenmehrheit. Die Habilitation ist wieder aufgewertet worden. Es gibt wieder Dozenturen. Der wissenschaftliche Assistent, einst von der Bundesassistentenkonferenz als Symbol der Unterjochung ausgegeben, ist wieder da. Assistenzprofessoren und Assistenten mit Sonderrecht zur Habilitation wird es nicht mehr geben. Nur der mißliche Stellenkegel bei Professoren besteht noch fort, obwohl er sich als Relikt von Mittelbaukonzepten lehrunwilliger Ordinarien nicht bewährt hat. Seit die Hochschuldidaktik nicht mehr in aller Munde ist, scheint sich die Lehrqualität gebessert zu haben. Die Studienreformkommissionen sind im Grunde gescheitert; jedenfalls haben sich umfangreiche, von der Obrigkeit und diesen Kommissionen kaum bemerkte Studienreformen ohne sie vollzogen. Die ebenso mühselige wie verdienstvolle Mitwirkung von Kölner Kollegen in diesen Gremien war in der Hauptsache darauf gerichtet, Fehler zu verhindern. Es wäre an der Zeit, diese praxisferne Tätigkeit einzustellen und bei Reformprojekten die an der Front der Lehre stehenden Fakultäten direkt zu befragen. Haben die Gesamthochschulen, die sich nach Patina sehnen und deshalb gern Universitäten nennen, ihre Überlegenheit eindeutig bewiesen? Denkt wirklich noch jemand daran, in Köln einen Gesamthochschulbereich unter einem riesigen Dach über sämtlichen Kölner Hochschulen zu errichten? Man fragt sich, wie solche Vorstellungen überhaupt in das Hochschulgesetz von 1970[613] haben Eingang finden können. Kann man wirklich sagen, daß sich das Zwangskirchenmodell der Studentenschaft bewährt hat, wo auch in Köln nur eine Minderheit der Studierenden an den Wahlen teilnimmt?

An dem zuletzt genannten Beispiel kommt ein allgemeines Problem zum Ausdruck. Zu klären bleibt, ob Wahlen zu den Universitätsgremien für die Universitätsmitglieder, speziell die Bediensteten, Ausübung von arbeits- und beamtenrechtlichem Dienst sind oder Politik. Wird die Wahl als politische Wahl verstanden oder mit Interessenwahrnehmung analog zum Personalvertretungsgesetz gleichge-

613 Gesetz über die wissenschaftlichen Hochschulen des Landes Nordrhein-Westfalen (Hochschulgesetz – HSchG) vom 7. April 1970, (GV NW S. 254), § 2 Abs. 3 und § 50 f.

setzt, dann mag der Boykott zulässig sein. Aber ist es erlaubt, daß bei den letzten Konventswahlen die wissenschaftlichen Mitarbeiter nur mit 32,7 % ihre Stimme abgegeben haben, und die nichtwissenschaftlichen Mitarbeiter nur mit 22,4 %? Nur die Professoren sind mehrheitlich ihrer Wahlpflicht nachgekommen. Faßt man die Tätigkeit in den Gremien, zu denen gewählt wird, als wissenschaftsbezogene sachliche Verwaltungsarbeit auf, nicht als Politik oder Wahrnehmung von Gruppeninteressen, dann hätten mindestens alle Bediensteten nicht das Recht, der Wahl unentschuldigt fernzubleiben.

Ob die jetzt mit Nachdruck beratene neue Verfassung Bestand haben wird, sofern man sich darauf einigt, wird auch von der Art abhängen, in der man sie anwenden wird. Man wird mit ihr leben können, sofern eine klassische Formulierung meines Kollegen *Watrin* beherzigt wird, mit der ich schließe:

„Es geht darum, die Universität als Ort der Konkurrenz von Ideen zu schützen, d. h. sie als eine rechtlich besonders abgesicherte Stätte zu entwickeln, die die Forschungs-, Lehr- und Lernfreiheit jedes einzelnen schützt, ihm Entfaltungsmöglichkeiten bietet, ihn aber gleichzeitig auch gegenüber denjenigen, die ihm diese Wissenschaftsfreiheit verbürgen, verantwortlich macht. Die Universität ist daher nicht als „politische" Einrichtung zu verfassen, die einen kollektiven Willen bildet. Das Gegenteil ist richtig. Die Universität ist nur dann ein Ort der geistigen Freiheit und des Ideenwettbewerbs, wenn sie in politischen Dingen ebensowenig einen kollektiven Willen hat wie in wissenschaftlichen Angelegenheiten eine einzige Meinung."[614]

---

[614] *Christian Watrin*, Die Universität als politische Anstalt, in: ORDO Jahrbuch für die Ordnung von Wirtschaft und Gesellschaft. 23. Bd. 1972, S. 173.

Personenregister

Abelshauser, Werner 155, 185 f.
Achinger, Hans 266
Akerlof, George A. 61
Albeck, Hermann 6
Albert, Hans 299
Albertus Magnus 87
Altenstein, Karl von 192
Ancillon, Friedrich 196
Antoni, Carlo 98, 214
Aristoteles 46, 386
Armbruster, Hubert 267
Arndt, Adolf 157
Augustinus 98

Backhaus, Johann 429
Baden, Prinz Max von 191
Balogh, Thomas 154, 185
Barro, Robert J. 163, 168, 185
Barry, Norman P. 218, 229
Bauer, Peter Thomas 19
Baum, Herbert 159, 185
Bausch, P. 170
Becker, Richard 238
Beckerath, Erwin von 152, 295, 316, 427
Behrens, Friedrich-St. 278
Ben Bella 306
Benassy, Jean Pascal 171, 178, 185
Bernheim, Roger 271
Biedenkopf, Kurt H. 64
Bigo, Pierre 30
Biskup, Reinhold 336
Bismarck, Otto von 193, 226, 229
Bocheński, Josef M. 242, 271, 306
Boettcher, Erik 54, 240
Böhm, Franz 13, 56, 115, 118, 120 f., 131
Böhme, Wolfgang 30
Borchardt, Knut 49, 52
Bossle, Lothar 288
Boulding, Kenneth E. 17, 26, 31 f., 37, 104, 106
Bremer, R. 309
Brenner, Otto 233
Briefs, Goetz 8, 30, 61 ff., 67 f., 72, 76, 95, 235 f., 240 f., 332
Broermann, Johann 8, 30, 236
Brogan, Colm 265
Brunner, Emil 12
Buchanan, James, M. 12, 132, 207
Buchheim, Christoph 157, 164, 185
Büchmann, Georg 203
Budzinski, Oliver 379

Callaghan, James 332
Cannan, Edwin 29, 50
Carell, Erich 158
Carlyle, Thomas 439
Cassel, Gustav 157, 185
Castro, Fidel 306
Chruschtschow, Nikita 306
Coase, Ronald H. 26, 210, 224, 229, 393, 413
Comenius, Johann Amos 203
Cournot, Augustin A. 82, 314
Croce, Benedetto 98
Curtius, Ernst Roben 432

Delors 328, 332 f.
Dickinson, Frank G. 31
Dietze, Constantin von 57
Dodge, Norton T. 155, 185
Donner, Otto 351
Dostojewski, Fjodor Michajlowitsch 337
Dröge, Heinz 310
Dudinzew, Wladimir XV

Eatwell, John 186
Ebbinghaus, Julius 296
Ebert, Friedrich 191

Eckstein, Walther 105, 133
Edgeworth, Francis Ysidro 66
Eichhorn, Wolfgang 366, 379
Einaudi, Luigi 98, 140, 228
Ellwein, Thomas 135
Emmerich, Volker 387, 413
Emminger, Otmar 162
Engel, Christoph 288
Engelhardt, Dietrich von 100
Engels, Friedrich XVI, 212, 338, 348, 414
Engels, Wolfram 124
Engst, Peter 154, 185, 187
Erhard, Ludwig 16, 33, 111, 140, 154, 156, 162, 169ff., 174, 177f., 185, 221, 228, 290, 349ff.
Ernst August, König von Hannover 191
Eschenburg, Theodor IX, 349
Eucken, Walter IX, 11, 16, 37, 49, 57, 74, 77, 87, 115, 117f., 156, 185, 259, 297, 307, 325, 417, 426
Evers, Hans-Ulrich 271, 275
Eyck, Erich 191

Fechner, Erich 200
Ferrero, Guglielmo 4
Fischer, Wolfram 20, 111, 185, 427
Folz, Hans-Ernst 119
Forsthoff, Ernst 94, 198, 200f., 249f.
Freund, Michael 325
Friauf, Karl Heinrich 271, 368, 379
Friderichs, Hans 277
Friedman, Benjamin M. 369, 379
Friedman, Milton 311
Friedrich, Hans Eberhard 231
Frisch, Max 27

Gäfgen, Gerard 300
Galbraith, John K. 76, 87, 92, 171, 185, 238
Gandenberger, Otto 78, 81f., 84, 276, 278
Garschagen, Christine 107
Gaugler, Eduard 240
Genscher, Hans-Dietrich 336
Gerber, Hans 201
Gerding, Rainer 343
Gerken, Lüder 3
Gerold-Tucholsky, Mary 191
Gerstenberg, Heinrich 191, 194
Gläser, Martin 137
Glatzel, Norbert 17, 20
Gleitze, Bruno 157, 185
Gneisenau, August Neidhardt von 139
Goethe, Johann Wolfgang von 245, 389, 431
Gollwitzer, Helmut 32
Göring, Hermann 306
Greer, Guy 351
Greiß, Franz 11, 236
Gremmels, Christian 96
Grimm, Klaus 157, 160, 171, 185
Gröner, Helmut 95
Gros, Daniel 335
Grossmann, Herschel I. 163, 168, 185
Großkopf, Werner 186
Grünärml, Frohmund 342
Grundmann, Siegfried 247
Gsovski, Wladimir 271
Gutmann, Gernot 19, 119

Haavelmo, Trygve 303
Haberler, Gottfried 303
Habermas, Jürgen 265
Hahn, Herbert 157, 185
Hahn, L. Albert 295f., 302, 308, 351, 359, 379
Hanack, Ernst Walter 271
Hankel, Wilhelm 364, 379
Hansen, Alwin 351
Hansmeyer, Karl-Heinrich 127, 352
Hardenberg, Karl August Fürst von 139, 200, 226
Harich, Wolfgang 102f.
Hartmann, Hans C. 104
Haseler, Stephen 329

Hasse, Rolf, 119, 250, 274, 336
Hättich, Manfred 230 f., 240, 325
Hauff, Michael von 27
Hax, Herbert 240
Hayek, Friedrich A. von 12, 20, 50, 64 f., 90, 116, 124, 145, 197, 199 f., 210, 215, 223, 228 f., 251, 283, 319 f., 325, 343, 414, 418, 420, 423, 426, 437
Heckscher, Eli F. 77 f., 135, 138, 331
Heitler, Walter 299 f.
Held, Martin 263, 426
Helmstädter, Ernst 82, 85 f., 263, 423, 426
Henckel, Dietrich 27
Hennis, Wilhelm 230
Herder-Dorneich, Philipp 8, 30, 63, 76, 235 f., 240
Herr, Daniel Gottlieb 429
Heuss, Ernst 72, 75, 242
Hickel, Rudolf 332
Hirschmann, Albert O. 207
Hochstaden, Konrad von 87
Hoffmann, Harriet 198
Hoffmann, Walter G. 246
Hoffmann von Fallersleben, August Heinrich 191 ff., 196, 200, 204, 213
Höffner, Joseph Kardinal 30, 256
Holczhauser, Vilmos 206
Holtrop, Marius Wilhelm 328
Hoppmann, Erich 75, 113
Horstmann, Theo 164, 185
Houthakker, Hendrick Samuel 176, 185, 187
Humboldt, Wilhelm von 190, 226, 248 f., 251 ff., 428, 440, 443
Hume, David 94
Hünermann, Josef 44
Hunold, Albert 98, 162, 186, 214
Hutchison, Terence W. 418, 426

Immenga, Ulrich 3
Ipsen, Hans Peter 247, 255
Isensee, Josef 379
Issing, Otmar 96, 325

James, Ralph 271
Jasay, Anthony de 217
Jasper, Jörg 379
Johannes Paul II. 34, 93
Jöhr, Walter Adolf 283, 297, 299

Kade, Gerhard 300, 302
Kahn, Alfred, E. 92
Kaiser, Josef H. 77, 235
Kaiser, Ludwig 125 f.
Kamitz, Reinhard 140
Kant, Immanuel 93 f., 196, 200, 208 f., 296, 313, 435, 443
Kantzenbach, Erhard 75
Karrenberg, Friedrich 66
Kasch, Wilhelm 30
Kaufer, Erich 75
Kaufmann, Edmund 164, 170, 186
Kaufmann, Friedrich 398, 413
Keynes, John Maynard 350
Keynes, John Neville IX
Kirchhof, Paul 379
Kirsch, Guy 422, 425 f.
Klein, Hans H. 94, 247
Kleindienst, Eugen 17, 20
Klemm Bernd 155, 186 f.
Kloten, Norbert 6, 152, 213, 427
Klump, Rainer 155, 186
Knight, Frank H. 12, 283, 417, 426
Knüpfer, Uwe 433
Koch, Dankmar 317
Köhne, Manfred 186
Kolakowski, Leszek 288
Koslowski, Peter 12, 288
Krauch, Helmut 265
Kraus, Willy 96
Krelle, Wilhelm 83, 152, 427
Kriele, Martin 199, 201, 205
Kulischer, Josef 77
Külp, Bernhard 16, 48

Kümmel, Reiner 366, 379
Küng, Emil 104
Kunst, Hermann 247
Kunze, Otto 266, 240
Kutsch, Thomas 151, 248

Lampert, Heinz 85
Lange, Oskar 306
Laski, Harold L. 77, 235
Lassalle, Ferdinand 136
Leipold, Helmut 152
Lenel, Hans Otto 121
Lenin, Wladimir Iljitsch 28
Leß, C. R. 429
Lichtenberg, Georg Christoph 295
Liefmann-Keil, Elisabeth 48, 86
Lieser-Triebnigg, Erika 271 f.
Lindenberger, Dietmar 366, 379
Locke, John 94
Loyola, Ignatio de 202
Luhmann, Niklas 143
Luther, Martin 16, 23 f., 28, 36

Maas, Hans Heinrich 276
Machlup, Fritz 50, 299, 310 f., 430
Mackenroth, Gerhard 160, 372
Malinvaud, Edmond 171, 178, 186
Mao Tse Tung 306
Marcuse, Herbert 233 f., 245, 260
Marshall, Alfred 309
Martin, James 268
Marx, Karl XVI, 5 f., 12, 25, 38, 132, 212, 306, 338, 414
Matthes, Heinrich 336
Mayntz, Renate 135
Meinhold, Helmut 158, 186
Meldenius, Rupertus 202
Mendershausen, Horst 159, 186
Merten, Detlef 198
Mesarovic, Mihailo 102
Mestmäcker, Ernst Joachim 3, 13, 118, 120 f., 124, 128, 131, 276, 288
Meyer, Fritz Walter 11, 67, 73, 77, 128, 162 f., 178, 186, 298, 340
Meyer-Cording, Ulrich 74
Michalski, Wolfgang 54
Miksch, Leonhard 175, 186, 303 f., 327
Milgate, Murray 186
Mill, John Stuart 87, 94, 131, 134, 146
Miller, Arthur R. 268
Mises, Ludwig von 177, 186
Mitterrand, François 336
Modigliani, Franco 369
Molitor, Bruno 17
Molnar, Thomas 233
Molsberger, Josef 119
Moore, Barrington 234
Möschel, Wernhard 3
Moser, Simon 296
Müller, Eberhard 44
Müller, J. Heinz 73, 128, 152, 427
Müller, Udo 379
Müller-Armack, Alfred 5, 11, 69, 86, 111, 118, 122, 140, 152, 245
Müller-Volbehr, Jörg 119
Münch, Paul 127
Myrdal, Gunnar 19, 38

Naphtali, Fritz 233, 237 ff.
Napoleon 226
Nasser, Gamal Abdel 306
Nawroth, Egon Edgar 29, 306, 317
Neary, J. Peter 176, 186
Nell-Breuning, Oswald von 4, 240, 266
Nemitz, Kurt 238
Neumark, Fritz 152, 297, 427
Newman, Karl J. 245
Newman, Peter 186
Niehans, Jürg 301
Niehaus, Heinrich 101
Niemeyer, Gerhart 242, 271, 306
Niskanen, William A. 132
Nock, Albert Jay 217, 229
Norman, Adrian R. D. 268
Nörr, Knut Wolfgang 3
Nutter, G. Warren 106
Nutzinger, Hans Gottfried 263, 276, 426

Oldendorp, Johannes 195
Olson Jr., Mancor 58, 86
Ortlieb, Heinz-Dietrich 240
Ottel, Fritz 316
Owen, Robert 69
Oxenstierna, Axel 141

Papier, Hans-Jürgen 3, 363, 379
Pareto, Vilfredo 77, 83 f.
Parkinson, C. Northcote 132, 241
Paul VI. 33
Peacock, Alan 351
Perl, Carl Johann 99
Perlman, Mark 26
Peron, Juan 306
Pestel, Eduard 103
Peters, Hans 149
Pfeffer, Marina Elisabeth 248, 253
Pigou, Arthur Cecil 49
Plate, Roderich 172, 186
Pleyer, Klemens 271 f.
Plitzko, Alfred 152
Pohl, Kurt 172
Pommerehne, Werner W. 104
Popper, Karl R. 296, 299 f.
Preller, Ludwig 240, 266
Purps, Thorsten 380
Pütter, Stephan 429

Radnitzky, Gerard 217, 229, 288
Raiser, Ludwig 125
Rau, Johannes 422, 426, 445
Rauscher, Anton 11, 17, 31, 39, 44, 235, 240 f.
Reagan, Ronald 369
Recktenwald, Horst C. 25
Rehberg, August Wilhelm 138, 151, 440
Reinhardt, Rudolf 271
Reuter, Dieter 3
Ricardo, David 6
Rich, Arthur 32 f.
Ricketts, Martin 133
Ritter, Gerhard 199
Rittner, Fritz 276, 278
Rizzo, Ilde 351
Roos, Lothar, 17
Röpke, Eva 210, 426
Röpke, Wilhelm 4 f., 20, 30, 35, 44, 63, 67, 75, 98, 118 f., 155, 157 f., 161 ff., 170, 178, 186, 199, 245, 298, 302, 307, 329, 381, 383, 413, 431,433
Rosdolsky, Roman 306
Rose, Klaus 87
Rosenberg, Ludwig 233
Rothschild, Kurt W. 111
Rousseau, Jean-Jacques 47, 231, 234
Rowley, Charles K. 132
Rudolph, Jochen 99
Rueff, Jaques 140, 228, 350, 356, 379
Rupp, Hans Heinrich 97
Rüstow, Alexander 45, 135, 138, 231, 245, 415, 426, 438

Sanmann, Horst 300, 311
Sauermann, Heinz 13, 131, 164, 186
Scharnhorst, Gerhard J. D. von 139
Schenk, Karl-Ernst 152
Scheuch, Erwin K. 151, 230, 240, 248
Schiller, Friedrich 193, 223, 385
Schiller, Karl 239
Schillert, Ulrich 48
Schipperges, Heinrich 100
Schlieffen, Albrecht Graf von 404, 413
Schmidt, Axel 398, 413
Schmidt, Kurt 77, 86, 107, 438
Schmidt, Reiner 120
Schmidt-Preuß, Matthias 127
Schmitt, Carl 153, 187, 195, 198, 200, 206, 212
Schmitt, Günter 174, 186 f.
Schmölders, Günter 300, 310 f., 349
Schneider, Erich 83, 158
Schneider, Helmut 64
Schnoor, Herbert 435
Schnur, Roman 198 f.
Schoeck, Helmut 6

Schöllgen, Werner 63
Schönborn, Friedrich Karl von 77
Schreiber, Wilfrid 236
Schrey, Hans-Horst 63, 66, 96
Schüller, Alfred 19, 276, 340, 415
Schumpeter, Josef 76, 289
Schüssler, Lothar 154, 185, 187
Schwanse, Peter 159, 187
Schwinge, Erich 271
Sichtermann, Siegfried 271
Simmel, Georg 337
Sinn, Gerlinde 401, 413
Sinn, Hans-Werner 401, 413
Smith, Adam 25, 29, 50, 53, 94, 105, 112, 131 ff., 137, 225 f., 305, 439
Smithies, Arthur 314
Soekarno 306
Sohmen, Egon 48, 154, 187
Sokrates 415 f.
Solow, Robert 368 f., 379
Sombart, Werner 305
Spitaler, Armin 30
Stackelberg, Heinrich von 83, 158, 178, 187
Starbatty, Joachim 3, 343
Starke, Marie Theres 256
Stein, Ekkehart 121, 125
Stein, Karl Freiherr vom und zum 139, 200, 226
Stein, Torsten 198
Steinbuch, Karl 268
Stern, Klaus 127
Stigler, George J. 39
Streeten, Paul 315
Streissler, Erich 309
Streit, Manfred E. 121
Strohm, Theodor 32
Stützel, Wolfgang 48
Szyperski, Norbert 3, 198, 250

Taines, Hyppolyte 231
Tangermann, Stefan 174, 186 f.
Teichmann, Ulrich 324
Thielicke, Helmut 19
Thum, Marcel 362, 379
Thünen, Johann Heinrich von 285 f., 291
Thygesen, Niels 335
Tobin, James 176, 185, 187, 369
Tocqueville, Alexis de 144, 249, 252
Trittel, Günter J. 155, 186 f.
Tucholski, Kurt 191 ff.
Tuchtfeldt, Egon 113
Tullock, Gordon 107, 132
Turgot, Anne Robert Jacques 138

Ule, Carl Hermann 149

Vanberg, Viktor 16
Vetter, Heinz Oskar 105
Viner, Jacob 54
Vitzthum, Wolfgang Graf 127

Wagner, Ulrich 59, 91, 269
Wallich, Henry C. 164, 171, 187
Wallraff, Hermann Josef 202, 266
Watkins, John W. N. 198
Watrin, Christian 42, 104, 119, 198, 447
Weaver, Paul, H. 148
Weber, Max XI, 134 f., 144, 148
Weber, Werner 381, 388, 413
Weber, Wilhelm 30, 63, 89, 236
Wehner, Herbert 145
Weidenfeld, Werner 336
Weigelt, Klaus 19
Weiler, Rudolf 20
Weippert, Georg 69, 299
Weischedel, Wilhelm 93, 196, 435
Weizsäcker, Carl Christian von 376, 379
Weizsäcker, Carl Friedrich von 102, 308, 320
Weizsäcker, Jakob von 362, 379
Welter, Erich 140
Wendehorst, Alfred 87
Wendland, Heinz Dietrich 33

Werner, Horst 274
Wicksell, Knut 178, 187, 207
Wiener, Norbert 276
Wiese, Leopold von 47, 231, 243
Wilber, Charles K. 155, 185, 187
Wille, Eberhard 137
Winterberger, Gerhard 7
Wittmeyer, Leo 389, 413
Wolff, Robert Paul 234

Yablonski 236

Zaghini, Andrea 369, 379
Zeitel, Gerhard 157, 187
Zöller, Michael 198
Zweig, Gerhard 364, 379
Zwiedineck, Otto von 178, 187

Sachregister

Abwerbung 74
Agnostizismus 414
Alteigentümer 385 ff., 391 f., 399, 410
Alterssicherung 357, 361
Altruismus 44 f., 47
Altschuldenbehandlung bei enteigneten Objekten 404
Änderungen, Kosten von 211
Äquivalenz 359 ff.
sozialpolitische Scheinäquivalenz 357, 360 ff.;
Teilhabeäquivalenz 362
Arbeit 34 f.
Arbeitskosten 365 f.
Arbeitsmarkt 251
Armut 10 f., 32, 347
Ausnahmefälle 308 f.
Außenhandelsmonopol 84
Außenwirtschaft, Liberalisierung der 171

Banken 62
Bankgeheimnis 274
Beamte 136 f., 147, 149
–, liberale 135 f., 140
Beamtenpensionen 363
Behörden 146 f.
Berufsgeheimnis 267
Beschäftigung, Lohnkosten und 366
Besteuerung 106 f.
Betriebsrat 243
Bretton Woods 321
Brüderlichkeit 202
Bundesverfassungsgericht 120
Bürokratie 132 f., 142 f., 148

caritas 38, 71, 202
– und Wirtschaftsordnung 31 f.
Club of Rome 102 f.

Daseinsvorsorge 19, 94, 113, 135, 201, 224, 247, 249 f., 423 f.
DDR 127, 157, 160 f., 175, 263, 338, 380, 389, 408
Demokratie 189, 208 f.
– und Einstimmigkeit 206 ff.
– auch als Geschöpf des Liberalismus 231
Demokratisierung 209, 230 ff.
– der Universität 436
Denken, eindimensionales 256 f.
Determiniertheit 420 f.
Deutschland 192
Deutschlandlied 191 ff.
Devisenbewirtschaftung 161, 272, 308 f., 323
Diagnose 312 f.
Fehldiagnose 312 f.
–, wertende 314 f.
Dynamische Rente 361

Egoismus
–, als Antriebskraft 43, 46 f.
–, der Produzenten 48 f.
Eigentum 6
Einigkeit 195 ff, 205
Einkommensverwendung 14 f.
Einstimmigkeit 206 f.
Enteignungen
–, Beibehaltungsideologie für 391
–, beweglicher Sachen 406
–, als fiskalisches Verlustgeschäft 401
–, im Gebiet der späteren DDR 380 ff.
Entlassungen 8
Entschädigungen 384
–, Klassenschichtung bei - 384
–, Pläne der Gesetzgebung des Bundes für 386 ff.

Entsenderichtlinien 290
Entwicklungshilfe 15 f., 31 f.
Entwicklungsländer 103
Erbschaftssteuer 371 f., 405
Ermächtigungen 145, 223
Ethik
–, christliche 3 ff.
– der Dosierung 29
Individualethik 35 f.
–, kategorische 28
Ordnungsethik 19 f.
– der Produktion 7 ff.
Sozialethik 35 f.
Europa 194 f, 209
Europäische Währungsunion 328 f., 333
EWG 127 f.
Exekutive als Gesetzgeber 208 f.
Externe Effekte
–, negative 104, 224
–, pekuniäre 54

Falsifizierbarkeit 299
Familienpolitik 252, 374 f.
Fernstenliebe 90
Firmenwert 66
Freiheit 198 f., 420 f.
–, moralische Standards und 64 f.
–, Planung und 258 f.
–, Teilbarkeit der 98
–, wirtschaftliche 3
–, Grenzen der wirtschaftlichen 40
Fusionen 239

GATT 88
Geheimhaltung 265, 267, 271
– in Marktwirtschaften 275
Geld
– als Recheneinheit 323
– als Tauschmittel 324
– in der Zentralverwaltungswirtschaft 337 ff.
Geldfunktionen, Spaltung der 340, 342
Geldpolitik 324
Geldwert und Staatsverwaltung 140
Geldwertstabilität
–, deutsche 335 f.
–, Rechtsstaat und 326 f.
Gemeinwohl 76 f., 83, 218, 236 f.
Gesellschaft 47
–, Selbststeuerung der 219 f.
Gesellschaftskrise 220
Gesetzesinflation 144 f.
Gewalt 222
Gewerkschaften 235, 241
–, kommunistische 216
Gewinn 11 f.
Differentialgewinn 9
Gleichheit 200 f.
Goldwährung 321, 328
Grenzen des Ökonomischen 29 f.
Grenzmoral 8, 30 f., 61 ff, 84 f.
–, Gruppenpluralismus und 76 ff.
–, Wirtschaftsordnung und 63 ff.
–, Zentralverwaltungswirtschaft und 89 ff.
Großunternehmungen 190
Grundbücher 394
Grundrechte 97, 230
– und Wirtschaftsordnung 3 f.
Gruppenpluralismus 64 f., 85, 148, 235 f.

Hierarchie 210
Hilfe
–, schadende 39
– zur Selbsthilfe 359
–, Verwandlung von in Kosten 114
–, wirtschaftliche 10
Historische Schule 309
Historismus 300
Hochschulpolitik 428 ff.
Humankapital 373
Hygiene, öffentliche 99

Imperialismus, wissenschaftlicher 26
Indexierung von Forderungen 341

Inflation 348
– als Entschuldung 353, 370
–, zurückgestaute 163
Informationen, Grenzen der 276 f.
Informationsfreiheit 266
Informationskollektivismus 267
Informationspolitik 263 f.
Informationstechnik 268
Interdependenz der Ordnungen 118
Interventionismus 107 f., 110, 114, 153, 307 f., 310, 318 ff.
Investitionen 70 f.
Investitionshilfe 177

Jakobiner 189 f., 230 ff., 239

Kapital
–, Macht des -s 5 f.
– als Sicherung 372 ff., 376
Kapitalbildung 373 ff.
Kapitalgüter, langlebige 289 f.
Kapitalversorgung Ostdeutschlands 401 ff.
Kapitalverzehr 372 f.
Klassenkampf 243
Kleinstaaten 86
Kollektivgüter 91
Kollektivkapitalismus 292 f.
Kompromiß 28
Konflikt 205, 222
Konformismus 213
Konsens 206, 210
Kooperation und technisches Wissen 278
Krankenversicherung
–, soziale 99
–, Selbstbeteiligung in der 100
Krankenversorgung 377 f.
Krankheitsbegriff 100
Kriegsfinanzierung und Inflation 348
Kriminalität 26 f.
Krisenkartelle 58

Laissez-faire 94
Landwirtschaft 52 ff., 75 f., 174 f., 290, 309
–, Marktregulierungen in der 172
–, unelastische Reaktion in der 57
Lastenausgleich 349 f., 410
Lehrsätze, Hierarchie der 312
Leistungen 9 ff.
–, unentgeltliche 49
Leistungsentlohnung 46
Leistungswettbewerb 205
Liberale XVI, 131, 222
– und Staat 215 ff.
Liberale Verfahren 218
Liberalisierung der Außenwirtschaft 171
Liberalismus XVII, 33 f., 97, 134
–, deutscher 193
Lohnkosten und Beschäftigung 366
Lohnpolitik 84
Luxusgüter 7, 38
–, Einfuhr von 24

Macht 22, 97, 99
–, wirtschaftliche 298
Märkte
–, Freiheitlichkeit der 232
–, Funktionen der 250
–, Information durch 272 f.
–, Koordination in -n 112
–, Moral und 29
–, Offenheit der 212, 290
– für umstellungsbereite Landwirte 57
Marktkonformität 118 f.
Marktversagen 104, 132, 141
Marktwirtschaft 315
– und Effizienz der Staatsverwaltung 136 f., 151
–, Eigengesetzlichkeit der 29
–, Entscheidungsfreiheit in der 320
–, Fehlurteile über die 33
– als Friedensordnung XVII
– und Geldwertstabilität 349

–, Regelmäßigkeiten in der 303 ff.
–, Strukturmerkmale der 49
–, Wettbewerb und 65 f.
Materialismus 20
Medizin 99, 219 f., 315
Merkantilismus 134
Meßgrößen, volkswirtschaftliche XVI f.
Mißerfolge 421
Mitbestimmung 5, 239
Modelltheorie 302 f.
Monopol 55, 72
–, bilaterales 83
Münzverschlechterung 340

Nachfrageüberhang 163
Nächstenliebe 16 ff., 45
Nachtwächterstaat 136 f.
Nationalliberale 193 f.
Nationalsozialismus 215 f., 249
Naturrecht 4
Naturwissenschaft und Technik 101 f.
Neid 6, 347
Normalität 313 ff.
Not 39, 253
Notstand 223

Obrigkeitsstaat 192
Öffentlichkeit 265 f.
Ökonometrie 309
Oligopol 73
Opportunismus 216, 221

Paketlösung 211
Parlament, verwaltendes 145
Partikularinteressen 65 f., 72
Patentschutz 50 ff., 58 f., 277
Paternalismus 68 f., 72
–, wohlfahrtsstaatlicher 248
Philosophische Fakultät 93
Pläne, weiche 59, 91
Planung 417
–, Freiheit und 258 f.
–, Zahlengläubigkeit und 138
Polen 34
Politik 208
– als Kauf 27
– als Konflikt 206
–, Primat der 422 f.
–, Sachverstand und 147
Politische Ökonomie, neue 213
Politökonomie 221
Polypol 53, 75 f.
Prädestination 420
Predigt und wirtschaftlicher Sachverhalt 24 f.
Preisbildung 29
–, freie 23, 156 f.
Preise
– als Informationssystem 272 f.
–, staatlich administrierte 174
Preiselastizitäten 176 f.
Preispolitik, westdeutsche nach 1948 169 ff.
Preisstruktur 163 f., 175
Preußen 138 f.
Privateigentum 47, 117
–, Marktwirtschaft und 389 ff.
Privatrecht 56
Produktion
–, Ethik der 7 ff.
–, Ethik der Massenproduktion 56
Produktionsmittel 69
Produzenten
–, Erfahrungsaustausch der 53
–, Renten der 55
–, Selbstinteresse der 48 f.
Prognose 312

Rationalprinzip 4
Rationalverhalten 305 f., 311
Rationierung 350
Raub 46
Rechte 197 f.
–, unechte 356
–, Inflation unechter 346 f., 357, 370

Rechtsentwicklung 222
Rechtsstaat 115, 135, 144
–, und stabiles Geld 326 f.
–, und Verwaltungseffizienz 149
Rechtsurteile, wirkungslose 224 f.
Rechtswissenschaft und Ökonomie 94, 110 f.
Reformen, liberale 135
Regelmäßigkeiten, Freiheit und Planung 259
Regeln und Ausnahmen als Wirtschaftsproblem 295
Regierungswissen 219
Reichtum 10, 30, 39
Relativierung von Erkenntnissen 416
Renten, Umwandlung von – in Kosten 175
Rentensuche 107
Ressortpartikularismus 148
Richter 225
Risiko 12 f., 287
– der Geldverwendung 341 f.
Rivalität 288
Rückgabe 394 ff., 408

Schlüsselpreislehre 169 ff.
Schwarzmarktpreise 165 f.
Schweiz 221
Solidarität 18, 246 ff., 360
– und Umverteilung 354
Souveränität 97
Sowjetunion 216, 380, 391
Soziale Marktwirtschaft 110 ff.
Soziale Sicherung 254 f.
Sozialer Ausgleich 111, 122 f., 203 f.
Sozialismus 47, 112,388
Sozialleistungen 73
–, Finanzierung von 256
–, Konsum von 71
Sozialpolitik 37
–, betriebliche 68 ff.
–, Finanzpolitik und 357
Sozialstaat als unbestimmter Rechtsbegriff 124
Sparen 15
Staat 94, 97, 112 f., 251
–, Aufgaben des 37, 225 ff.
– als Feind 217 f.
–, liberaler 135, 221
–, Beamte im liberalen 152
– als Schöpfer des modernen Liberalismus 140, 226
–, Verwirtschaftlichung des -es 40 f., 108
Staatsdienst 132
Staatsgeheimnis 271
Staatshaushalt 114
Staatsinterventionismus 107, 114, 142, 310, 318 f.
Staatsinvestitionen 141
Staatsplanung, zentrale 234
Staatsversagen 141
Staatsverschuldung 228, 247, 254, 298, 322, 346, 357, 419
–, deutsche 350 f.
–, Investitionen und 368 f., 371
–, als unechte Rechte 350
–, als Vermögensillusion 371
Staatsverwaltung 131 ff.
Statistik und Wirtschafsordnung 274
Systemkonformität 117 ff.

Tausch 26, 44 f.
Teilhabeäquivalenz 362
Theologie 39
Therapie 317 f.
Trennungsprinzip, liberales 136
Treuhandanstalt 392 f.
„Trittbrettfahrer" 49

Umlageverfahren 357, 370
Umverteilung 10, 15, 123, 203 f., 258, 354, 359 ff.
Universitäten 192, 429 ff.
–, äußere Disziplin und 430 ff.

–, innere Disziplin der Wissenschaft und 436 ff.
Gruppenuniversitäten 444 f.
Universitätsverwaltung 433
Unternehmensgröße und Arbeitnehmer 241
Unternehmenskonzentration 14, 238 ff., 288, 293
Unternehmer 285
Unwissen 418
Utopie 416

Verbandspluralismus 61 f.
Verbrauch 14
Verhaltensforschung 310
Verluste 13 f., 36 f., 52, 55, 281, 283 ff.
Vermögen 71
Vermögensabgabe 411
Vermögensfiktion 353
Vermögensillusion 346
Vermögenskonzentration 117
Voraussicht 12
Vorschrifteninflation 113
Vorteil, Kampf um den relativen 85

Währungsreform
–, Angebot und 168
–, deutsche von 1948 154 ff
–, Preise und 162 f., 349
Währungsunion
–, europäische 328 f., 333 f.
–, innerdeutsche 337
Währungswettbewerb 343 f.
–, europäischer 328, 333
Wegelagererproblem 61, 78, 98
Weltplanwirtschaft 102 f.
Weltwirtschaft 424
Werbung 66
Werte 414
Werturteile XV f.
Wettbewerb 63, 65 f., 116
Gruppenwettbewerb 74 f., 86
– und Information 273
– als Konfliktlöser 237
Qualitätswettbewerb 67
–, unlauterer 73
Unterbietungswettbewerb 23
Wiedervereinigung, Deutsche 380
Willkür 4 f.
Wirtschaft und Universität 436
Wirtschaftsfreiheit 20 ff, 94, 96 f.
–, Grenzen der 40 f., 105
Wirtschaftsordnung 133 f.
–, gemischte 112
– und Gesetzgebung 89
– und Grenzmoral 63 ff
– und Regelmäßigkeit 318 f.
–, Systemkonformität der 117 f.
– und Wirtschaftserfolg 156
Wirtschaftspolitik 421
–, Beständigkeit der 115
– des Staates 232
– als Tatsache XVII
Wirtschaftsunion, deutsche 127
Wirtschaftsverfassung 120
Wissen 263,415 ff.
–, neues 50, 53
–, logische Notwendigkeit als 297 f.
– der Regierung 219
Wissenschaftspartikularismus 440
Wohlfahrtsstaat 95, 201
Wohnungswirtschaft 167, 177

Zahlungsbilanz 298
Zehn Gebote 4, 28
Zentralismus, „demokratischer“ 242
Zentralverwaltungswirtschaft 152, 155, 306 f., 318, 320
–, Entscheidungen in der 92
–, Geld in der 337 ff.
–, Grenzmoral in der 89 ff.
–, Informationsmängel in der 269
–, Kontrollen in der 271
–, Tyrannei der großen Entscheidungen in der 92
Ziele XV f.

Zielkonflikte XVII, 317
Zins 11
Zitronenproblem 61
Zölle 77 ff., 88
Zollunion 83
Zweckforschung 438

Bei Fragen zur Produktsicherheit wenden Sie sich bitte an:
If you have any questions regarding product safety,
please contact:

Walter de Gruyter GmbH
Genthiner Straße 13
10785 Berlin
productsafety@degruyterbrill.com